Klassiker der Sozialwissenschaften

Samuel Salzborn
(Hrsg.)

Klassiker der Sozialwissenschaften

111 Schlüsselwerke im Portrait

3. Auflage

 Springer VS

Hrsg.
Samuel Salzborn
Berlin, Deutschland

ISBN 978-3-658-31644-0   ISBN 978-3-658-31645-7   (eBook)
https://doi.org/10.1007/978-3-658-31645-7

Die Deutsche Nationalbibliothek verzeichnet diese Publikation in der Deutschen National-
bibliografie; detaillierte bibliografische Daten sind im Internet über http://dnb.d-nb.de abrufbar.

Springer VS ist ein Imprint der eingetragenen Gesellschaft Springer Fachmedien Wiesbaden
GmbH und ist ein Teil von Springer Nature.
Die Anschrift der Gesellschaft ist: Abraham-Lincoln-Str. 46, 65189 Wiesbaden, Germany

Inhalt

Autorinnen und Autoren

Einleitung

Es gibt Autorinnen und Autoren im sozialwissenschaftlichen Bereich, die *muss* man kennen: egal, ob man ein sozialwissenschaftliches Kernfach wie Soziologie oder Politikwissenschaft, eine Teildisziplin wie Sozialpsychologie, Ethnologie, Erziehungswissenschaft oder Geschlechterforschung studiert oder sich für sozialwissenschaftliche Fragestellungen aus dem Blickwinkel affiner Fächer wie Geschichte, Rechtswissenschaft oder Philosophie interessiert.

Die dritte, erweiterte Auflage des Handbuchs *Klassiker der Sozialwissenschaften* stellt 111 zentrale Titel vor und liefert einerseits Stichworte zu Leben und (Gesamt-)Werk der Autor(inn)en, legt andererseits den zentralen Fokus aber auf *das* Schlüsselwerk, dessen Titel man in jedem Studium hören wird, der als geflügeltes Wort durch die Feuilletons geistert und zahlreiche Reden schmückt. Dabei wurde jede/r Autor/in nur mit einem Werk berücksichtigt (es gibt nur zwei Abweichungen von der Regel: Fälle, in denen es um Co-Autor/innenschaft ging), wobei viele von den diskutierten Autor(inn)en ohne Frage mehr als einen Klassiker der Sozialwissenschaften vorgelegt haben.

Die Intention besteht darin, auf diese Weise die (Lese-)Lust an den sozialwissenschaftlichen Klassikern (neu) zu wecken, „Appetit" zu machen auf das Gesamtwerk einzelner Autor(inn)en und zugleich zu zeigen, dass Sozialwissenschaften nur in ihrer historischen Entwicklungsdimension sinnvoll zu verstehen sind. Insofern folgt die Gruppierung der Klassiker der Sozialwissenschaften auch einer chronologischen Reihenfolge, die einerseits die in vielen Fragen brüchigen und faktisch immer wieder wechselseitig durchbrochenen Disziplingrenzen in ihrem historisch-fluiden Charakter erkennbar werden lässt, andererseits aber auch zeigt, dass es eine über Jahrhunderte währende wissenschaftliche Debatte über sozialwissenschaftliche Fragen gibt, die beginnt, bevor sie als solche benannt worden war und die in ihrer frage- und problemorientierten Dimension kenntlich werden lässt, dass sozialwissenschaftliche Erkenntnisinteressen nur inter- und transdis-

© Der/die Autor(en), exklusiv lizenziert durch
Springer Fachmedien Wiesbaden GmbH, ein Teil von Springer Nature 2021
S. Salzborn (Hrsg.), *Klassiker der Sozialwissenschaften*,
https://doi.org/10.1007/978-3-658-31645-7_1

ziplinär bearbeitet werden können. Dies zeigt nicht zuletzt auch die im Verfahren der historischen Rekonstruktion angelegte Kenntlichmachung der sich nach und nach ergebenen Debattenimpulse und fortwährenden Bezugnahmen der Autorinnen und Autoren aufeinander, die so ein sich langsam webendes, immer verzweigter, aber zugleich damit auch immer stabiler werdendes Netz sozialwissenschaftlicher Erkenntnisse vor dem virtuellen Auge aufspannt.

Die Auswahl der 111 sozialwissenschaftlichen Schlüsselwerke erfolgte unter dem Primat, dass ein Großteil der Titel jenseits von disziplinären Fachgrenzen und erkenntnistheoretischen Prämissen zumindest weitgehend konsensfähig sein sollen, so dass ein Großteil der Leser/innen bei der Lektüre (so die Hoffnung) denn auch sagen werden: »Ja, der Titel gehört unbedingt dazu!« Zugleich ist aber offensichtlich, dass der Kreis der vorgestellten Werke, gerade unter dem Fokus der Theorien- und Methodenpluralität der Sozialwissenschaften, ohne Zweifel auch größer hätte gezogen werden können. Berücksichtigt wurden Arbeiten aus der Politikwissenschaft, der Soziologie, der Sozialpsychologie, der Ethnologie und der Erziehungswissenschaft sowie den Cultural und den Gender Studies.

Jedes Werkporträt folgt dabei einem standardisierten Aufbau: genannt ist zunächst die Erstausgabe des Werkes und, sofern es sich um fremdsprachige Werke handelt und eine Übersetzung ins Deutsche vorliegt, auch die Nennung der ersten deutschsprachigen Ausgabe. Alle im Text wörtlich gekennzeichneten Zitate entstammen dann generell dieser Quelle, in wenigen Fällen wurde von dieser Praxis abgewichen, dann wird die zitierte Ausgabe zusätzlich benannt.

Am Beginn jedes Werkporträts finden sich einige einleitende Bemerkungen zum Autor bzw. zur Autorin, ihren biografischen und akademischen Hintergründen sowie zum Stellenwert des vorgestellten Werkes im Kontext des Gesamtwerkes. Darauf folgt eine ausführliche Vorstellung und Würdigung des porträtierten Schlüsselwerkes, an die sich eine Kontextualisierung bezüglich der wesentlichen Debatten anschließt, die es um das Werk gegeben hat und/oder in der sich Hinweise darüber finden, welche Bereiche der Sozialwissenschaften besonders von dem Werk beeinflusst worden sind. Am Ende der Beiträge finden sich ausgewählte Literaturhinweise, die eine Vertiefung der Auseinandersetzung mit dem konkreten Werk und/oder der Verfasserin bzw. dem Verfasser ermöglichen.

Neben den Autorinnen und Autoren der Werkporträts, denen ich sehr herzlich für eine ausgesprochen kooperative und exzellente Zusammenarbeit von der Erstauflage im Jahr 2014 bis heute danke, gilt der Dank auch den zahlreichen Kolleginnen und Kollegen sowie Studierenden, die durch ihre Arbeit mit dem Handbuch maßgeblich dazu beigetragen haben, dass es nun in dritter erweiterter Auflage erscheinen kann.

Samuel Salzborn

111 Schlüsselwerke im Portrait

Niccolò Machiavelli: Il Principe, Blado: Rom 1532, 98 S. (dt.: Il Principe/Der Fürst, ital.-dt., übers. und hrsg. v. Philipp Rippel, Stuttgart 1986, 249 S.).

Niccolò Machiavelli wird am 3. Mai 1469 in Florenz geboren. Seine humanistische Ausbildung bereitet ihn auf Wunsch des Vaters auf eine politische Laufbahn vor. Am 19. Juni 1498 wird er vom Großen Rat, der Bürgervertretung von Florenz, zum Vorsteher der Zweiten Kanzlei für militärische und außenpolitische Angelegenheiten ernannt. Im Rahmen dieser fast 15 Jahre dauernden Tätigkeit baut er nicht nur ein florentinisches Volksheer auf, sondern ist auch als Gesandter auf zahlreichen diplomatischen Missionen unterwegs, die durch seine Gesandtschaftsberichte gut dokumentiert sind. Mit dem vorläufigen Ende der florentinischen Republik und der Rückkehr der Medici im Jahre 1512 endet Machiavellis politische Karriere. Nach der Verbannung aus Florenz beginnt er seine schriftstellerische Tätigkeit. Basierend auf seinen politischen Erfahrungen, aber auch im Zwiegespräch mit den »großen Alten«, wie er in einem berühmten Brief an Francesco Vettori schreibt, verfasst er 1513–1516 seine – neben den *Discorsi*, die sich mit der Gesetzesherrschaft befassen – wohl wirkungsmächtigste Schrift: *Il Principe*. Abweichend von der Tradition der Fürstenspiegelliteratur, die dem Fürsten das Idealbild eines Herrschers vor Augen führt, schreibt Machiavelli einen realistischen Fürstenspiegel, der mit der Schlechtigkeit der Menschen und auch der Machthaber rechnet. Die Widmung an den neuen Herrscher von Florenz liest sich wie ein Empfehlungsschreiben und zeigt Machiavellis Wunsch, zumindest schriftstellerisch ins politische Geschehen einzugreifen. Erst im Jahre 1521 von den Medici politisch rehabilitiert, wird er – Ironie der Geschichte – durch die 1527 wieder errichtete Republik als Parteigänger eben jener als für politische Ämter ungeeignet befunden. Nur wenig später, am 21. Juni 1527, stirbt Machiavelli.

Die politische Lage zu Lebzeiten Machiavellis ist turbulent. Italien ist zerklüf-

© Der/die Autor(en), exklusiv lizenziert durch
Springer Fachmedien Wiesbaden GmbH, ein Teil von Springer Nature 2021
S. Salzborn (Hrsg.), *Klassiker der Sozialwissenschaften*,
https://doi.org/10.1007/978-3-658-31645-7_2

tet in Stadtstaaten bzw. kleine Fürstentümer und den Kirchenstaat, die sich nicht nur untereinander ständig belauern und bekriegen, sondern auch von den umliegenden Großmächten bedrängt werden. Der *Principe* ist für diese prekäre Situation geschrieben und befasst sich mit dem Erwerb, Erhalt und Verlust von Macht und Herrschaft; ein Ratgeber für den Fürsten, illustriert mit zahlreichen Beispielen aus der politischen Praxis. Der *Principe* beginnt mit einer Eingrenzung seines Gegenstandes, den neuen Fürstentümern (Kap. 1–11), gefolgt von drei Kapitel über das Heerwesen, das für den Erwerb und Erhalt der Macht eine bedeutende Rolle spielt (Kap. 12–14); das Kernstück bilden die Techniken zum Herrschaftserhalt für den neuen Fürsten (Kap. 15–23), der *Principe* endet mit dem Aufruf, Italien zu einen (Kap. 24–26).

Zum Klassiker der Sozialwissenschaften wird Machiavellis *Il Principe* aufgrund seiner überraschenden Modernität. Auch wenn sich Machiavellis Texte an vielen Stellen wie Kommentare zu antiken Theoretiker lesen und ihm das alte Rom als großes Vorbild gilt, kann er doch als Wegbereiter des modernen politischen Denkens verstanden werden. An der Schwelle zwischen Mittelalter und Neuzeit stehend antizipiert er, obwohl noch verhaftet in humanistischer Denkart, zahlreiche Denkfiguren der neuzeitlichen politischen Theorie. *Machiavellis Modernität* lässt sich an mehreren zentralen Stellen seines Denkens festmachen.

Bereits *methodisch* bricht Machiavelli mit den Vorgängern, wenn er fordert eher »der Wirklichkeit über die Dinge nachzugehen als den Vorstellungen über sie […] denn es liegt eine so große Entfernung zwischen dem Leben, wie es ist, und dem Leben, wie es sein sollte« (119). Für die Politik sind nicht länger moralische oder theologische Normen maßgebend, sondern die aus der Geschichte und Realität gewonnenen Beobachtungen, aus denen Machiavelli induktiv allgemeine Aussagen ableitet. Er ebnet damit den Weg für die an den Naturwissenschaften orientierte empirische Methode, wie sie dann besonders prominent in Thomas Hobbes *more geometrico* zum Ausdruck kommt.

Niederschlag findet die an der Realität orientierte Betrachtungsweise in Machiavellis *negativer Anthropologie*, die mit der humanistischen Tradition radikal bricht und auf die politischen Theorien der Neuzeit verweist: »ein Mensch, der sich in jeder Hinsicht zum Guten bekennen will, muß zugrunde gehen inmitten von so viel anderen, die nicht gut sind« (119). Machiavellis Bild vom Menschen gerinnt im Konzept der *ambizione* – der Ehrgeiz gilt ihm als das alles beherrschende anthropologische Prinzip, das zu bändigen und zu beherrschen, Aufgabe der Politik ist, wenngleich der Ehrgeiz niemals völlig besiegt werden kann. In Machiavellis realistischer Anthropologie ist bereits die moderne Figur des egoistischen Nutzenmaximierers angelegt.

Auf Grundlage seiner realistischen Anthropologie emanzipiert Machiavelli die Politik von der Moral. Mit der Favorisierung des Seins vor dem Sollen ist die

Annahme der *Eigengesetzlichkeit der Politik* verbunden. Machiavelli bestimmt die Politik als autonome soziale Sphäre, mit eigenen Gesetzmäßigkeiten und Handlungserfordernissen. Machiavellis Politikverständnis ergibt sich aus folgenden Handlungsdeterminanten: *fortuna*, die launische Glücksgöttin, ist die Herrin über die Hälfte unserer Taten, die andere überlässt sie der eigenen Entscheidung: »sie zeigt ihre Macht dort, wo man nicht die Kraft aufbringt, ihr zu widerstehen« (193). Ihr Gegenspieler ist die *virtù*, die Tatkraft, die zentrale Eigenschaft, die ein Fürst besitzen muss, um die sich bietende Gelegenheit *(occasione)* beim Schopfe zu packen und die politische Notwendigkeit *(necessità)* zu erfassen; die Zeitumstände *(qualità dei tempi)* erfordern je unterschiedliches Vorgehen, so dass mal der eine mal ein anderer Charakter im Vorteil ist.

Das Handeln in der politischen Sphäre unterliegt einem eigenen Maßstab, dem Maßstab der *Effizienz und Nützlichkeit.* Der oberste Zweck der Herrschaft ist ihr Erhalt – das *mantenere lo stato.* Machiavelli wird damit zum Wegbereiter für eine weltimmanente Begründung der Herrschaft, wie sie in der Folge Denker wie Thomas Hobbes, John Locke oder Jean-Jacques Rousseau in ihren Vertragstheorien ausbuchstabieren. Dabei ist mit *stato* allerdings noch nicht der Staat im modernen Sinne gemeint, *stato* ist vielmehr immer an die Person des Herrschers, an den »Zustand« der Herrschaft gebunden. Hierin liegt auch der entscheidende Unterschied zu der von Giovanni Botero begründete Lehre der Staatsraison, für die Machiavelli gleichwohl als wichtiger Bezugspunkt gilt.

Weil alles politische Handeln dem Zweck des Herrschaftserhalts unterzuordnen ist, ist der Herrscher »oft gezwungen – um seine Herrschaft zu behaupten *(mantenere lo stato)* – gegen die Treue, die Barmherzigkeit, die Menschlichkeit und die Religion zu verstoßen.« (139) Für die Errichtung einer Gesetzesherrschaft, auf die – das zeigen die *Discorsi* – Machiavelli hofft, benötigt der neue Fürst ein gutes Heer (»Die hauptsächlichen Grundlagen, die alle Staaten brauchen [...] sind gute Gesetze und ein gutes Heer«; 93/95) und die Kenntnis der richtigen *Techniken zum Herrschafts- und Machterhalt,* die das Kernstück des *Principe* bilden. Sie haben Machiavelli zum Vordenker skrupelloser Machtpolitik gemacht und ihm den Ruf des Amoralismus eingebracht. Die Vorwürfe gründen vor allem auf Aussagen des zentralen 18. Kap., in dem Machiavelli dem Fürsten rät, sowohl von der Natur des Menschen als auch des Tieres Gebrauch zu machen und sich der Hinterlist eines Fuchses, der Gewalttätigkeit eines Löwen zu bedienen (137) und in dem er festhält, es sei für einen Fürsten nicht notwendig sämtliche »guten Eigenschaften zu besitzen, wohl aber den Anschein zu erwecken, sie zu besitzen« (139). Jedoch: Machiavelli fordert nicht zu unmoralischem Handeln auf, er rät dem Fürsten zweckrational zu handeln und »vom Guten so lange nicht abzulassen, wie es möglich ist, aber sich zum Bösen zu wenden, sobald es nötig ist« (139). Der Hintergedanke: Moralisches Verhalten kann im politischen Kontext fatale Folgen ha-

ben – eine Annahme, die auch in Max Webers Unterscheidung der Gesinnungs-
von der Verantwortungsethik aufscheint. Machiavelli hat die Moral aus dem Bereich der Politik verbannt und ein realistisches Politikverständnis etabliert. Die einen feiern ihn deshalb als Begründer des politischen Denkens der Neuzeit, anderen gilt er als Vordenker skrupelloser Machtpolitik. Kaum ein anderes Werk des politischen Denkens hat so polarisiert und solch gegensätzliche Reaktionen hervorgerufen wie der *Principe*.

Der Antimachiavellismus, der Gestalten wie Kardinal Reginald Pol und Friedrich den Großen vereint, verteufelt Machiavelli als Verderber und Ungeheuer; gewissermaßen in dieser Tradition sehen ihn neoklassische Denker wie Leo Strauss, der Machiavelli als »Lehrer des Bösen« bezeichnet oder Dolf Sternberger, der den Italiener als Wurzel eines »dämonischen Politikverständnisses« versteht, als Anfangspunkt des Niedergangs politischen Denkens. Als Realisten dagegen loben Machiavelli Denker wie Bacon, Spinoza oder Nietzsche; diese Spur führt zu Carl Schmitt, aber auch zu Hans Morgenthaus realistischer Theorie internationaler Beziehungen ebenso wie zu Antonio Gramscis marxistischer Führer- und Parteientheorie. Rousseau, Diderot und andere Aufklärer wiederum sehen in Machiavelli einen Republikaner, der seine Verachtung im *Principe* nur getarnt habe, mit dem Ziel den Tyrannen vor dem Volk zu exponieren und dadurch bloßzustellen; in neuerer Zeit folgen dieser Rezeptionslinie Vertreter der Cambridge School, wie J. G. A. Pocock oder Quentin Skinner, die den Florentiner im republikanischen Denken der Neuzeit verorten. Dem deutschen Idealismus schließlich galt Machiavelli ausgehend vom Schlusskapitel des *Principe* als »warmer Freund des Vaterlandes« (Herder); auch viele italienische Rezipienten, wie etwa Mussolini, sehen in Machiavelli in erster Linie einen Patrioten.

Frauke Höntzsch

Literatur

Berlin, Isaiah: Die Originalität Machiavellis, in: Ders.: Wider das Geläufige. Aufsätze zur Ideengeschichte, Frankfurt 1981, S. 93–157.

Buck, August: Machiavelli, Darmstadt 1985.

Münkler, Herfried: Machiavelli. Die Begründung des politischen Denkens der Neuzeit aus der Krise der Republik Florenz, Frankfurt 1982.

Thomas Hobbes: Leviathan or the Matter, Forme and Power of A Common Wealth Ecclasiasticall and Civil, Andrew Crooke: London 1651 (dt. Leviathan oder Stoff, Form und Gewalt eines bürgerlichen und kirchlichen Staates, hgg. von Iring Fetscher, Luchterhand: Neuwied/Berlin 1966, 571 S.

Thomas Hobbes (1588–1679) gehört zu den ganz großen Staatsphilosophen, sein *Leviathan* ist eines der bedeutendsten Werke der politischen Philosophie überhaupt. Hobbes war ein englischer Mathematiker, Staatstheoretiker und Philosoph, der seit dem Abschluss seiner Logik- und Physikstudien in Oxford (Bachelor 1608) als Hauslehrer der adligen Familie Cavendish arbeitete. Diese Position ermöglichte ihm ausgedehnte Reisen und Kontakte zu führenden Persönlichkeiten seiner Zeit. In Paris lernte er René Descartes und in Pisa Galileo Galilei kennen. Außerdem traf er mit Francis Bacon zusammen, dessen Privatsekretär er kurze Zeit war. Er selbst sprach davon, dass er zusammen mit einem Zwilling geboren worden sei: der Angst. Tatsächlich stand sein gesamtes Erwachsenenleben unter der Furcht vor dem Bürgerkrieg. Da sich Hobbes für die Rechte des Königs eingesetzt hatte, musste er bereits 1640 ins Exil nach Frankreich fliehen. In Europa tobte der Dreißigjährige Krieg (1618–1648). 1642 brach in England der Krieg zwischen König und Parlament aus, der bis 1649 dauerte. Hobbes' Lage wurde durch die Veröffentlichung des *Leviathan* (1651) noch unangenehmer, weil er von den Gefolgsleuten Oliver Cromwells nun des Atheismus und der Häresie beschuldigt wurde. Mit der Restauration der Monarchie im Jahre 1660 wurde die Situation weiter verschärft. Waren es bis dahin vor allem Klerus und Adel gewesen, die ihn angefeindet hatten, so versuchten nun die neuen Machthaber eine strafrechtliche Gesetzesgrundlage zu schaffen, um ihn wegen Häresie anklagen zu können. Einflussreiche Freunde ermöglichten es ihm jedoch, nach seiner Rückkehr aus Frankreich (1651) bis zu seinem Tode sicher und bequem auf dem Landsitz Hardwick Hall zu leben.

Der *Leviathan* ist Hobbes' Hauptwerk, mit dem er die Ära einer neuen Staatlichkeit einläutet. Dieses Buch gehört daher – wie Machiavellis *Il Principe* (1513) – zu Recht zu den »Weltbestsellern«. Hobbes formulierte einen absoluten Primat der Politik, die in seinem Werk enthaltene Staatsphilosophie ist allerdings nicht unumstritten geblieben. Sie stieß nicht nur auf größte Bewunderung, sondern auch auf tiefste Ablehnung, den Einen erschien Hobbes als Genie, das eine Staatstheorie des Friedens (Wolfgang Kersting) entworfen hat, die Anderen hielten sein Werk für eine Theorie des despotischen Machtstaates, für den er zum Synonym geworden sei. Handelt es sich dabei um eine Theorie des aufgeklärten Absolutismus oder steht Hobbes' Werk am Anfang des Liberalismus? Das spezifisch Moderne an Hobbes' Staatstheorie ist das gegenseitige Bedingungsverhältnis von Staat und Gesellschaft. Die Legitimationsgrundlage für den Staat ist nicht mehr göttlicher Wille, sondern der Wille jedes einzelnen Bürgers. Freilich müssen die vielen Einzelnen zunächst vollständig auf ihre Macht verzichten, um sie anschließend auf einen »menschlichen Gott«, den Leviathan, zu übertragen. Damit schaffen die Individuen – durch freiwillige Vereinbarung – Ordnung, Recht, Sitte und Sittlichkeit und damit die Gemeinschaft (Common Wealth), wie Hobbes den Staat nennt. Die Menschen schließen damit freilich keinen »Gesellschaftsvertrag« ab, wie ihn Jean-Jacques Rousseau ein Jahrhundert später (1752) entworfen hat: Es ist vielmehr ein Unterwerfungsvertrag, dessen Gegenleistung einzig und allein in einem Schutzversprechen des Souveräns (Monarch) gegenüber seinen Untertanen besteht.

Eine von Hobbes' Kernthesen, die er in der Widmung von *De Cive* formuliert hat und die auch heute noch fast jeder kennt, ist »Homo homini lupus« (Der Mensch ist dem Menschen ein Wolf). Hobbes negatives Menschenbild geht davon aus, dass menschliches Handeln durch egoistische Eigeninteressen bestimmt ist, die einerseits dem Selbsterhaltungstrieb und andererseits dem Streben nach Vergrößerung des Besitzes entsprechen. Ausgangspunkt des *Leviathan* ist die Annahme, der Naturzustand der Menschheit sei ein Krieg eines Jeden gegen Jeden (Bellum omnium contra omnes), ein fürchterliches Hauen und Stechen, dem der Einzelne schutzlos ausgeliefert sei. Schutz könne den Menschen nur ein allmächtiger Souverän geben, der diesen überaus gefährlichen Urzustand kraft seiner unbeschränkten Macht beenden könne. Daraus ist der Schluss gezogen worden, dass Hobbes der »Stammvater« des Absolutismus sei: Einem absoluten Herrscher stehen rechtlose Untertanen gegenüber, die sich zum unbedingten Gehorsam verpflichten. Hobbes' souveräner Staat steht über seinen Untertanen und ist einzige Quelle von Recht und Moral. Er bestimmt auch über die öffentliche Religionsausübung, die Glaubenskriege seiner Zeit stehen Hobbes dabei lebhaft vor Augen. Die Frage, ob die Untertanen von dem Unterwerfungsvertrag zurücktreten können, wenn der Souverän sein Schutzversprechen nicht einhält, lässt der *Leviathan* unbeantwortet. Gerade dies hat jedoch zu einer heftigen Kontroverse zwischen den Hobbes-Interpreten geführt.

Zum Verständnis des *Leviathan* müssen auch die Bände seiner berühmten Trilogie herangezogen werden: *De Corpore* (Der Körper, 1655), *De Homine* (Der Mensch, 1658) und *De Cive* (Der Bürger, 1642). In diesen vier Büchern entfaltete Hobbes – Schritt für Schritt – seine Staatsphilosophie. Dazu bediente er sich in seinem berühmtesten Werk, dem *Leviathan*, eines bildhaften Mythos, den zu seiner Zeit jeder kannte. Der Leviathan ist ein biblisches Seeungeheuer (Buch Hiob 40,20), sein Gegenstück ist das Landungeheuer Behemoth. Hobbes hat auch dieses Bild, das als Symbol der Revolution angesehen worden ist (Carl Schmitt), benutzt, und zwar in seiner staatstheoretischen Schrift *Behemoth, or the long Parliament*. Diese Arbeit wurde zwar bereits 1668 fertiggestellt, konnte aber wegen eines Druckverbots erst 1681, also zwei Jahre nach dem Tod des Autors, erscheinen. Anders als der *Leviathan* wurde der *Behemoth* nicht zu einem Klassiker der

Sozialwissenschaften. Er diente aber z. B. Franz Neumann 1942/44 als Anknüpfungspunkt für seine Strukturanalyse des Nationalsozialismus. Beide Werke zeigen Hobbes' Furcht vor dem Chaos, das sich für ihn im Bürgerkrieg manifestiert.
Es liegt auf der Hand, dass Hobbes' Gedanken vor allem vom Klerus als gefährlich
eingestuft wurden. Der Stein des Anstoßes war die englische Ausgabe des *Leviathan*, die allzu viele Menschen lesen konnten. 1668 erschien daher eine zensierte
lateinische Fassung, in der Sprache der Kirchenmänner und Gelehrten.

Hobbes war von Haus aus Naturwissenschaftler, der nach der aus der Einsicht
in die Natur gewonnenen Wahrheit suchte. Er leistete Bedeutendes auch als Mathematiker, Historiker und Ethiker sowie in der Geometrie, Theologie und Op-
tik. Seine wissenschaftliche Methodik bezeichnete er selbst als »more geometrico«. An die Stelle der Aristotelischen Einheit von Natur und Politik setzte er den
Gegensatz zwischen beiden. Sein Credo lautete: »Die wahre Lehre der Naturgesetze ist die wahre Moralphilosophie«. Dabei war er vor allem von der strengen Logik in der Geometrie Euklids und der Mathematik Galileis beeindruckt. Nach den
Grundsätzen dieser mathematischen Logik schloss er aus wenigen Axiomen auf
einen größeren, komplexeren Zusammenhang. Für Hobbes war alles Sein Materie in Bewegung und die Welt ein Uhrwerk ohne Ethik. Es liegt daher nahe, den
Hobbesschen Staat als große Maschine anzusehen (Ulrich Weiß), als riesenhaften
Mechanismus zur Sicherung des Daseins der Menschen. Hobbes knüpft mit seiner
auf das Individuum bezogenen Sichtweise einerseits an die nüchterne empirische
Analyse der Staatsgeschäfte durch Machiavelli an. Andererseits steht er der Souve-
ränitätslehre Jean Bodins nahe, die dieser für den säkularisierten Staat der Neuzeit
entwickelt hat. Dass manche seiner Ideen den Charakter des Zeitlosen angenommen haben, zeigt die eigentliche Größe von Hobbes. Sein *Leviathan* ist fraglos ein
Klassiker der Sozialwissenschaften.

Hobbes *Leviathan* war seit seinem Erscheinen (1651) nicht nur Gegenstand politischer Auseinandersetzungen, sondern auch wissenschaftlicher Kontroversen.
Bereits fünf Jahre später (1656) begann ein lang anhaltender Streit mit den Natur-
wissenschaftlern John Wallis und Robert Boyle, die in Oxford lehrten. Sie lehn-
ten seine rein deduktive Methode der Wahrheitsfindung ab. Bei den Gelehrten auf
dem europäischen Kontinent genoss Hobbes hingegen Zeit seines Lebens höchs-
tes Ansehen. Nach seinem Tode griffen die Aufklärer des 18. Jahrhunderts auf
sein Konzept eines Vertrages zurück, aus dem sich politische Pflichten, aber auch
moralische Grundsätze ableiten lassen. Spätere Generationen haben sich immer
wieder auf Hobbes' Staatsphilosophie bezogen. Jeder Hinweis auf die mögliche
Antiquiertheit des *Leviathan* verbietet sich daher von selbst. Vielmehr sind seine Problemstellungen für uns auch heute noch von zentraler Bedeutung. Hobbes
hat als Erster die soziale, ökonomische und politische Neuartigkeit der Moderne
erfasst und auf seine ordnungspolitischen und legitimationstheoretischen Impli-

kationen hingewiesen (Wolfgang Kersting). Keine ernst zu nehmende Staatstheorie kam früher und kommt heute an Hobbes' Werk vorbei. Die Literatur zu Hobbes' *Leviathan* ist daher nahezu unüberschaubar. Wann immer der Staat in seiner absoluten Machtausübung bezeichnet werden soll, ist das Bild vom Leviathan zur Hand, jenes »sterblichen Gottes«, der – wie der Frontispiz seiner Originalausgabe zeigt – aus Tausenden von Menschen zusammengesetzt ist und über die weltlichen wie über die kirchlichen Dinge dieser Welt herrscht.

Rüdiger Voigt

Literatur
Kersting, Wolfgang (Hg.): Thomas Hobbes: Leviathan oder Stoff, Form und Gewalt eines kirchlichen und bürgerlichen Staates, Berlin 2008.
Münkler, Herfried: Thomas Hobbes, Frankfurt/New York 1993.
Voigt, Rüdiger (Hg.): Der Leviathan, Baden-Baden 2000.

John Locke: Two Treatises of Government: In the former, The false Principles and Foundation of Sir Robert Filmer, And His Followers, are Detected and Overthrown. The latter is an Essay Concerning the True Original, Extent, and End of Civil Government. Anwsham and Churchill: London 1690 [erschienen 1689], 358 S. (dt. Zwei Abhandlungen über die Regierung, Frankfurt 1977, 360 S.).

Die zunächst anonym erschienene Schrift stellt John Lockes (1632–1704) Hauptwerk zur politischen Theorie dar und gilt als einer der wichtigsten Beiträge zur neuzeitlichen Vertragstheorie. Aufgrund seines ebenfalls 1689 erschienenen *Essay Concerning Human Understanding* gilt Locke darüber hinaus als bedeutender Erkenntnistheoretiker und theoretischer Philosoph. Die *Treatises* entstehen größtenteils bereits zwischen 1679 und 1683 auf Anregung des Liberalen Lord Shaftesbury. Sie stehen im Zusammenhang mit den Auseinandersetzungen um die englische Thronnachfolge und dem Kampf zwischen absolutistischen Tendenzen und der liberalen Idee einer Konstitutionalisierung der Herrschaft als Sicherung von ›Liberty and Property‹. Die erste *Abhandlung* ist ganz diesem Kampf gegen den Absolutismus gewidmet, indem Locke sich gegen Robert Filmers ›Divine-Right-of-Kings‹-Theorie wendet, die politische Autorität und Eigentumsansprüche aus der väterlichen Gewalt Adams ableitet. Die zweite *Abhandlung* artikuliert dagegen das Programm eines besitzindividualistisch fokussierten liberalen Rechtsstaats.

Die *Zwei Abhandlungen* eröffnen zunächst einen normativen Diskurs: den Versuch der Legitimation von Privateigentum und Gewaltmonopol vor dem Richterstuhl rationaler, nutzenmaximierender Akteure im Rahmen eines individualistisch akzentuierten Naturrechts. Dabei wird das Privateigentum als vorstaatliches Menschenrecht unterstellt, während der Staat aus einem Gesellschaftsvertrag der Naturzustandsbewohner heraus erklärt und gerechtfertigt wird. Im Vergleich zum traditionellen Naturrecht unterscheidet sich Lockes politisches Denken vor allem im proklamierten Staatsziel (Eigentumssicherung statt Tugendverwirklichung), in der Idee der Genese staatlicher Herrschaftsrechte (künstliches Produkt egoistischer Nutzenmaximierer vs. natürliche Ordnung) sowie in der Vorstellung legitimer Eigentumsbegründung (Arbeit statt Vertrag).

Lockes politische Philosophie lässt sich nicht fein säuberlich in deskriptive und normative Abschnitte aufteilen, sondern baut in sein Rechtfertigungsprogramm Aussagen über Akteure und ihre Motivationen, gesellschaftliche Entwicklungen und Dynamiken, Reichtumsproduktion und politische Institutionen ein. Enorm wirkmächtig, sowohl für den Menschenrechtsdiskurs der französischen und amerikanischen Revolution als auch für die liberalistische politische Theorie und die moderne Politische Ökonomie waren vor allem folgende seiner Theoreme: Die hedonistische Handlungstheorie nutzenmaximierender und übelminimierender Akteure (die allerdings v. a. im *Essay* zu finden ist), die Arbeitstheorie des Eigentums, die Arbeitswert- und Anreiztheorie des Reichtums, die Legitimierung sozialer Ungleichheit durch das Leistungsprinzip, die Begründung der Staatsgewalt aus dem Bedürfnis der Eigentumssicherung sowie die politischen Überlegungen zu einem gewaltenteiligen und rechtsstaatlich limitierten Staatsapparat.

Lockes *Zweite Abhandlung* artikuliert den argumentativen Dreischritt des neuzeitlichen Kontraktualismus: Naturzustand – Gesellschaftsvertrag – Staat. Im als empirische Hypothese verstandenen Naturzustand treten sich rationale, am eigenen Überleben und Glück interessierte Akteure gegenüber, deren legitime Handlungsoptionen durch ein schöpfungstheologisch fundiertes Naturrecht begrenzt sind. Die elementaren Naturrechte sind die Rechte auf Leben, Freiheit und Privateigentum, ein Recht zweiter Ordnung stellt das Recht auf Selbstjustiz dar. Im Zuge der Erörterung des Naturzustands entfaltet Locke eigentums- und ökonomietheoretische Überlegungen. Das Privateigentum gilt ihm nicht bloß als vorstaatliches, sondern als vorsoziales Recht: Indem isolierte Akteure, denen Locke ein ursprüngliches Eigentum an ihren Kräften, Willen und Fähigkeiten attestiert, sich produktiv die Natur aneignen, vermischen sie diese rechtspersonale Substanz durch ihre Arbeit mit äußeren Gütern und fügen diesen etwas (rechtlich) ›Eigenes‹ hinzu, das den Zugriff aller anderen auf diese Güter ausschließt – Eigentum ist demnach nicht sozialpflichtig. Arbeit wird von vornherein als Privatproduktion verstanden, der aber zunächst enge Grenzen einer gebrauchswertorientierten Ökonomie gesetzt sind (artikuliert in Gestalt von Aneignungsschranken). Im Zuge der Entwicklung des Naturzustands wird aber durch die konventionelle Einführung des Geldes ein unverderbliches, Nutzen symbolisierendes Gut erschaffen,

das gegen alle anderen eintauschbar ist, was die unbegrenzte Akkumulation ermöglicht. Die Aussicht auf monetären Gewinn soll nun den Fleiß der Produzenten anspornen und zur Steigerung des Reichtums an intrinsisch wertvollen Dingen beitragen. Im Zuge dieser Anreiztheorie wird auch eine Arbeitsleidtheorie des
Reichtums artikuliert. Fest steht, dass »die *Arbeit den weitaus größten Anteil des
Wertes* der Dinge ausmacht« (226), wobei es »die schwere Arbeit des Pflügens, die
Mühen des Schneidens und des Dreschens und der Schweiß des Bäckers [sind],
was bei dem Brot, das wir essen, berechnet werden muß« (227). Gebrauchswert
und Wert werden hier allerdings noch nicht klar geschieden. Soziale Ungleichheit, v. a. zwischen Eigentümern an Produktionsmitteln (hier: Boden) und bloßen Selbsteigentümern ohne Produktionsmittel (Lohnarbeits-»Knechte«), entsteht Locke zufolge aus dem Unterschied des Fleißes.

Im Naturzustand lässt die gleiche Freiheit (verstanden als Abwesenheit persönlicher Abhängigkeit) für natürliche Herrschaftsrechte keinen Raum. So gilt Locke
auch die »eheliche Gesellschaft« als durch »einen freiwilligen Vertrag zwischen
Mann und Frau« (248) entstanden. Allerdings bildet der Zweck der Gattungs-
reproduktion und Eigentumsvererbung das vorgegebene Vertragsziel. Lediglich
die vorübergehende Verstandesdefizienz von Kindern begründet ein begrenztes
natürliches, aber an die Fürsorgepflicht gebundenes und mit der Volljährigkeit en-
dendes Herrschaftsrecht – die väterliche Gewalt. Obwohl Locke den Naturzustand
als friedlichen und rationalen zeichnet, erkennt er vermeintlich aus der egoistischen Menschennatur fließende Konfliktpotentiale als dessen zentrale Mängel.
Das gleiche Naturrecht der Eigentümer muss ihnen durch eine von ihnen selbst
geschaffene Instanz aufgezwungen werden, die über das Rechtssetzungs-, -aus-
legungs- und -anwendungsmonopol verfügt. Der als empirisches Faktum verstan-
dene Gesellschaftsvertrag vermehrt den Nutzen der Individuen, indem er ihr Eigentum sichert, und kann allein legitime Herrschaft hervorbringen, die allerdings
nur Treuhänderin der Naturrechte ist und damit rechtsstaatlich limitiert sein soll.
Das bedeutet allerdings nicht, dass es ein unbedingtes Recht auf Leben gäbe. Bereits im Naturzustand erachtet Locke die Todesstrafe für Eigentumsdelikte als legitim (211) (damit die englische Rechtspraxis seiner Zeit reflektierend); im staatlichen Zustand kann der einzelne jederzeit im Zuge des Krieges für den Erhalt der
Eigentumsordnung geopfert werden (289). Primär ist also nicht das Recht auf Leben, sondern das Privateigentum.

Der Staat wird in legislative und exekutive Gewalt (darunter Rechtsprechung,
föderative außenpolitische Gewalt und Prärogative) unterteilt. Die »Schwäche
der menschlichen Natur, die stets bereit ist, nach der Macht zu greifen« (291), erfordert eine Teilung der legislativen und der exekutiven Gewalt. Diejenigen, die
die Gesetze beschließen, sind ihrer Ausführung unterworfen, die Ausführenden
wiederum den Gesetzen verpflichtet. Innerhalb der konstituierten Gewalten des

Staates kommt der Legislative im Regelfall, der Prärogative im Ausnahmefall der Vorrang zu. Alle Gewalten sind aber – in der Regel – natur- und positivrechtlich gebunden. Auch die Staatsräson des Fürsten, die im Ausnahmezustand gegen das Gesetz zugunsten des öffentlichen Wohls handeln soll, begründet keinen personalen Herrschaftsbesitz, sondern stellt lediglich einen Teil der vom Volk überantworteten Gewalt dar. Generell besteht damit Herrschaft des Gesetzes. Im Zweifelsfall dauerhaften und schweren Missbrauchs der Macht existiert für das Volk ein Recht auf Widerstand. Damit bleibt das Volk als konstituierende Gewalt der Souverän. Zwar spricht der Lockesche Kontraktualismus nur von ›Menschen‹, die einen Gesellschaftsvertrag eingehen, der ›den‹ Staat hervorbringt, er unterstellt aber stillschweigend eine nationalstaatliche Organisationsform, die den Naturzustand im internationalen Bereich reproduziert, und gewährt das Recht, in der konstituierten Gewalt der Legislative vertreten zu werden, jedem »Teil des Volkes […] lediglich im Verhältnis zu dem Beistand […], den er der Öffentlichkeit leistet« (300).

Das in den *Zwei Abhandlungen* implizite Handlungsmodell nutzenmaximierender Akteure geht in die Annahme eines homo oeconomicus ein und prägt auch ohne direkte Bezugnahmen auf Locke das Rational-Choice-Denken. Die arbeitswerttheoretischen Überlegungen beeinflussen die Entwicklung der klassischen Politischen Ökonomie: Bei Adam Smith lassen sich 1776 teils wörtliche Übernahmen der Arbeitstheorie des Reichtums finden, die sog. Lockeanischen Sozialisten (Hodgskin, Gray u. a.) verwenden 1825 ff. die Idee der Arbeitstheorie des Eigentums, um sie gegen kapitalistische Ausbeutung zu wenden, Karl Marx hingegen kritisiert 1863 ff. auch noch Lockes Eigentumstheorie als aus der Warenzirkulation systematisch entstehenden falschen Schein. Bereits Immanuel Kant hatte 1797 eine scharfe logische Kritik der Arbeitstheorie des Eigentums formuliert, jedoch ohne die Idee des unausweichlichen Privateigentums fallenzulassen. David Hume verwirft 1748 den Vertragsempirismus Lockes und stellt die ideologischen Züge von dessen Idee einer stillschweigenden Zustimmung zur Staatsordnung heraus. Im 20. Jahrhundert knüpfen u. a. Crawford B. Macpherson, Carole Pateman und Robert Nozick in gegensätzlicher Weise an Locke an: Während Macpherson Lockes *Abhandlungen* in kritischer Absicht zum Paradigma besitzindividualistischer politischer Philosophie kürt und Pateman hinter dem Gesellschaftsvertrag einen stillschweigenden Geschlechtervertrag erkennt, der Frauen aus der Öffentlichkeit ausschließt, arbeitet Nozick die *Abhandlungen*, insbesondere Lockes Theorie der Aneignungsschranken, in eine radikal neoliberale Privateigentumsaffirmation ein.

Ingo Elbe

Literatur

Brocker, Manfred: Arbeit und Eigentum. Der Paradigmenwechsel in der neuzeitlichen Eigentumstheorie, Darmstadt 1992.

Euchner, Walter: Naturrecht und Politik bei John Locke, Frankfurt 1979.

Salzborn, Samuel (Hg.): Der Staat des Liberalismus. Die liberale Staatstheorie von John Locke, Baden-Baden 2010.

Charles-Louis de Montesquieu: De l'Esprit des Loix, ou du rapport que les loix doivent avoir avec la constitution de chaque gouvernement, mœurs, climat, religion, commerce, etc. (sic); à quoi l'auteur a ajouté des recherches sur les lois romaines touchant les successions, sur les lois françaises et sur les lois féodales, s. d. [1748], Genève: Barrillot & Fils, 2 vol. in-4°, 1126 S. (dt. Vom Geist der Gesetze, eingel., ausgewählt und übers. v. Kurt Weigand, Philipp Reclam Stuttgart 2011, 442 S.).

Charles-Louis de Secondat, Baron de La Brède et de Montesquieu (geb. 1689 bei Bordeaux; gest. 1755 in Paris), zählt zu den bekanntesten Schriftstellern und politischen Philosophen der Aufklärung. Aus begütertem Adel stammend, hatte Montesquieu eine hervorragende Bildung erhalten. Durch Reisen quer durch Europa, aber auch durch eifriges Sammeln und Lesen von Reiseberichten verschaffte er sich darüber hinaus ein breites Wissen über fremde Länder, Institutionen und Lebensweisen. Beides floss in sein Hauptwerk *De l'Esprit des Lois* in exponierter Weise ein.

In diesem ebenso vielschichtigen wie heterogenen Werk, an dem Montesquieu über 20 Jahre gearbeitet hat und in welches auch viele Überlegungen Eingang fanden, die er schon in früheren Schriften publiziert hatte (etwa in den »Perserbriefen« *Lettres Persanes* v. 1721 oder in den *Betrachtungen über die Ursachen der Größe und des Untergangs der Römer* v. 1731), machte es sich Montesquieu zur Aufgabe, »den Bezug, den die Gesetze zum Aufbau jeder Regierung, zu den Sitten, dem Klima, der Religion, dem Handel etc. haben müssen«, deutlich zu machen. Aus sozialwissenschaftlicher Perspektive ist im *Esprit des Lois* nicht nur das Interesse an der Genese und Struktur verschiedener Staatsformen von Bedeutung, sondern auch Montesquieus Interesse für das, was wir heute »Gesellschaft« nennen, in seiner Diktion sind dies »die Sitten«. Ihn interessiert dabei die Vielfalt und Variationsbreite der politischen und gesellschaftlichen Institutionen, deren Formen und Funktionen er durch historischen und interkulturellen Vergleich herauszuarbeiten und in ein System zu bringen sucht.

Einerseits versuchte er die Determinanten, die das Regierungs- und Rechtssystem einzelner Staaten jeweils bestimmen (z. B. Größe, Geographie, Klima, Wirtschafts- und Sozialstrukturen, Religion, Sitten und Gebräuche) herauszuarbeiten;

andererseits formulierte er – nicht zuletzt in Opposition gegen den ungeliebten Absolutismus – die theoretischen Grundlagen eines idealen Regimes: die konstitutionelle Monarchie. Zentrales Prinzip war für Montesquieu, anknüpfend an John Locke, die Trennung der Bereiche Gesetzgebung (Legislative), Rechtsprechung (Judikative) und Regierungsgewalt (Exekutive), mit anderen Worten die politische Gewaltenteilung – ein Begriff, der aber als solcher bei ihm noch nicht zu finden ist.

Sein Hauptwerk, das im Prinzip unvollendet blieb und in vieler Hinsicht lediglich eine Gedanken- und Materialsammlung darstellt, fand sofort weite Beachtung und wurde auch europaweit breit rezipiert. Gleichzeitig löste es heftige Attacken v. a. von kirchlicher Seite aus. 1751 wurde es von der katholischen Kirche auf den Index der verbotenen Bücher gesetzt. Aber auch von weltlich gesinnten Autoren wurde es kritisiert, insbesondere die Klimatheorie, die in den Ausführungen eine zentrale Rolle spielt, wurde und wird bis heute kritisch betrachtet, weil sich an ihr proto-rassistische und orientalistische Werthaltungen festmachen, die mit den aufklärerischen Prinzipien nicht vereinbar sind.

Die Vielzahl und Vielfalt der Erscheinungsformen menschlicher Sitten und menschlichen Zusammenlebens versucht Montesquieu im *Esprit des Lois* durch ein an antike Vorstellungen angelehntes Dreier-Schema der Regierungsformen zu bündeln und zu systematisieren. Er unterscheidet dabei die Monarchie, die Despotie und die Republik, die je nach klimatischer und ökonomischer Lage, aber auch entsprechend den Tugenden und Lastern der Bevölkerung entstünden, Bestand hätten oder sich wandelten. Das wesentliche Unterscheidungsmerkmal ist, ob nach Gesetzen regiert wird, wie in Republik und Monarchie, oder ohne Gesetze, wie in der Despotie. Dabei besteht die Republik aus zwei Typen: aus der Demokratie oder Volksherrschaft einerseits, der Aristokratie andererseits, Monarchie und Despotie hingegen, die etwa von Aristoteles noch als zwei Formen der Einherrschaft gedeutet wurden, werden von Montesquieu strikt getrennt. Zeichnet sich die Monarchie nämlich durch Respekt der Freiheit und des Eigentums der Beherrschten aus, ist die Despotie die Staatsform, in der alle und alles Eigentum des Herrschers und seiner Willkür ausgeliefert sind. Grundprinzip der Demokratie ist die Tugend, der Aristokratie die Selbstzucht, der Monarchie die Ehre und der Despotie der Terror. Dabei finden sich Republik und Monarchie vor allem in Europa, die Despotie wird von Montesquieu mit den asiatischen Großreichen gleichgesetzt und als typische (und quasi unvermeidliche) Staatsform für heiße Länder mit großer räumlicher Ausdehnung präsentiert.

Zentrales Kriterium für diesen Teil seiner Ausführungen ist die Freiheit der Bürger bzw. die politische Freiheit, nach der sich die Analyse ausrichtet. Die Freiheit als Bürgerrecht ist nach Montesquieu dann gegeben, wenn der staatliche Zwang ausschließlich auf die Gesetze beschränkt wird. Die erste Bedingung für bürgerliche Freiheit ist also, dass die Regierenden an Gesetze gebunden werden. Die zweite Bedingung aber ist, den Regierenden auch die Macht über die Gesetze zu nehmen. »Es wäre nämlich zu befürchten, daß derselbe Monarch oder derselbe Senat tyrannische Gesetze erließe und dann tyrannisch durchführte« (XI, 6), dass also die Willkürakte der Herrschenden zwar in Gesetze gekleidet werden, doch trotzdem Willkürakte sind. Deshalb, so Montesquieu, muss die legislative von der exekutiven Befugnis getrennt werden. Die Gesetze schränken den die bürgerliche Freiheit gefährdenden Zwang, den die Herrschenden auf die Bürger ausüben, nur dann auf das unbedingt Notwendige ein, wenn sie deren Willkür entzogen werden.

Auch die Betrachtung der Lage der Frauen und Männer und ihrer Beziehungen zueinander, folgt dieser Überlegung. Dabei kommt Montesquieu zu dem Schluss, dass Frauen in despotisch regierten Ländern das unglücklichste Los ertragen müssten, denn hier hätte nicht nur die (von Montesquieu als widernatürlich abgelehnte) Sklaverei ihren legitimen Ort, sondern auch die Frauen lebten in sklavischer Abhängigkeit und Unfreiheit. Besser gestellt findet Montesquieu die Frauen in der Republik (die im klimatisch gemäßigten Norden angesiedelt wird), wo die Einehe die Regel sei und die Eheschließung auch erst in einem höheren Alter (der Frau) erfolge. Verstandesbildung, physische Reifung und Eheschließung gingen hier Hand in Hand und sicherten den Frauen eine ausgesprochen starke Stellung in der Ehe. Eine solche Machtstellung der Frauen in der Ehe erscheint Montesquieu allerdings nicht nur widernatürlich, sondern sie bildet in seinen Augen auch eine Quelle ständiger Bedrohung des politischen Systems, das ebenso auf den Verstand der (Ehe-)Männer wie auf ihre häusliche Dominanz und ihre politische Tugend gegründet sein sollte. Insofern erscheint die Demokratie nicht nur als politisches System, das den Frauen ein hohes Maß an Selbstkontrolle abverlangt und ihnen infolgedessen wenig Freiheit bieten kann: »In den Republiken sind die Frauen frei durch die Gesetze und gefesselt durch die Sitten.« (VII, 9) Hieraus folgt nach Montesquieu, dass die Frauen allein in der Monarchie das richtige Mischungsverhältnis von Freiheit und Zwängen, von Luxus und Eitelkeit vorfinden, das ihnen darüber hinaus auch noch eine gewisse Macht (oder doch wenigstens einen gewissen politischen Einfluss) sichert.

Die Frauen sind allerdings, so Montesquieu, in ihrer Stellung nicht nur von den politischen Verhältnissen abhängig, sondern sie haben in allen Regierungsformen einen gewissen – meist negativ gezeichneten, aber deutlich spürbaren – Einfluss auf die politische Ordnung. So kann z. B. in der Demokratie »der Geist übertriebener Gleichheit einreißen«, wenn die Frauen die häusliche Macht an sich reißen und »die Ehemänner keiner Zuvorkommenheit mehr wert befunden« werden (VIII, 2). Ein ähnliches Bild entwirft Montesquieu auch für die »despotische« Regierungsform, die nur auf den ersten Blick, wie es heißt, »unablässig entartet,

weil (sie) von Natur aus entartet ist.« (VIII, 10) Gerade weil hier die Frauen in
ganz besonderer Weise der »häuslichen Knechtschaft« unterworfen seien – und
im Vergleich zum körperlichen Reifeprozess erst sehr spät über die Vernunft verfügten, ihre »Tugend« selbst zu kontrollieren –, stellten sie einen erhöhten Unsi-
cherheitsfaktor dar. Im *Geist der Gesetze* zeigt Montesquieu als positives Gegen-
beispiel, die Neuerungen Zar Peters I., der in Russland eine moderne Staatlichkeit
zu errichten suchte, u. a. indem er die Stellung der russischen Frauen änderte.

Wie sich an diesem Beispiel zeigt, können die weiblichen Leidenschaften zur
Transformation von politischen Systemen funktionalisiert werden. Öfter noch
wirken sie, laut Montesquieu, von sich aus als transformierende Kräfte, denen bes-
tenfalls die Dimension des bewussten Handelns, nicht aber der politische Charakter abgesprochen werden kann. Dies gilt in besonderem Maße für die Frauen,
doch gilt es nicht für sie allein. Auch die Schwächen und Untugenden der Männer
führen zum Zerfall der politischen Ordnung – vor allem in der Republik (genauer:
in der Demokratie), die an die Bürger die höchsten moralischen Ansprüche stellt
und ihnen wenig persönliche Freiheiten bietet.

Die von Montesquieu angeführten Beispiele aus verschiedenen Ländern und
Kulturen erwecken zwar, ebenso wie die von ihm zitierten historischen Quellen,
den Anschein einer gewissen empirischen Verbindlichkeit. Doch will Montesquieu kein getreues Abbild der Kulturen und Völker seiner Zeit liefern, sondern
im Gegenteil Gesetzmäßigkeiten zwischen verschiedenen (geografischen, »men-
talitären« und politischen) Gegebenheiten erkennen und herausarbeiten – insofern also ein Modell erstellen und eine »wissenschaftliche« Methode etablieren.
Diese sollten indes nicht nur zur Demonstration der Relativität moralisch-religiö-
ser Werte und gesellschaftlicher Institutionen dienen, sondern gleichzeitig auch
schlüssig beweisen, dass die auf Grundrechten fußende Monarchie die beste aller
möglichen Regierungsformen (jedenfalls in Europa) darstellt, was letztlich auch
seinen Blick auf republikanische Staatswesen und vor allem die von ihm erfun-
dene »orientalische Despotie« entsprechend getrübt bzw. eingeengt hat.

Montesquieu hat aber, jenseits aller Kritik, dank seiner »Soziologisierung« der
politischen Systeme mit seiner Schrift *De l'esprit des Lois* eine ebenso innovative
wie wirkungsvolle Stimme erhoben. Dabei hat er die diversen zeitgenössisch vorstellbaren politischen Modelle »durchdekliniert« und dabei zentrale Vorstellungen (allen voran Freiheit und Gleichheit) der bereits seit längerem geführten aufklärerischen Debatte zu systematisieren versucht. Er hat die liberalen Tendenzen
des Ancien Régime verteidigt und die »Zivilisierung« der Sitten durch den geselligen Verkehr der Geschlechter positiv gezeichnet, ja, ihnen auch politische Wirksamkeit zugesprochen. Nicht zuletzt hat Montesquieu damit eine vorausschauende
Kritik der von vielen Aufklärern im Gefolge Rousseaus als vorbildlich erachteten
republikanischen Staatsform und den ihr zugrunde liegenden Geschlechterbezie-

hungen geliefert, die schließlich auch für moderne weibliche Präsenzansprüche
zum Vorbild werden konnten.

Claudia Opitz-Belakhal

Literatur
[Montesquieu] Œuvres complètes, publiées sous la dir. de M. André Masson, Paris
   3 Bde. 1950–1955.
Böhlke, Effi/François, Etienne (Hg.): Montesquieu. Franzose, Europäer, Weltbürger,
   Berlin 2005.
Hereth, Michael: Montesquieu zur Einführung, Wiesbaden 2005.

**Jean-Jacques Rousseau: Du contract social, ou, Principes du droit politique, Marc-
Michel Rey: Amsterdam 1762, 202 S. (Die beiden ersten deutschen Übersetzungen erschienen 1763 in Marburg. Zitierte dt. Übers.: Vom Gesellschaftsvertrag oder Grundsätze des Staatsrechts, in: Sozialphilosophische und Politische Schriften, Winkler:
München 1981, S. 267–391).**

Jean-Jacques Rousseau (1712–1778) gehört ohne Zweifel zu den einflussreichsten Denkern der europäischen Geistesgeschichte, ist aber auch deren wohl schil-
lerndster Vertreter. Ebenso wie sein Werk lässt sich seine Biografie am ehesten in
ihren Widersprüchen erfassen. Rousseau wurde in der unabhängigen Republik
Genf geboren und wuchs im calvinistischen Handwerkermilieu auf. Nach einer
spontanen Flucht beginnt er 16-jährig eine lebenslange Wanderschaft zwischen
Ländern, Konfessionen und Schichten; er lebt als Protégé und zeitweise auch als
Liebhaber einer adeligen Dame in Savoyen, beschäftigt sich mit Literatur und Musik, konvertiert in Turin zum Katholizismus, um später in Genf wieder zum Calvi-
nismus zurückzukehren. Verschiedene Anstellungen als Diener, Haus- oder Mu-
siklehrer wechseln sich ab mit Tätigkeiten als Schreiber in einer Stadtverwaltung,
Privatsekretär und Botschaftssekretär in Venedig, bevor er in Paris in den Kreis
der Enzyklopädisten gelangt, mit denen er später wieder bricht. Mit dem Preis
der Akademie von Dijon für seinen ersten *Discours* gewinnt er schlagartig Ruhm.
Die nach seinem Erfolg auch als Opernkomponist angebotene königliche Pension
lehnt er ab und verdient seinen Lebensunterhalt als Notenkopierer. In den ur-
ban-intellektuellen Kreisen der Pariser Salons bleibt der ärmliche Kleinbürger der
Sonderling; zeitlebens wird ihm immer wieder Unterstützung oder Zuflucht von
adeligen Gönnern gewährt, deren Milieu er eigentlich verachtet. Nachdem seine
beiden Hauptwerke, der Erziehungsroman Émile und der *Contrat social,* gleich
nach ihrem Erscheinen verboten worden sind, entzieht sich Rousseau dem französischen Haftbefehl durch Flucht über mehrere Stationen bis nach England. Acht

Jahre vor seinem Tod kehrt der Exilant mit seiner mittlerweile eingetragenen Lebenspartnerin nach Paris zurück; von einer angeborenen Blasenkrankheit, pathologischem Misstrauen und Verfolgungswahn zermürbt stirbt Rousseau in Ermenonville als gebrochener Mann, einsam und verbittert.

Im Gesamtwerk des vielseitigen Autodidakten, der mit dem Natur und Empfindung feiernden Briefroman *Julie ou la nouvelle Héloïse* einen der größten belletristischen Erfolge des 18. Jahrhunderts geschrieben hat, ist der *Gesellschaftsvertrag* die wichtigste politiktheoretische Schrift. Zum einen formuliert Rousseau hier die Vertragstheorie neu, indem er in der Gleichheit zwischen Regierenden und Regierten das zentrale Merkmal einer guten politischen Ordnung ausmacht. War in Thomas Hobbes' *Leviathan* ein Jahrhundert zuvor der Souverän der Nutznießer und unbeteiligter Dritter des Vertrags eines jeden mit jedem, der zum Zwecke des Friedens und der Sicherheit des Einzelnen fiktiv vereinbart wurde, so identifiziert Rousseau den Souverän mit den seiner Herrschaft Unterworfenen dadurch, dass er jeden Einzelnen, indem dieser »gewissermaßen einen Vertrag mit sich selbst schließt, [als] auf doppelte Weise verpflichtet [ansieht], nämlich als Glied des Souveräns gegenüber den einzelnen und als Glied des Staates gegenüber dem Souverän« (282). Zum anderen wendet er dabei Jean Bodins Lehre absoluter Souveränität ins Demokratische zur Idee radikaler Volkssouveränität: Im *Bürger* sind *Untertan* und *Souverän* »identische Wechselbegriffe« (347). Diese Identität macht Rousseau in der Vertragsformel deutlich: »Jeder von uns unterstellt gemeinschaftlich seine Person und seine ganze Kraft der obersten Leitung des Gemeinwillens, und wir nehmen als Körper jedes Glied als untrennbaren Teil des Ganzen auf.« (281) Der durch diesen Verbindungsakt aus den Vertragspartnern erzeugte »corps moral & collectif« erhält durch diesen Akt seine Einheit, sein »moi commun«, sein Leben und seinen Willen (19). Die mit dieser Einheit angenommene Identität zwischen dem Willen des Einzelnen und dem Willen der Gemeinschaft wird mit der Denkfigur einer autonomen, homogenen und irrtumsfreien *volonté générale* erfasst, jenem auf das öffentliche Wohl gerichteten Gemeinwillen, den Rousseau von der bloßen Summierung individueller Sonderwillen zur *volonté des tous* abgrenzt.

Die überlieferte Einteilung der Regierungsformen in Monarchie, Aristokratie, Demokratie und gemischte Regierungen übernimmt Rousseau und je nach den äußeren Umständen hält er die eine oder andere Form für ein Gemeinwesen angemessener. Doch die Unterschiede zwischen den Regierungsformen spielen in seiner Staatstheorie keine entscheidende Rolle, denn ihr zufolge gilt jeder durch Gesetze regierte Staat als Republik, ganz gleich, in welcher Form nun regiert wird, und zudem werden Regierungen hier lediglich durch einen gesetzlich fundierten Akt eingesetzt. Mit der Abhängigkeit der Regierung, die als »oberste Verwaltung« (316) nur administriert, nicht führt, von Erlass und Durchführung eines Gesetzes durch die souveräne Bürgerschaft spricht Rousseau allen Herrschaftsordnungen, deren Entstehung sich nicht dem Willen des Volkes verdankt, die Legitimation ab und stellt Regierungen unter Rechenschaftspflicht sowie den Vorbehalt ihrer jederzeit möglichen Abberufung. Die Souveränität der Volksversammlung liegt in der Befugnis, Gesetze zu erlassen. Allerdings setzt sie die Gesetze nur in Kraft, ist aber zu deren Formulierung und inhaltlichen Gestaltung nicht in der Lage. Hier führt Rousseau die mit übermenschlichen, gleichsam göttlichen Attributen versehene Figur des »Législateur« ein, der die Gesetze verfasst und vorschlägt, als »intelligence supérieure« (52) selbst aber keine gesetzgebende Gewalt besitzt.

Die ins Zentrum seiner politischen Theorie gestellte Idee einer absoluten und unteilbaren Volkssouveränität lässt Rousseau jede Form von Repräsentation ablehnen: »Sobald ein Volk sich Repräsentanten gibt, ist es nicht mehr frei, es ist nicht mehr.« (352) Da in diesem Staatsmodell das Volk selbst Inhaber der Souveränität ist, darf es hier keine institutionellen Vorkehrungen oder Verfahren der Gewaltenteilung geben. Die Abstimmungen auf den Volksversammlungen sollen nach dem Willen des Schweizer Wahlfranzosen nicht allzu kompetitiv, sondern »mit großer Stimmenmehrheit durchgeführt« werden. Erst wenn die Versammlungen nicht von Kontroversen, Konflikt und Dissens geprägt sind, sondern von Einmütigkeit, Harmonie und Konsens, kommt der Gemeinwillen zum Tragen; »die langen Beratschlagungen hingegen, die Zwistigkeiten, der Lärm künden das Anwachsen der Privatinteressen und den Niedergang des Staates an« (359). Damit der Gemeinwillen sich in seinem wahren Ausdruck offenbaren kann, ist es für Rousseau entscheidend, dass es keine »sociétés partielles« im Staat gibt (38), die den Bürger darin beeinflussen könnten, nur seine eigene Meinung zu vertreten. Gibt es aber in der Praxis solche Teilverbindungen, in heutiger Diktion Parteien, Verbände und andere Vereinigungen im intermediären System, dann sollen – hier argumentiert der »Apostel des Anti-Pluralismus« (Ernst Fraenkel) ein einziges Mal pluralistisch – ihre Zahl erhöht und Ungleichgewichte vermieden werden, um das Volk nicht zu täuschen.

Rousseau entwirft die Volkssouveränität als absolut, sie ist keiner Kontrolle durch eine Verfassung unterworfen und von keinem Grundrechteschutz beschränkt. Sein Gesellschaftsvertrag ist fundiert in der »Überantwortung ohne Vorbehalt« des Einzelnen an die Gemeinschaft (280). In dieser »aliénation totale« (18) eines jeden Bürgers mit all seinen Rechten an die Gemeinschaft geht der Einzelne völlig in der Gemeinschaft auf; selbst sein Leben gilt lediglich als ein »bedingtes Geschenk des Staates« (296). Das gemeinschaftliche Ich des *corps politique* speist sich aus einer Liebe zur Gemeinschaft und zu deren Gesetzen, die die Liebe zum eigenen Leben übersteigt. Erst in dieser völligen Selbstentäußerung findet demnach der Mensch zu sich selbst, zu seiner Menschlichkeit und seiner Freiheit, zu der er, wenn er »dem Gemeinwillen den Gehorsam verweigert, [...] gezwungen

werden« muss (283). Die öffentliche Aufklärung zielt hier nicht auf Emanzipation
und Autonomie des Menschen als vernünftigem Wesen, sondern auf die »Einheit
von Einsicht und Willen im gesellschaftlichen Körper«, die dadurch erreicht wird,
dass man die Menschen zwingt, »ihren Willen nach der Vernunft zu richten«, die
sich nur im Gemeinwillen zeige, und die ebenso der Führung bedürftige Öffentlichkeit lehrt, »das zu erkennen, was sie will« (300). Das Problem, eine Instanz anzugeben, die zu diesem Zwingen und Lehren imstande sein soll, führt Rousseau
zur Notwendigkeit des übernatürlichen Gesetzgebers. Die Einzelnen müssen, so
schreibt der Verfasser der Staatsutopie *Contrat social* und des gleichzeitig erschienenen pädagogischen Traktats *Émile*, durch eine entsprechende Erziehung dahin
gebracht werden, die Dogmen der *religion civile* anzuerkennen. Wenn aber Erziehung nicht ausreicht, Bürger im republikanischen Geist heranzuziehen, und der
Glaube an die zivilreligiösen Dogmen fehlt, dann stehen Verbannung und Todesstrafe als Sanktionen zur Verfügung, um das »rein bürgerliche Glaubensbekenntnis […] als Sinn für die Gemeinschaft, ohne den man unmöglich ein guter Bürger
oder treuer Untertan sein kann« (389), in sozialer Verbindlichkeit durchzusetzen.
Zumindest der Tendenz nach hebt das gemeinschaftliche Ich in Rousseaus politischer Theorie das individuelle Ich auf. Der im Gesellschaftsvertrag zu entrich-
tende Preis für die ethisch begründete Ordnung der Gesellschaft besteht im vor-
behaltlosen Recht auf Personalität und Individualität.

Kaum ein anderer Klassiker der Sozialwissenschaften wurde so unterschiedlich diskutiert, aber auch von so vielen politischen Richtungen vereinnahmt wie
Rousseau. Dabei geriet die Rezeption des *Contrat social* ebenso widerspruchsvoll
wie Leben und Werk des Verfassers. Zu dessen Lebzeiten wurde die staatstheoreti-
sche Schrift auch aufgrund ihres Verbots in Frankreich und Genf nur relativ wenig beachtet. Erst die Französische Revolution, deren Parteien sich auf Rousseau
als Vordenker beriefen, beförderte seine breite Popularisierung. Zum Teil wird
der *Gesellschaftsvertrag* – ähnlich wie Platons *Politeia* – als Entwurf eines Idealstaats angesehen, der nicht an der empirischen Wirklichkeit zu überprüfen ist,
oder auch als utopischer Text. Gilt der irisierende Autor des *Gesellschaftsvertrags*
den einen als radikaler Künder unteilbarer Volkssouveränität, so ist er für andere der Gegner von Pluralismus, Parlamentarismus und repräsentativer Demokratie oder gar der geistige Ahnherr totalitärer Regime. Viele Beteiligungsbewegte
entdecken in dem Bürger Genfs den Vorkämpfer der direkten Demokratie; Fort-
schrittsskeptiker erkennen in dem Philosophen den Ketzer gegen den aufklärerischen Glauben an Wissenschaft und Vernunft. Für die einen ist Rousseau ein dog-
matischer Gegner der Freiheit, für die anderen garantiert sein Republikanismus
erst die wahre bürgerliche Freiheit bei gesellschaftlicher Gleichheit. Zivilisations-
kritiker deuten seinen Geschichtspessimismus im Kontext eines implizierten *Zurück zur Natur!* als Kritik der bürgerlich-kommerziellen Gesellschaft, und mit sei-

nem an der römischen Antike orientierten Ideal einer Republik gilt er vielen als
Kritiker der sich bereits abzeichnenden kapitalistischen Gesellschaft. Die außerordentlich breit abgesteckte Wirkungsgeschichte des *Contrat social* ist keineswegs
abgeschlossen; auch nach 250 Jahren regt das Werk noch neue Interpretationen an.

Wolfgang Bergem

Literatur

Cassirer, Ernst: Über Rousseau, hrsg. und mit einem Nachwort von Guido Kreis, Frank-
    furt 2012.
Fetscher, Iring: Rousseaus politische Philosophie. Zur Geschichte des demokratischen
    Freiheitsbegriffs, 8. Aufl., Frankfurt 1999.
Rehm, Michaela: Bürgerliches Glaubensbekenntnis. Moral und Religion in Rousseaus
    politischer Philosophie, München 2006.

**Mary Wollstonecraft: A Vindication of the Rights of Woman with Strictures on Political
and Moral Subjects, J. Johnson: London 1792, 452 S. (dt. Rettung der Rechte des Weibes. Mit Bemerkungen über politische und moralische Gegenstände. Mit einigen An-
merkungen und einer Vorrede von Christian Gotthilf Salzmann, 2 Bde., Verlag der Erziehungsanstalt: Schnepfenthal 1793/94).**

A Vindication of the Rights of Woman ist die bekannteste Schrift aus dem Werk der
britischen Gesellschafterin, Erzieherin, Lehrerin, Mitbegründerin einer Privat-
schule für Mädchen, Redakteurin, Rezensentin, Übersetzerin, Schriftstellerin, politischen Philosophin und Publizistin Mary Wollstonecraft (1759–1797), das nicht
nur politische und philosophische Schriften umfasst, sondern auch Erziehungs-
ratgeber, Romane, ein Kinderbuch und Reiseberichte. Wollstonecraft gilt als eine
der wichtigsten Vorkämpferinnen der Frauenemanzipation, als Vordenkerin der
Gleichstellung der Geschlechter und als Klassikerin feministischer Theorie.
   Sie widmet *A Vindication of the Rights of Woman* dem Konventsabgeordneten
und späteren französischen Außenminister Charles Maurice de Talleyrand-Péri-
gord, der als Bischof von Autun vom Papst mit einem Kirchenbann belegt worden war, nachdem er 1791 einen Eid auf die Zivilkonstitution des Klerus abge-
legt hatte. Wollstonecraft ist begeistert von einem von ihm verfassten »Pamphlet«
für ein nationales Bildungssystem ohne Unterschiede für Jungen und Mädchen,
denn sie ist davon überzeugt, dass die Befreiung der Frauen aus der Unmündigkeit nur durch Erziehung und Bildung – als Voraussetzung für politische und ökonomische Partizipation – möglich ist. Sie argumentiert leidenschaftlich für die
Rechte der Frauen, für die Gleichstellung der Geschlechter. Der Aufklärung verpflichtet, begreift sie die politischen und sozioökonomischen Verhältnisse als ver-

änderbar. Der Mensch zeichne sich im Wesentlichen durch seine Vernunft aus, als deren natürliche Folgen Tugend und Wissen anzusehen seien. Die meisten europäischen Gesellschaften seien allerdings nur partiell zivilisiert, ihre Verfassungen allenfalls rudimentär konform mit der menschlichen Natur. In Abgrenzung zu Jean-Jacques Rousseaus Vorstellung vom Naturzustand, den dieser der Zivilisation vorziehe, vertritt Wollstonecraft die Auffassung: »When that wise Being who created us and placed us here, saw the fair idea, he willed, by allowing it to be so, that the passions should unsold our reason, because he could see that present evil would produce future good.« (20) Und: »Rousseau exerts himself to prove that all *was* right originally: a crowd of authors that all *is* now right: and I, that all will *be* right.« (22; Herv. i. Orig.)

Wollstonecrafts Überlegungen beziehen sich auf Frauen verschiedener gesellschaftlicher Schichten, sie schreibt aber explizit für Mittelklasse-Frauen, »because they appear to be in the most natural state« (5), während etwa die Oberschicht-Frauen aufgrund ihrer Erziehung zumeist eitel und hilflos seien. Sie will ihnen zeigen, was wahre Würde und menschliches Glück sind und sie davon überzeugen, nach körperlicher und geistiger Stärke zu streben, denn sie seien von Natur aus zu Vernunft und Freiheit fähig. Das zeitgenössische Erziehungssystem wird von Wollstonecraft scharf kritisiert. Es basiere im Wesentlichen auf Schriften von Männern, welche Frauen in erster Linie als weibliche und erst in zweiter Linie als menschliche Wesen betrachteten. Frauen sollten nicht zu liebevollen Ehefrauen und vernünftigen Müttern erzogen werden, sondern zu bezaubernden Liebhaberinnen. In der Folge verzichteten die meisten Frauen darauf, sich durch ihre Fähigkeiten und ihre Tugend Respekt zu erwerben, ihr einziges Streben gelte der Liebe. Wollstonecraft kritisiert, dass man den Frauen in den ersten Lebensjahren zwar gestatte, einige oberflächliche Kenntnisse zu erwerben, gleichzeitig raube man ihnen jedoch die körperlichen und geistigen Kräfte zugunsten von lüsternden Schönheitsvorstellungen, um zu heiraten, als einzige Möglichkeit aufzusteigen, sich zu etablieren. Wollstonecraft betont zwar, dass sie keineswegs in die kontroverse Frage nach der Gleichheit oder Minderwertigkeit der Frauen eingreifen wolle, man könne den Männern ein gewisses Maß an physischer Überlegenheit nicht absprechen, die Frauen sollten allerdings männlicher in dem Sinne werden, dass sie nach den die Menschen veredelnden Tugenden und intellektuellen Fähigkeiten ebenso streben sollten wie die Männer.

Mary Wollstonecraft ist eine glühende Verfechterin der Gleichheit und Republikanerin. Sie wendet sich gegen die (absolute) Monarchie, weil ein Einzelner niemals so viel Wissen und Intellekt erwerben könne, wie sie ein absolut herrschender König benötige, um seine Pflichten erfüllen zu können. Eine Gesellschaft sei umso tugendhafter und glücklicher, je stärker sie die Gleichheit fördere. Macht, die auf hierarchische Unterwerfung gestützt sei, schade der Moral. »From the respect paid to property flow, as from a poisoned sountain, most of the evils and vices which render this world such a dreary scene to the contemplative mind.« (320) Wollstonecraft hält stehende Heere für unvereinbar mit der Freiheit, die Geistlosigkeit der Kadetten sei – aufgrund der ähnlichen Erziehung – mit der der Frauen vergleichbar.» The great misfortune is this, that they both acquire manners before morals, and a knowledge of life before they have, from reflection, any acquaintance with the grand ideal outline of human nature.« (43 f.) Als Opfer von Vorurteilen übernehmen sie die Meinungen anderer und unterwerfen sich blind der Autorität.» So that, if they have any sense, it is a kind of instinctive glance, that catches proportions, and decides with respect to manners; but fails when arguments are to be pursued below the surface, or opinions analyzed.« (44) Die unnatürlichen gesellschaftlichen Unterschiede seien die Ursache dafür, dass sie kein nützliches Leben führen könnten. Eine aufgeklärte Gesellschaft müsse sorgfältig darauf achten, dass sich in ihr keine Gruppierungen etablieren können, in denen Menschen aufgrund der Bedingungen, unter denen sich aufwachsen und leben, unweigerlich dumm oder bösartig werden.

Wollstonecraft kritisiert zum einen, dass schon die Mädchen lernen, »that a little knowledge of human weakness, justly termed cunning, softness of temper, *outward* obedience, and a scrupulous attention to a puerile kind of propriety, will obtain for them the protection of man; and should they be beautiful, every thing else is needless, for, at least, twenty years of their lives.« (33) Zum anderen setzt sie sich kritisch und polemisch mit den Schriften zeitgenössischer Autoren (u. a. Rousseau, Fordyce, Gregory) über einen angeblichen weiblichen Geschlechtscharakter und über die »Polarität der Geschlechter« auseinander. Diese »Lehren« waren im letzten Drittel des 18. Jahrhunderts im Kontext der europäischen Aufklärungsphilosophie entstanden, um die weibliche Unterordnung auch weiterhin legitimieren zu können. Auf der Grundlage der modernen Naturrechtslehren waren Geschlechterkonzeptionen entwickelt worden, die von unterschiedlichen Wesensmerkmalen von Männern und Frauen ausgingen. An die Stelle des Standes, der in der feudalen Gesellschaft soziale Stellung und Verhalten determiniert hatte – was auch bedeutete, dass Frauen wie Männern je nach Stand und sozialem Kontext differierende Eigenschaften zugeordnet wurden – trat die Idee einer andersartigen »weiblichen Natur«, die jegliche Emanzipationsmöglichkeit ausschloss. Den unterschiedlichen Geschlechtscharakteren zu Folge sind Männer für den öffentlichen, die Frauen für den häuslichen Bereich von Natur aus prädestiniert. Männer werden als aktiv und rational charakterisiert, als willensstark, tapfer, zielstrebig und selbstständig, aber auch als gewaltbereit, kompromisslos und mit Verstand ausgestattet, wohingegen Frauen als passiv und emotional, schwach, bescheiden, wankelmütig, abhängig, gütig und nachgiebig beschrieben werden. Wollstonecraft empfindet solche Vorstellungen als beleidigend, Frauen würden auf eine Stufe mit Haustieren gestellt. Insbesondere Rousseaus Darstellung der Sophie in seinem Erziehungsroman Émile treibt ihr die Zornesröte ins Gesicht, obwohl sie ihn als großen Denker bewundert. Derlei Schriften trügen dazu bei, dass aufgrund mangelhafter Bildung und Erziehung der Charakter der Frauen unecht und schwach sowie ihr Nutzen für die Gesellschaft unnötig verringert worden sei. Die real existierenden Laster und Schwächen der Frauen seien nicht die Folge ihres Geschlechtscharakters, sondern ihrer Erziehung. Da alle Menschen, Männer wie Frauen, vernunftbegabt seien, sollten alle dazu erzogen werden, ihre Sinne zu schärfen, ihren Charakter zu entwickeln, ihre Leidenschaften zu beherrschen und ihren Verstand nutzen zu lernen, um als Erwachsene denken und urteilen zu können, zum Nutzen für die Gesellschaft insgesamt, denn Herrschaft und Unterwerfung seien gleichermaßen schädlich für Herrschende wie für Beherrschte. Wollstonecraft begreift Erziehung nicht als individuelle Angelegenheit, auch wenn sie die traditionelle Mutterrolle nicht in Frage stellt – sie thematisiert die Elternliebe ebenso wie die Kindespflichten und die öffentliche Erziehung –, denn jedes Zeitalter habe Menschen stark prägende eigene Regeln, Ansichten und Sitten. Zwar könne man von der Erziehung nicht allzu viel erwarten, solange die Gesellschaft so sei wie sie sei, prinzipiell könne jedoch jeder Mensch tugendhaft werden, wenn er seinen Verstand benutze, unabhängig von den gesellschaftlichen Umständen: »for if but one being was created with vicious inclinations, that is positively bad, what can save us from atheism? or if we worship a God, is not that God a devil?« (37)

A Vincidation of the Rights of Woman war ein erfolgreiches Buch. Es wurde nicht nur in England, sondern auch Frankreich und in den USA verlegt, die erste Auflage war schnell vergriffen, schon 1793/94 wurde es mit belehrenden Fußnoten des Verlegers Christian Gotthilf Salzmann ins Deutsche übersetzt. Ende des 19. Jahrhunderts und in der zweiten Hälfte des 20. Jahrhunderts wurde es von verschiedenen Frauenbewegungen »neu« entdeckt, aufgelegt und übersetzt, obgleich die es aufgrund seiner für das 18. Jahrhundert typische Verknüpfung von rationaler Argumentation und emotionaler Parteilichkeit zunächst als assoziativ, unstrukturiert und mangelhaft im Aufbau kritisiert worden war. Mittlerweile ist es ein Klassiker feministischer Theorie.

Alexandra Kurth

Literatur

Kelly, Gary: Revolutionary Feminism. The Mind and Career of Mary Wollstonecraft. Reprint with minor alterations, Basingstoke u. a. 1996.

Sparre, Sulamith: Denken hat kein Geschlecht. Mary Wollstonecraft (1759–1797). Menschenrechtlerin, Lich 2006.

Todd, Janet: Mary Wollstonecraft. A Revolutionary Life, London 2000.

Johann Pestalozzi: Wie Gertrud ihre Kinder lehrt, ein Versuch, den Müttern Anleitung zu geben, ihre Kinder selbst zu unterrichten in Briefen von Heinrich Pestalozzi, Bad Heilbrunn: Verlag Julius Klinckhardt 1801/1974, 148 S.

In 14 Briefen an seinen Verleger Heinrich Geßner hat der Schweizer Pädagoge Johann Heinrich Pestalozzi (1746–1827) 1801 seine Überlegungen zur »Menschenbildung« (137) präsentiert. Mit *Wie Gertrud ihre Kinder lehrt, ein Versuch, den Müttern Anleitung zu geben, ihre Kinder selbst zu unterrichten in Briefen von Heinrich Pestalozzi* wird also mindestens ein zweifach ungewöhnlicher Text als *Klassiker der Sozialwissenschaften* präsentiert. Die Überlegungen Pestalozzis sind von der Form her ungewöhnlich, da sie als Reflexionen in Briefform verfasst wurden, und zugleich stammen sie aus einer Zeit, in der von Sozialwissenschaften noch gar nicht die Rede war. Pestalozzi markiert allerdings in *Wie Gertrud ihre Kinder lehrt* auch gar kein primär sozialwissenschaftliches Interesse. Vielmehr spricht er von der Position eines Pädagogen – das zeigt bereits der Eröffnungssatz seines ersten Briefes an Geßner: »Du sagst, es sei einmal Zeit, mich über meine Ideen von dem Volksunterricht öffentlich zu äußern« (10), und er unterlegt seinen Ausführungen ein theologisch begründetes Weltverständnis: »Nicht vom Verstand, sondern von jenem unerklärlichen, [...] Triebe, sein Dasein in dem höhern, unvergänglichen Sein des Ganzen zu verklären und zu verweigen [...] – dies ist der unbedingte Anspruch der göttlichen Stimme im Innern; in deren Vernehmen und Befolgen liegt der einzige Adel der menschlichen Natur« (141), so schließt Pestalozzi den vierzehnten Brief. Dennoch ist *Wie Gertrud ihre Kinder lehrt* zu Recht als sozialwissenschaftlicher Klassiker zu kategorisieren, weil Pestalozzi in seinen Arbeiten nicht nur die soziale Kontextualisierung von Erziehungs- und Bildungsprozessen hervorhebt, sondern mit diesem Hinweis vor allem für die (sozial)pädagogische Diskussion den Fokus auf die soziale Bedingtheit menschlichen Daseins gerichtet hat.

In Anfangs- und Schlusssatz von *Wie Gertrud ihre Kinder lehrt* steckt aber noch mehr: Sie skizzieren bereits Perspektive und Position, die Pestalozzi einnimmt: Der Gegenstand von Pestalozzis Überlegungen ist die Begründung eines angemessenen »Unterricht(s) der Menschen« (21), die ihn zur Entwicklung einer »Unterrichtsmethode« (59) führt. Diese pädagogische Methodenlehre versteht er als Elementarmethode der Kindererziehung, das heißt als ein allgemeines Konzept für die elterliche wie die schulische Bildung und Erziehung von Kindern. Prämisse ist dabei die Harmonie zwischen dem Gang der Natur und der Erziehung der Menschen. Dementsprechend formuliert Pestalozzi auch als Evaluationskriterium für die Methode: Diese sei dort noch unvollendet, wo »irgendeine bestimmte Übung nicht wie von selbst und ohne Anstrengung aus dem herausfällt, was das Kind schon weiß« (41).

Der von Pestalozzis mit seiner Methodenlehre verbundene Anspruch ist ein aufklärungspädagogischer, weshalb sein Ziel auch keine institutionelle Optimierung des bestehenden Schulwesens in der Schweiz am Beginn des 19. Jahrhunderts darstellt. Ganz im Gegenteil: Pestalozzi schimpft den damaligen Schulalltag ein »Schulübel« Europas (54) und nennt die bestehende Unterrichtspraxis ein reines »Brockenlehren« (110). Der bestehende Erziehungsalltag sei weitgehend von »Scharlatanerie« (38) gekennzeichnet, weshalb Pestalozzi, so lässt sich übersetzen, nicht nur einen pädagogischen Paradigmenwechsel, sondern eine pädagogische Aufklärungsrevolution fordert: Der »öffentliche und allgemeine europäische Schulwagen« müsse seines Erachtens nicht »besser angezogen« werden, sondern vielmehr »umgekehrt und auf eine ganz neue Straße gebracht« (111). An solchen Stellen hört der Leser den leidenschaftlichen Kämpfer für die Aufklärung sprechen, deren Programm Pestalozzi seit seinen Studientagen in Zürich vor allem über die Schriften Jean-Jacques Rousseaus kennengelernt hat. Pestalozzi gehört als Student der Theologie und der Rechtswissenschaft in Zürich in das Umfeld einer patriotischen Jugend, die sich um Johann Jakob Bodmer schart, Professor für Geschichte und Politik am Gymnasium Zürich, expliziter Rousseau-Kenner und vehementer Kritiker der Schweizer Ständeordnung. Nachdem Rousseau Mitte der 1760er Jahre, nach der Verbrennung seiner als revolutionär diffamierten Schriften, auf sein Bürgerrecht in Bern verzichtet hatte, war die herrschende Stimmung in den Schweizer Städten deutlich anti-aufklärerisch. Doch die Gruppe um Bodmer lässt sich nicht einschüchtern. Vielmehr setzen sich die Diskutanten, unter denen neben Pestalozzi u. a. Johann Heinrich Füssli (1741–1825) und Johann Caspar Lavater (1741–1801) waren, explizit mit philosophischen Schriften von der Antike bis in die Gegenwart, und hier immer wieder mit denen Rousseaus auseinander.

Pestalozzi ist ein überzeugter Anhänger der Aufklärung, und bezieht von Rousseau vor allem dessen utopischen Purismus, der sich in der Gegenüberstellung von städtischer Gesellschaft – als Symbol des *Ancien Régime* – gegenüber der ländlichen Gesellschaft – als Symbol des naturnahen Alltags deutlich vor allem in dessen Erziehungsroman Émile zeigt. Vielleicht am radikalsten im Vergleich zu den anderen Mitgliedern der patriotischen Gruppe um Bodmer nimmt Pestalozzi die Idealisierung des Landlebens biografisch auf. Er bricht seine Studien in Zürich vorzeitig ab, und zieht ins Umland, um dort einen Bauernhof zu führen und eine Armenanstalt aufzubauen. Es ist diese Hinwendung Pestalozzis zur »untersten Volksklasse« (54), die auch prägend wird für seine Elementarmethode – und auf die gesellschaftskritischen Anteile seiner Überlegungen verweist. Im vierten Brief illustriert er dies an einer metaphorischen Beschreibung der ständegesellschaftlichen Ordnung der Schweiz. Diese sei wie ein großes Haus, dessen oberstes Stockwerk gekonnt und formvollendet arrangiert sei, aber nur von sehr wenigen bewohnt wird. In der mittleren Etage wohne schon eine größere Zahl von Personen, denen aber nur wenige Treppen nach oben zur Verfügung stünden. Und diese seien auch nur schwer zu begehen, denn im Fall, dass die BewohnerInnen der mittleren Etage nach oben zu gehen versuchten, würde ihnen mindestens auf die Finger geklopft, wenn nicht gar ein Arm abgehackt. Im untersten Stockwerk wohne dann die »zahllose Menschenherde, die [...] nicht nur im ekelhaften Dunkel fensterloser Löcher sich selbst überlassen (werde), sondern ihnen (mache man) durch Binden und Blendwerke die Augen sogar zum Hinaufgucken in dieses obere Stockwerk untauglich« (ebd.). An solchen Stellen wird das, was aus heutiger Sicht als sozialwissenschaftliche Sensibilität Pestalozzis beschrieben werden kann, am deutlichsten. Allerdings dient Pestalozzi diese Gesellschaftsdiagnose nicht als Ausgangspunkt für eine Kritik der politischen Ökonomie, sondern für eine Kulturkritik der Bildungsungleichheit, wie er im siebten Brief in Bezug auf die Sprachlehre ausführt: Die herrschenden Klassen unterdrücken, so Pestalozzi, die »innere Empfänglichkeit« der Menschen, und damit die menschlich notwendige Aufmerksamkeit auf die Eindrücke der Natur (83). Der Grund für diese Haltung sei ihre falsche pädagogische Überzeugung, Menschen könnten sich erst bilden, wenn sie redegewandt sind, weshalb mit dem »Heidelberger Katechismus und der Psalter« gelehrt (93) werde statt jeden Unterricht mit der Anschauung zu beginnen, also mit der Auseinandersetzung mit der Natur selber (59 ff.). Eine Fähigkeit, die jedem Kleinkind bereits gegeben sei.

Zwar scheitern die Aargauer Versuche Pestalozzis, sowohl in Bezug auf seine landwirtschaftlichen wie seine humanitären Unternehmungen. Dennoch haben seine Überlegungen eine entscheidende Wendung genommen: Er geht in den nachfolgenden Jahren in Stans, Burgdorf und Yversee der Umsetzung insofern seiner Rousseauschen Grundüberzeugung nach, aller Unterricht sei nichts anderes ist als die Kunst, dem »Haschen der Natur nach ihrer eigenen Entwicklung Handbietung zu leisten« (21), also die Grundsätze des Unterrichts mit den »Gang der Natur« (55) in Harmonie zu bringen. Eine Überzeugung, die er auch bereits in seinem viel gelesenen Roman *Lienhard und Gertrud* und seinem ersten Brief an Geßner, dem *Brief an einen Freund über meinen Aufenthalt in Stans* verdeutlicht hatte. In Stans versucht Pestalozzi 1798, wenn auch nur für einige Monate und insofern auch hier ohne nachhaltigen Erfolg, unter der neuen Schweizer Regierung eine Erziehungsanstalt aufzubauen. Das nochmalige Scheitern hat Pestalozzi nach eigener Darstellung erschüttert (17), und doch entwickelt sich vor diesem Hintergrund der Entschluss, nun als Lehrer pädagogisch-praktisch tätig zu werden. Dies kann er nach dem Umzug nach Burgdorf auch tun, von wo aus er Geßner dann seine 14 Briefe zur Elementarmethode schreibt.

Diese wurden Anfang 1801 unter dem Titel *Darstellung einer neuen Unterrichtsmethode* angekündigt, womit Pestalozzi sein Interesse, eine Begründung und

Handreichung für das pädagogische Tun vorzulegen, auch explizit markiert. Aus verlegerischen Gründen sind die Briefe aber unter dem Titel *Wie Gertrud ihre Kinder lehrt, ein Versuch, den Müttern Anleitung zu geben, ihre Kinder selbst zu unterrichten in Briefen von Heinrich Pestalozzi* veröffentlicht worden. Damit scheint Geßner – zum späteren Ärger Pestalozzis – semantisch an den Erfolg von *Lienhard und Gertrud* anknüpfen zu wollen, obwohl die Protagonistin aus Pestalozzis Roman in seinen Briefen keine Rolle spielt.

Dennoch kann der Untertitel darauf hinweisen, dass Pestalozzi – trotz der Rede vom Unterricht, und auch seiner eigenen pädagogischen Tätigkeit als Lehrer und Lehrerausbilder in Burgdorf – mit seiner Methode nicht zuerst auf pädagogische Fachkräfte, sondern auf die Mütter, und deren alltägliches Erziehungs- und Bildungshandeln zielt. Die (pädagogische) »Kunst« (56), mit der nach seiner Überzeugung die naturgegebenen Kräfte erst in die Bahnen gelenkt werden können, zielt auf eine »sittliche Selbstentwicklung« (132). Ausgangspunkt dafür ist für Pestalozzi das Naturverhältnis zwischen Säugling und Mutter. Pestalozzi argumentiert somit bindungstheoretisch, so ließe sich aus heutiger Sicht formulieren, da er vom »Keim [...] der Anhänglichkeit des Unmündigen an seine Mutter« ausgeht (ebd.). Pestalozzi erweist sich aber in diesem Kontext auch als essenzialisierender Denker der Idee einer ›natürlichen Mütterlichkeit‹, wie sie am Ende des 19. Jahrhunderts in der bürgerlichen Frauenbewegung von identitätsstiftender Bedeutung war: Mütter versteht Pestalozzi als diejenigen, die von Natur aus für die Aufgabe der frühen Menschenbildung geschaffen worden seien (43). Vor allem aber macht Pestalozzi damit deutlich, dass er als Aufklärungspädagoge und als Theologe argumentiert. Denn die Methode seiner Menschenerziehung demokratisiert das pädagogische Tun, da nun jeder Mensch als erfahrungs- und damit erkenntnisfähiges Subjekt gefasst wird. Entscheidend für eine Volkserziehung ist, dass diese Einsicht – und damit die Sinnlichkeit (62) – nun zum Ausgangspunkt jeder Unterrichtsmethode gemacht wird, um die Menschen zu unterstützen, ihre Erfahrungen in Erkenntnisse zu überführen, also die reine Anschauung in eine Anschauungskunst zu überführen (104 ff.). Pestalozzis Methodenlehre ist aber zugleich ein Programm der Sittlichkeitserziehung, das die Begierde sinnlicher Bedürfnisse kanalisiert (132), und bei dem die Mutter bereits dem Kleinkind Geduld und Gehorsam, Pflicht und Recht beibringt. Tugenden, die das Kind dann im Prozess des Aufwachsens auf Gott ausrichtet (133).

Fabian Kessl

Literatur

Tröhler, Daniel: Johann Heinrich Pestalozzi, Bern 2008.
Niemeyer, Christian: Johann Heinrich Pestalozzi (1746–1827): Die Mutter aller
    Schlachten um die Sozialpädagogik. In: ders.: Klassiker der Sozialpädagogik Ein-

führung in die Theoriegeschichte einer Wissenschaft. Weinheim/München 2005,
S. 15–44.
Osterwalder, Fritz: Pestalozzi – ein pädagogischer Kult. Pestalozzis Wirkungsgeschichte
in der Herausbildung der modernen Pädagogik, Weinheim 1996.

**Friedrich Daniel Ernst Schleiermacher: Erziehungslehre. Aus Schleiermachers hand-
schriftlichem Nachlasse und nachgeschriebenen Vorlesungen herausgegeben von
C. Platz, in: Sämmtliche Werke. Dritte Abteilung, Bd. 9, Berlin 1849. (NA: Grundzüge
der Erziehungskunst (Vorlesungen 1826), in: Texte zur Pädagogik. Kommentierte Studienausgabe. hgg. von Michael Winkler und Jens Brachmann, Frankfurt 2000, S. 7–
404).**

Friedrich Schleiermachers (1768–1834) Vorlesungen über Pädagogik gehören zu
den Grundschriften einer wissenschaftlichen Theorie der Erziehung. Sie markieren neben dem *Versuch einer Pädagogik* (1780) von Ernst Christian Trapp und
der *Allgemeinen Pädagogik* (1806) von Johann Friedrich Herbart den Anfang eines modernen Erziehungsdenkens. Allerdings setzt eine intensive Rezeption erst
im 20. Jahrhundert ein, nachdem die Geisteswissenschaftliche Pädagogik sie als
klassisch kanonisiert und für ein kulturpädagogisches Verständnis beansprucht.
Gleichwohl nehmen sie in der Geschichte pädagogischer Ideen eine besondere
Stellung ein, da sie einen sozialwissenschaftlichen oder geradezu sozialisationstheoretischen Zugang wählen, um den dann eine pädagogische Überlegung entfaltet wird: So machen die Vorlesungen thematisch, wie auf die als Bildung ge-
fasste Entwicklung menschlicher Subjekte, die sich im Kontext von sozialen und
kulturellen Zusammenhängen vollzieht, bewusst eingewirkt wird, bzw. in welchen
Handlungsformen dies geschieht.

Die Überlieferung der Texte ist allerdings fragwürdig. Der Theologe und Philosoph Schleiermacher hat an der Berliner Universität drei Mal über Pädagogik
gelesen, im Wintersemester 1813/14, dann 1820/21 mit der inhaltlich verknüpften
Psychologie-Vorlesung und 1826 unter dem Titel *Grundzüge der Erziehungskunst.*
Nur für das Kolleg von 1813/14 liegen handschriftliche Notizen von Schleiermacher selbst vor. Die Auseinandersetzung mit den Vorlesungen von 1820/21 und
1826 stützte sich bislang auf eine Kompilation von Nachschriften, die Carl Platz
im neunten Band (»Pädagogik«) der dritten Abteilung (»zur Philosophie«) von
Schleiermachers *Sämmtlichen Werken* erstellt hatte. Dieser wurde 1849 erstmals
publiziert, 1871 folgte eine weitere Ausgabe, 1902 dann die in Beyers *Pädagogischen Klassikern.* Erich Weniger und Theodor Schulze haben 1957 eine systematisch angelegte Auswahl vorgestellt, die jedoch Änderungen gegenüber der Platz-
schen Edition vornahm; seit 2000 liegt eine Ausgabe vor, die Fragen der Textkritik

und nach philologischen Standards aufgeworfen, sodann wenigstens den Stand von 1849 wieder hergestellt hat. Erst die jüngere Forschung nimmt Dokumente auf, die als authentisch gelten können, so die inzwischen veröffentlichte so genannte *Berliner Nachschrift* der Vorlesung von 1820/21. In der Kritischen Gesamtausgabe der Werke Schleiermachers wird 2014 die Nachschrift *Sprüngli* veröffentlicht, welche die Auseinandersetzung mit Schleiermachers Pädagogik von 1826 auf eine völlig neue Grundlage stellt.

Schleiermacher entwirft seine Pädagogik vor dem Horizont nachrevolutionärer Auseinandersetzungen und mit Blick auf eine bürgerliche Gesellschaft, die ihm früh in ihrer inneren Brüchigkeit bewusst wird. Er bewegt sich im Kontext der Spätaufklärung sowie im Kreis der Romantiker; nicht zuletzt kommen religiöse Motive zum Tragen. Er überschreitet diese, indem er Erziehung aus der alltäglichen religiösen Lebenspraxis löst und sie als besondere Aufgabenstellung erfasst. Er identifiziert zugleich zwei Kernprobleme: Einmal bewegt ihn das schon in seinen *Reden über die Religion* erkannte Dilemma, wie in einer aufgeklärten, säkularen und ausdifferenzierten Gesellschaft im Individuum die Grundlagen sozialer Kohäsion entstehen, ohne den Willen des Einzelnen zu dementieren; Schleiermacher verweist auf das in Religion gebundene Gefühl der Abhängigkeit, dann auf die sittliche Gesinnung. Zum anderen stellt er sich – durchaus vor dem Hintergrund seiner religionssoziologischen Untersuchungen christlicher Sitte – der Frage, wie Ritus und individuelle Freiheit als Bedingung eines aufgeklärten protestantischen Glaubens verbunden sein könnten. Er bezieht sich dann auf die Aufklärungspädagogik die Erziehung unter den Imperativ einer Vervollkommnung der Menschheit zu stellen, die durch Industriosität und Nützlichkeit der Individuen gesichert werde. Die Philanthropen hatten damit eine breite und intensive Debatte über Erziehung ausgelöst, sowie eine Vielzahl von Beobachtungen und Einsichten zusammen getragen, ohne jedoch ein theoretisches Verständnis in einem – wie dies in der Sprache der Zeit heißt – spekulativen Entwurf zu erreichen. Nicht minder wichtig wurden für Schleiermacher die durch die Romantiker aufgeworfenen Fragen danach, wie die individuelle Lebensführung in einem nunmehr offenen, durch die Subjekte selbst zu gestaltenden geselligen Zusammenhang möglich werde; Schleiermacher hat dies in den *Monologen* und in seinem *Versuch einer Theorie des geselligen Betragens* bearbeitet. Doch vor einer Untersuchung von Erziehung sah sich Schleiermacher mit der Herausforderung konfrontiert nachzuweisen, dass und wie Pädagogik überhaupt im Kontext der wissenschaftlichen Disziplinen verhandelt werden kann. Jedes Kolleg von Schleiermacher über Pädagogik geht davon aus, dass diese aus der Wissenschaft ausgeschlossen werden solle – wobei ungeklärt ist, auf welche zeitgenössischen Auseinandersetzungen er sich bezieht. Während jedoch die Kollegs von 1813/14 und 1820 anerkannte Disziplinen als Ausgangspunkt wählen, wobei Schleiermacher vorrangig seine Ethik als Referenzrahmen ins Spiel bringt, gelingt ihm in der Einleitung der als Schlüsseltext geltenden Vorlesung von 1826 eine geradezu paradigmatisch wirkende Fundierung und Rahmung pädagogischer Reflexion, die Platzsche Ausgabe überschreibt sie mit »Grundlage zur wissenschaftlichen Betrachtung«: »Das menschliche Geschlecht besteht aus einzelnen Wesen, die einen gewissen Zyklus des Daseins auf der Erde durchlaufen und dann wieder von derselben verschwinden, und zwar so, dass alle, welche gleichzeitig einem Zyklus angehören, immer geteilt werden können in die ältere und die jüngere Generation, von denen die erste immer eher von der Erde scheidet. Allein wenn wir das menschliche Geschlecht betrachten in den größeren Massen, die wir Völker nennen, so sehen wir, dass diese in dem Wechsel der Generationen sich nicht gleich bleibe! Sondern es gibt darin ein Steigen und Sinken in jeder Beziehung, worauf wir Wert legen. […] Das aber ist klar, dass dem Steigen und Sinken menschliche Tätigkeit zum Grunde liegt; diese ist um so vollkommener, je mehr ihr eine Vorstellung von dem, was geschehen soll, vorangeht und ein Typus vorliegt, wonach die Tat eingerichtet werden muss […]. Es muss also eine Theorie geben, die von dem Verhältnisse der älteren Generation zur jüngeren ausgehend sich die Frage stellt: Was will denn eigentlich die ältere Generation mit der jüngeren? Wie wird die Tätigkeit dem Zweck, wie das Resultat der Tätigkeit entsprechen? Auf diese Grundlage des Verhältnisses der älteren zur jüngeren Generation, was der einen in Beziehung auf die andere obliegt, bauen wir alles, was in das Gebiet dieser Theorie fällt.« (9)

Es ist in der Forschung umstritten, ob das von Schleiermacher angesprochene Generationenverhältnis der pädagogischen Theorie schon angehört oder diese nicht im Sinne einer methodischen Realabstraktion erst vorbereitet, wenn nicht sogar rechtfertigt. Die erste Funktion des Generationenverhältnisses besteht jedenfalls darin, eine Rahmung zu bieten, um die in den Debatten der Aufklärungspädagogik sichtbar gewordenen Befunde überhaupt erst als pädagogisch relevante zu identifizieren und einzuordnen; so geht es um die Abgrenzung zu den politischen Sachverhalten, dann hilft das Generationenverhältnis, pädagogische und psychologische Themen zu unterscheiden. Nicht zuletzt geht es Schleiermacher darum, im Sinne seiner »beschreibenden« Ethik eine Theorie der Pädagogik zu ermöglichen, mit der die pädagogischen Sachverhalte so verstanden werden können, dass Handeln möglich wird, ohne dieses jedoch festzulegen. Er bietet sie zwar als eine Theorie für Professionelle an, die jedoch keine Aussagen über strenge Wirkungszusammenhänge oder gar Anleitungen erwarten dürfen; sie finden ein Denkgerüst, ein »Fachwerk« vor, das eine Hermeneutik einer komplexen, mehrdeutigen und real spannungsreichen und zuweilen widersprüchlichen Wirklichkeit ermöglicht. Das erklärt übrigens, warum die Theorie in explanativer Hinsicht häufig unbefriedigend wirkt. Obwohl er von pädagogischen Einwirkungen spricht, zielt Schleiermacher auf eine Theorie im klassischen, strengen Sinne des

Ausdrucks, welche die systematisch relevanten Zusammenhänge der Pädagogik erkennt und in ihren Möglichkeiten auslotet. Schleiermacher spricht ausdrücklich von der »Dignität der Praxis«; Handeln ist als vorgängig anzusehen und gehorcht einer Eigenlogik im historischen und sozialen Prozess, die reflexiv einzuholen ist. Monokausale Zusammenhänge finden sich keine, die normativ leitend sein könnten. So geht es im keineswegs – wie in vielen trivialen Vorstellungen von Pädagogik – um Ziele, die durch Erziehung zu verwirklichen sein. Er lenkt das Augenmerk vielmehr mit dem an Kant angelehnten Begriff auf den »Typus« des Handelns. Erziehung muss demnach in einer spezifischen Form begriffen werden, als Raum, in welchem eine Entwicklung des einzelnen Menschen möglich wird, die diesem Handlungsoptionen eröffnet. Schleiermacher bringt dies darin zum Ausdruck, dass er die Aufgabe von Erziehung in der Spannung von Bewahrung und Veränderung stellt, die aufzulösen aber dem erzogenen Subjekt überantwortet wird.

Gegenständlich stellt Schleiermacher Erziehung zum einen in den Zusammenhang geschichtlicher Veränderung. Dabei verabschiedet er sich von der Aufklärungsvorstellung eines Fortschritts, der auf einer natürlich gegebenen perfectibilité aufruht. Diskontinuität ist möglich, historische Kontinuität hängt davon ab, in welchem Maße die Akteure sich des Geschehens bewusst werden und dieses gestalten – wobei Schleiermacher an das in seiner Ethik entwickelte Konzept einer Einigung von Vernunft und Natur im menschlichen Lebensprozess anknüpft. Zum anderen sieht er Erziehung auf soziale und kulturelle Zusammenhänge bezogen. Den »Handlungstypus« konstruiert er also in einer triadischen Struktur, die aus älterer und jüngerer Generation sowie aus dem besteht, was er mit der etwas dunklen Formulierung bezeichnet: »worauf wir Wert legen«. Er greift damit auf seine Ethik zurück, die von »Gütern«, respektive vom »höchsten Gut« spricht. Manche sehen hierin theologische Motive, doch sind – bei dem Platon-Übersetzer Schleiermacher überraschend: aristotelisch – die menschlichen, sozialen und kulturellen Praxen in ihrer Besonderheit und ihrem Zusammenhang als Gattungswirklichkeit gemeint. Das wird in der unmittelbaren Folge der Überlegung Schleiermachers deutlich, in der er die weite, auf den historischen Prozess bezogene Rahmung durch das Generationenverhältnis verlässt und den Blick auf den Einzelnen richtet, um so den Typus der Erziehung weiter zu spezifizieren: Er hebt nun auf den Menschen in seiner Entwicklung ab, die sich im Zusammenhang zunächst der Gattung, dann vor allem in den unterschiedlichen sozialen Kontexten vollzieht, die auf sein »inneres Entwicklungsprinzip« einwirken. Damit lassen sich Formen des Erziehens im Blick auf das jeweilige Verhältnis zwischen individueller Entwicklung und sozialen wie kulturellen Einflüssen näher bestimmen, nämlich als Behütung, Gegenwirkung und Unterstützung. Wobei diese als genuin zu gelten habe, weil sie letztlich als sozialisatorische Wirkung zu erkennen ist; davon handelt dann der »Allgemeine Teil« der Vorlesung von 1826.

Die Rezeption der Vorlesung Schleiermachers über die »Erziehungskunst« beschränkt sich weitgehend auf die angesprochenen Grundfiguren, obwohl der umfassend angelegte »besondere Teil« schon in seiner anspruchsvollen, komplexen und umfassenden Konstruktion bemerkenswert ist: Schleiermacher untersucht nämlich, wie sich das pädagogische Handeln gegenüber Individualisierung und Vergesellschaftung verhält, deren innere Seite sich im Handeln der Subjekte zwischen Spontaneität und Rezeptivität zu Gesinnung und Fertigkeiten entwickelt. Er verfolgt dabei den Erziehungsprozess mit Blick auf die Biografie des jungen Menschen, beginnend im familiären Umfeld; er ist einer der wenigen pädagogischen Autoren, der als »Perioden« die Zeitlichkeit des Erziehungsgeschehens aufnimmt und theoretisiert. Endlich zeigt er, wie sich junge Menschen in einer arbeitsteiligen Gesellschaft pädagogisch unterstützt konstituieren, die sich in den Grunddimensionen u. a. von Religion, Wissenschaft, geselliges Leben ausdifferenziert. Schließlich untersucht er dabei kritisch die – nicht nur zeitgenössisch – institutionellen Gestalten, in der Pädagogik real wird – übrigens mit einer bemerkenswerten Weitsicht, die noch für die Diskussion von Gesamtschulen in einer demokratisch verfassten Gesellschaft trägt.

Michael Winkler

Literatur
Schleiermacher, Friedrich: Texte zur Pädagogik. Kommentierte Studienausgabe. Zwei Bände. Herausgegeben von Michael Winkler und Jens Brachmann, Frankfurt 2000.
Schleiermacher, Friedrich: Pädagogik. Die Theorie der Erziehung von 1820/21 in einer Nachschrift. Herausgegeben von Christiane Ehrhardt und Wolfgang Vormond, Berlin/New York 2008.
Brachmann, Jens: Friedrich Schleiermacher. Ein pädagogisches Porträt, Weinheim/Basel 2002.
Fischer, Hermann: Friedrich Daniel Ernst Schleiermacher, München 2001.

Johann Jakob Bachofen: Das Mutterrecht. Eine Untersuchung über die Gynaikokratie der alten Welt nach ihrer religiösen und rechtlichen Natur, Krais & Hoffmann: Stuttgart 1861, 435 S.

Der Schweizer Altertumsforscher und Rechtshistoriker Johann Jakob Bachofen (1815–1887) wächst als ältester Sohn einer Basler Patrizierfamilie in wohlhabendem Umfeld auf. Anstatt die über hundertjährige Tradition der Seidenfabrikation seiner Familie fortzuführen, entdeckt der junge Bachofen bei Reisen mit seinem Vater nach Italien seine Leidenschaft für das Altertum. Er studiert griechische und lateinische Philologie, Psychologie, Geschichte und Jura in Basel, Berlin und

Göttingen, wird 1839 in Basel promoviert und erhält dort nach weiteren Studien in England und Frankreich mit 26 Jahren einen Lehrstuhl für Römisches Recht. Ebenfalls in Basel wird er zum Richter am Appellationsgericht und Mitglied des Großen Rats gewählt. 1841 reist Bachofen erneut nach Italien und erlebt bei der Besichtigung antiker Gräber in Rom eine innere Wandlung. »Nicht der Mann hat seine Wissenschaft, sie hat vielmehr ihn auserkoren«, schreibt er dazu in seiner Selbstbiographie (1854).

Dieses Gefühl des Erwähltseins sollte ihn entscheidend prägen. Seine Professur gibt er bereits drei Jahre später wieder auf und zieht sich bald darauf aus fast allen öffentlichen Ämtern zurück. Allein das Richteramt behält er über 22 Jahre bei. Aufgrund seines familiären Hintergrunds kann er sich ein Leben als unabhängiger Privatgelehrter leisten. Mit 50 heiratet Bachofen eine 30 Jahre jüngere Frau aus gleichfalls reichem Hause und wird Vater eines Sohnes. Bachofen hatte eine innige Beziehung zu seiner dominanten Mutter Valeria und widmet ihr auch sein bekanntestes Werk. Im Jahre 1887, mit fast 72 Jahren, erliegt er in Basel einem Schlaganfall.

Im Fokus seiner religiös inspirierten Forschung stehen von Anbeginn antike Gesellschaften. Bachofens früheste Veröffentlichungen in den 1840er Jahren über römisches Recht und römische Zeitgeschichte werden in wissenschaftlichen Kreisen positiv rezipiert. Seine erste große Publikation *Versuch über die Gräbersymbolik der Alten* erscheint 1859. In der von Fachkollegen als zu gefühlsbetont kritisierten Interpretation antiker Religionen und Mythen wendet sich Bachofen energisch gegen die zeitgenössische positivistisch ausgerichtete Geschichtsschreibung. Sein Vorgehen, antike Mythen intuitiv zu deuten, stößt auf Ablehnung. Seine Arbeit wird als unwissenschaftliche Verwirrung abgetan und als »höherer Blödsinn« (Conrad Bursian) bezeichnet.

Bachofen lässt sich indes durch die Kritik der Fachkollegen nicht beirren. Von seinem Vorgehen überzeugt, hält ihn seine Rolle als Außenseiter nicht von der Fortsetzung seiner wissenschaftlichen Tätigkeit ab. Denn seine Recherche zur Gräbersymbolik bringt ihn auf eine gänzlich neue Idee, die er zum Gegenstand seines Hauptwerks macht. Bachofen stellt fest, dass einige antike Kulturen Gesellschaftsstrukturen aufweisen die ihm unbekannt sind. *Das Mutterrecht: eine Untersuchung über die Gynaikokratie der alten Welt nach ihrer religiösen und rechtlichen Natur* (1861) ist Bachofens bekanntestes Werk und macht ihn weit über die Grenzen seines Fachs hinaus bis in die Gegenwart bekannt.

Das 435 Seiten starke, zweispaltig gedruckte und in poetischem Stil gehaltene Buch umfasst 151 Paragraphen, die in 12 überwiegend regional gegliederte Kapitel zusammengefasst sind. Von den Lykiern im ersten Kapitel führt der Text dabei über zehn antike und zeitgenössische Gesellschaften in Europa und Asien bis zum Pythagorismus im letzten Kapitel. Als Quellen dienen Bachofen die Aufzeichnungen griechischer und römischer Geschichtsschreiber und Ethnographen, zeitgenössische Reiseberichte, antike Grabinschriften und Mythen. Entgegen der damals aktuellen, vor allem von Theodor Mommsen vertretenen philologisch-kritischen Wissenschaftsauffassung, weist Bachofen seinen intuitiven Mytheninterpretationen denselben Realitätsgehalt wie antiken Geschichtsaufzeichnungen zu (IX).

Bachofen interessiert jedes Indiz, das seine These der Gynaikokratie stützt. Um fremde Kulturen zu verstehen erscheinen ihm Kenntnisse über die jeweiligen Geschlechterverhältnisse unabdingbar (XXI). In den Lykiern sieht er den Prototyp für Frauenherrschaft (1 f.). Laut Herodots Aufzeichnungen regelte das kleinasiatische Volk seine Erbfolge matrilinear. Bachofen deutet dies als starken Hinweis auf Frauenherrschaft. Anhand eines evolutionistischen Stufenmodells versucht er nun, die Entwicklungsgeschichte der Menschheit nachzuzeichnen. Dabei folgt er der Überzeugung, dass sowohl Natur als auch Kulturgeschichte einer festgelegten höheren Ordnung gehorchen. Sein Ziel ist, ein hierarchisch angeordnetes Modell des menschlichen Evolutionsprozesses zu entwickeln. Drei Stufen der Kulturentwicklung differieren in ihrer verwandtschaftlichen und geschlechtsspezifischen Gesellschaftsstruktur.

Die erste Stufe bezeichnet Bachofen als »Hetärismus« (XVIII). In ihr gibt es für ihn weder die Institution der Ehe noch Fortpflanzungsvorschriften oder Privateigentum. Frauen werden willkürlich von den physisch überlegenen Männern beherrscht und missbraucht (XIX). In der Zwischenstufe des »Amazonenthums« (XXV) beginnen sich die unterdrückten Frauen gewaltsam gegen ihre Despoten zu wehren. Die plötzliche Machtsteigerung der Frauen begründet Bachofen mit ihrem Streben nach einer »gesicherten Stellung und einem reineren Dasein« (XXIV) nach einer langen Periode der Entwürdigung.

Diese Zwischenstufe führt für Bachofen bald zur zweiten Stufe: der »demetrischen Gynaikokratie« (XIX). Mit Gynaikokratie bzw. Muttertum bezeichnet Bachofen die gesellschaftlich begründete Hegemonie der Frau. In dieser Phase wird der Mensch sesshaft und ehelich monogam. Aus der Gynaikokratie folgen matrilineare Abstammung und Vererbung, vorgegebene Ehegesetze, weibliche Urgottheiten und Muttergöttinnen. Aufgrund ihres angeblich ›natürlichen‹ Altruismus sind Frauen für Bachofen das moralisch überlegene Geschlecht und »steifer im Glauben« (XIV). Die mutterrechtliche Entwicklungsstufe ist deshalb für Bachofen die friedlichste und harmonischste Epoche seines Stufenmodells. Er bezeichnet diese Periode auch als »Poesie der Geschichte« (XIII). Dennoch stelle die Gynaikokratie nur eine Durchgangsphase auf dem Weg von der tiefsten (Hetärismus) zur höchsten Stufe (Paternität) der gesellschaftlichen Entwicklung dar (XVIII).

Laut Bachofen überreizten die Frauen ihre Macht und die friedfertige Zeit des Mutterrechts wurde durch die dritte und letzte Stufe, das Vaterrecht bzw. die »Paternität« (XXVII) abgelöst. Dieser Übergang von der weiblichen Vorgeschichte zum letztendlichen Ziel des Entwicklungsschemas, der männlichen Geschichtsbestimmung, ist nach Bachofens Ansicht nicht nur die logische Folge eines Kampfes »den die Götter selbst entscheiden« (XXVII), sondern erfolgt in Übereinstimmung mit kosmischen Gesetzen und mit Zustimmung der Frauen (90).

Bachofens Evolutionsschema setzt die beiden idealtypisch dargestellten Hauptstufen Gynaikokratie und Paternität dichotom in Beziehung. Die Gewissheit der Mutterschaft wird mit der Ungewissheit der Vaterschaft kontrastiert. Erst mit der Einführung der monogamen Ehe wird der männlichen Zeugung und Vaterschaft Bedeutung zugesprochen (XXVII). Die binäre Grunddichotomie unterfüttert Bachofen mit einer Reihe weiterer Oppositionspaare: mütterlich/väterlich, stofflich/geistig, lunarisch/solarisch, tellurisch/uranisch, jus naturale/jus civile, etc.

Das universell übertragbare Stufenschema ist strikt an religiöse und soziale Entwicklungen gekoppelt. Das Entwicklungsstadium einer Kultur lässt sich für Bachofen am Grad der sozialen Kontrolle der Geschlechterbeziehungen ablesen. Diese reift für ihn vom Einfachen zum Komplexen, vom stofflich sinnlichen zum geistigen Prinzip, von der ›Natur der Frau‹ zur ›Zivilisation des Mannes‹.

Bachofen stellt im *Mutterrecht* die bis dahin unangefochtene Überzeugung von der Selbstverständlichkeit patriarchaler Familienstrukturen in Frage. Indem er die harmonische Gynaikokratie als Gegenentwurf zum aggressiven Patriarchat postuliert, setzt er sich über die angebliche Naturgegebenheit der Geschlechterordnung hinweg. Er geht sogar so weit, den Beginn der geistigen Reifung des Menschen in der Gynaikokratie anzusetzen. Die mutterrechtliche Stufe rechnet er nicht »vorkulturlichen« Zeiten zu, für ihn ist sie selbst »ein Kulturzustand« (10). Die Gynaikokratie wird so zur ersten kulturschaffenden Epoche der Menschheit. Auch die dichotome Gegenüberstellung von Mann und Frau bekommt überhaupt erst Bedeutung, indem Bachofen Männer und Frauen, wenn auch nicht auf gleichwertiger Ebene, vergleichbar macht und beiden das zuspricht, was wir heute ›agency‹ nennen würden. Beide Gedanken sind für die damalige Zeit neu und revolutionär.

Außer Bachofen befassen sich auch andere Wissenschaftler mit der weiblichen Hegemonie (u. a. Lafiteau 1724, McLennan 1865, Lubbock 1870). Indes entwickelte nur er ein evolutionistisches Modell der Geschlechterverhältnisse. Er führt als erster den Begriff Mutterrecht in die Wissenschaft ein und gilt als Pionier der Verwandtschaftsethnologie. Den von McLennan entwickelten Matriarchatsbegriff (1856) der in späteren Rezeptionen oft mit Bachofen in Verbindung gebracht wird, hat dieser selbst nie in seinen Schriften erwähnt.

Der Versuch, antike Kulturen in ihrer Ganzheit zu verstehen und emisch zu erklären, den Ideen seiner eigenen Zeit zu entsagen und »sich in den Mittelpunkt einer durchaus verschiedenen Gedankenwelt zu versetzen«(XII), wirkt erstaunlich modern. Auch sein kulturvergleichendes und transdisziplinäres Vorgehen findet als wissenschaftliche Methode bis heute Anwendung. Die Forderung, kulturwissenschaftliche Quellen intuitiv zu deuten, kann indes kaum als legitime Forschungsmethode bezeichnet werden. Auch ist *Das Mutterrecht* insgesamt wenig stringent, in weiten Teilen überholt und weist zahlreiche Widersprüchlichkeiten auf.

Dessen ungeachtet erlebte das Werk seit seiner ersten Veröffentlichung immer neue Lektüren und Interpretationen und entwickelte das Konzept des Mutterrechts jenseits von Bachofens Intention eine starke Eigendynamik. Bachofens Ideen wurden dabei vielfach umgedeutet und adaptiert. Zum sozialwissenschaftlichen Klassiker wurde das Werk vor allem aufgrund seiner vielfältigen Anschlussfähigkeit.

Die Liste der Exeget/innen reicht von Altertumswissenschaftlern (Harrison) über Ethnologen (Morgan, Schmidt), Philologen (Meuli), Soziologen (Borneman), politische Philosophen (Marx, Engels), Psychologen (Freud, Fromm, Jung, Neumann), Theologen (Bernoulli), Religionswissenschaftler (Frazer, Campbell), und Literaten (Mann, Hauptmann, Rilke) bis zu Feministinnen des späten 20. Jahrhunderts (Göttner-Abendroth, Gould-Davis).

Häufig wird das Werk dabei gegen Autor- wie Werkintention gelesen. Vor allem in der feministischen Rezeption wird oft darüber hinweggesehen, dass Bachofens Schrift aus einer erzkonservativen, tiefreligiösen Offenbarungsgewissheit verfasst ist und er mit seiner vom »Schimmer idealisierender Verklärung« (Karl Meuli) geprägten Konjekturalgeschichte keineswegs vorhatte, an patriarchalen Strukturen zu rütteln oder diese gar zu verändern.

Tanja Angela Kubes

Literatur

Heinrichs, Hans-Jürgen: Materialien zu Bachofens »Das Mutterrecht«, Frankfurt 1975.
Hildebrandt, Hans-Jürgen: Johann Jakob Bachofen: Die Primär- und Sekundärliteratur:
  Mit einem Anhang zum gegenwärtigen Stand der Matriarchatsfrage, Aachen 1988.

Karl Marx: Das Kapital. Kritik der politischen Oekonomie. Erster Band. Buch I: Der Produktionsprocess des Kapitals, Verlag Otto Meissner: Hamburg 1867, 784 S. (Im Folgenden zitiert nach der vierten, von Engels bearbeiteten Ausgabe in: MEW, Bd. 23, Berlin/Ost 1986).

Zusammen mit dem 1852 erschienenen *18. Brumaire des Louis Bonaparte* stellt der erste Band des *Kapitals* das sozialwissenschaftliche Hauptwerk von Karl Marx (1818–1883) dar. Auch wenn in der Geschichte der verschiedenen Marxismen andere Texte entscheidend waren, wird der Name Marx heute primär mit der im

Kapital entfalteten Analyse und Kritik der kapitalistischen Vergesellschaftungsform identifiziert. Marx hat mehr als drei Viertel seiner intellektuellen Schaffenszeit, von 1850 bis zu seinem Tod, schwerpunktmäßig mit der Aus- und Umarbeitung dieses einen Werkes verbracht. Wichtige Etappen dabei waren die *Grundrisse* (1857), *Zur Kritik der politischen Ökonomie* (1859), die erheblich modifizierte Zweitauflage des ersten Bands (1872) sowie die nochmals veränderte französische Ausgabe (1875). Band zwei und drei des *Kapitals* wurden von Marx nicht mehr selbst fertig gestellt, sondern erst nach seinem Tod mit zum Teil gravierenden Eingriffen von Engels veröffentlicht.

Das *Kapital* trägt einen Untertitel: *Kritik der politischen Ökonomie,* der auf dreierlei verweist: die Wissens- und Ideologiekritik, die Marx an der politischen Ökonomie als Disziplin übt, seine eigene sozialwissenschaftliche Untersuchung der kapitalistischen Produktionsweise sowie die dadurch unterfütterte normative Kritik der kapitalistischen Vergesellschaftungsform. Indem er gegenüber der politischen Ökonomie auf einem reflektierten Umgang mit theoretischen Abstraktionen und dem ontologisch-historischen »Doppelcharakter« ökonomischer Sachverhalte (z. B. von Arbeit als produktivem Stoffwechsel mit der Natur und historisch variierendem sozialen Verhältnis) besteht, arbeitet Marx nicht nur sämtliche Begriffe dieser Wissenschaft um, sondern etabliert auch erst das spezifische Untersuchungsobjekt des *Kapitals:* die kapitalistische Produktionsweise in, wie es im dritten Band heißt, »ihrem idealen Durchschnitt«, also das, was sämtlichen, als kapitalistisch zu bezeichnenden Formationen gemeinsam ist.

Auf der Abstraktionsebene des ersten Bandes, auf der u. a. von der Herausbildung einer Durchschnittsprofitrate abgesehen wird, geht es Marx maßgeblich um die Erklärung von vier kapitalistischen Grundmechanismen: Austauschprozess, Mehrwertproduktion, Steigerung der Mehrwertrate sowie Akkumulationsprozess, deren relationale Voraussetzungen, gegenständliche Komponenten und phänomenale Ausdrucksformen er analysiert. In diese Erklärungslogik, die sich als »mechanismisch« (Mario Bunge) fassen lässt, sind zwei genealogische Erklärungen eingeflochten, Kampf- und Gewaltgeschichten, die Marx nach der Untersuchung des zweiten und vierten Grundmechanismus platziert: die Durchsetzung des Normalarbeitstags als institutioneller Regelung der Mehrwertaneignung sowie die so genannte ursprüngliche Akkumulation als Entstehungsgeschichte der kapitalistischen Produktionsweise qua Enteignung. Gleichzeitig sind die mechanismischen Erklärungen des *Kapitals* mit »bewertenden Beschreibungen« (Andrew Sayer) verbunden, in denen Marx seine Untersuchungsergebnisse in jeweils einem Begriff ethisch zuspitzt: Fetischismus, Ausbeutung, Despotismus und Verelendung.

In der Erklärung des kapitalistischen Austauschprozesses, die die ersten drei Kapitel des *Kapitals* umfasst, will Marx ein »Rätsel« lösen, an dem sämtliche Öko-

nomen vor ihm gescheitert sind: bestimmen, was Geld ist und welche Dynamiken
es induziert. In einem ersten Schritt wird nachgewiesen, dass unter dem privat-
arbeitsteiligen Regime des Kapitalismus allgemeine Austauschbarkeit nur dann
möglich ist, wenn die Wertsubstanz der einzelnen Waren, die in ihnen enthaltene
»abstrakte Arbeit«, gegenständlichen Ausdruck in einem allgemeinen Äquivalent
besitzt. In einem zweiten Argument wird angeführt, dass die Warenhüter in der
Austauschpraxis immer schon einer spezifischen Ware diesen Status des allgemeinen Äquivalents zuschreiben und sich dadurch zu ihr als Geld verhalten. In einem
dritten Schritt entfaltet Marx schließlich seine eigene Definition: Geld als private
Verfügungsmacht über gesellschaftlichen Reichtum, deren Zeichencharakter politisch reguliert wird. Gezeigt wird in diesem Zusammenhang u. a., dass bereits
im geldvermittelten Auseinanderfallen von Kauf und Verkauf die »Möglichkeit
der Krisen« (128), d. h. eine fundamentale Ungleichgewichtsdynamik angelegt ist.
Als »Fetischismus« evaluiert Marx dabei zum einen ideologische Naturalisierun-
gen, die im Austauschprozess entstehen und die die politische Ökonomie kritik-
los reproduziert: dass es so scheint, als seien Ware und Geld intrinsische Eigenschaften von Dingen und nicht gegenständliche Ausdrucksweisen eines sozialen
Verhältnisses. Zum anderen wird mit diesem Begriff der Markt als verselbständig-
ter Handlungszusammenhang kritisiert, der über soziale Existenzen entscheidet.

Nachdem Marx zunächst von Klassenverhältnissen abgesehen hatte, löst er
diese Abstraktion in der Erklärung der Mehrwertproduktion (Kap. 4–9) auf. Die
kapitalistische Produktionsweise impliziert nicht nur ein soziales Verfügungs-
verhältnis zwischen Waren- und Geldbesitzern, sondern auch von Privateigen-
tümern, die klassenspezifisch mit ganz unterschiedlicher Verfügungsgewalt ausgestattet sind: Kapitalisten, die Produktionsmittel in Gang setzen können, und
Lohnarbeitern, die nur ihre Arbeitskraft zu verkaufen haben. Marx beschreibt dabei das Kapital als »automatisches Subjekt« (169), als selbstzweckhafte Bewegung
der Verwertung. Der für diese Bewegung konstitutive Wertzuwachs kann, soll der
Äquivalententausch nicht verletzt werden, nur an einer Ware vonstatten gehen,
die der Kapitalist auf dem Markt kauft und die die eigentümliche Fähigkeit der
Wertschöpfung besitzt: der Arbeitskraft. Indem die Arbeitskraft, so die marxsche
Erklärung, im Produktionsprozess den Wert der Produktionsgegenstände auf das
Produkt überträgt, schafft sie zugleich einen Neuwert, der größer ist als ihr eigener
Wert, der zu ihrer Reproduktion notwendigen Lebensmittel, und diese Differenz
ist der Mehrwert. Wenn Marx in diesem Zusammenhang von Ausbeutung spricht,
meint er nicht nur einen »unbezahlten« Transfer von Arbeitszeit, sondern vor allem ein zwangsförmiges Aneignungsverhältnis, in dem den Produzenten Mehr-
arbeit »abgepreßt« (231) wird.

Als Steigerung der Mehrwertrate analysiert Marx betriebliche Reorganisations-
prozesse, in denen über eine Erhöhung von Produktivität der Wert der Arbeits-

kraft kontinuierlich gesenkt wird, wodurch die Mehrwertrate wächst (Kap. 10–16). Für den einzelnen Kapitalisten gibt es dem *Kapital* zufolge ein klares Motiv, den Produktionsprozess beständig zu revolutionieren: Er kann dadurch zunächst gegenüber seinen Konkurrenten einen »Extramehrwert« erzielen und »größern Marktraum« erobern (336). Primärer Gegenstand dieser für den Kapitalismus typischen Steigerungsdynamik sind Formen der sozialen Kooperation, etwa wenn der Produktionsprozess arbeitsteilig zergliedert wird oder Maschinen zum Einsatz kommen. Betriebliche Kooperation ist unter dem Kommando des Kapitals mit Befehlshierarchien und Disziplinierungsprozessen verbunden, die Marx durchgängig als Despotismus bewertet. Zugleich rückt er ökologische Zerstörungsdynamiken in den Blick (vgl. 529). Auf der Phänomenebene erfahren diese Zusammenhänge Marx zufolge allerdings eine Verzerrung: Nicht nur stellt sich die kooperative Massenkraft der Produzenten als intrinsische Eigenschaft des Kapitals dar, sondern in der Lohnform (Kap. 17–20) wird der Mehrwert überdies unsichtbar, da alle Arbeit als bezahlte erscheint.

In der Erklärung des Akkumulationsprozesses (Kap. 21–25), mit der der erste Band endet, werden schließlich die für die kapitalistische Produktionsweise charakteristische Ungleichgewichts- und Steigerungsdynamik zusammengeführt. Marx untersucht hier auf der Ebene des gesellschaftlichen Gesamtkapitals ökonomische Konzentrationsprozesse sowie die fortgesetzte Erzeugung einer »industriellen Reservearmee«, d. h. von Erwerbslosigkeit, die er als notwendige Tendenzen des Kapitalismus ansieht. Anknüpfend an die damit verbundenen Pauperisierungsprozesse wird über den Begriff der Verelendung folgendes ethisches Fazit gezogen: »Die Akkumulation von Reichtum auf dem einen Pol ist [...] zugleich Akkumulation von Elend, Arbeitsqual, Sklaverei, Unwissenheit, Brutalisierung und moralischer Degeneration auf dem Gegenpol, d. h. auf Seite der Klasse, die ihr eigenes Produkt als Kapital produziert.« (675)

Das *Kapital* hat in sämtlichen sozialwissenschaftlichen Disziplinen Rezeptionen erlebt, die in ihrer Vielschichtigkeit kaum mehr zu überblicken sind. Ironischerweise waren diese auf seinem angestammten Terrain am unproduktivsten: In der Volkswirtschaftslehre wird es bis zum heutigen Tag zumeist als Fortsetzung der Arbeitsmengentheorie David Ricardos gelesen. Demgegenüber ist der subversive Anspruch dieses Werks klar: Marx wollte mit ihm auf eine, wie es in der Einleitung von 1857 heißt, »historische soziale Wissenschaft« hinaus, die bereits zu ihrer Zeit transdisziplinär war und die damals etablierte Fächertrennung von Geschichte und Ökonomie in Frage stellte. Angesichts der anhaltenden Krise des Kapitalismus und seiner ökologischen Zerstörungsdynamiken wird das *Kapital* auch in Zukunft die Sozialwissenschaften durcheinanderbringen.

Urs Lindner

Literatur

Bonefeld, Werner/Heinrich, Michael (Hg.): Kapital & Kritik. Nach der »neuen« Marx-Lektüre, Hamburg 2011.

Heinrich, Michael: Kritik der politischen Ökonomie. Eine Einführung, Stuttgart 2004.

Lindner, Urs: Marx und die Philosophie. Wissenschaftlicher Realismus, ethischer Perfektionismus und kritische Sozialtheorie, Stuttgart 2013.

Lewis Henry Morgan: Ancient Society or Researches in the Lines of Human Progress from Savagery through Barbarism to Civilization, Holt: New York 1877, 560 S. (dt. Die Urgesellschaft. Untersuchungen über den Fortschritt der Menschheit aus der Wildheit durch die Barbarei zur Zivilisation, Stuttgart 1891, 480 S.).

Vor der Veröffentlichung von *Ancient Society* war Lewis Henry Morgan (1818–1881) bereits mit zwei anderen ethnologischen Werken in Erscheinung getreten, die ihrerseits den Rang von für das Fach klassischen Arbeiten beanspruchen dürfen: In *League of the Ho-de'-no-sau-nee, or Iroquois* (EA 1851, dt. Bund der Ho-de'-nosaunee oder Irokesen) widmet sich der junge Rechtsanwalt der Erforschung der irokesischen Stämme. Das Werk basiert auf seinen eigenen Forschungen insbesondere beim Stamm der Seneca, dem auch sein Mitarbeiter und Dolmetscher Ely Parker angehörte. Als eine der umfassendsten Darstellungen irokesischer Kultur enthält es zudem die erste zutreffende Beschreibung des Bundes der sechs irokesischen ›Nationen‹. 1871 veröffentlicht Morgan dann das Buch *Systems of Consanguinity and Affinity of the Human Family* (dt. Systeme der Bluts- und Schwiegerverwandtschaft der menschlichen Familie). Mit dem darin unternommenen Versuch, ausgehend von auffälligen Ähnlichkeiten bei den nordamerikanischen Indianerstämmen eine allgemeine Systematik von Verwandtschaftsbeziehungen zu konzipieren, etablierte sich Morgan als Begründer der Verwandtschaftsethnologie. Beide Werke fließen in sein Spätwerk ein: Aus der League werden Teile übernommen und überarbeitet, und die Systematik von Verwandtschaftsbeziehungen steht im Zentrum der entwicklungsgeschichtlichen Überlegungen, die Morgan in Ancient Society anstellt.

Schon im Vorwort skizziert Morgan die Kernidee seines Buches, das die aufeinanderfolgenden, universalen Entwicklungsstufen der Menschheit darstellen soll. Damit wendet er sich explizit gegen die Vorstellung, einige Völker seien im Laufe der Zeit zu Wilden entartet. Diese Annahme ist ebenso eine »Beigabe zur mosaischen Kosmogonie« wie die ebenfalls von ihm zurückgewiesene Vermutung einer erst wenige tausend Jahre währenden Menschheitsgeschichte. Vielmehr sei die Geschichte der Menschheit die »in geologischen Perioden« zu bemessende Geschichte ihres Fortschritts, den Morgan aufteilt in untere, mittlere und obere

Stufe der Wildheit, untere, mittlere und obere Stufe der Barbarei sowie schließlich die Stufe der Zivilisation. Diese evolutionäre Stufenfolge enthält freilich eine eindeutige Wertung, und Morgan scheut sich nicht, diese zum Ausdruck zu bringen. Die ganz frühen ›Wilden‹ etwa, die in promiskuitiven Horden zusammenleben und kaum von den Tieren zu unterscheiden sind, gelten ihm als »arm an Geisteskräften und noch ärmer an sittlichem Gefühl« (427). Am anderen Ende der Skala steht die ›arische‹ Völkergruppe, deren Überlegenheit sich Morgan zufolge schon allein darin zeigt, dass sie sich die »Herrschaft über die ganze Erde« aneignete. Zugleich jedoch bricht er auch eine Lanze für die niederen Kulturstufen, wenn er betont, dass sie als Stufe des menschlichen Fortschritts gewürdigt werden müssen und selbst bereits den Keim zu weiterer Entwicklung enthalten. Auch gelten ihm die biologischen Anlagen der wilden und zivilisierten Menschen – ganz im Gegensatz zu den eugenischen Theorien, die wenige Jahrzehnte nach Morgans Tod ihren Höhepunkt erreichen sollten – als weitgehend gleich. Wie in seiner Entwicklungstheorie der Gesellschaft insgesamt erweist er sich auch mit dieser Annahme als eifriger Rezipient Darwinschen Gedankengutes.

Während er verschiedene Aspekte menschlichen Lebens in die Beurteilung der Fortschrittlichkeit einer Kultur einbezieht – hierzu zählt die Produktion des Lebensunterhaltes ebenso wie technische Erfindungen, Elemente religiösen Lebens oder Kulturgüter –, so ist doch die Untersuchung der Verwandtschaftsbeziehungen das zentrale Element seiner Ausführungen. Von kaum zu überschätzender Bedeutung ist Morgan zufolge die Gens, eine durch Abstammung definierte Gemeinschaft, die als zentrales Element gesellschaftlicher Organisation gelten kann. Die Gentes sind entweder matrilinear oder später patrilinear verfasst, was bedeutet, dass sie nicht einfach alle Blutsverwandten zusammenfassen, sondern lediglich einen Teil von ihnen, während sie den anderen Teil ausschließen. Da Ehen nur noch außerhalb der Gens geschlossen werden dürfen, wird die Inzucht zurückgedrängt, woraus sich dann wiederum der große biologische Vorteil der Gentilorganisation ergibt, den Morgan zugleich für den Grund ihrer großen Verbreitung hält: Die Stämme, die im Besitz der Gentilorganisation sind, erweisen sich durch die Exogamie als überlegen und verdrängen die anderen. Mit dieser Auffassung wendet sich Morgan zugleich gegen die Überlegung, dass eine solche Entwicklung unabhängig voneinander an verschiedenen Orten der Welt hätte auftreten können, was ihm zu unwahrscheinlich erscheint. Auch wenn die Gentilorganisation in ihrer Bedeutung für die Entwicklung der Menschheit ihresgleichen sucht, verhindert das nicht ihren Untergang auf der Stufe der Zivilisation. Verschiedene Faktoren, darunter insbesondere die Notwendigkeit der Integration neuer Gruppen in bestehende Gemeinwesen in Griechenland und Rom, führen zu ihrer Auflösung. Das ist auch auf politischer Ebene nicht ohne Folgen: Während eine auf der Grundlage der Gentilorganisation verfasste Gesellschaft (societas) die Herrschaftsbeziehungen persönlich und demokratisch organisiert, ist die Gesellschaft nach der Auflösung der Gentilorganisation, die civitas, gekennzeichnet durch territoriale Ordnung, Privateigentum und die Entwicklung von Königtum, Aristokratie und Despotie. Mit Rousseauanischer Verve bezweifelt Morgan, dass eine derart auf Eigentum und Gewinnstreben aufbauende Gesellschaftsorganisation von langer Dauer sein kann. Seine Erwartung ist daher, dass als nächstes die Demokratie weltweit auf einer höheren Stufe wiederkehren wird, nachdem ihre unentwickelte Form bereits mit der Gentilorganisation untergegangen ist. Hier gibt sich Morgan als im demokratischen Geist erzogenen Amerikaner zu erkennen, der jedoch niemandem verbieten will, »diejenige Staatsform zu akzeptieren und gutzuheißen, die seinen Neigungen zusagt, sei es auch Cäsarismus oder Absolutismus.« (289) Hieran wird deutlich, dass er sich seinem eigenen Ethnozentrismus gegenüber nicht völlig unreflektiert verhalten hat, wenn man auch kaum sagen kann, dass es aus heutiger Sicht den Anschein hat, als hätte er große Anstrengungen unternommen, ihn aus seinem Werk zu eliminieren. Überhaupt erweist sich dieses aus heutiger Sicht als hochgradig ambivalent, was sich auch in den völlig unterschiedlichen Bewertungen und Interpretationen niederschlägt. Trotz einiger skurriler Aussagen, die sich durch die hierarchische Stufenfolge ergeben – wenn etwa die mormonische Polygamie als Überrest aus dem Stadium der Wildheit erklärt wird – findet sich doch auch manches Wahre in Morgans Ausführungen. Heute unwidersprochen ist wohl die Annahme, dass der Mensch das Produkt einer langwierigen biologisch-kulturellen Koevolution ist, und auch die von Morgan behauptete evolutionäre Offenheit der weiteren Entwicklung der Menschheit lässt sich kaum bestreiten – wenn Morgan diesbezüglich vielleicht auch mit einem allzu gesunden Optimismus ausgestattet war. Insgesamt operiert Morgan zwar durchaus mit biologischen Metaphern, doch greift er nicht konsequent auf die Terminologie der Evolutionstheorie zurück. Auch hier manifestiert sich eine für sein Werk typische Ambivalenz: Einerseits spricht er davon, dass die Entwicklung der Gesellschaft auf Zufällen beruht, andererseits gelten ihm viele dieser Entwicklungen als folgerichtig, wenn sie das im Keim Angelegte vorhergehender Stufen nachgerade teleologisch entfalten.

Die evolutionistische Stufenfolge, die Morgan in *Ancient Society* vertritt, der immer wieder durchscheinende Ethnozentrismus und die naive Annahme, Kulturen auf niedrigen Evolutionsstufen eröffneten einen authentischen Blick auf die ›eigene‹ Vergangenheit, haben in der Ethnologie intensive und nachhaltige Kritik hervorgerufen. Wenn auch einzelne Leistungen Morgans kaum zu bestreiten sind – so etwa die Untersuchung des Phänomens der Matrilinearität oder der Aufweis des Zusammenhangs von Verwandtschaftsbeziehungen und politischer Organisation –, wirft doch der zuletzt von ihm vertretene Evolutionismus ein schlechtes Licht auf ihn – so schlecht, dass mitunter der Nachweis geführt wurde, dass das evolutionäre Gedankengut den Ergebnissen seiner Arbeit geradezu übergestülpt wurde. Den einen gilt Morgan darum zu Unrecht als Evolutionist, während die anderen ihn auf dem Gebiet der Ethnologie für den Evolutionisten schlechthin halten. Bis heute steht hier eine gewisse Aufgeregtheit einer nüchternen Auseinandersetzung mit ihm entgegen. Über die Fachgrenzen hinaus ist Morgans Wirkung beschränkt geblieben, erheblich jedoch hat er auf Karl Marx und Friedrich Engels gewirkt: Der erste exzerpierte gründlich aus *Ancient Society,* und der zweite versuchte Morgans Überlegungen in einer eigenen Monografie kritisch fortzuführen, was auch für die Ausrichtung der Ethnologie im real existierenden Sozialismus nicht folgenlos geblieben ist.

Holger Zapf

Literatur

Hildebrandt, Hans-Jürgen: Rekonstruktionen. Zur Theorie und Geschichte der Ethnologie, Göttingen 1990.
Resek, Carl: Lewis Henry Morgan. American scholar, Chicago 1960.

Ferdinand Tönnies: Gemeinschaft und Gesellschaft. Abhandlung des Communismus und des Socialismus als empirischer Culturformen, Fues: Leipzig 1887, 294 S. (hier zitiert nach der 8. Aufl. 1935, ND Darmstadt 1979, 224 S.).

Mit seiner Studie *Gemeinschaft und Gesellschaft* hat Ferdinand Tönnies ein begriffstheoretisches Grundlagenwerk vorgelegt, das als Klassiker in die Soziologiegeschichte eingegangen ist. Zunächst kaum rezipiert, wurde das Buch mit dem veränderten Untertitel *Grundbegriffe der reinen Soziologie* in der zweiten Auflage von 1912 ein großer Erfolg.

Tönnies, 1855 als Sohn eines Großbauern in Oldenswort geboren, gilt als einer der Gründungsväter der deutschsprachigen Soziologie. Nach seinem Studium der Philologie und Alten Geschichte habilitierte er sich 1881 an der Universität Kiel; von 1909 bis 1933 war er Präsident der neu gegründeten Deutschen Gesellschaft für Soziologie. 1930 trat Tönnies, der sich als Gegner der Nationalsozialisten stets für den Erhalt der Weimarer Republik eingesetzt hat, in die SPD ein. 1933 wurde ihm von den neuen Machthabern die Lehrbefugnis entzogen, er verlor seinen Beamtenstatus und den Anspruch auf Pensionsbezüge. Verarmt starb er 1936 in Kiel.

Das »Theorem von Gemeinschaft und Gesellschaft« und der damit verbundene »Versuch einer neuen Analyse der Grundprobleme des socialen Lebens« (XXXIII; XV) bildet den Kern der soziologischen Konzeptionen Tönnies' und steht im Zentrum seines gesamten publizistischen Schaffens. Ausgehend von der erkenntnistheoretischen Annahme, dass »wir ein Seiendes nicht anders denn

als wirkend, und Geschehendes nicht anders denn als bewirkt denken *können*«
(XVII), verfolgt Tönnies das Ziel, den »Gegensatz der historischen gegen die rationalistische Auffassung« (XV) zu überwinden. Eine inhaltliche Entsprechung
dafür findet sich in seiner kategorialen Gegenüberstellung von Gemeinschaft und
Gesellschaft: *Gemeinschaft,* führt Tönnies aus, sei alles »vertraute, heimliche, ausschließliche Zusammenleben« (3), ein »lebendiger Organismus« (4), »metaphysische Verbundenheit der Leiber oder des Blutes« (154). *Gesellschaft* sei demgegenüber nicht als »reales und organisches Leben« zu verstehen, sondern als »ideelle
und mechanische Bildung«. Gesellschaft verkörpert bei Tönnies das »Fremde«,
die »Öffentlichkeit«, »die Welt« (3). Hier sind die Menschen »trotz aller Verbun-
denheiten« »wesentlich getrennt«, »ein jeder bleibt für sich allein, und im Zustande der Spannungen gegen alle übrigen« (34).

Bezugspunkte der Gesellschaft sind nach Tönnies »Konvention«, »Politik«
und »öffentliche Meinung«; die der Gemeinschaft »Eintracht«, »Sitte« und »Religion«. Menschen, die in einer Gemeinschaft leben, haben »Gesinnung«, »Ge-
müt« und »Gewissen«; Menschen in einer Gesellschaft sind durch »Bestrebung«,
»Berechnung« und »Bewußtheit« charakterisiert. Subjekte der Gemeinschaft sind
das Volk, das Gemeinwesen und die Kirche, die der Gesellschaft »die Gesellschaft
schlechthin«, der Staat und »die Gelehrten-Republik«. (216)

Die so definierten Kategorien menschlichen Zusammenlebens existieren jedoch nicht gleichzeitig, sondern sind als Teil der geschichtlichen Entwicklung
zu betrachten: »ein *Zeitalter* der Gesellschaft folgt einem *Zeitalter* der Gemeinschaft.« (215) Die »natürliche« Gemeinschaft steht für die vorindustrielle Zeit, die
mit dem Modernisierungs- und Rationalisierungsprozess der Jahrhundertwende
durch die »künstliche« Gesellschaft ersetzt wird.

Die Entgegensetzung von Gemeinschaft und Gesellschaft ist darüber hinaus
eingebettet in eine Willenstheorie, die ausschließlich auf »die Verhältnisse gegenseitiger Bejahung« (3) gerichtet sei. Zu unterscheiden sei der Wille, »sofern in
ihm das Denken, und das Denken, sofern darin der Wille enthalten ist«. Zur ersten Willenskategorie gehört der *Wesenwille,* »das psychologische Äquivalent des
menschlichen Leibes, oder das Prinzip der Einheit des Lebens«. Die zweite Willenskategorie ist der *Kürwille,* »ein Gebilde des Denkens selber«. (73) Der Wesenwille gehört zur »organischen« Gemeinschaft, der Kürwille, dem stets »etwas Un-
natürliches und Falsches« anhafte (96), zur »mechanischen« Gesellschaft.

Damit aber ist die Kategorisierung noch nicht erschöpft. Eine übergeordnete
Entsprechung findet diese Gegenüberstellung in dem Gegensatz zwischen Mann
und Frau. Da die Männer von Natur aus die klügeren Wesen seien und »die Wei-
ber« sich »nur auf mangelhafte Weise« in den Bahnen des Rechnens und Denkens
bewegten, fehle letzteren »die wesentliche Voraussetzung des Kürwillens« (124).
Und so nimmt es nicht wunder, dass Tönnies alle Kennzeichen der Gemeinschaft

»dem Weib« und jene der Gesellschaft dem Mann zuschreibt. »Das jugendliche Weib ist das eigentliche Weib«, ist von Tönnies zu erfahren. (129) Wenn es sich jedoch wider seine natürliche Bestimmung in die Sphäre des Denkens begibt, werde das Weib »aufgeklärt«, »herzenskalt« und »bewußt«. Nichts sei der Natur des Weibes »fremdartiger, ja schauderhafter«. (139)

Insgesamt beinhaltet das von Tönnies kreierte Gegensatzpaar also Gemeinschaft, Wesenwille und »das Weib« auf der einen sowie Gesellschaft, Kürwille und »den Mann« auf der anderen Seite.

Tönnies' Analysen, deren kulturpessimistische Grundierung unverkennbar ist, können als Reaktion gelesen werden auf die gesellschaftlichen Umbrüche, die sich mit dem Übergang vom 19. zum 20. Jahrhundert vollzogen haben und in eine »Zeit der Ideologien« (Karl Dietrich Bracher) mündeten. Die tiefgreifende Verunsicherung, die mit dem Modernisierungsprozess und dem durch ihn bewirkten Verlust bisheriger Werteorientierungen einhergegangen war, begünstigten irrationalistische Denkströmungen und die Suche nach Identifikationsfiguren, die Halt geben konnten in einer unübersichtlich gewordenen Welt. Die Konzeption der »Gemeinschaft«, mit deren Idee Tönnies zu seiner Zeit keineswegs allein stand, ist genau in diesem Kontext zu sehen. Die Rückbesinnung auf die »Gemeinschaft« hat die Funktion, gleichsam einen Schutzwall zu errichten, der die Gefahren der »Fremde«, der individualistischen, großstädtischen, modernen und industrialisierten »Gesellschaft«, abwehrt.

Muss Tönnies somit als Wegbereiter der von den Nationalsozialisten vereinnahmten Gemeinschaftsideologie betrachtet werden? Dies ist eine der zentralen Fragen, die in der Rezeptionsgeschichte seines Werkes immer wieder auftaucht und breit diskutiert wird. Tönnies selbst nahm dazu bereits 1935 in der Vorrede der achten und letzten Auflage seines Buches Stellung: Es sei nie seine Absicht gewesen, »in diesem Buche einen ethischen oder politischen Traktat vorzulegen«; schon in seiner ersten Vorrede habe er »vor mißverständlichen Auslegungen und sich klug dünkenden Nutzanwendungen« gewarnt. (XLVII)

Gleichwohl wird von manchen Kritikern wie Dirk Kaesler (1991: 525) mit einiger Plausibilität moniert, dass Tönnies und sein Werk nicht außerhalb jenes »ideen- und wirkungsgeschichtlichen« Zusammenhangs gesehen werden könne, der mit der Dominanz antiliberalen Gedankenguts die Durchsetzung der nationalsozialistischen Ideologie wesentlich begünstigt hat. Stefan Breuer (2006: 275, 268) weist auf die nationalen Bezugspunkte in den Darlegungen Tönnies' hin; so habe er »vor allem den Deutschen attestiert, mehr Volk und damit mehr Gemeinschaft als etwa die Engländer geblieben zu sein«. Für Breuer steht Tönnies in der »deutschen Linie« der Soziologie, die »immer wieder in den Versuch gemündet« sei, den Rationalisierungsprozess »in einer spezifisch deutschen Ordnung aufzuheben«.

Diese und ähnliche Vorbehalte, die auf die Erfahrungen der NS-Zeit rekur-
rieren, verwirkten nach 1945 für lange Zeit eine nachhaltige Rezeption des Tönniesschen Werks. Erst mit dem Tönnies-Symposion von 1980 begann sich in dieser
Hinsicht eine Kehrtwende abzuzeichnen. Kritisiert wurde nun, dass Tönnies konsequent missverstanden worden sei und sein Gemeinschaftsbegriff nicht im Kontext des Nationalsozialismus zu sehen sei (Clausen; Schlüter; Osterkamp). Tönnies' Verdienst wird unter anderem darin gesehen, mit seinem Werk *Gemeinschaft
und Gesellschaft* einen neuartigen Ansatz geschaffen zu haben, der mit der anti-
modernen »Gemeinschaftsapologetik« eben nichts gemein habe, sondern vor allem die Etablierung der Soziologie als eigenständige Fachdisziplin entscheidend
vorangebracht habe und auch heute noch Anknüpfungspunkte liefere, die für die
Soziologie von Bedeutung sind.

Während seine ideengeschichtliche Relevanz unstrittig ist, sind mit Blick auf
die Frage nach der Aktualität des Tönniesschen Werks jedoch einige Zweifel angebracht: Denn kritikwürdig ist nicht nur eine gewisse Affinität seiner Gemein-
schaftskonzeption – oder zumindest einer sehr nahe liegenden Lesart dieser Konzeption – zur späteren Gemeinschafts*ideologie* der Nationalsozialisten, sondern
auch seine frauenfeindlichen »Theorien«, die eine zentrale Stellung in seinem
Werk einnehmen und, wie Michael Th. Greven (1991: 367 ff.) zu Recht bemerkt,
nicht einfach als »zeittypische« Ansichten abgetan und relativiert werden können.
Wenn diese Problematik eine aktuelle Anschlussfähigkeit seines Werks nicht gar
verwirkt, muss sie doch zumindest kritisch mitberücksichtigt werden.

Hannah Bethke

Literatur
Clausen, Lars/Schlüter, Carsten (Hg.): Hundert Jahre »Gemeinschaft und Gesellschaft«.
    Ferdinand Tönnies in der internationalen Diskussion, Opladen 1991.
Breuer, Stefan: Von Tönnies zu Weber. Zur Frage einer ›deutschen Linie‹ der Soziolo-
    gie, in: Ders.: Max Webers tragische Soziologie. Aspekte und Perspektiven, Tübin-
    gen 2006, S. 267–293.
Osterkamp, Frank: Gemeinschaft und Gesellschaft: Über die Schwierigkeiten einen Un-
    terschied zu machen. Zur Rekonstruktion des primären Theorieentwurfs von Ferdi-
    nand Tönnies, Berlin 2005.
Tönnies, Ferdinand: »Gemeinschaft und Gesellschaft« 1880–1935. Gesamtausgabe
    Band 2. Hg. von Bettina Clausen und Dieter Haselbach, Berlin/Boston 2019.

Georg Simmel: Über sociale Differenzierung. Sociologische und psychologische Untersuchungen, Duncker und Humblot: Leipzig 1890, 147 S. (hier zit. n. Gesamtausgabe Bd. 2, Suhrkamp: Frankfurt 1989, S. 109–295).

Im Spätwerk Georg Simmels (1860–1918) spielt die Vorstellung eine wichtige Rolle, dass Kultur als eine Entfaltung quasi keimhafter Anlagen oder Voraussetzungen zu verstehen sei. Ein fast idealtypisches Beispiel dafür stellt das Verhältnis dar, in dem seine Frühschrift über soziale Differenzierung zu seinem Gesamtwerk steht. In ihr ist die Grundidee der *Philosophie des Geldes* fast wortgleich vorweggenommen: »Die Auflösung der Gesellschaftsseele in die Summe der Wechselwirkungen […] liegt in der Richtung des modernen Geisteslebens überhaupt: das Feste […] Substantielle in Funktion, Kraft, Bewegung aufzulösen und in allem Sein den historischen Prozess des Werdens zu erkennen« (130). Die Grundpositionen seiner späteren *Soziologie* und *Grundfragen der Soziologie* werden hier skizziert, darüber hinaus Themen wie die Freiheit, die in einem eigenen Kapitel der *Philosophie des Geldes* (1900) eine Ausarbeitung finden sollte, die Idee des Konfliktes als einheitsbildender Sozialform, die den Grundgedanken des Kapitels Der Streit aus der *Soziologie* von 1908 darstellt und durch Lewis A. Cosers Übersetzung zu einem Grundlagentext der Konflikttheorie werden sollte. Zwei Kapitel hat Simmel in Auszügen wortgleich in seine *Soziologie* aufgenommen. Die späteren Aufsätze zur Soziologie und *Philosophie der Mode* und der *Religion* finden hier eine erste Skizze. Es sind außerdem Grundideen der späten *Schulpädagogik* und späterer kunsttheoretischer Arbeiten vorweggenommen. Alle diese Ideenmotive werden bis in das Spätwerk weiterverfolgt, differenziert und weiterentwickelt, wie etwa die letzte Schrift, *Das individuelle Gesetz* (1918), die eine lebensphilosophische Modifikation der frühen Theorie des Zusammenhangs soziale Differenzierung und der Herausbildung von personaler Individualität darstellt.

Simmel beginnt mit erkenntnistheoretischen Überlegungen. Wissenschaftsgeschichtlich mögen methodologische Überlegungen ein Epiphänomen zur inhaltlichen Entwicklung eines Faches sein, die Soziologie als junge Wissenschaft steht aber vor der Aufgabe zunächst Klarheit über die allgemeinen Ziele und Regeln zu erlangen. Sie verwendet die Ergebnisse anderer Wissenschaften als ihr Material und fügt es neu zusammen. Indem sie Synthesen von Synthesen erzeugt ist sie eine Wissenschaft der 2. Ordnung oder der »2. Potenz«, wie es Simmel ausdrückt. Dabei ist sie mit der besonderen Schwierigkeit konfrontiert, dass die Komplexität menschlicher Existenz die Formulierung eindeutiger Begriffe und Aussagen – heute würde man sagen »Gesetzeshypothesen« – nicht zulässt. Dies führt unter Anderem dazu, dass eine Aussage und ihr Gegenteil (z. B. Handlungsmotive letztlich als egoistisch oder als altruistisch zu postulieren) als gleich plausibel er-

scheinen und dass eine einmal festgestellte Ursache-Wirkungsbeziehung in der
inversen Kausalitätsrichtung gleichermaßen beweisbar erscheint.

Die erkenntnistheoretische Falle besteht dabei darin, dass Teilwahrheiten quasi hochgerechnet werden. Die Verallgemeinerung einer partiellen Wahrheit ist
aber keineswegs wiederum eine Wahrheit, sondern in der Regel falsch. Soziologische Aussagen sind immer an Rahmenbedingungen oder an »specifische Differenzen« gebunden, die bei der Interpretation der Aussage berücksichtigt werden
müssen.

Anders formuliert, es gibt keine allgemeinen Gesetze der gesellschaftlichen
Entwicklung. Auch soziale Differenzierung als ein evolutionäres Entwicklungsprinzip ist in diesem Sinne kein Gesetz. Diese Relativierung bedeutet aber nicht
die Aufgabe des Anspruches von Wissenschaftlichkeit als solcher. Soziologie beschreibt Erscheinung und Wirkung gesellschaftlicher Vorgänge und darf nur nicht
in den Irrtum mechanistischer Verallgemeinerung verfallen.

Mit letzterer ist auch die Vorstellung verbunden, Gesellschaft sei ein Summen-
phänomen individueller Verhaltensweisen oder Verhaltensgesetze, die die eigentliche Realität darstellen. Ein solcher methodologischer Individualismus beruht
auf dem materialistischen Trugschluss, Individuen seien reale Letztelemente der
Erkenntnis, deren Zusammenspiel in Gesellschaft lediglich auf idealer Abstraktion beruhe. Da aber auch das Individuum seiner lateinischen Wortwurzel zum
Trotz teilbar ist, ist die Zuschreibung von Realität eine willkürliche. Gesellschaft
hat denselben epistemologischen Realitätsgehalt wie Individuen oder deren biologische oder chemisch-physikalischen Elemente und Strukturen.

Die Einheit eines »Objektes« sieht Simmel in der Wechselwirkung von Teilen
konstituiert was auch für die Gesellschaft gilt. »Gesellschaft ist nur der Name für
die Summe jener Wechselwirkungen« (131) die durch Differenzierung eine von Individuen unabhängige Formenlogik annimmt.

Mit dem Thema Kollektivverantwortlichkeit beginnt Simmel seine Ideen zur
sozialen Differenzierung inhaltlich zu entwickeln. In frühen Gesellschaften besteht der »Hebel der Vergesellschaftung« in der Assoziation äußerer Ähnlichkeiten. Person und soziale Position sind noch ungeschieden. Dadurch fällt die Schuld
einer einzelnen Tat noch mit der Schuld eines sozialen Kreises zusammen. Soziale und personale Differenzierungen bewirken in der Folge ganz unterschiedliche Schuldauffassungen. Vorweggenommen besteht die Simmelsche Grundthese
darin, dass Differenzierung sowohl die Entlastung wie auch die Belastung des Individuums steigert.

Eine Entschuldigung des Individuums findet statt durch Zurechnung auf seine
Teile, seine Triebe, seine Erziehung etc. Dies geht mit einer »subjektiven Differenzierung« einher, die anstelle undifferenzierter Reaktionen wie Jähzorn differenzierte Verhaltensweisen ermöglicht. Ein Zusammenfallen »ungebildete Geister«

mit differenzierter Gesellschaft kann aber gerade eine neue Form des »Urteilens in Bausch und Bogen« zur Folge haben, eines Bedürfnisses nach Rache an »der Gesellschaft« oder an »den Männern«, oder »den Frauen«. Eine solche Neigung zur Rückkehr zu Pauschalierungen ersetzt Individualschuld durch eine undifferenzierte Kollektivschuld.

Die Differenzierung der Schuldfrage findet einen Niederschlag in pädagogischen Konsequenzen: frühe Kulturepochen neigen zur Züchtigung der Person als solcher, während differenzierte Kulturen auf spezifische Maßnahmen setzen, die die Integrität der Gesamtperson unbeschadet lassen. Es ist dies eine Voraussetzung dafür, dass eine Strafe als Maßnahme zu Verbesserung des Straftäters interpretiert werden kann, da nun nicht die ganze Person als schlecht erscheint. Eine weitere Konsequenz der Differenzierung ist die zunehmende Kontextabhängigkeit von Schuld: was einmal als Tugend erscheint, wird in anderen Kontexten als Laster bewertet. Eine Disposition zu Grausamkeit kann in Kriegshandlungen als Heldenhaftigkeit erscheinen während in bestimmten Kontexten positiv bewertete Handlungen in anderen als schuldhaft gebrandmarkt werden.

Die Grundthese des nächsten Abschnittes besteht darin, dass die Ausdehnung der Gruppe und die Ausbildung der Individualität in einem Bedingungszusammenhang stehen. Frühe, innerlich homogene Gesellschaften unterscheiden sich klar nach außen gegenüber einem anderen Stamm, dem man meist feindlich gegenübersteht. Innere individualisierende Differenzierung zieht eine doppelte Konsequenz nach sich: es lockern sich die inneren Bindungen, gleichzeitig werden Bindungen an außenstehende Personen verstärkt. Da Individualisierung letztlich das allgemein Menschliche hervortreten lässt bewirkt sie eine Tendenz zur Inklusion eines größtmöglichen Kreises. So kommt es zur paradox erscheinenden Korrelation von Egoismus und Kosmopolitismus. Eine weitere Konsequenz der Individualisierung ist die Versachlichung. Die »Verdichtung und gegenseitige Paralysierung unzähliger Einzelinteressen« (185) ist eine wichtige soziale Voraussetzung der Objektivität der Wissenschaft.

»Das sociale Niveau«, so der Titel des vierten Kapitels, erhöht sich insgesamt mit zunehmender sozialer Differenzierung. Die Kräfte der Differenzierung sind aber stärker, so dass soziale Unterschiede immer stärker ausgeprägt werden. So sind zwar die unteren Schichten verglichen mit früheren Zeiten in besseren Lebensverhältnissen, aber relativ zu höheren Schichten viel ärmer, sowohl in ökonomischer als auch kultureller Hinsicht.

Das Seltene und damit auch die Individualität erfährt eine höhere Bewertung, weil aus der Seltenheit des Guten die Güte der Seltenheit abgeleitet wird. Ein anderer Grund besteht in der psychologisch größeren Bedeutung von Unterschieden gegenüber der Gleichheit. Obwohl Gleichheit und Differenz zwar objektiv gleich wichtig sein mögen, ins Bewusstsein dringt primär die Differenz.

Entwicklungsgeschichtlich sind die früheren Formen die einfacheren und weisen damit eine größere Verbreitung auf. Anders formuliert: je niedriger jemand
steht, desto mehr hat er/sie mit der ganzen Gruppe gemeinsam und *vice versa*. Da
der gemeinsame Nenner das Niedrigere ist kann Angleichung immer nur nach
unten erfolgen. Aus evolutionären Gründen wirkt rationale Einsicht weniger als
Appelle an Gefühle, weil das Gefühl phylogenetisch die niedrigere Stufe repräsentiert. Deshalb basieren Massenphänomene auf Emotionalisierung.

Das Kapitel über »Die Kreuzung sozialer Kreise« knüpft am Gedanken an,
dass sich »rohes« und entwickeltes Denken durch die Art der Assoziationen unterscheiden. Bei ersterem genügt das zufällige Beisammensein in Raum und Zeit.
Durch Entwicklung gewinnen die begrifflich bezeichneten Gegenstände aber eine
Eigenlogik und können nun sachlich verknüpft werden. Ähnlich beruhen im Sozialen Bindungen zunächst auf der Zufälligkeit der physischen Nähe und erst in
differenzierten Gesellschaften können Bindungen an weitere Kreise nach sach-
lich-praktische Motiven wie der Ähnlichkeit von Interessen erfolgen.

Deutlich zutage tritt dies in der Herausbildung der Universität, eines universellen Zusammenschlusses aufgrund gemeinsamer Bildungsinteressen. Der »Wan-
dertrieb der Humanisten« wird so zum Paradigma moderner Mobilität. Deshalb
gilt Simmel die Zahl der verschiedenen Kreise von Einzelnen als Gradmesser der
Kultur. Diese sind ein »Koordinatensystem« der Bestimmung der Individualität.
Je unabhängiger die Kreise, desto ausgeprägter der Individualismus.

Nun entsteht aber auch gerade durch die Differenzierung von Tätigkeiten eine
neue Einheitlichkeit sozialen Bewusstseins, so die Klasse der Lohnarbeiter unabhängig von der Art der Tätigkeit oder der Region, die bei ständischen Begriffen
(Weber, Bäcker) noch eine Rolle spielten. Analog entsteht die Geschlechtsidentität
im Sinne der Frauenrechtsbewegung durch Differenzerfahrungen unterschiedlicher Frauen und der kosmopolitische Menschheitsbegriff ist ein Abstraktum aus
der Erfahrung der Verschiedenheit der Menschen.

In den abschließenden Teil »Die Differenzierung und das Prinzip der Kraft-
ersparnis« werden evolutionäre Überlegungen zum Motor sozialer Differenzierung angestellt. Evolution sucht sich den Weg des geringsten Energieaufwandes.
Umwege oder überflüssige Koordination von Mitteln werden durch Differenzierung minimiert. Kulturelle Evolution erreicht dies, indem zur Bewegung realer
Handlungszusammenhänge abstrakte Symbolismen geschaffen werden (Geld
für Güterverkehr, Begriffe für »mechanische Thätigkeiten« etc). Ähnlich verhält
es sich mit der Entwicklung sozialer Strukturen wie dem Recht, das die Austra-
gung von Konflikten kanalisiert oder gesamtstaatliche Verwaltungen, die gegenüber früherer regionaler Zersplitterung effektiver sind. Diese Beispiele illustrieren
auch die integrative Wirkung sozialer Differenzierung, denn dieses auf den ersten
Blick trennende Prinzip ist »doch in Wirklichkeit so oft ein versöhnendes und an-

näherndes und eben dadurch kraftsparendes für den Geist, der theoretisch oder praktisch damit operiert« (260).

So sehr das Frühwerk Simmels in die Ausarbeitung des Gesamtwerkes eingeflossen ist, so wenig lässt sich über die Außenwirkung auf den Gang der Soziologie berichten. Das Thema sozialer Differenzierung wurde zwar ein durchgängiger Topos der Soziologie – besondere Zentralität erlangte der Begriff für die moderne Gesellschaftstheorie in systemtheoretischen Ansätzen – allerdings nicht primär in Anknüpfung an das Simmelsche Werk. Simmels komplexe Theorie sozialer Differenzierung erscheint wie sein Gesamtwerk eklektisch rezipiert. Eine Rezeptionsgeschichte dieses als klassisch geltenden Werkes der Sozialwissenschaften verbleibt ein Desiderat für die Zukunft.

Helmut Staubmann

Literatur

Köhnke, Klaus Christian: Der junge Simmel in Theoriebeziehungen und sozialen Bewegungen, Frankfurt 1996.

Müller, Hans-Peter/Reitz, Tilman: Simmel-Handbuch. Begriffe, Hauptwerke, Aktualität, Berlin 2018.

Tyrell, Hartmann: Soziale und gesellschaftliche Differenzierung. Aufsätze zur soziologischen Theorie, Frankfurt 2008.

Émile Durkheim: Le suicide. Étude de sociologie, Félix Alcan: Paris 1897, 462 S. (dt. Der Selbstmord. Mit einer Einleitung von Klaus Dörner und einem Nachwort von René König, Luchterhand: Neuwied/Berlin 1973, 519 S.).

Sich selbst zu töten scheint eine individuelle Entscheidung *par excellence* zu sein. Aber: auch der Kapitän, der sich entscheidet mit seinem Schiff unterzugehen, folgt mit dieser Entscheidung einem Kodex, der sozial und nicht individuell zu erklären ist. *Der Selbstmord*, Émile Durkheims (1858–1917) drittes großes soziologisches Werk während seiner Tätigkeit als Dozent und später als Professor in Bordeaux von 1887 bis 1902, ist den sozialen Ursachen dieses Phänomens gewidmet. Die Studie erschien nach Durkheims Grundlegung der Soziologie als eigenständiger Wissenschaft in den *Regeln der soziologischen Methode* (1895). Das dort vorgelegte Programm einer Wissenschaft von den sozialen Tatsachen sollte nun am Beispiel des Selbstmordes demonstriert werden. Darüber hinaus griff Durkheim das Thema der »Anomie«, der gestörten Sozialordnung, aus seiner ersten großen Schrift *Über die soziale Arbeitsteilung* (1893) wieder auf und diagnostizierte eine gesellschaftliche Krise anhand der Entwicklung der Selbstmordrate in der zeitgenössischen französischen Gesellschaft. Mit dem Selbstmord hatte sich Durk-

heim zum ersten Mal 1888 in einem Artikel in der *revue philosophique* befasst.
Die Selbstmordstudie basiert auf in jahrelanger Arbeit vor allem von Durkheims
Schüler und Neffen Marcel Mauss (1872–1950) zusammen getragenen statistische
Daten zu Selbstmorden in Europa in der zweiten Hälfte des 19. Jahrhunderts. Die
Selbstmordstudie gilt als grundlegend für die Entwicklung einer empirisch ver-
fahrenden Soziologie.

Für die Untersuchung des Selbstmords geht Durkheim in drei Schritten vor,
die dem in den *Regeln der soziologischen Methode* niedergelegten Programm folgen: Ein erster Schritt dient dem Nachweis, dass Selbstmorde nicht als »Summe
voneinander unabhängiger Einzelfälle« (30), sondern in ihrer Gesamtheit als soziale Tatsache behandelt werden müssen; der zweite Schritt besteht aus dem Vergleich der Selbstmordraten verschiedener sozialer Gruppen, Regionen, Konfessionen etc., um verschiedene Arten des Selbstmordes zu identifizieren und in ihrer
sozialen Verursachung zu erklären; drittens fragt Durkheim, ob Selbstmorde als
normale Erscheinung in Kauf genommen werden müssen oder als Indikatoren
eines pathologischen Zustands der Gesellschaft gelten können. Mit vielen seiner
Zeitgenossen identifiziert Durkheim eine moralische Krise der Gesellschaft, anders als diese sieht er die Krise als ein Übergangsphänomen gesellschaftlichen
Wandels, deren Folgen abgemildert werden können.

Durkheim definiert den Selbstmord als »*Todesfall, der direkt oder indirekt auf
eine Handlung oder Unterlassung zurückzuführen ist, die vom Opfer selbst began-
gen wurde, wobei es das Ergebnis seines Verhaltens im voraus kannte.*« (27; Herv. i.
Orig.) Individuelle Motivlagen wie Elend, Liebeskummer, wirtschaftliches Ver-
sagen haben für Durkheim keinen erklärenden Wert. Sie werden ausgeklammert,
weil in jeder Gesellschaft eine im Zeitverlauf zwar schwankende, gleichwohl charakteristische Rate an Selbstmorden festgestellt werden kann, die sich unabhängig
von den konkreten Einzelschicksalen reproduziert. Durkheim bezweifelt natürlich nicht, dass es die Individuen sind, die sich töten. Er kann aber zeigen, dass gerade nicht diejenigen Personengruppen besonders selbstmordgefährdet sind, die
unter besonders widrigen Umständen leben müssen. Die Selbstmordrate steigt
auch und gerade in Zeiten wirtschaftlichen Aufschwungs; in der Armee töten sich
die besser gestellten unteren Offiziersgrade; nicht einfache Arbeiter, sondern Frei-
berufler und Wirtschaftslenker nehmen sich das Leben usw. Durkheim zeigt außerdem, dass die Selbstmordraten weder durch individuelle Ursachen wie Geis-
teskrankheit, Vererbung, Rasse, Alkoholismus oder Nachahmung erklärt werden
können noch durch »kosmische« Faktoren (100) wie Klima, Jahreszeiten, Tages-
licht. Im Zuge der Zurückweisung dieser damals in der Wissenschaft diskutierten
Erklärungsansätze stößt Durkheim aber auf Korrelationen zwischen zivilisatori-
scher Entwicklung und der Entwicklung der Selbstmordrate einer Gesellschaft:
So treten Selbstmorde in entwickelten Regionen häufiger auf und bringen sich

Menschen besonders dann um, wenn das gesellschaftliche Leben hektisch ist. Die Selbstmordrate steht also für eine »Neigung« (32) zum Selbstmord, die mit der Organisation des gesellschaftlichen Zusammenlebens variiert. Wie ist dieser Zusammenhang zu erklären?

Der Selbstmord wird als Handlung wahrscheinlich, wenn Individuen in ihrer Besonderheit gesellschaftlich in Anspruch genommen werden, ihnen der dafür notwendige Rückhalt in integrierten sozialen Gruppen oder Milieus aber fehlt. Die Menschen werden dann auf sich selbst zurückgeworfen und finden keine ausreichenden Gründe, am Leben festzuhalten. Diesen Typus nennt Durkheim den egoistischen Selbstmord. Dieser »[...] *steht im umgekehrten Verhältnis zum Integrationsgrad der Kirche, der Familie und des Staates*« (231; Herv. i. Orig.) Der egoistische Selbstmord ist demnach Ausdruck einer »übermäßigen Individuation« im Zuge der Entfaltung des »religiöse[n] Individualismus« (169) des Protestantismus, der Lockerung der Familienbande und der Distanzierung zwischen Staat und Bevölkerung. Das polare Gegenstück zum egoistischen ist der altruistische Selbstmord: »Wenn der Mensch aus der Gesellschaft herausgelöst wird, begeht er leicht Selbstmord. Das tut er auch, wenn er zu sehr in sie verstrickt ist.« (242) Entscheidend ist hier der »Verpflichtungscharakter« *zum* Selbstmord, der sozial auferlegt ist (247) – wie etwa beim oben angesprochenen Freitod eines Schiffskapitäns. In der modernen Gesellschaft taucht dieser Typus noch im Militär auf, einer stark entindividualisierend wirkenden Gruppe. Als dritten Selbstmordtyp analysiert Durkheim den anomischen Selbstmord. Anomie bezeichnet die »Störungen der kollektiven Ordnung« (278). Solche Störungen sind in der Ökonomie an der Tagesordnung, wo der Fortschritt Krisen und Hochphasen hervorbringt und in zunehmendem Maße im Eheleben. Wenn die Menschen jedes Maß der Regulierung ihrer Ansprüche verlieren, steigt die Wahrscheinlichkeit der Enttäuschung und mit ihr die Wahrscheinlichkeit des Selbstmords. Im »fatalistischen Selbstmord« (318) findet Durkheim schließlich den vierten Typus, der Ausfluss eines »moralischen Despotismus« (ebd.) ist. Die Frau, die sich aus Verzweiflung das Leben nimmt, weil sie der Ehe nicht entfliehen kann, begeht einen solchen fatalistischen Selbstmord.

Egoismus, Altruismus und Anomie, also »die Bereitschaft zum Verzicht, die Vorliebe für den Fortschritt, die Neigung zur Vereinzelung« (433) sind für Durkheim grundlegende moralische Strömungen in der Gesellschaft, die historisch in ihrer jeweiligen Stärke variieren. Dass es zu Selbstmorden kommt, die durch die moralischen Strömungen verursacht werden, ist für Durkheim »ein Element ihrer normalen Verfassung« (429). Im Prozess der Zivilisation nehmen die Wertschätzung des Einzelnen (der »Kult der Person der Menschen«; 391) und die Betonung des Neuen zu. Deshalb nehmen der egoistische und der anomische Selbstmord zu und der altruistische ab. Als pathologisch betrachtet Durkheim aber die rasche

Steigerung der Selbstmordrate, die anzeigt, dass die etablierten sozialen Institutionen Kirche, Familie und Staat unwiederbringlich ihre für die Individuen so entscheidende Integrationskraft verlieren. Mobilität untergräbt Familienbande, individuelle Glaubensprüfung die Gemeinschaft der Kirchen und der Staat wird zum Abstraktum. Deshalb fragt Durkheim nach sozialen Institutionen, die es den Menschen erlauben, Individualismus und ihre Begierden wieder mit sozialem Sinn auszustatten. Durkheim schlägt vor, Berufsgruppen und Fachverbände (449) zu stärken. Da die Wirtschaft der Bereich ist, in dem sowohl Anomie als auch Egoismus gedeihen, ist es auch dieser Bereich, in dem die Chance besteht, durch die Assoziierung ähnlich gesinnter Individuen ein neues gesellschaftliches Immunsystem gegen den Selbstmord aufzubauen. Berufsverbände bieten die Grundlage für die Entstehung sozialer Milieus mit einer hohen Interaktionsdichte und der wechselseitigen Begrenzung der Begierden. Egoismus und wirtschaftlich induzierte Anomie könnten also in »moralischen Milieus« (ebd.) eingeschränkt werden, die Anomie in der Ehe durch die Einbeziehung der Frauen in die Gesellschaft.

Der Selbstmord hat die Entwicklung der empirischen Soziologie maßgeblich beeinflusst und jede aktuelle Studie über Selbstmord bezieht sich auf die eine oder andere Art und Weise auf Durkheims Pionierarbeit. Zwar werden soziologische und sozialpsychologische Untersuchungen tatsächlicher oder versuchter Selbsttötungen heute stärker anhand von Mikroanalysen, die die Bedeutung des Handelns für die Betroffenen berücksichtigen, durchgeführt. Dennoch bleiben viele der Durkheimschen Beobachtungen aktuell. Die Theorie der Anomie prägte nachhaltig den sog. Strukturfunktionalismus, der mit den Namen Talcott Parsons und Robert K. Merton verbunden ist. In Deutschland geriet die Werkrezeption zunächst zwischen die Fronten des Positivismus-Streits, zentrale (nicht nur von Durkheim gemachte) Entdeckungen wie die der Individualisierung wurden wieder aufgegriffen und weiter entwickelt. Die Bestimmung des Sozialen durch Abgrenzung gegenüber individuellen und »kosmischen« Faktoren ging direkt ein in die Systemtheorie Niklas Luhmanns. Durkheims Denken und Werk erfahren zudem in den gegenwärtigen Sozialwissenschaften international eine Renaissance. So wird seine These vom »Kult der Persönlichkeit« in den Arbeiten Hans Joas' herangezogen. In der amerikanischen Kultursoziologie knüpft Jeffrey Alexander an von Durkheim aufgeworfene normative Fragestellungen an. In Frankreich bezieht sich die zeitgenössische Soziologie implizit und explizit wieder auf Durkheim, etwa in den Untersuchungen zum Zusammenhang von Depression und Gesellschaft (Alain Ehrenberg).

Matthias Klemm

Literatur

Douglas, Jack D.: The Social Meaning of Suicide, Princeton, New Jersey 1967.

Lukes, Steven: Émile Durkheim. His Life and Work. A historical and critical Study, New York u. a. 1972.

Sigmund Freud: Die Traumdeutung, Franz Deuticke: Leipzig/Wien 1899/1900, 386 S. (zit. n. Gesammelte Werke Bd. II/III).

Das Erscheinen der *Traumdeutung* gilt als die Geburtsstunde der Psychoanalyse, der Text als ihre Geburtsurkunde. Dies war von Freud durchaus so intendiert: Obwohl schon 1899 fertig gestellt und am 4. November vom Wiener Verlag Franz Deuticke ausgeliefert, erschien die Traumdeutung mit der zukunftsweisenden Zahl 1900 auf Umschlag und Titelblatt: »Die Psychoanalyse ist sozusagen mit dem 20. Jahrhundert geboren; die Veröffentlichung, mit der sie als etwas Neues vor die Welt tritt, meine ›Traumdeutung‹, trägt die Jahreszahl 1900«, schrieb Freud 1924 in ein *Kurzer Abriss der Psychoanalyse.*

Die *Traumdeutung*, wie sie heute als zweiter und dritter Band der Gesammelten Werke Freuds vorliegt, ist in mehrfacher Hinsicht Stückwerk: Nicht nur entstand sie ab 1898 in einem regen schriftlichen Austausch mit Freuds zu dieser Zeit engstem Freund, dem Berliner Hals-Nasen-Ohren-Arzt Wilhelm Fließ, der immer wieder in den Text eingriff. Auch nach Erscheinen der ersten Auflage von 1899 wurde der Text weiter verändert und umgeschrieben, auch weil er immer mehr zum Ertrag eines gemeinsamen Forschungsprozesses der ersten Generation Psychoanalytiker wurde: Die *Traumdeutung,* in der Erstauflage kein Publikumserfolg, erschien bis 1930 in acht Auflagen, sechs davon stark verändert. Mit der heute gängigen Ausgabe von 1930 hält man also eine Arbeit in den Händen, deren Entstehungsprozess sich über 30 Jahre erstreckte.

Freud hat der Traumdeutung ein wegweisendes Motto vorangestellt: »Flectere si nequeo superos, Acheronta movebo.« Dieses Zitat aus der Aeneis von Vergil – »Wenn ich die Götter (der Oberwelt) nicht bewegen kann, werde ich die (der) Unterwelt bewegen« – könnte man der gesamten Freudschen Psychoanalyse voranstellen: Beschrieben wird hier nicht allein die psychoanalytische Methode der Interpretation, die Freud hier vorstellt, zugleich wird der subversive Charakter der Psychoanalyse deutlich, ihr kultur- und gesellschaftskritischer Gehalt: Die Oberfläche des Bewusstseins ist nicht alles, sie kann auch falsch sein, verstellend wirken und vor allem lässt sie sich in Bewegung versetzen. Ist der direkte Weg versperrt, bleibt immer noch der Umweg. Der Vers Vergils symbolisiert somit den Traum und auch die anderen Bildungen des verdrängten Unbewussten, wie Fehlleistung, Symptom und Witz, die alle gemeinsam haben, dass mit ihnen etwas auftaucht, dass sich nur auf Umwegen, als Kompromissleistung zwischen drängendem Unbewussten und Abwehr äußern kann. Das Zitat steht so auch für den Umweg, den Freud zufolge die psychischen Kräfte einschlagen, wenn der direkte Weg versperrt ist, und das ist konstitutiv für den gesamten psychischen Apparat, dessen Theorie Freud in der Traumdeutung vorlegt: »All die komplizierte Denkfähigkeit aber«, so Freud bezüglich der dem Primärprozess abzuringenden Fähigkeit des psychischen Apparates, Innen und Außen, Realität und Phantasie auseinanderhalten zu können, »stellt doch nur einen durch die Erfahrung notwendigen *Umweg zur Wunscherfüllung* dar« (572). Und damit ist auch schon die Reichweite der Entdeckung, die Freud seinen Lesern präsentiert, abgesteckt: Es geht ihm zum einen darum, dass der Traum nicht sinnlos, nicht zufällig, nicht nur »Hüter des Schlafes« ist, sondern sinnvoll ist und eine psychische Bedeutung hat, nämlich, so die zentrale Behauptung Freuds, eine Wunscherfüllung zu sein, und zwar die eines infantilen, sexuellen, dem Bewusstsein unerträglichen Wunsches. Zum anderen präsentiert er mit der Traumdeutung eine Konstitutionstheorie des psychischen Apparates. Er nimmt dabei seine Konzeption aus dem *Entwurf einer Psychologie* von 1895 wieder auf, formuliert diese allerdings zum ersten Mal nicht in einer Sprache, welcher die Herkunft aus der Neurologie noch stark anzumerken ist, sondern in der Sprache der psychoanalytischen Subjekttheorie, der Metapsychologie. In diesem Kontext ist auch die Aussage zu verstehen, dass der Traum »die Via regia zur Kenntnis des Unbewussten im Seelenleben« (613) sei. Auch Gesunde träumen; »der psychische Mechanismus, dessen sich die Neurose bedient« liegt im »normalen Aufbau des psychischen Apparates bereit« (ebd.).

Die *Traumdeutung* ist in sieben Kapitel gegliedert: Freud verfasste zunächst die Kapitel II–VI, dann den Überblick über die zeitgenössische Literatur zum Traum (Kapitel I) und zuletzt in nicht mehr als zwei Wochen mit dem VII. Kapitel einen der wichtigsten theoretischen Grundlagentexte der Psychoanalyse.

Auf das erste Kapitel, das insofern interessant ist, als es den Stand der Traumforschung zur Jahrhundertwende wiedergibt und nachvollziehen lässt, wie Freud sich davon absetzt und seinen eigenen Ansatz entwickelt, folgt die »Methode der Traumdeutung«: Freud schildert hier den Initialtraum der Psychoanalyse, seinen Traum von ›Irmas Injektion‹, an dessen Analyse er seine zentrale Aussage darlegt: »Nach vollendeter Deutungsarbeit lässt sich der Traum als eine Wunscherfüllung erkennen.« (126) Diese zentrale Annahme unterstreichend, widmet Freud ihr ein eigenes, wenn auch nur zehnseitiges Kapitel (III). In den folgenden Kapiteln verteidigt er den wunscherfüllenden Charakter des Traumes gegen mögliche Einwände, indem er zunächst (Kap. IV: »Die Traumentstellung«) die Unterscheidung zwischen latentem und manifesten Trauminhalt einführt: Aufgrund der Traumentstellung kann es im manifesten Traum, der sich erinnern und erzählen lässt, auch etwa um Angst oder um Strafe gehen, der durch die Deutung erschlossene latente Traum hat aber sehr wohl eine Wunscherfüllung zum Inhalt. Den Gedanken, dass der Wunsch, der im Traum inszeniert wird, nur entstellt überhaupt zu Bewusstsein kommen kann, greift Freud im sechsten Kapitel wieder auf, wenn er anhand vieler Beispiele die Modi der Traumarbeit vorstellt: als dem Primärvorgang, der Funktionsweise des Unbewussten, angehörend, Verschiebung (von unten nach oben, von groß nach klein), Verdichtung (ein Element des Traumes steht für Vieles, das sich komplett ausschließen kann) und Rücksicht auf Darstellbarkeit (Umsetzung der Trauminhalte in die Bildersprache des Traumes); zum Sekundärvorgang gehörig die sekundäre Bearbeitung, eine Art Normalisierung des Traumes. Freud versteht das Deuten eines Traumes als Umkehrung der Traumarbeit, ein paradoxes Unterfangen, da beim Versuch, den latenten Trauminhalt zu enträtseln, eine Übersetzung erzeugt wird, die das, was sie enträtselt, dabei zum ersten Mal in dieser Form produziert. Das Neue an seiner Methode der Traumdeutung ist, wie Freud im Kapitel »Traummaterial und Traumquellen« (V) zeigt, dass kein Traum lexikalisch gedeutet werden kann sondern nur bezogen auf den einzelnen Träumer und dessen individuelle Geschichte. Dabei geht auch Alltägliches wie kulturell Überliefertes als Material in den Traum ein: Wenn Freud an dieser Stelle den Ödipuskomplex einführt, wird deutlich, wie in der psychoanalytischen Theorie(bildung) Psychisches und Kulturelles ineinandergreifen: Freud entwickelt den Ödipuskomplex anhand mehrerer Träume, greift auf den Mythos zurück, den er dann wiederum als Ausdruck eines ubiquitären infantilen Konfliktes interpretiert. Aus einem infantilen Konflikt bezieht der Traum seine Energie, da das aktuelle Erleben, so Freud, dazu nicht ausreiche, es muss die Energie eines der »immer regen, sozusagen unsterblichen Wünsche« (559) zur Verfügung stehen.

In dem mit »Psychologie der Traumvorgänge« überschriebenen Kapitel VII folgt die schon angesprochene Konstitutionstheorie des psychischen Apparates. Seine Konstruktion der primären Funktion des Apparates bezeichnet Freud als »theoretische Fiktion« (609). Sein Vorgehen könnte man als umgekehrten Kausalismus bezeichnen: Nicht etwa leitet er eine höher differenzierte psychische Tätigkeit wie das Träumen aus der ursprünglichen primitiven Funktionsweise des psychischen Apparates ab, sein Vorgehen ist genau umgekehrt: »Der Traum, der seine Wünsche auf kurzem regredienten Wege erfüllt, hat uns hiermit eine Probe der *primären,* als unzweckmäßig verlassenen Arbeitsweise des psychischen Apparats aufbewahrt.« (572) Freud konstruiert also rückwärts. Wissend um das Spätere versucht er das Frühere so zu entwerfen, dass das Spätere zum Rest des Primären wird. An den Anfang setzt er mit dem Wunsch die Suche nach Lust und mit der Lebensnot die körperlich bedingte Nötigung sich mit der Realität einzulassen. Erst nachträglich lässt sich anhand eines einzelnen in einer konkreten (historischen) Situation sagen, was daraus geworden sein wird. Diesem Vorgehen wohnt

notwendig ein Moment der Spekulation inne, öffnet seinen Entwurf aber grundsätzlich für Soziales und Kulturelles.
Mit der *Traumdeutung* hat die Entwicklung der psychoanalytischen Methode und Theorie bei Freud und über Freud hinaus überhaupt erst begonnen. Vor dem Hintergrund einer sich über mehr als ein Jahrhundert erstreckenden, kontroversen Diskussion lässt sich festhalten, dass Freud hier die Grundlagen der Psychoanalyse präsentiert. Dies gilt auch für die Anwendung der Psychoanalyse in den Sozialwissenschaften: Die Psychoanalyse ist ein wichtiger Zugang zur Interpretation kultureller Artefakte, eine Interpretations- und Erhebungsmethode in der qualitativen Sozialforschung und ein unentbehrlicher Bestandteil kritischer Gesellschaftstheorie wie schon die Arbeiten der ersten Generation am Institut für Sozialforschung in Frankfurt zeigen.

Christine Kirchhoff

Literatur

Deserno, Heinrich (Hg.): Das Jahrhundert der Traumdeutung. Perspektiven psychoanalytischer Traumforschung. Stuttgart 2000.
Lohmann, Hans-Martin/Pfeiffer, Joachim (Hg.): Freud Handbuch. Leben – Werk – Wirkung. Stuttgart/Weimar 2006.
Starobinski, Jean/Grubrich-Simitis, Ilse/Solms, Mark: Hundert Jahre ›Traumdeutung‹ von Sigmund Freud. Drei Essays, Frankfurt 2006.

Hedwig Dohm: Die Antifeministen. Ein Buch der Verteidigung, Ferd. Dümmlers Verlagsbuchhandlung: Berlin 1902, 167 S.

Im Mittelpunkt von Hedwig Dohms Schaffen stehen eine radikale Gesellschaftskritik und der Kampf für eine geschlechtergerechte Einrichtung der Welt. Hedwig Dohm (1831–1919, geborene Jülich) wuchs in einer Fabrikantenfamilie mit 17 Geschwistern auf und spürte die strukturelle Benachteiligung von Mädchen und Frauen schon früh, da ihr im Gegensatz zu ihren Brüdern eine gute Schulbildung verwehrt wurde. Als Autodidaktin eignete sie sich nichtsdestotrotz ein umfangreiches Wissen an und verschaffte sich Zugang zu wichtigen intellektuellen Kreisen ihrer Zeit. Der Salon im Hause Dohm war bedeutender Knotenpunkt für die geistige Elite der damaligen Berliner Gesellschaft. Dohms Werk ist umfassend und vielfältig, es beinhaltet neben wissenschaftlichen Analysen unter anderem auch Romane, Essays, Rezensionen, Novellen, Luststücke und Märchen. Ein Mittel, das Dohm virtuos einzusetzen wusste, um die Widersprüche antifeministischer Denktraditionen offenzulegen, war die Polemik. Auch die Analysen und Argumentationen in *Die Antifeministen* sind von Polemisierung geprägt.

Dohms erster feministischer Essay (*Was die Pastoren von den Frauen denken*, 1872) machte sie über Nacht bekannt. Binnen vier Jahren folgten drei weitere Publikationen (*Der Jesuitismus im Hausstande*, 1873; *Die wissenschaftliche Emancipation der Frauen*, 1874; *Der Frauen Natur und Recht*, 1876), in denen Dohm nicht nur die antifeministische Ideologie hinter der Naturalisierung von Geschlechtscharakteren herausstellte, sondern auch die Öffnung von Universitäten und Berufen sowie das Stimmrecht für Frauen verlangte, denn »die Menschenrechte haben kein Geschlecht« (Natur und Recht, 184). Dohm erlangte in diesen Jahren große Bekanntheit und entwickelte sich zu einer gefürchteten Stimme in der so genannten Frauenfrage. Sie gehört zu den allerersten Menschen in Deutschland, die öffentlich das Frauenwahlrecht forderten. Dohm zweifelte Sitte und Tradition von Grund auf an. In ihren Schriften finden sich Ansätze, die ihrer Zeit weit vorausweisen, wie zum Beispiel der Zusammenhang von Sozialisation und Geschlecht. Ebenso progressiv entlarvt Dohm Mythen rund um Mutterschaft und stellt Überlegungen zur Vergesellschaftung von Hausarbeit und Kindererziehung an. Ihrem Denken liegt eine materialistische Analyse zugrunde und in vielen Ansätzen spiegelt sich Dohms Nähe zu sozialistischen Denker*innen ihrer Zeit.

Die Antifeministen ist eine Sammlung teils überarbeiteter Aufsätze, die ab 1897 in unterschiedlichen Zeitschriften erschienen waren. Das Werk muss im Kontext seiner Zeit betrachtet werden, die von eingeengten Vorstellungen über die »Natur der Frau« und deren Rolle in der Gesellschaft geprägt war. Die Texte in *Die Antifeministen* sind oftmals eine Antwort auf Publikationen von Zeitgenoss*innen, in denen diese ihre misogynen Annahmen entfalteten und die Unterdrückung von Frauen rechtfertigten oder sich auf subtilere Weise mit solchen Ansichten gemein machten. Zu diesen gehören unter anderem Friedrich Nietzsche, Lou Andreas-Salomé, Karl Julius Duboc, Ellen Key, Paul Julius Möbius, Siegfried Placzek, Laura Marholm und Max Runge. Dohm nennt nicht immer die Namen der Verfasser jener Passagen, gegen die sie argumentiert, da es ihr vielmehr um die Bloßstellung der antifeministischen Denke als der Personen dahinter geht. Mit rhetorischer Raffinesse seziert sie den antifeministischen Kern, der den vorgestellten Behauptungen zugrunde liegt, und offenbart ihren unwissenschaftlichen Charakter. So legt sie mittels geschickter Dekonstruktion die Logikfehler in den Argumenten ihrer Gegner*innen frei und widerlegt diese damit. Dohm stellt verbreitete Ansichten über das »Wesen der Frau« in Frage und nutzt ihre eigenen Erfahrungen und eine ironisierende Beweisführung dafür, antifeministische Behauptungen zu falsifizieren.

Mit ihrem Werk *Die Antifeministen* prägt Dohm ebenjenen Begriff und bereitet ihm den wissenschaftlichen Weg. Dabei lehnt sie »Antifeminismus« an »Antisemitismus« an, weil sie hier einen ähnlichen Mechanismus vermutet, nämlich die Unterdrückung einer marginalisierten Gruppe zur Sicherung der eigenen Privilegien. Dohm macht vier Kategorien auf, nach welchen Antifeministen unterschieden werden könnten (die Altgläubigen, die Herrenrechtler, die praktischen Egoisten und die Ritter der *mater dolorosa*). Diese Kategorisierung kann als Persiflage auf die pseudowissenschaftlichen Behauptungen ihrer Gegner gelesen werden, wenngleich Dohm auf diese Weise ernsthaft die Beweggründe hinter der antifeministischen Haltung ihrer männlichen Zeitgenossen herausarbeitet. Diese seien u. a. geprägt von orthodoxem Glauben an Religion und vermeintliche Naturgesetze, chauvinistischen Ansichten der geistigen und körperlichen Überlegenheit von Männern, der Angst vor der Umkehr der Unterdrückungsverhältnisse durch Frauen, dem Wissen um die eigene Schwäche, egoistischen Beweggründen zur Sicherung der eigenen Vorteile oder dem Bedürfnis das vermeintlich schwache Geschlecht vor sich selbst zu schützen. Dohm untersucht außerdem antifeministische Positionen von Frauen. Deren Argumente fußen laut Dohm vorrangig auf der Annahme, Frauen hätten einen unhintergehbaren, natürlichen Daseinszweck: als Mutter, Unterstützerin des Mannes oder Trägerin der Weiblichkeit. Aus dieser naturalisierenden Perspektive auf Geschlecht ergäbe sich ihre ablehnende Haltung gegen Emanzipationsbestrebungen und die Komplizinnenschaft mit dem Patriarchat.

Dohm argumentiert in erster Linie aus einer bildungsbürgerlichen Perspektive. In einigen Passagen geht sie über diesen Blickwinkel jedoch hinaus, indem sie die Situation von Proletarierinnen mitdenkt und ebenso kritisiert: »Und wollen sich die Frauen wirklich zu Tode arbeiten, so müssen sie auch dieses Recht haben, und ob sie es im Seziersaal und in der Klinik oder hinter dem Waschfaß und in den Fabriken ausüben, ist dasselbe. Nein, es ist nicht dasselbe, ob die Ärztin sich zu Tode arbeiten will, oder die Proletarierin sich zu Tode arbeiten muß. [...] Selbstmorde sind nicht aus der Welt zu schaffen, aber die Gesellschaftsmorde sind es.« (50) Auch Kritik an Antisemitismus und Sklaverei klingen in diesem Werk an. Ein weiterer Fokus von Dohms Kritik liegt auf der Institution Ehe. In dem Werben um einen Bräutigam erkennt sie vor allem einen bitteren Existenzkampf: »Das Weib von diesem entehrenden Kampfe zu befreien ist eines der Ziele der Emanzipation.« (64) Auch deshalb setzt sich Dohm für die Berufstätigkeit von Frauen (explizit auch Müttern) ein. Sie illustriert die Doppelmoral, die in der damaligen Gesellschaft unhinterfragt gelebt wird. Dies spiegele sich z.B. in unterschiedlicher Bezahlung und Ansehen für Berufe (bspw. Arzt und Krankenwärterin), aber auch in Allgemeinplätzen zum Schutz von Frauen wider. »Weil der Mann brutal ist, sperre man das Weib ein, damit er ihr nichts tun kann! [...] ›Gegen wen wird Schutz gewährt?‹ Die Antwort lautet: ›gegen die Brutalität des Mannes.‹ Ja, wir brauchten also gar keinen Schutz, wenn der Mann nicht brutal wäre.« (36)

Dohm wehrt sich in *Die Antifeministen* gegen die Annahme, es gäbe eine »Natur der Frau«, aus der sich ihre Pflicht ableiten ließe, dem Mann als Gebärerin und

Untertanin zur Verfügung zu stehen. Auch widerspricht sie jeglichen Behauptungen, Frauen seien von Natur aus körperlich und geistig zu eingeschränkt, um die gleichen Arbeiten wie Männer zu verrichten. Hier widerspricht sie insbesondere zeitgenössischen Ärzten, die Frauen aufgrund von Menstruation, Schwangerschaft und Geburt als schwach und unfähig für körperlich und geistig anspruchsvolle Arbeiten (z. B. Ärztin) deklarieren. Gleichzeitig kritisiert sie die schlechten Bildungsmöglichkeiten für Mädchen und Frauen, wodurch ihnen die Chance genommen wird, ihre vollen Fähigkeiten zu entfalten. Aus heutiger Perspektive ist in diesem Zusammenhang besonders hervorzuheben, wie Dohm Weiblichkeit dekonstruiert. So stellt sie beispielsweise fest, dass vieles, das mit Weiblichkeit assoziiert wird, oft nur auf junge Frauen zutrifft (Menstruation, Schönheit, Kinderpflege) und alten Frauen damit ihre Weiblichkeit abgesprochen wird und sie von der Gesellschaft als wertlos betrachtet werden. Dohm deckt – lang vor Simone de Beauvoir – anschaulich auf, wie eng Sozialisation und Gesellschaft mit geschlechtstypischen Eigenschaften zusammenhängen: »Und die Natur des Mannes? Ist der Mann von heute etwa ein natürliches Produkt der Schöpfung? Nicht ebenso wie die Frau ein durch bestimmte soziale Bedingungen historisch Gewordenes?« (70) Sie plädiert dafür, Menschen als Individuum unabhängig von ihrem Geschlecht zu begreifen: »man will mich in die kompakte Masse einer bestimmten Wesenheit hineinkneten? mich mit naiver Brutalität in einen Gattungsbegriff zwängen, wie es mit den Tieren geschieht […] Die Frauen sind untereinander so verschieden, wie ein Mann von dem anderen verschieden ist […] Gleichgültig, ob ich Mann, Weib oder Neutrum bin – das Geschlecht ist Privatsache – vor allem bin ich Ich, eine bestimmte Individualität, und mein menschlicher Wert beruht auf dieser Individualität.« (133 f.)

Zu Lebzeiten erlangte Dohm große Bekanntheit – ihre Theaterstücke wurden auf Berliner Bühnen gespielt, ihre Bücher gekauft und besprochen, ihre Beiträge in verschiedensten Zeitungen gedruckt. Dennoch geriet Dohm nach ihrem Tod 1919 rasch in Vergessenheit. Ihre Publikationen wurden nicht wieder aufgelegt, ihr Nachlass ging verloren. Dies hat verschiedene Gründe und hängt nicht zuletzt mit dem Nationalsozialismus zusammen, unter dem Dohms Nachkommen als jüdisch markiert und verfolgt wurden (ihr Vater Gustav Schlesinger wuchs in einer jüdischen Familie auf, konvertierte später aber zum Protestantismus). Erst mit der Neuen Frauenbewegung in den 1970er Jahren wurden Dohms Texte wiederentdeckt und neu gedruckt. Das Wissen um Leben und Werk dieser radikalen Gesellschaftskritikerin musste mühsam zurückgeholt werden und weist bis heute Leerstellen auf. Durch die wissenschaftliche Aufarbeitung weiblicher Emanzipationskämpfe und spätestens mit dem einsetzenden Interesse am Forschungsfeld Antifeminismus erfuhr Dohms Arbeit *Die Antifeministen* zunehmend Würdigung.

Annica Peter

Literatur

Müller, Nikola: Hedwig Dohm (1831–1919). Eine kommentierte Bibliografie, Berlin 2000.

Rohner, Isabel: Spuren ins Jetzt, Hedwig Dohm – eine Biografie, Sulzbach 2010.

Robert Michels: Zur Soziologie des Parteienwesens in der modernen Demokratie, Leipzig: Werner Klinkhardt 1911, 401 S.

Sein Einfluss auf die Parteiensoziologie war und ist groß; aber seine Biografie hat Hautgout: Robert Michels, geboren 1876 in Köln, gestorben 1936 in Rom, begann politisch bei den deutschen Sozialdemokraten, konvertierte zwischenzeitlich zu den revolutionären Syndikalisten, bis er schließlich zum Ende der 1920er Jahre in der Partito Nazionale Fascista von Benito Mussolini ankam. Das philofaschistische Finale in seiner Lebensgeschichte warf fortan einen langen dunklen Schatten auf die Rezeption seines Werks, das nach 1945 Lob nur fand, wenn es vom Tadel für den politischen Irrweg seines Produzenten begleitet war.

An der Person und dem Lebensweg Michels lässt sich anschaulich zeigen, dass Theorie nicht losgelöst von der zeitgenössischen Umwelt entsteht und fortentwickelt wird. Durch die Lektüre von Michels' Werken erfahren wir viel über die politische Welt des ausgehenden langen 19. Jahrhunderts und der ideologischen Erregungen der Massengesellschaft im frühen 20. Jahrhundert. Ein Klassiker ist er gewiss auch deshalb, weil Michels seine Beobachtungen illustrativ in einprägsame und pointierte Formeln zu fassen verstand, die er dann in den Rang von gesetzmäßigen Aussagen über unabdingbare Entwicklungszüge in politischen Organisationen erhob. Es entstand derart das Bild von einer konstant bleibenden Anatomie des Politischen, in dem auch nachgeborene Leser reichlich Analogien zur jeweiligen Gegenwart finden konnten.

Das Anschauungsmaterial für sein Hauptwerk lieferte Michels die Partei, welcher er sich 1903 angeschlossen hatte und an deren zentralen Parteitagen er in den Jahren 1903, 1904 und 1905 als Delegierter teilnahm: die Sozialdemokraten im Wilhelminischen Kaiserreich. In den Jahren seiner politischen Präsenz dort breitete sich der hauptamtliche Apparat expansiv aus. Der messianische Bewegungscharakter des Sozialismus ging zurück; an dessen Stelle trat der Alltagspragmatismus von Sekretären, Funktionären, Gewerkschaftsangestellten, Genossenschaftsverkäufern. Ernüchtert kehrte Michels, den das sozialdemokratische Engagement in Deutschland die Universitätskarriere gekostet hatte, der Partei den Rücken, siedelte nach Turin um und schrieb dort seine *Soziologie des Parteienwesens,* das 1911 als Buch erschien und seither in etlichen Sprachen übersetzt und in den folgenden Jahrzehnten vielfach neu aufgelegt wurde. Strittig blieb, ob nun Soziologen oder Politologen ein Anrecht darauf reklamieren durften, die Schrift in ihren Klassikerkanon aufzunehmen.

In der Regel wird Michels als Patron der Parteiensoziologie betrachtet. Michels' Theorie, die insbesondere und immer wieder auf sein Werk zur Soziologie des Parteienwesens in der modernen Demokratie reduziert wird, galt und gilt bis heute als konstitutiv zum Verständnis des Phänomens der Eliten. Sie wurde regelmäßig an den Anfang von Untersuchungen über Parteien gestellt, als Ausgangsfrage, als Vergleichsfolie, als Instrument, wenn es darum gehen sollte, Kategorien des »Wirklichen« im parteipolitischen Geschehen zu erfassen. Überdies standen Michels' Werk und Leben exemplarisch für eine komplizierte Zeit voller neuartiger Umbrüche und Unsicherheiten, aber auch fundamentaler Hoffnungen und Erwartungen.

Die Oligarchie gilt, seit den antiken Philosophen Polybios und Platon, neben der Diktatur als dystopisches Negativbild der Demokratie. Der Nimbus der Demokratie bildete sich aus der Strahlkraft von Versprechen wie Transparenz, Gleichheit, Offenheit und Mitsprache. Die Oligarchie dagegen warf die dunklen Schatten all der Kehrseiten: Konspiration, Elitarismus, Verschlossenheit und Macht der Wenigen. Zu einem nachgerade geflügelten Wort avancierte in der Debatte das »eherne Gesetz der Oligarchie«, mit dem Michels den genuinen Kern des generellen Charakters von Parteien, ja von verbindlichen Massenzusammenschlüssen schlechthin zu enthüllen vorgab: »Wer Organisation sagt, sagt Tendenz zur Oligarchie.«

Michels, dessen Verständnis von Demokratie in der Tradition von Jean-Jacques Rousseau stand, hatte zunächst der Widerspruch verblüfft, dass sich gerade auch in den Parteien der Linken, welche emphatisch die Volkssouveränität postulierten, elitäre Zirkel bildeten. Die Parteien der Arbeiterklasse entsprachen daher nur entfernt jenem egalitären rhetorischen Idealtypus, den sie sich auf die Fahnen geschrieben hatten. Michels trieb um, »wie es zu erklären sei, dass sie die gleichen von ihr befehdeten Tendenzen in sich selbst entwickeln«. Dass auch und gerade die Demokratie der Massengesellschaft ohne Organisation nicht auskam, war Michels durchaus bewusst. Aber schwerer wogen ihm die Lasten und Fehlentwicklungen dieses Typus der Vergemeinschaftung, da hier im Laufe der Zeit die Gewählten über ihre Wähler standen, Strukturen sich verselbständigten und zu verewigen versuchten, sich eine Kaste von Bürokraten herausbilden musste, in der Gesinnungslumperei, Selbstgenügsamkeit, Streberei und mentaler Konservatismus dominierten. Politische Organisationen neigten, je stärker sie sich ausdehnten, zur Orientierung an quantitativem Wachstum von Mitgliedern und vor allem von Wählern, vernachlässigten währenddessen die ideelle Sozialisation und kollektive Identitätsbildung. Hier offerierte Michels Interpretationspartikel, die später auch in die Überlegungen von Otto Kirchheimer zur »Allerweltspartei« eingingen.

Dabei war es die Masse, der Michels eigentliche Kritik galt. Nicht die Oligarchien selber trugen ihm primär die Schuld an der Paralyse des demokratischen Projekts, vielmehr war es das »Führungsbedürfnis« der unterordnungs-willigen Masse. Die »Apathie« der Masse wies infolgedessen den sozialistischen Intellektuellen eine besondere Rolle in der Arbeiterbewegung zu. Denn zu einer zielgerichteten Bewegung waren die Arbeiter, folgte man Michels, ohne die Se-kundanz der Überläufer aus der Bourgeoisie nicht fähig. Erst existierte die so-zialistische Theorie der außenseiterischen Nationalökonomen, Philosophen, So-ziologen und Historiker; dann verband sich das im nächsten Schritt mit dem richtungslosen Leid der jungen Arbeiterschicht zur Arbeiterbewegung. In die-ser Funktion des intellektuellen Propheten lag für Michels mehr Segen als Fluch. Denn die Intellektuellen fungierten in der Arbeiterbewegung als »Moral-Anwäl-te«. Während die Kader aus der Arbeiterschaft die Organisationen des Sozialis-mus bevorzugt als »Klassenerhöhungsmaschinen« nutzten, um die je eigenen Sonderinteressen an höheren Löhnen, privilegierter Stellung, sozialem Aufstieg zu befriedigen, zielten die intellektuellen Renegaten des Bürgertums hingegen auf die Transzendierung des Lohnstandpunkts, des Branchenegoismus, des Parvenü-strebens.

Michels »ehernes Gesetz der Oligarchie« hat ganze Generationen von Histori-kern, vor allem zur SPD und der Arbeiterbewegung allgemein, beeinflusst, ins-besondere wenn nach Erklärungen für den Immobilismus der sozialdemokrati-schen Parteiführung zum Ende der Weimarer Republik gesucht wurde. Aber auch Studien zu den übrigen Parteifamilien haben sich, forciert durch den Wandel an-fänglicher »Honoratiorenparteien« zu »Volksparteien«, zentraler Kategorien aus dem Werk von Michels bedient. Doch kam aus der Parteienforschung, inspi-riert durch neue organisationssoziologische Erklärungsvarianten in der amerika-nischen Sozialwissenschaft, zugleich die entschiedenste Kritik an der Oligarchi-sierungsvermutung von Michels. Moderne politische Organisationen seien, hieß es nun, keineswegs straff zentralisiert, könnten durchaus nicht von einer zielstre-bigen, kohärent agierenden Elite kommandiert werden. Parteien zergliedern sich vielmehr in sehr unterschiedliche, oft geradezu autonom und eigensinnig koexis-tierende Regionalmilieus mit heterogenen Kulturtraditionen, die von unterschied-lichen dezentralen Führungsgruppen repräsentiert werden. Die Vielfalt je selbst-ständiger Subeliten führe eher zu einer Balkanisierung der Organisationsmacht, verhindere zumindest durch Rivalität und Konkurrenz die von Michels unterstell-te Generaloligarchisierung politischer Parteien auf der Zentralebene. Überdies fehlten den Leitungsinstanzen freiwilliger Zusammenschlüsse alle Sanktionsmög-lichkeiten gegenüber obstinaten Mitgliedern, um von oben Geschlossenheit und Subordination zu erzwingen. Insofern charakterisierte der Mainstream der Par-teienforschung in den letzten drei Jahrzehnten den Typus der politischen Partei mehr als »lose verkoppelte Anarchie« oder auch als »komplex mikropolitisch auf-geladene Stratarchie oder Polyarchie«.

Allein angesichts solch sperriger Begriffsmonster lohnt es sich vielleicht doch, zuweilen Michels im Original zu lesen. Denn auch, wenn man von einer Theorie Nüchternheit und Emotionslosigkeit erwartet, indes Michels dies wie kaum ein anderer nicht konnte – mehr noch: Wut und Empörung wohl oftmals seine Feder führten –, so war es das Gespür für seine Zeit, das ihn zu einem expressiven Denker, zumindest scharfsinnigen Beobachter und scharfzüngigen Analytiker machte. Wirkungsvoll waren stets seine griffigen Metaphern. Dass Revolutionäre die Reaktionären der Zukunft seien; dass tiefe soziale Antagonismen und daraus resultierender Hass den Dünger für Solidarität bildeten – dergleichen provozierende und initiierende Sentenzen für den Diskurs verdanken wir Michels. Überhaupt besaß Michels einen wachen Blick für Sprache. Aufmerksam konstatierte er, dass die Sprache, in der Parteien sich ausdrückten, von einer Metaphorik des Krieges durchzogen war, da bevorzugt Termini wie »Kampfesorganisationen« oder »Rüstung« das rhetorische Feld beherrschten. Die Bellizität der Sprache, die den Parteidiskurs seiner Zeit durchdrang (und es in Maßen noch weiterhin tut), war nur eine von vielen Beobachtungen, die Michels' Gespür für epistemische Möglichkeiten seiner Gegenwart offenbaren. Jahrzehnte später erkannten erst wieder die Diskursanalytiker diese Verbindung von Sprache und Denken.

Franz Walter/Jöran Klatt

Literatur

Bluhm, Harald (Hg.): Robert Michels' Soziologie des Parteiwesens: Oligarchien und Eliten – die Kehrseiten moderner Demokratie, Wiesbaden 2012.

Genett, Timm (Hg.): Robert Michels: Soziale Bewegungen zwischen Dynamik und Erstarrung: Essays zur Arbeiter-, Frauen- und nationalen Bewegung, Berlin 2008.

Hetscher, Joachim: Robert Michels: die Herausbildung der modernen Politischen Soziologie im Kontext von Herausforderung und Defizit der Arbeiterbewegung, Bonn 1993.

Oswald Spengler: Der Untergang des Abendlandes. Umrisse einer Morphologie der Weltgeschichte. Erster Band: Gestalt und Wirklichkeit, K. K. Universitäts-Verlagsbuchhandlung G. m. b. H. Wilhelm Braumüller: Wien und Leipzig 1918, 639 S.; zweiter Band: Welthistorische Perspektiven, C. H. Beck'sche Verlagsbuchhandlung: München 1922, 635 S.

Oswald Arnold Gottfried Spengler wurde am 29. Mai 1880 als Sohn eines Postbeamten in Blankenburg am Harz geboren. 1891 zog die Familie nach Halle a. d. Saale, wo Spengler die pietistisch geprägte Latina der Franckeschen Stiftungen besuchte. Nach dem Abitur studierte der wegen eines Herzfehlers vom Militärdienst befreite Spengler in Halle, München und Berlin die Fächer Mathematik, Naturwissenschaften und Philosophie und schrieb seine Dissertation über Heraklit. 1904 promovierte ihn die Universität Halle zum Dr. phil. Von 1911 bis zu seinem Tod am 7./8. Mai 1936 lebte er als freier Schriftsteller in München.

Während *Der Untergang des Abendlandes* die Demokratie- und Revolutionsfeindschaft auf einer geschichtsphilosophischen Ebene vortrug, machte Spengler die Novemberrevolution von 1918 konkret für Deutschlands Misere verantwortlich und profilierte sich als vehementer Gegner der Demokratie. Dies brachte er in kleineren Schriften wie *Preußentum und Sozialismus* (1919) und *Neubau des Deutschen Reiches* (1924) zum Ausdruck. Bis 1925 bemühte er sich außerdem, im Lager der Gegenrevolution politisch Einfluss auszuüben. Anschließend wandte er sich wieder der Wissenschaft zu. 1927 erlitt Spengler einen leichten Gehirnschlag, von dem er sich nur langsam erholte. Spengler hoffte, dass ein Diktator der Weimarer Republik ein Ende setzen werde. In *Jahre der Entscheidung* (1933), das fast ein halbes Jahr nach der nationalsozialistischen Machtergreifung erschien, sah er den Prototypen des Herrschers der Zukunft nicht in Hitler, sondern in Mussolini.

Spengler beendete die Arbeiten am ersten Band seines zweibändigen Hauptwerks im April 1917 und hoffte, dass er zum deutschen Sieg im Ersten Weltkrieg erscheinen würde – stattdessen erschien der Band rechtzeitig zur deutschen Niederlage. Er verdichtete nun literarisch meisterhaft das nicht nur in Deutschland, sondern europaweit verbreitete Krisenbewusstsein und machte Spengler schlagartig berühmt und zum Gegenstand heftiger Polemiken.

Im *Untergang des Abendlandes* entfaltete der v. a. von Goethe und Nietzsche beeinflusste Spengler die These, dass sich historische Abläufe nur innerhalb von Hochkulturen vollziehen. Die Geschichte jeder Hochkultur verlaufe in zwei Stadien, nämlich Kultur und Zivilisation, wobei Spengler das zweite Stadium als Degenerationsphänomen betrachtete; das Abendland sei bereits in die Phase der Zivilisation eingetreten. Als Symptome dieses fundamentalen gesellschaftlichen Wandels betrachtete Spengler insbesondere die Landflucht, die Bildung von Weltstädten, die Zerstörung von Form und Tradition, das Ende der Kunst, das Auftreten revolutionärer Massen mit emanzipatorischem Impetus, die Umkehrung des Primats der Politik über die Wirtschaft, die Demokratie, den Pazifismus und die Irreligiosität. Spengler entwickelte daraus ein breites Panorama der im Umbruch befindlichen modernen Gesellschaften, womit er sich als Klassiker der Sozialwissenschaften profiliert hat.

In der Konzeption des *Untergangs* ist jener Teil der Menschheit, der nicht von der Prägekraft einer Hochkultur erfasst werde, ein Gegenstand der Zoologie. Die Natur des Menschen sei die eines Raubtiers. Den Hochkulturen gelinge es, gewissermaßen »höhere« Menschen zu formen, die freilich ihre Raubtiernatur nicht ablegen, sondern lediglich anders ausleben würden. Nur die Kulturmenschen seien imstande, Kulturgüter zu schaffen und eine »höhere« Form von Politik zu betreiben, die sich vom primitiven Kampf ums Dasein unterscheide, der für die Tiere und damit auch für die Menschen außerhalb einer Hochkultur charakteristisch sei.

Bis jetzt habe es acht Hochkulturen gegeben, und zwar in der Reihenfolge ihrer Entstehung eine ägyptische, babylonische, indische, chinesische, antike, arabisch-magische, mexikanische und abendländisch-faustische. Die Entstehung der Hochkulturen hält Spengler für unerklärlich. Weil das Auftreten der Hochkulturen nicht zu erklären sei, könne man auch nicht vorhersehen, ob der abendländischen Hochkultur eine neunte folgen werde. Dennoch hatte Spengler die Vision, dass auf den Untergang des Abendlandes der Aufstieg einer russisch-asiatischen Hochkultur folgen könnte.

Durch die Annahme, dass die Hochkulturen hermetisch voneinander abgeschlossen seien, setzte Spengler an Stelle des verbreiteten eurozentristischen Entwicklungsschemas »Altertum – Mittelalter – Neuzeit« die heutzutage modern anmutende Vorstellung von einer multikulturellen Welt. Das von Spengler verworfene lineare Entwicklungsschema hatte bereits Nikolaj Danilewskij heftig kritisiert, dessen Werk *Russland und Europa* (russ. Original 1869; dt. 1920) erhebliche Analogien zum *Untergang des Abendlandes* aufweist.

Aufgrund der Abgeschlossenheit der Hochkulturen könne sich kulturelle Entwicklung nur in ihrem Inneren vollziehen. Die Antriebskräfte dieser Entwicklung würden bei jeder Hochkultur aus dem »Ursymbol« und aus einem »organisch«-zyklischen Getriebe bestehen. Dabei sei das »Ursymbol« für die fundamentalen Unterschiede zwischen den Hochkulturen ursächlich, während aus dem »organisch«-zyklischen Getriebe ein gleichförmiger Verlauf resultiere, der es dem Historiker ermögliche, aus der Entwicklung bereits untergegangener Hochkulturen auf die noch ausständigen Stadien im Zyklus der abendländischen Hochkultur zu schließen.

Das »Ursymbol« sei die Idee, die für die Lebensäußerungen der jeweiligen Kultur bestimmend sei. Es manifestiere sich in einem »plötzlichen Begreifen von Ferne und Tiefe« (Bd. 1, 249, in späteren Aufl.: »Ferne und Zeit«), durch das sich die Hochkulturen sowohl untereinander als auch von der restlichen Menschheit unterscheiden. Diese Idee sei »im Formgefühl jedes Menschen und jeder Zeit wirksam und diktiert ihnen den Stil sämtlicher Lebensäußerungen. Es liegt in der Staatsform, in den religiösen Dogmen und Kulten, den Formen der Malerei, Musik und Plastik, dem Vers, den Grundbegriffen der Physik und Ethik« (Bd. 1, 250). Beispielsweise sei das ägyptische »Ursymbol« der »Weg«, das indische das »(bramanische) Nirwana«, das antike der »Einzelkörper«, das arabische die »Welthöhle« und das abendländische der »unendliche Raum«. Die leitende Idee werde von den in einer Hochkultur verbundenen Gruppen immer wieder von neuem gesucht. Dass beispielsweise die abendländische Hochkultur als einzige nach globaler Herrschaft strebe, liege an ihrer unverfügbaren Gebundenheit an das Ursymbol des »unendlichen Raumes«.

Die Entwicklung der Hochkulturen erfolge in einem »organisch«-zyklischen Prozess; die Hochkulturen gleichen einander als Organismusmodelle: »Kulturen sind Organismen. Kulturgeschichte ist ihre Biographie. Die [...] Geschichte der chinesischen oder antiken Kultur ist morphologisch das genaue Seitenstück zur Geschichte eines einzelnen Menschen, eines Tieres, eines Baumes oder einer Blume.« (Bd. 1, 152) Damit begründete Spengler seinen Anspruch, die noch ausständigen Stadien in der Entwicklung des Abendlandes durch Analogien aus den »Lebensläufen« bereits »verstorbener« Hochkulturen herleiten zu können.

Eine Kultur sterbe, wenn ihre leitende Idee erschöpft und tot sei. Dann gehe sie in Zivilisation über. Dieses zweite große Stadium im Ablauf einer Hochkultur kann man als Zersetzung des toten Kulturkörpers deuten, wobei dieser nur noch durch museal oder anders überliefertes, erstarrtes Kulturgut von seiner Umgebung zu unterscheiden sei. In der Hervorbringung von Kunstwerken seien die Hochkulturen weniger ausdauernd als in der Politik. Spengler zufolge sind die Hochkulturen auf politischem Gebiet auch noch in der Zivilisationsphase vorübergehend imstande, Großleistungen hervorzubringen. Daher ist Spenglers Zukunftsperspektive insbesondere der politischen Entwicklung des Abendlandes gewidmet. In seinen politischen Aussagen prognostizierte er das Ende der Demokratie und große Kriege um die Weltherrschaft, aus denen der Sieger als Führungsmacht der abendländischen Zivilisation hervorgehen und eine Herrschaftsform begründen werde, die Spengler in Analogie zum Imperium Romanum als »Cäsarismus« bezeichnete.

In seinem größtenteils nur fragmentarisch überlieferten und postum publizierten Spätwerk (*Urfragen* und *Frühzeit der Weltgeschichte*) hat Spengler versucht, den schroffen Gegensatz zwischen der Welt innerhalb und außerhalb der Hochkulturen zu überwinden. Bei seiner Hinwendung zur Frühgeschichte wurde Spengler von dem Ethnologen Leo Frobenius beeinflusst. Spengler war aber letztlich nicht gewillt, die Konzeption seines Hauptwerks ernsthaft in Frage zu stellen, nicht zuletzt aus diesem Grund blieb sein Spätwerk ein Torso.

Spenglers Opus Magnum war eines der erfolgreichsten und umstrittensten Werke, die seit 1918 publiziert wurden. Der Titel wurde zum »geflügelten Wort«; so konnte man in einer Kontaktanzeige in der *Oberhessischen Zeitung* vom 31. Januar 1928 lesen: »Fünf untergehende Abendländer suchen fünf aufgehende Morgenländerinnen zu gemeinsamer Bekämpfung des Pessimismus. Zuschriften unter OSWALD, Marburg postlagernd.« Von Fachwissenschaftlern wurde Spenglers Methodik als dilettantisch zurückgewiesen.

Der *Untergang des Abendlandes* verarbeitete eine Fülle von Daten aus den unterschiedlichsten Wissenschaftsdisziplinen zu einer Gesamtschau. Das Resultat war eine universalgeschichtliche, d. h. Vergangenheit, Gegenwart und Zukunft umfassende Darstellung der Entwicklung des Abendlandes, die weit über die Sozialwissenschaften hinaus ein breites Publikum faszinierte. Daher fühlte sich Spengler missverstanden, wenn seine Rezensenten das Werk in den Kontext der Tagespolitik stellten und meinten, er habe einen gesellschaftspolitischen Kommentar zum Weltkrieg verfasst. Ohne Zweifel lag aber in diesem Missverständnis ein wesentlicher Grund für den Erfolg des Werks. Im engeren Sinn schulbildend hat Spengler nicht gewirkt, auch wenn er in den USA Vertretern der Schule des modernen Realismus in der internationalen Politik wie Henry Kissinger und Hans Morgenthau Denkanstöße gab. In den letzten Jahrzehnten wurde Spengler in der Debatte über das »Ende der Geschichte« rezipiert, außerdem hat er Samuel P. Huntingtons berühmtes Werk *The Clash of Civilizations* beeinflusst.

Michael Thöndl

Literatur

Conte, Domenico: Oswald Spengler. Eine Einführung. Aus dem Italienischen übersetzt von Charlotte Voermanek. Mit einem Geleitwort von Gerald Diesener, Leipzig 2004.

Felken, Detlef: Oswald Spengler. Konservativer Denker zwischen Kaiserreich und Diktatur, München 1988.

Thöndl, Michael: Oswald Spengler in Italien. Kulturexport politischer Ideen der »Konservativen Revolution«, Leipzig 2010.

Janusz Korczak: Jak kochac' dziecko/Wie liebt man ein Kind, Warszawa 1919, ergänzt um Prawo dziecka do szacunku/Das Recht des Kindes auf Achtung, Warszawa/Krakow 1929, dt. 1969, zit. n. Sämtliche Werke, bearbeitet und kommentiert von Friedhelm Beiner und Silvia Ungermann, Bd. 4, Gütersloh 1999, 600 S.

Janusz Korczak (geb. 1878 oder 1879) wächst unter dem Namen Henryk Goldszmit als Pole jüdischen Glaubens in einer wohlhabenden assimilierten Familie im damals von Russland besetzten Warschau auf. Er besucht ein polnisches Gymnasium mit Russisch als Unterrichtssprache, entscheidet sich trotz seiner ersten schriftstellerischen Erfolge, mit denen er zum Unterhalt für die nach dem Tod des Vaters 1895 völlig verarmte Familie beiträgt und die ihm den Namen Janusz Korczak einbringen, für ein Medizinstudium. Zusätzlich studiert er Soziologie, Philosophie und Literatur an der »fliegenden Universität« Warschau, einer im Warschauer Untergrund arbeitenden Bildungs- und Aufklärungsorganisation. Schon als Student schreibt Korczak bedeutende Kinderomane, so u. a. 1923 *König Hänschen I*, erforscht die Warschauer Elendsviertel, veröffentlicht gesellschaftskritische, zunehmend auf Kinder und deren spezifische Situation im Generationenverhältnis bezogene Texte, engagiert sich in der Warschauer Wohltätigkeitsgesellschaft und den Warschauer Sommerkolonien, die Sommeraufenthalte außerhalb der Stadt organisieren. 1912 übernimmt Korczak die Leitung eines Waisenhauses für jüdische Kinder ›Dom Sierot‹. Für dieses Waisenhaus entwickelt er ein auf den von ihm 1919 proklamierten Rechten der Kinder basierendes revolutionäres Konzept mit Selbstverwaltung und demokratischen Strukturen u. a. einem Kinderparlament und einem Kameradschaftsgericht. 1919 übernimmt er ein weiteres Waisenhaus für polnische Kinder. Trotz seiner vielen Veröffentlichungen – neben 24 Büchern vor allem Artikel in Zeitschriften und Sammelbänden – ist der Kinderarzt und Kinderforscher, Pädagoge, Sozialwissenschaftler und Schriftsteller Korczak international zunächst vor allem dadurch bekannt geworden, dass er die ihm anvertrauten jüdischen Waisenhauskinder nicht nur in das Warschauer Ghetto, sondern 1942 auch in das Vernichtungslager Treblinka in den Tod begleitet hat.

Korczak lässt sich weder einer einzelnen wissenschaftlichen Disziplin noch einer politischen Gruppierung zuordnen. Er gilt in Deutschland – vor allem seit von 1996 bis 2011 seine *Sämtlichen Werke* in 16 Bänden (im Folgenden zitiert als SW), ediert von Friedhelm Beiner und Erich Dauzenroth erschienen sind – als Reformpädagoge des beginnenden 20. Jahrhunderts, vor allem aber – und dies zeichnet ihn sowohl als Erziehungswissenschaftler als auch als Sozialwissenschaftler aus – als engagierter Vertreter der Grundrechte für Kinder. Die sozialwissenschaftliche Fundierung und die politische Relevanz seiner Positionen zur Erziehung hat vor allem Phillip Hermeier 2006 herausgearbeitet. Der Text *Wie liebt man ein Kind* (1919) gilt als sein Hauptwerk.

Obwohl Korczak als Sozialwissenschaftler das politisch-ökonomische System als Ursache für Ungerechtigkeit und gesellschaftliche Ungleichheit unter denen insbesondere auch Kinder leiden, erkennt und definiert, stellt er nicht die ökonomischen Verhältnisse in den Mittelpunkt seiner Betrachtungen, sondern verweist auf die Auswirkungen, die diese Verhältnisse auf die Menschen und deren Verhaltensweisen haben: »Das moderne Leben formt den starken, brutalen Menschen, den homo rapax: Er diktiert die Handlungsweise. Seine Zugeständnisse an die Schwachen sind Lüge, die Verehrung des Alters, die Gleichberechtigung der Frauen, das Wohlwollen für die Kinder sind Falschheit.« (413) Korczak entwickelt weder eine systematische Gesellschaftstheorie noch eine stringente Theorie der Erziehung, er setzt vielmehr – und nimmt damit die heutige qualitative Forschung in gewisser Weise vorweg – für sein Erziehungskonzept auf »bewusste Forschung im Rahmen der Beobachtung des Gemeinlebens. Denkanstöße durch eine kleine Gruppe von Kindern des Internats für die Welt der Erwachsenen, ihre Phänomene und ihre Regeln; sie weisen immer deutlicher: von der Selbstverwaltung der Kinder zum Weltparlament« (140). Korczak sieht den Menschen »insbesondere im Generationenverhältnis in tragischen Handlungs- und Wirkungsmustern gefangen« (Hermeier 2006, 235). Folglich liegt für ihn die erfolgversprechende Veränderung auch im Wandel des Generationenverhältnisses und damit im Wandel der Erziehung.

Auch wenn die Texte von Janusz Korczak vorrangig eher literarischen Charakter haben, spiegeln sie doch seinen soziologischen Blick auf die Verhältnisse und seinen diagnostischen Blick als Arzt, der unmittelbar an genaue vergleichende Beobachtungen und Erfahrungen der Praxis gebunden und auf deren Veränderung ausgerichtet ist, allerdings mit dem Bewusstsein, »Alle Erziehung ist Experiment« (532). Kompromisslos kritisiert er eine romantisierende Sicht des Kindes und fordert ein, dass Kinder gleichberechtigte und vollwertige Menschen sind. Auf dieser Forderung beruht auch seine »Magna Charta Libertatis« für Kinder, die er 70 Jahre vor den in der Genfer UN-Konvention proklamierten Grundrechten für Kinder während seiner Zeit als Militärarzt im Ersten Weltkrieges entwickelt und 1918 als ersten Teil der Tetralogie *Wie liebt man ein Kind* veröffentlicht: »Ich fordere die Magna Charta Libertatis als ein Grundgesetz für das Kind. Vielleicht gibt es noch weitere, ich habe diese drei Grundrechte herausgefunden: 1. Das Recht des Kindes auf Tod, 2. Das Recht des Kindes auf den heutigen Tag, 3. Das Recht des Kindes, das zu sein, was es ist.« (45)

1929 ergänzt Korczak diese drei Rechte 1929 um *Das Recht des Kindes auf Achtung* (383–414). Korczak geht es bei den Rechten des Kindes weniger um juristisch einklagbare Rechte, sondern um die »gesamtgesellschaftliche Anerkennung der Kinderrechte« (Hermeier 2006, 196). Im Mittelpunkt steht für ihn die Freiheit des Kindes, sein Recht auf Selbsterfahrung und Selbstbestimmung. Er kritisiert nicht eine erzieherische Vernachlässigung der Kinder durch die ältere Generation, sondern deren Übersorge: »Aus Furcht, der Tod könnte uns das Kind entreißen, entreißen wir das Kind dem Leben; wir wollen nicht, dass es stirbt und deshalb erlauben wir ihm nicht zu leben.« (49)

Pädagogik ist für Korczak nicht die Wissenschaft vom Kind, vielmehr argumentiert er es sei »einer der schlimmsten Fehler zu meinen, die Pädagogik sei die Wissenschaft vom Kind und nicht – vom Menschen«. (147). »Es gibt keine Kinder«, so seine These »es gibt nur Menschen; aber Kinder haben eine andere Begriffsskala, einen anderen Erfahrungsschatz, andere Impulse, eine andere Gefühlswelt.« (147 f.). Auch die ältere Generation wisse nicht, was Kinder brauchen, sondern Kinder seien unbekannte Wesen, die es kennen zu lernen gelte. Daher seine Warnung an die Erwachsenen: »Denk daran, dass wir sie nicht kennen.« (147 f.). Man könne, so führt er fort, ein Kind – das eigene oder das eines anderen – unmöglich lieben, solange man es nicht als Einzelwesen mit dem unveräußerlichen Recht sieht, sich zu dem Menschen zu entwickeln, der es ist. Ein Kind lasse sich nicht verstehen, ohne dass der Erziehende sich selbst kennt: »Lerne dich selbst kennen, ehe du Kinder zu erkennen trachtest [...] (du bist) selbst ein Kind, das du vor allem kennenlernen, erziehen und formen musst.« (147 f.). Würden seine Thesen aber als ein Plädoyer für antiautoritäre Erziehung oder eine Erziehung ohne Grenzen gelesen so wären sie falsch verstanden, denn dann »machen wir aus einem sich langweilenden Sklaven einen gelangweilten Tyrannen« (51). Vielmehr sind sein Verständnis und seine Praxis von Erziehung geprägt »von einem Verständnis zwischen führender Anleitung und freier Entfaltung des Kindes« (Hermeier 2006, 207).

Leitgedanke des ergänzenden Textes *Das Recht des Kindes auf Achtung* (1929) ist: »Lasst uns Achtung haben vor den Geheimnissen und den Schwankungen der schweren Arbeit des Wachsens.« (404). Korczak beschreibt, dass Kinder, und damit eben auch heutigen Erwachsenen mit dem Bewusstsein aufwachsen »dass das, was größer ist – wichtiger ist als das Kleine« (385). »Das Gefühl der Ohnmacht«, so Korczak, »erzieht zur Verehrung der Stärke; jeder, nicht nur der Erwachsene, sondern jeder Ältere und Stärkere, kann seine Unzufriedenheit brutal ausdrücken, seine Forderung durch Stärke bekräftigen und Gehorsam erzwingen: Er kann ungestraft Unrecht tun« (385). Das Recht auf Achtung fordert er nicht nur für das »Volk der Kinder«, sondern auch für die »Nation der Kleinen« und »die Klasse der Fronenden« (400).

Dass Korczak Erziehung immer auch als politische Bildung versteht, zeigt sich auch in dem von ihm entwickelten Konzept für das »Haus der Waisen«, das er gemeinsam mit seiner Mitarbeiterin Stefania Wilczynska leitet. Korczak entwickelt darin ein Konzept der Selbstverwaltung mit demokratischen Strukturen, dem das *Recht des Kindes auf Achtung* zugrunde liegt. Das im Internat eingeführte »Kameradschaftsgericht« wird getragen von der »Überzeugung, dass das Gericht der Ausgangspunkt der vollen Gleichberechtigung der Kinder werden könnte« (273). Nicht Bestrafung ist Ziel des Gerichts, sondern Verzeihung, wenn aus »Ungewissheit etwas Schlimmes angestellt« (274) wurde, wenn es um den Schutz der Schwachen, Stillen und Gewissenhaften geht. Ergänzt wird das Kameradschaftsgericht einige Jahre später durch den »Sejm« (Name des polnischen Parlaments), das Kinderparlament.

Wie liebt man ein Kind von Korczak ist zweifellos ein auf die Praxis bezogener Klassiker der Erziehungswissenschaft auch wenn er dem heutigen Anspruch an eindeutige Theorien und evidenzbasierte Forschung nicht voll entsprechen mag. Es ist mit der Forderung nach Grundrechten für Kinder auch ein sozialwissenschaftlich relevanter und politischer Text, der auch für heutige Überlegungen von Bedeutung ist, zumal seine zentrale Aussage »Erziehung ist ein Experiment« bis heute nicht widerlegt ist.

Doris Lemmermöhle

Literatur

Klein, Ferdinand: Mit Janusz Korczak Inklusion gestalten, Göttingen 2018.

Korczak, Janusz: Themen seines Lebens, eine Werkbiographie, erarbeitet von Friedhelm Beiner, Gütersloh 2011.

Hermeier, Philipp: Die politische Relevanz der Erziehung bei Janusz Korczak, Göttingen 2006.

Mathilde Vaerting: Neubegründung der Psychologie von Mann und Weib. I. Bd.: Die weibliche Eigenart im Männerstaat und die männliche Eigenart im Frauenstaat, II. Bd.: Wahrheit und Irrtum in der Geschlechterpsychologie, Karlsruhe i. B.: G. Braun 1921/23, insg. 422 S.

Mathilde Vaerting (1884–1977) publizierte dieses Werk – sicher diejenige ihrer Schriften, die die breiteste Rezeption fand – unmittelbar nach dem Ersten Weltkrieg, in einer Zeit des gesellschaftlichen Auf- und Umbruchs, in der tradierte Vorherrschaften in weiten Kreisen obsolet geworden waren und nach neuen Strukturen gesellschaftlicher Teilhabe für alle Menschen gesucht wurde. Formal wurde diese Teilhabe auf der Makroebene durch das gleiche Wahlrecht für alle Menschen garantiert; hier war mit der Weimarer Verfassung die Abhängigkeit von Klassen und Geschlecht aufgehoben. Dass damit jedoch weder auf institutioneller Ebene noch in Interaktion und Kommunikation eine Gleichstellung erreicht war, zeigt ein Blick auf die Geschlechterverhältnisse in der Weimarer Zeit. Die Gleichstellung von Mann und Frau ist dann auch Thema der von Vaerting vorgelegten Bände; die Forderung der Gleichstellung von Generationen, Rassen, Klassen, Ethnien, die durchaus als erste Hinweise auf Ansätze von Intersektionalität gesehen werden können, folgte in weiteren Schriften. Wie die von Vaerting kritisierte Abhängigkeit der Frau als beherrschtem Geschlecht in die konkrete gesellschaftliche Situation hineinspielt, zeigen schon die Geschichte und die Publikation der beiden Bände der *Neubegründung:* Als Autor ist nur M. Vaerting angegeben, das Vorwort des ersten Bandes ist mit Dr. Mathilde Vaerting und Dr. Mathias Vaerting unterzeichnet, wobei offensichtlich der nicht-existente Mathias Vaerting dem Schutz der weiblichen Autorin dienen und für die Öffentlichkeit die Wissenschaftlichkeit der Ausführungen belegen sollte. Das schien für die Autorin umso mehr von Nöten, als sie im Jahre 1919 vergeblich versucht hatte, sich mit ihrer Schrift an der damaligen Friedrich-Wilhelms-Universität zu Berlin zu habilitieren, und die Männerwelt der Ordinarien ihrem Gesuch eine teilweise süffisante Abfuhr erteilt hatte. Damit blieben der an der philosophischen Fakultät in Bonn mit einem lernpsychologisch-pädagogischen Thema promovierten Studienrätin für Mathematik, Physik und philosophische Propädeutik zunächst weitere akademische Weihen versagt, bis sie im Zuge der Reorganisation der Lehrerbildung in Thüringen von der linken Regierung Fröhlich mit Greil (USPD) als Volksbildungsminister auf einen Lehrstuhl für Pädagogik an die Universität Jena berufen und damit zu einer der ersten beiden Professorinnen in Deutschland wurde. In Jena konnte sie bis zu ihrer Amtsenthebung 1933 auf der Basis von § 4 des Gesetzes zur Wiederherstellung des Berufsbeamtentums lehren und forschen.

In der Neubegründung der Geschlechterpsychologie leitet Vaerting ihre Forderung nach einer vollkommenen Gleichberechtigung der Geschlechter aus ihrer durchaus etwas eklektischen Rekonstruktion der Geschichte verschiedener Völker und Stämme ab, für die sie – auf der Basis ethnologischer und historischer Studien – wechselnde eingeschlechtliche Vorherrschaften konstatiert. Die jeweiligen Vorherrschaften definieren eine Fülle von Merkmalen des sozialen Miteinanders: Vorstellungen von Schönheit und Intelligenz des jeweils anderen Geschlechts, die Liebeswerbung, Eheverfügungen, Moral, Schamhaftigkeit, aber auch Besitzverhältnisse und Arbeitsorganisation und nicht zuletzt sogar die Inszenierung der Geschlechter über Körperformen und Kleidung. Alle Bereiche belegt Vaerting mit zahlreichen Beispielen, aus denen sie folgert, dass »die eingeschlechtliche Vorherrschaft […] dem herrschenden Geschlecht [wie dem beherrschten Geschlecht] stets die gleiche Stellung« (4; Herv. i. Orig.) und den gleichen Habitus anweist, gleich, ob es sich bei Herrschenden und Beherrschten um Männer oder Frauen handelt. Es ist eine sehr schematische Darstellung, die von Vaerting in fast hämmernder Rhetorik immer wieder neu vorgetragen wird und die jeglicher Dynamik entbehrt; »die charakteristischen Grundlinien dieser Herrschaft [sind] ewig und unveränderlich dieselben« (3).

Vorherrschaft aber bedeutet nicht nur gesellschaftliche Ungerechtigkeit und führt zur Unmoral, sie beeinträchtigt auch wissenschaftliche Forschung. So fordert Vaerting ein methodisches Vorgehen, das bei der Produktion von wissenschaftlichen Aussagen, vor allem denen auf dem Gebiet der Geschlechterverhältnisse, die Abhängigkeit von geschlechtlichen Herrschaftsstrukturen reflektiert. Ohne Berücksichtigung des Faktors der Vorherrschaft verbiete es sich, Männer und Frauen miteinander zu vergleichen und Unterschiede zwischen ihnen zu identifizieren, sei doch das, was »wir heute weibliche Eigenart nennen, […] die spezifische Eigenart des Weibes im Männerstaate«, die ebenso auch für Männer im Frauenstaat gelte. Wenn Männer und Frauen sich aber unter gleichen Herrschaftsbedingungen ähneln, dann lautet die logische Schlussfolgerung Vaertings, dass bei beiden Geschlechtern »die Übereinstimmung der psychischen Anlagen […] sehr stark sein« (135) muss. Mit dieser These entzieht sie der damals geltenden polaristischen Geschlechterpsychologie ihre Legitimation. Aber auch auf bildungsund gesellschaftspolitischer Ebene ergeben sich Konsequenzen aus der Asymmetrie zwischen Herrschenden und Beherrschten. Vaerting nutzt sie, um

eine wahre Gleichberechtigung einzuklagen: Diese sei Voraussetzung für die Ausbildung individueller Entwicklungsmöglichkeit und Eigenart (vgl. 136 f.), ja, für
»das goldene Zeitalter der höchstmöglichsten Entfaltung der Persönlichkeit und
des höchstmöglichen geschlechtlichen Glückes« (138), eine Vision, die sie aus
der Hoffnung ableitet, dass die »Erkenntnis […] weit genug fortgeschritten« ist,
um weitere eingeschlechtliche Vorherrschaften zu verhindern und »das Ideal der
Gleichberechtigung der Geschlechter dauernd zu verwirklichen« (168).

Stehen in dem ersten Band ihrer Schrift vorrangig die gesellschaftlichen Positionen von Frau und Mann in verschiedenen Epochen zur Diskussion, so wendet sich Vaerting im zweiten Band Forschungsergebnissen aus Psychologie und
empirischer Pädagogik zu und zeigt, in welcher Weise das herrschende Geschlecht, in ihrer Zeit die Männer, sich die Definitionsmacht über wissenschaftliche Konstruktionsprinzipien anmaßt. So seien die einschlägigen pädagogisch-
psychologischen Forschungen durchgängig mit einem geschlechtsspezifischen
Bias versehen, der beispielsweise Unterschiede zwischen den Geschlechtern interpretativ vergrößere, Ähnlichkeiten hingegen verkleinere, schlechtere Leistungen
von Frauen als »Minderbegabung« klassifiziere, bessere Leistungen aber keineswegs »als Zeichen geistiger Überlegenheit« (10; i. Orig. hervorgehoben) schätze,
sondern allenfalls als Auswirkung größeren Fleißes (ab)werte, eine Eigenschaft
im Übrigen, die wie der Gehorsam dem beherrschten Geschlecht zugeordnet
wird.

Der Konstruktionsmodus von Wissenschaft, Produkt der männlich dominierten scientific community, schlägt sich in der Auswahl wie der Interpretation von
Fakten und Zusammenhängen nieder. Eine weitere Facette, die sich bei empirischer Forschung oft schon im Design zeige, ihrerseits aber nicht messbar sei,
kommt hinzu: die »Sexualkomponente« (45 ff.), jene aus dem Geschlecht resultie-
rende Auswirkung auf Interaktion und Kommunikation. Während sie zwischen
den Angehörigen des gleichen Geschlechts nach Vaerting »ausgeschaltet« (52) ist,
führt sie bei gegengeschlechtlichen Partnern zu Verzerrungen der Kommunikation. Das zeigt sich auch in pädagogischen Forschungs- und Handlungspraxen,
etwa bei Beobachtungen von ProbandInnen oder bei dem Versuch von LehrerIn-
nen, Verständnis für Schülerinnen zu entwickeln, ein Bemühen, das bei gegengeschlechtlichen Partnern kaum gelingen dürfte. Insofern wird die Sexualkomponente auch für die (geistige) Entwicklung der Jugendlichen (vgl. 48) konstitutiv
und prozediert die Abhängigkeiten, ein Zustand, den zugunsten des Ideals der
Gleichberechtigung zu verändern, sich Vaerting zur Aufgabe macht.

Dass Vaertings *Neubegründung der Geschlechterpsychologie* in der wissenschaftlichen Männerwelt weder in der Weimarer Republik noch in der Nachkriegszeit gut ankam, verwundert kaum und hat, gemessen am Inhalt ihrer Schrift,
nahezu den Charakter einer self-fulfilling prophecy. Begeistertes Lob erfuhr die

Schrift hingegen bei ihrem Erscheinen von Frauen aller Couleur und gleichsam wieder entdeckt wurde sie von der Frauenbewegung der frühen 1970er Jahre, die einen Raubdruck veranlasste (Berlin 1975, mit einem Nachwort von Änne Koedt: Der Mythos vom vaginalen Orgasmus). Neben der Frauenbewegung waren auch gesellschaftskritische Reformpädagogen von Vaertings Entwurf einer (vor-)herrschaftsfreien pädagogischen Praxis angetan. Dass sie dennoch in der pädagogischen Zunft nicht auf das nötige Gehör stieß, mag nicht zuletzt darauf zurückzuführen sein, dass sie mit ihrer einseitig auf Macht und Herrschaft fokussierten Strukturanalyse kaum den Duktus pädagogischen, auf das Individuum bezogenen Denkens und Reflektierens traf.

Der Ertrag einer systematischen Auseinandersetzung mit Vaertings Neubegründung ist – trotz aller Unzulänglichkeiten ihrer Schrift – auf drei Ebenen anzusiedeln: Methodologisch ist es der Konstruktionscharakter von Wissenschaft in Abhängigkeit vom Geschlecht, wie er später in der feministischen Wissenschaftsforschung aufgenommen wurde; inhaltlich ist es eine Kritik psychologisch-pädagogischer Forschung, wie sie erst mehr ein halbes Jahrhundert später durch die feministische Schulforschung formuliert wurde, und gesellschaftspolitisch ist die es immer wieder neu vorgetragene Forderung, Herrschaftsstrukturen zu entlarven und sich für eine vorherrschaftsfreie Gesellschaft einzusetzen.

Margret Kraul

Literatur

Kraul, Margret: Geschlechtscharakter und Pädagogik: Mathilde Vaerting (1884–1977), in: Zeitschrift für Pädagogik 22 (1987), S. 475–489.

Kraul, Margret: Was ist und wer gehört zur Erziehungswissenschaft? Über Mitspieler und Ausgegrenzte. Das Beispiel Mathilde Vaerting, in: Christel Adick/Margret Kraul/Lothar Wigger (Hg.): Was ist Erziehungswissenschaft? Festschrift für Peter Menck, Donauwörth: 2000, S. 127–147.

Wobbe, Theresa: Mathilde Vaerting (1884–1977). Eine Intellektuelle im Koordinatensystem dieses Jahrhundert, in: Carsten Klingemann u. a. (Hg.): Jahrbuch für Soziologiegeschichte 1991, Opladen 1992, S. 27–67.

Max Weber: Grundriss der Sozialökonomik, III. Abteilung, Wirtschaft und Gesellschaft, Tübingen: Mohr-Siebeck: Tübingen 1922, 840 S.

Max Weber wurde am 21. April 1864 geboren. Die Basis für seine spätere Interessenvielfalt bildeten das intellektuell anregende Umfeld seines bürgerlichen Elternhauses und seine Gymnasialbildung (Kaesler 2014, S. 18). Nach dem Abitur 1882 begann er – wie ehemals sein Vater – das Studium der Rechtswissenschaft in Heidelberg, daneben belegte er noch Nationalökonomie, Geschichte, Philosophie und Theologie. 1886 absolvierte er das erste juristische Staatsexamen, wonach er seine Promotion in Jura begann, die er 1889 beendete. Bereits 1892 schloss er die Habilitation mit der Arbeit *Die römische Agrargeschichte in ihrer Bedeutung für das Staats- und Privatrecht* ab und zog 1894 mit seiner Frau Marianne, die er ein Jahr zuvor geheiratet hatte, nach Freiburg, um dort die Professur für »Nationalökonomie und Finanzwissenschaft« anzutreten. Neben seiner immensen wissenschaftlichen Tätigkeit bis zu seinem Tode 1920, war er auch politisch aktiv. Er nahm u. a. 1919 an den Verhandlungen zum Versailler Vertrag teil und war Mitglied der Deutschen Demokratischen Partei. Anregungen aus seinen politischen Aktivitäten flossen auch in seine wissenschaftliche Arbeit ein, so zum Beispiel in den bekannten Vortrag *Politik als Beruf*.

Weber hinterließ ein äußerst umfangreiches Werk, bestehend aus insgesamt 184 Monografien, Aufsätzen und Vorträgen, die er zu Lebzeiten veröffentlichte. Bekannt wurde er besonders mit *Die protestantische Ethik und der ›Geist‹ des Kapitalismus,* seiner Rolle im so genannten Werturteilstreit, sowie dem hier behandelten Buch *Wirtschaft und Gesellschaft*. Das zentrale Thema Webers waren Entstehung und Auswirkungen des modernen Kapitalismus und die Frage, warum dieser gerade im Okzident entstand. Zudem erstreckten sich seine Interessen auf die Agrar-, Wirtschafts- und Sozialgeschichte der Antike und des Mittelalters, die Sozial- und Wirtschaftsverfassung des Wilhelminischen Deutschland, die Religionen, die Beziehungen zwischen Wirtschaft und Gesellschaft und auf die Methodologie in der Soziologie.

Im Jahr 1909 übernahm Weber die Herausgeberschaft für das geplante Sammelwerk *Grundriss der Sozialökonomik* des Verlegers der Zeitschrift *Archiv für Sozialwissenschaften und Sozialpolitik,* Paul Siebeck. Die dritte Abteilung dieses Werkes sollte *Wirtschaft und Gesellschaft* genannt werden und aus zwei Bänden bestehen. Einen davon sollte Weber bearbeiten und den Titel »Die Wirtschaft und die gesellschaftlichen Ordnungen und Mächte« tragen. Weber schrieb – neben zahlreichen anderen Publikationen – von 1909 bis zu seinem Tod 1920 daran, konnte seinen Beitrag jedoch nicht zu Ende bringen.

Dies führte dazu, dass seine Frau Marianne Weber seine Entwürfe 1922 unter dem Titel *Grundriss der Sozialökonomik, III. Abteilung, Wirtschaft und Gesellschaft, bearbeitet von Max Weber* herausgab. Im Rahmen der Max-Weber-Gesamtausgabe (erschienen ab 1984) wurde das Werk in fünf Teilbände zerlegt: *Gemeinschaften, Religiöse Gemeinschaften, Recht, Herrschaft* und *Die Stadt*. Alle Ausgaben sind folglich posthum erschienen und wurden von den Herausgebern teilweise erheblich bearbeitet: »Diese zweifellos schwierige editorische Situation dieses letzten Endes unvollendeten Textes macht jede Darstellung und Interpretation zu einer heiklen Aufgabe.« (Kaesler 2014, S. 196)

In Webers Text flossen jahrelange Forschungsarbeiten und eine Menge an empirischem Datenmaterial mit ein. In *Wirtschaft und Gesellschaft* lassen sich somit die zentralen Gedanken Webers zu »seiner« Soziologie wiederfinden. Das Buch beinhaltet zudem eine systematische und vor allem empirisch-historische Analyse der vielfältigen Beziehungen zwischen Gesellschaft, Recht, Religion, Wirtschaft und Herrschaft sowohl auf Makro- als auch auf Mikroebene.

Die erste Fassung von 1922 umfasst u. a. Webers – zum Teil schon früher publizierten – Gedanken zur Methodologie und den Grundbegriffen der Soziologie, zur Religionssoziologie, zur Rechtssoziologie, zur Soziologie der Herrschaft und zur Soziologie der Stadt. Im Folgenden soll auf zentrale Abschnitte aus *Wirtschaft und Gesellschaft* eingegangen werden: Im ersten Kapitel Soziologische Grundbegriffe (Teil 1, Kap. I) entwickelt Weber das Konzept seiner Soziologie, erörtert zentrale Begrifflichkeiten sowie die inhaltliche wie methodische Ausgestaltung der Soziologie. Zu Beginn stellt er seine Definition von Soziologie vor: »§ 1. Soziologie [...] soll heißen: eine Wissenschaft, welche soziales Handeln deutend verstehen und dadurch in seinem Ablauf und seinen Wirkungen ursächlich erklären will.« (1)

Schon in dieser Definition wird ersichtlich, dass Soziologie für Weber eine »verstehende« Wissenschaft ist. »Verstehen« kann zum einen das »aktuelle Verstehen« des gemeinten Sinns einer Handlung oder Äußerung heißen, zum anderen aber auch »erklärendes Verstehen«, d. h. wir verstehen »motivationsmäßig«, welchen Sinn derjenige in seiner Handlung oder Äußerung sieht. »Verstehen« heißt für Weber immer »deutendes Erfassen« des Sinnes von Handlungen oder Äußerungen (4).

Mehrmals geht er zudem auf die Methode des Idealtypus ein, bei welcher klare, streng voneinander unterscheidbare, die Wirklichkeit oft überzeichnende Begriffe gebildet werden, um die Wirklichkeit analytisch erfassen zu können. Für die Soziologie erfüllt diese Methode folgenden Zweck: »In allen Fällen, rationalen wie irrationalen, entfernt sie sich von der Wirklichkeit und dient der Erkenntnis dieser in der Form: daß durch Angabe des Maßes der Annäherung einer historischen Erscheinung an einen oder mehrere dieser Begriffe diese eingeordnet werden kann.« (10) Für die Soziologie als »verstehende« Wissenschaft ist diese Begriffsbildung unerlässlich. Nur so kann die Wirklichkeit kategorisiert und somit auch »verstanden« werden.

Weber begreift die Soziologie als eine Wissenschaft vom (sozialen) Handeln. Seine »idealtypische« Einordnung des sozialen Handelns in zweckrational, wertrational, affektuell und traditional wird bis heute in den Sozialwissenschaften rezipiert. Zweckrational ist Handeln, wenn es durch Erwartungen des Verhaltens von Anderen und unter Benutzung dieser Erwartungen als Bedingungen für rationale, als Erfolg erstrebte, eigene Zwecke, bestimmt ist. Ist Handeln wertrational bestimmt, ist es durch bewussten Glauben an den – ethischen, ästhetischen, religiösen oder wie immer sonst zu deutenden unbedingten Eigenwert eines bestimmten Sichverhaltens rein als solchen und unabhängig vom Erfolg, bestimmt. Ist das eigene Handeln affektuell, insbesondere emotional, ist es durch aktuelle Affekte und Gefühlslagen bestimmt. Traditional ist Handeln, wenn es durch eingelebte Gewohnheit bestimmt ist (12). Weber ist sich jedoch bewusst, dass in der Realität das Handeln sehr selten einer Kategorie zuzuordnen ist, doch »man hat eben methodisch sehr oft nur die Wahl zwischen unklaren oder klaren, aber dann irrealen und »idealtypischen« Termini. In diesem Fall aber sind die letzteren wissenschaftlich vorzuziehen.« (11)

Ein weiterer wichtiger Abschnitt in *Wirtschaft und Gesellschaft* sind die berühmten Typen der Herrschaft (Teil 1, Kap. III). In § 1 dieses Kapitels definiert Weber Herrschaft als »Chance […], für spezifische (oder: für alle) Befehle bei einer angebbaren Gruppe von Menschen Gehorsam zu finden« (122). Weber zufolge gibt es drei reine Typen der Herrschaft, die er nach ihrem Legitimitätsanspruch unterscheidet: rationale, traditionale und charismatische Herrschaft. Rational ist eine Herrschaft, die auf dem Glauben an die Legalität gesatzter Ordnungen und des Anweisungsrechts der durch sie zur Ausübung der Herrschaft Berufenen ruht. Traditional ist eine Herrschaft, die auf dem Alltagsglauben an die Heiligkeit von jeher geltender Traditionen und die Legitimität der durch sie zur Autorität Berufenen ruht. Charismatisch ist eine Herrschaft, die auf der außeralltäglichen Hingabe an die Heiligkeit oder die Heldenkraft oder die Vorbildlichkeit einer Person und der durch sie offenbarten oder geschaffenen Ordnungen ruht (124). Die ersten zehn Paragraphen beschäftigen sich ausschließlich mit diesen »Idealtypen«, die Weber sehr detailliert anhand von einigen Beispielen beschreibt. Diese »Typen der Herrschaft« fanden großen Zuspruch in den Sozialwissenschaften und sind bis heute äußerst populär.

Bekannt wurde Weber neben seiner Typologie der Herrschaft auch für seine Religionssoziologie. Weber arbeitete jedoch in »Wirtschaftsethik der Weltreligionen« und dem Abschnitt zur Religionssoziologie (Teil 2, Kap. IV) in *Wirtschaft und Gesellschaft* mit demselben Material, das er nur unterschiedlich anordnete. Einzig den Islam behandelt er in *Wirtschaft und Gesellschaft* ausführlicher als in seinen früheren Veröffentlichungen. Auch hier geht Weber der Frage nach, wie im Okzident der moderne Kapitalismus entstehen konnte. In diesem Abschnitt lässt sich auch der früher schon publizierte bekannte (positive) Zusammenhang zwischen Protestantismus und Kapitalismus nachlesen: »›Kapitalismus‹ hat es auf dem Boden all dieser Religiositäten gegeben. […] Aber keine Entwicklung, auch keine Ansätze einer solchen, zum modernen Kapitalismus und vor allem: keinen ›kapitalistischen Geist‹ in dem Sinn, wie er dem asketischen Protestantismus eignete« (360). Denn »nur er schuf die religiösen Motive, gerade in der Bemühung im innerweltlichen ›Beruf‹ [...] in methodisch rationalisierter Berufserfüllung – das Heil zu suchen« (361).

Der letzte zentrale Teilabschnitt aus *Wirtschaft und Gesellschaft* ist die Rechtssoziologie (Teil 2, Kap. VII). Weber liefert hier einen umfassenden historischen Überblick über das Recht. Er behandelt das Recht in der Antike, im Mittelalter, geht auf das römische, germanische, englische Recht, das Recht der Weltreligionen und schließlich auf das moderne »rationalisierte« Recht des Okzidents ein. Zudem stellt er die Beziehungen zwischen Religion, Wirtschaft, Politik und Recht dar bzw. schildert die Auswirkungen dieser auf das Recht. Auch hier versucht er wiederum eine Antwort auf die Frage zu finden, warum sich gerade der Okzident anders entwickelte als der Rest der Welt und hier der moderne Kapitalismus entstehen konnte. Bedingt waren die unterschiedlichen Entwicklungen seines Erachtens u. a. durch verschiedene politische Machtverhältnisse und durch das Machtverhältnis der theokratischen zu den profanen Gewalten (504). Weber zufolge konnte nur im Okzident die Willkür in der Rechtsprechung beseitigt werden. Die daraus folgende »Rationalisierung« des Rechts war wiederum ein Wegbereiter des Kapitalismus durch die »zunehmende Berechenbarkeit des Funktionierens der Rechtspflege: eine der wichtigsten Vorbedingungen für ökonomische Dauerbetriebe, speziell solche kapitalistischer Art, welche ja der juristischen »Verkehrssicherheit« bedürfen« (504).

Weber, »der wahrscheinlich letzte Universalgelehrte des 19. und frühen 20. Jahrhunderts« (Müller 2007, S. 11), gilt als einer der Begründer der heutigen Soziologie und wird sowohl national als auch international von Sozialwissenschaftlern, aber auch Historikern und Juristen, hoch geschätzt. Durch seine systematische empirische Forschung war er ein Wegbereiter für die Methoden der empirischen Sozialforschung. Gerade für seine Überlegungen zur Methodologie ist Weber bis heute bekannt und hatte mit seinen Methoden, der »Methode des Verstehens« und der »Methode des Idealtypus«, einen enormen Einfluss auf die heutigen Sozialwissenschaften. Weber ist ein Klassiker, nicht vordergründig wegen seiner Antworten, sondern wegen seiner Fragestellungen und seiner wissenschaftlichen Herangehensweise. Zudem hat Weber von seiner Aktualität nichts eingebüßt: bis heute sind seine Forderung nach »Werturteilsfreiheit« in der Wissenschaft, seine Analysemethoden und seine Ansicht, dass Forschung keinen Selbstzweck erfüllen sollte, Gegenstand sozialwissenschaftlicher Diskussionen.

Verena Hambauer

Literatur

Kaesler, Dirk: Max Weber. Eine Einführung in Leben, Werk und Wirkung, 4. aktualisierte Aufl., Frankfurt/New York 2014.
Müller, Hans-Peter: Max Weber. Eine Einführung in sein Werk, Köln u. a. 2007.

**Bronislaw Malinowski: Argonauts of the Western Pacific. An Account of Native En-
terprise and Adventure in the Archipelagoes of Melanesian New Guinea, London:
Routledge 1922, 527 S. (dt. Argonauten des westlichen Pazifik. Ein Bericht über Unternehmungen und Abenteuer der Eingeborenen in den Inselwelten von Melanesisch-
Neuguinea, Frankfurt: Syndikat 1979, 585 S.).**

Der Band *Argonauts of the Western Pacific* (1922) ist das zentrale Werk des 1884 in
Krakau (damals Österreich-Ungarn zugehörig) geborenen Ethnologen Bronislaw
Malinowski. Er bildet gemeinsam mit *The Sexual Life of Savages in North-Western
Melanesia* (1929) sowie dem Band *Coral Gardens and Their Magic* (1935) eine Trilogie, die im Wesentlichen der Grund für Malinowskis Ruf als Begründer der mo-
dernen Ethnologie ist. Im Gegenzug machen diese Bände einen kleinen Archipel
im südwestlichen Pazifik zu einem nahezu sagenumwobenen Ort in der Geschichte der Ethnologie. Malinowski beschreibt in diesen drei Monographien das alltägliche Leben der Bewohner vor allem einer dieser Inseln, Kiriwina, östlich von
Papua-Neuguinea gelegen – ihr Liebesleben, den Alltag im Dorf, die Rituale des
Gartenbaus und der Seefahrt. Mit Unterbrechungen hielt sich Malinowski in den
Jahren 1915–1918, teils erzwungen durch den Ausbruch des Ersten Weltkriegs, insgesamt zwei Jahre auf Kiriwina auf.

Argonauts of the Western Pacific gilt als Gründungsmanifest der Feldforschung
und der ethnographischen Methode der »participant observation« bzw. teilneh-
menden Beobachtung. In Abgrenzung zur damals gängigen »armchair ethnogra-
phy« plädiert Malinowski in der Einleitung zu diesem Band mit Leidenschaft für
eine Ethnographie, welche die untersuchten Kulturen aus einer durch Feldaufent-
halte gesättigten Innenperspektive beschreibt und nicht aus dem Lehnstuhl des
Gelehrten heraus. Zu einem der »Grundsteine der Arbeit im Feld« (28) erhebt
Malinowski die Forderung an den Ethnographen, sein Zelt mitten im Dorf auf-
zuschlagen und somit Feldforschung vor Ort zu betreiben: Das Feld soll nicht
zum Forscher, sondern der Forscher zum Feld kommen. Darüber hinaus muss der
Forscher die Sprache des Feldes lernen, damit er nicht auf die Vermittlung eines
Übersetzers angewiesen ist. Malinowski selbst verfasste sogar seine Feldnotizen
in der Sprache Kiriwinas. Diese Prinzipien der Feldforschung wurden zwar nicht
von Malinowski erstmals praktiziert (wenn man an die Arbeiten von Franz Boas
oder William H. R. Rivers denkt, die durchaus ähnliche Verfahren verwendeten),
aber hier zum ersten Mal als *methodische* Handreichung dargeboten. Zahlreiche
Fotografien, die Malinowski inmitten der »Eingeborenen« zeigen, oder Bildlegen-
den, die wie beiläufig auf die Platzierung seines Zelts im Dorf hinweisen (z. B. 39),
autorisieren seine Forderung nach intensiven Aufenthalten des Forschers im Feld
und exakter Beschreibung der untersuchten Phänomene, Ansprüche, die von ihm,
so wirkt es, vorbildlich realisiert wurden. Malinowski legt die Vorzüge seiner Me-

thode als zweifelsfrei und zwingend dar: Er sei »jeden Morgen zu einem Tag (er-
wacht), der sich mir mehr oder weniger so darstellte wie den Eingeborenen« (29).
Alles habe sich vor seinen Augen abgespielt, es war »unmöglich, daß etwas meiner Aufmerksamkeit entging« (30). Die konsequente Anwesenheit des Forschers
im Feld verfolgt einen klar definierten Zweck: »Das Ziel besteht, kurz gesagt, darin, den Standpunkt des Eingeborenen, seinen Bezug zum Leben zu verstehen und
sich *seine* Sicht *seiner* Welt vor Augen zu führen.« (49; Herv. i. Orig.)

Der autoritative Gestus, den Malinowski hier beansprucht (in den *Korallen-
gärten* bezeichnet er sich als »Chronist und Sprecher der Trobriander«; 1981, 15),
ist in den 1980er Jahren im Zusammenhang mit der sog. Krise der ethnographischen Repräsentation in die Kritik geraten, als die sprachlich-rhetorischen sowie
die visuellen Mittel der Darstellung in Malinowskis Ethnographien (aber auch die
Texte anderer Autoren wie Lévi-Strauss oder Evans-Pritchard) hinterfragt wurden. An Malinowskis Studien gerieten neben seinem literarischen Schreibstil
auch seine romantisierenden, mitunter fast suggestiven Authentifizierungen des
Abenteuers Feldforschung in die Kritik (»Versetzen Sie sich in die Situation, allein an einem tropischen Strand, umgeben von allen Ausrüstungsgegenständen,
nahe bei einem Eingeborenendorf abgesetzt zu sein, während die Barkasse oder
das Beiboot, das Sie brachte, dem Blick entschwindet.« [26]). Im Fall Malinowskis und insbesondere des Bands *Argonauten* kam die Fallhöhe des methodischen
Anspruchs hinzu, den er in der Einleitung so apodiktisch aufgestellt hatte. Die
1967 (also lange nach Malinowskis Tod im Jahre 1942 und fast ein halbes Jahrhundert nach Erscheinen der *Argonauten*) aus dem Nachlass veröffentlichten Feld-
tagebücher aus dem Kiriwina-Aufenthalt, die von Heimweh, Selbstzweifeln und
Einsamkeit, aber auch seiner Gereiztheit und seiner Verärgerung gegenüber den
Insulanern sowie seinen Informanten und darüber hinaus von quälender Langeweile zeugen, offenbarten eine plötzliche Diskrepanz zwischen seinen hohen und
kategorisch vorgetragenen methodischen Ansprüchen und den Niederungen des
ethnographischen Alltags: »Im Grunde lebe ich außerhalb Kiriwinas, [...].« (*Ein
Tagebuch im strikten Sinn des Wortes. Neuguinea 1914–1918*, 1985, 232); »[...] und
erkannte die Kluft zwischen mir und den Menschenwesen um mich her.« (Ebd.,
239) Es schließt sich in Soziologie und Ethnologie eine intensive Debatte über die
Idealisierung der Feldforschung und der Rolle des Forschers im Feld an. Genau
genommen begründet *und* beendet Malinowski also die sog. klassische Phase der
Ethnographie.

Argonauts of the Western Pacific würde aber weit unter Wert eingeschätzt, wenn
man es nur als Beleg für Malinowskis Scheitern heranzöge. Das Buch beeindruckt
durch die sorgfältigen, zugleich anschaulichen und sachlichen Beschreibungen
der Trobriander. In diesem Band skizziert Malinowski sie im Wesentlichen als
ein Volk von *Seefahrern*. Im Zentrum der Darstellung steht ein ökonomisches

System, das Tauschsystem *Kula,* welches Malinowski als ein (funktionales) System beschreibt, das mit allen anderen Bereichen des religiösen und alltäglichen Lebens eng verwoben ist. Das Buch begründet damit auch die Schule des britischen Funktionalismus, welche von der methodologischen Annahme ausgeht, dass kulturelle Phänomene in ihren Beziehungen zum gesamten sozialen Gebilde betrachtet werden müssen. Das Tauschsystem *Kula* erstreckt sich über mehrere hundert Quadratkilometer und umfasst gut ein Dutzend kleine und größere Inseln des Archipels. *Kula* besteht aus einem doppelten Tauschkreis. In einer gegenläufigen Kreisbewegung wandern zeremonielle Gegenstände von Insel zu Insel: im Uhrzeigersinn Halsketten aus roten Muscheln *(soulava)*; gegen den Uhrzeigersinn weiße Muschelarmreife *(mwali).* Sie werden dabei nicht zum Eigentum des Empfängers: Die *Kula*-Gegenstände wandern bei der nächsten Zeremonie zur nächsten Insel weiter, wo sie wieder als Gabe und Gegengabe getauscht werden. So entsteht, über den Archipel verteilt, ein Netz von *Kula*-Tauschpartnern, deren *Kula*-Partnerschaft durch reziproke Rechte und Pflichten festgelegt ist und die einander lebenslang verbunden sind. »Der überseeische Partner ist andererseits Gastgeber, Beschützer und Bundesgenosse in einem Land voller Gefahr und Ungewißheit.« (124) Das Tauschsystem *Kula* ist ein System von beträchtlicher ökonomischer Bedeutung. Zwar haben die *Kula*-Gegenstände rein zeremonielle Funktion und kommen im Alltag nicht zum Gebrauch, d. h. die Ketten und Armreife werden nicht getragen. Gleichwohl werden die *Kula*-Expeditionen wie nebenbei von einem ausgiebigen Tauschhandel begleitet, in dessen Rahmen auch Kämme, Töpfe, Körbe, Klingen, Yamsknollen, Kokosnüsse etc. die Besitzer wechseln. *Kula* ist letztlich zeremonieller Ausdruck dafür, dass auf den Trobriand-Inseln Reziprozität das soziale Prinzip des Zusammenlebens par excellence ist, dass *»das gesamte Stammesleben von einem ständigen Geben und Nehmen durchdrungen ist«* (207/208; Herv. i. Orig.). Schon der Bau der Boote ist ein Akt organisierter und *gemeinschaftlicher,* teils schwerer und anspruchsvoller *Arbeit,* die das ganze Dorf miteinbeziehet und deren Resultat aus aufwändig bemalten Kanus mit kunstvoll geschnitzten Bugbrettern besteht, die zum Stolz des ganzen Dorfes zählen. Vor allem aber spielt bei der Herstellung der Kanus und beim Aufbruch zu den nicht ungefährlichen Expeditionen *Magie* eine besondere Rolle. Sie ist unerlässlich für den Erfolg des ganzen Unterfangens: Sie bändigt die Gefahren, denen die Boote und ihre Besatzungen ausgesetzt sind. In seiner ausdrucksvollen visuellen (durch zahlreiche Fotografien) und sprachlichen Darstellung lässt Malinowski die Akteure des *Kula* letztlich als tapfere Seefahrer vor den Augen des Lesers entstehen, die auf dem offenen Meer eine weite, ungewisse, ja gefährliche Reise auf sich nehmen. Der Titel trägt das Seine dazu bei, auch den Leser auf eine (mythologische) Reise zu schicken: Mythenumwoben und heldenhaft sind die Unternehmungen der Trobriand-Insulaner wie einst die Fahrten der Besatzung der Argo auf der Jagd nach dem Goldenen Vlies – schließlich sind sie die *Argonauten des westlichen Pazifik*.

Ruth Ayaß

Literatur

Geertz, Clifford: Die künstlichen Wilden. Der Anthropologe als Schriftsteller, Frankfurt 1993 (zuerst 1988).

Kohl, Karl-Heinz: Exotik als Beruf. Erfahrung und Trauma der Ethnographie, überarb. Neuaufl., Frankfurt 1986.

Young, Michael W.: Malinowski. Odyssey of an Anthropologist, 1884–1920, New Haven, CT 2004.

Siegfried Bernfeld: Sisyphos oder die Grenzen der Erziehung, Internationaler Psychoanalytischer Verlag: Leipzig/Wien/Zürich 1925, 164 S.

Als der *Sisyphos* im September 1925 in einer Auflage von 4 000 Exemplaren erschien, ahnte am wenigsten sein Verfasser, der Pädagoge Siegfried Bernfeld (1892–1953), dass ihm damit ein Klassiker der Sozialwissenschaften gelungen war. Bernfeld, Sohn jüdischer Eltern, wuchs in Wien auf, studierte dort Biologie, Psychologie und Pädagogik, beendete sein Studium 1915 mit einer Dissertation zum Thema Über den Begriff der Jugend. Weite Teile seines Lebens sollte ihn das Jugendthema nicht loslassen. Er war 1913/14 einer der Redakteure der legendären Schülerzeitschrift *Der Anfang*, ein charismatischer Führer und Inspirator der Jugendkulturbewegung, während des Ersten Weltkrieges dann ein Ideengeber für die zionistische Jugendbewegung. Als einer der ersten Laienanalytiker arbeitete Bernfeld von Ende 1925 bis 1932 u. a. als Dozent am Psychoanalytischen Institut Berlins und an der Deutschen Hochschule für Politik, kehrte dann aus privaten Gründen nach Wien zurück. 1934 emigrierte er über Südfrankreich, London nach San Francisco, um dort die Psychoanalytische Vereinigung mit aufzubauen und zusammen mit seiner damaligen Frau an den Bausteinen einer Freud-Biografie zu arbeiten.

Sein *Sisyphos* ist in den Jahren 1922 bis 1924 entstanden. In diesem Buch verarbeitete er u. a. seine Erfahrungen, die er 1919/20 in Zusammenarbeit mit einigen befreundeten jugendbewegten Aktivisten als pädagogischer Leiter des jüdischen Kinderwaisenheims Baumgarten in Wien gemacht hatte. Darüber hatte er 1921 ein Buch vorgelegt, das seinen Versuch einer »neuer Erziehung«, nämlich in einer von Sigmund Freud inspirierten psychoanalytischen Pädagogik, dokumentieren sollte. In Bernfelds Augen war das Experiment ein Erfolg, aus Sicht seiner jüdischen Geldgeber eher ein Misserfolg. Das inspirierte ihn, grundsätzlich über die Grenzen der Erziehung und die traditionelle pädagogische Theoriebildung nachzudenken. Das Buch geriet ihm zu einer Fundamentalkritik an der zeitgenössischen Pädagogik. Erste Überlegungen entwickelte er in Vorträgen im jüdischen Pädagogium Wiens, eine erste schriftliche Fassung las er 1924 den Mitgliedern einer kleinen privaten Arbeitsgemeinschaft vor, der Anna Freud, August Aichhorn und Wilhelm Hoffer angehörten. Sigmund Freud hatte das Manuskript vor Drucklegung noch kritisch gelesen und einige Änderungen vorgeschlagen.

Bernfeld hatte das Buch in drei Kapitel gegliedert. Das erste handelte »von der Pädagogik« (1 ff.). das zweite widmete sich der »Voraussetzung und Funktion der Erziehung« (46 ff.) und das letzte diskutierte »Mittel, Wege, Möglichkeiten der Erziehung« (116 ff.). Revidieren wollte er in erster Linie den damals geläufigen Erziehungsbegriff. Während die zeitgenössische Pädagogik Erziehung weitgehend personal im Erzieher-Zöglings-Verhältnis fasste und ihre Aufgabe idealistisch und intentional bestimmte, forderte Bernfeld eine empirisch fundierte, auf einem weit gefassten funktionalen Erziehungsbegriff basierende Pädagogik, ohne dass diese in einer Soziologie der Erziehung gänzlich aufgehen sollte. Modern gesprochen löste Bernfeld den personalen Erziehungsbegriff der zeitgenössischen Pädagogik in den Begriff der Sozialisation auf und öffnete so den Blick für den Prozess der Identitätsbildung im Kontext kultureller, sozialer, administrativer und politischer Figurationen. In diesem Sinne war für ihn Erziehung an zwei Voraussetzungen gebunden: an die biologische Tatsache des Aufwachsens und an die soziale Tatsache, dass die Prozesse der Ontogenese in die Gesellschaft eingebunden sind, durch die »sozialen Orte« (Bernfeld) geprägt werden, in denen die Subjekte aufwachsen, und deren Grenzen nicht willkürlich übersprungen werden können. Der soziale Ort setze für das bürgerliche und das proletarische Kind je andere Chancen der Entwicklung. Auf die Entwicklungstatsache muss die Gesellschaft reagieren, und diese Reaktionen stehen im Mittelpunkt seines nicht auf einem System von Normen und Anweisungen kaprizierten Erziehungsbegriffs. »Die Gesellschaft hat irgendwie auf die Entwicklungstatsache reagiert. Ich schlage vor, diese Reaktionen in ihrer Gänze Erziehung zu nennen. Die Erziehung ist danach die Summe der Reaktionen einer Gesellschaft auf die Entwicklungstatsache« (49). Mit seiner begrifflichen Erweiterung rekurrierte Bernfeld darauf, Erziehung als gesellschaftlichen Prozess zu verstehen, ihn also sozialisationstheoretisch zu fundieren, und die intentionale Erziehung, ein für ihn historisch spätes Produkt, als einen Spezialfall zu behandeln. »Erziehung ist nicht allein, was die Erzieher ausüben (oder auszuüben vermeinen). Erziehungssubjekte sind die Väter und Mütter, die Tanten und Onkeln, die Krämer und Chauffeure, Schutzleute, Schaffner und Postboten, Plakatzeichner, Kinoregisseure, Journalisten, Redner …, es ist die ganze heutige Gesellschaft« (138).

Erziehung im engeren Sinne sei Beeinflussung. Die Möglichkeiten der Beeinflussung, so Bernfeld, stellen sich gesamtgesellschaftlich als politische Machtfrage dar. Deshalb seien Erziehung und ihre Organisationen strukturell konservativ ausgerichtet. Bernfeld erteilte hier unmissverständlich allen Positionen eine Absage, die zeitgenössisch gesellschaftliche Strukturveränderungen durch Erziehung auf den Weg bringen wollten. Wolle man Erziehung und ihre Organisationen verändern, so müsse man zunächst die Gesellschaft im Sinne des Sozialismus verändern. Erziehung im entwickelten Kapitalismus war für Bernfeld ein Machtmittel der herrschenden Klasse, um ihre Macht zu sichern. Dennoch blieb für ihn die Macht der Erziehung nicht grenzenlos. Analytisch unterschied er zwischen gesellschaftlich oder politisch gesetzten Grenzen und Grenzen, die der Erziehung strukturell inhärent sind. Die Erforschung *dieser* Grenzen sei eine wissenschaftliche Aufgabe. »Es handelt sich um eine Frage des Tatbestandes, von allen Zielen, Wünschen und Absichten unabhängig« (8). Dazu bedürfe es einer Tatbestandsgesinnung, die Bernfeld dem Establishment der zeitgenössischen Pädagogik zwar absprach, für eine auf Psychoanalyse, Empirie und marxistischer Soziologie basierende Erziehungswissenschaft aber einklagte. Nun wusste Bernfeld selbst, dass er dieser strengen Forderung in seinem Buch nicht gerecht werden konnte, weil einschlägige Forschungen noch nicht vorlagen. Pädagogik als Wissenschaft kann für ihn nur dann eine Grundlage für die Erziehungspraxis stiften, wenn sie die Einsichten von Psychoanalyse und marxistischer Soziologie nutzt, um das Terrain ihrer Möglichkeiten und Grenzen zu bestimmen. Dennoch bleibt die gängige Reduzierung Bernfelds auf die Synthese von Psychoanalyse und Marxismus irreführend. Zwar wurde er im Wiener Milieu des Austromarxismus politisch sozialisiert und dachte auch in dessen Denkformen, aber soziologisch blieb Émile Durkheim sein ungenannter Mentor, mit dessen Schriften ihn sein akademischer Lehrer Wilhelm Jerusalem bekannt gemacht hatte. Wo lagen nun für Bernfeld die Grenzen der Erziehung?

Bernfeld beschrieb in seinem *Sisyphos* im Wesentlichen drei Grenzen, nämlich 1) die soziale Grenze der Erziehung, 2) die Grenze, »die durch die seelischen Tatsachen im Erzieher gegeben ist« (148) und 3) die Grenze, die in der »Erziehbarkeit des Kindes, seine Konstitution, seiner Veränderbarkeit« (149) liegt. Es zählte dabei zu den Eigenarten des pädagogischen Denkens Bernfelds, die psychische Lage von Kindern und Jugendlichen stets in Beziehung zu ihrer sozialen Lebenswelt zu sehen. Die dritte von ihm benannte Grenze wurde traditionell in der Pädagogik diskutiert, und es wurden mithin Mittel und Wege gesucht, sie zu überwinden. Weniger oder überhaupt nicht beachtet worden sind dagegen die beiden anderen Grenzen. Auf sie aufmerksam gemacht zu haben, wird Bernfeld vermutlich als sein eigentliches Verdienst angesehen haben. Vor dem Hintergrund seines weiten Erziehungsbegriffes verortete er die soziale Grenze der Erziehung in den Voraussetzungen und der Funktion der Erziehung in der Gesellschaft. Mit Blick auf die Schule formulierte Bernfeld einen heute simplen, 1925 revolutionären Satz: »Die Schule – als Institution – erzieht« (24). Er markierte die Geburtsstunde der Erziehungssoziologie.

Der *Sisyphos* erlebte 1928 eine zweite Auflage, die Bernfeld mit einem erläuternden Vorwort ergänzte. Denn Mitte der 1920er Jahre wurde die Frage nach den Grenzen der Erziehung zu einem beherrschenden Thema der pädagogischen Diskussionen. Er reagierte nicht nur in seinem Vorwort darauf, in dem er bekannte, niemals habe er mit dem Erfolg dieses Buches gerechnet und er wies zu Recht darauf hin, dass 1925 das Grenzen-Thema zwar ketzerisch klang, inzwischen jedoch zum viel gebrauchten Schlagwort avanciert sei, um den Allmachtsphantasien idealistischer Reformpädagogen einen Riegel vorzuschieben. Nach 1933 findet man den *Sisyphos* auf den Zensurlisten des »schädlichen und unerwünschten Schrifttums« der NS-Diktatur, danach gerieten er und sein in die USA emigrierter Autor, in Vergessenheit. Erst Ende der 1960er Jahre hatten Aktivisten der Studentenbewegung die Schriften Bernfelds dann wiederentdeckt und verbreitet. Dem Frankfurter Psychoanalytiker Alexander Mitscherlich war es schließlich zu verdanken, dass der Suhrkamp Verlag 1967 mit Einverständnis der Töchter Bernfelds die erste Auflage des Buches wieder unverändert herausgab und bis heute auf dem Markt und in der Diskussion hält.

Peter Dudek

Literatur

Barth, Daniel: Kinderheim Baumgarten. Siegfrieds Bernfelds »Versuch mit neuer Erziehung« aus psychoanalytischer und soziologischer Sicht, Gießen 2010.

Bernfeld, Siegfried: Sisyphos oder die Grenzen der Erziehung, Frankfurt 1967.

Dudek, Peter: »Er war halt genialer als die anderen«. Biographische Annäherungen an Siegfried Bernfeld, Gießen 2012.

Jean Piaget: La représentation du monde chez l'enfant, Alcan: Paris 1926, 424 S. (dt. Das Weltbild des Kindes, Klett-Cotta: Stuttgart 1978, 311 S.).

Jean Piaget wurde am 9. August 1896 in Neuenburg (Neuchâtel) in der Schweiz geboren. Nach dem Abschluss des Abiturs und einer naturwissenschaftlichen Promotion über Weichtiere, mit denen er sich schon seit seiner Kindheit auseinandergesetzt hatte, wendete er sich verstärkt entwicklungspsychologischen Fragestellungen zu. Während eines Studienaufenthalts in Paris von 1919 bis 1921 bekam er den Auftrag, einen englischen Intelligenztest für französische Kinder zu standardisieren. In diesem Rahmen wurde Piaget fasziniert von systematischen Fehlern der Kinder bei scheinbar einfachen Aufgaben, woraus er die Schlussfolgerung zog, dass das Denken von Kindern anders ist als das Denken Erwachsener. Diesen Ausgangspunkt seines empirischen und theoretischen Werkes vertiefte er anschließend im Rahmen von umfassenden Studien über die kindliche Intelligenz, die er in Genf durchführen konnte und aus denen bedeutsame Publikationen des Piagetschen Frühwerks entstanden. Auch wenn diese Werke bzw. das Frühwerk insgesamt von Piaget selbst rückblickend als in vielerlei Hinsicht unvollkommen bezeichnet wurden, sind sie sehr beeindruckend und haben zahlreiche Forschungsarbeiten inspiriert.

In *Das Weltbild des Kindes* erweitert Piaget die in seinen ersten entwicklungspsychologischen Studien zur geistigen Entwicklung dargelegten formalen Untersuchungen zur Sprache und dem Denken um die Inhalte des kindlichen Denkens. Als Problemstellung formuliert er: »Welche Vorstellungen haben die Kinder in den verschiedenen Stadien ihrer intellektuellen Entwicklung spontan von der Welt?« (13) In der Betrachtung zahlreicher einzelner Aspekte des kindlichen Weltbildes werden drei zentrale Formen herausgearbeitet, die im Folgenden nur ansatzweise dargestellt werden können: Realismus, Animismus und Artifizialismus. Es soll hier nicht der Versuch unternommen werden, diese von Piaget beschriebenen Formen und ihre Entwicklung umfassend darzustellen. Vielmehr soll anhand kurzer Einblicke deutlich gemacht werden, welch neugierigen Blick Piaget auf die kindliche Entwicklung geworfen hat, denn dieser macht – neben den inhaltlichen Anregungen – sowohl *Das Weltbild des Kindes* als auch viele andere Schriften Piagets zu Klassikern der Sozialwissenschaften.

Im ersten Teil seiner Darstellung befasst sich Piaget mit der Frage, welche Vorstellungen Kinder von der Wirklichkeit haben, ob diese ebenso wie vom Erwachsenen als äußerlich und objektiv betrachtet und insbesondere auch als getrennt vom eigenen Ich beschrieben wird. Dazu befragt er die Kinder über den Unterschied bzw. den Dualismus zwischen dem eigenen Denken und den Dingen, der Beziehung zwischen den Namen und den Dingen und die Vorstellungen von den Träumen. Ein kurzes Beispiel aus dem Bereich der Namen mag das Vorgehen verdeutlichen: »Fert (7 Jahre): Dein Name ist Albert? – *Ja*. – Man hätte dich Heinrich nennen können, ohne daß sich irgend etwas geändert hätte? – *Nein*. – Hätte man den Jura ›Salève‹ [Namen zweier Berge] und den Salève ›Jura‹ nennen können? – *Nein*. – Warum nicht? – *Weil es nicht das gleiche ist*. – Hätte man die Sonne ›Mond‹ und den Mond ›Sonne‹ nennen können? – *Nein*. – Warum nicht? – *Weil die Sonne warm gibt, und der Mond ist dazu da, um hell zu geben*.« (76)

Ausgehend von der in diesem Beispiel deutlich werdenden Phase des »absoluten Realismus«, in dem das Kind keinen Unterschied zwischen den Dingen und den Namen macht, kommt es zu einer Entwicklung bis hin zur Phase des (quasi erwachsenen) »Subjektivismus oder Relativismus«, in der eine klare Trennung zwischen dem Subjekt und der Welt erfolgt (109).

In dieser Beschreibung wird ein zentraler Begriff der Entwicklungspsychologie Piagets deutlich, der »Egozentrismus des Kindes«: »Das Wirkliche ist ganz vom Ich durchdrungen, und das Denken wird nach dem Muster der physischen

Materie aufgefaßt. Von der Kausalität her gesehen wird das ganze Universum so betrachtet, als bilde es eine Gemeinschaft mit dem Ich und als gehorche es dem Ich. Man stellt Partizipation und Magie fest. Die Wünsche und die Befehle des Ich werden für absolut gehalten, denn der eigene Standpunkt wird als der einzig mögliche betrachtet: eine integrale Egozentrizität mangels Ichbewußtsein.« (141) Dieses Nichtwissen um die Unterscheidung zwischen dem eigenen und möglichen anderen Standpunkten verweist auch auf die These des Adualismus von James Mark Baldwin, auf den sich Piaget auch explizit bezieht. Auf die Arbeiten Baldwins ist er in Paris aufmerksam geworden und es ist anzunehmen, dass diese zu einer stellenweise übertriebenen Darstellung des Egozentrismus durch Piaget beigetragen haben.

In allen Bereichen der Untersuchung zeichnet Piaget eine Entwicklung der kindlichen Vorstellungen nach, die er als eine Abfolge verschiedener Stadien beschreibt. Diese ordnet er grob bestimmten Altersstufen zu, allerdings ohne diese Zuordnung genauer zu belegen. In späteren Arbeiten Piagets, in denen er zusammen mit Bärbel Inhelder die mit seinem Namen fest verbundenen entwicklungspsychologischen Stufen der kognitiven Entwicklung (vom sensumotorischen bis zum formal-operatorischen Stadium) darstellt, kommt er den Konventionen der psychologischen Fachdiskussion entgegen und liefert entsprechende Daten. Es wird allerdings deutlich, dass eine derartige statistisch-empirische Herangehensweise nicht dem Erkenntnisinteresse Piagets entspricht. Ihm geht es um die Aufdeckung von Strukturen und nicht um deren systematische Messung (vgl. Scharlau 2007: 28 f.).

Dieses Interesse an neuen Forschungsbereichen, ohne den Anspruch auf Beweiskraft oder Endgültigkeit kennzeichnet das Frühwerk von Piaget und begründet auch die Anwendung eines Erhebungsverfahrens, das diesen exploratorischen Ansprüchen genügte. So versteht sich die von Piaget angewendete »klinische Methode« als eine weitgehend offene Fragetechnik, die er von den starren Vorgaben des psychologischen Tests und der eingeschränkten Anwendbarkeit der Beobachtung abgrenzte. Da Piaget darauf abzielte, die genuin kindlichen Vorstellungen zu erheben, musste die Methode besonderen Wert darauf legen, keine erwachsenen Sichtweisen vorzugeben, sondern offen zu sein, nichts zu suggerieren. Innerhalb der Befragungen sollte den Gedanken des Kindes gefolgt werden, zugleich aber auch Gegenhypothesen aufgestellt und Widersprüche angesprochen werden um die Konsistenz der Aussagen zu überprüfen. An verschiedenen Stellen weist Piaget auf die Bedeutsamkeit der korrekten Fragetechnik hin, um Suggestionen zu vermeiden und zudem die Möglichkeit zu haben, »fabulierendes« Erzählen zu verhindern. Nur so könnten tatsächlich »spontane« oder »ausgelöste Überzeugungen« der Kinder erfasst und damit auf das Weltbild des Kindes geschlossen werden (13 ff.).

Ausgehend von der beschriebenen Annahme des Egozentrismus bzw. der nicht vorhandenen Trennung zwischen dem Subjekt und der Welt beim Kind, geht Piaget den Fragen nach, ob Kinder den Objekten der Außenwelt Bewusstsein zuschreiben, welchen Inhalt der Begriff des »Lebens« für sie hat und schließlich der Frage nach den Ursprüngen der animistischen Überzeugungen. Aus den Befragungen zum Begriff Leben arbeitet Piaget eine Entwicklungslinie heraus, die auch den animistischen Überzeugungen zugrunde liegt und auf die Bewegung der Dinge fokussiert: »In einem ersten Stadium wird all das als lebendig betrachtet, was irgendeine Aktivität aufweist oder irgendwie nützlich ist. In einem zweiten Stadium wird das Leben durch Bewegung definiert, wobei von jeder Bewegung angenommen wird, sie enthalte einen Anteil an Spontaneität. In einem dritten Stadium unterscheidet das Kind zwischen eigener und erhaltener Bewegung; das Leben wird mit der Eigenbewegung identifiziert. In einem vierten Stadium schließlich gelten nur noch die Tiere, oder die Tiere und die Pflanzen, als lebendig.« (162)

Mit Artifizialismus bezeichnet Piaget schließlich die beim Kind vorhandene Vorstellung, dass Objekte und Naturerscheinungen wie Sonne und Mond, Wolken, Bäume und Berge durch eine äußere (menschliche oder auch göttliche) Kraft erschaffen worden sind und – wie im Beispiel des Mondes und seiner Phasen – verändert werden.

Piaget ist eine der zentralen Figuren in der Entwicklung der Psychologie und auch der Pädagogik des 20. Jahrhunderts, der entscheidenden Einfluss auf die Entwicklung der Forschung zur kognitiven und auch moralischen Entwicklung von Kindern ausgeübt hat. Es ist daher schwerlich möglich, den Einfluss eines einzelnen Werkes darzustellen, so wie auch eine einzelne Publikation Piagets immer nur einen Baustein auf dem Weg zu einer umfassenderen Theorie darstellt, die sich letztlich auch nicht nur auf die Sozialwissenschaften beschränkt hat, sondern in der mit der Formulierung einer »genetischen Epistemologie« eine für alle Wissenschaften relevante erkenntnistheoretische Position formuliert wird. Gleichwohl eröffnet Piaget mit seinem Frühwerk und auch mit dem *Weltbild des Kindes* eine Perspektive auf Entwicklung, die trotz aller mittlerweile erfolgten und durchaus berechtigten methodischen und inhaltlichen Kritik und Weiterentwicklung auf vielen Ebenen von Bedeutung war. Diese soll hier durch einen – für die Sozialwissenschaften aber möglicherweise zentralen – Aspekt verdeutlich werden: der Bedeutung einer kindlichen Perspektive. Durch die Arbeiten Piagets »wurden wir uns in zunehmendem Maße der Tatsache bewußt, daß das Kind nicht nur eine verkleinerte, wenn auch weniger kluge Ausgabe des Erwachsenen ist, sondern ein Wesen mit einer unterschiedlichen geistigen Struktur, die sich von der des Erwachsenen qualitativ unterscheidet. Es sieht die Welt unter einer eigenen Perspektive.« (Ginsburg/Opper 1993: 274)

Felix Buchhaupt

Literatur

Ginsburg, Herbert/Opper, Sylvia: Piagets Theorie der geistigen Entwicklung, 7. Aufl., Stuttgart 1993.

Schurlau, Ingrid: Jean Piaget zur Einführung, Hamburg 2007.

Karl Mannheim: Ideologie und Utopie, Cohen: Bonn 1929, 250 S.

Die 1929 erschienene und von Karl Mannheim (1893–1947) verfasste Monografie *Ideologie und Utopie* zählt heute zu den Klassikern der sozialwissenschaftlichen Literatur. Wenige Jahre nach der deutschen Erstausgabe wird die englische Fassung des Buches veröffentlicht, mit der der Verfasser einen internationalen Bekanntheitsgrad erringt. Der in Ungarn geborene und 1918 promovierte Philosoph flieht nach der Niederschlagung der ungarischen Räterepublik nach Deutschland. Auf die 1926 an der Universität Heidelberg erfolgte Habilitation im Fach Soziologie folgt 1930 die Berufung zum ordentlichen Professor in Frankfurt, ehe Mannheim 1933 abermals emigrieren muss. Sein Weg führt an die London School of Economics and Political Science, zwei Jahre vor seinem Tod übernimmt er ebenfalls in London eine Professur im Fach Erziehungswissenschaft. Mannheim gilt als wichtiger Vertreter der seinerzeit noch jungen akademischen Disziplin der Soziologie, die sich in Deutschland zur Zeit der Niederschrift von *Ideologie und Utopie* – nicht zuletzt beeinflusst und teilweise auch herausgefordert von der akademischen Rezeption des Marxismus – verstärkt um die theoretische Bestimmung des Verhältnisses von kulturellen Phänomenen auf der einen Seite und grundlegenden wirtschaftlichen Strukturen auf der anderen Seite bemüht. Mannheim setzt sich in seinem Buch systematisch mit der sozialen Verortung von Weltanschauungen auseinander und entwickelt dabei die Grundlagen seiner später vielfach rezipierten »Wissenssoziologie« (32). Seine daran anknüpfenden materialen Analysen erstrecken sich vor allem auf die Entwicklung des konservativen Denkens. Der von ihm geprägte »totale Ideologiebegriff« (18) schließt die Erfassung des eigenen wissenschaftlichen »Denkstandort[s]« (32) mit ein, eine Konzeption, die auch in seinen späten, zumeist stark kritisierten Arbeiten zu Fragen demokratischer Steuerung und Planung zu finden ist.

Die Entwicklung der Mannheimschen Wissenssoziologie erfolgt nicht zufällig in einer Zeit tiefgreifender gesellschaftlicher Umbrüche. In der akademischen Szene Deutschlands, in der sich die sozialwissenschaftlichen Disziplinen erst allmählich von den Geisteswissenschaften emanzipieren, begegnet Mannheim Intellektuellen, die sich nicht nur mit rasanter Modernisierung, umfassenden gesellschaftlichen Krisenerscheinungen, den sozialistischen Revolutionen und dem Weltkrieg konfrontiert sehen, sondern auch mit dem Zusammenbruch traditioneller Normen und Denksysteme. Die Wissenssoziologie versteht sich in diesem Zusammenhang als Antwort auf die entstandene geistige Krise, die sich laut Mannheim vor allem als Flucht in Irrationalismus und Skeptizismus äußere. In den Mittelpunkt des Mannheimschen Interesses rückt die Frage nach der Möglichkeit der wissenschaftlichen, d. h. objektiven Analyse politischer Weltanschauungen. Die als Monografietitel gewählten Begriffe *Ideologie und Utopie* haben nach Mannheim insofern auch eine symbolische Bedeutung, als sie für den zeitgenössischen Kampf der Weltanschauungen und für gesellschaftliche Entwürfe stehen, die über die bestehende Ordnung hinausweisen. Ihr Bedeutungsgehalt steht aber gleichzeitig für einen »historisch-substantiellen Wandel« (7): War die »Norm- und Sinnschicht« (ebd.) von Ideen in der Vergangenheit unverrückbar, so treten die Ideologien in der Moderne zueinander in Konkurrenz und fungieren als Medium von prinzipiell hinterfragbaren »Sinnbezügen« (6). Das letztlich Entscheidende am Ideologie- und Utopiegedanken ist nach Mannheim die an ihm erlebbare »Möglichkeit des *falschen Bewußtseins*« (7).

Zur Konturierung seines wissenssoziologischen Ansatzes referiert Mannheim zunächst ideengeschichtliche Aspekte des Ideologiebegriffes und unterscheidet dabei den »partikularen« vom »totalen Ideologiebegriff« (ebd.). Demnach bezeichne der partikulare Ideologiebegriff, als dessen frühe Vertreter er Francis Bacon, Niccolò Macchiavelli und David Hume nennt, einzelne Aussagen beispielsweise des politischen Gegners als falsch oder entlarve diese als Lügen, ohne aber die Möglichkeit gemeinsam geteilter Ansichten oder Standpunkte überhaupt zu bestreiten. Der totale Ideologiebegriff hingegen, den Mannheim vor allem auf Karl Marx zurückführt, überwindet die psychologische Ebene und beschreibt die Funktionalität einer Weltanschauung in Bezug auf die soziale Lage, in der sich die Träger dieses Denkens wiederfinden. Die Differenz der beiden Begriffe bestehe somit in der Frage, ob »die psychologische oder die noologische Ebene [verstanden als Ebene der Gesamtheit des Denksystems; Anm. d. Verf.] funktionalisiert« (32) werde.

Die Pointe des Mannheimschen Ansatzes besteht nun vor allem darin, den totalen Ideologiebegriff auch auf den Marxismus anzuwenden. Hierzu bezieht er sich implizit wie explizit auf Georg Lukacs' 1923 erschienene Schrift *Geschichte und Klassenbewusstsein*, von der zahlreiche, dem Sozialismus nahestehenden Intellektuellen stark beeinflusst worden sind. Lukacs, der wesentlich zur damaligen »philosophischen Neuentdeckung« der Marxschen Schriften beitrug und in dessen Marxlektüre auch Motive der Rationalitätskritik Max Webers eingeflossen sind, konstatiert darin eine letztlich auf die warenförmige Vergesellschaftung selbst zurückgehende allgemeine Verdinglichung des Bewusstseins. Ideologie wird von ihm als gesellschaftlich notwendiger Schein gedeutet. Die von *Geschichte und Klassenbewusstsein* ausgehende Faszination beruht vor allem auf Lukacs' Rekurs auf die originär Marxsche Ideologiekritik, welche den Entstehungs- und Funktionszusammenhang falscher Bewusstseinsformen gerade nicht mit dem Verweis auf externe Faktoren bestimmt, sondern auf dem Wege immanenter Kritik, also im analysierten Material selbst, aufspürt.

Mannheim interessiert sich jedoch nicht für die von Lukacs rekonstruierte und weiterentwickelte Form der Ideologiekritik, sondern vielmehr für den Standpunkt, den der Geschichtsphilosoph Lukacs selbst einnimmt, der im Schlussteil seines Buches postuliert, dass einzig das Proletariat dazu in der Lage sei, die Totalität kapitalistischer Vergesellschaftung zu erfassen. Obgleich selbst Objekt von Verdinglichungs- und Entfremdungsprozessen, wird die Arbeiterklasse nämlich nach Lukacs von der sozialen Entwicklung dazu getrieben, sich der Marxschen Theorie zu bemächtigen und zum revolutionären Subjekt-Objekt der Geschichte aufzuschwingen. Doch wie kann die Perspektive beschrieben werden, in der der offenbar mit einem privilegierten Zugang zur Wahrheit ausgestattete Intellektuelle Lukacs behaupten kann, dass die Arbeiterklasse zur einzig richtigen Theorie finden werde?

Obwohl Lukacs und der Marxismus für die Verwendung des totalen Ideologiebegriffs stehen, kritisiert Mannheim an deren Perspektive, dass diese »den eigenen Denkstandort als aproblematisch, als absolut setzt« (31), der Ideologiebegriff müsse daher von seiner partikularen Fassung befreit und auf die Ebene einer allgemeinen Fassung gehoben werden. Mit dieser Transformation wird »aus der bloßen Ideologienlehre die Wissenssoziologie« (32). Um den wissenssoziologischen Gehalt des Ideologiebegriffes »aus der speziellen politisch-agitatorischen Einkapselung herauszulösen« führt Mannheim in diesem Zusammenhang den Begriff »seinsgebundenes Denken« ein (vgl. ebd., Fn.). Das Programm der neuen Soziologie des Wissens bestehe in der Aufgabe, die Faktoren zu erforschen, die die Parteilichkeit des Denkens an die »soziale Seinslage« (ebd.) bindet. Sie erschöpft sich jedoch nicht in der Beschreibung der sozialen Verortung von Weltanschauungen, was nach Mannheim die Gefahr des Relativismus heraufbeschwören würde. Die neue Ideologienlehre erscheint vielmehr in einer »wertenden und dynamischen« (53) Fassung, womit Mannheim auf das Verhältnis bestimmter Denkformen zum historischen Prozess abhebt. Allein hieraus lasse sich wissenssoziologisch die Wirklichkeitsbezogenheit von Weltanschauungen beurteilen. Demzufolge können in ein und derselben historischen Situation unterschiedliche Spielarten falschen Bewusstseins nebeneinander existieren: Es gibt solche, »die das ›zeitgenössische‹ Sein im Denken überholen und solche, die es noch nicht erreichen, in beiden Fällen aber verdecken« (53f.). Im ersten Fall spricht Mannheim von Utopien, im zweiten von Ideologien.

Im Hinblick auf den eigenen Denkstandort der Wissenssoziologie betont Mannheim die Prozesshaftigkeit der einzunehmenden Perspektive. Nur wenn

man der Partikularität aller Standorte immer wieder gewahr werde, sei man auf
dem Wege zur gesuchten Totalität. In einem eigenen Kapitel erörtert Mannheim
die Frage, wie eine unabhängige politische Wissenschaft jenseits von Parteischu-
len und Klassenstandpunkten, jedoch ohne Verzicht auf die wertende Beurteilung
des politischen Geschehens möglich sein könne. Eine besondere Rolle kommt dabei der »freischwebende[n] Intelligenz« (127) zu, ein Terminus, den Mannheim
von Alfred Weber übernimmt und der auf die Ferne bildungsbürgerlicher Schichten zum Wirtschaftsleben anspielt. Aus je mehr Klassen und Schichten sich diese
Gruppe rekrutiere, desto vielgestaltiger werde die Bildungsebene, die sie verbinde.

Die Rezeptionsgeschichte von *Ideologie und Utopie* und der Mannheimschen
Wissenssoziologie verläuft hauptsächlich in drei Wellen. Die deutsche und die
englische Erstausgabe provozierten eine ganze Reihe von Besprechungen. Zu
den Rezensenten zählen neben vielen anderen Max Horkheimer, Herbert Marcuse, Paul Tillich, Hannah Arendt und Günther Stern (Anders). In der zeitgenössischen Diskussion wurde das Buch häufig als Versuch gewertet, den in die Krise
geratenen und gleichermaßen vom Marxismus wie vom Positivismus herausgeforderten Historismus der deutschen Geschichtswissenschaft weiterzuentwickeln. In
der Nachkriegszeit entflammte abermals die Kontroverse um den Ideologiebegriff.
Im Vorfeld des so genannten Positivismusstreits, in dem sich die (hinsichtlich des
Ideologiebegriffes stark von Lukacs beeinflusste) Kritische Theorie und die positivistische Wissenschaftstheorie als Opponenten gegenüberstehen, formulieren
Vertreter beider Lager ihr jeweiliges Konzept von Ideologiekritik in expliziter Abgrenzung zu Mannheims Soziologie. In jüngerer Zeit haben sich unterschiedliche
wissenssoziologische Strömungen etabliert, die aber allesamt nicht an den totalen
Ideologiebegriff anknüpfen. Aufgegriffen wurde in diesem Zusammenhang jedoch
Mannheims Begriff des »Erfahrungsraumes einer Gruppe« (57), ein Konzept, das
beispielsweise bei der Untersuchung generationenspezifischer Handlungs- oder
Einstellungsmuster immer wieder zum Einsatz kommt. In der qualitativen Sozialforschung war es vor wenigen Jahren Ralf Bohnsack, der zur Weiterentwicklung
der dokumentarischen Methode Begriffe und Konzepte der Mannheimschen Wissenssoziologie adaptierte.

Joachim Fontana

Literatur
Barboza, Amalia: Karl Mannheim, Konstanz 2009.
Meja, Volker/Stehr, Nico (Hrsg.): Der Streit um die Wissenssoziologie, 2 Bde., Frank-
    furt 1982.
Hofmann, Wilhelm: Karl Mannheim zur Einführung, Hamburg 1996.

Carl Schmitt: Der Begriff des Politischen. Text von 1932 mit einem Vorwort und drei Corollarien, Duncker & Humblot: Berlin 1963, 124 S.

Carl Schmitt (1888–1985) ist einer der bedeutendsten, aber auch umstrittensten Staatsdenker des 20. Jahrhunderts. Aus der Gruppe der Staatsrechtslehrer der Weimarer Republik, von denen viele selbst berühmt geworden sind, ragt er deutlich heraus. Denn Schmitt ist nicht nur ein brillanter Jurist, sondern auch ein bedeutender politischer Philosoph und Geschichtsphilosoph. Sein Werk, das unterschiedlichste Themenbereiche umfasst, besteht aus 50 Büchern und etwa 300 Aufsätzen etc. Neben der Schrift *Der Begriff des Politischen,* die an zentraler Stelle seines Gesamtwerkes steht, sind folgende Bücher als besonders einflussreich hervorzuheben: *Die Diktatur* (1921), *Politische Theologie* (1922), *Verfassungslehre* (1928), *Der Hüter der Verfassung* (1931), *Der Leviathan in der Staatslehre des Thomas Hobbes* (1938), *Der Nomos der Erde im Völkerrecht des Jus Publicum Europaeum* (1950), *Theorie des Partisanen* (1963). Seine Schriften sind in zahlreiche Sprachen übersetzt und breit rezipiert worden. Schmitts Verstrickung in den Nationalsozialismus hat jedoch nach dessen Ende zu z. T. heftigen Kontroversen unter den Interpreten geführt. Seinen Schülern und Bewunderern stehen erbitterte Gegner gegenüber. Denn Schmitt ist nicht nur ein meisterhafter Stilist, sondern auch ein provozierender Denker, der sich nicht scheut, auch unbequeme Wahrheiten auszusprechen. Viele seiner Begriffsbildungen sind in den allgemeinen Sprachgebrauch übergegangen, ohne dass ihr Urheber stets präsent wäre. Ein Beispiel hierfür ist der »dilatorische Formelkompromiss«, mit dem Schmitt die gängige politische Praxis kennzeichnet, dass bei starken Interessengegensätzen eine inhaltsneutrale »Kompromissformel« gefunden wird, die lediglich die Gegensätze verdeckt und die eigentliche Auseinandersetzung nur vertagt.

Schmitts Schrift *Der Begriff des Politischen* ist ein erstaunlich knapper und zugleich komprimierter Text, der ohne die erst 1963 hinzugefügten Corollarien nur etwas über 100 Seiten umfasst. Schmitt hat diese Arbeit, die zwar untergliedert ist, aber kein Inhaltsverzeichnis enthält, in weniger als einem Monat verfasst. Ähnlichkeiten ergeben sich dabei zu Niccolò Machiavellis Werk *Der Fürst,* das mehr als 400 Jahre zuvor ebenfalls als eine Art Essay entstanden ist. Wegen seiner Vielschichtigkeit bedarf Schmitts Schrift, die als Schlüsseltext (Ernst-Wolfgang Böckenförde) zum Verständnis seiner politischen Theorie gilt, der sorgfältigen Analyse. Ob Schmitt in dieser Schrift aber tatsächlich eine eigene politische Theorie entwickelt, ist umstritten (Reinhard Mehring). Die Beantwortung dieser Frage ist freilich davon abhängig, welche spezifischen Anforderungen an eine Theorie gestellt werden. Bleibt man bei der gängigen Definition, eine Theorie sei ein System von Aussagen, das dazu diene, die Realität zumindest ausschnittweise zu beschrei-

ben und Prognosen über die Zukunft zu erstellen, dann handelt es sich hier zweifelsfrei um eine Theorie.

Kernthesen wie »Der Begriff des Staates setzt den Begriff des Politischen voraus« (20), »Die spezifisch politische Unterscheidung, auf welche sich die politischen Handlungen und Motive zurückführen lassen, ist die Unterscheidung von
Freund und *Feind*« (26) oder »*Erstens* haben alle politischen Begriffe [...] einen
polemischen Sinn; sie haben eine konkrete Gegensätzlichkeit im Auge, sind an eine
konkrete Situation gebunden, deren letzte Konsequenz eine [...] Freund-Feind-
Gruppierung ist, und werden zu leeren und gespenstischen Abstraktionen, wenn
diese Situation entfällt« (31), haben den Autor weit über Deutschland hinaus berühmt gemacht. Sie sind aus der sozialwissenschaftlichen Diskussion nicht wegzudenken. Gerade die Freund-Feind-Theorie hat eine nicht enden wollende Debatte im In- und Ausland ausgelöst (Paul Noack). Dabei wird – wider alle politische
Erfahrung – gern behauptet, dass es in Wahrheit in der Politik gar keine Feinde,
sondern allenfalls Gegner gebe. Eine erste Fassung des Werkes diktiert Schmitt bereits 1927, als sich die Weimarer Republik nach einer kurzen Phase der Erholung in
einer wirtschaftlichen und politischen Krise befindet. Die Zahl der Arbeitslosen
steigt, und die Lebensdauer der Reichsregierungen wird immer kürzer. Bald finden sich im Reichstag keine Mehrheiten mehr für die dringend notwendigen politischen Entscheidungen, so dass präsidiale Notverordnungen an die Stelle von
Gesetzen treten. Dieser Krise des Staates korrespondiert die Krise des Staatsrechts.
Schmitts ursprünglicher Text erscheint zunächst in der damals einflussreichen
Fachzeitschrift *Archiv für Sozialwissenschaft und Sozialpolitik,* dann in der Schrif-
tenreihe der Hochschule für Politik – eingerahmt von Beiträgen anderer damals
prominenter Wissenschaftler wie Hermann Heller, Friedrich Berber u. a. – beide
Texte werden 1927 publiziert. 1931 (datiert auf 1932) publiziert Schmitt eine etwas
erweiterte Ausgabe als Broschüre, welche die Grundlage für die heute vorliegende
Publikation bildet. 1933 erscheint eine stärker nationalsozialistisch orientierte kür-
zere Fassung. In den folgenden Jahren widmet sich Schmitt anderen Themenberei-
chen. Erst 1963 – 30 Jahre später – versucht Schmitt bei der Wiederveröffentlichung
der Schrift mit den von ihm hinzugefügten Corollarien und einem Vorwort der
Tatsache Rechnung zu tragen, dass sich nicht nur die Machtverhältnisse geändert
haben, sondern sich auch das Beziehungsfeld des Politischen gewandelt hat.

Wer immer sich heute mit dem Begriff des Politischen beschäftigt, kommt an
Schmitts Werk nicht vorbei. Es ist sicher eine der wichtigsten Aufgaben der Politikwissenschaft zu definieren, was das spezifisch »Politische« eigentlich ist. Zahlreiche Publikationen sind gerade hierzu in den letzten Jahren national wie international erschienen. Die Kernthesen dieses Buches betreffen nicht nur das
Staatsrecht, sondern auch die politikwissenschaftliche und die soziologische
Theorie. Darüber hinaus haben sie – anders als viele andere theoretischen Werke –

unmittelbare Auswirkungen auf die politische Praxis. Nicht zuletzt deshalb handelt es sich um einen echten Klassiker der Sozialwissenschaften.

Der Inhalt der Schrift *Der Begriff des Politischen* ist in den mehr als 80 Jahren seit seiner Entstehung immer wieder intensiv diskutiert worden, man kann geradezu von »Rezeptionswellen« sprechen. Die zugespitzten Aussagen Schmitts gehen dabei – fast unbeeinflusst von der Zeit – mitten ins Zentrum der politischen Diskussion. Sie sind zum großen Teil heute noch so aktuell wie zur Zeit ihrer Entstehung. Heftige Kontroversen sind damit vor allem in Krisen- und Umbruchzeiten gewissermaßen vorprogrammiert. Zunächst sind es vor allem die deutschen Staatsrechtslehrer, die sich mit dem Werk des Kollegen auseinandersetzen. Dann folgen die Politikwissenschaftler und Philosophen und später die Theologen. In allen beteiligten Disziplinen stehen sich Befürworter und Widersacher seiner Thesen oft unversöhnlich gegenüber. Schmitt zielt mit seinem Werk zwar erklärtermaßen auf die rechtswissenschaftliche Diskussion, hat dabei aber auch die politischen Implikationen im Blick. Von seinen Gegnern wird Schmitt zum Vorwurf gemacht, er habe die nationalsozialistische Diktatur gewissermaßen »herbeigeschrieben«, was durch seine Aktivitäten ab dem Jahre 1933 (»Kronjurist«) auch scheinbar bestätigt wird. Zwar fällt er spätestens 1936 bei den Machthabern in Ungnade, bricht aber nicht mit dem System, so dass seine Schrift *Der Begriff des Politischen* nach Kriegsende vor allem unter diesem Aspekt – zumeist äußerst negativ – bewertet wird. Auch Schmitts Schüler und Bewunderer, die sich zu regelmäßigen Treffen in Schmitts Haus in Plettenberg versammeln und z. T. einflussreiche Positionen im Nachkriegsdeutschland einnehmen, stehen dem »Meister« zumeist in kritischer Distanz gegenüber.

In den 1950er und 1960er Jahren entsteht zudem eine Fülle von Arbeiten, die sich ablehnend bis vernichtend mit seinem Werk auseinandersetzen. Dolf Sternberger veröffentlicht 1961 sogar ein Buch mit demselben Titel als strikte Absage an Schmitt. Auch im Ausland beflügelt das Werk die Debatte, sobald es in Übersetzung vorliegt. Junge Wissenschaftler stoßen in Frankreich wie in den USA aber nach dem Krieg auf große Vorbehalte, wenn sie versuchen, über Schmitts Werk zu promovieren. Im Ausland wird Schmitt weniger als Staatsrechtler, denn als Politischer Theoretiker und als Geschichtsphilosoph wahrgenommen. Besonderheiten der einzelnen Länder resultieren dabei aus der je spezifischen Verfassungsgeschichte. Vor allem die südeuropäischen (Spanien, Portugal), die lateinamerikanischen (Argentinien, Brasilien) und ostasiatischen Länder (Japan, Südkorea) beziehen sich auf Schmitt. Besonders in den Spanisch sprechenden Ländern wird Schmitt wegen seiner Nähe zu der romanischen Philosophie (u. a. Juan Donoso Cortés) hoch geschätzt.

Ein neues Interesse für Schmitts Werk zeigt sich z. B. in den Arbeiten des italienischen Rechtsphilosophen Giorgio Agamben, der allerdings stärker auf Schmitts

Begriff der Ausnahme rekurriert. Demgegenüber kämpft die belgische Politikwissenschaftlerin Chantal Mouffe unter Bezugnahme auf Schmitt gegen die »kosmopolitische Illusion« und für eine Anerkennung des »Politischen« in seiner antagonistischen Dimension. Aber auch in Amerika ist das Schmittsche Denken wieder aktuell. So widmet z. b. die amerikanische Zeitschrift *Telos* immer wieder Sonderhefte dem Werk Carl Schmitts, bei denen *Der Begriff des Politischen* nach wie vor eine zentrale Rolle spielt.

Rüdiger Voigt

Literatur

Hofmann, Hasso: Legitimität gegen Legalität. Der Weg der politischen Philosophie Carl Schmitts (1964), 4. Aufl., Berlin 2002.

Mehring, Reinhard (Hg.): Der Begriff des Politischen. Ein kooperativer Kommentar, Berlin 2003.

Voigt, Rüdiger: Denken in Widersprüchen. Carl Schmitt wider den Zeitgeist, Baden-Baden 2015.

Alfred Schütz: Der sinnhafte Aufbau der sozialen Welt. Eine Einleitung in die verstehende Soziologie. Julius Springer: Wien 1932, 288 S.

In seiner 1932 veröffentlichten Monografie *Der sinnhafte Aufbau der sozialen Welt. Einleitung in die verstehende Soziologie* erarbeitet Alfred Schütz (1899–1959) eine philosophische Grundlegung der Soziologie, die trotz ihres ambitionierten Vorhabens, die verstehende Soziologie Max Webers weiterzuentwickeln und mit Edmund Husserls Phänomenologie zusammenzuführen, Zeit seines Lebens kaum Beachtung fand. Nach seiner Promotion 1921 verlief Schütz' berufliche Laufbahn alles andere als typisch: Tagsüber war er als Bankangestellter tätig und widmete sich, bevor er in den 1950er Jahren eine Festanstellung an der New School for Social Research in New York bekam, ausschließlich in seiner Freizeit philosophischen und soziologischen Fragestellungen. Bis in die 1960er Jahre dominierten insbesondere die quantitativ-orientierte empirische Sozialforschung, unter anderem vertreten von Robert K. Merton sowie die strukturfunktionalistische Systemtheorie nach Talcott Parsons die amerikanische Soziologie, so dass die phänomenologische Soziologie, als deren Begründer Schütz gilt, erst spät in akademischen Kreisen wahrgenommen wurde.

Mit seinem Hauptwerk entwickelt Schütz ein Forschungsprogramm, dessen zentrales Anliegen in der theoretischen Auseinandersetzung der Strukturen der sozialen Welt liegt, ausgehend von der Konstitution ihrer Bestandteile Handeln, Interaktion und Kommunikation. Er nimmt dabei an, dass die soziale Wirklich-

keit aus besonderen Sinnstrukturen besteht, die »weiter auflösbar in Sinnsetzungs-
und Verstehensprozesse von Handelnden in der Sozialwelt [sind], aus denen sie
sich konstituiert haben, und zwar in Deutungsvorgänge fremden und Sinngebun-
gen eigenen Verhaltens [...]« (9).

Von der erkenntnistheoretischen Annahme der besonderen Sinnstrukturen
handelnder Menschen ausgehend, sieht Schütz es als Aufgabe der Sozialwissenschaften, diesen »sinnhaften Aufbau« zu rekonstruieren und eine Methodologie zu entwickeln, die mithilfe eines angemessenen Begriffsinstrumentariums die
alltäglichen Sinndeutungs- und Sinnsetzungsprozesse aufzudecken und deutend
zu verstehen sucht. Zentraler Ausgangspunkt ist die Auseinandersetzung mit der
verstehenden Soziologie Max Webers mit ihrem Grundbegriff des »sinngeleiteten
Handelns«, der es nach Auffassung von Schütz an einer philosophischen Begründung des Sinnbegriffs fehlt, die jedoch Voraussetzung für die Analyse alltäglicher
Interaktionen ist. Diesen Unterbau entwickelt Schütz, indem er auf die phänomenologische Philosophie Edmund Husserls zurückgreift, wobei er sich jedoch
nicht auf die Sinnkonstitution des transzendentalen *egos* bzw. auf die in der Be-
wusstseinsimmanenz angesiedelten Phänomene bezieht, sondern der Frage nachgeht, wie subjektiver Sinn konstituiert wird und dieser vom Handelnden erfahren
wird. Es geht dabei nicht nur um die im phänomenologischen Sinn möglichst genaue Beschreibung oder Beobachtung eines vorgegebenen und wahrnehmbaren
Gegenstandes, sondern um das reflexive Beobachten der Beobachtung selbst, indem soziales Handeln im Kontext und in seiner Reziprozität in der sinnhaft strukturierten Welt betrachtet wird.

Ausgehend von einer umfangreichen Analyse des *ego* und der Konstituierung
von Sinn des einsamen Ichs, postuliert Schütz, dass der Sinn einer Handlung erst
in der Reflexion des Ichs auf das bereits Erlebte zugänglich ist. Durch den gedank-
lichen Rückgriff auf den Entwurf, der zu einer Handlung führt, entfaltet sich der
subjektive Sinn. Hierbei unterscheidet Schütz zwischen Handeln *(actio)* als Erleb-
nisablauf und der Handlung *(actum)* als abgeschlossenes Projekt des Handelns.
Daraus ergibt sich der doppelte Sinn des Handelns: Während Handeln als ein aus
der Gegenwart in die Zukunft reichender Entwurf zu betrachten ist, ist der Zugang zum abgeschlossenen Handeln ein anderer. Der Entwurf ist jedoch »nicht
das sich schrittweise vollziehende Handeln, sondern die Handlung, das ›Ziel‹
des Handelns« (58). In der Analyse des Selbstverstehens der je eigenen Handlung und des je eigenen Handelns differenziert Schütz zwischen zwei Motiven,
denen bereits eine Reihe komplexer Sinnstrukturen vorgegeben sind. Während
sich die »Um-zu«-Motive auf die Zukunft beziehen und auf die Realisierung eines
Handlungsentwurfs abzielen, geben »Weil«-Motive Gründe für die Entstehung einer Handlung an. Zentral ist hierbei, dass das Deuten eigener Erlebnisse bzw. das
Selbstverstehen nur im Rückgriff auf abgeschlossene Handlungen möglich sei.

Darauf aufbauend wendet sich Schütz dem Sinnverstehen und der Sinngebung in der Sozialwelt zu, die er als »Fremdverstehen« bezeichnet (106). Grundlegende Voraussetzung für das Fremdverstehen ist die Existenz eines *alter ego*, d. h. »ein Wesen, welches Bewußtsein und Dauer hat und gleich mir fähig und bemüßigt ist, seine Erlebnisse in Akten der Zuwendung in der Weise der Selbstinterpretation zu deuten« (249). Die Vollführung einer Handlung des Gegenübers erkennt das *ego* durch die Einordnung der eigenen Erlebnisse in den Gesamtzusammenhang seiner Erfahrung. Das Verstehen fremder Erlebnisse wird erst durch die vollzogene Einordnung der eigenen Erlebnisse vom *alter ego* in einen objektiven Sinnzusammenhang möglich, von dem aus wiederum eine Blickwendung vom objektiven in den subjektiven Sinnzusammenhang vollzogen wird. Der Unterschied zum Selbstverstehen ergibt sich aus der wechselseitigen Konstitution des Sinnzusammenhangs, in dem nicht nur der Sinn-Deutende, sondern auch der Sinn-Erzeugende steht. Um Sinndeutungen des *alter ego* vornehmen zu können muss das *ego* davon ausgehen, dass der Andere ebenso Interpretationsschemata verwendet und Handlungsmotive verfolgt, diese aufgrund der Verschiedenartigkeit des Wissens über die Welt und der je unterschiedlichen Erlebnisse jedoch nie vollständig erfasst werden können. Vor dem Hintergrund der These, alles Fremdverstehen beruhe auf rückbezogenen Akten der Selbstauslegung des in der sozialen Welt Deutenden, und der Analyse der Motivzusammenhänge der sozialen Sphäre, ergibt sich die Problematik des sozialen Handelns. Die Sinnorientierungen, die soziales Handeln regeln, entstehen in Prozessen des alltäglichen Handelns selbst und wirken auf die Sinnstruktur der sozialen Welt zurück, durch dieses gemeinsam geteilte Wissen handlungsleitend und eine intersubjektiv geltende Ordnung unseres Handelns manifestiert wird.

Schütz stellt fest, dass die Begriffe des sozialen Handelns vielseitiger Modifikationen unterliegen und führt zur Unterscheidung die Begriffe Umwelt, Mitwelt, Vorwelt und Folgewelt ein, um die verschiedenen Ausprägungen, die das intersubjektive Verstehen in den jeweiligen sozialen Sphären einnimmt, einzuordnen. Intersubjektives Verstehen ist in der Umwelt am wahrscheinlichsten, da hierbei angenommen wird, dass die Sichtweisen und Deutungsschemata der Akteure übereinstimmen. An die Umwelt grenzt die Mitwelt an, die dadurch gekennzeichnet ist, dass Sinnzusammenhänge und Motive des *alter ego* nicht unmittelbar erreichbar sind; an seine Stelle tritt ein Typus, der aus vorgegebenen Erfahrungen bestimmter Handlungsabläufe besteht. Um den subjektiven Sinn einer Handlung, Kommunikation im Alltag oder das aufeinander bezogene Verhalten zu verstehen, dient die Konstruktion von typisierten Erwartungen und Motiven (Idealtypen), die vom Subjekt durch Erfahrung angeeignet werden und so menschliches Handeln in der sozialen Mitwelt verstehbar macht. Die Sphären Vorwelt und Folgewelt entziehen sich der Einflussnahme durch das handelnde Individuum und werden von Schütz dementsprechend vernachlässigt.

Den Großteil seiner Aufsätze, in denen er das Fundament seiner phänomenologischen Soziologie nach der Veröffentlichung dieses Werks ausbaute und unter anderem entscheidenden Anteil daran hatte, das Lebensweltkonzept nach Husserl für die Sozialwissenschaften anschlussfähig zu machen, veröffentlichte Schütz' Ehefrau Ilse Schütz posthum, so dass seine sozialtheoretischen Überlegungen erst in den 1960er und 1970er in den Sozialwissenschaften Resonanzboden fanden und als Ausgangspunkt einiger bedeutender Entwicklungen in der Soziologie gelten: So liefert der Schützsche Ansatz nicht nur einen wichtigen Beitrag zur »interpretativen Wende« der empirischen Sozialforschung, die die Entwicklung der qualitativen Sozialforschung und insbesondere der Hermeneutik beeinflusste, sondern prägte mit seinen Ausführungen zum Alltagswissen maßgeblich die wissenssoziologische Theorie nach Peter L. Berger und Thomas Luckmann. Auch die Rezeption des phänomenologischen Sinnbegriffs in der Luhmannschen Systemtheorie oder das in der von Jürgen Habermas begründeten Theorie kommunikativen Handelns aufgegriffene Konzept der Lebenswelt geht auf die Überlegungen von Schütz zurück.

Lukas Geck

Literatur

Eickelpasch, Rolf/Lehmann, Burkhard: Soziologie ohne Gesellschaft? Probleme einer phänomenologischen Grundlegung der Soziologie, München 1983.
Endreß, Martin: Alfred Schütz, Konstanz 2006.

Marie Lazarsfeld-Jahoda/Hans Zeisl: Die Arbeitslosen von Marienthal. Ein soziographischer Versuch über die Wirkungen langdauernder Arbeitslosigkeit. Mit einem Anhang zur Geschichte der Soziographie. Bearbeitet und herausgegeben von der Österreichischen Wirtschaftspsychologischen Forschungsstelle, Leipzig: Verlag von S. Hirzel 1933, IX + 115 S.

Die Erstausgabe der Studie, im Jahr 1933 erschienen, wurde während der nationalsozialistischen Herrschaft sehr schnell vom Markt genommen und ist eine bibliografische Rarität. Als Neuauflage mit geringfügigen Textänderungen sowie einem neuen ausführlichen Vorwort von Paul Lazarsfeld wurde das Buch 1960 erneut veröffentlicht. Mit Lazarsfeld als zusätzlichem Autor erschien das Buch dann als: Marie Jahoda/Paul F. Lazarsfeld/Hans Zeisel: Die Arbeitslosen von Marienthal. Ein soziographischer Versuch mit einem Anhang zur Geschichte der Soziographie. Vorspruch zur neuen Auflage Paul F. Lazarsfeld. (Zweite, unveränderte Auflage, Allensbach-Bonn: Verlag für Demoskopie 1960, XXVII u. 138 S., im Folgenden zit. n. dieser Ausgabe). Das Buch wurde in sieben Sprachen übersetzt; die erste englischsprachige Fassung erschien im Jahr 1971 in den USA.

Die Arbeitslosen von Marienthal war eine der ersten großen Untersuchungen
zu den Folgen von lange dauernder Massenarbeitslosigkeit. Sie wurde in dem Ar-
beiterdorf Marienthal, Österreich, 1931/32 von einem 15-köpfigen Projektteam um
Paul Felix Lazarsfeld (1901–1976) und Marie Jahoda (1907–2001) durchgeführt.
Paul Lazarsfeld, promovierter Mathematiker, war ab 1927 Assistent bei Karl und
Charlotte Bühler am Psychologischen Institut der Universität Wien und gründete
ebendort die Österreichische Wirtschaftspsychologische Forschungsstelle. Marie
Jahoda, promovierte Psychologin und Ehefrau von Paul Lazarsfeld (geschieden
1934) und ebenso Hans Zeisl (1905–1992; ab 1938: Zeisel), promovierter Jurist und
Staatswissenschaftler, arbeiteten in der Forschungsstelle. Lazarsfeld, wie auch die
anderen Mitarbeiter/innen der Forschungsstelle, waren in der Sozialdemokratischen Partei Österreichs aktiv und wollten sozialwissenschaftliche Studien zu sozialen Problemen durchführen. Die Forschungsstelle nutzte dazu eine Doppel-
strategie, indem sie kommerzielle Marktforschungsstudien, die damals neu waren,
durchführte und dadurch die Finanzierung von sozialwissenschaftlichen, politisch motivierten Studien ermöglichte (Greffrath 1979: 118 f.). Die Marienthal-
Studie selbst wurde auch aus Mitteln der Rockefeller-Stiftung finanziert. Die drei
Autoren der Studie waren jüdischer Herkunft und sozialdemokratisch engagiert;
angesichts des Nationalsozialismus sahen sie sich im Laufe der 1930er Jahre gezwungen, nach Großbritannien bzw. die USA zu emigrieren.

Lazarsfeld wurde als Professor an der Columbia University New York und
durch seine Auftragsforschung am Bureau of Applied Social Research weit über
die Marienthal-Studie hinaus in den Sozialwissenschaften einflussreich. Er gilt als
einer der Begründer der modernen quantitativen empirischen Sozialforschung
und trug in verschiedenen Gebieten – so in der Einstellungsmessung und Umfrageforschung sowie in multivariaten Analyseverfahren – zu grundlegenden Innovationen in den Sozialwissenschaften bei. Auch Marie Jahoda war nach ihrer
Emigration nach Großbritannien und die USA weiterhin als Sozialwissenschaft-
lerin (oder wie sie sich selbst sah: als Sozialpsychologin) tätig. Anders als Lazarsfeld blieben bei Jahoda sozialwissenschaftliches und politisches Interesse Zeit ihres Lebens eng miteinander verknüpft; sie interessierte sich, wie sie immer wieder
betonte, für die »Probleme des ›wirklichen‹ Lebens« und führte verschiedene empirische Forschungsprojekte unter anderem in den Themenfeldern Rassebezie-
hungen, Bürgerrechte und psychische Gesundheit durch (vgl. Alois Wacker:
Marie Jahoda und die Österreichische Wirtschaftspsychologische Forschungsstelle – zur Idee einer nicht-reduktionistischen Sozialpsychologie, in: Psychologie
und Geschichte, Jg. 8/1998, S. 112–149). Hans Zeisel begann erst relativ spät seine
universitäre Karriere in den USA und schlug ähnlich wie Lazarsfeld den Weg der
quantitativen Forschung ein.

Am Anfang der Marienthal-Studie stand eigentlich eine ganz andere Idee als

die, die schließlich verfolgt wurde. Lazarsfeld und Jahoda wollten das Freizeitverhalten von Arbeitern angesichts der Reduzierung der wöchentlichen Arbeitszeit auf damals 48 Stunden pro Woche untersuchen. Der Führer der österreichischen Sozialdemokratie, Otto Bauer (1881–1938), machte die beiden Forscher
jedoch darauf aufmerksam, dass mit der verheerenden Arbeitslosigkeit während
der Weltwirtschaftskrise ganz andere Probleme auf der gesellschaftlichen Tagesordnung standen. In der Sozialdemokratie stellte man sich damals die Frage,
welche Folgen Arbeitslosigkeit als Massenschicksal haben könnte – ob sie zu einer Radikalisierung und politischen Aktivierung oder aber zur Apathie der davon betroffenen Menschen führe. Lazarsfeld und sein Projektteam griffen die Forschungsidee begeistert auf. Marienthal, ein Fabrikdorf unweit von Wien, bot sich
als Untersuchungsort an. Hier war im Jahr 1929 eine Fabrik geschlossen worden,
die bis dahin fast die Gesamtheit der erwerbsfähigen Bevölkerung beschäftigt hatte. Von den 478 Familien des Ortes waren zu Beginn der Untersuchung rund 3/4
von Arbeitslosenunterstützung abhängig (39).

Vor dem Hintergrund der Projektidee formulierten die Forscher/innen eine
Reihe von ›Hauptfragen‹, unter anderem: »Was war die erste Reaktion auf die
Arbeitslosigkeit? Was hat der einzelne getan, um Arbeit zu finden? […] Welcher
Arbeitsersatz wird geleistet? Z. B. Kleintierzucht, Bauernarbeit usw. […] Welche
Pläne haben die Leute noch? […] Wirkung [der Arbeitslosigkeit] auf den physischen Zustand der Bevölkerung? Wirkungen auf die Schulleistungen der Kinder?
[…] Haben die politischen Gegensätze sich verschärft oder vermindert? Haben
sich allgemeine Interessenverschiebungen gezeigt? Welche Veränderungen hat die
Zeitbewertung durchgemacht? […] Wie haben sich die Beziehungen der Einwohner zueinander geändert, Hilfsbereitschaft oder Kampf? […]« (30)

Das Projekt wirkt als Multi-Methoden-Studie auch heute noch modern. So
unterschiedliche Verfahren wie Beobachtung, biografische Interviews, Zeitverwendungsbögen, Schulaufsätze, Aufzeichnungen zu den Mahlzeiten, Protokolle
(z. B. über Weihnachtsgeschenke für Kinder, über Schulleistungen und über die
Umsätze in den ortsansässigen Geschäften) und Statistiken (z. B. Zahl der Entleihungen aus der Bibliothek) kamen zum Einsatz (26 ff.). Besonders bekannt wurden die Zeitmessungen: Die Forscher/innen maßen die Geschwindigkeit, mit
der Menschen die Dorfstraße hinuntergingen. Sie stellten fest, dass die Arbeitslosen verlernt hatten, sich zu beeilen; allerdings galt dies für Frauen und Männer in unterschiedlichem Maße: Angesichts von knappen Mitteln hatten Frauen
im Haushalt ein großes Tagespensum an Arbeit zu bewältigen; sie hatten im Gegensatz zu den Männern viel zu tun und bewegten sich schneller (83). Neben der
großen Methodenvielfalt ist vor allem bemerkenswert, dass die Forscher/innen
qualitative und quantitative Verfahren miteinander verbanden: »Was uns vorschwebte, war eine Methode der Darstellung, die die Verwendung exakten Zah-

lenmaterials mit dem Sicheinleben in die Situation verband.« (24). Auch traten
die Projektmitarbeiter/innen nicht in ihrer Rolle als Forscher/innen auf: »Es war
unser durchgängig eingehaltener Standpunkt, daß kein einziger unserer Mitarbeiter in der Rolle des Reporters oder Beobachters in Marienthal sein durfte, sondern
daß sich jeder durch irgendeine, auch für die Bevölkerung nützliche Funktion
in das Gesamtleben natürlich einzufügen hatte.« (28). Die Projektgruppe führte mehrere Aktionen durch, darunter eine groß angelegte Kleiderhilfsaktion, in
deren Vorfeld 100 Familien besucht wurden und nach ihren Wünschen in Bezug auf notwendige Kleidungsstücke befragt wurden. Dadurch erhielten die For-
scher/innen Zugang zu den Wohnungen der Bevölkerung, konnten sich ein Bild
von ihren Lebensbedingungen machen und kamen ins Gespräch mit den Familien. Zu den Aktivitäten gehörten unter anderem auch eine ärztliche Sprechstun-
de, ein Schnittzeichenkurs für Frauen und ein Mädchenturnkurs. Durch die vielfältigen Unterstützungsleistungen gelang es der Forschergruppe, Kontakt zu den
verschiedenen Bevölkerungsgruppen aufzubauen, was ihnen half, ein realistisches
Bild der Situation im Dorf zu erhalten.

Die zentrale Erkenntnis der Marienthal-Studie liegt in dem Befund, dass lang
andauernde Arbeitslosigkeit zur Reduzierung des Anspruchs- und Aktivitäts-
bereichs, zum Zeitzerfall und damit zur Resignation der Menschen führt (25). Politische und Freizeitaktivitäten der arbeitslosen Dorfbevölkerung nahmen trotz
der vermehrten freien Zeit nicht zu, sondern ganz im Gegenteil ab: »Losgelöst
von ihrer Arbeit und ohne Kontakt mit der Außenwelt haben die Arbeiter die materiellen und moralischen Möglichkeiten eingebüßt, die Zeit zu verwenden.« (83).
Sie bilden eine »müde Gemeinschaft« (55). Die Antwort der Marienthal-Studie auf
die Erwartung sozialistischer Politiker der damaligen Zeit, dass Langzeitarbeits-
losigkeit zu einer politischen Radikalisierung und Mobilisierung der Arbeiterschaft führen würde, fiel also eindeutig aus: Nicht Aktivität, sondern Resignation
ist die typische Reaktion auf Arbeitslosigkeit. Dabei wurde jedoch nicht schlicht
die Hypothese von Radikalisierung versus Resignation getestet. Die Forschergruppe nahm auf vielfältige Weise auf, wie die Menschen lebten und wie sie ihre
Situation interpretierten. Darauf aufbauend machten sie sich ein Bild und entwickelten induktiv Typen, wie Menschen auf die Situation von dauerhafter Massenarbeitslosigkeit reagieren. Sie unterschieden die Typen der ungebrochenen, der
resignierten und der gebrochenen Arbeitslosen; die Mehrheit der Dorfbevölkerung fiel in die zweite Kategorie.

Die Marienthal-Studie ist auch heute noch – rund 80 Jahre nach ihrer Erstveröffentlichung – lesenswert und dies aus mehreren Gründen: Erstens, ihr Vor-
bildcharakter in methodischer Hinsicht: Wie in kaum einer anderen empirischen
Studie verwendeten die Forscher/innen viele verschiedene qualitative *und* quantitative Methoden, um ihre Forschungsfragen möglichst fundiert beantworten zu

können. Sie benutzten ein Mixed-Methods-Design, eine »Methoden-Triangulation«, die eine größere Validität der Forschungsergebnisse sicherstellt. Nicht umsonst ist die Marienthal-Studie in quantitativen wie qualitativen Methodenlehrbüchern auch heute noch ein viel zitiertes Beispiel für kreative und anspruchsvolle empirische Forschung. Zweitens stellt die Marienthal-Studie bis heute die einflussreichste empirische Untersuchung zu den Wirkungen von Arbeitslosigkeit dar und hat eine Fülle von Nachfolgestudien angeregt. Drittens ist die Studie ausgesprochen gut lesbar. Von Marie Jahoda fesselnd geschrieben, stellt sie einen faszinierenden Forschungsbericht dar, der auch heute noch inspiriert.

Zur Rezeptionsgeschichte: In den 1930er Jahren erschienen einzelne Besprechungen, unter anderem 1934 von Leo von Wiese, der lediglich den von Hans Zeisel verfassten eher oberflächlichen Anhang der Studie, *Zur Geschichte der Soziographie*, kritisierte. Weitere Besprechungen folgten nach der neuen Auflage der Studie in den 1960er Jahren, unter anderem von René König (Die Arbeitslosen von Marienthal. Ein soziographischer Versuch mit einem Anhang zur Geschichte der Soziographie, in: Kölner Zeitschrift für Soziologie und Sozialpsychologie 13/1961, S. 518–519.) und Sebastian Herkommer (Unemployment in Marienthal – German – Jahoda, M., Lazarsfeld P. F., Zeisel, H., in: Politische Vierteljahresschrift 9/1968, S. 129–141) sowie in den 1970er Jahren im angelsächsischen Raum mit der Publikation der englischsprachigen Übersetzung. Lazarsfeld selbst stand der englischsprachigen Fassung der Studie eher skeptisch gegenüber (was wohl auch den späten Zeitpunkt erklärt), da er die Datenauswertung im Nachhinein als statistisch naiv ansah. Wichtige Aspekte der sozialwissenschaftlichen Debatten über die Studie haben auch Alois Wacker (http://www.sozpsy.uni-hannover.de/marienthal) und Reinhard Müller (http://agso.uni-graz.at/marienthal) dokumentiert.

Karin Kurz

Literatur

Greffrath, Mathias: »Ich habe die Welt nicht verändert« – Gespräch mit Marie Jahoda. In: Greffrath, M. (Hg.): Die Zerstörung der Zukunft – Gespräche mit emigrierten Sozialwissenschaftlern. Reinbek 1979, S. 103–144.

Wacker, Alois: Marienthal und die sozialwissenschaftliche Arbeitslosenforschung – ein historischer Rück- und Ausblick, in: Jeannette Zempel/Johann Bacher/Klaus Moser (Hg.): Erwerbslosigkeit. Ursachen, Auswirkungen, Interventionen, Opladen 2001, S. 397–414.

Wilhelm Reich: Massenpsychologie des Faschismus. Zur Sexualökonomie der politischen Reaktion und zur proletarischen Sexualpolitik, Verlag für Sexualpolitik: Kopenhagen/Prag/Zürich 1933, 288 S.

Wilhelm Reich, jüdischer Herkunft, wurde am 24.3.1897 in Galizien (Österreich-Ungarn) geboren und starb am 3.11.1957 in Pennsylvania (USA). Er war Arzt, Sexualreformer und Psychoanalytiker, einer der wichtigsten Schüler, Mitstreiter und – später – Antipoden Sigmund Freuds, »Vater« der Körperpsychotherapie, Naturforscher, Kommunist, Antifaschist, später Antistalinist. 1933 wurde er aus der kommunistischen Organisation ausgeschlossen, insbesondere, weil er psychoanalytisch argumentiert hatte. 1933/34 entzogen ihm auch die psychoanalytischen Organisationen die Mitgliedschaft, nicht zuletzt, da sie sich durch sein kommunistisch-antifaschistisches Engagement in ihrem Bemühen um Anpassung an das NS-System und um ein »unpolitisches« Image gestört sahen.

Reichs 1931–33 geschriebene, im Spätsommer 1933 im dänischen Exil veröffentlichte *Massenpsychologie des Faschismus* (1946 noch einmal grundlegend überarbeitet auf Englisch veröffentlicht) stellt eine lange Zeit nicht mehr erreichten Höhepunkt psychoanalytischer Aufklärung dar. Sie ist zugleich Reichs sozialpsychologisches Hauptwerk.

Ende 1930 war Reich von Wien nach Berlin gezogen, wo er der KPD beitrat und zum Leitungsgremium einer KP-nahen Sexualreformorganisation gehörte. Doch er sah auch die SA-Kolonnen und registrierte: »Sie unterschieden sich in Haltung, Ausdruck und Gesang nicht von den kommunistischen Rotfrontkämpferabteilungen.« (zit. n. Peglau 2013: 243). Die NSDAP-Mitglieder stammten zudem aus denselben, meist proletarischen Verhältnissen wie ihre »linken« Kontrahenten. Wie war das möglich, wo doch die Arbeiterklasse nach kommunistischer Lesart auf Seiten des gesellschaftlichen Fortschritts zu stehen hatte? Und: Wie konnte Hitler, entgegen allen angeblich objektiven Entwicklungsgesetzen, zum Siegeszug antreten?

Reich war nicht der Einzige, der derartige Überlegungen anstellte. Speziell die große Bedeutung des Kleinbürger- und Beamtentums als NS-Massenbasis hoben auch andere hervor. Doch nur Reich widmete sich in einer umfangreichen wissenschaftlichen Arbeit den *psychischen* Strukturen, die Mittelstand und Proletariat überhaupt erst anfällig machten für »rechte« Ideologie – und der *Entstehung* dieser Strukturen.

1921 hatte Freud in *Massenpsychologie und Ich-Analyse* seelische Abhängigkeiten in autoritär strukturierten Gruppen beschrieben und sich dabei auf deren regressive Seite konzentriert. Auch Reich leugnete nicht, dass Gruppenbildung oftmals auf Ich-Entwertung und Führer-Identifikation beruht. Doch er würdigte auch das *kreative* Potenzial von Gruppen. Eine realitätsgerechte Massenpsychologie habe, meinte er, auszugehen von den typischen psychischen Prozessen, die »einer Schichte, Klasse, Berufsgruppe etc.« gemeinsam seien (30). Sah Freud beim Massenangehörigen vor allem unbewusstes Agieren, bemühte sich Reich, die gesamten Vorgänge in einer spezifischen Gruppe zu verstehen: bewusste wie unbewusste, neurotische wie gesunde.

Nicht einmal den Hitler-Anhängern unterstellte Reich pauschal einen automatisch stattfindenden Individualitätsverlust, seien doch »in der Massenbasis des Faschismus, im rebellierenden Kleinbürgertum, nicht nur die rückwärtstreibenden, sondern auch ganz energisch vorwärtstreibende« antikapitalistische »Kräfte der Geschichte in Erscheinung getreten« (17, 71–74). Außerdem »waren es ja nicht nur Kleinbürger, sondern breite und nicht immer die schlechtesten Teile des Proletariats, die nach rechts abschwenkten« (19 f.). Schon aufgrund dieser differenzierten Sicht auf die NS-Anhänger findet sich in der *Massenpsychologie* manches, das bis heute verbreiteten Klischees über den Faschismus widerspricht.

Der Hauptteil des Buches setzte damit ein, dass Reich »Zweifel an der marxistischen Grundauffassung des gesellschaftlichen Geschehens« äußerte. Millionenfach verhielten sich Werktätige entgegen ihren »objektiven« Klasseninteressen, indem sie »rechte« Parteien wählten. Das sei mit Marx nicht mehr zu erklären (29). Dass die »Massen« so reagierten, sei allerdings auch kein Zufall, denn »jede Gesellschaftsordnung« erzeuge »in den Massen ihrer Mitglieder diejenigen [psychischen; Anm. d. Verf.] Strukturen […], die sie für ihre Hauptziele braucht« (39). Die gegenwärtige, noch immer patriarchale Gesellschaft sei gekennzeichnet durch Sexualunterdrückung, im Auftrage des Staates ausgeführt insbesondere von autoritärer Kleinfamilie und christlicher Kirche. Die von diesen Institutionen erzeugte »moralische Hemmung der natürlichen Geschlechtlichkeit« mache »ängstlich, scheu, autoritätsfürchtig, im bürgerlichen Sinne brav und erziehbar«. Das Kind durchlaufe zunächst den »Miniaturstaat der Familie, […] um später dem allgemeinen gesellschaftlichen Rahmen einordnungsfähig zu sein« (50). Je »hilfloser das Massenindividuum aufgrund seiner Erziehung«, desto intensiver werde der Wunsch nach einem – autoritären – Ersatzvater. Mit diesem könne sich der Kleinbürger identifizieren, und zwar »so sehr, daß er in geeigneten Augenblicken sein völliges Herabsinken […] zur bedeutungslosen […] Gefolgschaft nicht wahrnimmt« (98 f.). Im Gegenteil: »Jeder Nationalsozialist fühlt sich in seiner psychischen Abhängigkeit als ›kleiner Hitler‹.« (123)

Auf Herkunft und Persönlichkeit Hitlers ging Reich jedoch nur am Rande ein, denn: »Nur dann, wenn die [psychische; Anm. d. Verf.] Struktur einer Führerpersönlichkeit mit massenindividuellen Strukturen breiter Kreise zusammenklingt, kann ein ›Führer‹ Geschichte machen.« (ebd., S. 58). Dass die nationalsozialistische »Massenorganisierung gelang«, liege daher »an den Massen und nicht an Hitler« (64).

Zur Lenkung der Massen nutzten die Faschisten, so Reich, unbewusste, teils sexuelle Motive. Die Blut-und-Boden-Ideologie knüpfe an unaufgelöste frühkindliche Abhängigkeiten an, in dem sie Heimat und Nation der Mutter gleichsetze. Man habe daher deren »Reinheit« gegen jegliche Übergriffe, auch gegen quasi-sexuelle zu verteidigen – insbesondere gegen Juden (90–93). Sich zu Pogromen und Kriegen aufhetzen zu lassen, dafür seien die meisten Menschen gut präpariert: Die auf natürlichem Weg nicht mehr auslebbare sexuelle Energie suche nach Ersatzventilen, verwandle so die gesunde Aggressions- zu neurotischer Destruktionsbereitschaft, verändere den Menschen »derart, dass er gegen sein eigenes materielles Interesse handelt, fühlt und denkt« (53 f.).

Da die NS-Bewegung ihren Erfolg also maßgeblich psychischen Konstellationen verdanke, die Christentum und autoritäre Familie seit Generationen produzierten, genüge die Auseinandersetzung mit der kapitalistischen Wirtschaftsordnung nicht, um den Faschismus zu stoppen; Kirche, Kleinfamilie und Sexualunterdrückung seien ebenfalls zu bekämpfen. Ohne psychologisch-psychoanalytisches Verständnis sozialer Prozesse, ohne gravierende Veränderungen in Erziehung, Bildung, Partnerschaft, ohne Überwindung *patriarchaler* Normen, sei kein nachhaltiger gesellschaftlicher Fortschritt möglich: »Versucht man die Struktur der Menschen allein zu ändern, so widerstrebt die Gesellschaft. Versucht man die Gesellschaft allein zu ändern, so widerstreben die Menschen. Das zeigt, dass keines für sich allein verändert werden kann.« (2. Aufl. 1934, 283).

Für die Komintern-gelenkte Presse war die *Massenpsychologie* ein konterrevolutionär-trotzkistisches Buch. Weit positiver reagierten anarchistische, trotzkistische und andere nicht-kommunistische »linke« Blätter. Von Seiten der Psychoanalytiker gab es jedoch nur eine einzige öffentliche Stellungnahme. Karl Landauer rezensierte 1934 in der *Zeitschrift für Sozialforschung*: »Im Gegensatz zur Mehrzahl der Psychologen« untersuche Reich »nicht die Psychologie der Führer einer Massenbewegung [...]. Er gibt sich mit Schlagworten wie Verneblung der Massen und Massenpsychose nicht zufrieden, sondern fragt, was in jedem einzelnen Menschen der Tendenz der Führer entgegenkommt, so daß sie sich vernebeln lassen« (zit. n. Peglau 2013, S. 267) Die offenbar einzige Erwähnung innerhalb einer psychoanalytischen Publikation stammt von dem (Nicht-Analytiker) H. Mayor. 1934 widmete er im *International Journal of Psychoanalysis* Reichs Buch sechs Sätze plus ein Reich-Zitat, wollte dabei aber nur für Kommunisten einen Sinn darin erkennen, sich mit dem Buch zu befassen. Auch die 1946er Ausgabe der *Massenpsychologie* erhielt nicht wesentlich mehr Resonanz aus analytischen Kreisen.

Diese seither innerhalb der Psychoanalyse immer üblicher gewordene Ignoranz gegenüber Reichs sozialpsychologischen Erkenntnissen ist umso befremdlicher, als – obwohl in der zweiten Hälfte des 20. Jahrhunderts noch diverse Arbeiten von Analytikern zu Aspekten des Nationalsozialismus entstanden – Reichs *Massenpsychologie* bis heute der mit Abstand ausführlichste und neben diesbezüglichen Ausarbeitungen Erich Fromms auch der *einzige* psychoanalytische Versuch ist, eine spezifische und umfassende Theorie der psychosozialen Voraussetzungen des Faschismus zu formulieren.

Andreas Peglau

Literatur

Peglau, Andreas: Unpolitische Wissenschaft? Wilhelm Reich und die Psychoanalyse im Nationalsozialismus, Gießen 2013.

Wilhelm Reich: Massenpsychologie des Faschismus. Der Originaltext von 1933. Herausgegeben, redigiert und mit einem Anhang versehen von Andreas Peglau, Gießen 2020.

Wippermann, Wolfgang: Psychologische Faschismustheorien, in Loewenstein, Bedrich (Hg.): Geschichte und Psychologie: Annäherungsversuche, Pfaffenweiler 1992, S. 261–274.

George Herbert Mead: Mind, Self and Society. From the standpoint of a social behaviorist, University of Chicago Press: Chicago, London 1934, 400 S. (dt. Geist, Identität und Gesellschaft. Aus der Sicht des Sozialbehaviorismus, Suhrkamp: Frankfurt 1968, 456 S.).

George Herbert Meads (1863–1936) Gesamtwerk zählt bis heute in einer ausgesprochen lebendigen Weise zu den wenigen international anerkannten Klassikern der Sozialwissenschaften. Es gilt nicht nur als wegweisend für sozialwissenschaftliche Handlungs-, Rollen- und Identitätstheorien, sondern inspirierte darüber hinaus sozialwissenschaftliche Schulen wie den Symbolischen Interaktionismus oder auch Harold Garfinkels Ethnomethodologie. Diese, wie auch die methodologischen Begründungen unterschiedlicher Schulen der qualitativen Sozialforschung, nehmen expliziten Bezug auf Meads Hauptwerk. Zeitlebens veröffentlichte Mead zwar nach heutigem Kenntnisstand über hundert Aufsätze, Rezensionen und Leserbriefe, darunter finden sich aber lediglich zwei Aufsätze, die einen programmatischen Anspruch erheben, diesen aber nicht einlösen können. Im Gegensatz dazu zeichnet sich *Geist, Identität und Gesellschaft* gerade dadurch aus, *dass es* in programmatischer Absicht verschiedene Denkstränge Meads zusammenführt. Das Buch wird daher aus guten Gründen bis heute als das Hauptwerk Meads wahrgenommen. Aufgrund seiner Entstehungsgeschichte stellt es allerdings auch ein kleines Kuriosum dar, wurde es doch posthum von Meads Schüler Charles W. Morris veröffentlicht und stammt streng genommen nur mittelbar aus Meads Feder. Es basiert im Wesentlichen auf den sehr akribischen Mitschriften zweier Studenten der Vorlesung zur »Sozialpsychologie« aus dem Jahr 1927.

Bei aller Vorsicht gegenüber einer Vorlesungsmitschrift, den nur schwer nachvollziehbaren Kriterien der Überarbeitung dieser Mitschriften durch Morris und trotz vieler Mängel in der deutschen Übersetzung, bietet *Geist, Identität und Gesellschaft* eine ausgezeichnete Möglichkeit, in die Systematik Meads Denken einzuführen. Mit *Geist, Identität und Gesellschaft* ist eine besondere Leistung Meads dokumentiert, die in seinen zu Lebzeiten veröffentlichten Aufsätzen nicht greifbar wird.

Aus einer erstaunlich eigenständigen Kritik der damals in den USA nicht nur die Naturwissenschaften und die Psychologie dominierenden Evolutionstheorie und des Behaviorismus heraus, entwickelt Mead zunächst eine anthropologische Kommunikationstheorie. Er erklärt die Genese gemeinsamen Sinns mit der Verwendung »signifikanter Symbole«. Darauf gründet eine Entwicklungstheorie menschlicher Identität, die die Frage nach der Konstitution der Ich-Identität untrennbar an die praktische Sozialität des Menschen bindet. Kommunikation, Handeln, Selbsterkenntnis und -beschreibung können nur in der Antizipation der Perspektiven Anderer realisiert werden. Dadurch gelingt es Mead, das Entstehen von Ich-Identität als durch und durch *sozial* beschreiben zu können. Mead war der Auffassung, damit eine elegante kommunikationstheoretische Lösung für das Problem der Genese und Reproduktion menschlicher Sozialität gefunden zu haben. Ich-Identität und Sozialität verschmelzen für Mead, sie konstituieren sich in empirisch beschreibbaren, mikrosozialen Prozessen gegenseitig und stellen gerade *keine unüberwindbare Dichotomie* dar. Dieser genauso radikale, wie einfach formulierte Gedanke, ist zweifellos mit verantwortlich für die bis heute anhaltende, über Fachgrenzen hinausgehende Rezeptionsgeschichte des Klassikers.

Das Buch gibt mit seinen vier Hauptteilen die Struktur der Vorlesung wider. Der erste Teil, »Der Standpunkt des Sozialbehaviorismus« (39 ff.), kann als Einführung und Konturierung des Programms einer neuen Sozialpsychologie unter dem aus heutiger Sicht irritierenden Titel des »Sozialbehaviorismus« gelesen werden – irritierend, weil sich Mead ja gerade vom reduktionistischen Behaviorismus Watsonscher Provenienz distanzierte.

Im zweiten Teil, »Geist« (81 ff.), knüpft Mead an die Kritik des zeitgenössischen Behaviorismus an und kritisiert stellvertretend John B. Watson für das Eliminieren subjektiver Erfahrungen und gar des Bewusstseins insgesamt aus empirischen Erklärungsversuchen menschlichen Verhaltens. Sich davon abgrenzend entwickelt Mead eine basale Theorie menschlicher Interaktion, die auf der besonderen Fähigkeit aufbaut, signifikante Gesten und Symbole zu gebrauchen. Gesten und Symbole werden erst als Gegenstand *wechselseitiger Verhaltenserwartungen* signifikant. Menschen sind in der Lage, sich zu eigenen Kommunikationen so zu verhalten, als wären sie selbst das adressierte Gegenüber. Diese Fähigkeit der *Perspektivübernahme* ermöglicht es, eigenes Verhalten an den Erwartungen und Reaktionen Anderer zu orientieren. Diese Kompetenz wird auch dem Gegenüber unterstellt und kann als Grundlage menschlicher Interaktionsvorgänge konzipiert werden: »Wir lösen ständig, insbesondere durch vokale Gesten, in uns selbst jene Reaktionen aus, die wir auch in anderen Personen auslösen, und nehmen damit die Haltungen anderer Personen in unser eigenes Verhalten herein. Die kritische Bedeutung der Sprache für die Entwicklung der menschlichen Erfahrung liegt eben in der Tatsache, daß der Reiz so beschaffen ist, daß er sich auf das sprechende Individuum ebenso auswirkt wie auf andere.« (108)

Im dritten Teil zur »Identität« (177 ff.) erweitert Mead die Reichweite seiner Sprachanalyse, indem er die mit den signifikanten Gesten verbundene menschliche Grundkompetenz der Perspektivübernahme als Ausgangspunkt einer mehrstufigen Entwicklungstheorie der »Identität« (im Original: »self«, später oftmals als »Ich-Identität« übersetzt) konzipiert. Er beschreibt die Formierung der Identität als einen Entwicklungsprozess, der eine immer komplexere Verinnerlichung der sozialen Welt erlaubt. Die Fähigkeit der Perspektivübernahme, sich selbst aus den Augen anderer zu sehen, eröffne eine basale Dimension der Identität, die neben spontane Impulse und Triebe tritt und diese erst reflexiv beschreibbar macht. Mead schreibt die spontanen Impulse dem »I« (dt. »Ich«) zu und stellt diesen die vorgestellte Fremdperspektive auf sich selbst als »me« gegenüber. Das »me« (in der deutschen Ausgabe unglücklich mit »ich«, später oftmals als »Mich« übersetzt) ist allerdings mehr als eine beliebige Perspektive anderer auf mich. Es ist zugleich Bewertungsinstanz des »I«, indem ich mir vorstellen kann, wie andere mich beurteilen (vgl. 216 ff.). Eine zentrale Entwicklungsaufgabe bestehe nun darin, unterschiedliche »me«, die beispielsweise die Perspektiven wichtiger Bezugspersonen vertreten, zu einer handhabbaren Identität zu integrieren. Mead unterscheidet zwischen zwei Entwicklungsmodi, die er als »play« und »game« charakterisiert (194 ff.). Mit »play« (dt. »Spiel«) bezeichnet er einen Vorgang, in dem einfache Rollenübernahmen in Form organisierter Haltungen im Vordergrund stehen. Im kindlichen Spiel werden unterschiedliche Rollen über die Antizipation der Haltungen signifikanter Anderer im eigenen Verhalten aufgenommen. Diese Form des Spiels dient dazu, Perspektivübernahmen zu üben und in gewissem Sinne Identität*en* zu erproben. Auf die Phase des Spiels folgt der »Wettkampf« (»game«): »Der grundlegende Unterschied zwischen dem Spiel und dem Wettkampf liegt darin, daß in letzterem das Kind die Haltung aller anderen Beteiligten in sich haben muß. Die vom Teilnehmer angenommenen Haltungen der Mitspieler organisieren sich zu einer gewissen Einheit, und diese Organisation kontrolliert wieder die Reaktion des Einzelnen.« (196) Um in einem Wettkampf erfolgreich zu sein, sollte sich das Kind also an einem gemeinsamen Ziel, auf *ein* »Anderes« hin orien-

tieren, »das eine Organisation der Haltungen all jener Personen ist, die in den gleichen Prozeß eingeschaltet sind.« (196) Dieses Andere führt Mead als »generalisierten Anderen« ein. Mit einem immer universaler vorstellbaren generalisierten
Anderen erklärt er die Ausrichtung der eigenen Erwartungserwartungen an Gruppen, übergreifenden Regeln und gesellschaftlichen Normen.

Die Ich-Identität resultiert weder unmittelbar aus diesen Vorgängen, noch
kann sie als eine *Eigenschaft* beschrieben werden, die hieraus erwächst. Indem
das Subjekt gesellschaftliche (Spiel-)Regeln schrittweise zu verinnerlichen lernt,
ist damit zugleich ein Ordnungsrahmen normativer Erwartungen gegenwärtig.
Doch das Individuum untersteht diesen keineswegs passiv, denn das Ich kann auf
Erwartungen eigenwillig und kreativ reagieren. Ich-Identität bleibt damit prozes-
sual und meint viel mehr eine Synthese reflexiver und performativer Positionie-
rungen gegenüber Fremderwartungen, als die schiere Übernahme gesellschaftlicher Normen.

Der abschließende Teil zur »Gesellschaft« (273 ff.) wird dem Anspruch einer
›makrosoziologischen‹ Perspektive nur bedingt gerecht. Während Mead in einigen Abschnitten weiter theoretisch-systematisch argumentiert, indem er zum
Beispiel Kooperationszusammenhänge als rekursives Netzwerk von Rollenübernahme und Rollengestaltung beschreibt (300 ff.), sind andere Abschnitte als ge-
sellschaftspolitische oder sozialphilosophische Utopien zu deuten in denen der
radikaldemokratische Intellektuelle Mead erkennbar wird. An die rollentheore-
tischen Überlegungen schließt Jürgen Habermas 1973 mit seinen vielbeachteten
»Stichworte[n] zu einer Theorie der Sozialisation« an, während andere gesell-
schaftstheoretische Überlegungen Meads in die Lebenswelttheorie der *Theorie des
kommunikativen Handelns* Eingang finden. »Das Ideal […] ist die Erreichung einer universalen menschlichen Gesellschaft, in der alle Menschen eine vollkom-
mene gesellschaftliche Intelligenz haben, so daß alle gesellschaftlichen Inhalte
und Bedeutungen in ihrem jeweiligen Bewußtsein gleich gespiegelt werden.« (358)

Meads Bedeutung für die Sozialwissenschaften – zu erwähnen sei hier die seit
den 1980er Jahren von den USA ausgehende fulminante Renaissance des Pragmatismus in der Philosophie und den Geisteswissenschaften – ist bis heute erheblich. Insbesondere sind es die auf Ideen Meads aufbauenden sozialwissenschaftlichen Theorien und Paradigmen, allen voran der Symbolische Interaktionismus,
die Ethnomethodologie und die ethnographische Feldforschung, die bis heute in
den Arbeitsfeldern und Disziplinen der Sozialwissenschaften relevant sind. Auch
die wissenssoziologischen Arbeiten von Peter L. Berger und Thomas Luckmann
nehmen direkte Anleihen bei Mead. Mead gehört damit in der Soziologie und
Ethnologie genauso wie in der Erziehungswissenschaft zum Lehrrepertoire.

Gerade der Symbolische Interaktionismus, der durch Meads Schüler Herbert
Blumer als eigenständiges soziologisches Paradigma verankert wurde, versteht

sich v. a. als eine Handlungstheorie und basiert auf der Idee, dass Bedeutungen, soziale Beziehungen, Situationen und Objekte als *symbolisch* entstandene und *symbolisch* vermittelte Prozesse in Interaktionen erst produziert werden. Daran sich anlehnende Forschungslinien und Theorien sind vielfältig. Besonders hervorzuheben sind aber die Arbeiten im Rahmen von Sozialisations- und Identitätstheorien, etwa bei Erving Goffman, der nicht nur die Dynamiken und Rahmungen von Interaktionsprozessen untersuchte, sondern auch die Identitätsforschung bereicherte.

Thomas Göymen-Steck/Matthias Völcker

Literatur

Joas, Hans (Hg.): Das Problem der Intersubjektivität. Neuere Beiträge zum Werk George Herbert Meads, Frankfurt 1985.

Joas, Hans: Praktische Intersubjektivität. Die Entwicklung des Werkes von G. H. Mead, Frankfurt 2000.

Mead, George Herbert: Gesammelte Aufsätze, zwei Bände, Frankfurt 1980.

Ruth Benedict: Patterns of Culture, Houghton Mifflin: Boston/New York 1934, 291 S. (dt. Kulturen primitiver Völker, Stuttgart 1949, 262 S.).

Patterns of Culture, bis heute eines der meistgelesenen anthropologischen Bücher, bildet das Hauptwerk Ruth Benedicts (1887–1948), von deren Arbeiten außerdem *The Chrysanthemum and the Sword,* eine Auftragsstudie über Japan, breiter rezipiert wurde. Mehrere Schriften über Rassismus blieben hingegen eher marginal und ihre Forschungen über frühe Feministinnen wurden nie publiziert. Die 1923 bei Franz Boas promovierte Benedict war lange Jahre an der Columbia University tätig und wurde nach mehrmaligen Übergehungen 1948, nur wenige Monate vor ihrem Tod, auf eine volle Professur berufen. Mit ihrer Schülerin Margaret Mead verband sie eine lebenslange enge Freundschaft sowie eine stets geheim gehaltene Liebesbeziehung.

Benedict hat neben Margaret Mead, Franz Boas und Melville Herskovits die sozialwissenschaftlichen Debatten des 20. Jahrhunderts nachhaltig mit einer Theorie geprägt, die unter dem Namen Kulturrelativismus großen Einfluss erhalten sollte. Als frühe Kulturrelativistin richtete sich die Anthropologin vorrangig gegen die zeitgenössischen Theorien rassischer Hierarchisierungen, gegen die evolutionistischen Ideen von Urvölkern und linearen Zivilisationsentwicklungen sowie gegen den Glauben an naturgegebene Verhaltensweisen und Gesellschaftsordnungen. Zum Begriff und zur Kritik des Rassismus hat Benedict entscheidend beigetragen.

In *Patterns of Culture* führt Benedict aus, dass Lebensweisen, Institutionen, Ideen und Normen weder biologisch, noch durch Natur begründbar seien. Damit entzieht sie jeder Art von völkischer Vererbungstheorie, Rassenlehre und Rassismus die Legitimation und betont demgegenüber die soziale und kulturelle Konstituierung des Menschen.

Zentral für dieses Vorgehen ist ihr Kulturbegriff. So weise jede Kultur eine bestimmte Konfiguration kultureller Wesenszüge auf, die einer unendlichen Anzahl von möglichen Kulturelementen entnommen seien: »Ihr Wesen als das einer Kultur hängt von der Auswahl ab, die sie unter diesen vielen Kreissegmenten trifft.« (22) Die vielfältigen Möglichkeiten der Auswahl, die Kombinationen und Überschneidungen, schließlich die Verknüpfungsformen einzelner Phänomene (wie Ehe und Religion) untereinander ergebe die für jede Kultur spezifische »Einheitlichkeit«, ihre »Integration« (42). Diese kulturelle »Endform« (41) bilde das für die gesamte Kultur prägende Leitmotiv und Kulturziel, welches alle in ihr stattfindenden Äußerungen forme und daher für deren Verständnis unabdingbar sei. Um die Verschiedenheit dieser empirisch einmaligen, kategorial nicht verallgemeinerbaren Leitmotive herauszuarbeiten, untersucht Benedict exemplarisch drei so genannte primitive Völker. Da die westliche Gesellschaft zu überkomplex für die Skizzierung einheitlicher kultureller Muster sei, könnten so zumindest indirekt Rückschlüsse auch auf sie gezogen werden.

Der später gegen Benedict und allgemein gegen den Kulturrelativismus erhobene Vorwurf eines homogenen, abgeschlossenen und statischen Kulturbegriffes setzt an dieser Vorstellung an, die Kulturen als ein Ganzes begreift, das in der Regel die »Erlangung eines in sich geschlossenen Wesens« (44) anstrebt. Dem steht allerdings Benedicts entschiedene Betonung der Historizität und unhintergehbaren Wandelbarkeit von Kulturen gegenüber, die die Grundlage für ihre Forderung nach Toleranz des vermeintlich Anderen (sowohl außerhalb als auch innerhalb einer Kultur) bilden: Keine Kultur ist gegeben, unwandelbar oder gar unfehlbar. Dieser Grundsatz bleibt stets auf allen Seiten der teilweise widersprüchlichen Kulturkonzeption bei Benedict erhalten. Zudem betont Benedict, dass die intrakulturelle Bedeutung einer kulturellen Einrichtung nichts über deren Nützlichkeit oder Naturnotwendigkeit aussage – eine These, die späteren kulturrelativistischen Ausprägungen diametral entgegensteht. Bei Benedict bleibt jedoch offen, inwiefern Dynamik und Veränderungen vorrangig als kulturimmanente Phänomene konzeptualisiert werden.

Eine zweite Doppeldeutigkeit findet sich in der Frage nach der Reichweite von Kultur. Zum einen verwendet Benedict einen allumfassenden Kulturbegriff, wenn sie ihn mit Gesellschaft gleich- und austauschbar einsetzt. Dann werden Individuen und ihre Begriffe gänzlich von »Kultur und Gesellschaft« (Alfred Kroeber) konstituiert. »Niemand wird in der Welt ein Gebilde in seiner ursprünglichen Form sehen – sie wird sich vielmehr seinem Blick als das Ergebnis […] von Sitten und Gebräuchen, Einrichtungen der Gemeinschaft und Denkweisen darbieten.« (2) Zum anderen findet sich ein engerer Kulturbegriff bei Benedict, der möglich und denkbar macht, dass es etwas jenseits des kulturell Geprägten geben könne. Anderenfalls hätte ihre Forderung nach einer objektiven Analyse der eigenen Kulturzüge, um sie unvoreingenommen bewerten und verbessern zu können, kaum Aussicht auf Erfolg. Es ist die Wandelbarkeit kultureller Normen, die zumindest theoretisch eine »von Selbsterkenntnis getragen[e] Lenkung des Prozesses versucht, durch welchen in der nächsten Generation neue Normen geprägt werden« (243). In Standardinterpretationen des Kulturrelativismus gehen diese Aspekte von Dynamik und Reflexion bisweilen unter. Mit dem nachdrücklichen Verbot der Bewertung anderer Kulturen, das zum prägendsten Merkmal des Kulturrelativismus avancierte, scheint Benedict solche Kritikprozesse jedoch selbst nur kulturimmanent zu verorten.

Der doppelsinnige Kulturbegriff gestattet zunächst eine Lesart, die dem Kulturrelativismus das Verschwinden des Individuums im Kollektiv zum Vorwurf macht – eine Debatte, die im Widerstreit zwischen Liberalismus und Kommunitarismus im ausgehenden 20. Jahrhundert ihre Fortsetzung findet: »Die Lebensgeschichte des Einzelnen ist zuallererst eine Anpassung an die traditionsgemäßen Schemata« (2). Allerdings legt Benedict eine weitaus differenziertere Konzeption vom Verhältnis zwischen Individuum und Kultur bzw. auch im weiteren Verständnis zwischen Individuum und Gesellschaft vor. Sie bestreitet die Existenz eines »Dualismus« oder »Antagonismus« (227) zwischen beiden Polen, ohne dabei in die Vorstellung einer Unterschiedslosigkeit zu verfallen. Vielmehr zielt sie mit ihrem Begriff der »Einheit« (228) darauf ab, dass beide Seiten sich gegenseitig bedingen. Ebenso wie Individuen, Begriffe, Vorstellungen und Werte nur innerhalb und abhängig von ihrer Kultur existieren würden, seien Kulturen aus den Beiträgen der in ihnen lebenden Einzelnen formiert. Die kulturelle Determination des Individuums will Benedict nicht als auflösende verstanden wissen. »[K]ein Anthropologe […] hat jemals im Individuum einen Automaten gesehen, welcher mechanisch die Befehle ausführt, die ihm seine Zivilisation erteilt. Keine bisher beobachtete Kultur ist fähig gewesen, die Unterschiede im Naturell der Einzelindividuen […] zu beseitigen« (229). Die Fähigkeit des Individuums, sich reflexiv zur eigenen Kultur zu verhalten, ist sowohl im engen als auch im weiten Kulturbegriff Benedicts angelegt.

Mit der historischen und sozialen Konstitution von Kulturen stellt Benedict auch universelle Ansprüche von Kategorien der Normalität und Devianz in Frage. Sie beschreibt beispielhaft, dass es Menschen, die als Psychopathen, Abnormale oder Außenseiter gelten, oft lediglich nicht gelungen ist, sich an ihr jeweiliges kulturelles Muster anzupassen. An dieser Stelle führt sie eine entscheidende

Kategorie für die Möglichkeit der distanzierenden Reflexion der eigenen Kultur ein: die Kategorie des Glücks. Abweichende Menschen könnten sich durchaus kulturgemäß anpassen, würden aber damit nicht glücklich werden, so Benedict (235 f.). Die Möglichkeit des Leidens an der eigenen Kultur könnte zur Schaltstelle für eine Theorie jenseits vollendeter, in sich abgeschlossener Kulturen weiterentwickelt werden.

Patterns of Culture ist ein zentraler Referenzpunkt der frühen ebenso wie der späteren Formen des Kulturrelativismus. Die hier geprägte Hinterfragung der Annahme einer westlichen kulturellen Überlegenheit erhielt 1947 ihren deutlichsten Ausdruck in der Kritik des amerikanischen anthropologischen Dachverbandes am Entwurf der Erklärung Allgemeiner Menschenrechte. Da alle Werte und Normen stets kulturell konstituiert seien, so die maßgeblich von Herskovits mitverfasste Stellungnahme, könne es schlechterdings weder einen Universalismus geben noch universell auf alle Menschen und alle Kulturen anwendbare Maßstäbe – bis auf den einzig möglichen Maßstab der Freiheit eines jeden Menschen *innerhalb* der Normen seiner jeweiligen Gesellschaft. Der Konflikt zwischen Universalismus und Kulturrelativismus flammte im epistemologischen Relativismus der 1970er Jahre unter anderem zwischen Clifford J. Geertz und Melford E. Spiro mit erneuter Schärfe auf. Dem frühen Kulturrelativismus wurde dabei weithin eine Selbstwidersprüchlichkeit bescheinigt, da der Wert der Toleranz selbst ein genuin westlicher sei. Die daran anschließenden Spezifizierungen unterschiedlicher kulturrelativistischer Spielarten, die den Bereich des vom Relativismus zu Erfassenden klarer umgrenzten, dienten in den folgenden Jahrzehnten als Korrektiv abstrakter oder (post-)kolonialer Verallgemeinerungen. Das Spannungsverhältnis lässt sich bis heute nicht auflösen, wenngleich der amerikanische anthropologische Dachverband 1999 offiziell die Gültigkeit der Allgemeinen Menschenrechte bestätigte – um sie gleichzeitig um die Kategorien der universellen Fähigkeit zur Kultur, des Rechts auf Kultur und auf kulturelle Identität zu erweitern.

Dass Benedicts Werk den Diskussionen um universelle Menschenrechte vorausgeht, ist eine Stärke des Buches, die die intensive Begriffsarbeit des frühen Kulturrelativismus jenseits diskursiver Verzerrungen deutlich zutage treten lässt. Benedict richtet sich vor allem gegen den Rassismus und den Biologismus ihrer Zeit. Sechzig Jahre vor Samuel Huntingtons *Clash of Civilizations* will sie ihre Forderung nach einer kulturell statt einer vermeintlich biologisch vereinten Nation als »realistisches Denken [anstelle] eines gefährlichen, weil irreführenden Symbolismus« (15) verstanden wissen – damit ihre eigene These bestätigend, dass sich Begriffe und Ideen historisch schnell verändern können.

Janne Mende

Literatur

Antweiler, Christoph: Was ist den Menschen gemeinsam? Über Kultur und Kulturen, Darmstadt 2007.

Geertz, Clifford J.: Anti-anti-relativism. Distinguished Lecture, in: American Anthropologist, Jg. 86 (1984), H. 2, S. 263–277.

Young, Iris Marion: Justice and the politics of difference, Princeton 1990.

Talcott Parsons: The Structure of Social Action. A Study in Social Theory with Special Reference to a Group of Recent European Writers, New York: McGraw Hill 1937, 775 + lxi S.

Das in den Jahren 1933 bis 1937 entstandene Werk ist Talcott Parsons' (1902–1979) erstes Hauptwerk und steht für sein Denken der frühen Schaffensphase, während sein *The Social System* (1951) in die »mittlere« Schaffensphase der Zeit hauptsächlich nach dem Zweiten Weltkrieg gehört und *Politics and Social Structure* (1969) sowie das zu Lebzeiten unveröffentlichte Manuskript *The American Societal Community* (American Society, 2007) die Spätphase verkörpern. In diesen Werken bilden sich die historischen Gegebenheiten der jeweiligen Gegenwart in und durch die soziologische Theorie ab, die dazu dient, die Struktur(en) des sozialen Handelns bzw. der modernen Gesellschaft(en) verstehbar systematisch nachzuzeichnen. Die Werke entwickeln jeweils soziologische Theorie, wie sie auf die aktuelle amerikanische (bzw. internationale) Gesellschaftsgeschichte passt. In *The Structure of Social action* zieht Parsons europäische Denker heran, um seine eigene Analyse zu begründen.

Das Werk verfolgt parallel zwei Argumentationsstränge, die in den drei (vier) Teilen des Werkes ineinandergreifen. Die methodologisch-wissenschaftsgeschichtliche Vorklärung bieten Kapitel I bis III, die Darlegungen der (ausgewählten) vier europäischen Theorieentwürfe (Alfred Marshall, Vilfredo Pareto, Émile Durkheim, Max Weber) referieren Kapitel IV bis XVII, und am Schluss wird getrennt das empirisch-gesellschaftsanalytische Fazit gezogen (XVIII) und der methodologisch-wissenschaftstheoretische Erkenntnisgewinn skizziert (XIX).

Am Anfang steht die Wissenschaftsphilosophie Alfred N. Whiteheads, dessen Warnung vor der »fallacy of misplaced concreteness« die Unverzichtbarkeit der begrifflichen Schemata unterstreicht, die überhaupt erst ein Verständnis geschichtlich-gesellschaftlicher Tatsachen gewährleisten. Ein vorläufiges Modell bildet der »unit act«, ein begriffliches Schema aus handelnder Person (Aktor), seinem/ihrem Handlungsziel, der jeweiligen Situation und der wirksam normativen Orientierung. Positivismus und Utilitarismus werden dadurch obsolet, weil deren Widersprüche offenkundig sind, denn sie setzen objektive Handlungsstrukturen und subjektives Handeln gleich. Unmissverständlich wendet sich Kapitel III gegen den individualistischen Positivismus, nämlich Darwinismus, Behaviorismus, die Bevölkerungstheorie Malthus' und sogar John Lockes politische Philosophie, weil dort allzu leicht die Gefahr von Chaos und Gewalt unterschätzt wird. Nur Thomas Hobbes mit seiner Denkfigur des »Kampfs eines jeden gegen jeden«, stelle die Frage nach der sozialen Ordnung (auch und gerade angesichts »Struggle for existence«) mit dem gebotenen Ernst: »[T]he breakdown of any given normative order, that is a state of chaos from a normative point of view, may well result in an order in the factual sense« (91 f.) – womit Parsons den Nationalsozialismus meint, das zeitgenössisch alarmierende Regime aus Gewalt und Betrug (force and fraud).

Teil II entwirft ein Tableau der Theoriegeschichte seit den 1890er Jahren, weg vom Utilitarismus und hin zum Voluntarismus, nämlich jener Handlungstheorie, die die Eigenständigkeit und Freiheit der Bürger würdigt und dabei die gemeinschaftlichen Strukturen in Staat und Gesellschaft analysiert. Dass der britische Ökonom Marshall ökonomische Vorgänge rational nannte, insofern Bedürfnisse der Menschen (Konsumenten, möglichst) befriedigt und dabei Gewalt und Betrug rechtsstaatlich eingedämmt würden, war der erste Meilenstein. Dass die unternehmerische Freiheit dabei für Aktivitäten steht, die ihrerseits die normativen Werte der Fairness etc. in der Wirtschaft zur Quelle des Wohlstands machen, kann der modernen Wirtschaftstheorie nahelegen, dass Individualismus entscheidend ist, allerdings keinesfalls der individualistische Positivismus. Darauf baut Parsons auf, um bei Pareto zu zeigen, dass für diesen die Gesellschaftsstrukturen der antiken und ebenso der modernen Welt Handlungsentwürfe vorgeben, die auch nichtlogisches Handeln umfassen, welches unter anderem rituell vollzogen wird. Dabei stecken Sentimente allenthalben in Erfahrungen und sozialen Beziehungen. Auch die Wissenschaft bleibe vom Non-Rationalen nicht verschont. Die Gesellschaftsregimes bezeichnet Pareto mit den Metaphern »Füchse« (Schlauheit durch Übervorteilen anderer) und »Löwen« (Glaubenserzwingung durch Einschüchterung bei gegebenenfalls Gewaltanwendung). Parsons erkennt darin das Ideologische, und es verweist auf die zeitgenössische Diktatur: »Force is the ultimate means when all others fail. Given the inherent limitations on securing conformity by rational persuasion, the man of strong faith turns readily to force.« (289) Den nächsten Schritt bildet ein Werkaufriss Durkheims. Parsons beginnt mit *Arbeitsteilung* und *Selbstmord,* den Frühwerken, welche Gesellschaftstypen unterscheiden (mechanische – organische Solidarität) und den Schlüsselbegriff Anomie einführen. Sodann erläutert Parsons, wie Durkheim durch »sui-generis« und »comme des choses« seine »Homo-duplex«-Konzeption methodologisch begründet, was den utilitarischen Individualismus endgültig aushebelt. Erst nun wird bei Durkheim – in der dritten Schaffensphase im ersten Jahrzehnt des zwanzigsten

Jahrhunderts – der Rekurs auf moralische Werte sowie *conscience collective* wichtig, ehe dann das Spätwerk noch einmal einen gänzlich neuen Ansatz erarbeitet. Durkheims Religionssoziologie, so Parsons, gelingt der Brückenschlag zwischen dem Ritual und dem Heiligen (bzw. Profanen), wobei allerdings letztlich ein Neuansatz der Erkenntnistheorie – nun notwendig – wegen Durkheims frühem Tod nicht mehr gelang. Und Parsons zieht aus seinem detaillierten Aufriss der drei Theorien den Schluss, dass damit die positivistische Handlungstheorie ad absurdum geführt, aber die Konzeption noch nicht überzeugend begründet war: »With Durkheim's treatment of institutions and of ritual, the outline of the […] ›social‹ factor of ultimate common values of action may […] be regarded as complete.« (400) Den Höhepunkt, nun absehbar, bildet Max Weber.

Teil III macht Weber zum damals in den USA vorbildlichen – kaum bekannten – Vordenker der modernen Sozialwissenschaft. Thema ist, wie Voluntarismus auch aus der idealistischen Tradition im Deutschland des 19. Jahrhunderts durch die Philosophie entstand, die zu Weber hinführte (was Wilhelm Dilthey und Georg Simmel ebenfalls beträfe). Das Problem war zunächst das religiöse Ethos qua »Geist« des Kapitalismus, den Weber anhand des puritanischen Amerika »in voller Reinheit« nachwies, aber solche religiösen Wurzeln seien verblasst: Als »system of utimate values and value attitudes« (510) sei der Kapitalismus etwas anderes als beim geschichtsphilosophisch verbrämten Utilitarismus eines Karl Marx. Eigentlich gehe es um die großen Weltreligionen, jede mit eigener Wirtschaftsethik, und der Vergleich zwischen Hinduismus und Europa sowie Taoismus und Europa beleuchte vorbildlich am Abendland die protestantische Ethik: »[T]he ethic of ascetic Protestantism [was never conservatism]. It was rather a distinctly revolutionary force. Its animus was not adaptation of the individual to a social world uncritically accepted. It was an injunction to make over his world, as far as lay within his power […] – to establish the Kingdom of God on Earth. It was, as Weber succinctly put it, […] rational mastery over the world.« (548 f.) So gesehen bedeutete »the realm of religious action« (565), dass »charisma« (564), innerweltliche Askese sowie inner/außerweltliche Erlösungs- und Erweckungsbewegungen wichtig sind, aber auch die Diskrepanz zwischen der (letztlich zentralen) Ethik des Kapitalismus (als »Geist«) und der rational-bürokratischen Organisation, der historischen Leistung der abendländischen Zivilisation, konnte in anderem Licht erscheinen. Weber habe lebenslang zwischen dem Kapitalismus und der Ethik eine Brücke schlagen wollen – allemal dürfe das Wirtschaftsdenken keinesfalls Betrug und Gewalt rechtfertigen.

Obwohl seine eigene Darstellung »the ›ideal type‹ of an ›ideal type‹« (578) sein will, hat Parsons Vorbehalte gegen Webers Idealtypen und folgt dabei Alexander von Scheltings *Max Webers Wissenschaftslehre* (1934) – feststeht, Weber wollte empirisch-historische Analyse, keinesfalls l'art pour l'art soziologischer Kategorienbildung. Und so ist der Weg nun frei für Parsons' frappierenden Brückenschlag zwischen Weber und Durkheim.

Ansatzpunkt sind Webers drei Typen des sozialen Handelns, wobei das Wertrationale ein weiterer (vierter) Typus ist: Das Traditionale umfasst Ritual und Stereotypie, und das Charismatische ist gerade kein Handlungstypus – sondern legitime Herrschaft. Entscheidende Einsichten: *Erstens* steckt in der legitimen Ordnung – qua Legitimität – stets jener moralische Zwang, wie ihn Durkheim herausarbeitet, so dass nun die charismatische und die traditionale Herrschaft entsprechend Webers Denkfigur der Veralltäglichung von Charisma zum charismatisch-traditionalen Typus verschmelzen – und es ist der spektakuläre Anknüpfungspunkt zwischen Weber und Durkheim, dass das moralisch Verpflichtende ein Zwangsmoment der Gesellschaft ist, wodurch der Nachweis gelingt, dass beide Theorien, obwohl unabhängig voneinander entstanden, empirisch die Wirklichkeit gleichermaßen fassen (661). *Zweitens* kann Webers charismatische Herrschaft – legitime Ordnung aus Wertrationalität, *Affect* und Tradition – das Ritual bei Durkheim erklären: »Legitimacy is thus the *institutional* application or embodiment of charisma« (669) und »The association of charisma and traditionalism is most intimate. There is no reason why this should not be applied to ritual.« (674) Parsons weiß: »Weber's whole position is definitively and fundamentally a voluntaristic theory of action, and neither a positivistic nor an idealistic theory.« (683) Also: »The solidarity of general theory and empirical knowledge, one of the principal theses of this study, could scarcely be more impressively shown.« (686)

Damit können die Abschlusskapitel festhalten: »Empirisch verifizierte« Schlussfolgerungen erlauben die vier Theoretiker – jeder in eigener Weise – mit ihren Überlegungen zur modernen Industriegesellschaft, die auf ein und dieselbe Theorie hinauslaufen, aber diese Theorie hat nichts mit Positivismus oder Utilitarismus zu tun – und die moderne Welt muss vom Voluntarismus her begriffen werden. »Vorläufige methodologische« Implikationen: Empirismus ist nicht der richtige Zugang zu empirischen Phänomenen, sondern begrifflich bietet sich eine systematische Theorie an, und außerdem setzt die Soziologie analytisch einen eigenen »action frame of reference« für »systems of action and their units«, so dass neben Politik und Wirtschaft nun auch die Gesellschaft sozialwissenschaftlich ein eigener (wissenschaftsgeschichtlich ausgeloteter) Gegenstandsbereich ist: »We have sound theoretical foundations on which to build.« (775)

Das Werk erregte bei Erscheinen kaum Interesse und blieb bis in die fünfziger – gar die neunziger – Jahre überschattet vom Missverständnis, eine Theoriegeschichte wäre allzu einseitig erzählt. Erst die Heidelberger Konferenz »A Legacy of *Verantwortungsethik* – *The Structure of Social Action* After Sixty Years« brachte 1997 die Klarheit, dass der zeitgenössische Nationalsozialismus den historisch-empirischen Blickpunkt des Werkes bildet, das herausarbeitet, dass die moderne

Industriegesellschaft ohne Positivismus und Utilitarismus zu begreifen ist – und warum und wie Gewalt und Betrug, Anomie sowie Ritual und Charisma zur damals zeitgenössischen Diktatur gehör(t)en.

Uta Gerhardt

Literatur

Barber, Bernard/Gerhardt, Uta (Hg.): Agenda for Sociology. Classic Sources and Current Uses of Talcott Parsons's Work, Baden-Baden 1999.

Brick, Howard: Transcending Capitalism. Visions of a New Society in Modern American Thought, Ithaca/London 2006.

Gerhardt, Uta: The Social Thought of Talcott Parsons – Methodology and American Ethos, Farnham 2011.

Eric(h) Voegelin: Die politischen Religionen, Bermann-Fischer Verlag: Wien 1938, 65 S. (mit neuem Vorwort Voegelins, Bermann-Fischer Verlag: Stockholm 1939, 67 S.)

Die »politischen Religionen« verfasste Eric(h) Voegelin (1901–1985) angesichts der NS-Diktatur. Die Schrift zählt zu den »Klassikern« der Totalitarismustheorie. Ihre erste Auflage wurde nach dem Einmarsch der Nationalsozialisten in Österreich 1938 noch vor ihrer Auslieferung beschlagnahmt; einen zweiten Druck brachte das exilierte Verlagshaus kurz darauf in Stockholm heraus. Voegelin, der mit der katholischen Ständestaatsdiktatur sympathisierte (Der autoritäre Staat, 1936), weil er sie für das »kleinere Übel« hielt, floh aus Wien über Zürich in die USA und lehrte schließlich lange an der Louisiana State University in Baton Rouge. Hier begründete er einen an Platon, Aristoteles sowie Augustinus orientierten ontologisch-normativen Ansatz (The New Science of Politics, 1952). Während seiner zehnjährigen Rückkehr nach Deutschland baute Voegelin die »Münchener Schule« auf, so dass er auch zu den Mitgründern der bundesdeutschen Politikwissenschaft zählt.

Die »politischen Religionen« sind beeinflusst vom Existenzialismus. Wie der Begriff der »Entscheidung« bei Carl Schmitt oder der der »Freiheit« bei Hannah Arendt begriff Voegelin den der »Religion« als eine politische »Existenziale«. Als nicht hintergehbare, zentrale menschliche Daseins-Erfahrung wurde sie zum Ausgangspunkt seiner Kritik an der Moderne und seines Denkens um »Ordnung und Geschichte«. Der Streit um das Verhältnis von Politik und Religion durchzog schon die Ideologiekritik des 19. Jahrhundert von Feuerbach über Marx zu Nietzsche und Bakunin. Er erlebte einen weiteren Höhepunkt in Form einer staatstheoretischen Kontroverse zwischen Hans Kelsen, Hauptvertreter der »Wiener Schule«, und dem »politischen Theologen« Carl Schmitt im »Weimarer Methodenstreit«. Der der SPÖ nahestehende Demokrat Kelsen bekämpfte mit seinem (Rechts-)Positivismus vor allem die metaphysischen Legitimationskonzepte der konservativ-autoritären Staatslehre in der Nachfolge Hegels (»Staatstheologie«), aber auch die ökonomische »Geschichtstheologie« des Marxismus. In den 1920er Jahren wurde Voegelin an der Universität Wien mit einer von Kelsen und dem Ideologen des autoritären Ständestaats Othmar Spann zugleich betreuten Arbeit promoviert und war in dieser Hochphase des Streits um Positivismus, Moderne und Demokratie zeitweise Mitarbeiter Kelsens. Die »politischen Religionen« erschließen sich anhand seiner Kritik an Kelsens Ideologiekritik und Schmitts politischer Theologie. Für Voegelin war sie ein Ausweg aus der von ihm empfundenen Sackgasse des Positivismus Kelsens (aber auch des Religionssoziologen Max Weber), ohne dabei der totalitären Diktatur in die Arme zu laufen.

Kelsen und Schmitt überzogen sich gegenseitig mit dem Vorwurf der »politischen Theologie«: Als strenger Positivist und »Machtrealist« hielt Kelsen jede nicht wertrelativistische Auffassung für (religiöse) Ideologie. Schmitt wiederum erkannte die metaphysischen Prämissen des Positivismus und seines Wertfreiheitsaxioms; er sah im technizistischen »Machbarkeits-« und »Fortschrittswahn« einen teuflischen Irrglauben. Mit Hilfe Kelsenscher Ideologiekritik erkannte Voegelin die Problematik bei Schmitt, die er angesichts der NS-Diktatur als »politische Religion« bezeichnete. Denn es seien der »Staat« und das »Volk« als homogene, mit Substanz versehene politische Einheiten, die Schmitt politisch vergöttliche. Insoweit sei dessen sozialwissenschaftlich ausgerichtete Verfassungslehre als Rückschritt hinter die von Kelsen herausgearbeitete Ideologiekritik von »Staat« und »Volk« zu begreifen. Schmitt totalisiere das Politische sogar, weil sein Begriff des Politischen dem des Staates in einer »Freund-Feind-Entscheidung« *vorausgesetzt* sei und so der Dualismus von Staat und Gesellschaft aufgelöst würde – zugunsten einer homogenen, identitären (Führer-)Demokratie. Auf der anderen Seite verschärfte sich Voegelins Kritik am Positivismus. Dieser übertrage naturwissenschaftliche Methoden auf die Staats- und Sozialwissenschaften, die jedoch die Existenz des Menschen in Gesellschaft zum Gegenstand hätten. So würden alle jenseits »reiner« Methoden liegende Fragen als metaphysische Scheinprobleme und »Theologie« diffamiert. Mit einem solchen Frageverbot war der Positivismus Kelsens (und Max Webers) für Voegelin wissenschaftlich gescheitert und gegen seinen eigenen kritischen Anspruch selbst Ideologie. Der Positivismus stehe in der Tradition der »Fortschrittsphilosophie« des 19. Jahrhunderts, die wie schon bei Marx ein Ende von Geschichte fixiere. Danach würde sich die Gesellschaft kraft menschlicher Allmacht schließlich vervollkommnen. Die dahinter stehende »naturalistisch-realistische« politische Anthropologie könne aber zentrale Dimensionen menschlicher Existenz gar nicht erfassen, sondern müsse sie zu bloßen Epiphänomen der Macht erklären.

Der Kerngehalt der »politischen Religionen« ist daher ganz einfach: Das religiöse Erlebnis sei eine Existenziale des Menschen. In Bezug auf das Politische folge hieraus, dass – ob man will oder nicht – Politik immer auch religiöse Implikationen beinhalte, weil Politik immer mit Menschen zu tun habe. Daher kann für Voegelin das »Leben des Menschen in politischer Gemeinschaft […] nicht als profaner Bezirk abgegrenzt werden, in dem wir es nur mit Fragen der Rechts- und Machtorganisation zu tun haben« (63). Eine Politikwissenschaft als Wissenschaft vom Menschen in der Gesellschaft, die das nicht zur Kenntnis nehme, blende einen Teil von Realität des Politischen aus. Und eine »säkulare« Gesellschaft, die die religiöse Dimension menschlicher Existenz ausblende, schaffe sich weltliche Ersatzgötter, da die Natur des Menschen nicht geändert werden und man diesem Phänomen nicht ausweichen könne – schon gar nicht, indem man es einfach ignoriere.

Von hier aus unterscheidet Voegelin dann echte Religionen mit transzendentem Bezug vom Religionsersatz mit bloß immanentem Bezug. Mit der »innerweltlichen Religion« (17) werde jedoch auch die Erlösung, das »Paradies« immanentisiert. Die im christlichen Glauben verankerte Vorstellung, dass eine Erlösung des Menschen nur im Jenseits möglich sei, beziehe die »politische Religion« auf die aktivistische Errichtung des »Paradieses« schon auf Erden. Und, wo »Gott« ist, sei dann aber auch der »Teufel«. Und das ist die ungeheure »apokalyptische« Konsequenz einer totalitären Bewegung als »innerweltlicher Religion«, die Voegelin entdeckt hat: Wenn man von der Erlösung des Menschen in der Welt überzeugt sei – etwa vom Gesetz der Geschichte wie Marx oder vom »Rassegesetz« der Natur wie der Nationalsozialismus – dann erfolge die Dämonisierung all jener, die der Verwirklichung des »Heils« im Wege stünden. Sie müssten als das »Böse« vernichtet werden. Während dagegen der Transzendenzbezug zu Gott in »echten« Religionen durch die Kreatürlichkeit des Menschen der politischen Macht absolute Grenzen setze, führten »innerweltliche Religionen« zur völligen Entgrenzung, die den Menschen selbst zum »Creator«, zu »Gott« werden ließen. Das zeige sich schon im Ansatz an der politischen Theologie von Thomas Hobbes und seines »omnipotenten Staates« (43) »Leviathan« als eines irdischen Gottes. An die Stelle von Religion trete so ein Religionsersatz, der von diesseitigen Allmachts-, Heils- und Erlösungserwartungen geprägt sei und daher jederzeit apokalyptisch in den Vernichtungswillen gegenüber seinen »Feinden« umschlagen könne. Sie endeten daher mit »Notwendigkeit« im Massenmord. Das ist es, was Voegelin vor Augen hat, wenn er die säkularisierte Moderne als Verfallgeschichte durch »Abfall von Gott« (64) und den Totalitarismus als Folge hiervon deutete.

Voegelin sah »innerweltliche Religionen« jedoch nicht nur bei allen kollektivistischen Bewegungen, die die politische Gemeinschaft als »Staat«, »Volk«, »Klasse«, »Rasse« oder »Staat« vergöttlichten und ihre jeweiligen »Feinde« verteufelten. Er fasste ebenso den »gottlosen« Positivismus Kelsens (oder Max Webers), überhaupt die gesamte Aufklärung hierunter. Deshalb war der Totalitarismus für Voegelin auch nicht, wie etwa Popper meinte, ein Zivilisationsbruch im Sinne eines Rückfalls in die Barbarei der durch die neuzeitliche Vernunft längst überwunden geglaubten »finsteren Zeiten«, sondern genuiner Ausdruck der Moderne – sozusagen die »dunkle Seite« der liberalen Massendemokratie. Er kritisierte den seit der Renaissance sich verstärkenden Gottesverlust und »Glauben an die perfectibilitas der menschlichen Vernunft, an die unendliche Höherentwicklung der Menschheit zum idealen Endzustand in der Aufklärung« (40 f.). Zur »positivistischen Apokalypse gehören Religion und Metaphysik als das Böse« (52). Kant etwa entwerfe »ein Geschichtsbild, in dem die menschliche Vernunftperson als innerweltliche zu immer höheren Stufen der Vollendung steigt, um schließlich [...] zur zwangsfreien weltbürgerlichen Gemeinschaft fortzuschreiten«; die »Menschheit« sei »das große Kollektivum« – und »Kants Teufel [...] die menschliche Triebhaftigkeit«. (51 f.) Heilsvorstellungen zur Errichtung des irdischen »Paradieses« (durch Vernunft) und Dämonisierung fänden sich somit auch hier. Der aufklärerische Glaube an die Verbesserung der Welt war für Voegelin daher zutiefst antichristlich. In diesem Punkt trifft er sich mit Schmitts Positivismuskritik – mit dem Unterschied, dass für Voegelin die von Max Weber diagnostizierte rationalistische »Entzauberung der Welt« nicht zu einer Beseitigung, sondern zur Schaffung neuer Götter führe, denen Schmitt bei seiner Rebellion gegen die Moderne mit der politischen Theologie des »Volkes« selbst aufgesessen sei.

Erst in den 1990er Jahren tauchten Voegelins Arbeiten in Kompendien zu den Totalitarismustheorien (wieder) auf. Sein ontologisch-normatives Politikverständnis stand lange quer zu den marxistischen, empirisch-analytischen und systemtheoretischen Ansätzen in den Sozialwissenschaften. In den viel stärker religiös ausgerichteten USA hatte er zwar einen gewissen Einfluss auf konservative Grundsatzdebatten, doch sein »Konkurrent« Leo Strauss erwies sich mit seiner Kritik an Moderne und Liberalismus hier bis hin zu den »Neocons« der zweiten Bush-Regierung als erfolgreicher. In Deutschland saß seine »Münchener Schule« zwischen allen Stühlen; sein Erklärungsansatz blieb, soweit überhaupt noch gelesen, der eines Außenseiters – zum einen, weil die Totalitarismustheoretiker bald als »kalte Krieger« nicht mehr zur neuen Entspannungsära passten. Vor allem aber erschien Voegelin vielen modernen Sozialwissenschaftlern mit seinem existenzialistisch-religiösen Ansatz als geisteswissenschaftlich-neoklassisches (und reaktionäres) Fossil von vorgestern, wenn nicht gar als »esoterisch«; dies obwohl später einzelne wie etwa Jacob L. Talmon zu ähnlichen Ergebnissen gelangten (Die Geschichte der totalitären Demokratie, Neuausgabe 2013) oder sich sogar Berührungspunkte mit der »Dialektik der Aufklärung« (1947) von Max Horkheimer und Theodor W. Adorno ergaben. Denn bei ihrer Suche nach den Ursachen für Auschwitz fanden sie ebenso totalitäre Ambivalenzen im »Rationalismus« und »Positivismus« der Moderne. Erst seit dem Zusammenbruch des Sozialismus und einem erneuten Totalitarismus-Forschungsschub erlebt Voegelin eine Renaissance: Arbeiten verglichen Nationalsozialismus und Sozialismus als »politische Religionen« oder untersuchten den Zusammenhang von (NS-)Diktatur und Moderne. Mit ihrer generellen »Rückkehr« ist die Religion auch in die Sozialwissenschaften zurückgekehrt. Die »Religionspolitologie« ist neben der Religionssoziologie begründet worden. Aktuell werden Formen des politischen Islams und der islamistische Terrorismus nicht als vormoderner »Rückfall« gedeutet, sondern als genau die totalitäre Ambivalenz der Moderne, der Voegelin auf der Spur war.

Robert Chr. van Ooyen

Literatur

Maier, Hans/Schäfer, Michael (Hg.): Totalitarismus und Politische Religionen, 3 Bde., Paderborn 1995–2003.

van Ooyen, Robert Chr.: Staatstheologie – politische Theologie – politische Religionen; in: Oliver Hidalgo/Christian Polke (Hg.): Staat und Religion, Wiesbaden 2017, S. 331–346.

Opitz, Peter J.: Eric Voegelins Politische Religionen; Reihe Occasional Papers, Eric-Voegelin-Archiv München, Bd. XLVII, 2. Aufl., 2006.

Voegelin, Eric: Autobiographische Reflexionen, München 1994.

Norbert Elias: Über den Prozess der Zivilisation. Soziogenetische und psychogenetische Untersuchungen. Zwei Bände. Basel: Haus zum Falken 1939, Bd. 1: XX + 327 S.; Bd. 2: VIII + 490 S.

Norbert Elias (geb. 1897 in Breslau, gest. 1990 in Amsterdam) schrieb dieses zweibändige Werk in den ersten Jahren seines Exils in England. Elias studierte u. a. in Heidelberg, wo er persönlich mit Alfred und Marianne Weber, Karl Mannheim, Karl Jaspers und mit den Ideen Max Webers bekannt wurde. Als 1933 in Deutschland Menschen jüdischer Abstammung aus dem öffentlichen Dienst entlassen wurden, verlor Norbert Elias seine Position, ebenso wie Mannheim, dessen Assistent am Lehrstuhl für Soziologie der Universität Frankfurt er war. Seine Habilitationsschrift über die »höfische Gesellschaft« war eingereicht, doch da er mit seiner Antrittsvorlesung nicht mehr rechnen konnte, floh er nach Frankreich und 1935 nach England. Vom Ersten Band wurde 1937 ein nicht für die Öffentlichkeit bestimmter Vorabdruck erstellt. 1939 konnten beide Bände in der Schweiz erscheinen. Doch das Werk blieb auch nach einer um eine Einleitung erweiterten Neuauflage 1969 im Francke-Verlag zunächst ein Geheimtipp. Erst als Suhrkamp diese Ausgabe 1976 als Taschenbuch verlegte, waren in wenigen Monaten über 20 000 Exemplare verkauft und 1977 erhielt der Verfasser den Adorno-Preis (Seitenzahlen im Folgenden nach der überarb. Neuausgabe 1997 bei Suhrkamp).

Nicht nur die extrem prekäre Lebenssituation, in der Elias das Buch schrieb, ist bei Lektüre und Beurteilung der Rezeptionsgeschichte zu beachten, sondern auch die Erfahrungen des Autors als Soldat im Ersten Weltkrieg, der in den Schützengräben einen »Schock« sowie die »relative Machtlosigkeit des Einzelnen« erlebte, wie er in seinen *Notizen zum Lebenslauf* bemerkte, und seine Erfahrungen mit der zunehmenden Perforation des staatlichen Gewaltmonopols in der Weimarer Republik. Dennoch ist seine Analyse des Zivilisationsprozesses längst nicht so kulturpessimistisch wie man es von einem an Friedrich Nietzsche, Sigmund Freud und Oswald Spengler geschulten Autor der Zwischenkriegszeit erwarten würde – und von einem Juden, der ins Exil gedrängt wurde.

Über den Prozeß der Zivilisation ist neben der großen Monografie *Die höfische Gesellschaft* (1969) das Hauptwerk dieses Autors, mit der es im engsten werkhistorischen und sachlichen Zusammenhang steht. Der Verfasser versucht, das Fundament für eine Synthese von historischer Soziologie und historischer Psychologie zu schaffen, die die Untersuchung langfristiger »historischer« Entwicklungstrends in der Formung der menschlichen »Seele« (sprich: der gesellschaftlich bedingten Formen der Selbst- und Affektregulierung) mit der historisch-soziologischen Analyse langfristiger Veränderungen gesellschaftlicher Makrostrukturen verbindet. Auf die Wandlungen der »Seele«, der Affektstrukturen einerseits, der Gesellschaftsstrukturen andererseits und deren Verknüpfung verweist der Untertitel mit den Begriffen »Psychogenese« und »Soziogenese«. In diesem Kontext benutzt Elias den Begriff »Zivilisation« über weite Strecken als ein Synonym von »Affektregulierung« und »Sozialisation« und mit Bezug auf Makroprozesse auch von »Rationalisierung« im Sinn Max Webers (u. a. Bd. 2, 397, 405). Elias stellt in dem von ihm untersuchten Gebiet und Zeitraum Westeuropas einen globalen langfristigen Trend zur allmählichen Verwandlung von »Fremdzwängen« in »Selbstzwänge« fest, d. h. eine Schwerpunktverlagerung bei der Regulierung von Verhalten und Affekten von der Kontrolle überwiegend *durch andere Personen und in unmittelbarer Form* zu einer mehr selbsttätigen, teilweise automatisierten und teilweise nicht (mehr) bewussten Kontrolle durch das Individuum selber. Damit repräsentiert dieses frühe und dabei verblüffend »moderne« Werk seines Autors einen Vorgriff auf Problemstellungen und Themen, die später oft mit dem Namen Michel Foucaults verbunden wurden. Dies gilt nicht zuletzt für die Verkörperlichung von Machtbeziehungen bzw. die Analyse körpervermittelter Wirkungen und Wirkungsweisen von sozialen Zwängen (u. a. Bd. 1, 351–54, 66, 68; Bd. 2, 389).

Der Schwerpunkt des Ersten Bandes liegt darauf, Veränderungen in Regelung und Regelmäßigkeiten des (vor allem) alltäglichen Benehmens und Empfindens

erstmals empirisch zu belegen, die über langfristige Veränderungen von kollektiven Strukturmustern des Verhaltens und der Affektformung Aufschluss geben
können, u. a. anhand der historischen Quellen von Erziehungs- und Verhaltens-
ratgebern (»Benimmbüchern«) und ähnlichen Texten eines »kleinen Schrifttums«. Zu diesem Zweck greift Elias die vorfindlichen Begriffe von ›Zivilisation‹
und ›Kultur‹ in den westeuropäischen Sprachen auf und unterzieht sie einer differenzierten wissenssoziologischen und begriffsgeschichtlichen Analyse (1. Kap.).
Schon hier wird Elias' Fokussierung auch von massiven Unterschieden in den
langfristigen soziokulturellen Entwicklungspfaden der Länder Westeuropas sichtbar (u. a. Bd. 1, 119–23, 188–90, Bd. 2, 138–50.). Dabei tritt ebenfalls der Akzent auf
den (länderspezifischen) Beziehungen und Spannungen zwischen Gesellschaftsschichten bzw. »sozialen Formationen« hervor, der für Elias' Analysestil charakteristisch ist – in einer in der Soziologie wohl nur mit Pierre Bourdieu vergleich-
baren Weise.

Der Erste Band konzentriert sich bewusst in seinen Analysen der Selbst- und
Affektregulierung auf die heute politisch führenden Gebiete Westeuropas im Zeitraum seit dem 13. Jahrhundert. Im Zentrum stehen sukzessive Änderungen in den
Regeln und Mustern der »Etikette« und »Manieren«, der Benimm- und Umgangsformen, sowie in den mit ihnen korrespondierenden Arten der Affektregulierung
und Affektlage, bspw. beim Verkehr zwischen verschiedenen Schichten und Sta-
tusgruppen (z. B. Männern und Frauen) sowie allgemein bei den Verrichtungen
des alltäglichen Lebens, beim gemeinsamen Essen, Sprechen, Schnäuzen, Spu-
cken, beim Umgang mit Verdauungsprodukten, im Verhältnis der Geschlechter,
bei der sexuellen Aktivität und beim Umgang mit körperlicher Gewalt. Zusam-
menfassend lässt sich der oben beschriebene langfristige Trend auch (mit einer
späteren Formulierung des Autors) als eine *Verschiebung in der Wir-Ich-Balance*
in der Verhaltensregulierung wie im Selbstbild charakterisieren, insofern als in all
diesen Bereichen zunehmend die unmittelbare Kontrolle durch andere Personen
durch eine eher selbsttätige und in wachsendem Maße auch individualisierte Regulierung und Formung der Trieb- und Affektimpulse allmählich ersetzt und/
oder ergänzt wird. In diesem Zusammenhang ist in den Oberschichten einerseits
eine *Zunahme der Reflexivität* bei der Beobachtung eigenen und fremden Verhaltens (eine »Psychologisierung«) zu erkennen, teilweise aber auch ein *allmähli-
ches Unbewusstwerden* von Akten der Selbstkontrolle und der »Sozialisation«, die
in früheren Jahrhunderten bewusst abliefen (u. a. Bd. 1, 284, 296, 193–99, 274–79,
327–35, 353 f., 161–66).

Das Korrelat dieser Entwicklungen bei den Individuen ist auf der Makroebene
der Gesellschaft eine relative Zunahme und ein Bedeutungszuwachs der durch
fernstehende Personen und lizensierte Träger unpersönlicher Funktionen exeku-
tierten Zwänge, die oft gesichtslos, »anonym« und eher *indirekt* sind, im Verhält-

nis zu denjenigen sozialen Fremdzwängen, die durch persönlich Bekannte und
in unmittelbarer Form ausgeübt werden. Band 2 versucht die im Quellenmate-
rial entdeckten Änderungen der gesellschaftlichen Codes und deren langfristige Wandlungsmuster (die »Ordnung des Wechsels«) mit den makrostrukturellen
Transformationen gesellschaftlicher »Verflechtungszusammenhänge« in Zusammenhang zu bringen. Hier ist vor allem die seit ungefähr dem 11. Jahrhundert
in vielen Ländern Westeuropas (anders als in Deutschland) relativ kontinuierlich
voranschreitende Entwicklung moderner Staatsapparate mit einem *Steuer- und
Gewaltmonopol* und der durch sie geprägten oder ermöglichten »sozialen Formationen« Thema – u. a. die Etablierung einer *europaweit* vernetzten »höfischen
Gesellschaft«, die als eine *transnationale bzw. vornationale* Elite für andere Gesellschaftsschichten bis ins 19. und teils auch 20. Jahrhundert modellgebend wirkte. Der Anziehungskraft und Ausstrahlung dieser höfisch-aristokratischen »guten
Gesellschaft« verdankt sich ein erheblicher Teil der im Ersten Band beschriebenen historischen Kontinuitäten in den Codes der Verhaltensregulierung. Elias beschreibt jedoch auch Gegenprozesse zur Nachahmung aristokratischer Modelle,
die bspw. zur Zeit der Aufklärung stärker hervortreten und die im Zusammenhang mit zunehmender sozialer Mobilität und einer Verstärkung der *wechselseitigen funktionellen Abhängigkeiten* in den staatlich organisierten Gesellschaften mit
reicher Funktions- oder Arbeitsteilung stehen (u. a. Bd. 1, 229, 239, 226; Bd. 2, 158–
65). Allerdings können diese langfristigen Prozesse laut Elias nicht verstanden
werden ohne die mit der Entwicklung moderner Staatsapparate eng zusammenhängende Zunahme der gesellschaftlichen Arbeitsteilung und der ihr entsprechenden Markt- und Geldverflechtungen, also den zunehmend großräumigeren
und *(auf der Betrachtungsebene großer Räume)* dichter werdenden Interdepen-
denzketten auch ökonomischer Art. Dies ist hervorzuheben, weil Elias die »Ursachen« der im Ersten Band beschriebenen Entwicklungstrends von Affekt- und
Gesellschaftsstrukturen nicht in einer bestimmten sozialen Schicht, Klasse oder
Formation verortet, sondern in den »Interdependenzgeflechten« *zwischen* ihnen
und den in diesen Interdependenzen inhärenten Ungleichheiten, Abhängigkeiten, Konkurrenzbeziehungen und Spannungen. Die Erklärungslast wird hier nicht
überwiegend dem Wirken einzelner Akteure oder Gruppierungen zugeschoben,
sondern vor allem ihren »Wechselwirkungen« im Sinn Georg Simmels – anders gesagt der systemischen Dynamik der gegenseitigen und ungleichen Abhängigkeiten zwischen den »Funktionsgruppen« innerhalb »eines sozialen Feldes«
(Bd. 2, 405, 403–404, 397).

In der Rezeption und Kritik wurde vor allem die These eines kontinuierlichen Vorrückens der »Schamschwelle« im Verhältnis zur Sexualität und körperlichen Gewalttat thematisiert und bezweifelt. Auch die These einer über etliche
Jahrhunderte fortlaufenden trendförmigen Gerichtetheit oder Strukturiertheit

der beschriebenen Veränderungen wurde kritisiert – teilweise mit der unzutreffenden Annahme, Elias' Text habe den biblischen Sündenfall ins Mittelalter verlegt (dagegen u. a. Bd. 1, 170, 391, 166, 311, 356, 390). Oft wird von Kritikern vernachlässigt, dass Elias durchaus auch die reflexiv-bewussten und nicht nur die unbewusst oder zum psychischen Automatismus gewordenen Formen der Affektregulierung behandelt hat, oder die für seine Argumentation zentrale Unterscheidung von Fremd- und Selbstzwängen wird ignoriert. Das Letztere gilt z. B. für die umfangreiche und überaus polemische Kritik Hans Peter Duerrs, die vor allem interessante empirische Fragen aufgeworfen hat ohne allerdings eine theoretische Alternative aufzeigen zu können. Elias und seine Schüler – insbesondere Michael Schröter und Cas Wouters – haben darauf mit ausführlichen und präzisen Gegenkritiken reagiert. Die Rezeption dieses in über 20 Sprachen übersetzten Werkes hält an und findet derzeit wieder erhöhte Aufmerksamkeit, u. a. dank Stephen Mennells Analyse des US-amerikanischen Zivilisationsprozesses und Steven Pinkers monumentaler Geschichte der Gewalt, die durch Elias' Theorie angeregt wurden.

Artur Bogner/Gabriele Rosenthal

Literatur
Dunning, Eric/Stephen Mennell (Hg.): Norbert Elias. Vier Bände, London u. a. 2003.
Korte, Hermann: Über Norbert Elias: Das Werden eines Menschenwissenschaftlers, Frankfurt 1988.
Mennell, Stephen: Norbert Elias. An Introduction, New Edition, Dublin 1998.

Franz Boas: Race, Language and Culture, The Macmillan Company: New York 1940, 647 S.

Der Band *Race, Language and Culture* versammelt die bedeutendsten Aufsätze des Ethnologen Franz Boas (1858–1942). Die insgesamt 62 Texte bilden mehrere Jahrzehnte seines Schaffens ab und zeugen somit nicht nur von Boas' breit gefächertem Interesse, sondern erlauben auch, die konstante Weiterentwicklung seiner wissenschaftlichen Positionen und Theorien nachzuvollziehen. Boas studierte Geografie, Mathematik und Philosophie und promovierte 1881 in Meeresphysik. Während seiner geografischen Feldforschung auf Baffin Island 1883 entwickelte er erste Feldforschungsmethoden, die es der bis dahin nur als Lehnstuhlwissenschaft existierenden Ethnologie später ermöglichen sollten, ihr eigenes empirisches Material zu sammeln. Ein Jahr nach seiner erfolgreichen Habilitation wanderte er 1886 in die USA aus. Als Vater der modernen amerikanischen *Anthropology* wurde er dort zu einer Schlüsselfigur im akademischen Diskurs.

Auch wenn ein Urteil aus heutiger Sicht deutlich differenzierter ausfallen muss, kann im historischen Kontext ein dezidiert antirassistisches Moment in den Arbeiten von Boas erkannt werden. Dieses zentrale Motiv in seinem Lebenswerk wird meist biografisch begründet: Bereits während seiner Studienzeit erlebte Boas am eigenen Leib den Antisemitismus im studentisch-burschenschaftlichen Milieu, ferner gibt es Hinweise darauf, dass der Antisemitismus im Deutschen Reich des späten 19. Jahrhunderts einen Beweggrund für seine Emigration in die USA dargestellt haben könnte. Im hohen Alter äußerte er sich lautstark, wütend und enttäuscht über das nationalsozialistische Deutschland.

Der Band *Race, Language and Culture* ist in drei Hauptkapitel unterteilt, die den drei Begriffen im Titel des Buches entsprechen. Somit deckt es drei der vier Felder des von Boas vertretenen *Four Field-Approach* ab, der das Fach *Anthropology* in vier Subdisziplinen mit jeweils eigenem methodischen Instrumentarium unterteilt: *Physical Anthropology, Linguistic Anthropology, Cultural Anthropology* und *Archaeology*. Die heute in Deutschland Ethnologie genannte Wissenschaft entspricht im Großen und Ganzen der *Cultural Anthropology*.

Insgesamt 20 Aufsätze beschäftigen sich mit *Race*. Im Text *Race and Progress* (1931) argumentiert Boas, dass Intelligenz nicht biologisch determiniert sei, sondern kulturell erlernt werde. An den damals gängigen Intelligenztests bemängelt er, dass diese den Faktor »Kultur« ignorierten und ihre Ergebnisse somit nicht haltbar und faktisch wertlos seien. Er stützt sich in seiner Argumentation auf diverse Studien, die beispielsweise darauf hindeuteten, dass die Unterschiede zwischen Land- und Stadtbevölkerungen größer seien als jene zwischen verschiedenen »biologischen Populationen«. Intelligenz könne nur kulturspezifisch gemessen und nicht vergleichend betrachtet werden. Aussagen über Intelligenz sollten ausschließlich im historischen und kulturellen Kontext erfolgen.

Er widerspricht auch der Annahme der physischen Anthropologie, die Schädelform des Menschen werde durch biologische Abstammung bestimmt und sei somit ein unveränderliches Rassemerkmal. Im *Report on an Anthropometric Investigation of the Population of the United States* (1922) wird die anthropometrische Vermessung von 18 000 Individuen aus verschiedenen Einwanderergruppen thematisiert. Boas kommt aufgrund dieser Untersuchungen zu dem Schluss, dass die Schädelform im größeren Maße von Umweltfaktoren abhängt als von der biologischen Abstammung. Die Behauptung, Umwelt und Kultur könnten physiognomische Merkmale beeinflussen, gilt heute allerdings als widerlegt.

Nur fünf Texte des Bandes widmen sich Fragen der Sprache. Generell beschäftigt sich Boas vor allem mit Problemen linguistischer Klassifizierbarkeit. Er erkennt zwar die bereits erfolgte Weiterentwicklung und Verbesserung linguistischer Methoden durchaus an, kritisiert aber gleichzeitig, dass bedeutend mehr Material gesammelt werden müsse, bevor endgültige Aussagen über die Struktur einer Sprache und die Zusammenhänge zwischen verschiedenen Sprachen getroffen werden können.

Vor allem die Methoden, die bei der Untersuchung von *Native Languages* zur Anwendung kommen, hält er für unzulänglich. Meist diktiere ein einzelner Informant einem Forscher Wörter, Sätze und ganze Erzählungen oder schreibe diese selbst nieder, sofern er dazu in der Lage ist. In beiden Fällen handle es sich um eine äußerst exklusive Perspektive, ein linguistisches Schlaglicht, das nicht unbedingt den Sprachgebrauch einer breiten Masse repräsentiere und die Variabilität sprachlicher Äußerungen somit nicht abzubilden in der Lage sei.

Der weitaus größte Teil des Buches widmet sich dem Phänomen »Kultur«. Boas diskutiert ausgiebig die allgemeine Zielsetzung der *Anthropology* sowie ihrer Methoden, veranschaulicht seine Vision einer Wissenschaft von der Kultur durch ethnografische Regionalstudien über *Native Americans* und analysiert die Struktur deren Literatur, *folk-lore* und Kunst.

In *The Methods of Ethnology* (1929) widerspricht er dem damals gängigen evolutionistischen Denken, das die Existenz kultureller Diversität bei *homo sapiens* als Folge von Ungleichzeitigkeiten in deren Entwicklung versteht. Stattdessen plädiert Boas dafür, jede Kultur aus sich selbst heraus zu verstehen und sich mit Aussagen auf eben jene bestimmte Kultur in ihrem historischen Kontext zu beschränken. Die Formulierung allgemeiner Gesetze über die Kulturentwicklung des Menschen lehnt er ab.

An mehreren Stellen greift Boas eines der zentralen Themen der Ethnologie des späten 19. und frühen 20. Jahrhunderts auf, die Frage nämlich, ob die Ähnlichkeit bestimmter Kulturelemente auf deren gemeinsamen Ursprung schließen lasse oder nicht. Während im Evolutionismus davon ausgegangen wurde, solcherlei Ähnlichkeiten ließen sich darauf zurückführen, dass sich die betrachteten Gesellschaften auf derselben Kulturstufe befinden, argumentierten Diffusionisten wie Friedrich Ratzel, man könne sie auf Kulturkontakt und kulturelle Aneignungsprozesse zurückführen. In *Evolution or Diffusion* (1924) widerspricht Boas nicht nur den Evolutionisten, sondern kritisiert auch die monokausalen Erklärungsmodelle des Diffusionismus und entwirft stattdessen ein weitaus komplexeres Modell. Die Annahme, es gebe grundsätzlich lediglich einen einzigen Ursprungsort für bestimmte kulturelle Praktiken, hält er für wenig plausibel. Solange keine konkreten Beweise für Diffusion vorgefunden werden, müsse man im Zweifelsfall von einer unabhängigen Entwicklung ähnlicher Phänomene ausgehen. Boas verweist zwar ebenfalls auf die Bedeutung von Kulturkontakten, statt von einer schlichten Übernahme bestimmter Kulturelemente auszugehen betont er aber, bei solcherlei Zusammentreffen bestünde immer auch die Möglichkeit, dass etwas gänzlich Neues entstehe.

Im Kapitel *Culture* hebt Boas weitere Male hervor, dass er die starke Betonung von *Race* in den Wissenschaften als nicht durch Fakten gestützt sieht und begründet sein Unbehagen damit, dass es keinerlei Zusammenhang zwischen biologischen Anlagen und kulturellen Ausdrucksformen gebe. Dem rassistischen Grundkonsens stellt er das seinem Lehrer Adolf Bastian entlehnte Modell einer psychischen Einheit aller Menschen gegenüber. Nicht *Race,* sondern *Culture* sei der Schlüssel zum Verständnis menschlicher Diversität.

Zu den bekanntesten Arbeiten Boas' zählen sicher seiner Veröffentlichungen über die nordamerikanischen Kwakiutl und gleich mehrere Texte im Band zeugen von deren zentraler Stellung in seinem Lebenswerk. Die sozialen Strukturen, wie er sie unter anderem in *The Social Organization of the Kwakiutl* (1920) beschreibt, veranlassten ihn zu seiner vehementen Kritik am Evolutionismus von Lewis Henry Morgan. Im Gegensatz zu Morgan, der Wildbeutergesellschaften als in relativer Armut lebend und auf einer niedrigen Entwicklungsstufe verharrend porträtierte, fand Boas während seiner Feldforschung ein gänzlich anderes Bild vor. Nahrung und andere wichtige Ressourcen waren im mehr als ausreichenden Maße vorhanden. Bekannt geworden ist vor allem der so genannte Potlatch. Es handelt sich hierbei um einen rituellen Gabentausch, bei dem nicht der praktische Nutzen der getauschten Güter im Vordergrund steht, sondern die sozialen Bindungen die durch das Schenken hergestellt oder gestärkt werden. Nahrung und Luxusgüter wurden hier allerdings nicht nur getauscht, sondern auch in aller Öffentlichkeit zerstört, um so den eigenen Reichtum zur Schau zu stellen.

Die Veröffentlichung seiner als Kulturrelativismus und historischer Partikularismus bekannt gewordenen Positionen ist als Weichenstellung für die Entstehung der modernen *Anthropology* zu verstehen und beeinflusste über Fachgrenzen hinweg die gesamten Sozialwissenschaften. Kulturrelativismus bedeutet hier vereinfacht gesagt, dass die Denkweisen und Handlungen einer Person oder einer Gruppe von Personen ausschließlich aus der Innenperspektive ihrer kulturellen Realität heraus verstanden werden können. Im Gegensatz zum aktuellen Gebrauch des Begriffes, der einem heute in politischen Diskussionen vor allem als Werterelativismus begegnet, ging es Boas dabei primär um die Entwicklung angemessener Methoden für die Erforschung und Beschreibung von Kultur. Seine Idee vom historischen Partikularismus knüpft an diesen Gedanken an: Jede Kultur verfüge über eine einzigartige Geschichte, die ausschließlich ihren eigenen Gesetzmäßigkeiten folgt. Übergeordnete Verallgemeinerungen, wie sie im Evolutionismus vorzufinden waren, lehnt er ab. Die revolutionären Ideen Boas' wurden vor allem in den USA rezipiert und führten dort zu einem Paradigmenwechsel. Sie hatten großen Einfluss auf seine Schülerinnen und Schüler, beispielsweise Ruth Benedict, und darüber hinaus auf Sozialwissenschaftler wie Marcel Mauss.

Florian Eisheuer

Literatur

Cole, Douglas: Franz Boas. The early years, 1859–1906, Seattle 1999.

Darnell, Regna: And Along Came Boas. Continuity and Revolution in Americanist Anthropology, Amsterdam 1998.

Pöhl, Friedrich: Franz Boas – Kultur, Sprache, Rasse. Wege einer antirassistischen Anthropologie, Münster 2009.

Erich Fromm: Escape from Freedom, Holt, Rinehart and Winston: New York 1941, 305 S. (dt. Die Furcht vor der Freiheit, Steinberg Verlag: Zürich 1945, 293 S.).

Escape from Freedom ist die erste und im Hinblick auf die sozialwissenschaftliche Rezeption wichtigste Monografie des Psychoanalytikers und Sozialpsychologen Erich Fromm (1900–1980). Obwohl die Arbeit als umfassende Zeitdiagnose und Gesellschaftskritik mit sozialistischem Impetus angelegt ist, hat vor allem die darin enthaltene Untersuchung der sozialpsychologischen Voraussetzungen des deutschen Nationalsozialismus zum hohen Bekanntheitsgrad des Buches beigetragen.

Die Ende der 1930er Jahre in der amerikanischen Emigration entstandene Studie, ist in mehrfacher Hinsicht von großer Bedeutung für das gesamte theoretische Schaffen Fromms. Sie enthält einerseits die Quintessenz der maßgeblich von ihm als Leiter der sozialpsychologischen Abteilung des Instituts für Sozialforschung entworfenen analytischen Sozialpsychologie der Kritischen Theorie der so genannten Frankfurter Schule. Andererseits markiert sie mit entscheidenden Weiterentwicklungen zugleich die Abkehr von derselben, die später vor allem mit den Namen Max Horkheimer, Theodor W. Adorno und Herbert Marcuse verbunden werden wird. Zentral für diese Weichenstellung ist Fromms Modifikation der Freudschen Triebtheorie, die zusammen mit dem ebenfalls in *Escape from Freedom* ausführlich explizierten Begriff des Gesellschaftscharakters das theoretische Fundament sämtlicher späterer sozialpsychologischer Arbeiten des Autors bildet.

Den Ausgangspunkt von Fromms sozialpsychologischen Studien bildet die politische Situation in der Weimarer Republik, verbunden mit der Frage nach dem Potenzial der Widerstandskraft der Schicht der Arbeiter und Angestellten gegenüber der erstarkenden faschistischen Bewegung. Den Mittelpunkt des Interesses bildet das Verhältnis von politischem Bewusstsein und größtenteils unbewussten Charakterdispositionen, das er empirisch mit Hilfe von standardisierten Interviews mit Funktionären und Anhängern der Organisationen der Arbeiterbewegung zu erforschen beginnt. Dabei stößt er immer öfter auf Charakterzüge und Haltungen, die einen entschiedenen und massenhaften Widerstand dieser Gesellschaftsschicht gegen den Nationalsozialismus unwahrscheinlich werden lassen.

Im Sozialpsychologischen Teil der vom Frankfurter Institut für Sozialforschung 1936 in Paris herausgegebenen, umfangreichen *Studien über Autorität und Familie* widmet sich Fromm vor allem der Beschreibung des autoritär-masochistischen Charakters, den er inzwischen als Grundzug der Gegenwartsgesellschaft begreift. Obwohl in *Escape from Freedom* kaum explizite Hinweise auf die genannten Arbeiten zu finden sind, bildet dieses Buch zweifellos den vorläufigen Abschluss beziehungsweise Höhepunkt der sozialpsychologischen Forschung des Autors zur Genese des Nationalsozialismus als politischer Massenbewegung.

Die in *Escape from Freedom* formulierte Grundthese lautet, dass das moderne Individuum mit der gewonnenen Freiheit von traditionellen Bindungen wie »Kirche, Stand und Zunft« (32) zunehmend vor die Wahl gestellt werde, ob es sich »mit der Welt freiwillig in Liebe und nützlicher Arbeit« (29) vereinen oder aber neue Bindungen suchen wolle, die »seine Freiheit und den reinen Bestand seines individuellen Selbst« (30) zerstörten. Steht die eine Alternative für die sozialistische Utopie, so die andere für die Flucht in die faschistische Gemeinschaft. Zur Ausführung dieser zeitdiagnostischen These greift Fromm gleichermaßen auf theoretische Ausführungen zur Explikation seines sozialpsychologischen Ansatzes zurück wie auf materiale Analysen zur Anwendung desselben.

Im Zentrum der Theorie steht die Historisierung der Freudschen Psychoanalyse, deren teils biologisierende Grundannahmen von Fromm kritisch hinterfragt werden. Steht die Freudsche Theorie für die grundsätzliche Gleichung, dass jedwede Kultur auf einem gewissen Maß an Triebunterdrückung beruht und kulturelle Leistungen stets als Umlenkung (Sublimierung) von – vielfach unbewussten – Impulsen aus dem Bereich der Sexual- und Selbsterhaltungstriebe zu deuten sind, so legt Fromm in Anlehnung an die Marxsche Geschichtsauffassung den Fokus auf die je spezifische Kultur bestimmter, historisch voneinander unterscheidbarer Gesellschaften. An die Stelle des Freudschen Sexualtriebes tritt bei Fromm die Vorstellung eines relativ unspezifischen aber zusammen mit dem Selbsterhaltungstrieb die menschliche Triebstruktur ausmachenden notwendigen »Drang[es] nach Verbindung mit unserer Außenwelt, der Trieb heraus aus der Einsamkeit« (26), der in der Rezeption häufig als Sozialtrieb bezeichnet wird. Im Prozess der »dynamischen Anpassung« (23) arrangieren sich die von diesem Sozialtrieb ausgehenden Bedürfnisse der Individuen mit den jeweils vorgefundenen sozialökonomischen Bedingungen einer konkreten Gesellschaft. Erklärt Freud die Entstehung von individuellen Charaktereigenschaften oder Krankheiten wie z.B. Neurosen mit der mangelnden Bewältigung einzelner Stadien frühkindlicher Sexualität, so werden in der Frommschen Sozialpsychologie die Charaktereigenschaften ganzer Gesellschaftsschichten mit der »dynamistischen Anpassung der Menschennatur an die betreffende Gesellschaftsordnung« (289) erklärt. Den Teil der »Charakteranlage«, der den meisten Angehörigen einer Gesellschaft gemeinsam sei, nennt er »Gesellschaftscharakter« (270). Umbrüche in der sozioökonomischen Struktur einer Gesellschaft ziehen demnach »charakterologische[n] Veränderungen« (288) nach sich.

Die Grundthese von *Escape from Freedom* wird exemplarisch anhand zweier Weltbilder veranschaulicht, die jeweils sowohl mit bestimmten psychischen Dispositionen als auch mit einer bestimmten sozialökonomischen Formation in Verbindung gebracht werden. Zum einen untersucht Fromm verschiedene Grundgedanken der Lehren der Reformation, zum anderen die Ideologie des Nationalsozialismus. Zwischen beiden Phänomenen sieht er Parallelen: Deutet er die Ideen der Reformation als Reaktion des Mittelstandes auf den Zusammenbruch der mittelalterlichen Zunftordnung im Zuge des sich allmählich entfaltenden Frühkapitalismus, so interpretiert er die Nazi-Ideologie als kleinbürgerliche Reaktion auf die Krisenhaftigkeit des modernen Monopolkapitalismus. In beiden Fällen identifiziert er Charakterzüge, die er als Flucht vor der neu entstandenen Freiheit deutet (der englische Originaltitel des Buches ist insofern der präzisere), mit der sich die Einzelnen nach dem Verlust traditioneller Zugehörigkeiten und Gewissheiten jeweils konfrontiert sehen. Mit Bezug auf einzelne Stellen in den Schriften Calvins und Luthers entwirft er eine Charakterskizze, in welcher »Selbsterniedrigung und ein Gewissen mit Selbstverneinung« und »Verachtung für und Haß gegen andere« (103) zwei Seiten ein und derselben Medaille darstellen. Die Beschreibung des den Nationalsozialismus prägenden Charakters erfolgt überwiegend anhand der Interpretation von Auszügen aus Hitlers Buch *Mein Kampf*. Dabei wird Hitler als idealtypischer Vertreter des »autoritären Charakters« (216) bezeichnet, als dessen Wesenszüge »die gleichzeitige Anwesenheit sadistischer und masochistischer Triebe« (ebd.) ausgemacht werden. Aus der »Unfähigkeit des isolierten Individuums, das Alleinstehen auszuhalten« (ebd.) resultiert sowohl das Streben nach Macht und Zerstörung als auch nach Unterwerfung und »Aufgehen des eigenen Selbst« (ebd.) in einem größeren, mächtigen Ganzen – wie der so genannten Volksgemeinschaft.

Unter Berufung auf vielfältige Erfahrungen, die er in der Praxis seiner langjährigen psychoanalytischen Tätigkeit erworben habe, sowie anhand einzelner Fallbeispiele beschreibt Fromm schließlich noch eingehender drei für die Gegenwartsgesellschaft typische »Fluchtmechanismen« (137): Neben den bereits erwähnten »autoritären Charakter« treten der »Zerstörungstrieb« (177) und die »[a]utomatische Anpassung« (182), die in neuerer Übersetzung treffender als »Flucht ins Konformistische« bezeichnet wird. In der Darstellung dieser Symptome bezieht er sich teilweise positiv auf psychopathologische Diagnosen Freuds, von denen er sich jedoch in ätiologischer Hinsicht deutlich abgrenzt. Die Ursache etwa für den beobachteten »Zerstörungstrieb« verortet er weder im Zusammenhang mit der infantilen Sexualität noch im Zusammenhang mit der Wirkmäch-

tigkeit des vom späten Freud behaupteten (biologischen) Todestriebes, sondern in
der spezifischen Einrichtung der monopolkapitalistischen Gesellschaft, in der die
individuelle Entfaltung der Einzelnen verhindert werde: »Der Zerstörungstrieb ist
die Folge des ungelebten Lebens.« (181)

Die Analyse der einzelnen Fluchtmechanismen hat die Funktion, den Begriff
des Gesellschaftscharakters zu differenzieren und soziale Pathologien sichtbar
werden zu lassen, die sich nach Fromm in ihrer Genese, nicht aber in ihrer Wirkungskraft strikt von individuellen pathologischen Symptomen, wie z.B. Neurosen, unterscheiden. Auch die gesellschaftliche Verbreitung dieser Fluchtmechanismen unterliegt einer differenzierten Betrachtung. Während der »autoritäre
Charakter« vor allem die kleinbürgerliche Mittelschicht präge, sei in der großen
Schicht der Arbeiter und Angestellten neben autoritären oder destruktiven Zü-
gen mehrheitlich »eine unklare, unentschiedene Mischung aus verschiedenen
Charakterzügen« (208, Fn.) zu beobachten und des Weiteren bei einer Minderheit auch »das Verlangen nach Freiheit und Unabhängigkeit«. Die »Flucht in den
Konformismus« beschreibt dagegen vor allem die unkritische Übernahme gesellschaftlich vorgegebenen Rollenverhaltens, z.B. auch im Hinblick auf den Zusammenhang von Werbung und Massenkonsum. Hier kündigt sich bereits die Kritik
an den westlichen »Konsumgesellschaften« an, die den Schwerpunkt späterer Arbeiten des Autors bilden wird.

Escape from Freedom fand unmittelbar nach Erscheinen ein breites amerika-
nisches Lesepublikum, nicht zuletzt wegen des darin enthaltenen Psychogramms
Adolf Hitlers. Im Kreise der ehemaligen Institutskollegen stieß das Buch dagegen
überwiegend auf Ablehnung. Insbesondere Adorno kritisierte äußerst scharf
Fromms »Revision« der Freudschen Psychoanalyse. Auch das Festhalten an der
sozialistischen Utopie, das durchweg den Grundton der Arbeit färbt, wurde zum
Gegenstand heftiger Kritik. Die sozialwissenschaftliche Diskussion der Nachkriegsjahre konzentrierte sich vor allem auf das 1950 erschienene, unter anderem
von Adorno mitverfasste Werk *The Authoritarian Personality*. Lange Zeit wurde
übersehen, dass dieser Klassiker der modernen Sozialpsychologie ohne die entscheidende Vorarbeit Fromms schlichtweg undenkbar ist. Die Konzeption des
»autoritären Charakters« ist die originäre Leistung Erich Fromms, welche in *Escape from Freedom* ihre umfassendste Darstellung erfährt. In der jüngeren Autoritarismusforschung ist jedoch eine verstärkte Fromm-Rezeption erkennbar.
Insbesondere Autorinnen und Autoren wie Oesterreich, Rickert, Feldman und
Stenner, die die Entstehung von Autoritarismus weniger im Kontext von Sozialisation und Erziehung, sondern vielmehr im Hinblick auf situative Faktoren wie z.B.
ökonomische Krisen untersuchen, beziehen sich explizit auf Fromms Hauptwerk.

Joachim Fontana

Literatur

Jay, Martin: Dialektische Phantasie. Die Geschichte der Frankfurter Schule und des Instituts für Sozialforschung 1923–1950, 5. Aufl., Frankfurt 1995.

Meyer, Gerd: Freiheit wovon, Freiheit wozu? Politische Psychologie und Alternativen humanistischer Politik bei Erich Fromm. Darstellung – Interpretation – Kritik, Opladen 2002.

Ernst Fraenkel: The Dual State. A Contribution to the Theory of Dictatorship, New York/London/Toronto: Oxford University Press 1941, 248 S. (dt. Der Doppelstaat. Recht und Justiz im »Dritten Reich«, Frankfurt: Fischer 1974, zit. Ausgabe: Gesammelte Schriften, Bd. 2, Baden-Baden 1999, S. 33–266).

Neben Hannah Arendts *The Origins of Totalitarianism* und Franz L. Neumanns *Behemoth* ist der *Dual State* von Ernst Fraenkel (1898–1975) die bekannteste von einem Emigranten verfasste Darstellung des Nationalsozialismus. Sie sind nicht die einzigen. Viele wurden wie deren Verfasser vergessen. Dass Fraenkels Interpretation noch im sozialwissenschaftlichen Expertenwissen präsent ist, hat primär drei Ursachen: Erstens beschreibt das Buch zutreffend eine sich radikalisierende Dynamik des nationalsozialistischen Deutschlands. Zweitens überschreitet die Analytik aus Maßnahmen- und Normenstaat eine Fixierung auf die Politik im Dritten Reich und konnte im Kontext der Totalitarismusforschung aufgegriffen werden. Und drittens legt der *Doppelstaat* die normativen Grundlagen der von Fraenkel später explizit ausgeführten neopluralistischen Demokratietheorie.

Ernst Fraenkel, 1898 in Köln geboren, war studierter Jurist, der bereits in der Weimarer Republik regen Anteil an der staatsrechtswissenschaftlichen Debatte nahm, in der er – geprägt von seinem akademischen Lehrer Hugo Sinzheimer – den rechtssoziologischen Standpunkt vertrat, juristische Fragen als Ausdruck sozialer Konflikte zu deuten. Obgleich Sozialist, vertrat Fraenkel einen nüchternen Rechtspositivismus, den er mit einem reformistischen Bekenntnis zur Republik verknüpfte.

Anders als viele seiner Kollegen und Freunde floh Fraenkel als »Frontkämpfer« nach der Machtübergabe nicht, sondern widmete sich gleichermaßen seiner Anwaltstätigkeit und der Unterstützung des Widerstandes. Zugleich arbeitete er das Manuskript des *Doppelstaates* aus, das auf seine Erfahrungen als politischer Anwalt und auf die Lektüre von offiziösen Dokumenten bzw. Zeitschriftenartikeln zurückgriff. Nachdem im September 1938 allen »jüdischen« Juristen die Ausübung ihres Berufes verboten wurde und sich Fraenkel auf der Verhaftungsliste stehend wusste, emigrierte er fluchtartig in die Vereinigten Staaten. Hier erschien im Jahr des Kriegseintritts der USA die überarbeitete Version des Manuskriptes, das für Fraenkel zum Eintrittbillet in die amerikanische akademische und politische Welt wurde.

Die These des Buches lautet, dass die Rechtsstruktur des NS-Staates in zwei unterschiedliche Sektoren zerfällt: Während im Maßnahmenstaat politisch erwünschte Willkür herrscht, die es den Parteiorganen und Polizeibehörden in einem rechtlichen Vakuum ermöglichen, Gegner und Opfer unkontrolliert zu verfolgen, gelten im Normenstaat formale Regeln fort, die zumindest eine prinzipielle Berechenbarkeit staatlichen Handelns erwarten lassen. Entscheidend ist, dass Normen- und Maßnahmenstaat »keine komplementären, sondern konkurrierende Herrschaftssysteme« (101) darstellen. Weil der Normenstaat unter ständigem Vorbehalt des Maßnahmenstaates steht und politische Effizienz als ein Wert an sich gilt, liegt die Dynamik des Systems in der Unterminierung des Normenstaates, mithin in der wachsenden politischen Radikalisierung des Regimes. Zugleich ist der Normenstaat keineswegs bloße Fiktion, sondern erweist sich als funktionale Grundlage kapitalistischen Wirtschaftens.

Fraenkels Studie ist voller tragischer und mitunter absurder Beispiele, in denen der Widerspruch aus politischer Effizienz des Maßnahmenstaates und einem notwendigen Mindestmaß an Rationalität im Normenstaat deutlich wird. Wo die Spannungen zwischen Maßnahmen- und Normenstaat offen zu Tag treten, wird die Formel der Volksgemeinschaft beschworen, um etwaige Legitimationsdefizite zu beschwichtigen. Insbesondere in der rassistischen Politik des Regimes wird deutlich, dass das Spannungsverhältnis aus Effizienz und Rationalität zugunsten des Maßnahmenstaates aufgelöst wird. An dieser Stelle ist in der Kritik gefragt worden, wie sinnvoll eine analytische Trennung von Normen- und Maßnahmenstaat sei, wenn die juristischen Garantien ohnehin unter ständigem politischen Vorbehalt stehen.

Die von Fraenkel ausführlich beantwortete Frage, wie der Doppelstaat in Deutschland entstehen konnte, impliziert das zeitgenössisch wichtige Problem nach einem möglichen Übergreifen des Totalitarismus auf demokratische Staaten. Obwohl er detailliert die einzelnen Schritte zur Beseitigung rechtlicher Schranken durch die Nationalsozialisten auflistet, ordnet Fraenkel die typische Doppelstruktur des NS-Staates gleichermaßen in einen sozialen und geistesgeschichtlichen Kontext ein, der über die »nationale Revolution« zurückreicht.

Zunächst konzentriert er sich in sozialdemokratischer Tradition auf die Veränderung der industriellen Beziehungen: Es ist der entstehende Monopolkapitalismus, der den liberalen Rechtsstaat nicht mehr bedarf. Die antikapitalistische Programmatik der Nationalsozialisten dient nur zur Beseitigung der Stützen des Konkurrenzkapitalismus, nicht aber zur Aufhebung der kapitalistischen Produktionsweise an sich. Obwohl die marxistisch-bonapartistische Erklärung weite Teile des Buches dominiert und Fraenkel nicht müde wird, den kapitalistischen

Charakter des Doppelstaates hervorzuheben, scheint er diesem Argument selbst
zu misstrauen. Denn die nationalsozialistische Wirtschaftspolitik beschreibt er
keineswegs als Ergebnis eines unkontrollierten Agierens von Monopolen, sondern als Ausdruck staatlich-aggressiver Machtpolitik. Auch sein politikwissen-
schaftliches Argument, in der deutschen Rechtsgeschichte zentrale Sektoren des
Regierungshandelns in Militär, Außenpolitik und Notstandsgesetzgebung von jeher keiner juristischen Kontrolle unterlagen, steht merkwürdig quer zur eigenen
politikökonomischen Argumentation. Schließlich müsste die marxistische Interpretation annehmen, dass die totalitären Bewegungen auf andere spätbürgerliche
Gesellschaften übergreifen, was er für die angelsächsischen Staaten vehement bestreitet.

Deshalb tritt neben die klassentheoretische These ein geistesgeschichtliches
Argument: Wenn im Doppelstaat das Nebeneinander von formaler Rationalität und substantieller Irrationalität »alle Formen der substantiellen Rationalität«
(259) zerstört, liegt die Frage auf der Hand, wo diese zu finden sei und wie sie sich
bewahren bzw. wiedergewinnen lässt. Die substantielle Rationalität des liberalen
Rechtsstaates ist naturrechtlich in der Unverbrüchlichkeit des Rechts begründet.
Dass der Nationalsozialismus nicht bereit ist, diesen Wert auch nur anzustreben,
macht deutlich, dass er auf die »Zerstörung der überlieferten ethischen Werte
der westlichen Kulturwelt« (163) zielt. Hier setzt dann auch seine Kritik an Carl
Schmitt ein, dessen Glorifizierung des Ausnahmezustandes sich als ebenso ideal
für die Suspendierung des Rechts erweist wie sein Votum für die souveräne Diktatur, die er nicht mehr juristisch begründet, sondern aus einem irrationalen Ord-
nungsdenken zu rechtfertigen versucht. Bezeichnend für Fraenkels Interpretation
ist, dass Schmitt zunächst keineswegs als überzeugter Nationalsozialist, sondern
als nihilistischer und ideenloser Zyniker erscheint. Schmitt steht auch deshalb
als Negativfolie im Zentrum von Fraenkels rechtstheoretischen Überlegungen,
weil dessen Bekenntnis zur bedingungslosen, juristisch nicht mehr fassbaren Unterordnung den vor sich hergetragenen Glauben an die Volksgemeinschaft weder rational begründen kann noch will. Zugleich sieht diese Kritik an Schmitt,
die nicht frei von Enttäuschung über den einst geschätzten Lehrer ist, nur den
Endpunkt eines deutschen Staatsverständnisses, bestimmte Bereiche des Ver-
waltungshandelns jeder juristischen Kontrolle zu entziehen. Dem stellt Fraenkel
die von ihm bewunderte amerikanische Tradition des rationalen Naturrechts gegenüber.

Diese Orientierung an den verfassungstheoretischen Grundlagen der Vereinigten Staaten hatte für seine späteren Arbeiten weitreichende Folgen: Die im
Dual State entwickelte soziologische Herrschaftsanalyse tritt hinter die normative
Kontrastierung von angelsächsischer Demokratie und deutscher Entwicklung zurück. Dies zeigt sich nicht nur in seinen unmittelbaren Vorschlägen zum Wieder-

aufbau der Demokratie, die auf eine geplante freiheitliche Verfassungspolitik mit Freiheitsrechten und Verfassungsgerichtsbarkeit abzielen, sondern auch in seinen Nachkriegsbüchern *Das amerikanische Regierungssystem* (1960) und *Deutschland und die westlichen Demokratien* (1964). Was Fraenkel im *Dual State* als rationales Naturrecht bezeichnete, wird zum unaufgebbaren Kern, zum nichtkontroversen Sektor einer jeden Demokratie erklärt.

Dass Fraenkel die NS-Forschung bis heute stimuliert, steht außer Frage und so findet sich das fast schon geflügelte Wort des *Doppelstaates* in unzähligen Publikationen, die diesen Gegenstand auch nur berühren. So wurde er mit der von ihm betonten inneren Dynamik aus Maßnahmen- und Normenstaat seit den 1960er Jahren als Vorreiter einer funktionalistischen Deutung des Nationalsozialismus verstanden, auch wenn sein Einfluss hinter dem Neumanns zurückblieb. Dies mag dem Umstand geschuldet sein, dass der *Doppelstaat* auf die Kontroverse, ob der NS-Staat eine mono- oder polykratische Struktur aufweise, keine eindeutige Antwort gibt. Dennoch ist die These von der Dualität nationalsozialistischer Herrschaft in neueren Studien zum Verwaltungshandeln wieder diskutiert worden (Dieter Rebentisch, Sven Reichardt/Wolfgang Seibel). Schließlich steht der *Dual State* auch in den neueren Forschungen zur Volksgemeinschaft (Michael Wildt) Pate.

Obwohl Fraenkel zu den Gründungsvätern der deutschen Politikwissenschaft zählt, gab es hier keine explizite Anknüpfung an die im *Dual State* formulierte Diktaturtheorie. Das hat mehrere Ursachen: Zunächst hat sich Fraenkel nach seiner Rückkehr nach Berlin kaum mit der nationalsozialistischen Vergangenheit und deren Fortleben öffentlich auseinandergesetzt. Zudem lehnte er nun die im Buch zu findende bonapartismus-theoretische Argumentation ab, weshalb es nicht verwundert, dass er selbst wohl auf eine Neupublikation verzichtet hätte. Fraenkels nun vertretenes antitotalitäres Konzept mit seinen starken normativen Prämissen wurde weder von der geschichtswissenschaftlichen Detailforschung noch von den jüngeren, empirisch orientierten Diktaturforschungen am Berliner Institut (Martin Draht, Otto Stammer und Peter Christian Ludz) aufgegriffen. Zugleich erklärt der Positionswandel Fraenkels nicht, dass er gleichermaßen als Vertreter der Faschismustheorie (mit dem *Dual State*) und der Totalitarismustheorie (mit seiner Neopluralismustheorie) rezipiert wurde.

Die Frage, ob und wie sehr sich das Doppelstaatmodell übertragen lässt, ist bis heute nicht geklärt: Einerseits gibt es zahlreiche Arbeiten, die auf die Suspendierung ordentlicher Gerichtsbarkeit durch politische Maßnahmen in den Systemen des realexistierenden Sozialismus verweisen (z. B. Stefan Plaggenborg, Michael Stolleis). Andererseits erweist sich die Übernahme der Konstruktion als herausfordernd, weil Fraenkel explizit auf die monopolkapitalistische Wirtschaftsordnung und die irrationale Volksgemeinschaftsideologie als wesentliche Voraussetzungen für die doppelte Struktur des Rechts hinweist, die offenkundig nicht in staatssozialistischen Systemen wiedergefunden werden kann. Fragt man nach aktuellen Anschlussmöglichkeiten, so wird in der neueren Literatur (Alexander v. Brünneck, Robert Chr. v. Ooyen) der im *Dual State* formulierte Zusammenhang von freiheitlicher Kultur als Basis einer funktionierenden rechtsstaatlichen Demokratie betont, dem die bedenkenlose Übernahme bestimmter rechtstheoretischer Argumente von Carl Schmitt (Stichwort: Feindstrafrecht) sowie ein extensiver Gebrauch von Generalklauseln im Bereich des Staatsschutzes (Antiterrorkampf) als Einfallstor antiliberaler und letztlich demokratiegefährdender Tendenzen erscheint.

Frank Schale

Literatur

Buchstein, Hubertus/Göhler, Gerhard (Hg.): Vom Sozialismus zum Pluralismus. Beiträge zu Werk und Leben Ernst Fraenkels, Baden-Baden 2000.
Ooyen, Robert Christian van/Möllers, Martin H. W. (Hg.): (Doppel-)Staat und Gruppeninteressen. Pluralismus – Parlamentarismus – Schmitt-Kritik bei Ernst Fraenkel, Baden-Baden 2009.
Wildt, Michael: Die politische Ordnung der Volksgemeinschaft. Ernst Fraenkels ›Doppelstaat‹ neu betrachtet, in: Mittelweg 36, 12 (2003) 2, S. 45–61.

Franz L. Neumann: Behemoth. The Structure and Practice of National Socialism, Oxford University Press: New York/London 1942, XVII u. 532 S.; 2nd, revised ed. with new appendix, 1944, XIX u. 649 S. (dt. Behemoth. Struktur und Praxis des Nationalsozialismus 1933–1944, herausgegeben und mit einem Nachwort versehen von Gert Schäfer, Köln/Frankfurt: Europäische Verlagsanstalt 1977, S. 784 S.).

Franz L. Neumanns *Behemoth* zählt zu den bedeutendsten Werken der sozialwissenschaftlichen Exilliteratur. Entstanden ist es unter schwierigen Begleitumständen. Der 1900 geborene Arbeitsrechtler musste als Jude und engagierter Exponent des linkssozialistischen Flügels der Sozialdemokratie Deutschland 1933 verlassen. Die Zeit im englischen Exil nutzte er für eine zweite, nun politikwissenschaftliche Promotion bei Harold Laski an der London School of Economics, um 1936 einer durch Laski vermittelten Einladung Max Horkheimers an das nach New York exilierte Institut für Sozialforschung zu folgen.

Neumanns Studie steht im Kontext intensiver intellektueller Auseinandersetzungen der so genannten Frankfurter Schule mit der NS-Herrschaft. Diese Form anwendungsorientierter Sozialforschung, mit der der Kreis um Horkheimer und Adorno einen eigenen Beitrag zur Überwindung der NS-Diktatur leisten wollte, mündete seit dem Sommer 1942 in den Übertritt mehrerer Institutsmitglieder (darunter auch Neumann) in das Board of Economic Warfare und in die Forschungsabteilung des Office of Strategic Services.

Der Titel *Behemoth* verweist auf die erste Hauptthese Neumanns: Das Ungeheuer aus der jüdischen Eschatologie spielt auf einen gleichnamigen staatstheoretischen Text von Thomas Hobbes an und setzt Neumanns Interpretation zugleich gegen ein anderes Hauptwerk von Hobbes ab, der im *Leviathan* die Idee vertragstheoretisch fundierter absoluter Herrschaft zur Durchsetzung allgemeingültiger Gesetze entwickelt hatte. Neumann sah im »Dritten Reich« das genaue Gegenteil davon: einen durch die absolute Willkür staatlicher Gewalt charakterisierten »Unstaat [...] ein Chaos, einen Zustand der Gesetzlosigkeit« (16), in dem rivalisierende Machtblöcke an die Stelle eines einheitlichen Trägers staatlicher Souveränität getreten waren und ad-hoc gefundene Kompromisse verbindliche Verfahren der Konfliktaustragung abgelöst hatten. Aus dieser Perspektive begriff Neumann Entscheidungen des nationalsozialistischen Diktators als Ergebnis der zwischen den Machtblöcken erzielten Kompromisse; freilich habe die Möglichkeit, zwischen verschiedenen Entscheidungsoptionen auswählen zu können, Hitler eine dominierende Stellung in der Herrschaftsarchitektur des »Dritten Reiches« gesichert.

Als wesentliche, mit autonomen Machtquellen ausgestattete Herrschaftsträger betrachtete Neumann die Wirtschaft, die NSDAP, die Wehrmacht und die Ministerialbürokratie. Die NSDAP habe durch ihre Kontrolle über Propaganda, Elitenrekrutierung und den Sicherheitsapparat in diesem Kreis das dynamischste Element dargestellt, gleichwohl, so Neumanns zweite Hauptthese, sei der Absicherung der kapitalistischen Wirtschaftsordnung und der Maximierung von Unternehmensprofiten im Rahmen einer »totalitären Monopolwirtschaft« (269) ein Vorrang unter den handlungsleitenden Kriterien zugekommen.

Neumanns dritte Hauptthese bezog sich auf die Gesellschaftspolitik des »Dritten Reiches«. Hier grenzte er sich gegen Emil Lederer ab, der die Ansicht vertreten hatte, die Nationalsozialisten hätten traditionelle Bindungen und Schichtungsmuster so weit zerschlagen, dass man von einer klassenlosen Gesellschaft sprechen könne. Für Neumann bestand das Wesen der NS-Gesellschaftspolitik gerade darin, »den vorherrschenden Klassencharakter der deutschen Gesellschaft anzuerkennen und zu festigen« (427). Um dies zu erreichen, hätten die nationalsozialistischen Machthaber jede Form zwischen dem Einzelnen und dem Staat vermittelnder intermediärer Instanzen zerschlagen und an deren Stelle Bürokratien gesetzt, mit deren Hilfe sie ihre Macht gegenüber einer in einzelne Individuen aufgespaltenen Bevölkerung direkt ausüben konnten. In dieser durchgreifenden, in alle Lebensbereiche intervenierenden Bürokratisierung sah Neumann einen wesentlichen Faktor der nationalsozialistischen Gesellschaftstransforma-

tion, denn menschliche Beziehungen hätten dadurch ihre persönliche Unmittel-
barkeit verloren und seien in mittelbare Beziehungen umgewandelt worden, in die
der NS-Staat verhaltenssteuernd eingreifen konnte.

Manche Grundannahme Neumanns mag aus heutiger Sicht kaum mehr anschlussfähig erscheinen. So zeigen wirtschaftshistorische Forschungen, dass die
Ökonomie zu keiner Zeit einen Primat gegenüber der NS-Politik durchsetzen
konnte. Der wenig elastische politökonomische Ansatz führte zudem dazu, dass
Neumann Ideen als gesellschaftliche Gestaltungskräfte unterschätzte, etwa den
nationalsozialistischen Rassismus und Antisemitismus sowie die darauf aufbauende Lebensraumideologie als Movens der deutschen Expansionspolitik. Gleichwohl stellt sein Versuch, die horizontale Strukturanalyse des Herrschaftsgefüges
mit einer vertikalen Analyse der Herrschaftsbeziehungen zwischen Regime und
Bevölkerung zu verbinden, einen wichtigen Innovationsschritt dar. Neumanns
Analyse richtete die Perspektive auf den Wandel von Staatlichkeit und die Willens-
bildungsprozesse innerhalb der Diktatur. Damit stellte er neben die zeitgenössisch
dominierende Außensicht auf das »Dritte Reich« als monokratischer Führerherr-
schaft eine neue, komplexere und wirklichkeitsadäquatere Betrachtungsweise, die
bis heute für weiterführende Forschungen anschlussfähig bleibt.

Die Rezeptionsgeschichte des Buches ist, wie bei vielen Werken der Exilliteratur, komplex und von Verwindungen und Brüchen durchzogen. Unter den Kollegen im Institut für Sozialforschung wurde der *Behemoth* kontrovers diskutiert.
Kritisiert wurde u. a., dass der Schwerpunkt der Analyse auf der politischen Ökonomie des »Dritten Reiches« lag und Neumann dafür andere Aspekte der gesellschaftlichen Wirklichkeit, etwa die für Adorno und Horkheimer sehr wichtige
Frage nach den massenpsychologischen Wirkungen der NS-Herrschaft, weitgehend ausblendete. Vor allem aber kam es in einem zentralen Punkt zum Konflikt
zwischen Neumann und Friedrich Pollock, der parallel zu Neumann eine Theorie
des Staatskapitalismus ausgearbeitet hatte. Während Neumann ganz im Sinne einer orthodox-marxistischen Faschismus-Interpretation die braune Diktatur letztendlich als Instrument des Monopolkapitalismus begriff und daher auf dem politischen Primat der Ökonomie insistierte, argumentierte Pollock, dass durch die
zunehmende Staatsintervention ein neuer Typ kapitalistischer Wirtschaft entstanden sei, in dem Profitinteressen politisch eingehegt und den Machtinteressen im
Konfliktfall untergeordnet seien.

Gleichwohl wurde Neumanns *Behemoth* bei seinem Erscheinen 1942 als erste
grundlegende Analyse des »Dritten Reiches« gefeiert und breit rezipiert. Rasch
in mehrere Sprachen übersetzt, half das Buch, Neumanns Ruf als Politikwissenschaftler und Experte für das »Dritte Reich« zu begründen. Daran anknüpfend
gelang ihm nach dem Kriegsende bis zu seinem frühen Tod 1954 eine erfolgreiche Karriere als akademischer Lehrer an der New Yorker Columbia University

und Gastprofessor an der Freien Universität Berlin. Zu seinen Schülern zählten einflussreiche Deutschlandhistoriker der jüngeren Exilgeneration, u. a. Raul Hilberg und Peter Gay. Seinen stärksten Einfluss entfaltete das Buch in der politikwissenschaftlichen Diktaturforschung der Nachkriegsjahre. Neumanns Werk zählte zu den Stichwortgebern der Totalitarismustheorie. Karl Dietrich Bracher hielt es für »den bedeutendsten Versuch einer soziologisch-ökonomisch angesetzten Gesamterklärung« des »Dritten Reiches«. Gemeinsam mit Ernst Fraenkels *Doppelstaat* (1941) wirkte Neumanns Pionierstudie gleichzeitig aber auch stilprägend für eine ganze Generation strukturgeschichtlicher Analysen der NS-Diktatur, die sich explizit gegen eine totalitarismustheoretische Interpretation der NS-Herrschaft wandten. Allerdings wurde das Buch oft mehr als brillante Synthese gelesen, als dass sein analytisches Instrumentarium für weiterführende Forschungen aufgegriffen worden wäre. Direkte konzeptionelle Anknüpfungen finden sich zwar bei britischen Sozialhistorikern wie Timothy Mason. Auf die in den 1960er und 1970er Jahren intensiv geführte zeithistorische Debatte über die Struktur der NS-Herrschaft hatte Neumanns frühe Formulierung des Polykratiemodells indes nur wenig Einfluss. Gegenwärtig greift die Diskussion über »Neue Staatlichkeit« in der NS-Diktatur wieder verstärkt auf Neumanns Überlegungen zurück, z. B. indem sie ihren Forschungsakzent auf die Beziehungen antagonistischer Herrschaftsträger zueinander setzt und damit nicht nur die imperiale Dynamik, sondern auch das erstaunlich hohe Selbststabilisierungspotenzial der Diktatur zu erklären versucht. Insofern stellt Neumanns Grundlagenwerk weniger einen »vergessenen Klassiker« dar, als ein Forschungsprogramm, dessen analytisches Potenzial noch lange nicht ausgeschöpft ist.

Winfried Süß

Literatur

Bast, Jürgen: Totalitärer Pluralismus. Zu Franz L. Neumanns Analyse der politischen und rechtlichen Struktur der NS-Herrschaft, Tübingen 1999.

Iser, Mattias/Strecker, David (Hg.): Kritische Theorie der Politik. Franz L. Neumann – eine Bilanz. Baden-Baden 2002.

Nolzen, Armin: Franz Leopold Neumanns »Behemoth«. Ein vergessener Klassiker der NS-Forschung, in: Zeithistorische Forschungen/Studies in Contemporary History, 1 (2004), S. 150–153.

Paul F. Lazarsfeld/Bernard Berelson/Hazel Gaudet: The People's Choice – How the Voter makes up his Mind in a Presidential Campaign, Duell, Sloan and Pearce: New York 1944, XXXIII + 178 S. (dt. Wahlen und Wähler, Luchterhand: Neuwied/Berlin 1969, 231 S.).

Das Buch, Ergebnis einer umfangreichen und aufwendigen empirischen Untersuchung des Wahlverhaltens während der US-Wahlen 1940, hat die Wahlforschung auf Jahrzehnte hinaus entscheidend geprägt. Durch die Mehrfach-Befragung eines repräsentativen Samples im Bezirk Erie County des Bundesstaates Ohio wurde die Dynamik des Prozesses deutlich, der hinter individuellen Wahlentscheidungen steht. Die Wahl selbst wurde als Momentaufnahme in einem sich ständig weiterentwickelnden Film von politischem Bewusstsein und Verhalten herausgearbeitet.

Der bleibende Wert des Buches besteht darin, die Wahlforschung jenseits der kurzfristigen Prognosefunktion zu etablieren. Die Untersuchung des Wahlverhaltens wird zu einer Darstellung gesellschaftlicher Entwicklungsdynamik, die sich in politischen Mustern niederschlägt. Wahlverhalten wird durch die Erhebungen des von Paul F. Lazarsfeld (1901–1976), Bernard Berelson (1912–1979) und Hazel Gaudet (1908–1975) geleiteten Teams als Resultat sozioökonomischer und soziokultureller Determinanten erklärt – in Erie County, Ohio 1940 vor allem durch die Faktoren Besitz und Einkommen, Bildung und ethnische Herkunft, Religion und Alter.

Der daraus gebildete »Index der politischen Prädispositionen« wird durch die Entwicklung des Konzepts der »cross pressures« verfeinert: Einander widersprechende Einflussfaktoren (z. B. wohlhabende irische Katholiken, die – von ihrem ethnisch-religiösen Milieu her gedrängt – zu den Demokraten neigen, die aber gleichzeitig – als »Reiche« – zu den Republikanern tendieren) führen zu einem wenig vorhersehbaren Verhalten, während Bindungen ohne »cross pressures« (z. B. irisch-katholische, gewerkschaftlich organisierte Arbeiter) ein weitgehend berechenbares Verhalten implizieren. *The People's Choice* half auch, durch die Methode der in Wellen erfolgenden Mehrfach-Befragung, sowohl das Verständnis für den Zeitpunkt der Verfestigung der Wahlentscheidung zu vertiefen als für die Umstände, die zu einer Wahlenthaltung führen. Dadurch wurden die Faktoren herausgearbeitet, die zu einem Wechsel der Parteipräferenz führen.

Der Minderheit der Wählerinnen oder Wähler, bei denen alle Faktoren in die Richtung einer einzigen Partei weisen – z. B. wohlhabende protestantische selbständige »Weiße« – steht eine Mehrheit derer gegenüber, die von einander widersprechenden Prädispositionen bestimmt werden. Die Minderheit ist in ihrer Loyalität einer Partei gegenüber weitgehend berechenbar. Die Mehrheit neigt zu wechselnden Präferenzen, zu einer späten Entscheidung (»late deciders«), und

auch zu häufigem Nicht-Wählen: Je ausgeprägter und widersprüchlicher die
»cross pressures« sind, desto geringer die Vorhersehbarkeit des Verhaltens.

Das Buch liefert eine empirisch komplex begründete Einsicht in die Differenzierung der Wählerinnen und Wähler. Meinungsführer (»opinion leaders«)
werden in ihrer ganzen Differenziertheit dargestellt – in ihren vertikalen und
horizontalen Verflechtungen; in ihren Möglichkeiten, das Verhalten anderer zu
beeinflussen, aber auch in ihren Abhängigkeiten innerhalb bestimmter Milieus,
deren Vertrauen sie ja genießen müssen, um Einfluss nehmen zu können. Meinungsführer werden als Verstärker vorhandener Prädispositionen – und nicht als
Begründer neuer politischer Verhaltensmuster gedeutet.

The People's Choice demonstriert die Möglichkeiten einer Wahlforschung, die
sich vom Zwang kurzfristiger Prognoseerwartungen freimacht. Die 1940 in den
USA schon eingesetzten Techniken, die – mit dem Namen »Gallup« verbunden –
vor allem kurzfristig erhobene Momentaufnahmen bieten, die den politischen
Akteuren unmittelbar nutzbare Grundlagen für taktische Weichenstellungen im
Wahlkampf bieten, konnten und können das nicht, was Lazarsfeld und sein Team
1940 entwickelten: Eine Einsicht in die langfristigen Zusammenhänge zwischen
politischen Präferenzen und gesellschaftlicher Dynamik. *The People's Choice*
machte aus der Technik der Wahlforschung die Sozialwissenschaft der Wahlforschung.

Eine mit einer solchen Studie verbundene Problematik ist der hohe finanzielle
und personelle Aufwand, der erforderlich ist, um eine Untersuchung dieser Qualität zu ermöglichen. Die Methode der Mehrfachbefragung (»Panel-Technik«) erfordert eine relativ große Zahl von Interviewerinnen und Interviewer, die für eine
längere Zeit vor Ort anwesend und tätig sein müssen. Die Dichte der regelmäßig
zu stellenden Fragen erlaubt auch nicht, sich mit der einfachen Frage nach der
Präferenz für einen Kandidaten oder eine Partei zufrieden zu geben. Für die Komplexität des methodischen Zugangs spricht auch, dass nicht nur ein- und dasselbe
Sample regelmäßig befragt wurde, sondern dass Lazarsfeld, Berelson und Gaudet
auch ein Kontroll-Sample vorsahen, das nur zweimal – am Beginn und an dem der
Wahl folgenden Ende der Erhebung – befragt wurde: Dadurch sollte der vermu-
tete (und durch diese Methode auch belegte) »Interviewer-Effekt« gemessen und
damit ausgeglichen werden, der entsteht, wenn eine Gruppe von Menschen damit
rechnet, in regelmäßigen Abständen befragt zu werden und sich daher unter Umständen in atypischer, nicht repräsentativer Form intensiver mit den Wahlen und
den damit verbundenen politischen Problemstellungen zu beschäftigen.

Die Studie liefert eine Vorlage, die – unter den Voraussetzungen, dass eine Erhebung mit analogem Aufwand durchgeführt wird – unabhängig von Ort und
Zeit angewendet werden kann. Die Faktoren, die zu »politischen Prädispositionen« verdichtet werden können, sind etwa im Italien des Jahres 2013 natürlich

andere als in den USA des Jahres 1940. Aber die Beschreibung und Analyse der kausalen Verknüpfungen zwischen den von Ort und Zeit abhängigen sozioökonomischen und soziokulturellen Determinanten mit einem als dynamisch zu verstehenden Wahlverhalten kann sich immer auf das methodisch und inhaltlich komplexe Muster stützen, das Lazarsfeld, Berelson und Gaudet entwickelt haben.

Paul Lazarsfeld hat in einer etwas veränderten personellen Konstellation (mit Bernard Berelson und William McPhee) 1948 den 1940 eingeschlagenen Pfad nochmals beschritten und anlässlich der US-Wahlen 1948 eine auf ähnlich komplexe und aufwendige Erhebungen gestützte, diesmal einen Bezirk des Bundesstaates New York betreffende Studie vorgelegt (Bernard F. Berelson/Paul F. Lazarsfeld/William McPhee: Voting. A Study of Opinion Formation in a Presidential Campaign, Chicago/London 1954).

In der Literatur zur Entwicklung der wissenschaftlichen Wahlforschung gibt der in Erie County 1940 erstmals verwendeten Methode neben der an der University of Michigan in den 1950er Jahren entstandenen, methodisch teilweise anders orientierten Wahlforschung die entscheidende Bedeutung für die Etablierung der Wahlforschung als wissenschaftliche Disziplin, jenseits der kurzfristigen Anwendbarkeit einer bloßen ad-hoc Befragungstechnik. *The People's Choice* war eine Weichenstellung der Demokratieforschung: Das politische Verhalten von Bürgerinnen und Bürgern wird als Ergebnis vielfach verflochtener ökonomischer und kulturelle, also umfassend gesellschaftlicher Entwicklungsprozesse nachgewiesen.

The People's Choice wird aus guten Gründen vor allem mit dem Namen Paul Lazarsfeld verbunden. Lazarsfeld, in den ersten Jahren und Jahrzehnten des 20. Jahrhunderts in Wien als Marxist politisch sozialisiert, spielte im intellektuellen Milieu des Austromarxismus die Rolle eines jungen Hoffnungsträgers. Die auch mit seinem Namen verbundene Studie *Die Arbeitslosen von Marienthal* verbindet eine sorgsame Methode empirischer Beobachtung mit einer umfassenden Interpretation. Lazarsfeld, der in den 1930er Jahren in die USA ging – zunächst als Stipendiat, dann als Emigrant – und dort sich vor allem mit Erhebungen der Möglichkeiten und Grenzen von Werbung (insbesondere im Rundfunk) einen Namen machte, bevor er sich als Soziologe an der Columbia Universität etablierte, kann in seinem Gesamtoeuvre als Brückenschlag, als Versöhnungsversuch zwischen Marxismus und empirischer Sozialforschung verstanden werden.

Die mit *The People's Choice* in Erscheinung getretene Schule der Sozialforschung wurde unter anderem von Seymour M. Lipset weitergeführt, dessen *Political Man* in der Tradition von *The People's Choice* und speziell von Lazarsfeld steht: Politisches Verhalten ist gesellschaftlich determiniert; nicht im Sinne eines vereinfachenden, letztlich vulgären Verständnisses einer bipolaren Dichotomie von Klassen, sondern in einer wechselseitigen Bedingtheit gesellschaftlicher Rahmenbedingungen, aus denen Politik gleichsam herauswächst. Auch wenn – im Zu-

sammenhang mit der aus gut nachvollziehbaren Gründen erfolgten Diskreditie-
rung eines explizit marxistischen Wissenschaftsverständnisses – diese Seite von
The People's Choice in den Hintergrund der Wahrnehmung gedrängt wurde: Das
Buch ist auch ein Beispiel für einen durch die Empirie geläuterten, jedenfalls völlig unorthodoxen Marxismus.

Das ändert freilich nichts daran, dass die empirische Sozialforschung sich mit
der marxistischen Identität Lazarsfeld schwer tut – wie auch die marxistische Tradition es mit dem Empiriker Lazarsfeld nicht leicht hat. Doch die in *The People's
Choice* benutzten Zugänge, aus gesellschaftlichen Zusammenhängen sozioökonomischer und soziokultureller Art politisches Verhalten zu erklären, erlaubt die
Schlussfolgerung: In *The People's Choice* ist die durch konsequente Empirie erreichte Teilverwandlung des Marxismus in empirische Sozial- und vor allem Po-
litikforschung deutlich.

Anton Pelinka

Literatur
Lautman, Jacques/Lécuyer, Bernard-Pierre (Hg.): Paul Lazarsfeld (1901–1976). La sociologie de Vienne à New York, Paris und Montreal, 1998.
Lipset, Seymour M.: Political Man. The Social Bases of Politics, Garden City/New York
1959.

**Karl R. Popper: The Open Society And Its Enemies: The Spell of Plato (Vol. 1); The High
Tide of Prophecy: Hegel, Marx, and the Aftermath (Vol. 2), Routledge: London 1945,
620 S. (dt. Die offene Gesellschaft und ihre Feinde. Erster Band: Der Zauber Platons;
Zweiter Band: Falsche Propheten: Hegel, Marx und die Folgen, Bern 1957, 918 S.).**

Die *Open Society* entstand im neuseeländischen Exil Karl R. Poppers (1902–1994),
der noch kurz vor dem Einmarsch der Nationalsozialisten aus Wien geflüchtet
und in Christchurch als Universitätsdozent für Philosophie untergekommen war.
Vorausgegangen war zu dieser Zeit schon die Publikation seines – später auch für
die Wissenschaftstheorie der Sozialwissenschaften äußerst wirkmächtigen – erkenntnistheoretischen Hauptwerks *The Logic of Scientific Discovery* (1934; dt. *Logik
der Forschung*), in dem er in der Auseinandersetzung mit dem Neo-Positivismus
des Wiener Kreises die Grundlagen seines Kritischen Rationalismus legte. Die
hierbei – und dann auch der *Open Society* – zugrunde liegende zentrale Annahme
ist, dass sich Aussagen nie verifizieren ließen, (soziale) Theorien also niemals wahr,
sondern allenfalls »bewährt« sein, da sie an der Erfahrung scheitern können müssen (»trial and error«). Mittels Falsifikation sei daher (nur) eine Annäherung an
die Wahrheit erreichbar. Sozialphilosophisch bedeutete das, dass die politischen

Verhältnisse (nur) in einer »offenen Gesellschaft« Stück für Stück reformierbar und verbesserungsfähig seien. Popper stand damit zwar dem am naturwissenschaftlichen Methodenparadigma, empirisch orientierten Positivismus – und auch seinem rationalistischen Fortschrittsglauben – nahe, lehnte aber dessen radikales Postulat nach Wertfreiheit und Werterelativismus ebenso strikt ab wie den hier vertretenen naiven Begriff endgültiger (natur)wissenschaftlicher Wahrheiten. Insofern fühlt sich die *Open Society* normativ-politisch dem Wert der individuellen Freiheit im Sinne des (Sozial-)Liberalismus, erkenntnistheoretisch dem philosophischen Wahrheitsbegriff in der Tradition des Kritizismus von Sokrates und Kant verpflichtet; darüber hinaus gibt es Parallelen zum amerikanischen Pragmatismus. Poppers Rationalismus zeichnet sich dadurch aus, dass auch die wissenschaftliche Methode nur eine »bewährte« Plausibilität beanspruchen und – wie bei Hans Kelsens Wiener Schule und ihrer rechtstheoretischen »Grundnorm« – bloß axiomatisch vorausgesetzt werden kann (»Glaube an die Vernunft«).

Inhaltlich eng zusammenhängend mit der *Open Society* ist Poppers zuvor an der London School of Economics vorgetragene Arbeit *The Powerty of Historicism* (dt. *Das Elend des Historizismus*). Beide, die Historizismus-These und die *Open Society*, können als Anwendungen seiner Wissenschaftstheorie auf die Sozialwissenschaften verstanden werden. *The Powerty of Historicism* bildet dabei eine Art Bindeglied zur *Open Society*, da Popper hier in allgemein-theoretischer Weise die holistischen und utopistischen Geschichtsphilosophien kritisiert, die vorgeben, das Gesetz der Geschichte gefunden zu haben – und ausgehend vom Falsifikationsprinzip hiergegen seine Stückwerk-Sozialtechnologie setzt.

In der *Open Society* wird dieser Ansatz nun ausführlich anhand der Kritik an Platon, Hegel und Marx entfaltet. Das Werk ist zugleich eine politisch motivierte Reaktion auf den Stalinismus und Nationalsozialismus, eine feurige Schrift zur Verteidigung der liberalen Demokratie, so dass auch an Polemik nicht gespart wird. In seiner ideengeschichtlichen Spurensuche findet Popper in der wirkmächtigen Philosophie Platons *den* Ursprung totalitären Denkens und »geschlossener« Gesellschaftsentwürfe: Diese zielten sämtlich auf eine kollektivistisch-magische, der (Stammes-)Gemeinschaft, der »Horde« und dem Führertum verpflichteten Sozialutopie. Daher ist der komplette erste Band der *Open Society* vor allem dem »Zauber Platons« gewidmet. Mit ihm beginne ein Aufstand orakelnder Philosophie gegen den zivilisatorischen Fortschritt durch kritische Vernunft. Insofern lässt sich schon *The Spell of Plato* auch als zivilisationstheoretisches Werk lesen, in dem von hier aus dann im zweiten Band über Hegel und Marx bis zur NS-Ideologie der Totalitarismus als Atavismus, als »Rückfall« in die Barbarei gedeutet wird.

Für Popper ist die zentrale politische Fragestellung der platonischen Philosophie, nämlich *wer* herrschen solle, völlig falsch gestellt. Da Platon in seinem Idea-

lismus von der absoluten Wahrheit ausginge, die sich zudem nur wenigen offen-
barte, müsse dies in eine protofaschistische Antwort münden: So herrschte nach
dem »Philosophenkönigssatz« ein weiser »Führer« (bzw. eine Kaste), der die
Wahrheit schaute, über das streng hierarchisch, bis zum Sklavenstand hin geordnete Kollektiv. Dabei würde der Mensch zugunsten der holistischen Utopie eines Idealstaats zum bloßen Objekt degradiert, enthumanisiert – und ggf. auch geopfert oder als Feind der neuen und besten aller Welten vernichtet. Gegen Platons
Philosophenstaat fordert Popper, dass die Frage vielmehr lauten müsse, *wie* ge-
herrscht werden solle: Wie seien politische Institutionen zu organisieren, dass der
Schaden für die individuelle Freiheit selbst bei unfähigen oder zur Diktatur nei-
genden Herrschern begrenzt bliebe – auch wenn diese sich sogar auf eine demokratische Legitimation stützen könnten. Das führt letztendlich zum Gegenentwurf
des gewaltenbalancierten Modells liberaler Demokratie mit ihren staatsfreien, zi-
vilgesellschaftlichen, pluralistischen Räumen einerseits, einer pragmatisch-orien-
tierten (Reform-)Politik der kleinen Schritte und friedlich-zivilisierten, demokratischen Verfahren des Regierungswechsels andererseits.

Der zweite Band knüpft in seiner Eröffnung über die aristotelischen Wurzeln bei Hegel zunächst direkt an die griechische Antike an. Von marginalen
Unterschieden abgesehen, seien beide, Platon und Aristoteles, in ihrer essentia-
listischen Fragestellung nach dem »Wesen« ein- und demselben Ansatz »orakelnder«, historizistischer Philosophie verpflichtet, die dann erst mit Hegel und seinem »neue(n) Mythos von der Horde« einen abermaligen (antizivilisatorischen)
Höhepunkt des Denkens erreiche. Interessant ist, was Popper zwischen den Bänden ideengeschichtlich nahezu völlig ausblendet, nämlich das gesamte Mittelalter,
das ihm als radikalen Verfechter aufklärerischer Vernunft nur als platonisch-aris-
totelisches Epiphänomen und somit dunkle Zeit erscheinen kann. Hegels spekulative Dialektik und Identitätslehre sind für ihn erkenntnistheoretisch zutiefst un-
wissenschaftlich, politisch höchst antiliberal und zeitgeschichtlich bloße Apologie
des preußischen Macht- und Obrigkeitsstaats. Mit Hegel beginne das moderne
totalitäre Denken und erreiche in einem hoch entwickelten, aber pseudowissenschaftlichen System zugleich einen äußerst gefährlich-verführerischen Gipfel, in
dem schon so gut wie alle Elemente (wieder) enthalten seien, die dann den Totalitarismus des 20. Jahrhunderts kennzeichneten: Aufhebung des Unterschieds von
Recht und Macht, Führertum, Nationalismus, Bellizismus, Kollektivismus, Heroismus, usw. Von hier aus führe dann ein direkter Weg zu Marx und zur NS-Ideologie, die beide ihrerseits Hegels Geist-Idealismus und Geschichtsdeterminismus
bloß mit materialistischen Konzepten (»Klasse« bzw. »Rasse«) amalgamierten.

Die Lehren von Karl Marx bilden gleichwohl demgegenüber den Schwerpunkt
des zweiten Bandes. Das hat natürlich mit der Bedeutung des Marxismus und
seiner Anziehungskraft auf Intellektuelle dieser Zeit zu tun, der Popper in jun-

gen Jahren selbst erlag. Popper hält Marx für theoretisch anspruchsvoll, schätzt dessen redlichen sozial-emanzipatorischen Impetus angesichts der Dramatik der sozialen Frage in der Industrialisierung und sieht in ihm einen Wissenschaftler, der Staat und Gesellschaft genuin soziologisch analysiert und die Sozialwissenschaften als eigenständige Disziplin gegen den von ihm kritisierten Psychologismus eines John St. Mill verteidigt. Insoweit kann er der Marxschen Gesellschaftskritik als einer harten soziologischen Analyse kapitalistischer Verhältnisse ohne weiteres folgen und dabei auch die Entdeckung der politischen Ökonomie als besondere Leistung hervorheben. Gleichwohl sei Marx zwei fundamentalen Irrtümern aufgesessen, die ihn in die holistisch-totalitäre Tradition orakelnder Philosophen von Platon bis Hegel einreihten: Die Radikalität seines ökonomischen Reduktionismus reproduziere letztendlich nur eine weitere Variation des antiken Essentialismus; und von Hegel habe Marx die historizistische Konzeption eines gesetzmäßigen Gangs der Geschichte übernommen, aus der er regelrecht Prophezeiungen abzuleiten glaubte, die mit naturgesetzlicher Notwendigkeit einzutreten hätten. Das erweise sich nicht nur als falsch, weil die Theorie der Verelendung im Kapitalismus, die zwangsläufig zur proletarischen Revolution führen müsse, historisch falsifiziert worden sei. Vor allem aber leugne Marx damit die Autonomie des Politischen und die Freiheit des Individuums. Der zweite Band schließt daher das Werk insgesamt ab mit einer essayistischen Betrachtung zum Sinn der Weltgeschichte – den Popper natürlich verneint: Dieser könne nicht objektiv und notwendig, sondern infolge individueller Entscheidung und Verantwortung nur »offen« sein.

Mit Hannah Arendts *Origins of Totalitarianism,* Max Horkheimers/Theodor W. Adornos *Dialektik der Aufklärung* oder etwa auch Eric Voegelins *Politische Religionen* zählt die *Open Society* zu den bedeutenden sozialwissenschaftlichen Arbeiten einer politisch-theoretischen Erklärung des Phänomens totalitärer Systeme. Obwohl höchst unterschiedlich, sind alle diese Werke einer ideengeschichtlich-philosophischen Tradition verpflichtet, die innerhalb des sozialwissenschaftlichen Mainstreams zwar als originelle Denkleistungen und »Klassiker« respektiert, jedoch in ihrer Breitenwirkung innerhalb des Fachs bald eher marginalisiert wurden. In der Rezeption hat Popper überdies generell zwischen vielen Stühlen gesessen: den Schulphilosophen, soweit sie nicht empiristisch orientiert sind, ist er zu naturwissenschaftlich, den bald in den Sozialwissenschaften vorherrschenden Empiristen zu ideengeschichtlich ausgerichtet gewesen. Letzteres gilt vor allem für die *Open Society,* denn Poppers Kritischer Rationalismus mit seinem »Hypothesenbilden«, »Basissatzproblem«, »Intersubjektivismus« und »Falsifikationsprinzip« galt zumindest eine Zeitlang als populäres sozialwissenschaftliches Forschungsmodell jenseits marxistisch-dialektischer Ansätze wie etwa der Frankfurter Schule. Hier hat Popper dann auch – zusammen mit Hans Albert –

sein Wissenschafts- und Gesellschaftsverständnis in einer der »Sternstunden« der deutschen Soziologie, nämlich im Zweiten Positivismusstreit gegen Theodor W. Adorno und Jürgen Habermas verteidigt.

Was speziell die Sozialphilosophie Poppers anlangt, war diese der radikalen deutschen »Linken« natürlich viel zu »liberal« und im Hinblick auf die bestehenden gesellschaftlichen Verhältnisse »affirmativ« – erst recht, wenn sich ein »rechter« Sozialdemokrat wie Bundeskanzler Helmut Schmidt auf sie berief. Dem besonderen Ansatz der *Open Society* erging es zudem ab den 1960er Jahren wie den anderen Totalitarismustheorien seit der Entspannungsära: Die These von der grundsätzlichen Ähnlichkeit zwischen marxistischer und nationalsozialistischer Ideologie bzw. Herrschaft galt nun als völlig überholte Sicht »kalter Krieger«. Dies scheint sich erst mit dem Zusammenbruch der kommunistischen Regime wieder relativiert zu haben.

Methodisch ist Popper bei seiner *Open Society* Eklektizismus und willkürliche Quellenexegese (insb. Platoninterpretation) vorgeworfen worden, mit denen er in ahistorischer Weise ein Verständnis von Aufklärung und Wissenschaftlichkeit rückwärtig projiziere, das zudem aus dem 18./19. Jahrhundert stamme. Die der *Open Society* inhaltlich zugrunde liegende These vom Nationalsozialismus als Zivilisationsbruch im Sinne eines bloßen Rückfalls in die Barbarei ist höchst problematisch; zu sehr zeigt sich auch in der neueren Forschung mit Blick auf die NS-Diktatur eine »Dialektik« bzw. »Ambivalenz der Moderne« (Riccardo Bavaj). Unabhängig hiervon aber hat Popper mit seiner radikalen Kritik an den linken und rechten Sehnsüchten nach kollektivistischen Ideologien mit Welterklärungsanspruch – wie im Falle aller großen Werke der Sozialwissenschaften – einen zentralen politischen »Nerv« getroffen. Es ist der Geist der individuellen Freiheit, der das ganze Werk durchzieht und bis heute bei der Lektüre seinen Zauber ausmacht. Die »offene Gesellschaft« ist als geflügeltes Wort längst zum Synonym für die Beschreibung pluralistischer Demokratien geworden, die ohne holistisches Systemdenken, »Volksgeist« und kollektive Identität auskommen – schon für die deutsche Diskussion kann das kaum überbewertet werden.

Robert Chr. van Ooyen

Literatur

Döring, Eberhard: Karl R. Popper: »Die offene Gesellschaft und ihre Feinde«. Ein einführender Kommentar, Paderborn u. a. 1996.
Keuth, Herbert: Die Philosophie Karl Poppers, 2. Aufl., Tübingen 2011.
van Ooyen, Robert Chr./Möllers, Martin H. W. (Hg.): Karl Popper und das Staatsverständnis des Kritischen Rationalismus, Baden-Baden 2019.
Niemann, Hans-Joachim: Lexikon des Kritischen Rationalismus, Tübingen 2004.

Jean-Paul Sartre: Portrait de l'antisémite, in: Les Temps modernes, Heft 3/1945, S. 442–470. (dt. Überlegungen zur Judenfrage, in: Ders.: Gesammelte Werke in Einzelausgaben. Politische Schriften Bd. 2, Reinbek b. Hamburg 1994, 288 S.)

Jean-Paul Sartre (1905–1980) ist einer der bekanntesten Philosophen des 20. Jahrhunderts, der immer wieder auch in sozialwissenschaftlich relevanten Feldern gearbeitet hat. Während seine philosophischen Arbeiten zahlreiche sozialwissenschaftliche Arbeiten beeinflusst haben, stellt sein *Portrait de l'antisémite* (1945) eine theoretische Reflexion über den modernen Antisemitismus dar, die die sozialwissenschaftliche Antisemitismusforschung auch in den Teilen, die sich kritisch mit Sartre befasst hat, maßgeblich geprägt hat. Denn Sartre hat wesentliche Elemente der späteren Forschung bereits angerissen und skizziert, wobei ein Teil der an Sartre im deutschen Sprachraum formulierten Kritik auch auf sprachliche Fehler bzw. Ungenauigkeiten in den ersten Übersetzungen ins Deutsche zurückzuführen sind, die Sartres Überlegungen an einigen Punkte geradezu entstellt haben und erst mit der hier genannten Neuübersetzung in der Werkausgabe (1994) grundlegend behoben worden sind.

In seinem *Portrait de l'antisémite,* das der französische Philosoph während des Nationalsozialismus verfasst hat und das 1945 erstmals erschienen ist, versteht Sartre den Antisemitismus als nicht aus der jüdischen Religion erklärbar, sondern aus dem Denken und Fühlen der Antisemit(inn)en, für die die Vorstellung von »dem Juden« eine symbolische Funktion übernehme. Insofern müssen für Sartre zum Verstehen des Antisemitismus auch die Antisemit(inn)en in den Blick genommen werden, während die jüdische Religion oder das reale Verhalten von Jüdinnen und Juden letztlich irrelevant für die Entstehung von Antisemitismus ist.

Sartres Essay beginnt mit der Feststellung, dass der Antisemit für sich das Recht einfordere, im Namen von Demokratie und Meinungsfreiheit den antijüdischen Kreuzzug zu predigen. Damit weist Sartre darauf hin, dass Antisemit(inn)en menschenverachtende und barbarische Rechte für sich unter dem Signet von Freiheit und Demokratie einfordern, also dass sie sich diejenigen gesellschaftlichen Strukturen zunutze machen, gegen die sie kämpfen. Sartre hält weiter fest, wodurch Antisemitismus *nicht* gekennzeichnet ist: Er ist keine Meinung, keine Erfahrung und keine historische Tatsache. Beim Antisemitismus handelt es sich deshalb um keine Meinung, da er auf die Vernichtung von Menschen zielt und nicht einfach ein in den Debatten zwischen Menschen verhandelbares Gut darstellt. Überdies basiert Antisemitismus auch nicht auf Erfahrung, da antisemitische Ressentiments gänzlich unabhängig von realen Kontakten von Antisemiten mit Jüdinnen und Juden artikuliert werden: »Die Erfahrung ist also weit davon entfernt, den Begriff des Juden hervorzubringen, vielmehr ist es dieser, der die Erfahrung beleuchtet; existierte der Jude nicht, der Antisemit würde ihn erfinden.« (1994: 12)

Insofern ist für Sartre der Antisemitismus auch nicht von einem äußeren Faktor (der sozialen oder historischen Erfahrung) her erklärbar: Nicht der reale Jude, nicht das reale Verhalten von Jüdinnen und Juden, sondern »l'idée de Juif« (1945: 448), die Vorstellung, die sich Antisemit(inn)en von Juden machen, sind bedeutsam. Sartre versteht Antisemitismus als Kombination aus Weltanschauung und Leidenschaft, als »synkretische Totalität« (1994: 14), in deren Mittelpunkt die Idee vom Juden stehe. Der Antisemitismus entspringt der freien Wahl der Antisemit(inn)en, sich auf diese Weise die Welt zu erklären und der Leidenschaft, den eigenen Emotionen freien Lauf lassen zu wollen: »Der Antisemitismus ist eine freie und totale Wahl, eine umfassende Haltung, die man nicht nur den Juden, sondern den Menschen im allgemeinen, der Geschichte und der Gesellschaft gegenüber einnimmt; er ist zugleich eine Leidenschaft und eine Weltanschauung. Gewiss werden bei diesem Antisemiten bestimmte Merkmale ausgeprägter sein als bei jenem. Sie sind jedoch immer alle gleichzeitig vorhanden und bedingen einander. Diese synkretistische Totalität müssen wir jetzt zu beschreiben versuchen.« (1994: 14)

Bei dieser Leidenschaft, die Antisemit(inn)en gegenüber den Juden entwickeln, handelt es sich um Hass- bzw. Wutaffekte, die der tatsächlichen Realität vorausgehen und vermeintliche soziale oder historische Belege für das antisemitische Ressentiment nutzen. Das heißt, die Antisemit(inn)en machen sich auf die Suche nach vermeintlichen Belegen für ihre Positionen, um damit ihren Affekten in scheinbar berechtigter Form freien Lauf lassen zu können. Das Ziel ist ein Zustand heftiger Erregung, wie Sartre schreibt, wobei die Antisemit(inn)en selbst gewählt haben, sich in einen solchen Zustand heftiger Erregung – den der Wut und der Aggression – zu versetzen: »Da der Antisemit den Hass gewählt hat, müssen wir schließen, dass er den leidenschaftlichen *Zustand* liebt.« (1994: 15) Die Ursache für diese Wahl der Leidenschaft und antisemitischen Begeisterung für den Hass sieht Sartre in einer Sehnsucht nach Abgeschlossenheit und einer Angst vor Veränderung. Der Antisemit will keine Veränderungen und keine Kontroversen oder Widersprüche, er will sich stattdessen nur auf das verlassen, was er als natürlich versteht – Gegebenheiten, die als angeboren begriffen werden, wobei das Erworbene und das Soziale verneint wird.

Die Antisemit(inn)en sehnen sich nach Krisenperioden, in denen gemeinschaftliche Urformen plötzlich wieder auftauchten und ihre Fusionstemperatur erreichten – um dann dem Wunsch nachgeben zu können, in der Gruppe zu verschmelzen und vom kollektiven Strom fortgerissen zu werden. Es ist, wie Sartre sagt, die antisemitische Sehnsucht nach der »atmosphère de pogrome« (1945: 456). Deshalb streben Antisemit(inn)en auch nicht danach, eine soziale Ordnung konstruktiv zu verändern, sondern im Gegenteil danach, politische Unordnung zu stiften und zu provozieren, um die demokratische soziale Ordnung zugunsten einer primitiven *Gemeinschafts*ordnung unter Ausschluss der Jüdinnen und Juden

zu zerstören. Zugleich geht dieser Destruktionswille einher mit einer ausgepräg-
ten Furcht vor dem, was als jüdisch phantasiert wird.

Sartre sieht den Antisemitismus als eine Furcht vor dem Menschsein, die von
antisemitischer Seite durch eine strikte Abgezogenheit von der Außenwelt mit
ausbleibender Realitätsprüfung der eigenen Weltsicht strukturiert wird, bei denen die Antisemiten auf eine *nicht vorangegangene* Aktion oder Äußerung (die
eben lediglich von ihnen phantasiert wurde bzw. wird) *(schein-)reagieren,* wobei
als »Jude« oder »Jüdisch« auch Menschen oder Eigenschaften deklariert werden
können, die es real nicht sind. Weil dieser Prozess auf antisemitischer Seite mit der
Formierung einer Idee des Jüdischen stattfindet, für die jüdische Kultur, Religion
oder Geschichte zwar als Transparenzfolie dienen, aber letztlich willkürlich entstellt oder auch neu generiert werden, hält Sartre es für geboten, den Blick auf die
Weltanschauung und die Leidenschaft der Antisemit(inn)en zu lenken, um den
Antisemitismus verstehbar machen zu können.

Sartre hat mit seiner Theorie an zahlreichen Stellen die Grundlage für die weitere theoretische Antisemitismusforschung gelegt, da er – wenngleich oftmals nur
kursorisch und analytisch nicht tiefgreifend genug – zahlreiche theoretische Kontexte des Antisemitismus erstmalig thematisiert und auf sie hinweist. Zu denken ist hier an sein Konzept der »totalité syncrétique« (1945: 444) mit der vollständigen psychischen wie physischen Erfassung der antisemitischen Person und
Persönlichkeit, das bereits auf die Annahmen von Max Horkheimer und Theodor W. Adorno in der *Dialektik der Aufklärung* (1947) verweist, an seine Analyse
des manichäischen Charakters antisemitischen Denkens und die daraus resultie-
rende Wertschätzung einer Entgegensetzung von Konkretem und Abstraktem im
antisemitischen Weltbild, die für die ökonomietheoretischen Ausführungen von
Moishe Postone (1982) die wesentliche theoriegeschichtliche Voraussetzung darstellen oder der Versuch zur Integration von affektiver und kognitiver Dimension
des Antisemitismus, also – in Sartres Begriffen – die Integration von Leidenschaft
und Weltanschauung, die sich in seinen massenpsychologischen Überlegungen
deutlich niederschlägt und die die weitere theoretische Antisemitismusforschung
implizit (Ernst Simmel) und explizit (Béla Grunberger) prägen sollte. Der integrative und innovative Charakter von Sartres Theorie kann dabei nicht überschätzt
werden – auch, wenn sie an zahlreichen Stellen nur die Oberfläche des jeweiligen
Kontextes erreicht: Denn Sartre hat damit die in der weiteren Forschung ausdifferenzierten Erkenntnisse überhaupt erstmals erkannt und ansatzweise systematisiert. Claude Lanzmann hat diesen inspirativen Charakter von Sartres Anti-
semitismustheorie sowie die teilweise sehr harsch und aggressiv gegen Sartre
vorgebrachte Kritik auf die Formulierung gebracht, dass Sartre sich »immer in der
richtigen Richtung geirrt« habe.

Samuel Salzborn

Literatur

Jonathan Judaken: Jean-Paul Sartre and the Jewish Question. Anti-antisemitism and the
Politics of the French Intellectual, Lincoln/London 2006.

Samuel Salzborn: Antisemitismus als negative Leitidee der Moderne. Sozialwissenschaftliche Theorien im Vergleich, Frankfurt/New York 2010.

**Max Horkheimer/Theodor W. Adorno: Dialektik der Aufklärung. Philosophische Frag-
mente, Querido: Amsterdam 1947, 275 S. (zit. n. der Neuausgabe 1969).**

Die *Dialektik der Aufklärung* ist ein Schlüsselwerk der Kritischen Theorie oder
›Frankfurter Schule‹, die schulbildend insbesondere von Max Horkheimer (1895–
1973) und Theodor W. Adorno (1903–1969) geprägt worden ist. Unter Mitarbeit
von Leo Löwenthal erarbeitet im amerikanischen Exil in Los Angeles zwischen 1939
und 1944, also während des Zweiten Weltkriegs und zur Zeit des Höhepunkts des
Nazi-Terrors, wurde die Schrift zunächst 1944 unter dem Titel *Philosophische Frag-
mente* in Form eines hektographierten Typoskripts in einer Auflage von 500 Exemplaren am Institute of Social Research in New York publiziert. Schließlich erschien
die *Dialektik der Aufklärung* 1947 im Querido Verlag in Amsterdam, dem wichtigsten deutschsprachigen Exilverlag. In dieser Letztfassung nahmen die Autoren einige begriffliche Veränderungen vor, die eine partielle Abkehr klassisch marxistischer Terminologie indizieren, etwa von »Ausbeutung« zu »Leiden«. Auch wurde
dem Kapitel »Elemente des Antisemitismus« eine siebte und letzte These zugefügt.
Als kritisch-theoretisch Reflexion im Angesicht des präzedenzlosen Zivilisations-
bruchs und undenkbaren Terrors, den Auschwitz markierte, und der den Autoren
zufolge doch selbst der Dialektik eines in unreflektierter Herrschaft begründeten
Zivilisationsprozesses entstammte, sollte die *Dialektik der Aufklärung* als eine intellektuelle »Flaschenpost« kritischen Bewusstseins wirken. Dem entsprach seine
zunächst randständige Publikationsgeschichte. Erst 1969, kurz vor Adornos Tod,
wurde eine von beiden Autoren autorisierte Neuauflage des lange vergriffenen Buches publiziert, gegen die sich Horkheimer lange gesperrt hatte. Heute gilt es als
das prägende Werk der Kritischen Theorie und einer der bedeutendsten sozialwissenschaftlichen und politisch-philosophischen Texte des 20. Jahrhunderts. Es
markiert zudem einen Wendepunkt innerhalb der Kritischen Theorie, die im Anschluss vor allem von Adorno in der Nachkriegszeit in zahlreichen theoretischen
Arbeiten, u. a. der *Negativen Dialektik* (1966), weiter entwickelt wurde.

Den realgeschichtlichen Kontext des Werkes bilden die Erfahrung des Terrors und den Gräueltaten des Nazismus als negativem Höhepunkt der Menschheitsgeschichte. Die *Dialektik der Aufklärung* sucht das Scheitern der bisherigen
modernen Zivilisation, Vernunft und Aufklärung zu begreifen, ausgehend von

der These, dass jene der Nazi-Gewalt und der präzedenzlosen Verfolgung der Juden nicht schlicht äußerlich sind, sondern selbst verstrickt ins Grauen. Die Autoren überführen hierbei unterschiedliche Traditionen der Philosophie, Soziologie und Gesellschaftstheorie in eine radikale Reformulierung von sozialwissenschaftlicher Gesellschaftskritik als Kritische Theorie. Sie reflektiert u. a. eine unorthodoxe Lesart von Marx' Kapitalismuskritik und der Verdinglichung als »gesellschaftlich notwendigem Schein«, zurückgehend auf den ersten Band des *Kapitals* und Georg Lukács; die These vom »Ineinander von Vernunft und Mythos« aus Siegfried Kracauers *Massenornamenten;* die komplexe triebtheoretische Kultur-Subjekttheorie Freuds; Max Webers Theorie moderner »Entzauberung der Welt« durch Rationalisierung und Bürokratisierung; und die philosophische Zeitdiagnostik Nietzsches. Nicht zuletzt fußt das Werk auf einer Auseinandersetzung mit der Erkenntnistheorie Kants und der – im Zeichen von Auschwitz negativ gebrochenen – dialektischen Geschichtsphilosophie Hegels.

Die Autoren rekonstruieren angesichts der Massen mobilisierenden Mythologie des Nazismus den Umschlag einer instrumentellen und auf Beherrschung beruhenden Rationalität in den entfesselten Wahn totaler Herrschaft und Vernichtung. Die Menschheit werde verrückt an der modernen Totalisierung eines verfügenden Handlungs- und Rationalitätsmodus, der blind auf Aneignung der Objektwelt ausgerichtet sei; auf Macht, Kontrolle, Standardisierung und Bemächtigung als Grundprinzip aller sozialen Beziehungen und derjenigen zwischen Menschen und Natur. Die durchrationalisierte moderne Gesellschaft, die die Welt szientistisch entzauberte, sei demnach mit dem Rückfall in Barbarei aufs Engste verbrüdert. Horkheimer/Adorno führen den Nukleus jenes Rückfalls u. a. auf die mythischen Ursprünge der Zivilisationsgeschichte und ihres Modells der Subjektivation – als Versuch der Befreiung vom Naturzwang durch Selbstverhärtung gegenüber der Angst einflößenden Natur – zurück, von denen sich die Menschheitsgeschichte nie emanzipiert habe. Vielmehr seien die prekären Muster unerhellter Selbstbehauptung gegenüber einer als bedrohlich und feindlich wahrgenommenen Objektwelt selbst zur »zweiten Natur« geronnen; so wie die historisch gewordene, unter den Bedingungen moderner Vergesellschaftung allgegenwärtige Logik der Macht im mythischen Bann der Unausweichlichkeit bleibe, ja als Naturgesetz erscheine und letztlich Naturgesetze imitiere. Dabei sei Vernunft in den primitiven Gesetzen der Natur je stärker befangen, je selbstherrlicher sie sei und je weniger sie die Anteile der Natur in ihr reflektiert: »Schon der Mythos ist Aufklärung, und: Aufklärung schlägt in Mythologie zurück.« Darin sei die Gefahr begründet, dass »die Unterwerfung alles Natürlichen unter das selbstherrliche Subjekt zuletzt gerade in der Herrschaft des blind Objektiven, Natürlichen gipfelt.« (6) In der modernen Gesellschaft schließlich totalisiere sich die in Herrschaft verstrickte Rationalität, als Logik der Perfektionierung der Unterwerfung von innerer und äußerer Natur, wesentlich als eine ausschließende und instrumentelle. Entgegen den Ansprüchen der Aufklärung, die Menschen aus ihrer selbstgeschaffenen Unmündigkeit zu befreien, ziele die wirkungsmächtige Aufklärung auf Verwertung, Ausschluss, heteronome Identifizierung und systematische Ausbeutung des Anderen. Solch verdinglichte Aufklärung reduziere die Natur zu bloßem Material und die Menschen zu Exemplaren der Gattung unter dem Primat einer universellen Funktionalität, die Abweichendes ausgegrenzt oder eliminiert. Sie münde nicht in Freiheit, sondern einem neuen »gesellschaftlichen Verblendungszusammenhang.« (48) Die wildgewordene Objektifizierung der Welt durch das Subjekt, das die Quelle und der Grund aller Freiheit hätte sein sollen, lasse die Individuen dergestalt zum »Trupp« mutieren, den Hegel als Produkt der Aufklärung identifizierte. So sei die NS-Barbarei zugleich auch mit einer in Herrschaft reflexionslos verstrickt gebliebenen und dadurch selbstzerstörerischen Aufklärung verbunden.

Entgegen oberflächlichen Deutungen begründen Horkheimer/Adorno indes keine generalisierte oder gar rückwärtsgewandte Zivilisationskritik. Es geht ihnen vielmehr explizit um eine selbstreflexive kritisch-dialektische Theoriebildung, die noch im Anblick scheinbar vollendeter Negativität des modernen Vergesellschaftungsprozesses, und der »praktischen Tendenz« der Aufklärung zur »Selbstvernichtung« (7), programmatisch an der Idee der Aufklärung festhält. Die Autoren hegen »keinen Zweifel«, dass »die Freiheit in der Gesellschaft vom aufklärenden Denken unabtrennbar ist.« (3) Doch kritisieren sie konkrete, reflexionslose und auf Beherrschung reduzierte historische Formen jenes Denkens sowie moderner gesellschaftlicher Institutionen, die schon den Keim des Rückschritts in die Barbarei enthalten. »Nimmt Aufklärung die Reflexion auf dieses rückläufige Moment nicht in sich auf, so besiegelt sie ihr eigenes Schicksal [...] Die dabei an Aufklärung geübte Kritik soll einen positiven Begriff von ihr vorbereiten, der sie aus ihrer Verstrickung in blinde Herrschaft löst.« (3, 6)

Im ersten Kapitel wird ein solch kritisch-dialektischer Begriff von Aufklärung entwickelt, der ihr emanzipatives Potenzial mit dem realgeschichtlichen Prozess ihrer Selbstzerstörung kontrastiert – dem Triumphzug einer in Herrschaft verstrickten Logik der »Gleichmacherei«: »Das Wissen, das Macht ist, kennt keine Schranken, weder in der Versklavung der Kreatur noch in der Willfährigkeit gegen die Herren der Welt.« (10) Kritisiert wird eine technologisch reduzierte, die moderne Vergesellschaftung durchdringende Vernunft, welche die Objektwelt eingliedert, standardisiert und verwertet und dabei lebendige Differenz ausmerzt. Solch dominante Rationalität fuße in »Praktiken der Beherrschung, die von der Unterjochung der Natur auf die Gesellschaft seit je zurückgeschlagen haben.« (46) Dabei wird zugleich das vorherrschende Modell des modernen wissenschaftlichen Positivismus einer radikalen Kritik unterzogen, der die Zahl und die Formel vollends zum Kanon der Aufklärung mache. Als Sein und Geschehen werde »von der Aufklärung vorweg nur anerkannt, was durch Einheit sich erfassen lässt; ihr Ideal ist das System, aus dem alles und jedes folgt.« (13) Auf dem »Felde der Sozialwissenschaften [...] wie der Einzelnen«, so die Autoren, »werden blinde Anschauung und leere Begriffe starr und unvermittelt zusammengebracht.« (211) Als bloße Kontrollierung einer vergegenständlichen Außenwelt, gespiegelt im modernen Positivismus, befördere eine reflexionslos naturbeherrschende Aufklärung selbst die Absperrung von Subjektivität, Natur, menschlichen Regungen und kritischer Vorstellungskraft. Solche Isolation und Verkümmerung trage den Keim der Regression und Irrationalität in sich, der sich im politischen Wahn des Nazismus manifestiere.

Dem ersten Abschnitt folgen zwei »Exkurse«. Der erste, »Odysseus oder Mythos und Aufklärung«, spürt den zivilisationsgeschichtlichen Ursprüngen einer mythischen befangenen Aufklärung in der Welt der Mythen nach. Rekonstruiert wird hierbei die Geschichte der bürgerlichen Subjektivation, die bis in die Frühgeschichte zurückreiche. Horkheimer und Adorno deuten sie als »Geschichte der Introversion des Opfers« (62), also als Geschichte menschlicher Disziplinierung und Entsagung und der Transformation des Opfers in Subjektivität. Für Horkheimer/Adorno ist Odysseus sinnbildlich der »erste Bürger«. Er symbolisiere den Ursprung der Vernunft aus dem Selbsterhaltungstrieb und aus mythischer Angst gegen die unverstandene Objektwelt und die eigenen Regungen. Odysseus' Vernunft ist die des Subjekts, das den Verlockungen und Bedrohungen der äußeren Welt mit List und Entsagung begegnet. Im zweiten Exkurs, »Juliette oder Aufklärung und Moral«, kontrastieren die Autoren Kant mit de Sade und Nietzsche. Der Exkurs untersucht das Verhältnis von bürgerlicher Moral zum »logischen Subjekt der Aufklärung«, das als »mündiger« Bürger dem Prinzip der Selbsterhaltung folge, und zwar in Gestalt des »Sklavenhalters, freien Unternehmers, Administrators« (90). Horkheimer/Adorno wollen zeigen, dass in einer blind nach dem Prinzip der Selbstbehauptung organisierten bürgerlichen Gesellschaft die Morallehren der Aufklärung chancenlos sind. Die Anpassung ans Unrecht sei in der bestehenden Gesellschaft unter dem Primat ökonomischen Profits und universeller Selbstbemächtigung grenzenlos: Entgegen aller moralischen Geltungsansprüche bildete gerade die Wehrlosigkeit der Opfer den »Rechtstitel ihrer Unterdrückung.« (118) Die weit verbreitete Verachtung von de Sade und Nietzsche gründe gerade darin, dass sie die Einsicht über die tatsächliche Einheit von Herrschaft und Vernunft ausgesprochen haben.

Der vierte, besonders breit rezipierte Abschnitt zur »Kulturindustrie: Aufklärung als Massenbetrug« widmet sich organisierten und standardisierten Kulturgütern, von der inszenierten faschistischen Propaganda bis zur Filmindustrie. Die Kulturgüter der Kulturindustrie, produziert im Dienst von Herrschaft und Profit, schlügen mit der immer gleichen Nachahmung des realen Lebens »alles mit

Ähnlichkeit« (129) und trügen zur reglementierten Verflachung des Bewusstseins abhängiger Subjekte und ihrer Imaginationskraft bei. Laut Horkheimer/Adorno spiegele gerade die Kulturindustrie eine auf Verwertung und schematisch klassifizierendes Denken reduzierte Vernunft. Sie verstärkt dabei den destruktiven »Fortschritt der barbarischen Beziehungslosigkeit.« (169) In Deutschland »lag über den heitersten Filmen der Demokratie schon die Friedhofsruhe der Diktatur.« (134) Die diesem Abschnitt folgenden »Elemente des Antisemitismus«, in Teilen fundiert durch parallele empirischen Forschungen des Instituts für Sozialforschung in New York, entwickeln sieben avancierte, unterschiedlich entwickelte Thesen zum modernen Antisemitismus und seinen Ursprüngen. Sie gelten bis heute als avanciertester Versuch, den gesellschaftlich wirkungsmächtigen Wahn des Antisemitismus theoretisch zu begreifen. Hervorstechend sind u. a. die Thesen vom Antisemitismus als sozialer Paranoia und »pathischer Projektion«: »Die völkischen Phantasien jüdischer Verbrechen, der Kindermorde und sadistischen Exzesse, der Volksvergiftung und der internationalen Verschwörung definieren genau den antisemitischen Wunschtraum und bleiben hinter seiner Verwirklichung zurück.« (195) Das Buch wird abgeschlossen durch fragmentarisch-aphoristische »Aufzeichnungen und Entwürfe«, die eine »dialektische Anthropologie« vorbereiten sollen.

Seit Ende der 1960er Jahre, zunächst initiiert durch unter linken Studierenden zirkulierende Raubkopien des lange vergriffenen Buches, begann eine zunächst deutsche, dann breite internationale Rezeption des Werkes in Philosophie, Soziologie, Politikwissenschaft, den *humanities* und den Kulturwissenschaften. Die *Dialektik* bleibt der Gegenstand anhaltender Kontroversen. Während manche Autoren sie bis heute als Ansammlung »theologischer Absurditäten« (Raymond Geuss) verurteilen, berufen sich andere auf sie kaum trefflicher im Zuge einer pauschalen, teils begriffslosen Kultur- und Aufklärungskritik. Im sozialwissenschaftlichen Kanon wird die *Dialektik der Aufklärung* bisweilen auf das wohl schwächste und laut den Autoren »fragmentarischste« Kapitel zur Kulturindustrie reduziert, das mithin Differenzen von amerikanischer Populärkultur und faschistischer Propaganda nivelliert. Stichhaltig ist die Kritik durch Andreas Huyssen, die Zivilisationstheorie von Horkheimer/Adorno leide unter mangelnder »historischer Spezifizität.« Jürgen Habermas sieht die »Selbstreferentialität einer totalisierenden Kritik der Vernunft«. Die Kritischen Theoretiker unterschätzten demnach die emanzipativen intersubjektiv-lebensweltlichen Potenziale und kommunikativen Rationalisierungen der politisch-kulturellen Moderne, die auch Teil moderner gesellschaftlicher Dialektik sind. Forschungen u. a. zur Soziologie der Globalisierung, zur Dialektik von Exklusion und zu einer theoretisch orientierten Antisemitismusforschung greifen indes in jüngerer Zeit Theoreme der *Dialektik* auf und zeugen von lebendigen Aneignungen ihrer Motive. Das Werk fungiert überdies heute vielfach als Impulsgeber für selbstreflexive Sozialphilosophien sowie eine kritisch-materialistische Demokratietheorie, welche soziale Strukturprinzipien und Exklusionsmodi moderner Herrschaft auch in demokratischen Gesellschaften nicht aus den Augen verliert, zugleich aber an dem theoretischen und praktischen Ringen um gesellschaftliche Bedingungen von Freiheit und Solidarität festhält. Wie Horkheimer/Adorno im Vorwort zur Neuausgabe betonen, verlange dabei »kritisches Denken [...] heute Parteinahme für die Residuen von Freiheit, für reale Tendenzen zur Humanität, auch wenn sie angesichts des großen historischen Zuges ohnmächtig erscheinen.« (IX)

Lars Rensmann

Literatur

Lawrence, Nick: How to Read Adorno and Horkheimer's Dialectic of Enlightenment, London 2013.

Schweppenhäuser, Gerhard: Kritische Theorie. Grundwissen Philosophie, Leipzig 2010.

Van Reijen, Willem/Gunzelin Schmid Noerr (Hg.): Vierzig Jahre Flaschenpost. Dialektik der Aufklärung 1947–1987, Frankfurt 1987.

Simone de Beauvoir: Le Deuxième Sexe. Tome I: Les Faits et les Mythes. Tome II: L'expérience vécue, Paris: Librairie Gallimard 1949, 988 S. (dt. Das andere Geschlecht. Sitte und Sexus der Frau. Aus dem Französischen von Eva Rechel-Mertens und Fritz Montfort, Hamburg: Rowohlt 1951, 751 S.; Neuübersetzung 1992 im gleichen Verlag durch Uli Aumüller und Grete Osterwald, 941 S.).

»Man ist nicht als Frau geboren, man wird es.« (334) Mit diesem emblematischen Satz eröffnet Simone de Beauvoir (1908–1986) das zweite Buch ihrer Abhandlung über *Das andere Geschlecht* und formuliert in diesem Zuge zweifellos eine der bekanntesten Passagen der philosophischen Literatur der Moderne, durch welche sie im Jahr 1949 schlagartig und weltweit bekannt wird. Die Schriftstellerin und existentialistische Philosophin rief in ihrem zweibändigen Essay Frauen dazu auf, sich nicht mit ihrem als solchen deklarierten Schicksal abzufinden und das zweite (frz. le deuxième) Geschlecht nach dem männlichen zu sein. Diese Anrufung erfuhr breite Resonanz in der zweiten Welle der Frauenbewegung, für die Beauvoir nicht weniger als die Möglichkeit und Existenz der weiblichen politischen Intellektuellen verkörperte. Während sich Beauvoir im ersten Buch mit Fakten und Mythen des Geschlechtsschicksals auseinandersetzt, analysiert sie im sehr viel umfangreicheren zweiten Buch die *Gelebte Erfahrung* von Frauen im Rahmen der im ersten Band programmatisch entwickelten »Perspektive [...] existentialistische[r] Ethik« (25).

Nach der Veröffentlichung einiger literarischer sowie philosophischer Texte, innerhalb derer Beauvoir ihre existentialistische Programmatik entwarf, begann sie die Arbeit an *Das andere Geschlecht* ein Jahr nach dem Ende des Zweiten Weltkriegs. Den gesellschaftspolitischen Kontext der Analyse gibt insofern das Klima der französischen Nachkriegszeit, in der die von vielen feministischen Verbänden angestrebte Einführung des Frauenwahlrechts 1945 mit dem Aufschwung einer restaurativen Familien- und Mutterideologie kollidierte.

Vor diesem Hintergrund ist Beauvoirs umfassende kulturgeschichtliche und wissenschaftshistorische Abhandlung der Lage der Frauen unter Rekurs auf deren *Gelebte Erfahrung* in einer nach wie vor patriarchal strukturierten Welt als einer der radikalsten und visionärsten Beträge zur Frauenemanzipation im 20. Jahrhundert zu lesen. Frühere theoretische Ausführungen führt Beauvoir in *Das andere Geschlecht* zu einer existentialistischen Ethik aus, die ihren unwiderruflichen Ausgangspunkt explizit in ihrer eigenen Situation als Frau im asymmetrischen Geschlechterverhältnis nimmt. Die Einbeziehung der eigenen Situiertheit in den Erkenntnisprozess ist demnach notwendig für die Ausarbeitung ihres normativen Entwurfs einer kritischen Theorie gesellschaftlicher Praxis, welche die Freiheit als Verhältnis aller Menschen zueinander in der gegebenen Welt zum Ziel hat. An dieser Stelle wird bereits deutlich, inwiefern *Das andere Geschlecht* gerade als Schlüsselwerk der Geschlechterforschung auch als Klassiker der Sozialwissenschaften zu begreifen ist: Beauvoir argumentiert in Anschluss an Karl Marx, dass die Bedingungen der Möglichkeit für die Realisierung menschlicher Freiheit in der politischen Gleichheit aller Menschen liegt, auch derjenigen von Frauen und Männern. Darüber hinaus besteht sie auf der Unzulänglichkeit monistischer Erklärungsversuche von Unterdrückungsverhältnissen – sei es die Unterdrückung der Frauen durch die Männer, der Schwarzen durch die Weißen, des Proletariats durch die Bourgeoisie oder der Juden durch nicht-jüdische Mehrheitsgesellschaften. Im Unterschied zu den Widerstandsbewegungen etwa der Haitianischen Sklav(inn)en oder der europäischen Proletarier/innen verzichteten die Frauen jedoch aufgrund ihrer unterschiedlichen sozialen Positionen und ihrer Zerstreuung auf kollektive Identitäten, außer, wie Beauvoir ironisierend anmerkt, auf »bestimmten Kongressen, die theoretische Kundgebungen bleiben.« (15) Hier erweise sich die Unzulänglichkeit des hegelianischen abstrakten Verhältnisses von Herr und Knecht insofern, als die Frau durch die geschlechtliche Konnotation der für die bürgerliche Gesellschaft konstitutiven Sphären der Öffentlichkeit und Privatheit in eine merkwürdige Zwitterstellung zwischen Subjekt und Objekt gerate. Tatsächlich nimmt Beauvoir mit dieser Beobachtung bereits die Kritik des humanistischen Feminismus der 1970er Jahre und seiner Ausrichtung an der weißen Mittelstandsfrau insofern vorweg, als sie die intimen Bindungen durch Familienideologie und Geschlechtertrennung an die jeweiligen Männer und die unterschiedlichen Stel-

lungen der Frauen in den Produktionsprozess mit dementsprechend unterschiedlichen Interessenlagen bereits 1949 als Problem erkennt.

Einen Bruch mit bestehenden Traditionen von Moral- und Existenzphiloso-
phie vollzieht Beauvoir durch ihren Selbstentwurf als politische Intellektuelle, der
an dieser Stelle in expliziter Differenz zur Intellektuellendefinition Sartres verstanden werden muss, nach welcher der Intellektuelle jemand sei, der sich in Dinge einmische, die ihn nichts angingen. In *Das andere Geschlecht* entwirft Beauvoir
eine Idee selbstreflexiver weiblicher Intellektualität, die eben gerade auch darin
besteht, sich in Dinge einzumischen, welche die erkennende Philosophin sehr
wohl etwas angehen, so sie ihre Existenz als Erkennende betreffen.

Diese Figur arbeitet Beauvoir im ersten Buch erkenntnistheoretisch aus. Aus
der Perspektive existentialistischer Ethik setzt sich das Subjekt in einem Akt der
freien Wahl entsprechend des Grundsatzes, nach dem das menschliche Sein vom
Subjekt das Überschreiten der Immanenz fordere. Im Überschreiten der Immanenz im Sinne der Abhängigkeit von einer als Schicksal auftretenden Natur wird
Freiheit realisiert, die Immanenz wird transzendiert. Freiheit wird dabei in Anlehnung an Sartres Bestimmung des Bewusstseins als Existenz verstanden, hege-
lianisch formuliert: Freiheit ist dann das Für-sich-Sein als Negation des An-sich-
Seins der Dinge. Der existierende – freie – Mensch transzendiert sein Gewesensein
unaufhörlich in eine mögliche Zukunft, entwirft sich so auf ein mögliches zukünftiges Sein hin und realisiert in eben diesem Entwurf menschliche Freiheit.

Das – in existentialistischer Perspektive moralische – Problem, auf welches
Beauvoir in diesem Zusammenhang aufmerksam macht, ist der patriarchale Verweis der Frauen in den Bereich des An-sich-Seins, der zur Immanenz verurteilt:
»Das Drama der Frau besteht in diesem Konflikt zwischen dem fundamentalen
Anspruch jedes Subjekts, das sich immer als das Wesentliche setzt, und den Anforderungen einer Situation, die sie als unwesentliche konstituiert.« (26) Als Bedingung der Möglichkeit von Erkenntnis wie auch der Kritik und Abschaffung
von Herrschafts- und Gewaltverhältnissen wird hier wieder die einzufordernde
Gleichheit aller Menschen sichtbar. Gleichzeitig kommt in der Analyse Beauvoirs der faktischen Ungleichheit ihre transzendentalphilosophische Auffassung
der Konstitution von Subjektivität in der Alterität zum Tragen: Wenn die Beziehung zum Anderen notwendige Bedingung für die Verwirklichung der Freiheit
und damit der Möglichkeit zur Teilhabe an Gesellschaft ist, erklärt sich daraus die
grundsätzliche Begrenzung der Existenz der Frau in ihrer Situation. »Es gibt keine
anderen Rechtfertigung der gegenwärtigen Existenz als ihre Ausdehnung in eine
unendlich offene Zukunft. Jedesmal wenn die Transzendenz in Immanenz zu-
rückfällt, findet eine Herabminderung der Existenz in ein ›An-sich‹ und der Freiheit in Faktizität statt. [...] Was nun die Situation der Frau in einzigartiger Weise
definiert, ist, daß sie sich – obwohl wie jeder Mensch eine autonome Freiheit – in

einer Welt entdeckt und wählt, in der die Männer ihr vorschreiben, die Rolle des
Anderen zu übernehmen; sie soll zum Objekt erstarren und zur Immanenz verurteilt sein, da ihre Transzendenz fortwährend von einem essentiellen, souveränen anderen Bewußtsein transzendiert wird.« (25 f.)

Das andere Geschlecht entwickelt Beauvoir in dieser Perspektive als eine dia-
lektisch-materialistische Studie des Daseins der Frau, welches systematisch als Situation der Begrenzung weiblicher Existenz verstanden wird. Im ersten Buch Fakten und Mythen diskutiert Beauvoir an der Leitfrage »Was ist eine Frau?« (27)
Theorien des Geschlechtsschicksals, die Geschichte dieser Episteme mit den dazugehörigen Mythen. Dabei hält sie die biologischen Gegebenheiten von schwä-
cherer Muskelkraft über physische und psychische Belastungen im Zusammenhang mit Menstruation, Klimakterium und Schwangerschaft für »außerordentlich
wichtig« insofern, als sie »in der Geschichte der Frau eine herausragende Rolle«
gespielt hätten und »ein wesentliches Element ihrer Situation« (57) seien. Im kritischen Rekurs auf Maurice Merleau-Pontys Phänomenologie der Wahrnehmung
betont sie zudem die Rolle der (Selbst-)Entfremdung der Frau vom eigenen Körper als konstitutiv für ihr Frausein: »Wie der Mann ist die Frau ihr Körper: aber
ihr Körper ist etwas anderes als sie.« (53) Der geschlechtsspezifische Unterschied
liegt damit in der unterschiedlichen Erfahrung von Identität mittels des Körpers;
wenngleich sie so aus biologischen Unterschieden geschlechtstypische Erfahrungen ableitet, folgt daraus keine Rechtfertigung der Geschlechterasymmetrie. Aus
der Perspektive der Existenz werde die Biologie vielmehr zu einer abstrakten Wissenschaft (59) und verliere jegliche Erklärungskraft hinsichtlich der Geschlechterdifferenz: so habe die Natur nur Realität für den Menschen, »sofern sie in sein
Handeln einbezogen ist« (60). In den zwei folgenden Kapiteln kritisiert Beauvoir den sexuellen Monismus Sigmund Freuds bezogen auf die weibliche Sexualität und den ökonomischen Monismus Engels in der Argumentation über den
Ursprung der Familie. Wie Engels bei der Argumentation über den Zusammenhang der Entstehung des Privateigentums und der Frauenunterdrückung, ignoriere auch Freud den »existentiellen Unterbau« (85), der eine ganzheitliche Analyse
der Situation erst ermögliche. Im folgenden Teil nimmt sich Beauvoir einer eigenen Rekonstruktion der Sozialgeschichte der Geschlechterdifferenz an, die sich
als Anwendung der Hegelschen Geschichtsdialektik auf das Geschlechterverhältnis versteht; das erste Buch wird schließlich im dritten Teil mit einer Abhandlung über Geschlechtsmythen abgeschlossen. Das zweite Buch Gelebte Erfahrung,
welches mit dem wohl berühmtesten Satz Beauvoirs beginnt, ist in vier Teile gegliedert, von denen der erste den Werdegang der Frau als sexuelles Wesen untersucht, der zweite die Situation der Frau in den bestehenden gesellschaftlichen
Rollenangeboten analysiert, der dritte Teil drei gängige individualistische Pseudo-
lösungen – Rechtfertigungen in den Rollen der Narzisstin, der Liebenden und der

Mystikerin – ihrer Ideologie entblättert und als unmoralisch kritisiert, und der vierte Teil *Auf dem Weg zur Befreiung* einen skeptischen, aber doch hoffnungsvollen Ausblick auf eine befreite Gesellschaft wagt. Der im zweiten Buch so mutige Rekurs auf das weibliche Erleben stellt zusammen mit Beauvoirs theoretisch wie praktisch radikaler Zurückweisung der Grenze zwischen Öffentlichem und Privatem nicht nur einen epistemologischen Bruch mit dem Existenzialismus und der Moralphilosophie dar, sondern auch mit feministischen Traditionen, was von der zweiten Welle der Frauenbewegung aufgegriffen wurde.

Das andere Geschlecht gehört zu den am meist rezipierten Schriften in der Frauenbewegung. Die wissenschaftliche Rezeption bewegt sich bis heute im Feld zwischen Applaus und Abgrenzungsbewegungen; durch die der Sache nach bereits interdisziplinäre Aufstellung feministischer Theorie geht auch die Rezeption über die klassischen Bereiche der Sozialwissenschaften hinaus. Kritiken vernachlässigten dabei nicht selten die historische Situation Beauvoirs im Nachkriegsfrankreich der 1940er Jahre; allerdings irritiert gerade in diesem Zusammenhang auch das Fehlen jeglicher Bezüge auf das in eben der Entstehungszeit der Abhandlung besonders virulente Thema der Auseinandersetzung mit der Vernichtung der europäischen Juden durch die nationalsozialistischen Deutschen ebenso wie Verweise auf die deutsche Besatzungszeit.

Für die feministische Theorie schlossen sich der existentialistischen – und in der Rezeption oft als essentialistisch verkannten – Analyse Beauvoirs die Konjunkturen des Differenzfeminismus und des Dekonstruktivismus an, während weiterhin gleichzeitig historisch-materialistische Ansätze vertreten wurden. Bezüge auf Beauvoir bleiben dabei nie aus: Während jedoch aus der Perspektive der Differenztheoretikerinnen Beauvoirs Ansatz als Gleichheitsfeminismus nach männlicher Norm kritisiert wurde, liest Judith Butler Beauvoirs Abhandlung als frühe Infragestellung sowohl der Kategorie der ›Frauen‹ wie auch der Trennung von Sex und Gender.

Julia König

Literatur

Beauvoir, Simone de: 50 Jahre das Andere Geschlecht. Die Philosophin. Forum für feministische Theorie und Philosophie. Philosophin 20/1999. Herausgegeben von Astrid Deuber-Mankowsky und Ursula Konnertz.
Holland-Cunz, Barbara: Gefährdete Freiheit. Über Hannah Arendt und Simone de Beauvoir, Opladen 2012.
Schönherr-Mann, Hans-Martin: Simone de Beauvoir und das andere Geschlecht, München 2007.

Leo Löwenthal/Norbert Guterman: **Prophets of Deceit: A Study of the Techniques of the American Agitator**, Harper & Brothers: New York 1949, 164 S. (dt. gekürzt Agitation und Ohnmacht, Luchterhand: Neuwied 1966, 89 S.; Falsche Propheten, Schriften 3, Suhrkamp: Frankfurt 1982, 159 S.)

Die Studie *Prophets of Deceit* kann als eines der Hauptwerke des Sozialwissenschaftlers Leo Löwenthal (1900–1993) gelten. Als Mitarbeiter des von Max Horkheimer geleiteten Instituts für Sozialforschung, sowohl in dessen früher Phase in Frankfurt am Main als auch im amerikanischen Exil, betreute Löwenthal die hauseigene *Zeitschrift für Sozialforschung* während ihres Erscheinens von 1932 bis 1941 als geschäftsführender Herausgeber. Seine Beiträge im Rahmen des interdisziplinären Arbeits- und Diskussionszusammenhangs des Instituts, wie sein umfangreiches soziologisches Werk im Bereich von Literatur, Massenkultur und Antisemitismusforschung, weisen ihn als einen der Mitbegründer und zentralen Vertreter der Kritischen Theorie, der später so genannten Frankfurter Schule, aus. Als Hochschullehrer an der University of California Berkeley prägte Löwenthal seit den 1960er Jahren das Forschungsfeld der Literatur- und Kultursoziologie mit und beeinflusste eine jüngere Generation kritischer Wissenschaftler*innen an nordamerikanischen Universitäten.

Prophets of Deceit erscheint erstmals 1949 in New York als Band V der von Horkheimer herausgegebenen *Studies in Prejudice*. Die von Leo Löwenthal unter Mitarbeit des Publizisten und Übersetzers Norbert Guterman erstellte Studie beschäftigt sich mit isolationistischen und antisemitischen Agitatoren in den Vereinigten Staaten in der Ära der Great Depression und zu Beginn des Zweiten Weltkriegs. Gehalt und Struktur des Materials sowie die Dynamik der Beziehung zwischen der Figur des Agitators und dessen Publikum werden »als Manifestation tiefliegender sozialer und psychologischer Trends« (12) aus einer analytisch-sozialpsychologischen und kritisch-gesellschaftstheoretischen Perspektive erschlossen und analysiert. Aus dem kollaborativen, interdisziplinären Arbeitszusammenhang des Instituts für Sozialforschung und theoretischen und empirischen Vorarbeiten unterschiedlicher Wissenschaftler entstehend, ist *Prophets of Deceit* die erste umfassende sozialwissenschaftliche Studie zum Phänomen der autoritären Agitation und ihrer Techniken sowie ein wichtiges Dokument der Entstehung eines Paradigmas interpretativer, qualitativer Sozialforschung.

Über die Annahmen der etablierten Forschungsfelder der opinion research und der Propagandaforschung geht Löwenthal in der Studie entscheidend hinaus. Zentral wird ein eindimensionales »Sender-Empfänger«-Modell von Kommunikation zugunsten einer Auffassung als interaktiver Situation verworfen. Es bestehe »eine Art unbewußter Komplizität oder Kollaboration zwischen [dem Agitator] und seinem Publikum« und es bleibe »keiner der beiden Partner gänzlich passiv.«

(18) Die Dynamik dieser Situation wie der darin kommunizierten bzw. überhaupt kommunizierbaren Inhalte entsteht in einer Demokratie nicht nur als Konsequenz von ›falschen‹ Annahmen oder von bewusster Manipulation. Vielmehr ist das Verhältnis zwischen den Beteiligten, »das tiefgehende bewußte wie unbewußte Engagement beider Teile« (19), als im »Grundzustand des modernen Lebens: der Malaise, des Unbehagens« (29) und in sozio-psychologischen Strukturen verankert zu betrachten. Als solche sind die von Sigmund Freud und der Psychoanalyse benannten Strukturen des Unbewussten, spezifische Mechanismen von Verdrängung, Abwehr und Anpassung, zu verstehen, innerhalb derer die Verarbeitung, Verinnerlichung und Aneignung gesellschaftlich-kultureller Zwänge sich vollzieht und zum »internalisierten Reaktionspotenzial« (Adorno et al. 1950) verfestigt.

Die Wirkungsgrundlage autoritärer Agitation ist entsprechend in einem gesellschaftlichen Kontext von Individuation, Sozialisation und rationalisierter Herrschaft zu betrachten. »Agitation«, so Löwenthal, »kann als eine spezifische Art öffentlicher Tätigkeit gesehen werden und der Agitator als bestimmter Typ eines ›Anwalts gesellschaftlicher Veränderung‹.« (19) Im Unterschied zu anderen Formen politischer Kommunikation und Mobilisierung werden die Mittel zum Zweck – Ziel wie Medium zugleich: »Statt sie als Symptome eines üblen Zustandes aufzudecken,« schreibt Löwenthal, »behandelt der Agitator die stereotypen Äußerungen des Unbehagens als ein legitimes Bedürfnis.« (34) Der Zusammenhang autoritärer Agitation mit moderner Massenkultur zeigt sich darin ebenso wie in der Überschneidung der Medien und Schemata von Unterhaltung, Marketing und Propaganda seit den frühesten Werbekampagnen. Im Sinne einer Nutzung und Koproduktion unreflektierter Affekte, Ängste und Abhängigkeiten charakterisiert Löwenthal Kulturindustrie wie Agitation als »umgekehrte Psychoanalyse«: »Bei aller Betonung und Formulierung des sozialen Unbehagens ist die Strategie des Agitators objektiv auf eine Perpetuierung der Verhältnisse ausgerichtet, die dieses Unbehagen gerade verursachen.« (151)

Die innerhalb einer agitatorischen Situation als eines vertrauten und unterhaltsamen, ritualisierten Geschehens kommunizierten Gehalte werden in *Prophets of Deceit* als Wirkungspotenziale begriffen; die Analyse wird zur »Entschlüsselung des psychologischen Codes, der vom Agitator signalisiert und von seinen Zuhörern aufgegriffen wird.« (151) 21 Kategorien von Agitationsmotiven, die manifeste und insbesondere latente Bedeutung transportieren, werden inhaltsanalytisch aus einem Set von über 37 Druckwerken oder Transkripten von etwa zehn Agitatoren herausgearbeitet. Mit Klischees und Andeutungen operierend, zielen diese Motive auf Emotionalisierung und Personalisierung: Die (Lebens-)Welt ohnmächtiger »einfacher Amerikaner« werde von »Verschwörung«, »Betrug« und »Untergang« bedroht; verursacht von »Roten«, »Plutokraten«, »Fremden« und vor allem »Juden«. Sie dominierten »Hollywood«, »die Wall Street« oder »den Kommunismus«. Auf diese Bilder übermächtiger, berechnender und kollektiv agierender Feinde werden eigene Wünsche nach Macht, Kontrolle oder Gemeinschaft projiziert. Die Lösung wird im Handeln an sich, in brutalen »Hausreinigung[en]«, in der Identifizierung mit einer Führerfigur und mit Kollektiven behauptet. Als eine solche, aus dem Kollektiv entsprungene Figur inszeniert sich der Agitator; er spreche aus, was ›das Volk‹ sich nicht zu sagen traue und erlaubt so ein Ausagieren aggressiver Handlungswünsche in einer verbalen »Generalprobe« (123).

Prophets of Deceit ist Ergebnis des kollaborativen Arbeitszusammenhangs des Instituts für Sozialforschung der 1940er Jahre und eine Synthese der Forschungsprojekte zum Antisemitismus – mehr noch als die in demselben interdisziplinären, vom American Jewish Committee finanzierten Forschungszusammenhang entstehende, sozialpsychologische Grundlagenstudie *The Authoritarian Personality*. Für ein früheres Forschungsprojekt zum Antisemitismus in der amerikanischen Arbeiterschaft waren bereits kurze Studien über amerikanische Agitatoren erstellt worden, von denen einzig der Radioprediger Father Charles Coughlin als Vorläufer des right-wing talk radio noch bekannt ist. Diese ursprünglichen, von Löwenthal, Theodor W. Adorno und Paul W. Massing verfassten Studien sowie deren (sozial-)theoretische Grundlagen und Methodik wurden im Institut fortlaufend diskutiert. Die Erfahrungen und Ergebnisse, zentral über Ausdrucksformen des Antisemitismus in der Demokratie, gingen direkt in *Prophets of Deceit* ein. Neben zwei kurzen Texten von Adorno, ist es die einzige zeitgenössisch veröffentlichte Arbeit aus diesem Themenkreis und stellt damit (auch) ein Dokument einer beeindruckenden Zusammenarbeit von Wissenschaftlern dar.

Die Methode der Studie bezeichnet Löwenthal im Vorwort als »gänzlich experimentell« (13). Als thematische Auswertung eines Sets von Texten in Form inhaltsanalytischer Kategorienbildung sowie der Fokussierung auf latente Bedeutungsebenen und psychologische Wirkungspotenziale kann dieses Vorgehen nur als äußerst innovativ bezeichnet werden. In der Kombination von gesellschaftstheoretisch-sozialpsychologischer Reflexion, kultursoziologisch informierter Textanalyse und Verfahren der empirical research – überspitzt formuliert: von europäischen und nordamerikanischen Linien der Sozialwissenschaft – griff es einem Paradigma interpretativer, qualitativer Sozialforschung vor.

Weitere Relevanz gewinnt eine analytisch-sozialpsychologisch kontextualisierte Inhaltsanalyse autoritärer (antisemitischer) Agitation durch die Ubiquität digitaler Medienumwelten in der Gegenwart. Die Steigerung und Veränderung der Verbreitungsmöglichkeiten kann die agitatorische Situation noch dynamischer gestalten und eine Affekte, Ängste und Ressentiments legitimierende (Technik der) Kommunikation und Mobilisierung weiter begünstigen.

Den aufklärerischen wie wissenschaftlichen Stellenwert der Studie über autoritäre, antisemitische Agitation in der Demokratie haben nicht zuletzt Horkheimer und Adorno immer betont. Die bis heute geäußerte Kritik an der *Authoritarian Personality*, diese psychologisiere gesellschaftliche Phänomene, wird nicht zuletzt durch die Erweiterung des Blicks auf die anderen Teile des Gesamtprojekts *Studies in Prejudice*, wie Löwenthals Arbeit und Massings *Rehearsal for Destruction*, die jeweils »die eigentlich politisch-soziale Sphäre« (Horkheimer/Adorno) untersuchen, entscheidend relativiert. Man kann in mehrfachem Sinn formulieren: keine *Authoritarian Personality* ohne *Prophets of Deceit*.

Florian Hessel/Oswald Balandis

Literatur

Adorno, Theodor W.: The Psychological Technique of Martin Luther Thomas' Radio Adresses, in: Ders.: Gesammelte Schriften, Bd. 9.1, Frankfurt 1975.

Jansen, Peter-Erwin (Hg.): Das Utopische soll Funken schlagen: Zum hundertsten Geburtstag von Leo Löwenthal, Frankfurt 2000.

Roth, Philip: Verschwörung gegen Amerika, München 2005.

Maurice Halbwachs: La mémoire collective. Ouvrage posthume publié par Mme Jeanne Alexandre née Halbwachs, Presses Universitaires de France: Paris 1950, 170 S. (dt. Das kollektive Gedächtnis. Mit einem Geleitwort von H[einz] Maus, Ferdinand Enke Verlag: Stuttgart 1967, 163 S.).

Mit seinen Arbeiten zur Gedächtnissoziologie, die vier Jahrzehnte nach seinem Tod wiederentdeckt wurden, gilt Maurice Halbwachs (1877–1945) heute als Klassiker der Sozial- und Kulturwissenschaften. Halbwachs wurde in Reims als Sohn elsässischer Eltern geboren und wuchs nach einem Umzug der katholischen Familie in Paris auf. Als élève der École Normale Supérieure entwickelt er sich, während die Dreyfus-Affäre Frankreich erschüttert, zum politisch engagierten Intellektuellen und Sozialisten. Noch tief geprägt durch seinen Lehrer am Lycée Henri IV, den Philosophen Henri Bergson, studiert Halbwachs Philosophie und geht 1902 als Französisch-Lektor und zu Leibniz-Studien an die Universität Göttingen, bevor er an Gymnasien in Algerien und Südfrankreich unterrichtet und dann in Paris Recht, Wirtschaft und Mathematik studiert. Er wird zum Schüler des Soziologen Émile Durkheim, beschäftigt sich mit Statistik und quantitativen Methoden und wird 1909 mit einer juristischen Dissertation promoviert. Ein Aufenthalt in Berlin zum Studium der Nationalökonomie und des Marxismus wird durch Ausweisung nach einem kritischen Artikel in *l'Humanité* beendet. Die 1913 verteidigte Habilitationsschrift untersucht Lebensniveaus und Bedürfnisse der Arbeiterklasse. Im selben Jahr heiratet Halbwachs die Jüdin Yvonne Basch und nimmt nach einer Tätigkeit im Kriegsministerium 1919 den Ruf auf einen Lehrstuhl in

Straßburg an, der 1922 in eine Professur ausschließlich für Soziologie umgewidmet wird – die erste in Frankreich. Im intellektuell anregenden Klima der neu strukturierten Straßburger Universität erlebt der Sozialwissenschaftler produktive Jahre und nimmt auch einen Lehrauftrag in Mainz und eine Gastprofessur in Chicago wahr. Nach 1935 lehrt er an der Sorbonne als Inhaber verschiedener Professuren und engagiert sich im Widerstand gegen das NS-Regime. Maurice Halbwachs, der entscheidend zur französischen Rezeption deutscher Soziologen beigetragen hat, wird kurz nach seiner Berufung auf den Lehrstuhl für Kollektive Psychologie am renommierten Collège de France im Sommer 1944 von der Gestapo verhaftet und in das KZ Buchenwald deportiert, wo er im März 1945 an Entkräftung stirbt.

Das Œuvre des vielseitig interessierten, methodisch breit gefächerten und interdisziplinär orientierten Sozialwissenschaftlers, des ersten empirisch arbeitenden Soziologen der Französischen Schule, erstreckt sich von Arbeiten zur Statistik über Untersuchungen zur Soziologie des Selbstmords und zur Psychologie sozialer Klassen bis hin zu einem Rousseaus *Contrat social* gewidmeten Buch von 1943, seinem letzten, und hat einen Schwerpunkt in drei Studien zum individuellen und kollektiven Gedächtnis. Dies sind zum einen das 1925 erschienene Grundlagenwerk *Les cadres sociaux de la mémoire,* in dem Halbwachs die Soziogenese und soziale Bedingtheit des individuellen Gedächtnisses herausarbeitet und die kollektiven, einer spezifischen Gruppe von Menschen eigenen Rahmungen der Erinnerungen von Einzelnen aufzeigt, zum anderen der Band *La topographie légendaire des Évangiles en Terre Sainte. Étude de mémoire collective* von 1941, in dem anhand der Gedächtnisorte der christlichen Verkündigung in Palästina die Formen und das Funktionieren eines über weite Zeiträume Erfahrungen tradierenden Gedächtnisses verdeutlicht wird, und schließlich das nach dem gewaltsamen Tod des Verfassers aus hinterlassenen Schriften von seiner Schwester 1950 veröffentlichte Buch *La mémoire collective.* In diesem fragmentarischen Band, der den bisherigen deutschen Übersetzungen zugrunde liegt, war das in den französischen Neuausgaben ab 1968 hinzugefügte Kapitel über *La mémoire collective chez les musiciens* noch nicht enthalten. Hier wird am Beispiel einer Gruppe von Musikern illustriert, wie ein kollektives Gedächtnis mittels spezifischer Symbole, in diesem Fall Noten und andere Zeichen in den Partituren, kohäsive und integrative Funktionen für die Gruppe erfüllt. Über die grundlegende Bedeutung dieser »Sprache« der Musik hinaus werden allgemein anerkannte kulturelle Standards und Werte als konstitutiv für ein kulturelles Gedächtnis ausgewiesen.

In *Das kollektive Gedächtnis* knüpft Halbwachs im Blick auf die wechselseitige Abhängigkeit von individuellem und kollektivem Gedächtnis an *Les cadres sociaux de la mémoire* mit der These an, dass das Gedächtnis eines Menschen sozial determiniert sei und der Einzelne sich stets als Mitglied einer bestimmten Gruppe von Menschen erinnere. Für das kollektive Gedächtnis hält er fest, dass es »seine Kraft und Beständigkeit daraus herleitet, daß es auf einer Gesamtheit von Menschen beruht«, die sich als Mitglieder der jeweiligen sozialen Gruppe erinnern. So erscheint das individuelle Gedächtnis als »ein ›Ausblickspunkt‹ auf das kollektive Gedächtnis«, wobei dieser *point de vue* »je nach der Stelle, die wir darin einnehmen,« wechselt und diese Stelle selbst wiederum »den Beziehungen zufolge, die ich mit anderen Milieus unterhalte«, wechselt (31). Während das kollektive Gedächtnis erst durch individuelle Prozesse des Erinnerns überhaupt konkret werden kann, hat der Einzelne durch seine Zugehörigkeiten zu verschiedenen sozialen Gruppen und die sich daraus ergebenden Formen und Inhalte des Erinnerns auf individuell spezifische Weise und in manchmal komplexen Kombinationen Anteil an verschiedenen kollektiven Gedächtnissen.

Das zentrale Thema von *La mémoire collective* ist jedoch die Rekonstruktivität von Erinnerungen. War in *Les cadres sociaux* bereits ein Kapitel der Erinnerung als einer Rekonstruktion der Vergangenheit gewidmet, so hebt Halbwachs nun hervor, dass diese Rekonstruktion sich »mit Hilfe von der Gegenwart entliehenen Gegebenheiten« vollzieht (55): Was erinnert wird oder auch nicht und wie das Erinnern Vergangenheit rekonstruiert, ist demnach gegenwärtigen Interessen geschuldet. Bezog Halbwachs in *Les cadres sociaux* mit seinem Verständnis von Erinnerung als einem explizit sozialen Prozess – zuweilen polemisch – Position gegen Bergson sowie auch Sigmund Freud und deren Auffassung von einem nur im Individuum selbst begründeten Gedächtnis, so räumt er nun zumindest Spannungen zwischen einem kollektiven Gedächtnis und dessen individuell spezifischer Aneignung ein und betont den Anteil des Einzelnen an der für ihn charakteristischen Komposition von Erinnerungen. Indem er die Entstehung von Erinnerung an die »Auswirkung mehrerer Folgen ineinander verflochtener Denkweisen« (32) knüpft, hebt er deren multiplen Charakter hervor.

Daneben nimmt Halbwachs weitere drei Dimensionierungen des kollektiven Gedächtnisses vor: Zunächst grenzt er kollektives Gedächtnis von Geschichte ab, die für ihn »an dem Punkt beginnt, an dem die Tradition aufhört [und] das soziale Gedächtnis erlischt und sich zersetzt« (66). Dabei setzt er das soziale Gedächtnis zum persönlichen so in Beziehung wie das äußerliche zum innerlichen bzw. das historische zum autobiographischen Gedächtnis. Das kollektive Gedächtnis unterscheidet sich demnach von der einem »Friedhof« gleichenden Geschichte dadurch, dass es als »kontinuierliche Denkströmung […] von der Vergangenheit nur das behält, was von ihr noch lebendig und fähig ist, im Bewußtsein der Gruppe, die es unterhält, fortzuleben« (37, 68). Sodann erhellt Halbwachs die Beziehung zwischen dem kollektiven Gedächtnis und der Zeit. Er grenzt individuelle von kollektiver Zeit ab, wobei die Vielfalt sozialer Zeiten zwar die individuellen Erfahrungen kollektiver Gedächtnisse strukturiert, die Zeit einer sozialen Gruppe es aber dem Einzelnen ermöglicht, seine Erinnerungen zu ordnen und wiederzufinden. Das letzte Kapitel ist dem Verhältnis zwischen dem kollektiven Gedächtnis und dem Raum gewidmet und zeigt, wie sich ein kollektives Gedächtnis stets »innerhalb eines räumlichen Rahmens bewegt« (142). Die Raumbezogenheit von Erinnerungen wird ebenso verdeutlicht wie die wechselseitigen Einflussnahmen zwischen spezifischen Räumen und dem kollektiven Gedächtnis der Menschen, die mit diesen Räumen als dauerhaften Wirklichkeiten verbunden sind.

La *mémoire collectice* zeigt mehrfach Ambivalenzen: Zum einen bleibt Halbwachs unentschieden zwischen Traditionskritik und der Konstruktion einer kritischen Tradition bei der Analyse von stets mit Machtgefügen verknüpften kollektiven Gedächtnissen, zum anderen wirkt sein aus der Frontstellung gegen Bergson motiviertes Leugnen von Momenten des Unwillkürlichen, sich aus Unbewusstem und auch aus Verdrängtem Speisenden im individuellen Gedächtnis überzogen (vgl. Lutz Niethammer in Krapoth/Laborde 2005). Das Unabgeschlossene, teilweise Unentschiedene von Halbwachs' Gedächtnistheorie wird noch unterstrichen durch den fragmentarischen Charakter der Erstausgabe – zumal im Vergleich zur kritischen Ausgabe durch Gérard Namer von 1997, die eine Übersetzung ins Deutsche verdiente.

Gerieten Halbwachs' Studien zum kollektiven Gedächtnis nach dem Zweiten Weltkrieg weitgehend in Vergessenheit, so hat das seit den 1980er Jahren enorm angestiegene Interesse an Erinnerung und Gedächtnis auch zu einer Renaissance des Gründungsvaters der Gedächtnissoziologie geführt, so dass heute in einem disziplinär breit abgesteckten Spektrum von Studien zu kulturellen, historiographischen, biographischen, psychologischen, kommunikativen oder gesellschaftlichen Aspekten des Gedächtnisses der Rekurs auf Halbwachs unabdingbar zu sein scheint. Beginnend mit Pierre Noras Projekt *Les Lieux de mémoire* und der von Jan und Aleida Assmann vorgenommenen Unterscheidung von kommunikativem und kulturellem Gedächtnis, die an Halbwachs' Gegenüberstellung von »lebendiger Geschichte« und »geschriebener Geschichte« (50) anknüpft, vollzog sich die Wiederentdeckung des Durkheim-Schülers vor allem außerhalb der Soziologie. Seiner Zeit voraus war Halbwachs auch in anderer Hinsicht: Indem er in seiner Gedächtnistheorie Vergangenheit als etwas kulturell Geschaffenes und damit kulturell zu Erschaffendes entwarf, wies er weit in die Zukunft auf konstruktivistische Auffassungen von einer »gesellschaftlichen Konstruktion der Wirklichkeit« (Berger/Luckmann) oder auch auf die von Reinhart Koselleck beschriebene historiographische »Fiktion des Faktischen« sowie die »invention of tradition«, die Eric Hobsbawm in einem selektiven und rekonstruktiven Umgang mit vergangenem Geschehen erkannt hat. Dieser für einige Zeit vergessene Gedächtnistheoretiker wird zu Recht heute als Klassiker der Sozial- und Kulturwissenschaften in Erinnerung gerufen.

Wolfgang Bergem

Literatur

Echterhoff, Gerald/Saar, Martin (Hg.): Kontexte und Kulturen des Erinnerns. Maurice
  Halbwachs und das Paradigma des kollektiven Gedächtnisses. Mit einem Geleitwort
  von Jan Assmann, Konstanz 2002.
Krapoth, Hermann/Laborde, Denis (Hg.): Erinnerung und Gesellschaft. Mémoire et
  Société. Hommage à Maurice Halbwachs (1877–1945). Jahrbuch für Soziologie-
  geschichte, Wiesbaden 2005.
Welzel, Dietmar J.: Maurice Halbwachs, Konstanz 2009.

**Theodor W. Adorno/Else Frenkel-Brunswik/Daniel J. Levinson/R. Nevitt Sanford: The
Authoritarian Personality, Harper & Brothers: New York 1950, 990 S. (dt. Studien zum
autoritären Charakter, Suhrkamp: Frankfurt 1973, 483 S.).**

The Authoritarian Personality ist eines der bekanntesten Werke der empirischen
Sozialforschung. Im Zentrum der 1950 in den Vereinigten Staaten erschienenen
und bis heute nur in Teilen in die deutsche Sprache übersetzten Studie steht der
Versuch, Gemeinsamkeiten in den Charakterstrukturen »potentiell faschistische[r]« (1) Individuen zu finden sowie ein Instrumentarium zur Messung des
Ausmaßes der Verbreitung solcher Strukturen in der Bevölkerung zu entwickeln.
Das Werk enthält sowohl gemeinschaftlich verfasste als auch solche Kapitel, für
die einzelne AutorInnen zeichnen. Es dokumentiert das produktive wissenschaftliche Aufeinandertreffen von unterschiedlichen Theorietraditionen und For-
schungsrichtungen: 1943 beginnt die Zusammenarbeit zwischen der aus Österreich emigrierten und zunächst vom logischen Positivismus der Wiener Schule,
später von der Psychoanalyse beeinflussten Psychologin Else Frenkel-Brunswik
(1908–1958) und den beiden amerikanischen Psychologen Daniel J. Levinson
(1920–1994) und R. Nevitt Sanford (1909–1996), die vor allem über Erfahrung
auf dem Gebiet der quantitativ orientierten Einstellungsforschung verfügen. Ein
Jahr später stößt mit dem Philosophen und Soziologen Theodor W. Adorno (1903–
1969) der wohl wichtigste Theoretiker der so genannten Frankfurter Schule zu
diesem Kreis hinzu. Während die beteiligten PsychologInnen in Amerika viel Anerkennung für die gemeinsam verfasste sozialpsychologische Pionierarbeit erfahren, steht die Sozialpsychologie nicht im Zentrum der Adorno-Rezeption. In den
Jahrzehnten nach dem Erscheinen etabliert sich eine zwar vielfach pro forma an
die *Authoritarian Personality* anknüpfende, aber weitgehend eigenständige empirische Autoritarismusforschung.

Die Studie zur *Authoritarian Personality* entsteht im Kontext eines weit reichenden, aus zahlreichen Teilprojekten bestehenden Forschungszusammenhanges,
der vor allem mit Mitteln des American Jewish Congress und des Jewish Labour

Committee finanziert wird. Ziele sind die Erforschung der Geschichte des modernen Antisemitismus sowie seiner Verbreitung in den Gegenwartsgesellschaften und – damit verbunden – die Klärung der Frage, welche gesellschaftlichen Faktoren die Empfänglichkeit des Individuums für antisemitische Propaganda bedingen. Den zeitgeschichtlichen Hintergrund bilden die ersten Berichte über das tatsächliche Ausmaß der nationalsozialistischen Vernichtungspolitik. In politischer Hinsicht geht es auch um die Frage, welches Gefahrenpotenzial faschistische Tendenzen für die Zukunft der amerikanischen Demokratie darstellen. Die wichtigsten Arbeiten erscheinen schließlich in der fünfbändigen Reihe *Studies in Prejudice,* darunter auch *The Authoritarian Personality.* Dass die Veröffentlichung im Namen der Erforschung von Vorurteilen erfolgt, obwohl faktisch die Antisemitismusforschung den gemeinsamen Nenner darstellt, ist der politischen Vorsicht der Herausgeber geschuldet, die hoffen, mit dem allgemeiner gefassten Reihentitel einen breiteren Adressatenkreis zu erreichen.

An verschiedenen Teilprojekten ist auch das von Max Horkheimer geleitete, aus Frankfurt emigrierte Institut für Sozialforschung beteiligt. Horkheimer ist selbst Mitherausgeber der *Studies in Prejudice* und neben Adorno sind noch weitere Wissenschaftler aus dem Umkreis des Institutes involviert. Für die Institutsvertreter bietet sich so die Möglichkeit, an die bereits in den 1930er Jahren unternommene *Studie über Autorität und Familie* anzuknüpfen und dabei die sozialpsychologischen Thesen der Kritischen Theorie mit empirischer Forschung anzureichern. Deren wichtigste besteht in der Annahme einer autoritär-masochistischen Charakterstruktur, die im Rahmen der vorausgehenden Studie überwiegend von Erich Fromm beschrieben worden ist und deren massenhafte Verbreitung in Deutschland den Aufstieg des Faschismus ermöglicht habe.

In der Einleitung zur *Authoritarian Personality* unterstreichen die AutorInnen die bis heute wichtigste Prämisse kritischer Antisemitismusforschung, wenn sie formulieren, »dass der Antisemitismus [...] auf subjektiven Faktoren und der allgemeinen Situation des Antisemiten basiert« (3). Damit ist so genannten korrespondenztheoretischen Erklärungen eine Absage erteilt, die antisemitisches Denken mit Verweis auf das reale Verhalten von Jüdinnen oder Juden oder aus der spezifischen Interaktion von Juden und Nichtjuden erklären wollen. Der Fokus richtet sich vielmehr auf die Verfasstheit der Einzelnen und ihrer psychischen Bedürfnisstrukturen. Anders als die *Studien über Autorität und Familie,* in deren Zentrum nicht nur die Beschreibung des autoritären Charakters sondern auch die seiner gesellschaftlichen Entstehungsbedingungen steht, konzentriert sich *The Authoritarian Personality* vor allem auf die »Messung antidemokratischer Züge in der Charakterstruktur« (37) und der Entwicklung der dazu notwendigen Instrumentarien. Gesellschaftliche Faktoren geraten allenfalls in Gestalt von bestimmten Erziehungsstilen in den Blickwinkel.

Weite Teile der Arbeit beschreiben die Entwicklung und Anwendung der Methoden und die Ergebnisse der empirischen Studien. In methodischer Hinsicht handelt es sich dabei um eine Kombination aus quantitativen und qualitativen Erhebungstechniken, die sich aufeinander beziehen und im Fortgang der Untersuchung stets verfeinert werden. Den Ausgangspunkt bildet die Formulierung von Skalen, mit denen in Fragebogenerhebungen die Zustimmung zu antidemokratischen Einstellungen gemessen werden kann. Im Anschluss daran werden Interviews durchgeführt, in denen einerseits »allgemeine ideologische Themen wie Politik, Religion, Minderheiten, Einkommen und Beruf« (22) zur Sprache kommen sollen und andererseits ein »klinisch-genetischen Teil« (23) Informationen über die gegenwärtige Situation der einzelnen ProbandInnen sowie über deren Gefühlsleben, über ihre Wünsche und Ängste liefern soll. Abgeschlossen werden die Interviews mit einem thematischen Apperzeptionstest, in dessen Rahmen die Versuchspersonen zu dramatischen Bildern Handlungen erfinden sollen. Die Analyse der Interviews dient schließlich der Exploration von Variablen, mit deren Hilfe in neuen Fragebogenerhebungen bestimmte Charakterzüge identifiziert werden sollen. Mit diesem Vorgehen entstehen zunächst Skalen, mittels derer die Ausprägung des Antisemitismus (A-S-Skala), des Ethnozentrismus (E-Skala) beziehungsweise bestimmte Einstellungen bezüglich Politik und Wirtschaft (PEC-Skala) gemessen werden. In einem weiteren Schritt wird schließlich hauptsächlich auf empirisch-induktivem Weg die F-Skala entwickelt, die nicht mehr auf die Messung bestimmter Haltungen zu bestimmten Minderheiten oder auf bestimmte politische Einstellungen zielt, sondern ausschließlich das Vorhandensein bestimmter Charakterzüge messen soll ohne zugleich »diesen Zweck zu zeigen und ohne Minderheitengruppen zu erwähnen« (101).

Da die Zustimmungswerte der Variablen der letzten Fassung der F-Skala in verschiedenen Erhebungen starke Korrelationen in Bezug auf die Zustimmungswerte zu den anderen Skalen aufwiesen, schien das Vorhaben geglückt, eine Skala zu entwickeln, mit der die Verbreitung des autoritären Syndroms als Summe bestimmter charakterlicher Züge des potenziell faschistischen Individuums gemessen werden kann.

Als typische Charakterzüge identifiziert die Forschergruppe folgende neun Eigenschaften: *1. Konventionalismus, 2. Autoritäre Unterwürfigkeit, 3. Autoritäre Aggression, 4. Anti-Intrazeption* (»Abwehr des Subjektiven, Phantasievollen, Sensiblen« (82)), *5. Aberglaube und Stereotypie, 6. Macht und »Robustheit«* (»Denken in den Dimensionen Herrschaft – Unterwerfung, stark – schwach, Führer – Gefolgschaft« (83)), *7. Destruktivität und Zynismus, 8. Projektivität* (»die Projektion unbewußter emotionaler Impulse nach außen« (84)) und *9. Sexualität* (»Übertriebenes Interesse an sexuellen ›Vorgängen‹.« (ebd.)).

Als Probanden gewann man zunächst College-Studierende, anschließend wurden Versuchspersonen aus allen Bevölkerungsschichten beteiligt, darunter Gewerkschaftsangehörige, Marinesoldaten und auch Gefängnisinsassen. Im Selbstverständnis der Autoren erheben die Messungen keinen Anspruch auf Repräsentativität, wohl aber wird das entwickelte Instrumentarium als ausreichend erprobt und einsatztauglich für repräsentative Befragungen angesehen. In den umfangreichen Beschreibungen der qualitativen Interviews werden zudem einige Hinweise auf die Entstehung der beschriebenen Charakterdimensionen geliefert: Insbesondere in den von Adorno verfassten Passagen wird angedeutet, dass potenziell faschistische Individuen in ihrer Kindheit Hassgefühle gegenüber dem Vater entwickelten, diese jedoch nicht ausleben konnten und sie stattdessen auf Minderheiten verschoben haben, während sie gleichzeitig die Identifikation mit vermeintlich oder tatsächlich mächtigen Personen, Institutionen oder Ideen suchen. Frenkel-Brunswik liefert in den von ihr verfassten Abschnitten wiederum Hinweise auf autoritäre, von emotionaler Kälte geprägte Erziehungsstile.

Die Rezeptionsgeschichte der *Authoritarian Personality* ist längst nicht mehr vollständig überschaubar. Bereits in den 1990er Jahren wurden mehr als 2 000 Publikationen zum Thema gezählt. Insgesamt besteht ein deutliches Missverhältnis zwischen der Anwendung oder Weiterentwicklung der F-Skala und der theoretischen Auseinandersetzung mit den zu Grunde liegenden psychoanalytischen Annahmen beziehungsweise mit der in die Arbeit eingeflossenen Sozialpsychologie der Kritischen Theorie. Während Autoritarismus als Persönlichkeitseigenschaft in unzähligen quantitativ orientierten Erhebungen überall auf der Welt gemessen wurde und wird, scheut man die gebührende Theoriediskussion. In methodischer Hinsicht wurden früh Zweifel an der Bildungsneutralität der Skalen geäußert. Auch wurde behauptet, dass die Variablen der F-Skala in stärkerem Maße autoritäre politische Einstellungen messen würden als Charaktereigenschaften. Beide Probleme wurden bis heute nicht in befriedigender Weise gelöst. Des Weiteren wurden Zweifel an den Hinweisen auf autoritäre Erziehungspraktiken als Determinanten autoritärer Charakterzüge geäußert. In jüngerer Zeit hat jedoch vor allem Christel Hopf mit qualitativen Studien nach den spezifischen Sozialisationsbedingungen des Autoritarismus geforscht. Detlef Oesterreich wiederum nimmt für sich in Anspruch, mit seinen quantitativen Analysen und einer veränderten Skala tatsächlich Charakterdispositionen und nicht politische Einstellungen zu erfassen. Größtenteils vergessen ist inzwischen der Entstehungskontext der *Authoritarian Personality:* Autoritarismus- und Antisemitismusforschung gehen seit langem weitgehend getrennte Wege.

Joachim Fontana

Literatur

Lederer, Gerda/Schmidt, Peter (Hrsg.): Autoritarismus und Gesellschaft. Trendanalysen und vergleichende Jugenduntersuchungen 1945–1993, Opladen 1995.

Rippl, Susanne/Seipel, Christian/Kindervater, Angela (Hg.): Autoritarismus. Kontroversen und Ansätze der aktuellen Autoritarismusforschung, Opladen 2000.

Ziege, Eva-Maria: Antisemitismus und Gesellschaftstheorie. Die Frankfurter Schule im amerikanischen Exil, Frankfurt 2009.

Hannah Arendt: The Origins of Totalitarianism, Hartcourt Brace Jovanovich: New York 1951, 477 S. (dt. Elemente und Ursprünge totaler Herrschaft, Europäische Verlags-anstalt: Frankfurt 1955, 782 S.).

Hannah Arendts (1906–1975) *Origins of Totalitarianism* ist eines der frühsten und bis heute maßgeblichen Standardwerke zur »totalen« respektiven »totalitä-ren« Herrschaft. Arendts Studie, die Totalitarismus als genuin neue Herrschafts-form im Kontext unterschiedlicher moderner Entwicklungen versteht, gilt auch jenseits der Politik- und Sozialwissenschaften als eines der einflussreichsten Bü-cher des 20. Jahrhunderts. Es ist zugleich das erste Hauptwerk Arendts, durch welches sie unmittelbar und nachhaltig Berühmtheit erlangte. Gewidmet ihrem Ehemann Heinrich Blücher, verfasste die politische Theoretikerin die *Origins of Totalitarianism* in New York, nach ihrer Flucht vor dem NS-Terror und der Emi-gration in die USA. Ursprünglich konzipiert und entwickelt als kritische Deutung des Naziregimes wurde das Manuskript 1948 und 1949 um Einlassungen zum Sta-linismus erweitert. Im Kern hatte Arendt ihr Werk schließlich im Herbst 1949 fertiggestellt. 1951 wurde es erstmals in den USA und zeitgleich in Großbritan-nien publiziert, dort indes unter dem Titel *The Burden of Our Time.* Als *Elemente und Ursprünge totaler Herrschaft* erschien Arendts Studie 1955 bei der Europäi-schen Verlagsanstalt erstmals in Deutschland, wobei es sich nicht um eine di-rekte Übersetzung handelt. Arendt fügte hierbei zahlreiche neuen Quellen hin-zu, insbesondere zum Stalinismus. 1958 und schließlich 1966 erschienen weitere von Arendt ergänzte und überarbeitete Neuauflagen. Keiner der Eingriffe führte jedoch zu Revisionen der empirischen und theoretischen Konzepte und Einsich-ten, die Arendt bereits in der Erstveröffentlichung entwickelt hatte. Arendt entfal-tet eine facettenreiche ideen- und gesellschaftsgeschichtlich gesättigte Studie, die nicht nur des Phänomens totaler Herrschaft selbst, sondern auch seiner moder-nen Ermöglichungsbedingungen. Sie erweitert den Blick dabei u. a. auf die Ent-wicklung moderner Nationalstaaten, Gesellschaftsprozesse, Ideologien und Herr-schaftspraktiken. Arendt entwirft ein komplexes und spannungsreiches Narrativ, das totale Herrschaft als kontingentes, spezifisches Ereignis begreift, welches nicht

auf kausale Mechanismen zu reduzieren sondern in seinen mannigfachen Verflechtungen zu beleuchten ist. Zurückgreifend auf soziale Konflikte und politische Ideen in Europa seit dem 18. Jahrhundert, rekonstruiert Arendt vielmehr he-
terogene Elemente, die von historischen gesellschaftlichen Kontinuitäten ebenso
wie von Widersprüchen und Umbrüchen zeugen, welche die Entstehung totalitärer Bewegungen, ihre Dynamik und ihren grenzenlosen Terror mit ermöglichten. Den *Origins of Totalitarianism* folgten später neben zahlreichen Artikeln und
Essaybänden u. a. die theoretischen Schriften *Vita Activa* (1958), Über die Revolution (1962) sowie die unvollendeten, posthum veröffentlichte Schrift *Life of the
Mind,* die insgesamt Arendts Status als eine der herausragenden und facetten-
reichsten politischen Theoretiker des modernen Zeitalters festigten.

Zentraler Entstehungskontext und Ausgangspunkt der Studie ist das Novum
der »totalitären Erfahrung« insbesondere der nationalsozialistischen aber auch der
stalinistischen Massenverbrechen inmitten der modernen Zivilisation; einer Zäsur als »Bruch der Geschichte«, den Arendt zu begreifen trachtet. Ihre phänome-
nologisch inspirierten theoretischen Deutungen begründen einen genealogischen
Zugang zur Theorie totaler Herrschaft. Die *Origins of Totalitarianism* beruhen
u. a. auf einer Vielzahl von (historischen, literarischen, teils scheinbar ephemeren)
Quellen, die Arendt in eigenem Stil zu einer vielschichtigen Erzählung verbindet.
Sie nehmen dabei explizit auf Kategorien antiker und moderner politischer Philosophie Bezug (insbesondere Kant und Montesquieu). Ihre Thesen zum Gesell-
schaftswandel und zur Bürokratisierung und Ideologie der Objektivität als moderne Ermöglichungsbedingungen totalitärer Herrschaft stehen u. a. auch unter
dem Einfluss von Max Weber. Entgegen »realistischer« Schulen der internationalen Beziehungen und Regierungslehre analysiert Arendt dabei nicht nur empirische Prozesse, Krisen und Wendepunkte der Geschichte. Sondern sie fokussiert
insbesondere moderne Ideologiebildungen und ihre wirkungsmächtigen Logiken,
die letztlich zur Zerstörung von politischer Freiheit und Öffentlichkeit beitragen.
Dem liegt bereits der Nukleus eines später ausführlich entwickelten Arendtschen
Begriffs von Politik zugrunde, der implizit gegen ihren Zeitgenossen Carl Schmitt
gerichtet ist. Dieser erhebt eben jenes existentiale und entsubjektivierte Freund-
Feind-Verhältnis zum Wesen des Politischen, das Arendt als totalitäre Liquida-
tion politischen Handelns begreift. Arendt rekonstruiert die Entstehung totalitärer Massenbewegungen und Regime vor dem Hintergrund der modernen Krisen
der Nationalstaaten und ihrer politischen Öffentlichkeiten, der Entwicklung von
die Menschen vereinzelnden Arbeits- und Massengesellschaften und modernen
Ideologieformen sowie der Geschichte imperialer Eroberungspraktiken. Im Unterschied zu herrschaftsstrukturellen Zugängen zum Sujet erkennt Arendt gerade
eine besondere Struktur- und Ordnungs*losigkeit,* ja eine inhärente *Anti-Staatlich-
keit* des Totalitarismus, der auf »permanente Bewegung« und totalen Terror ange-

wiesen sei und letztlich sowohl seine Opfer als auch die Grundlagen seiner selbst zerstöre. Totalitarismus erscheint dabei als von Terror und ideologischen »Bewegungsgesetzen« vorangetriebener Prozess, als Dynamik der Zerstörung sozialer Beziehungen, politischer Freiheit und (rechts)staatlicher Ordnung.

Die Studie umfasst drei aufeinander bezogene, doch auch eigenständige Bände zu »Antisemitismus«, »Imperialismus« und »totaler Herrschaft«. Der erste Band befasst sich mit der Entwicklung und dem Wandel des Antisemitismus im 18. und 19. Jahrhundert zu einer modernen Ideologie und der Entstehung antisemitischer Parteien, wobei Arendt der Dreyfus-Affäre besondere Beachtung schenkt. Die dortige antisemitische Bewegung markierte bereits eine »verblüffende sadistische Grausamkeit« (210), die indizierte, dass es sich nicht nur um ein politisch motiviertes Phänomen handele. Obschon die entscheidenden Kräfte, die Juden ins Zentrum öffentlicher Auseinandersetzung und schließlich der Nazi-Vernichtungspraxis setzten, politischen Ursprungs seien, seien die gesellschaftlichen und psychologische Bedingungen einer verrückten Jagd auf »den Juden überhaupt« nicht zu unterschätzen. Ob zudem der moderne politische Antisemitismus, der irrationale Bilder von Juden mobilisiert, »ohne die Hilfe der Gesellschaft bis in das Extrem der Ausrottung geraten wäre, ist zum mindesten fraglich.« (211) Im zweiten Band fokussiert Arendt den Zusammenhang zwischen kontinental-europäischem Imperialismus und Rassismus im 19. und frühen 20. Jahrhundert, die mit der Erosion der europäischen Nationalstaaten verbunden sind und den totalitären Bewegungen den Weg bereiten halfen. Insbesondere die expansiven imperialen Herrschaftspraktiken der europäischen Nationalstaaten waren Arendt zufolge auf nationalistische und rassistische ideologische Legitimierungen angewiesen, um den kolonisierten Völkern ihre Souveränitätsansprüche abzusprechen. Jene Staaten überschritten nach Arendt die moralischen Grenzen der eigenen nationalstaatlich verfassten Rechts- und Moralordnung und der in ihnen verankerten Menschenrechte. Die imperiale Praxis und der mit ihr verbundene Zusammenbruch der Gesetzesherrschaft im Äußeren bildeten somit den Vorläufer, so Arendt, für pan-nationalistische Bewegungen und die Entrechtung von Individuen auf dem europäischen Kontinent selbst – sowie die Eroberung staatlicher Institutionen durch die (ethnische) Nation, die Minderheiten diskriminiert und aussondert. Mit der Staatenlosigkeit als Massenphänomen treten so zugleich die »Aporien der Menschenrechte« im 20. Jahrhundert offen zutage: In der modernen internationalen Ordnung sind Menschen auf die Mitgliedschaft in einem Nationalstaat angewiesen, das fundamentale »Recht, Rechte zu haben«, zu garantieren, ohne das Menschenrechte bedeutungslos sind. Aber eben die Nationalstaaten sind es, die Menschen massenweise dieses Recht entziehen.

Im dritten Band schließlich analysiert Arendt das Wesen der totalen Herrschaft selbst. Vor dem Hintergrund von Montesquieus These, dass jeder Form der

Regierung ein bestimmendes Prinzip zugrunde liegt, differenziert Arendt insbesondere zwischen politischer Despotie einerseits und totalitärer Herrschaft andererseits. Nicht formalisierbare institutionelle Herrschaftsmerkmale machen demnach den fundamentalen Unterschied des Totalitarismus zur Despotie, der gesetzlosen Willkürherrschaft, aus. Auch verkörpert nach Arendt totale Herrschaft gerade keine Tyrannei, die den bloßen Machtinteressen eines Diktators oder einer Partei untergeordnet ist und die Gesellschaft quasi von oben in Geiselhaft nimmt. Sondern jene seien selbst nur Mittel für den Zweck der Exekution höherer, übermenschlicher ideologischer Bewegungsgesetze – und damit der totalisierte »Verlust der Politik« (Peter Euben). In Arendts genealogischer Theorie sind Terror und Ideologie die konstitutiven Prinzipien und zugleich die zentralen Bindemittel totaler Herrschaft. Unter totaler Ideologie begreift Arendt weniger spezifische Inhalte als eine alles umfassende deduktive Logik. Totalitäre Ideologien, durch die Massenpropaganda der totalitären Bewegungen vorangetrieben, haben demnach ihren Ursprung in modernen Ideologien und Wissenschaftsideen, die auf die umfassende Erfassung und Erklärung der Welt zielen. Laut Arendt folgten totalitäre Bewegungen nun einer Ideo-Logik als zwangsläufiger oder notwendig erklärter »objektiver Gesetze« der »Natur« (Nationalsozialismus) bzw. der »Geschichte« (Stalinismus). Sie richten sich auf die Ausmerzung »objektiver Gegner« – für Arendt der »zentrale Begriff des Rechtsdenkens der totalitären Herrschaftsform« (879) – die als antagonistische »Rasse« oder »Klasse« konstruiert und unabhängig von ihrem subjektiven Denken oder Handeln verfolgt und vernichtet werden. Die totalen Ideologien zielten nicht auf die Legitimation von Herrschaft, also dessen, was *ist,* sondern erklären »was *wird,* was entsteht und vergeht« (964). Die *differentia specifica* des Totalitarismus, der sich im Grunde auf jede beliebige moderne Weltanschauung beziehen könnte, ist es, einer solchen »objektiven« Ideologie unerbittlich zu folgen und diese durch grenzlosen Terror in eine neue Staatsform zu überführen, in der die Gesamtgesellschaft und die individuellen Regungen ihrer Mitglieder total durchdrungen und menschliche Pluralität im Kontext einer »theoretischen Verifikation der Ideologie« ausgelöscht werden (908). Terror, das Wesen totaler Herrschaft, folge dem als notwendig erklärten »Gesetz«, die vermeintlich vorbestimmte »Rassegesellschaft oder eine klassen- und nationslosen Gesellschaft« (948) zu verwirklichen. Totale Herrschaftsformen sind insofern nach Arendt nicht *gesetzlos* wie Despotien, wohl aber ob ihrer permanenten Bewegung im Grunde strukturlos und anti-staatlich; sie zerstören vollends die politische Strukturen, die das Leben in der westlichen Zivilisation »humanisiert« hatten. An die Stelle staatlicher Ordnung tritt die Inversion von Moral und Recht, die kollektive Bewunderung für das Verbrechen im Namen der Rasse oder Klasse. Staatliche Strukturen sind den totalitären Bewegungen dabei ein Hindernis; vergleiche man den totalen Herrschaftsapparat »mit einem der vielen uns aus der Geschichte bekannten Herrschaftsapparate, so kann man ihn nur als strukturlos bezeichnen.« (832) Totalitäre Regime sind dabei notwendig auf die globale Umsetzung der »objektiven« Gesetze mit den Mitteln des Terrors ausgerichtet, was die planetarische Zerstörung aller anderen Staats- und Herrschaftsformen einschließt. Das »eiserne Band des Terrors« (958) kenne keine Kompromisse, Koexistenzen, territoriale oder institutionelle Grenzen, sondern nur eine unaufhörliche Bewegung. Arendt bestimmt schließlich das Spezifische der neuen Staatsform vor allem im Blick auf die Konzentrations- und Vernichtungslager des Nazismus, die totale Herrschaft sui generis verkörpern. Die Lager waren für Arendt der Ort, an dem die Tötung menschlicher Spontaneität ebenso weitgehend gelang wie die Zerstörung der Bedingung der Möglichkeit von Freiheit und Pluralität. Dort sei der Beweis erbracht worden, dass »totale Herrschaft keine Utopie ist« (935).

In ihrem Buch situiert Arendt die Entstehung der »neuen Herrschaftsform« im Kontext langfristiger Wandlungen, insbesondere der auf Privatinteressen orientierten modernen Arbeitsgesellschaft und korrespondierender Umwälzungsprozesse von der europäischen Klassen- zur Massengesellschaft im Laufe des 19. und frühen 20. Jahrhunderts. In diesem Gesellschaftsprozess seien teils fragile politische nationalstaatliche Ordnungen, Parteiensysteme, politische Öffentlichkeiten und soziale Gefüge zunehmend zerfallen; traditionelle politische Räume und Politikformen seien durch bürokratische Despotie ersetzt worden. Arendt zufolge hat die Entwicklung der modernen Massengesellschaft die Menschen dergestalt atomisiert, ihre Denk-, Erfahrungs- und Urteilsfähigkeit eingeschränkt sowie ein soziales Vakuum erzeugt. Großenteils in eine »unorganisierte, unstrukturierte Masse verzweifelter und hasserfüllter Individuen« (677) ohne soziale Bindung verwandelt, werden diese für die Propaganda fanatisierter, totalitärer Massenbewegungen anfällig. So sieht Arendt in modernen Tendenzen der Gesellschaft und des Denkens die entscheidenden Voraussetzungen, die »den systematischen Angriff auf die Idee menschlicher Würde möglich machen.« (Dana Villa) Hierbei läuft indes selbst Arendts vielschichtige, differenzierte genealogische Analyse in Teilen Gefahr, das Bild einer »totalitären Moderne« zu entwerfen, aus der der Totalitarismus als radikale Zuspitzung hervorzugehen scheint.

Arendts Studie bildet den Ausgangspunkt für nahezu alle folgenden Theoriebildungen und eine Vielzahl von empirischen Forschungen zu Phänomenen totaler Herrschaft. Die breite Rezeptionsgeschichte ist gerade in den ersten Jahrzehnten nach Erscheinen auch von diversen Kontroversen geprägt. Historiker kritisierten historische Verallgemeinerungen, die teils auf eine begrenzte Quellenlage zurückgeführt werden können. Von links wurden die Analogisierungen der präzedenzlosen Nazi-Genozidpolitik und NS-Vernichtungsideologie mit dem scheinbar eher auf Machterhalt ausgerichteten stalinistischen Herrschaftssystem problematisiert; von konservativer Seite Arendts Kritik an europäischen national-staatlichen Souveränitäts- und Ordnungsvorstellungen sowie am potentiell totali-tären Bündnis von »Elite und Mob« mit Argwohn betrachtet. Heute ist u. a. auch umstritten, inwieweit Arendts totalitarismustheoretische Deutungen, die sich auf die spezifischen Terrorsysteme von Nazismus und Stalinismus bezogen haben, auf gegenwärtige politische Bewegungen und Regime (z. B. des radikalen Islamismus) oder »Logiken« transferieren lassen und die Rede von neuen »totalitären For-men« rechtfertigen.

Arendts Opus hat bis heute breit diskutierte Elemente einer spezifischen po-litischen Theorie totaler Herrschaft grundgelegt, welche besondere Erfahrungen der präzedenzlosen Gewalt des vergangenen Jahrhunderts reflektieren und für ak-tuelle Gefahren ideologischer Massenbewegungen und genozidaler Politik sensi-bilisieren. Zusammen werden ihre Ansätze in jüngster Zeit insbesondere von ei-ner internationalen Theoriebildung aufgegriffen, die Arendtsche Motive in einen kritischen Kosmopolitismus zu überführen sucht.

Lars Rensmann

Literatur

Brunkhorst, Hauke: Hannah Arendt, München 1999.
Rensmann, Lars: Der totale Staat als Un-Staat. Hannah Arendts und Franz Neumanns
  politische Theorien totalitärer Herrschaft, in: Samuel Salzborn (Hg.): Kritische
  Theorie des Staates, Baden-Baden 2009.
Villa, Dana: Politics, Philosophy, Terror. Essays on the Thought of Hannah Arendt,
  Princeton 1999.

Frantz Fanon: Peau noire, masques blancs, Édition du Seuil: Paris 1952, 188 S. (dt.: Schwarze Haut, weiße Masken, Frankfurt 1980, 161 S.)

Der französische Psychiater Frantz Fanon (1925–1961) gilt als einer der entschei-denden Vordenker*innen der Entkolonialisierung. Die Auseinandersetzung mit seinen Arbeiten findet heute vorrangig in den Post Colonial Studies statt, im Be-sonderen Stuart Hall und Homi K. Bhabha als prominente Vertreter postkolonia-ler Studien haben einen starken Anteil an seiner Rezeptionsgeschichte. Der auf der Insel Martinique geborene Fanon kam schon früh mit Kolonialismus in Berüh-rung: Martinique war eine ehemalige französische Kolonie, dessen Bewohner*in-nen somit auch als Französ*innen galten. Dem ist jedoch hinzuzufügen, dass die französischen Werte Liberté, Égalité, Fraternité – also Freiheit, Gleichheit und Brüderlichkeit – nur für die weiße Bevölkerung galten und Schwarze Menschen als Bürger*innen zweiter Klasse behandelt wurden.

Sein 1952 erschienenes Werk *Peau noire, masques blancs (Schwarze Haut, wei-ße Masken)* ist das erste große Werk, in dem er sich mit der Rassifizierung von Schwarzen im westlichen Europa, aber auch auf Martinique auseinandersetzt. Zugleich arbeitet Fanon heraus, dass damit eine verbundene Ambivalenz der eigenen Identität der*des Schwarzen einhergeht, da das Weiß-Sein stets als das Wahrhaftige angesehen wird. Der Schwarze wird zum »Anderen« gemacht und exotisiert, was selbst noch im heutigen postkolonialen Diskurs wiederzufinden ist und weiterhin rassistische Stereotype (re)produziert. So wird Schwarzen Frauen nach wie vor ein höheres und wildes Temperament zugeschrieben. Das Buch ist in sieben Kapitel unterteilt, in denen Sprache, Sexualität und ihre Wechselwirkung in Bezug auf *Die farbige Frau und der Weiße* und *Der Farbige und die weiße Frau,* der konstruierten Abhängigkeit des kolonialisierten Objekts zum kolonialisierenden Subjekt, den Erfahrungen durch die Unterdrückung von Schwarzen und der Psychopathologie von kolonialisierten Schwarzen betrachtet wird. Dabei beschreibt Fanon immer wieder, dass Menschen mit schwarzer Haut stets der Folie des Weiß-Seins folgten. So richten sie ihr Leben danach aus, die höher gestellte »weiße Rasse« nachzuahmen, da diese als zivilisiert, gebildet und kultiviert gilt. Unter Bezugnahme auf die Psychoanalyse und eigene Erfahrungen als Schwarzer beschreibt Fanon, welche Auswirkungen diese Fremdbestimmung des Schwarzen Subjekts durch die weiße Gesellschaft hat. Das äußert sich beispielsweise darin, dass Schwarze, die selbst Betroffene von Rassismus sind, den Rassismus von Weißen internalisiert hätten. Resultierend daraus wird eine Stigmatisierung aufgrund von Hautfarbe und der Herkunft sowie ein Prozess der zwanghaften Weißwerdung verfestigt. Die Weißwerdung und die damit verbundene koloniale Ausbeutung versteht er als Kollektivtrauma, welches nur vom Schwarzen Subjekt überwunden werden könne, wenn es sich »in die Weiße Welt« (36) flüchtet. Er skizziert, dass die Versprechen der Aufklärung vor allem für die Schwarze Bevölkerung im afrikanischen Kontext, aber auch für Schwarze im europäischen Kontext nicht eingelöst worden seien. Denn die weiße Gesellschaft sehe »den Schwarzen« aufgrund seiner Naturhaftigkeit und vermeintlich fehlenden Bildung als konträren Part zu Aufklärung, Zivilisation und Liberalismus (122).

Doch nicht nur die Unterdrückung durch Sklaverei und Kolonialismus sieht Fanon als Kollektivtrauma an, sondern auch die psychologische Minderwertigkeit Schwarzer Menschen, da das Schwarz-Sein als das Böse und Unreine kategorisiert werde, was zu einem Identitätsproblem führe: »Aus dem schwärzesten Teil meiner Seele, durch die schraffierte Zone hindurch steigt der Wunsch in mir hoch, auf einmal *weiß* zu sein« (44, Herv. i. Orig.). Er verweist außerdem auf ein asymmetrisches Machtgefälle zwischen Kolonisatoren und Kolonialisierten und gibt zu bedenken, dass es keinen Kampf von unterdrückten Schwarzen gegen ihre Kolonialherren gegeben habe, sondern sich lediglich die Sklaverei abgeschafft und der

Schwarze von seinen weißen Unterdrückern zu seinem eigenen Herren gemacht wurde und nicht, weil er sich aus diesen Fängen selbst befreit habe.

Die kollektive Traumatisierung rückt in *Peau noire, masques blancs* unentwegt in den Vordergrund und doch hebt Fanon immer wieder die Individualität hervor, in dem er anhand von Einzelfällen, die er unter einem psychoanalytischen Aspekt betrachtet, Neurosen skizziert, die eine Kollektivierung von Schwarzen durch Weiße mit sich bringe. Somit steht er konträr zu dem universalistischen Anspruch der Aufklärung, da er sich lediglich auf das Individuum und dessen Missachtung bezieht. Es ist durchaus als richtig anzusehen, dass Rassismus sich auf Machtstrukturen bezieht und aufgrund phänotypischer Merkmale Menschen diskriminiert und stigmatisiert werden. Dennoch muss an dem Punkt der Individualisierung Fanons eine Zäsur vorgenommen werden, da er die abstrakte Ebene hinter der Ideologie verlässt und auf einer konkreten Ebene Kollektiverfahrungen individualisiert. Vielmehr konstruiert er über eine »Volkisierung des Politischen« (Samuel Salzborn) eine zwanghafte Identität, deren Ohnmacht aufgrund des Kollektivtraumas der unterdrückten »schwarzen Rasse« omnipräsent ist. Die Befreiung von Repressionen schlägt sich nicht im Vordergrund des Fanonschen Denkens nieder. Das wird vor allem dadurch deutlich, dass er Arbeiter*innen in Europa als besser bzw. höher gestellt ansieht, da sie immer noch weiß seien. Die Auseinandersetzung mit Fanon unter dem postkolonialen Aspekt wie beispielsweise bei Bhabha rekurriert somit nicht auf die herrschenden materialistischen Verhältnisse und deren Umstrukturierung, sondern zielt lediglich auf eine Definitionsmacht der »Verdammten dieser Erde« ab, die aber nicht alle »Verdammten dieser Erde« mit einschließt, sondern diesen universalistischen Anspruch nur auf rassifizierte, versklavte Kolonialisierte anwendet.

Kritisch zu sehen in der Auseinandersetzung mit Fanons Werk ist sein Umgang bzw. sein Begriff von Antisemitismus. So versucht er eine Analogie zwischen Jean-Paul Sartres *Überlegungen zur Judenfrage* und dem Rassismus gegenüber Schwarzen bzw. der »Negrophobie«. Doch dieser Versuch stellt sich als stark verkürztes Unterfangen heraus: Er begreift Antisemitismus nur als eine Unterform von Rassismus, der in seiner Ausprägung nicht so stark sei wie Rassismus selbst. Dies wird anhand der Ausführungen deutlich, in denen er Jüdinnen und Juden nicht nur als weiß klassifiziert, sondern ihnen auch eine höhere Stellung in der Gesellschaft als den Schwarzen zuspricht (68). Hierbei wird allerdings ein entscheidendes Momentum im Antisemitismus verkannt, nämlich der wahnhafte Vernichtungsgedanke.

Fanons Werk ist ein Schlüsselwerk der postkolonialen Forschung mit Blick auf die Auseinandersetzung mit der Sklaverei und der Unterdrückung von Schwarzen. Dies gilt auch bezogen auf die Integration einer psychoanalytischen Perspektive und den Aspekt der Selbstentfremdung durch stetige rassistische Stigmatisie-

rung sowie die damit einhergehende Bewusstwerdung. Fanon galt seiner Zeit als
weit voraus – auch weil seine Abhandlungen durch verschiedene theoretische Ansätze, wie zum Beispiel Jean-Paul Sartres Existenzialismus, psychoanalytische Abhandlungen nach Sigmund Freud oder Georg Wilhelm Friedrich Hegels Dialektik
geprägt sind. Sein Anspruch in dem Werk ist ein universalistisch-emanzipatori-
scher, daher appelliert er am Schluss seiner Darlegungen auch daran, nicht in der
Vergangenheit zu leben, denn die unterdrückten Schwarzen werden ihre Entfremdung nur aufheben, wenn sie »sich geweigert haben, sich in den substanzialisier-
ten Turm der Vergangenheit sperren zu lassen« (144).

Maria Kanitz

Literatur
Alice Cherki: Frantz Fanon. Ein Porträt, Hamburg 2002.
Ina Kerner: Postkoloniale Theorien zur Einführung, Hamburg 2012.

**Gordon Willard Allport: The Nature of Prejudice, Addison-Wesley: Reading, MA 1954,
537 S. (dt. Die Natur des Vorurteils, Kiepenheuer & Witsch: Köln 1971, 531 S.).**

The Nature of Prejudice ist wahrscheinlich eines der meist gelesenen Bücher in der
Geschichte der Sozialpsychologie. Es wurde in viele Sprachen übersetzt. Als es erschien, beinhaltete es für die damalige Zeit drei wesentliche Neuerungen.
    Erstens schaffte es mit seiner Konzeption die Basis für die Erforschung von
Vorurteilen für das nächste halbe Jahrhundert, indem es die bestehende Forschung
zu Vorurteilen im Intergruppenkontext neu strukturierte. Der Einfluss des Buches
auf die Vorurteilsforschung ist bis heute von großer Bedeutung. Wissenschaftliche Datenbanken zeigen, dass es bis zum Jahr 2012 mindestens 15 000-mal zitiert
wurde und es ist anzunehmen, dass das wissenschaftliche Interesse an Allports
Werk auch zukünftig nicht abnehmen wird. 2005 gaben Dovidio, Glick und Rudman zum 50. Jahrestag der Erstveröffentlichung ein Buch heraus, das die aktuellen
Forschungsergebnisse der Inhalte von *The Nature of Prejudice* abbildet. Am Beispiel dieser Veröffentlichung wird deutlich, wie viele der von Allport aufgestellten
Thesen während des letzten halben Jahrhunderts durch intensive empirische Forschungsarbeiten bestätigt werden konnten.
    Zweitens hatte das Buch einen erheblichen Einfluss auf die öffentliche Mei-
nung. Dies lag unter anderem daran, dass Allport unter den Sozialwissenschaftlern seiner Zeit ein begnadeter Autor war. Sein Buch war demzufolge verständlich geschrieben und sowohl Wissenschaftler als auch Laien konnten den klaren
und kraftvollen Inhalt gut nachvollziehen. Als das Buch 1954 zum ersten Mal erschien, war der spätere Erfolg nicht absehbar. Es war anfangs von einem kleinen

Verlag veröffentlicht worden und erreichte trotz positiver Kritiken nur bescheidene Verkaufszahlen. Vier Jahre später (1958), als ein größerer Verlag das Buch in einer günstigen und gekürzten Taschenbuchausgabe veröffentlichte, wurde *The Nature of Prejudice* ein Bestseller. Für die neue Edition hatte Allport 40 Prozent des Originaltextes gekürzt, ohne Struktur und zentrale Inhalte zu verändern. In dieser gekürzten Taschenbuchversion fand das Buch schließlich seine weite Verbreitung. Allport beobachtete mit großer Freude, dass es nahezu überall zu kaufen war, wo auch Krimis und Belletristik zu finden waren. Es ist diese Kompaktversion, die vielen Lesern bekannt ist. Erst 25 Jahre später wurde das Original neu aufgelegt. In den späten 1950ern, als das Civil Rights Movement an Schwung gewonnen hatte, hoffte Allport, dass sein Buch für die öffentliche Meinung »etwas Gutes bewirken« könnte.

Die dritte Neuerung waren die angesprochenen Inhalte und dabei unter anderem die zur Veranschaulichung gewählten Beispiele. Allport adressierte sein Buch an seine Bezugsgruppe: weiße, protestantische, amerikanische Männer. Er führte anti-afroamerikanische, anti-semitische, anti-katholische und sexistische Ressentiments als Beispiele für Vorurteile an und sprach damit sehr deutlich die Vorurteile »seiner eigenen Gruppe« an. Dem Zeitgeist entsprechend wäre es sicher einfacher und politisch leichter akzeptabel gewesen, die Vorurteile anderer Gruppen gegenüber der eigenen Bezugsgruppe darzustellen, aber Allport thematisierte die Vorurteile seiner eigenen Bezugsgruppe.

Allport hat für Experten nicht nur das Wissen seiner Zeit über Vorurteile zwischen Gruppen systematisiert, sondern auch zahlreiche neue Ideen und Perspektiven entwickelt. Obwohl sein Werk größtenteils durch amerikanische Forschung beeinflusst wurde, konnten viele seiner Prognosen auf der ganzen Welt bestätigt werden. Darüber hinaus korrigierte er viele Missverständnisse über Vorurteile. Zum Beispiel widersprach das Buch der damals verbreiteten Annahme, dass Stereotype über Gruppen das Resultat abnormer kognitiver Verzerrungen »voreingenommener Persönlichkeiten« seien. Er leistete einen wichtigen Beitrag zu der heute allgemein anerkannten Überzeugung, dass die kognitiven Bestandteile von Vorurteilen das Ergebnis normaler Informationsverarbeitungsprozesse darstellen. Stereotype und Vorverurteilungen seien nicht abnormal, sondern unglücklicherweise allzu menschlich.

The Nature of Prejudice stellte weiterhin Sigmund Freuds Aggressionskonzept in Frage. Anstelle der psychoanalytischen Katharsis-Hypothese schlug Allport ein Feedbackmodell mit grundlegend unterschiedlichen Implikationen für Vorurteile und Katharsis vor. Er argumentierte, dass Aggression sich selbst verstärkte. Dies bedeutet, dass aggressives Verhalten die Wahrscheinlichkeit für weitere Aggression erhöht anstatt zu Katharsis und verminderter Aggression zu führen, wie Freud es annahm. Angesichts dieser Erkenntnisse plädierte *The Nature of*

Prejudice für eine Politik der Vorurteilsreduktion, die tatsächlich das Niveau von Vorurteilen in den USA und anderenorts verringern konnte.

Der nachhaltigste Beitrag des Buches bestand aber darin, dass Allport Kontakt zwischen Gruppen unter einer völlig neuen Perspektive sah. Viele frühere Autoren hatten angenommen, dass Kontakt zwischen Gruppen gefährlich sei und zu vermehrten Vorurteilen und Konflikten führen würde. Allport hingegen vertrat die Ansicht, dass Kontakt eine Voraussetzung für Wandel darstelle. Mit seiner »Kontakthypothese« proklamierte er, dass vier situationelle Bedingungen gegeben sein müssten, damit Kontakt zur Reduktion von Vorurteilen führt: gleicher Status der Gruppen in der Kontaktsituation, gemeinsame Ziele, kein Wettbewerb zwischen den Gruppen und positive Unterstützung des Kontaktes durch Autoritäten. Allports Annahmen zur Wirkung von Kontakt zwischen Gruppen lösten ein weltweites Interesse an der Intergruppenforschung aus. Inzwischen ist die Kontakthypothese eine etablierte Theorie der Sozialpsychologie.

The Nature of Prejudice hat neben der Kontakthypothese weitere Ideen skizziert, die später zu wichtigen Weiterentwicklungen in der Sozialpsychologie wurden. Die »Common Ingroup Identity Theory« beispielsweise ist eine moderne Schlüsseltheorie der Reduktion von Vorurteilen. Ihre Begründer Gaertner, Dovidio und andere betonen, dass Intergruppenkonflikte reduziert werden können, wenn die Mitglieder der vormals getrennten Gruppen sich mit einer gemeinsamen übergeordneten Gruppe identifizieren, welche die beiden ursprünglichen Gruppen einschließt. Allport hatte genau diese Mechanismen vorgeschlagen. Er zeichnete konzentrische Kreise auf, mit der Familie im Zentrum, umschlossen von der Menschheit als äußerster Kreis. Er war der Meinung, dass »concentric loyalties need not clash« und dass Vorurteile durch die Inklusion von Gruppenmitgliedschaften gemindert werden können.

Aber warum war *The Nature of Prejudice* so vorausschauend? Allport schrieb das Buch in seinem Sommerhaus in der Nähe von Lincoln, Maine, in den Sommern 1952 und 1953. Kurz zuvor im Jahr 1948 hatten Norbert Wiener sein einflussreiches Buch über die Kybernetik und Claude Shannon sein ebenfalls bedeutendes Buch über die Informationstheorie veröffentlicht. In der sich daraufhin ausbreitenden »Kognitiven Wende« konzentrierte sich die Psychologie von den 1960er Jahren an mehr und mehr auf Kognitionen und maß Motivationsprozessen eine zunehmend geringere Bedeutung zu. Und genau diesen neuen Schwerpunkt hatte *The Nature of Prejudice* bereits in den 1950er Jahren vorgegriffen. Zehn der 31 Kapitel sind kognitiven Faktoren gewidmet und auch die anderen Kapitel räumten Kognitionen einen hohen Stellenwert ein. Darüber hinaus hatte die Forschung zu sozialen Kognitionen als Teilbereich der Sozialpsychologie enge Bezüge zur Gestaltpsychologie, die von Allport in *The Nature of Prejudice* ebenfalls integriert war.

Wie konnte es sein, dass die in den 1960er Jahren aufkommenden neuen Strömungen der Vorurteils- und Stereotypenforschung von Allport bereits so früh aufgenommen worden waren? Für deutsche Leser mag es überraschend sein, dass gerade die Forschung in Deutschland Allport stark beeinflusst hatte. Sein erster Psychologieprofessor an der Harvard Universität war der Deutsch-Amerikaner Hugo von Münsterberg. Münsterberg war zuvor Assistent von Wilhelm Wundt gewesen, der auch die Angewandte Psychologie ins Leben gerufen hatte. Nachdem Allport 1922 seinen Doktortitel erhalten hatte, wurde er von der Harvard Universität mit dem begehrten zweijährigen »Sheldon Travelling Fellowship« ausgezeichnet. »Eine zweite intellektuelle Morgendämmerung«, wie er es später selber beschrieb. Das erste Jahr verbrachte Allport in Berlin und Hamburg, das zweite in Cambridge. In Hamburg wurde er insbesondere vom deutschen Psychologen Wilhelm Stern unterstützt. Einige Jahre später in den 1930ern konnte Allport dem flüchtenden Stern, trotz der wirtschaftlichen Einschränkungen durch die Große Depression in den USA, an der Duke Universität zu einer Stelle verhelfen.

Aufgrund seiner Post-Doc Jahre und vieler weiterer Reisen nach Deutschland sprach Allport mit der Zeit fließend Deutsch. Er war fasziniert von den frühen Arbeiten der Gestaltpsychologen und wurde selbst zum Teil ein Gestaltpsychologe. Er schloss sich aber nur zum Teil den gestaltpsychologischen Überlegungen an, da er als amerikanischer Environmentalist die Annahmen der Gestaltpsychologie über die festgelegten kognitiven Prozesse nicht akzeptieren konnte. Die frühen Einflüsse der deutschen Forschung erklären, warum *The Nature of Prejudice* während der »Kognitiven Wende«, die zwischen den 1960ern und 1980ern die Sozialpsychologie prägte, weiterhin relevant blieb.

The Nature of Prejudice wurde geschrieben, als Allport Mitte fünfzig war. Mit seinen Arbeiten im Bereich der Persönlichkeitspsychologie war er bereits ein hoch angesehener Psychologe. Unter anderem half sein Klassiker, *Personality: A Psychological Interpretation,* die Persönlichkeitspsychologie als anerkannte Disziplin innerhalb der Psychologie in den USA zu etablieren. Von 1930 bis zu seinem Tod 1968 unterrichtete Gordon Allport an der Harvard Universität. Während seines ganzen Lebens strebte er danach, seine beiden Interessen, die Wissenschaft und die gesellschaftlichen Herausforderungen, zusammenzuführen. *The Nature of Prejudice* war sein krönender Abschluss, mit dem er dieses Ziel erreichte.

Thomas Pettigrew/Kerstin Hammann

Literatur

Dovidio, John F., Glick, Peter, & Rudman, Laurie A.: On the nature of prejudice: Fifty years after Allport, Malden, MA 2005.

Pettigrew, Thomas F., & Tropp, Linda R.: When groups meet: The dynamics of intergroup contact, New York 2011.

Erving Goffman: The Presentation of Self in Everyday Life, Edinburgh: University of Edinburgh Social Science Research Centre 1956, 161 S. (dt. Wir alle spielen Theater. Die Selbstdarstellung im Alltag, München 1969).

Erving Manual Goffman wurde 1922 im kanadischen Mannville geboren. 1945 erwarb er einen BA in Soziologie an der University of Toronto und wechselte zum Master-Studium der Soziologie und Sozialanthropologie an die University of Chicago. Dort studierte er u. a. bei wichtigen Vertretern der so genannten Chicago School of Sociology (Everett C. Hughes und William Llyod Warner), die aufgrund ihrer stadtsoziologischen und ethnographischen Studien bekannt ist und die Entwicklung des symbolischen Interaktionismus (Herbert Blumer) maßgeblich beeinflusste.

Während eines Studienaufenthalts an der University of Edinburgh führte Goffman in einer Ortschaft auf den Shetland-Inseln eine zwölfmonatige Feldstudie durch, deren Ergebnisse zunächst in seine unveröffentlichte Dissertation Eingang fanden (*Communication Conduct in an Island Community*, 1953). Goffman untersuchte dort die Interaktionsprozesse auf einer regelmäßigen Abendveranstaltung, im Lese- und Billardsaal des Gemeindehauses und in einem Hotel, in dem er seine Mahlzeiten einnahm und zeitweise arbeitete. Nach seiner Promotion 1953 arbeitete Goffman u. a. in verschiedenen Kliniken und studierte die Interaktionen zwischen Patienten und Personal. Im Jahr 1958 wurde er Assistant Professor in Berkeley. 1956 publizierte er dann *The Presentation of Self in Everyday Life*. Das Buch basiert hauptsächlich auf seiner Dissertation und fokussiert den Forschungsgegenstand, der Goffman nicht mehr loslassen wird: die Interaktionsordnung. Aus seinen Klinik-Studien gingen dann die Bücher *Asylums. Essays on the Social Situations of Mental Patients and other Inmates* (1961) und *Stigma. Notes on the Management of spoiled Identity* (1963) hervor. 1969 ging Goffman an die University of Pennsylvania. In den 1970er Jahren begann Goffman sich für die Interaktionen zwischen den Geschlechtern zu interessieren und entwickelte ein verstärktes Interesse an sprachlicher Interaktion, was sich auch an seiner letzten Buchpublikation *Forms of Talk* (1981) zeigt. Goffman starb im Alter von 60 Jahren am 20. November 1981 in Philadelphia. (vgl. Hettlage/Lenz 1991: 11 ff., 50 f.)

In *The Presentation of Self in Everyday Life* geht Goffman von der Kernthese aus, dass jeder Einzelne bestrebt ist, in der Interaktion mit anderen den Eindruck zu kontrollieren, den diese von ihm haben. In Interaktionen sei man ständig bemüht, nicht das Gesicht zu verlieren, sondern sich angemessen zu präsentieren: angemessen im Sinne der Vorstellung der eigenen Identität und angemessen im Sinne des situativen Kontextes.

Goffman ist bestrebt die »Techniken der Eindrucksmanipulation« aufzuzeigen, die eingesetzt werden, um einen bestimmten Eindruck aufrecht zu erhalten.

Es geht ihm also nicht darum, spezifische Rollen im Hinblick auf ihre Funktionen in einem Sozialsystem zu untersuchen, sondern um die »dramaturgischen Probleme« des Rollenspiels schlechthin (17 f.). Dabei gelingt es Goffman über alltägliche und literarische Beispiele sein Werk sehr lesenswert und verständlich, darüber hinaus auch mit einem hohen Identifikationspotenzial für die Lesenden zu gestalten.

Interaktion deutet Goffman als den »wechselseitige Einfluß von Individuen untereinander auf ihre Handlungen während ihrer unmittelbaren physischen Anwesenheit« (18). Ihn interessiert die Identitätssicherung in Interaktionen. Schließlich präsentieren die Interaktionspartner einander Interpretationen ihres Selbst, in denen sie bestätigt werden möchten. In Interaktionen steht die Identität immer wieder (und buchstäblich) auf dem *Spiel*. Abhängig von unserer Darstellung verlieren wir das Gesicht oder beweisen unsere Rollenkompetenz.

Damit unsere Darstellung (»performance«) erfolgreich ist, müssen wir die richtige Fassade mit dem passenden Bühnenbild und den dazugehörigen Requisiten kombinieren. Als Fassade bezeichnet Goffman ein »standardisiertes Ausdrucksrepertoire« (23), das Bühnenbild ist ein spezifischer Ort und die Requisiten sind Gegenstände.

Ein Beispiel wäre der Zugschaffner, der nach den Fahrkarten verlangt und diese auf bestimmte Art entgegennimmt und entwertet (Fassade), dies selbstverständlich in einem Zugabteil tut (Bühnenbild), dabei eine Uniform trägt und Geräte zum Fahrkartenausdrucken und -entwerten mitführt (Requisiten).

In Darstellungen treten selbstverständlich nicht nur zwei Personen miteinander auf, sondern auch Teams oder »Ensembles«. Bei einer Ensembledarstellung sind alle Mitglieder für den Erfolg verantwortlich, sie müssen sich also auf einander verlassen können. Sei es die Familie, die zeigen möchte, dass bei ihr alles in Ordnung ist, die Kellner und Köche eines Restaurants oder auch Standesbeamte und Brautpaar; alle sind abhängig davon, dass alle anderen ihren Part im Drehbuch auch angemessen zu spielen verstehen. Diese Ensembles interagieren wiederum mit anderen Ensembles: die Familie mit den Nachbarn, Kellner und Köche miteinander und mit den Restaurantbesuchern und Brautpaar und Standesbeamte mit den geladenen Gästen. Damit Ensembledarstellungen gelingen, müssen die Mitglieder untereinander loyal und in ihrer Inszenierung diszipliniert sein. Außerdem wird das Publikum häufig taktvoll über Fauxpas hinwegsehen und Hinweise zur Rettung einer Darstellung geben. Beispielhaft wäre hier der Verzicht auf den Hinweis, dass jemand wiederholt den gleichen Witz erzählt.

Ensembles und Einzelne greifen zu Schutzmaßnahmen, um ihre Darstellungen nicht zu gefährden. Diese sind vor allem in der Kontrolle der »Hinterbühne« zu sehen. Goffman geht davon aus, dass die eigentliche Darstellung auf der »Vorderbühne« passiert. Eine Lokalität der Vorderbühne ist bspw. das Wohnzimmer, wobei das Schlafzimmer dann die Hinterbühne darstellt. Hinterbühnen sind Orte, an denen nicht gespielt wird. Rollenübernahme kann deutlich am Übergang zwischen Hinter- und Vorderbühne beobachtet werden: schimpft ein Kellner in der Küche noch über die Sonderwünsche an Tisch 3, so wird er (im Regelfall) bei Verlassen der Küche sofort wieder eine professionelle Miene und Haltung annehmen und die Gäste zuvorkommend behandeln. Die Verwendung unschmeichelhafter Benennungen, Lästereien und parodistisches Rollenspiel finden ebenfalls auf der Hinterbühne statt (104 ff.).

Diese Verunglimpfung anderer ist ein Beispiel für »dunkle Geheimnisse« eines Ensembles, z. B. soll das befreundete Pärchen nicht wissen, was man wirklich über es denkt und dass man diese Haltung vor ihm verbirgt. »Strategische Geheimnisse« sind ein Verschleiern der Absichten und Fähigkeiten des Ensembles um das Publikum zu überraschen. Weiterhin teilen Ensemblemitglieder »Gruppengeheimnisse«, die nur Eingeweihte kennen. Diese Geheimnisse führen zu verschiedenen Sonderrollen, darunter u. a. Verschwörer, Denunzianten, Vermittler. Verschwörer verhelfen einer Darstellung zum Erfolg, Denunzianten erschleichen sich Zugang zur Hinterbühne um diskreditierende Informationen zu sammeln, und Vermittler versuchen die Interaktion zweier Ensembles abzustimmen (z. B. Gastgeber, die versuchen Freunde und Arbeitskollegen zusammen zu bringen). (129 ff.)

Goffman sieht in seinem dramaturgischen Ansatz eine neue Perspektive, die zur Analyse von Institutionen verwendet werden kann. Dabei vermag eine solche Analyse insbesondere die Verschränkung von Persönlichkeit, Interaktion und Gesellschaft hervorzuheben. Die Störung einer Darstellung hat Konsequenzen auf allen drei Ebenen: die Interaktion zwischen Individuen und Ensembles könnte desorganisiert werden und ein aufeinander abgestimmtes Handeln verunmöglichen; gesellschaftlich anerkannte Institutionen, Ensembles und Rollen sind in ihrer Legitimität abhängig vom erfolgreichen Spiel der sie repräsentierenden Darsteller; und im Gegenzug identifiziert sich der Einzelne ebenfalls mit Rollen, Ensembles und Institutionen, sie sind Teil seines Selbstbildes. Dieses leidet bei einer misslungenen Darstellung, denn das Selbst ist erst das Produkt der gelungenen Darstellung.

Goffmans Verdienst ist es, die Interaktionsordnung als Forschungsgegenstand der Sozialwissenschaften legitimiert zu haben. Dieser Fokus wurde allerdings oft kritisiert, da Goffman zu sehr auf die Mikroprozesse der Interaktion fokussiert habe und Fragen der gesellschaftlichen Makrostruktur vernachlässige. Auch argumentiere er ahistorisch und ignoriere er Fragen von Macht und Herrschaft. Alvin W. Gouldner versteht den *Goffmensch* (Roland Hitzler) als zynischen Spieler, als einen Mittelstandsamerikaner, ängstlich um seinen Eindruck besorgt, ständig dabei vorzuspielen, die Familie sei in Ordnung, der Job laufe gut und man habe alles unter Kontrolle. Damit rücke Goffman in die Nähe von David Riesman, der in seiner Zeitdiagnose *The Lonely Crowd* (1951) den Amerikanern einen au-ßengeleiteten Charakter attestiert hatte. Die Amerikaner orientierten sich zwecks Anerkennung lediglich am Urteil ihrer Mitmenschen und Goffmans Interaktions-analysen würden diese konformen Verhaltensweisen um das Moment der bewuss-ten Manipulation erweitern (vgl. Heinz Abels: Identität, 2010: 326).

Durchaus schwierig erweist sich Goffmans Einflüsse genauer zu bestimmen. Heinz Abels sieht Goffmans Verständnis von Interaktion vor allem an Max Weber und George Herbert Mead gewonnen und sicherlich steht Goffman in der Nach-folge der Chicago School of Sociology. Doch ebenso kann man Durkheim und Simmel als Bezugsautoren nennen (vgl. Raab 2019: 13 ff.).

Produktiv angeschlossen an Goffman haben u.a. die Soziologie der Behin-derung und die Disability Studies mit ihrem Bezug auf seine Bücher *Stigma* und *Asylums*. Letzteres untersucht mögliche Rollen und Darstellungen der Patienten und des Personals in »totalen Institutionen« (Heime, Gefängnisse, Lager) und *Stigma* beschäftigt sich mit dem Umgang mit Personen mit Behinderungen und deren Bemühungen Nicht-Behinderten die Möglichkeit zu geben, sie als »Nor-male« zu behandeln Insbesondere Theorien zu gelingender bzw. misslingender Identität nicht nur behinderter Menschen knüpfen an Goffman an (Krappmann 1969, Thimm 1975, Frey 1983). In den 2000er Jahren sind Goffmans späte Arbeiten ins Deutsche übersetzt worden, von denen insbesondere Impulse für eine empi-rische Geschlechterforschung (*Interaktion und Geschlecht,* 2001) und die Konver-sationsanalyse (*Rede-Weisen,* 2005) ausgingen.

David Kreitz

Literatur
Hettlage, Robert/Lenz, Karl (Hg.): Erving Goffman. Ein soziologischer Klassiker der 2. Generation? Stuttgart/Bern 1991.
Knoblauch, Hubert: Erving Goffman, in: Stephan Moebius/Dirk Quadflieg (Hg.): Kultur. Theorien der Gegenwart, Wiesbaden 2006.
Raab, Jürgen: Erving Goffman. From the Perspective of the New Sociology of Knowl-edge, New York 2019.

Helmut Schelsky: Die skeptische Generation. Eine Soziologie der deutschen Jugend. Eugen Diederichs Verlag: Düsseldorf/Köln 1957, 523 S.

Das jugendsoziologische Hauptwerk des aus zahlreichen zeitdiagnostischen Ver-öffentlichungen bekannten Nachkriegssoziologen Helmut Schelsky (1912–1984) bildet bis heute eine der öffentlichkeitswirksamsten Schriften in dessen thematisch breit angelegten soziologischem Werk sowie in der sozialwissenschaftlichen Auseinandersetzung mit Jugend insgesamt. Dabei stellte die Jugend als Altersgruppe zwar ein kontinuierliches, jedoch kein zentrales Gegenstandsfeld des selbst durch die Jugendbewegung geprägten und im Nationalsozialismus aktiven Schülers von Arnold Gehlen und Hans Freyer dar. Schelskys Wirken in der Bundesrepublik bis in die späten 1970er Jahre war geprägt von empirisch untermauerten Deskriptionen aktueller gesellschaftlicher Trends und Phänomene, leidenschaftlicher Kritiker der Frankfurter Schule und engagierter Wissenschaftspolitiker. Neben analytischen Arbeiten zu Themen wie Familie, Industrie, Sexualität, Religion, Sozialstruktur oder Wohlfahrtspolitik, die mit griffigen Titeln versehen oft weit über die Disziplin hinaus Beachtung fanden, hat Schelsky zu einzelnen Entwicklungen, wie etwa zum Jugendprotest der späten 1960er und 1970er Jahre oder zum Aufstieg einer politischen Elite in den 1970er Jahren, polemisierend Stellung bezogen und war vor allem im Bereich der Konstruktion akademischer Zentren bis hin zur Mitarbeit an der Gründung der Universität Bielefeld wissenschaftspolitisch aktiv.

Der 1957 erschienene voluminöse und für spätere Ausgaben deutlich gekürzte Band mit dem Titel *Die skeptische Generation. Eine Soziologie der deutschen Jugend* trat mit dem Anspruch an, »die soziologische Schicht der Verhaltensnorm ›Jugend‹ heraus[zu]arbeiten« (13). Schelsky fokussiert seine Darstellung auf die Jugendgeneration zwischen 1945 und 1955 in Westdeutschland, geht jedoch von »gleiche[n] Grunderlebnisse[n] und Haltungen einer gesamtdeutschen Nachkriegsgeneration« (10) aus und beansprucht damit Aussagekraft über die Jugend als Phänomen insgesamt.

Das aus drei Teilen bestehende Werk analysiert die sozialisatorische und soziale Bedeutung der Jugend als Lebensphase (I), verortet diese teilweise mit Bezug zu zeitgenössischen Studien in ihren zentralen Lebenswelten der Familie, der Arbeit und der Freizeit (II) und behandelt ihre gesellschaftliche Einbettung im Kontext von Sozialstruktur, Politik, Religion und Kunst (III). Zentrale theoretische Bezüge der Arbeit bilden das Generationskonzept Karl Mannheims mit seinem Fokus auf den sozialpolitischen Erfahrungsraum einer Generation sowie jugendsoziologische und pädagogische Schriften aus der Zeit der deutschen Jugendbewegung mit ihrer Betonung der »Jugendgemeinschaft als jugendgemäße Sozialform« (109). Darüber hinaus nimmt Schelsky auf die Resultate verschiedener zeitgenössischer Jugendstudien in Form von Umfragedaten Bezug und verdichtet diese zu einem ausführlichen Generationenporträt. In dieser Synthese vorliegender Forschungen zum Standort und zu den Einstellungen Jugendlicher in der Nachkriegszeit der Bundesrepublik besteht eine der zentralen Leistungen der Studie. Inhaltlich finden von Schelskys breiten Ausführungen zum Gegenstandsfeld in der weiteren sozialwissenschaftlichen Auseinandersetzung mit der Jugend vor

allem seine Generationsbeschreibungen und seine Thesen zur Bedeutung der Suche nach ›Verhaltenssicherheit‹ sowie von der Entdifferenzierung der Jugend als
Gruppe und der Altersgruppen insgesamt Beachtung.

Ausgehend von der Diagnose eines Gegensatzes der Verhaltensnormen der
Intimität in der Familie und der Anonymität und Sachlichkeit in der Industriegesellschaft beschreibt Schelsky es als Aufgabe der Jugendphase, in der Loslösung
von der Herkunftsfamilie eine »neue strukturverschiedene zweite soziale Ver-
haltensschicht« (43) zu entwickeln. Die Gesellschaft der Nachkriegszeit böte, so
seine These, angesichts hoher sozialer Mobilität und einer fortlaufenden Dynamik der Veränderung von Berufsanforderungen und lebensweltlichen Bezügen
kaum Orientierung, was zu einer »Radikalisierung der jugendlichen Verhaltensunsicherheit« (48) führe. In dieser Darstellung deuten sich Parallelen zu Talcott
Parsons strukturfunktionalistischen Deutungen des Jugendalters an.

Im Umgang mit dem Problem der Verhaltensunsicherheit und der Anforderung des Erwachsenwerdens unterschied Schelsky mit der Generation der Jugendbewegung um die Jahrhundertwende zum 20. Jahrhundert, der politischen
Jugend in der Weimarer Republik und der NS-Zeit und der skeptischen Generation der deutschen Nachkriegszeit drei historische Generationsgestalten, die
er im Hinblick auf ihren generationalen Zusammenhang, ihre soziale Einbettung und grundlegende Positionierung zur Erwachsenengesellschaft sowie zur
Politik unterscheidet. Während die Jugendbewegung in der radikalen Kritik der
bürgerlichen Erwachsenengesellschaft in der Hinwendung zu Natur, Idealismus
und jugendlicher Gemeinschaft vor dem Hintergrund relativen Wohlstands und
politischer Kontinuität generationseigene Verhaltensformen entwerfen konnte,
suchte die politische Generation aus Sicht Schelskys vor dem Hintergrund von
politischen Umbrüchen, Kriegserfahrungen und ökonomischer Unsicherheit Sicherheit in politischen Ideologien und beteiligte sich im Kontext politischer Verbände aktiv an der Konstruktion der Gesellschaft. Demgegenüber wird die skeptische Generation als von »in Kriegs- und Nachkriegszeit erfahrene[r] Not und
Gefährdung der eigenen Familie durch Flucht, Ausbombung, Deklassierung, Be-
sitzverlust, Wohnungsschwierigkeiten, Schul- und Ausbildungsschwierigkeiten
oder gar durch den Verlust der Eltern« (86) und als durch »die hier vorrangigen
Prozesse der Entpolitisierung und Entideologisierung des jugendlichen Bewußtseins« (84) gekennzeichnet beschrieben. Schelsky zeichnet für die Nachkriegszeit der Bundesrepublik mit Verweis auf vielfältige Daten aus sozialwissenschaftlichen Studien das Bild einer »auf das Praktische, Handfeste, Naheliegende, auf die
Interessen der Selbstbehauptung und -durchsetzung gerichteten Denk- und Ver-
haltensweise dieser Jugendgeneration« (88), einer »konkretistischen Geisteshal-
tung« (91), »geistigen Ernüchterung« und »ungewöhnlichen Lebenstüchtigkeit«
(488).

Die Beschreibung der Jugendgeneration der Nachkriegszeit als »erwachsenenähnliche« (88) führt Schelsky im dritten Teil seines Buches zu der These vom Verschwinden eines eigenständigen Jugendraums in der Gesellschaft, die er an der arbeitsbezogenen Integration der von ihm untersuchten »berufstätigen Jugend zwischen 14 und 25 Jahren« (8), ihrer familiären Verwurzelung und ihrer politischen Abstinenz festmacht. Darüber hinaus sieht Schelsky in der Nachkriegsgeneration nur geringe Strukturdifferenzen zwischen den sozialen Schichten, was mit seiner späteren These von der ›nivellierten Mittelstandsgesellschaft‹ korrespondiert und ihm den Ruf eines Vordenkers modernisierungstheoretischer Annahmen einbrachte.

Die *Skeptische Generation* ist weit über die Grenzen der sozialwissenschaftlichen Auseinandersetzung mit Jugend rezipiert worden, bis Mitte der 1980er Jahre wurde das Buch fast 50 000 Mal verkauft und in zahlreiche Sprachen übersetzt. Bei Erscheinen erregte es eine starke mediale und später auch wissenschaftliche Aufmerksamkeit – hier insbesondere im Zusammenhang soziologischer Generationenanalysen, aber auch erziehungswissenschaftlicher Studien zum Jugendalter. Schelsky selbst hat seine Typologie der Generationen im Weiteren um die ›Jugendprotestgeneration‹ erweitert, die er im Ausblick zur ›skeptischen Generation‹ als zu erwartende »sezessionistische Jugendgeneration« (495) gewissermaßen voraussagte und mit der er sich ab den späten 1960er Jahren vor allem polemisch auseinandersetzte. Auch wenn Schelskys Analyse zur deutschen Nachkriegsjugend als »deutsche Ausgabe der Generation, die überall die industrielle Gesellschaft konsolidiert« (493) breit rezipiert wurde, steht eine systematische werkgeschichtliche Verortung sowie differenzierte Analyse der jugendsoziologischen Wirkungsgeschichte des Bandes noch aus.

Nicolle Pfaff

Literatur

Baier, Horst (Hg.): Helmut Schelsky, ein Soziologe in der Bundesrepublik. Eine Gedächtnisschrift von Freunden, Kollegen und Schülern, Stuttgart 1986.

Kersting, Franz-Werner: Helmut Schelskys »Skeptische Generation« von 1957. Zur Rezeptions- und Wirkungsgeschichte eines Standardwerks, in: Vierteljahreshefte für Zeitgeschichte 50 (2002), S. 465–495.

Schäfers, Bernhard: Die »Skeptische Generation« von Helmut Schelsky – revisited nach 45 Jahren. In: Mansel, Jürgen/Scherr, Albert/Griese, H. (Hg.): Theoriedefizite in der Jugendforschung. Standortbestimmungen und Perspektiven, Weinheim/München 2003, S. 31–40.

Claude Lévi-Strauss: Anthropologie structurale, Paris: Librairie Plon 1958, 454 S. (dt. Strukturale Anthropologie, Frankfurt: Suhrkamp 1967, 433 S.).

Der Ethnologe Claude Lévi-Strauss (1908–2009) hat im Laufe seines Lebens weit über 300 wissenschaftliche Aufsätze und knapp 20 Bücher verfasst. Wie wenigen anderen Autoren des 20. Jahrhunderts ist es ihm dabei gelungen, traditionelle Fachgrenzen aufzusprengen und eine im besten Sinne transdisziplinäre Wirkung zu entfalten. Ob Soziologie oder Philosophie, Literatur- oder Geschichtswissenschaft, Psychologie oder Medienwissenschaft – kaum eine sozial- oder kulturwissenschaftliche Disziplin konnte sich dem Einfluss der von Lévi-Strauss entwickelten strukturalen Methode entziehen.

Die konkreten kulturellen Phänomene, mit denen sich Lévi-Strauss in seinen Schriften beschäftigt, variierten im Lauf der Jahrzehnte. Stand während der 1940er Jahre noch vorrangig die Verwandtschaft im Zentrum, rückten in den 1960ern zunächst Klassifikationssysteme und später Mythen in den Fokus. Unverändert blieb jedoch das Grundthema des Lévi-Strauss'schen Strukturalismus: die Suche nach der unbewussten Logik hinter den Erscheinungen, nach Konstanten des menschlichen Denkens, nach den Regeln, die unsere Wahrnehmung und unseren Umgang mit der Welt leiten, nach Differenzen und Invarianten kulturellen Handelns.

Strukturale Anthropologie nimmt innerhalb des Gesamtwerks eine Zwischenposition ein. Das Buch markiert den Schlusspunkt einer für Lévi-Strauss beruflich wie privat schwierigen Phase zu Beginn der 1950er Jahre. Die angestrebte wissenschaftliche Karriere scheint in weite Ferne gerückt, und die zuvor sehr rege Publikationstätigkeit nimmt für mehrere Jahre deutlich ab. Mehr aus Resignation denn aus eigenem Antrieb nimmt Lévi-Strauss 1954 den Auftrag an, für die Reihe »Terre humaine« einen Bericht über seine Forschungsreisen in Brasilien zu verfassen. *Tristes Tropiques* erscheint 1955. Dem Buch ist von Beginn ein enormer Erfolg beschieden. Sein Autor wird mit einem Schlag zu einer Person des öffentlichen Lebens. Auch Lévi-Strauss' ›wissenschaftliches Werk‹ im engeren Sinne wird plötzlich von einer breiten Fachöffentlichkeit wahrgenommen und diskutiert.

In dieser Situation greift Lévi-Strauss ein altes Projekt wieder auf und bereitet eine Publikation seiner wichtigsten Veröffentlichungen der vorausgegangenen Dekade in Buchform vor. Als Titel wählt er ein Begriffspaar, das die methodische Nähe seines Ansatzes zum sprachwissenschaftlichen Strukturalismus zum Ausdruck bringen soll: *Anthropologie structurale*.

Der Band versammelt insgesamt 17 Aufsätze, von denen 15 bereits in den Jahren 1945 bis 1956 in diversen Zeitschriften und Sammelbänden in Frankreich, den Niederlanden und den USA erschienen sind. Sie wurden für die Publikation übersetzt und geringfügig überarbeitet. Vollständig neu geschrieben wurden lediglich zwei Kapitel als »Nachträge« zu anderen Teilen der Sammlung. In ihnen geht

Lévi-Strauss auf die Kritik ein, die sein Werk in den zurückliegenden Jahren von verschiedener Seite erfahren hat.

Thematisch ist *Strukturale Anthropologie* in sechs größere Abschnitte gegliedert, die sich grob mit den unterschiedlichen Schwerpunktsetzungen decken, die auch für das spätere Gesamtwerk Lévi-Strauss' charakteristisch sein werden: Ethnologie und Geschichte, Sprache und Verwandtschaft, Soziale Organisation, Magie und Religion, Kunst, Probleme der Methode und des Unterrichts. Die Mehrzahl der Texte stellt praktische Umsetzungen des strukturalen Ansatzes dar. Ihre Lektüre erlaubt es auch heutigen Leser/innen dem Begründer des Strukturalismus beim Denken über die Schulter zu schauen und das Erkenntnispotenzial der Methode an konkreten Beispielen ausgelotet zu sehen.

Schnell wird man hier der radikal transdisziplinären Natur der strukturalen Anthropologie gewahr, die eine Vielzahl von methodischen und theoretischen Entwürfen kombiniert. Lévi-Strauss selbst nennt an anderer Stelle Geologie, Psychoanalyse und Marxismus als seine Lehrmeisterinnen; seine »trois maîtresses«, von denen er gelernt habe, dass man, »um zum Realen zu gelangen, zunächst die Erfahrung verwerfen muß, um sie später in einer objektiven, von jeder Sentimentalität gereinigten Synthese wieder zu integrieren« (1978: 51).

Eine zentrale Rolle für diesen Prozess kommt der Übertragung sprachwissenschaftlicher Methoden und Prinzipien auf den Bereich des Sozialen zu. Nicht nur die Soziologen Émile Durkheim (dem *Anthropologie structurale* zugeeignet ist) und Marcel Mauss müssen daher neben Sigmund Freud und Karl Marx als wichtige Impulsgeber genannt werden, sondern auch Roman Jakobson, Nicolai Trubetzkoi, Émile Benveniste und Ferdinand de Saussure.

Analog zur strukturalen Linguistik sucht Lévi-Strauss nach den *unbewussten* Strukturen, die das Verhalten des Menschen als Teil größerer sozialer Einheiten gliedern und steuern. Ebenfalls analog zur Linguistik lässt sich die strukturale Anthropologie dabei als *semiologisches* Unternehmen beschreiben, dessen Aufmerksamkeit die Ebene der Phänomene verlässt, um die ihnen zugrunde liegenden geistigen Operationen freizulegen. Mittel der Wahl bei der Erforschung dieser Tiefenstruktur ist die der Sprachwissenschaft entlehnte Minimalpaaranalyse. Für sie werden ähnliche, aber nicht bedeutungsgleiche Phänomene verglichen und die Unterschiede zwischen ihnen herausgearbeitet. Ziel des Vergleichs ist es, bedeutungsdifferenzierende und bedeutungstragende Elemente zu identifizieren. Diese wiederum können auf unterschiedlichen Komplexitätsebenen angesiedelt sein und – analog zu den Phonemen, Morphemen und Lexemen der Sprachwissenschaft – als sinnhafte Beziehungsbündel einer kombinatorischen Analyse unterzogen werden.

Der Fokus hierbei liegt also – wie in der Sprachwissenschaft des 20. Jahrhunderts – nicht mehr auf den Gliedern des Systems, sondern auf den *Beziehungen*

zwischen diesen Gliedern (45). Entscheidend ist mithin nicht, was genau etwa den
Laut /t/ ausmacht oder was genau ein Onkel mütterlicherseits ist, sondern ob und
wie sich dieses /t/ oder ein mütterlicher Onkel von einem /d/ oder einem Onkel
väterlicherseits unterscheidet.

Solche Minimalpaaranalysen funktionieren im Bereich der Verwandtschaft
ebenso gut wie im Feld der Mythologie oder der Klassifikation – kurz: bei allem,
was Systemcharakter aufweist. Um allerdings auch bei komplexen Gegenständen
das Verhältnis der konstituierenden Elemente zueinander und die Möglichkeiten
und Gesetze ihrer Kombination untersuchen zu können, muss Lévi-Strauss einen Kunstgriff vornehmen. Er schlägt daher vor, soziales Handeln jeglicher Art
als eine Form der Kommunikation zu betrachten. Gesellschaften, so seine These,
entscheiden sich genauso dafür, aus der Vielzahl der möglichen Beziehungen lediglich eine begrenzte Anzahl auszuwählen, wie Sprachen aus der Fülle möglicher
Lautvarianten nur eine vergleichsweise kleine Auswahl als phonologisch relevant
zurückhalten (54).

Diese Grundannahme führt mitunter zu wenig romantischen Schlussfolgerungen. Heiraten beispielsweise werden in dieser Sichtweise als einfacher kommunikativer Akt zwischen Gruppen von Männern beschrieben, die über den Austausch von Frauen Schwagerbeziehungen eingehen (61 f.). Einzelne Akteure und
ihre Motive hingegen kommen in dem Modell nicht vor.

Mit Hilfe seines Ansatzes gelingt es Lévi-Strauss beispielsweise bei der Untersuchung von Verwandtschaft Regelmäßigkeiten aufzuzeigen, die sich zu Formeln
verdichten lassen und es erlauben, aus der Kenntnis der Qualität eines begrenzten
Teils der Beziehungen zwischen nahen Verwandten, die Qualität anderer Beziehungen derselben Ordnung abzuleiten (57). Dieses Element der Vorhersagbarkeit
war in den Sozialwissenschaften neu, und es gehört zu den nachhaltigen Verdiensten Lévi-Strauss', eine Anthropologie entworfen zu haben, die sozial- und naturwissenschaftliche Methoden zusammenführt.

Eine Schule im eigentlichen Sinn hat Lévi-Strauss gleichwohl nicht begründet. Gelegentlich heißt es gar, er sei nicht nur der wichtigste Vertreter des Strukturalismus in der Ethnologie, sondern der einzige (Reinhardt 2008: 9). Dessen
ungeachtet hat praktisch eine ganze Generation von Wissenschaftler/innen ihre
wissenschaftliche Sozialisation über die Auseinandersetzung mit dem Strukturalismus erfahren und Lévi-Strauss – je nach persönlicher Neigung – verehrt oder
sich an ihm gerieben. Im Bereich der Sozialwissenschaften wäre hier beispielsweise an Michel Foucault oder Pierre Bourdieu zu denken, die den strukturalistischen
Keim zu je eigenen Blüten weiterentwickelt haben. In der deutschsprachigen Soziologie bildete der Strukturalismus – respektive seine Weiterentwicklung in Poststrukturalismus und philosophischer Anthropologie – einen wichtigen Gegenpol
zu den ideologiekritischen Ansätzen der Frankfurter Schule.

Der paradigmatischen Vorrangstellung des Strukturalismus sollte keine allzu lange Dauer beschieden sein. »Eine Mode dauert fünf bis zehn Jahre«, stellt
Lévi-Strauss drei Jahrzehnte nach der Veröffentlichung von *Anthropologie structurale* nüchtern und ohne Bitterkeit fest (1989: 137). Vor allem er selbst verfolgte
das strukturalistische Projekt in der Folgezeit noch weiter. Fünfzehn Jahre nach
der Publikation seines strukturalistischen Manifests bekundete er mit *Anthropologie structurale II* seine Treue zur strukturalen Methode. Weitere zehn Jahre später sollte mit *Le Regard éloigné* eine dritte programmatische Textsammlung folgen.
Der durchschlagende Erfolg von *Anthropologie structurale* blieb diesen Werken jedoch verwehrt.

Thomas Reinhardt

Literatur

Lévi-Strauss, Claude: Traurige Tropen. Frankfurt 1978 (Original: Tristes Tropiques. Paris 1955).
Lévi-Strauss, Claude und Didier Eribon: Das Nahe und das Ferne: Eine Autobiographie
in Gesprächen. Frankfurt 1989 (Original: De près et de loin. Paris 1988).
Reinhardt, Thomas: Claude Lévi-Strauss zur Einführung, Hamburg 2008.

**Seymour M. Lipset: Political Man. The Social Basis of Politics, Doubleday & Company:
Garden City, New York 1959, 432 S. (dt. Ausgabe: Soziologie der Demokratie. Hermann
Luchterhand Verlag: Neuwied/Berlin 1962, 388 S.).**

Das 1959 veröffentlichte Werk *Political Man* prägt bis heute die Wahrnehmung
Seymour Martin Lipsets (1922–2006) in den Sozialwissenschaften. Es findet sich
als zentrale Veröffentlichung im Kontext einer umfassenden Publikationstätigkeit
zu Themen der politischen Soziologie. Grundlegend für die vergleichende Analyse politischen Verhaltens ist Lipsets zusammen mit Juan Linz verfasstes Werk
The Social Bases of Diversity in Western Democracy (1956). Im Kontext des *Political
Man* widmet er sich in einer Vielzahl von Schriften Fragen der *Social Requisites of
Democracy* (1959), dem Zusammenhang von Demokratie, Verhalten der Arbeiterklasse und Sozialismus, den Erfolgsaussichten von gewerkschaftlicher Tätigkeit
sowie, zusammen mit Paul Lazarsfeld, Allen Barton und Juan Linz, der *Psychologie des Wählens* (1954). Im *American Voter* verfasst er ein Kapitel (1956; S. 55–62).
Mit der Schrift *Party Systems and Voter Alignments. Cross-national Perspectives*
(1967), die er zusammen mit Stein Rokkan herausgegeben hat, prägt Lipset den
theoretischen Ansatz der Cleavage-Forschung maßgeblich.

Lipset promovierte 1949 im Fachbereich Soziologie an der Columbia University. Als Professor war er an den großen amerikanischen Universitäten tätig: Co-

lumbia University, Stanford University, Harvard University, University of California, Berkeley und University of Toronto. Für das Werk *Political Man* erhielt er den MacIver Preis. Lipset galt als Sozialist der politischen Mitte. Seine soziologischen und politikwissenschaftlichen Denkansätze stehen in der Tradition von Marx, Weber, Tocqueville und Michels, auf die er auch im ersten Kapitel des *Political Man* rekurriert.

Political Man vertieft die Auseinandersetzung Lipsets mit der politischen Soziologie und Demokratieforschung. Er verbindet soziologische Überlegungen mit Ansätzen der modernen Politikwissenschaft. *Political Man* knüpft an nahezu alle Vorarbeiten Lipsets an und stellt die »democracy as a characteristic of social systems« (9) ins Zentrum der Analyse gesellschaftlich gebundener Auseinandersetzung mit politischen Prozessen und Institutionen. Dabei kombiniert Lipset verschiedene Argumentationslinien. Dies führt dazu, dass er im *Political Man* weniger einen klaren Theorieentwurf entwickelt als vielmehr eine Vielzahl an Versatzstücken verbindet, die sich auf die vielfältigen Beziehungen zwischen Individuen und politischem System beziehen. Lipset fragt nach den Voraussetzungen, unter denen Demokratie in Gesellschaften und in Organisationen entstehen kann. Sozialstrukturelle und kulturelle Rahmenbedingungen menschlichen Zusammenlebens prägen seiner Ansicht nach das Funktionieren eines politischen Systems ebenso wie die politische Beteiligung, insbesondere das Wahlverhalten, der Bürger. Seine späteren Überlegungen zu einem cleavage-gebundenen Wahlverhalten nehmen hier ihren Ursprung. Lipset sucht nach den Quellen der politischen Unterstützung für Werte und politische Bewegungen, die die demokratischen Institutionen fördern oder gefährden.

Im *Political Man* fasst Lipset zunächst für seine Zeit aktuelle Ansätze der politisch-soziologischen Forschung zusammen. Als Basis verwendet er Überlegungen von Marx und Tocqueville zur Auseinandersetzung zwischen Klassen und gesellschaftlichen Organisationen als Konsequenzen des Modernisierungsprozesses. Hinzu treten Annahmen von Weber und Michels zu einer funktionsfähigen, effizienten Bürokratie und demokratisch gestalteten politischen und zivilen Organisationen als Voraussetzungen einer erfolgreichen, hoch industrialisierten Gesellschaft: Wahlverhalten, politische Bewegungen, die interne Logik von Bürokratien sowie der interne Aufbau von zivilen Organisationen bilden die Grundlage für seine Arbeit über die Bedingungen einer demokratischen Ordnung (Teil I). In diesem Thema liegt die Bedeutung des *Political Man* bis in die Gegenwart.

Lipset benennt die ökonomischen Bedingungen einer erfolgreichen demokratischen Herrschaft in Europa und Amerika sowie die Bedeutung der Modernisierungsfolgen »Einkommenssicherheit« und »Bildungsexpansion« für den Klassenkonflikt. Als wichtigste Grundlagen einer demokratischen Entwicklung bezeichnet er ein offenes Klassensystem, ökonomische Wohlfahrt, ein egalitä-

res Wertesystem, ein kapitalistisches Wirtschaftssystem, eine hohe Alphabeti-
sierungsrate und eine umfangreiche Beteiligung an zivilen Organisationen (74).
Außer einem demokratischen politischen System bringen diese Modernisierungsfolgen jedoch auch Konsequenzen mit sich, die für eine Festigung und ein Überleben der demokratischen politischen Ordnung kontraproduktiv sind: politische
Apathie, übermäßige Bürokratie und eine Massengesellschaft. Im Werk *The Civic
Culture* von Gabriel Almond und Sidney Verba (1963) finden sich ähnliche Bezüge
zur politischen Apathie, die aus der Überforderung und/oder dem Empfinden der
eigenen Bedeutungslosigkeit in der Sphäre des Politischen entsteht.

Das Konzept der politischen Legitimität und seine zentrale Position für das
Überleben demokratischer politischer Systeme markiert Lipsets fundamentale
Stellung in der politischen Soziologie, insbesondere innerhalb der politischen Kul-
turforschung. Ohne die Anerkennung seitens seiner Bürger kann ein politisches
System nicht dauerhaft überleben und wird zu einer institutionellen Hülle ohne
Wert. Lipset untersucht insbesondere demokratische Systeme mit freien Wahlen,
weil nur hier ein tatsächlicher Einfluss der Bürger auf das Werden und den Wan-
del der politischen Ordnung festgestellt werden kann.

Damit eine Demokratie überleben kann, muss sie dauerhaft zwei Überzeugungen bei ihren Bürgern aufrecht erhalten können: Legitimität und Effektivität. Effektivität bedeutet »actual performance, the extent to which the system satisfies
the basic functions of government as most of the population and such powerful
groups within it as big business or the armed forces see them« (77). Legitimität beschreibt Lipset als »capacity of the system to engender and maintain the belief that
the existing political institutions are the most appropriate ones for the society«
(77). David Easton knüpft an diese Definition unmittelbar an. Legitimität entsteht
durch die Überzeugung, die eigenen Werte finden sich in adäquater Weise im politischen System wieder. Es ist diese Überzeugung, die die Demokratie überleben
lässt. Das Legitimitätsempfinden wird durch die Leistungen, die ein System auf
der ökonomischen Ebene erzielt, beeinflusst. Die Bürger reagieren auf diese Leistungen mit positiven oder negativen Bewertungen, ist doch ihr Alltagsleben in
unterschiedlicher Weise von diesen politischen Ergebnissen betroffen. Die Bewertung eines politischen Systems als effektiv stellt eine instrumentelle Ergänzung
dar, die ein politisches System kurzfristig stabilisieren, aber nicht auf Dauer erhalten kann. Mit dieser Verbindung zwischen ökonomischer Entwicklung und politischer Stabilität stellt sich Lipset in die Tradition einer modernisierungstheoretischen Erklärung der Entwicklung von Demokratie. Legitimitätskrisen entstehen
durch gesellschaftlichen und/oder politischen Wandel und durch die Art des Zugangs zur Politik: Werden die wichtigen gesellschaftlichen Gruppen an den politischen Entscheidungen beteiligt und werden die konservativen politischen Institutionen durch den strukturellen Wandel bedroht?

Stabile demokratische politische Systeme wie das der USA und Kanadas besitzen eine hohe Legitimität seitens ihrer Bürger und sind in der Lage, diese in angemessener Weise zu versorgen (A). Instabile politische Systeme sind dazu nicht fähig und ihre Bürger erkennen sie auch nicht als für ihre Gesellschaft angemessen an (D). Ein Zusammenbruch kann nur durch Unterdrückung und Zwang etwa in Autokratien vermieden werden. Krisen der Effektivität (B) können mittels einer hohen Legitimität überwunden werden. Krisen der Legitimität lassen sich durch eine hohe Effektivität nur kurzfristig überbrücken (C). Lipset fasst diese Überlegungen in einer Vierfeldertafel zusammen (81), die bis in die Gegenwart als Grundlage für Prognosen über das Überleben politischer Systeme dient (so etwa bei Diamond 1999):

	Effektivität	
Legitimität	+	−
+	A	B
−	C	D

In der Definition von Legitimität und Effektivität wird Lipsets Verbindung zwischen den politischen Einstellungen der individuellen Bürger und den Wirkungs- und Handlungsweisen ihrer gesellschaftlichen Gruppen deutlich. Der Colemansche Mikro-Makro-Link des politischen Verhaltens zeigt sich bereits im *Political Man*: Trotz der Einbindung des Bürgers interessiert Lipset sich weiterhin für das Überleben der politischen *Systeme*. Nicht das Individualhandeln, sondern die Bedeutung der gesammelten Einstellungen und Verhaltensweisen der Gesamtbevölkerung ist zu untersuchen. Wie Almond/Verba oder Easton sieht Lipset diese Einstellungen der Bevölkerung als entscheidend für das Überleben eines politischen Systems an. Mit einer solchen Konzeption des Bürger-Staat-Verhältnisses markiert Lipset eine zentrale Annahme der im Aufbruch befindlichen politischen Kulturforschung und sorgt dafür, dass im *Political Man* den Bürgern eine höhere Aufmerksamkeit für die Ausgestaltung von Demokratien zuteilwurde als dies bis zu diesem Zeitpunkt in institutionalistischen und elitenzentrierten Ansätzen der Fall war.

Die Leistung Lipsets und seines Werkes *Political Man* für die Sozialwissenschaften ist nicht zu unterschätzen. Seine Typologie von Legitimität und Effektivität ist noch heute von hoher Relevanz für die politische Kulturforschung und die vergleichende Politikwissenschaft. Umstrittener ist die Annahme, Demokratie als Folge einer erfolgreichen sozioökonomischen Entwicklung – und damit der Modernisierung – aufzufassen. Kritik an dieser Sichtweise äußerten v. a. Vertreter kulturalistischer, Rational-Choice- oder neoinstitutionalistischer Konzepte. Dass es eine Beziehung zwischen sozioökonomischer Modernisierung und Politik gibt und dass der Bürger über das Wohl und Wehe seines politischen Systems mitentscheidet, haben die vielfältigen politischen Umbrüche gezeigt, die seit dem Erscheinen des *Political Man* stattgefunden haben. Eine sozioökonomische Modernisierung, deren wesentlicher Teil bedeutende Bildungsgewinne sind, erzeugt in ökonomisch wenig erfolgreichen und politisch repressiven politischen Systemen (mangelhafte Effektivität nach Lipset) ein Klima der wachsenden Unzufriedenheit mit dem politischen System, das dann massiv an Legitimität verliert. Können weder Unterdrückungsmaßnahmen, noch mittelfristige Effektivitätsgewinne das System stützen, wird der Mangel an Legitimität zum Sturz des Regimes führen. Dies zeigt: Die zentralen Erkenntnisse des *Political Man* sind heute so aktuell wie vor rund 50 Jahren.

Susanne Pickel

Literatur

Sartori, Giovanni: From the Sociology of Politics to Political Sociology. Government and Opposition, Vol. 4 2007, 195–214

Velasc, Jesús G.: Seymour Martin Lipset: Life and Work. The Canadian Journal of Sociology/Cahiers canadiens de sociologie, Vol. 29 2004, 583–601

Diamond, Larry: Developing Democracy: Toward Democratization. The Johns Hopkins University Press: Baltimore 1999.

Charles Wright Mills: The Sociological Imagination. Oxford University Press: New York 1959, 234 S. (zitierte dt. Übers.: Soziologische Phantasie. Springer VS: Wiesbaden 2016, 347 S.)

Charles Wright Mills (1916–1962) ist insbesondere bekannt für seine Werktrias zu Machtverhältnissen in den USA: *The New Men of Power* (1948) über die Gewerkschaftsführer, *White Collar* (1951) über die Angestellten und *The Power Elite* (1956) über die Machtelite aus Wirtschaft, Politik und Militär an der Spitze der amerikanischen Gesellschaft.

The Sociological Imagination ist als theoretischer Hintergrund zu diesen Werken zu verstehen, eine Erklärung von Mills Idee einer Soziologie mit radikaldemokratischem Anspruch und gleichzeitig eine Kritik am Zustand der amerikanischen Soziologie in der Mitte des 20. Jahrhunderts. Mills greift dabei einerseits auf seine eigene bereits im Studium begonnene und dann in seiner Dissertation vertiefte Beschäftigung mit dem amerikanischen Pragmatismus zurück. Andererseits nimmt er immer wieder Bezug zur »klassischen Tradition« der Soziologie, deren europäische Linie er durch die Zusammenarbeit mit Hans Gerth kennen lernte.

Mills Argumentation in *The Sociological Imagination* verläuft von einer Rückschau auf die ursprüngliche Intention der Soziologie über eine kritische Bestandsaufnahme der Nachkriegssoziologie (Kap. 1–5) hin zur Darstellung (s)einer wiederum aufklärerisch-engagierten Soziologie, die an die klassische Tradition anknüpft (Kap. 6–10). Der abschließende Appendix *On Intellectual Craftsmanship* ist nicht so sehr Anhang als Erweiterung der Diskussion auf wissenschaftspraktischer Ebene.

Das Versprechen der klassischen Tradition der Soziologie ist laut Mills die Zusammenhänge von individueller Biografie, sozialer Struktur und historischem Geschehen erklären und zu verstehen. Die Fähigkeit diese Zusammenhänge zu erkennen, sei wiederum die »Sociological Imagination«. Davon habe sich die amerikanische Nachkriegssoziologie allerdings in zwei Richtungen entfernt. In seiner privaten Korrespondenz (Letters and Autobiographical Writings, 2000) unterteilt Mills die Soziologie einerseits in »heavy duty theoretical bullshit«, also soziologische Großtheorien (womit v. a. Parsons Strukturfunktionalismus gemeint ist) anderseits in »statistical stuff«: theorielosen Empirismus (Mills denkt hier an Paul Lazarsfeld und das Bureau of Applied Social Research, für das er selbst gearbeitet hatte). Die soziologischen Großtheorien seien dabei in ihrem Begriffsapparat so abstrakt, dass sie sich von der Ebene der konkreten sozialen Realität entfernt hätten und ihre ahistorischen Postulate kaum noch empirisch zu überprüfen seien. Der theorielose Empirismus hingegen konzentriere sich auf die Verbesserung der Methoden, das Sammeln von Daten, das Lösen von konkreten Einzelproblemen ohne dabei theoretische Anstrengungen zu unternehmen. Zudem finde verstärkt eine von Privatinteressen dominierte Auftragsforschung statt, die nicht öffentliche Probleme adressiere, sondern Klienteninteressen bediene. Generell werde der Typus des Wissenschaftsbürokraten omnipräsent, der in öffentlichen und privaten Organisationen vor allem als Verwaltungsmensch tätig sei. In *White Collar* betitelt Mills ein Kapitel »Brains Inc.«, um diese Inkorporierung geistiger Arbeit zu beschreiben.

Das Ziel soziologischer Aufklärung verfehlten sowohl abstrakte Großtheorie als auch theorieloser, auftragsabhängiger Empirismus, gerade weil Theorie und Empirie nicht ausgeglichen seien oder gar gegenseitig befruchtend genutzt würden. Ideen seien zwar der Motor sozialwissenschaftlicher Forschung, allerdings bedürften sie des disziplinierenden Moments empirischer Fakten. Dies sei, so Mills, bei den klassischen Studien des Fachs der Fall gewesen. Mills stößt sich vor allem an der Geschichtslosigkeit, die ihm in beiden Strömungen der Nachkriegssoziologie entgegenschlägt. Der Großtheorie hält er vor ahistorische Konstrukte zu entwickeln, um eine Sozialtheorie mit ewiger Gültigkeit zu entwerfen. Die Probleme daran zeigten sich deutlich an der Schwierigkeit mithilfe des Strukturfunktionalismus sozialen Wandel zu erklären. Eine Kritik, die sich auch bei Konfliktsoziologen wie David Lockwood, Lewis Coser, Reinhard Bendix und Ralf Dahrendorf findet. Dem theorielosen Empirismus fehle es ebenfalls an der Berücksichtigung der historischen Gewordenheit seiner Untersuchungsgegenstände.

Mills eigene Soziologie soll die Historizität sozialer Strukturen berücksichtigen und v. a. soll sie eine vergleichende Soziologie sein. Möchte man nämlich, und genau das ist Mills' Anliegen, die Freiheitsgrade der Menschen bestimmen und herausfinden, inwiefern sie in der Lage sind, an Entscheidungen, die ihr Leben betreffen, mitzuwirken, so kann eine Entwicklung nur durch historische Vergleiche und Vergleiche von Gesellschaften untereinander herausgearbeitet werden. Was Mills hier beschreibt, weißt eine deutliche Nähe zu der von Robert K. Merton später benannten »Theorie mittlerer Reichweite« (Social Theory and Social Structure, 1949) auf.

Dabei geht er in seinem emanzipatorisch-demokratischen Anspruch allerdings weiter und benennt Relevanzkriterien für eine öffentliche Breitenwirkung sozialwissenschaftlicher Werke: Sind sie verständlich geschrieben? Befassen sie sich mit der »main drift« – der Hauptentwicklungslinie einer Gesellschaft? Wird komparativ vorgegangen, also werden geschichtliche Vergleiche und Vergleiche zwischen verschiedenen Gesellschaften genutzt?

Ist man nach der Lektüre besser informiert über die Zusammenhänge von Geschichte, Biographie und Gesellschaftsstruktur? Könnte man auf dieser Basis entscheiden, ob die Gesellschaft, in der man lebt, diejenige ist in der man leben möchte bzw. was man verändern, was beibehalten wollen würde?

Die Lektüre eines sozialwissenschaftlichen Werkes sollte demnach bei den Lesenden dazu führen, etwas darüber zu lernen, warum sie und ihre Mitmenschen in dieser Zeit und in dieser bestimmten gesellschaftlichen Konstellation diese bestimmten und keine anderen Probleme haben und welche Handlungsspielräume es für bestimmte soziale Gruppen gibt. Sollte dies nicht gegeben sein, dann tragen der Autor oder die Autorin nicht mithilfe der Sozialwissenschaften zur Beantwortung öffentlich relevanter Fragestellungen bei.

Soziologie soll demnach vor allem eine Orientierungswissenschaft sein, die zum Verständnis der aktuell beobachtbaren sozialen Entwicklungen beiträgt und private Nöte als öffentliche Probleme erkennen lässt. Mills geht es vornehmlich um soziologische Zeitdiagnosen als orientierende, Theorie, Empirie und Historie verbindende Textsorte. Der Verbreitung und Orientierung stiftenden Wirkung sozialwissenschaftlicher Erkenntnisse stehe allerdings der soziologische Jargon entgegen, der aus vielen Texten des Faches unverdaubare Lesekost mache und zu einer esoterischen Abgehobenheit der Fachvertreter*innen gegenüber einem durchschnittlich gebildeten Publikum führe, eine Kritik, in der Mills mit John Dewey übereinstimmt.

Eine solche esoterische Wissenschaft könne nicht die »pädagogische und politische Rolle der Sozialwissenschaften in einer Demokratie« ausfüllen, die Mills
darin sieht, »Öffentlichkeiten und Individuen heranzuziehen und zu unterstützen, die fähig sind, persönliche und gesellschaftliche Wirklichkeiten angemessen
zu definieren, mit diesen Wirklichkeitsdefinitionen zu leben und auf ihrer Basis
zu handeln« (284).

Mills äußert hier neben der Kritik an der Geschichtslosigkeit also auch eine
Sprachkritik an vielen Werken der Soziologie. Daher erscheint es fast zwangsläufig, dass er nicht nur wissenschaftstheoretisch und radikaldemokratisch argumentiert, sondern auch mit *On Intellectual Craftsmanship* einen Aufsatz zur eigenen
Wissenschaftspraxis verfasst. Dieser Aufsatz im Anhang der *Sociological Imagination* erklärt Mills Arbeitsweise und richtet sich an wissenschaftlichen Nachwuchs.
Neben den Prämissen Arbeit und Leben nicht zu trennen und nicht erst zu schreiben, wenn es für einen Antrag unerlässlich wird (das täten die »Brains Inc.«), erläutert Mills, wie Ideen entstehen, wie er kontinuierliches Arbeiten organisiert,
welche Vergleiche für ihn gedankliche Klarheit schaffen und wie sprachliche Prä-
zision gelingt.

Seine Sprachkritik und die Forderung nach einer öffentlich engagierten So-
ziologie sind in den Diskussionen um eine Public Sociology (Herbert J. Gans, Mi-
chael Burawoy) präsent und müssen daher als stärkste und nachhaltigste Kri-
tikpunkte angesehen werden, die Mills gegenüber der Soziologie formuliert hat.
Mills' Art des intellektuellen Lebens, seine Machtanalysen und vornehmlich die
Kritik an einer öffentlichkeitsfernen Sozialwissenschaft machten Mills für junge
Intellektuelle der Neuen Linken in den USA und auch in Deutschland interessant
(Hess 1995: 152 ff.).

The Sociological Imagination erschien 1963 erstmals auf Deutsch als »Kritik
der soziologischen Denkweise« in der Buchreihe »Soziologische Texte«. Dabei
war insbesondere der Reihenherausgeber Heinz Maus daran interessiert, mit dem
Buch die deutschsprachige Diskussion um die Rolle der Soziologie zu beleben und
es gegen Helmut Schelskys programmatisches Buch *Ortsbestimmung der deutschen Soziologie* (1959) zu positionieren. An der Übersetzung entzündete sich bereits vor der Veröffentlichung ein Streit – gerade auch aufgrund des Wunsches der
Anpassung an den deutschen Kontext. Aber auch im Folgenden wurde die Übersetzung als teilweise fehlerhaft und damit sinnverstellend kritisiert (vgl. 333 ff.).

Möglicherweise liegt es auch an dieser Übersetzungsproblematik, dass Mills,
der in der angelsächsischen Soziologie im Lehrkanon vertreten ist und dessen
Sociological Imagination dort zu den Klassikern zählt, in der deutschsprachigen
Soziologie vornehmlich in Studien des Power Structure Research und der Elite-
soziologie rezipiert wurde (Hans Jürgen Krysmanski, Michael Hartmann). In der
Politikwissenschaft liegt als einzige monografische Auseinandersetzung die Dis-

sertation von Andreas Hess (1995) vor. Erst mit der deutschsprachigen Neuauflage der *Sociological Imagination* von 2016 und der *Power Elite* (*Die Machtelite*
2019) scheint ein im angelsächsischen Raum zu beobachtendes Mills-Revival (vgl.
Aronowitz 2014) auch in Deutschland anzukommen (vgl. Neun 2019).

David Kreitz

Literatur

Stanley Aronowitz: Taking it Big. C. Wright Mills and the Making of Political Intellec-
    tuals, New York 2014.
Andreas Hess: Die politische Soziologie C. Wright Mills'. Ein Beitrag zur politischen
    Ideengeschichte, Opladen 1995.
Oliver Neun: Zur Aktualität von C. Wright Mills. Einführung in sein Werk, Wiesbaden
    2019.

**Alexander S. Neill: Summerhill. A Radical Approach to Child Rearing, Hart Publishing
Company Inc.: New York 1960, 392 S. (dt.: Theorie und Praxis der antiautoritären Erziehung. Das Beispiel Summerhill, Rowohlt Taschenbuch Verlag: Hamburg 1969,
338 S.).**

Mit der *Theorie und Praxis der antiautoritären Erziehung* hat Alexander S. Neill
(1883–1973) im Jahr 1960 das Erziehungskonzept vorgelegt, nach dem er das Internat Summerhill in Leiston/Suffolk geleitet hat. Mit diesem Werk verbreitete Neill
seine vom Pädagogen Homer Lane inspirierte Idee der Demokratischen Schule
und erreichte große Popularität. Die Monografie besteht aus Teilen von vier früheren Texten Neills, die sein Herausgeber Harold H. Hart ohne Quellenangaben
zusammengestellt hat. Neill begründet mit seinen vielfältigen Buch- und Zeit-
schriftpublikationen eine internationale Theorie der Demokratischen Schule, indem er seine reichhaltigen Erfahrungen als Headmaster des Internats Summerhill
schildert und mit sozialwissenschaftlichen Theorieelementen kombiniert. Die für
sein Gesamtwerk, einschließlich seiner pädagogischen Arbeit, charakteristische
psychoanalytische Perspektive Neills zieht sich auch wie ein roter Faden durch
die *Theorie und Praxis der antiautoritären Erziehung*. Der Psychoanalytiker Erich
Fromm hat ein etwa siebenseitiges Vorwort dazu geschrieben und benennt darin
die Grundsätze der nicht-autoritären Erziehung nach Neill.

Der deutsche Titel seines Werkes *Summerhill* ist insofern unglücklich gewählt, da Neill sich von Begriffen wie Antiautorität oder Zügellosigkeit dezidiert
abgrenzt und sein pädagogisches Konzept hingegen als Demokratische Schule
oder selbstregulative Erziehung beschreibt. In Summerhill existieren schließlich
Regeln – im Unterschied zur staatlichen Schule werden diese allerdings von den

Mitgliedern der Schule selbst hervorgebracht, diskutiert und in demokratischer Wahl verabschiedet.

Dem Prinzip der Demokratischen Erziehung liegt ein positives Menschenbild zu Grunde. Neill geht davon aus, dass ein Kind von Natur aus sozial, zur Empathie fähig und lernbereit ist. Statt diese positiven Eigenschaften durch Gehorsam, Disziplin und Bestrafungen zu verdrängen, müssten dem Kind Raum und Freiheit zur Persönlichkeitsentwicklung gegeben werden. Das Erwachsenwerden soll ohne Einschränkung durch Autorität, Zwang, Manipulation und Furcht stattfinden. Nach etwa 40 Jahren der praktischen Pädagogik schildert Neill hier die Kernaspekte seines Erziehungskonzeptes und unterfüttert dieses mit Beobachtungen aus dem Summerhill-Alltag. Die Beziehung zwischen Schülern und Lehrern sei durch ein Gleichgewicht von Anerkennung gekennzeichnet. Von den Lehrkräften in Summerhill wird Aufrichtigkeit gegenüber den Schülern verlangt. Dieses Ideal der Gleichstellung sollte nach Neill auch für die Kinder-Eltern-Beziehung in der Familie gelten. Das Erziehungsziel in Summerhill ist Glück: »Bisher ist […] aus unserer Schule noch kein Straßenkehrer hervorgegangen. Ich sage das ohne Snobismus; denn ich sehe eine Schule lieber einen glücklichen Straßenfeger hervorbringen als einen neurotischen Gelehrten.« (23) Intellekt und Emotionen sollen in der Demokratischen Schule in einem Gleichgewicht entwickelt werden. Dabei wird den Schülern ihr entwicklungsspezifischer Egoismus zugestanden, damit sie sich nach dem Ausleben des kindlichen Egozentrismus später zu altruistischen Erwachsenen entwickeln können. Freiheit wird von Neill allerdings nicht mit Zügellosigkeit gleichgesetzt. Es geht ihm vielmehr um »Freiheit ohne Zügellosigkeit« (17). Die Kinder sollen psychisch selbstständige Individuen und gleichzeitig verantwortungsvolle Mitglieder der Gesellschaft werden. Um das erreichen zu können, müsse die Erzeugung von Schuldgefühlen und Angst vermieden werden. Dementsprechend ist die selbstregulative Erziehung nicht mit dem dogmatischen Anspruch des Religionsunterrichts vereinbar. Ein wesentlicher Bestandteil der selbstregulativen Erziehung nach Neill sind die an der Psychoanalyse von Freud orientierten, therapeutischen Maßnahmen, die P. S. (Abkürzung für Privatstunden) genannt werden und in informeller Atmosphäre vor dem Kamin stattfinden.

Bereits in der knappen *Einführung* wird deutlich, dass Neill Erziehungswissenschaft, Psychologie und Soziologie zusammen denkt. Er sieht die Aufgabe der Psychologie in der Heilung der Menschen vom Unglücklich-Sein. Soziale Konflikte begreift er als Resultat von Unglücklichkeit und schreibt der Schule die Aufgabe zu, die Kinder davon zu befreien.

Im ersten Kapitel *Die Schule Summerhill* schildert Neill den Alltag im Internat. In dieser kindgerechten Schule werden die Interessen der Schüler gefördert, während sie die Dinge, für die sie keine Leidenschaften aufbringen, nicht tun müssen. Wenn ein Schüler ein Problem hat, dann kann er dieses in den Therapiesitzungen mit Neill bearbeiten. Das Gemeinschaftsleben wird in Summerhill mittels Selbstregierung strukturiert. Einmal pro Woche treffen sich alle Summerhillianer in der Schulversammlung, diskutieren über Anträge und stimmen darüber ab. Diese Schulversammlungen funktionieren basisdemokratisch. Jeder hat eine Stimme und kann einen Antrag selbst einbringen und erläutern. So kann über einfache Mehrheitsentscheidungen beispielsweise eine neue Schulregel eingeführt, abgeschafft oder verändert werden. Die Ämter des Vorsitzenden und des Schriftführers rotieren wöchentlich. In Summerhill werden die schöpferischen Interessen der Kinder stark gefördert. Allein durch die Bereitstellung von Werkstatt- und Zeichenarbeitsplätzen sowie einer kleinen Bühne finden die Kinder ästhetische Anregungen.

Die Bedeutung von Freiheit, Zuneigung und Anerkennung verdeutlicht Neill im zweiten Kapitel unter der Überschrift *Kindererziehung*. Hier betont er die produktive Kraft von kindlichen Phantasien als Kompensation für die alltäglich erfahrene Unvollständigkeit und Abhängigkeit von den Erwachsenen. Antisozialem Verhalten begegnet Neill mit den bereits von Lane praktizierten paradoxen Sanktionen. Er zeigt, dass Kinder und Jugendliche soziales Verantwortungsbewusstsein entwickeln, wenn die Erzieher bedingungslos auf ihrer Seite stehen und ein humorvoller Umgang miteinander stattfindet.

Unter dem Titel *Sexualität* erläutert Neill im dritten Kapitel die Bedeutung einer freien Sexualentwicklung für die psychische Gesundheit. Im vierten Kapitel *Religion und Moral* spricht er sich explizit gegen jede Beeinflussung der Kinder durch Erwachsene aus, insbesondere gegen die Beeinflussung durch religiöse und moralische Vorschriften. Im darauffolgenden Kapitel *Probleme des Kindes* macht Neill sein positives Menschenbild transparent, indem er Kriminalität und Stehlen als Resultat mangelnder Liebe der Erwachsenen zu den Kindern begreift. Als Heilungsmethode schlägt er hier vor, den auffälligen Kindern Verständnis und Zuneigung entgegenzubringen. Im vorletzten Kapitel *Probleme der Eltern* fokussiert Neill das kindliche Ich einschränkende Verhalten von Eltern. Er spricht sich vor allem für die Therapie der Eltern, weniger für die Therapie von Kindern aus. Im letzten Kapitel beantwortet er unter dem Titel *Fragen und Antworten* noch einige Zuschriften von Lesern seiner Texte. Hier argumentiert er wider die Lebensfeindlichkeit der Gesellschaft und den Hang zur Konformität. Es spricht sich für einen sozialen Umgang miteinander aus, der durch Humor gekennzeichnet ist und erläutert, warum er die Zukunftssorgen der Eltern als häufige Ursache für die Neurosen der Kinder ansieht.

Neill hatte das Ziel, sein nicht-autoritäres Erziehungskonzept für alle Interessierten verständlich darzustellen. Es handelt sich nicht um ein Werk, das den strengen Regeln des wissenschaftlichen Arbeitens folgt, wenngleich es auch als

Sammlung von Fallstudien zur ganzheitlichen Entwicklung von Kindern und Jugendlichen unter den Bedingungen von Freiheit und Selbstverwaltung angesehen werden kann.

Der Verdienst von Neill für die Sozialwissenschaften besteht nicht bloß in der Entwicklung und Verbreitung eines psychoanalytisch geprägten Erziehungskonzeptes, sondern in der Integration von psychologischen, erziehungswissenschaftlichen und soziologischen Ansätzen zu einer praktischen Pädagogik der Freiheit und Selbstregulierung. Summerhill besteht nun seit über 90 Jahren und das Erziehungskonzept hat sich nicht wesentlich verändert. Die soziale Wirklichkeit hat hingegen umfangreiche Transformationen erfahren. Viele von Neills Kernpunkten sind heute in der westlichen Welt allgemein anerkannt: Die Prügelstrafe ist mittlerweile gesetzeswidrig, die Persönlichkeit des Kindes wird in frühkindlicher Bildung und in der Schule ernst genommen, der Unterricht findet an den Fähigkeiten und Interessen des Kindes orientiert und häufiger in offener Form statt und in aktuellen bildungstheoretischen Ansätzen kommt es mehr auf die Förderung und Unterstützung als die Disziplinierung von Kindern und Jugendlichen an. Auch Neills Annahmen, dass es keine problematischen Kinder, sondern nur problematische Eltern und eine problematische Gesellschaft gebe, sind fester Bestandteil in aktuellen förderpädagogischen Konzepten geworden. Immer noch radikal wirkt allerdings die Freiheit der Kinder, selbst zu entscheiden, ob sie den angebotenen Unterricht besuchen und einen Schulabschluss machen möchten, um anschließend beispielsweise das College oder die Universität zu besuchen. Die Rezeption seines Erziehungsansatzes erfolgte eher praktisch, denn theoretisch: Es folgten Schulgründungen in Anlehnung an Summerhill und Neills Erziehungskonzept, wie etwa die US-amerikanischen Sudbury-Schulen oder die Hadera School in Israel.

Jennifer Ch. Müller

Literatur

Hart, Harold H.: Summerhill: Pro und Contra. 15 Ansichten zu A. S. Neills Theorie und Praxis, Hamburg 1971.

Neill, Alexander S.: Das Prinzip Summerhill: Fragen und Antworten. Argumente, Erfahrungen, Ratschläge, Hamburg 1971.

Neill, Alexander S.: Neill, Neill, Birnenstiel! Erinnerungen des großen Erziehers, Hamburg 1973.

**Ralf Dahrendorf: Gesellschaft und Freiheit. Zur soziologischen Analyse der Gegen-
wart, R. Piper & Co Verlag: München 1961, 455 S.**

Freiheit war das große Thema Ralf Dahrendorfs (1929–2009). Seine Arbeit als
Wissenschaftler, öffentlich streitender Intellektueller und zeitweise Politiker kreis-
te Zeit seines Lebens um die Verfassung der Freiheit, aus der Perspektive des Soziologen, des deutschen und britischen Staatsbürgers und des Weltbürgers. Er
studierte in Hamburg und London und lehrte später in Tübingen und Konstanz.
Ursprünglich aus einer sozialdemokratischen Familie stammend, engagierte es
sich seit Ende der 1960er Jahre in der FDP. Seine Forderungen nach »Bürger-
teilhabe«, fairen »Lebenschancen« und das Pamphlet »Bildung ist Bürgerrecht«
fanden schnell Eingang in den allgemeinen politischen Diskurs. Er wurde Land-
tags- und Bundestagsabgeordneter, kurze Zeit Staatssekretär und dann bis 1974
EG-Kommissar in Brüssel. Nach diesem Ausflug in die Realpolitik zog es ihn wieder in die Wissenschaft zurück. Bis 1984 leitete er die hochangesehene London
School of Economics und lehrte in Konstanz und New York. Seit 1988 britischer
Staatsbürger, war er dort bei den Liberal Democrats aktiv und später Mitglied des
britischen House of Lords. Inzwischen von Queen Elisabeth II zum Lord geadelt,
hielt er der Wissenschaft die Treue als zehnjähriger Rektor des St Antony's College der Universitiy of Oxford. Sein besonderes Augenmerk galt in dieser Zeit den
revolutionären Umbrüchen in Ostmitteleuropa und den Transformationsprozes-
sen der ehemaligen kommunistischen Gesellschaften auf dem Weg in die Freiheit.
     Seine Ausflüge in die Politik und das Wissenschaftsmanagement haben sei-
nen soziologischen Blick indes weiter geschärft, wie seine zahlreichen Bücher, die
weit über ein akademisches Fachpublikum hinaus breit rezipiert wurden, zeigen.
Immer wieder greift Dahrendorf in seinen späteren Werken auf Grundsätze seiner Soziologie zurück, wie er sie 1961 in *Gesellschaft und Freiheit* formuliert hatte. Ganz in der Denktradition seiner großen Vorbilder Karl Popper, Isaiah Berlin,
Raymond Aron und Friedrich August von Hayek hielt er nichts von geschlossenen theoretischen Systemen. Große Skepsis hegte er auch gegenüber der Frankfurter Schule und hielt Distanz zu Helmut Schelsky und René König. Die Konflikttheorie, die Dahrendorf in den versammelten Aufsätzen in *Gesellschaft und
Freiheit* entwickelt, widerspricht explizit der strukturfunktionalen Gesellschaftstheorie von Talcott Parsons und hat in der Folge maßgeblich das neue Selbstverständnis der Soziologie geprägt. Schüler wollte er nie um sich versammeln.
     Das Werk ist eine Einführung in die moderne Soziologie. In einer historischen
Phase des Umbruchs am Schnittpunkt zwischen Feudalismus und industriell-ka-
pitalistischer Moderne, entstand sie »aus dem Staunen über die Erfahrung, daß
bislang als natürlich erlebte Verhältnisse sich als historisch und wandelbar heraus-
stellen sollten.« (17)

In Anknüpfung an Max Weber begreift Dahrendorf die Soziologie als eine Er-
fahrungswissenschaft, die uns jene Erkenntnisinstrumente liefert, mit deren Hilfe wir die soziale Wirklichkeit und die darin verortete Stellung des Individuums
deuten können. Soziologie ist gewissermaßen die Selbstdeutung historischer Epochen.

Mit Verweis auf den von Max Weber angestoßenen berühmten Werturteils-
streit am Anfang des 20. Jahrhunderts stellt sich für Dahrendorf die Frage nach
dem legitimen Ort praktischer Werturteile in der Soziologie. Denn es besteht jederzeit die Gefahr, blind den impliziten Werturteilen in der wissenschaftlichen
Arbeit zu folgen. Deshalb fordert er die ständige Selbstbeobachtung und Selbst-
kritik und die ausdrückliche Offenlegung jener Werte, die die Forschung geleitet
haben.

Für Dahrendorf sind im Gegensatz zu Talcott Parsons' Consensus-Theorie
Wandel und Konflikt die zentralen und systematischen Gegenstände der Soziologie. Gegen die Annahme Parsons von der Stabilität, dem Gleichgewicht, der Funktionalität und des Consensus einer Gesellschaft setzt Dahrendorf in seiner Theorie
des sozialen Konflikts die Geschichtlichkeit, die Explosivität, die Dysfunktionali-
tät und den Zwangscharakter menschlicher Gesellschaften. D. h. Konflikte sind
notwendige Faktoren in allen Prozessen sozialen Wandels und Fortschritts. Sie gehören zur Normalität einer Gesellschaft. Diese Prämisse steht im Übrigen auch jenen Vorstellungen von gesellschaftlicher Harmonie, vom gleichgewichtig funktionierenden, stabilen Sozialsystem und Utopien von der klassenlosen Gesellschaft
als Paradies auf Erden entgegen.

Für Dahrendorf ist die Konflikttheorie das Herzstück der soziologischen Analyse ganzer Gesellschaften. Sie analysiert soziale Prozesse in ganz konkreten historischen Bezügen. Die über die Jahrhunderte entstandene repräsentative Demokratie als politische Organisationsform der bürgerlichen Gesellschaft verdankt
sich der Ausfechtung und zugleich Regelung von Konflikten. Totalitäre Staatsformen zeichnen sich gerade durch das Gegenteil aus: sie unterdrücken Konflikte
bereits im Keim. Doch wie sich immer wieder herausgestellt hat, gelingt dies nur
bedingt. Denn »alles soziale Leben ist Konflikt, weil es Wandel ist. Es gibt in der
menschlichen Gesellschaft nichts Beharrendes, weil es nichts Gewisses gibt. Im
Konflikt liegt daher der schöpferische Kern aller Gesellschaft und die Chance der
Freiheit – doch zugleich die Herausforderung zur rationalen Bewältigung und
Kontrolle der gesellschaftlichen Dinge.« (235)

Es wird immer eine Spannung bestehen zwischen Gesellschaft und Freiheit.
Gesellschaft bedeutet feste soziale Regeln, eine Struktur, Sicherheit und Berechenbarkeit. Demgegenüber heißt Freiheit die Möglichkeit des Entwurfs ins Offene,
ins unbestimmte und ungeprägte Neue. In den politischen Institutionen der re-
präsentativ-parlamentarischen Demokratie und der sozialen Marktwirtschaft

sieht Dahrendorf die notwendigen Bedingungen der Möglichkeit von Freiheit. Diese erfolgreiche soziale und politische Organisationsform gründet in der Erfahrung, dass Menschen nicht vollkommen und allwissend, sondern fehlbar sind, dass die einmal Gewählten im Turnus wieder abgewählt werden können. »Die Konkurrenz der gegensätzlichen Interessen ist eines der Prinzipien der repräsentativen Tradition. [...] Der repräsentative Staat ist ein Staat ohne Ideologie, ohne Geschlossenheit, ohne jeden totalen Machtanspruch; er ist daher ein Staat, der dem Einzelnen den größten Bereich der freien Entfaltung gibt.« (242)

Für Deutschland sieht Dahrendorf einigen Nachholbedarf in der tatsächlichen Umsetzung der liberalen Demokratie. Die staatsbürgerliche Gleichheit aller Menschen sieht er unzureichend realisiert. Für die Erhaltung des gesellschaftlichen Pluralismus ist immer wieder die Konkurrenz zwischen den verschiedenen institutionellen Bereichen erforderlich, insbesondere die Trennung zwischen wirtschaftlichen und politischen Institutionen. Den Deutschen bescheinigt er: »Der Gedanke, dass nur im Widerstreit der verschiedenen und gegensätzlichen Interessen die jeweils beste Lösung zustande kommen kann, ist vielen Menschen in Deutschland noch fremd.« (258) Mehr als 50 Jahre später scheint sich an diesem Befund, trotz der bewegten Jahre 1968 und 1989 nichts Wesentliches geändert zu haben.

Im letzten Teil des Buchs setzt sich Dahrendorf mit der bis heute virulenten Wertekollision von Freiheit und Gleichheit auseinander. In Anknüpfung an Alexis de Tocqueville stellt er die Frage, ob die Menschen zugunsten der Gleichheit auf Freiheit verzichten wollen oder umgekehrt den Wert der Freiheit höher schätzen und dafür Ungleichheit in Kauf nehmen. Im Jahrhunderte langen Kampf um gleiche Rechte bildet sich Zug um Zug die Rolle des Staatsbürgers heraus, ausgehend von dem Grundsatz der Gleichheit aller Menschen vor dem Gesetz. Mit dieser Angleichung der politischen Bürgerrechte geht eine Angleichung sozialer Chancen im Hinblick auf Erziehung, Einkommen und Versorgung einher. Damit eröffnen sich wiederum für jeden immer größere Chancen der Freiheit. Die Gleichheit des staatsbürgerlichen Status ist die Bedingung der Möglichkeit der Freiheit. Die Chance der Selbstverwirklichung ist damit nicht mehr wie in der Vergangenheit das Privileg weniger Auserwählter, sondern Rechtsanspruch jedes Menschen. Die Gleichheit vor dem Gesetz ist jedoch auch Voraussetzung für soziale Differenzierung und schafft Ungleichheit, die wiederum für die Herausbildung von Vielfältigkeit in einer Gesellschaft sorgt und sich in der Pluralität der Lebensstile manifestiert. »Wo immer Gesellschaft besteht, haben Menschen die Möglichkeit, die Selbstverwirklichung ihrer individuellen Natur in die Hierarchien sozialer Differenzierung hineinzutreiben.« (400) Diese Rechte ermöglichen die Partizipation am gesellschaftlichen Leben, legen aber nichts fest über die tatsächliche Teilhabe. Deshalb gibt es ein Wahlrecht, aber keine Wahlpflicht. Dahrendorf hat sein Leben lang darauf hingewiesen, dass Gleichheit Gleichheit vor dem Gesetz bedeute und nicht, wie es oft geschieht, zu verwechseln sei mit sozialer Gleichheit. Das hält ihn nicht davon ab, ein Mindestniveau des sozialen Status als Bedingung der Möglichkeit der Freiheit einzufordern.

Ist die soziale Existenz des Menschen einerseits Bedingung für die Freiheit, unterwirft er sich in diesem Vergesellschaftungsprozess zugleich der Unfreiheit. Denn Gesellschaft ist immer auch Zwang und Beschränkung, eine Unterwerfung unter Normen, Spielregeln, Rollenerwartungen und soziale Kontrolle. In Anknüpfung an John Stuart Mill warnt Dahrendorf deshalb auch vor »sozialer Tyrannei« der Mehrheit und der ständigen Gefahr des Konformismus, die die individuelle Freiheit und Eigenwilligkeit jedes Einzelnen bedrohen.

Dahrendorf beschließt sein soziologisches Grundlagenwerk mit einem politischen Appell: »Eine sozial-liberale Politik in der Gegenwart zielt auf die Erhaltung und Vertiefung jener Gleichheit des staatsbürgerlichen Status hin, die die Freiheit aller überhaupt erst ermöglicht; darüber hinaus aber ist sie entschiedener Gegner aller gesellschaftlichen Nivellierung und Uniformisierung, damit entschiedener Verfechter des institutionellen Pluralismus, der sozialen Differenzierung und der menschlichen Vielfalt in Freiheit [...] Sozialliberale Politik muß vor allem liberal sein, denn die gleiche Freiheit ist vor allem Freiheit.« (414/415)

Ulrike Ackermann

Literatur

Ackermann, Ulrike (Hg.): Welche Freiheit. Plädoyer für eine offene Gesellschaft, Berlin 2007.

Alber, Jens: Der Soziologe als Hofnarr: zur politischen und soziologischen Aktualität des Denkens von Ralf Dahrendorf, in: Leviathan 38 (2010), Heft 1, S. 23–29.

Brüsemeister, Thomas/Matys, Thomas: Gesellschaftliche Universalien versus bürgerliche Freiheit des Einzelnen: Macht, Herrschaft und Konflikt bei Ralf Dahrendorf, in: Peter Imbusch (Hg.): Macht und Herrschaft: sozialwissenschaftliche Theorien und Konzepte, 2. akt. u. erw. Auflage, Wiesbaden 2013, S. 195–216.

Thomas S. Kuhn: The Structure of Scientific Revolutions, University of Chicago Press: Chicago 1962, 172 S. (dt. Die Struktur wissenschaftlicher Revolutionen, Suhrkamp: Frankfurt 1967, 226 S.).

Thomas S. Kuhn (1922–1996) studierte Physik in Harvard. Noch während seiner Promotion kam er im Rahmen des neu eingeführten Programms »Physik für Nichtnaturwissenschaftler« dazu, einen Kurs über Wissenschaftsgeschichte zu geben. Dieser Kurs war seinen eigenen Angaben zufolge der Auslöser für seine wissenschaftsgeschichtliche Forschungsarbeit, die etwa fünfzehn Jahre später in dem Text *The Structure of Scientific Revolutions* (1962) mündete – ein bemerkenswertes Beispiel dafür, welche Impulse Lehre in der Forschung setzen kann. Da Kuhn sich schon während seines Studiums für Wissenschaftstheorie interessiert hatte, wandte er sich nach der Dissertation von der Physik ab und verfolgte seine wissenschaftsphilosophischen und -historischen Interessen zunächst noch in Harvard, dann an der University of California in Berkeley, darauf in Princeton und schließlich am MIT in Cambridge. Der relativ kurze Text aus dem Jahr 1962 gilt immer noch als Kuhns Hauptwerk. Das Spätwerk *The Plurality of Worlds. An Evolutionary Theory of Scientific Development* wurde nicht mehr fertiggestellt, knüpft aber dort an, wo »Struktur wissenschaftlicher Revolutionen« aufgehört hatte: Bei der Vermutung, dass sich die Entwicklung wissenschaftlicher Ideen analog zur Evolution von Organismen vollzieht.

Obwohl der Text relativ kurz ist, so ist er doch reich an weithin anschlussfähigen Begriffen, die in der Rezeption nicht selten überstrapaziert wurden. Insbesondere der Begriff »Paradigma« hat eine fragwürdige Karriere hinter sich, und es gibt wohl keine wissenschaftliche Neuerung, die nicht mit dem schmückenden Epitheton »Paradigmenwechsel« versehen worden wäre. Merkwürdiger Weise trifft das auch auf Wissenschaftsbereiche außerhalb der Naturwissenschaften zu – und damit auf Bereiche, mit denen Kuhn denkbar wenig im Sinn hat. Schon im Vorwort des Textes bezweifelt er, dass der Begriff des Paradigmas in den Sozialwissenschaften überhaupt sinnvoll anzuwenden ist. Mehr noch: gerade das Faktum von fortwährenden Kontroversen über die Grundlagen in diesem Feld bringt ihn dazu, im Gegensatz dazu von Paradigmen im Bereich der Naturwissenschaften zu sprechen. Gemeint sind damit – im Unterschied zu den notorischen sozialwissenschaftlichen Kontroversen – »allgemein anerkannte wissenschaftliche Leistungen, die für eine gewisse Zeit einer Gemeinschaft von Fachleuten maßgebende Probleme und Lösungen liefern« (10). Man könnte daher meinen, die Aufnahme von Kuhns Buch in einen Band mit Klassikern der Sozialwissenschaften sei einem Missverständnis geschuldet. Dieses Missverständnis würde darin bestehen, Kuhns Ansatz als etwas zu betrachten, das sich reflexiv auf die Sozialwissenschaften anwenden lässt, und Kritik an dieser Annahme ist tatsächlich häufig geäußert worden. Zugleich jedoch unternimmt Kuhn etwas, das sozialwissenschaftlich höchst anschlussfähig ist: Er unterläuft den wissenschaftsgeschichtlichen Heroismus und fragt nach der Bedingtheit naturwissenschaftlicher Erkenntnis. Diese Bedingtheit ist auch soziologischer Natur: Nur, wer von der scientific community als Wissenschaftler anerkannt wird, gilt als Wissenschaftler – wer außerhalb dessen agiert, was die wissenschaftliche Gemeinschaft für anerkennenswürdig hält, wird ignoriert.

Darüber, ob jemand anerkannt werden kann, entscheidet seine Haltung gegenüber den Auffassungen, die der Gemeinschaft zueigen sind – vereinfacht gesagt also, gegenüber ihrem Paradigma. Die oben aus dem Vorwort zitierte Definition dieses Begriffes bleibt jedoch ungenau, und Kuhn gesteht ein, nicht gerade zur Klarheit des Begriffs beigetragen zu haben. Das Postskriptum, das er 1969 anfügt, nutzt er daher für eine weitergehende Klärung. Hier hält er fest, dass mit »Paradigma« einerseits ein Musterbeispiel im Sinne einer konkreten Problemlösung gemeint ist, aus dessen Anwendung sich – auch hier fordert Kuhn übliche Sichtweisen heraus – erst die Bedeutung von Regeln und Theorien erschließen lässt. Andererseits ist mit Paradigma aber auch ein von einer Gemeinschaft geteiltes Set an symbolischen Verallgemeinerungen wie Begriffen und Formeln, Modellen der Realität und bestimmten Werten wie Widerspruchsfreiheit oder Einfachheit gemeint. Beides zusammen fügt sich zu jenem unscharfen Begriff von Paradigma, der im Hauptteil des Buches Verwendung findet und für den Margaret Masterman 22 verschiedene Verwendungsweisen gezählt hat.

Die Existenz eines Paradigmas ist insofern gleichbedeutend mit der Existenz von etwas, das mit Kuhn »Normalwissenschaft« genannt werden kann. Das Musterbeispiel gibt vor, wie Probleme zu lösen sind, und dabei bleiben die Beteiligten im Rahmen ihrer bekannten Begriffe und Modelle. So konnte es eine Normalwissenschaft geben, die mit der Phlogistontheorie operierte, oder eine, die der Erforschung der Gestirne das ptolemäische Modell zugrunde legte. Diese Normalwissenschaften leiteten weitere Forschung an und halfen, Daten zu interpretieren und so Ordnung in die Wirklichkeit zu bringen. Dabei ist die Normalwissenschaft darauf beschränkt, mit ihren Mitteln vordefinierte Rätsel zu lösen: »Die normale Wissenschaft strebt nicht nach neuen Tatsachen und Theorien und findet auch keine, wenn sie erfolgreich ist« (65). Interessant werden die Dinge, sobald eine Normalwissenschaft an ihre Grenzen stößt, weil eine Anomalie auftaucht – etwas, das sich im Rahmen der normalwissenschaftlichen Theorien und Modelle gar nicht zeigen dürfte. Anders als Fakten, die nicht zur Theorie passen (und mit solchen Fakten sind grundsätzlich immer alle Theorien konfrontiert), schließt das Bewusstsein einer Anomalie die Überzeugung ein, dass das bisherige Paradigma gescheitert ist. Die krisenhafte Entdeckung neuer Zusammenhänge baut daher auf einer Erforschung der Anomalien und damit einhergehender Revisionen bestehender Theorien auf, die dann bisherige Annahmen grundstürzend verändern. Trotz der oberflächlichen Nähe zwischen Kuhns Anomalie und Karl Poppers Falsifikation macht Kuhn sehr deutlich, dass er die Falsifikation für einen rationalistischen Mythos hält: »Wenn jede einzelne Nichtübereinstimmung ein Grund für die Ablehnung einer Theorie wäre, müßten alle Theorien allezeit abgelehnt werden« (157). Doch das ist empirisch nicht der Fall, und ohne anomale Krisenerfahrung kann ein Paradigma lange Zeit trotz einzelner Unstimmigkeiten bestehen. Daher ist es weniger die Rationalität als vielmehr technische Innovation, die das Aufspüren von Anomalien ermöglicht.

Nach der Krise kommt es im nächsten Schritt zur wissenschaftlichen Revolution. So ersetzt die Verbrennungstheorie des Sauerstoffs die Phlogistontheorie und das kopernikanische Modell ersetzt das ptolemäische – doch das geschieht nicht, weil klar erkennbar wäre, dass diese neuen Paradigmata den vorhergehenden klar überlegen sind. Im Gegenteil werfen sie neue Probleme und Unstimmigkeiten auf, die sich aus der Faktenlage ergeben. Es ist allein der Glaube an die zukünftige Überlegenheit des neuen Paradigmas, der ihm zur Durchsetzung verhilft, und es dauert seine Zeit, bis sich dieser Glaube in der wissenschaftlichen Gemeinschaft durchsetzen kann – notfalls hilft dabei ein Generationenwechsel.

Ohnehin ist es Kuhn zufolge unmöglich, einem Paradigma den Vorrang gegenüber einem anderen Paradigma einzuräumen – zum einen stimmt nie eine Theorie vollkommen mit den Fakten überein, zum anderen sorgen die verschiedenen Theorien dafür, dass die paradigmatisch getrennten Wissenschaftler gleichsam in unterschiedlichen Welten leben: Selbst wenn sie die gleichen Begriffe verwenden, haben diese Begriffe unterschiedliche Bedeutung, weil sie im Kontext ganz unterschiedlicher Systeme verwendet werden. Die Unterschiedlichkeit der Systeme führt generell dazu, dass es keinen »neutralen« Boden gibt, von dem aus beide Paradigmen gleichermaßen betrachtet werden könnten – sie verhalten sich zueinander inkommensurabel. Das Fehlen eines gemeinsamen Maßes macht dann auch ersichtlich, warum es schwerfällt, von wissenschaftlichem Fortschritt zu sprechen – denn hierfür gibt es keinen objektiven Standard. Ebenso wenig kann es theorieunabhängige, rein ›objektive‹ Fakten geben, weil ein Faktum erst aus einem Paradigma heraus als solches entsteht.

Die Bedeutung Kuhns für die Sozialwissenschaften ist ambivalent. Einerseits raubt seine Wissenschaftstheorie den Naturwissenschaften jedes Pathos rationaler Überlegenheit und zeigt, spätere wissenschaftssoziologische Forschungen vorbereitend, dass auch ihre scheinbar objektive Welt wesentlich eine soziale Konstruktion ist. Damit geht ein Relativismus einher, der für eine sich in der zweiten Hälfte des 20. Jahrhunderts zunehmend dem ›Anderen‹ öffnende westliche Sozialwissenschaft höchst anschlussfähig war und immer noch ist. Andererseits erscheint die Normalwissenschaft als normativer Maßstab, attestiert Kuhn doch der Naturwissenschaft, dass die Herausbildung von Paradigmen ein Zeichen von Reife ist. Zieht man jedoch die von Kuhn genannten Indizien für die Existenz eines normalwissenschaftlichen Paradigmas heran – Kommunikation über Zeitschriftenaufsätze, Bedeutungsverlust von Monografien und Diskussion über esoterische, einem breiteren Publikum kaum zu vermittelnde Problemstellungen – dann scheint es, als hätten die Sozialwissenschaften durchaus Boden gutgemacht auf dem Weg zu (freilich hochgradig fragmentierten) Normalwissenschaften.

Holger Zapf

Literatur

Daniela Bailer-Jones/Cord Friebe: Thomas Kuhn, Paderborn 2009.
James A. Marcum: Thomas Kuhn's Revolution. An Historical Philosophy of Science,
   London u. a. 2005.

Gabriel A. Almond/Sidney Verba: The Civic Culture. Political Attitudes and Democracy in Five Nations, Princeton, New Jersey: Princeton University Press 1963, 562 S.

Im Jahr 1963 veröffentlichte der in Stanford lehrende Gabriel Abraham Almond (1911–2002) gemeinsam mit Sidney Verba (geb. 1932, bis 2007 Professur an der Harvard Universität) die ländervergleichende empirische Studie *The Civic Culture*, die wohl bekannteste und einflussreichste Publikation der beiden Politologen. Mit ihrem Konzept von politischer Kultur erweitern sie die v. a. auf Institutionen und Eliten bezogene Forschungsperspektive der damaligen Politikwissenschaft und wenden sich den politikbezogenen Orientierungen der gesamten Bevölkerung zu. Im Fokus steht damit die »subjektive Seite« von Politik. Die Studie zeugt von der sozialwissenschaftlichen Arbeitsweise der Forscher, die anthropologische, soziologische und psychologische Perspektiven und Methoden integriert. *The Civic Culture* macht Almond/Verba zu Pionieren der Vergleichenden Politikwissenschaft und Begründern einer umfragebasierten politischen Kulturforschung. Die Autoren knüpften wiederholt an die Studie und ihre Rezeption an, so 1980 in *The Civic Culture Revisited,* und entwickelten ihre Konzeption politischer Kultur weiter (z. B. Almond 1990).

Ausgangspunkt der *Civic Culture*-Studie ist die Frage, weshalb manche Demokratien trotz ähnlicher institutioneller und ökonomischer Bedingungen nach dem Ersten Weltkrieg zusammengebrochen waren, andere dagegen nicht. Zugleich wird der Frage nachgegangen, welcher Bedingungen es bedarf, dass Transformationsländer in den ehemaligen Kolonien dauerhaft funktionsfähige und stabile demokratische Systeme ausbilden. Ausgangsthese der beiden Forscher ist, dass nicht alleine institutionelle und ökonomische, sondern auch politisch-kulturelle Faktoren für Funktionsfähigkeit und Persistenz von Demokratien eine entscheidende Rolle spielen. Ihre zentrale Annahme ist die Notwendigkeit einer Kongruenz zwischen politischem System bzw. Regime (Struktur) und den politikbezogenen Orientierungen der Bevölkerung (Kultur).

Unter Politischer Kultur verstehen Almond/Verba die spezifischen Verteilungsmuster der politikbezogenen Orientierungsmuster der Bevölkerung, bspw. eines Landes: »The political culture of a nation is the particular distribution of patterns of orientation toward political objects among the members of a nation.« (14 f.) Damit nehmen sie eine Eingrenzung des vielschichtigen, u. a. der Anthropologie entlehnten Kulturbegriffs vor, um ihn auf das politische System bezogen operationalisierbar und einer vergleichenden Analyse zugänglich zu machen. Die aggregierten individuellen Einstellungen der Bevölkerung werden dabei als kollektives Merkmal aufgefasst, das die Mikroebene (Individuen) und Makroebene (z. B. Institutionen) von Politik verbindet. Seine Wurzeln hat dieser Zugang zum einen im systemtheoretischen Strukturfunktionalismus (Talcott Parsons), zum anderen im Behaviorismus (Harold D. Lasswell; Charles E. Merriam), an dem sich insbesondere Almonds Arbeit bereits länger orientierte. Der hier entwickelte Begriff von Politischer Kultur entspricht nicht dem in Deutschland positiv geprägten alltagssprachlichen Verständnis, sondern ist ein an sich wertneutrales Konzept. Eine Politische Kultur ist demzufolge immer gegeben, jedoch je nach Region und Zeitperiode in unterschiedlichen Ausprägungen.

Zur Untersuchung ihrer Thesen unterziehen Almond/Verba fünf Staaten mit unterschiedlicher demokratischer Historie einem empirischen Vergleich: Deutschland und Italien (vor dem Zweiten Weltkrieg gescheiterte Demokratien), USA und Großbritannien (stabile Demokratien mit langer Tradition) sowie Mexiko (erstmalige, junge Demokratie). Untersucht wird, ob verschiedene politische Systeme eine unterschiedliche politische Kultur aufweisen und sich insbesondere zwischen stabilen und gescheiterten Demokratien systematische Unterschiede zeigen. Methodisch setzen die Forscher dabei insbesondere auf die standardisierte Repräsentativbefragung, die sich in den 1950er Jahren – ermöglicht durch entsprechende Entwicklungen der EDV-Technik – als sozialwissenschaftliche Forschungsmethode frisch zu etablieren beginnt.

Die Forscher entwerfen ein dreidimensionales Modell der Orientierungen, dem vier Dimensionen von Objekten gegenüberstehen. Die Einstellungen der Bevölkerung werden unterschieden in 1. kognitive (Wissen, Überzeugungen), 2. affektive (Gefühle) und 3. evaluative (Meinungen, Urteile) Orientierungen. Die politischen Objekte, auf welche diese Orientierungen bezogen werden, bilden vier Hauptkategorien: 1. generalisiertes politisches System (z. B. Nation, Regimetyp), 2. eigene Rolle im politischen Prozess (z. B. Partizipationsanspruch; Effektivitätsgefühl), 3. Output und 4. Input (hier jeweils *polity-, politcs-* und *policy-*Elemente).

Anhand einer Zuordnung der Einstellungen der Bevölkerung zu den Objekten unterscheiden Almond/Verba drei »reine« Typen politischer Kultur: 1. die parochiale oder Kirchturmkultur *(parochial culture),* in welcher die Bevölkerung beinahe keine politikbezogenen Orientierungen aufweist; 2. die Untertanenkultur *(subject culture),* in der zwar (positive oder negative; eher affektive als kognitive) Orientierungen gegenüber System und Output gegeben sind, jedoch keine Erwartungen an die eigene Rolle oder die Input-Dimension von Politik; 3. die Beteiligungskultur *(participant culture),* in der Orientierungen zu allen vier politischen Objektdimensionen vorliegen. Diese Reintypen politischer Kultur werden

theoriegeleitet unterschiedlichen Regimetypen als passend und systemstabilisie-
rend zugeordnet, wobei die Kirchturmkultur bspw. zu traditionalen Strukturen
einer Stammesgesellschaft, die Untertanenkultur zu autoritären Systemen und die
Partizipatorische Kultur am ehesten zur Demokratie passe. Theoriegeleitet identifizieren Almond/Verba außerdem drei Mischtypen politischer Kultur *(parochial-
subject culture; subject-participant culture; parochial-participant culture)*, die insbesondere in Zeiten politischen und gesellschaftlichen Wandels entstünden und
ein Zeichen von Instabilität der politischen Struktur und von Anpassungsschwie-
rigkeiten der Gesellschaft an veränderte politische Rahmenbedingungen seien.

   Als Idealtyp einer politischen Kultur, die zur Demokratie passt und ihre Funktionsfähigkeit und Stabilität garantiert, identifizieren die Autoren allerdings einen
weiteren Mischtyp, die so genannte *Civic Culture,* also die Staatsbürger- oder Bür-
gerkultur: »The civic culture is a mixed political culture. In it many individuals are
active in politics, but there are also many who take the more passive role of subject.« (474) Diese »balancierte Mischkultur« ist ein Mix aus Partizipationskultur
und Elementen der Untertanen- und Parochialkultur. Sie soll u. a. sowohl Partizi-
pationsbereitschaft als auch Folgebereitschaft der Bevölkerung garantieren, wobei
die Bürger/innen nicht kontinuierlich aktiv, aber interventionsfähig sind: »A citizen within the civic culture has, then, a reserve of influence. […]. He is not the
active citizen: he is the potentially active citizen.« (481) Almond/Verba vertreten
damit eine relativ partizipationsskeptische Haltung, in der sie sich durch die empirischen Ergebnisse ihrer Studie bestätigt sehen: Großbritannien und insbesondere die USA, also die beiden stabilen Demokratien ihres Ländervergleichs, weisen eine solche *Civic Culture* auf. Deutschland ist der Studie zufolge Ende der
1950er Jahre dagegen durch eine Untertanenkultur gekennzeichnet, Italien durch
eine Mischung aus Kirchturm- und Untertanenkultur und Mexiko durch einen
Mix aus Kirchturm- und Partizipationskultur. Von den dreien attestieren Almond/
Verba Italien *(alienated democracy)* die schlechtesten Chancen, eine *Civic Culture*
zu entwickeln.

   Die These, dass eine stärker partizipatorisch geprägte politische Kultur zu
Dysfunktionen und Instabilitäten des demokratischen Systems führe, ist allerdings eine Behauptung, die Almond/Verba empirisch nicht belegt haben und in
Ermangelung eines solchen Fallbeispiels in ihrer Studie (und in der übrigen empirisch vorfindbaren Wirklichkeit) auch nicht belegen konnten (Vorwurf des »Kon-
servatismus-Bias«). Grundsätzlich zeichnet sich der von ihnen entwickelte Zugang zur politischen Kulturforschung jedoch durch empirische Überprüfbarkeit
und Wertneutralität aus und ist von diesem Vorwurf nicht betroffen.

   The Civic Culture erlebte eine intensive Rezeption und schnelle Verbreitung
und gilt heute als die klassische Studie einer als empirische Sozialforschung be-
triebenen politischen Kulturforschung. Mit ihrem interdisziplinären, länderver-

gleichenden Zugang gab die Studie den in den 1950er Jahren entstehenden *area studies* Auftrieb. Eine besondere Renaissance erlebte der Ansatz Anfang der 1990er Jahre im Rahmen der Transformationsforschung zu Osteuropa, da sich hier ähnliche Fragen bezüglich der Stabilitätsbedingungen junger Demokratien stellten, die bereits die *Civic Culture*-Studie motiviert hatten. Das Politische-Kultur-Konzept von Almond/Verba wurde in unterschiedlichen Disziplinen wie Soziologie, Psychologie, Anthropologie und Geschichtswissenschaften aufgegriffen. Dabei gab es auch Abgrenzungsbewegungen, wie z. B. prominent durch den deutschen Politologen Karl Rohe (1990), der das bei Almond/Verba auf politische Einstellungen der Bevölkerung fokussierte Modell um strukturelle Elemente (z. B. Symbole) anreicherte und sich gegen die repräsentative Umfrageforschung als zentrale Forschungsmethode wandte. Die theoretische Konzeption und empirische Operationalisierung politischer Kultur hat auch in der empirischen Sozialforschung Weiterentwicklungen erfahren (u. a. systematische Einbeziehung von Verhalten und Verhaltensabsichten). Dabei wird heute weniger der Versuch unternommen, die politischen Kulturen ganzer Länder zu erfassen und zu typologisieren, sondern Politische Kultur als Referenzrahmen der, oftmals länder- oder zeitreihenvergleichenden, Erforschung bestimmter politischer Orientierungen, wie politische Unterstützung, Werte oder Effektivitätsgefühl, herangezogen.

Monika Oberle

Literatur

Pickel, Susanne/Pickel, Gert: Politische Kultur- und Demokratieforschung. Grundbegriffe, Theorien, Methoden. Eine Einführung, Wiesbaden 2006.

Salzborn, Samuel (Hg.): Politische Kultur. Forschungsstand und Forschungsperspektiven, Frankfurt u a. 2009.

Westle, Bettina/Gabriel, Oscar W. (Hg.): Politische Kultur. Eine Einführung, Baden-Baden 2009.

Herbert Marcuse: One-Dimensional Man. Studies in the Ideology of Advanced Industrial Society, Beacon Press: Boston 1964, 260 S. (dt. Der eindimensionale Mensch. Studien zur Ideologie der fortgeschrittenen Industriegesellschaft, Luchterhand: Neuwied/Berlin 1967, 282 S.).

One-Dimensional Man ist das bekannteste Werk des Philosophen und Sozialwissenschaftlers Herbert Marcuse (1898–1979) und gilt zugleich als eines der prominentesten Werke der so genannten Frankfurter Schule. Marcuse wird 1932 Mitarbeiter des Frankfurter Instituts für Sozialforschung und emigriert mit diesem 1934 nach Amerika, wo das interdisziplinär ausgerichtete Institut unter Federführung Max Horkheimers jenen gesellschaftstheoretischen Denkzusammenhang entwickelt, der später als Kritische Theorie der Gesellschaft – so die programmatische Selbstbezeichnung dieses Forschungsansatzes – innerhalb der Sozialwissenschaften eine internationale Rezeption erfahren wird. Im Gegensatz zu anderen führenden Repräsentanten wie Horkheimer und Theodor W. Adorno kehrt Marcuse nach dem Krieg nicht nach Frankfurt zurück, sondern lehrt lange Zeit an amerikanischen Hochschulen. In sehr viel stärkerem Maße als die Genannten artikuliert Marcuse eine politische Kritik an den westlichen Nachkriegsgesellschaften. Dies gilt in besonderem Maße für die Publikation des *One-Dimensional Man*. In den Kreisen der amerikanischen und der westdeutschen Studentenbewegung der späten 1960er Jahre erlangt das Buch schnell den Status eines bedeutenden politischen Manifests. Marcuse wird als »Theoretiker der Befreiung« gefeiert.

In der Vorrede zu *One-Dimensional Man* schreibt Marcuse, die Gegenwartsgesellschaft sei »als Ganzes irrational« (11). Zum Beleg wird unter anderem auf die drohende atomare Katastrophe, die Irrationalität des Wettrüstens und auf Tendenzen der Konvergenz zwischen den sich miteinander im Kalten Krieg befindenden Systemen in Ost und West verwiesen. Vom »totalen Charakter der Errungenschaften der fortgeschrittenen Industriegesellschaften« (16) ist die Rede, der so weit reiche, dass er sogar die Produktion der »individuellen Bedürfnisse und Wünsche« (18) bestimme. Zum Fortgang der Studie heißt es, sie werde durchweg zwischen den beiden folgenden, einander widersprechenden Thesen schwanken: »1. daß die fortgeschrittene Industriegesellschaft imstande ist, eine qualitative Änderung für die absehbare Zukunft zu unterbinden; 2. daß Kräfte und Tendenzen vorhanden sind, die diese Eindämmung durchbrechen und die Gesellschaft sprengen können.« (17)

Der Hauptteil der Arbeit ist der Ausführung der ersten These gewidmet und in zwei Teile untergliedert: Im ersten Teil beschreibt Marcuse die Eindimensionalität der Gesellschaft im Sinne der vollständigen Integration sowohl der politischen Öffentlichkeit als auch des Privaten gemäß der Funktionslogik von Ökonomie und Technologie. Darin eingeschlossen ist die entsprechende Manipulation der Bedürfnisse der Individuen durch die Medien der Massenkultur. Schwerpunkt des zweiten Teils ist das »eindimensionale Denken« (139). Dieser Begriff zielt auf die vorherrschenden Formen zeitgenössischer wissenschaftlicher Forschung und Theoriebildung, als deren wichtigste Eigenschaft die Funktionalität im Hinblick auf die Erfordernisse gesamtgesellschaftlicher Systemreproduktion ausgemacht wird.

Die Studie präsentiert keine Gesellschaftstheorie nach der Art eines einheitlichen Modells. Vielmehr werden einzelne Aspekte zeitgenössischer Vergesellschaftung beleuchtet, Elemente, anhand deren der totalitäre Charakter des Gesellschaftsganzen aufgezeigt werden soll.

Zur Beschreibung der Dynamik der kapitalistischen Entwicklung rekurriert
Marcuse zunächst auf das Marxsche Modell der Dialektik von Produktivkräften
und Produktionsverhältnissen, innerhalb dessen das Proletariat nach Marcuses
Lesart mit wachsender Verelendung notwendig in die revolutionäre Opposition
zu den herrschenden Produktionsverhältnissen geraten muss. Diese Dialektik sei
jedoch anders als zu Marxens Zeiten im Spätkapitalismus insofern still gestellt, als
ungeheure Produktivitätssteigerungen eine Anhebung des Konsumniveaus ganzer
Gesellschaftsschichten erlaube; die Masse der Arbeiter und Angestellten werde
wohlfahrtsstaatlich integriert. Die Integration der abhängig Beschäftigten bleibe
jedoch nicht äußerlich, denn »Massenproduktion und -distribution beanspruchen das *ganze* Individuum« (30). Der industrielle Fortschritt ermöglicht demnach neue Formen sozialer Kontrolle, neben die Verwaltung der Arbeit tritt die
Verwaltung der Freizeit. Letzteres beschreibt Marcuse unter anderem – hierbei
Überlegungen aus seinem 1955 erschienenen Buch *Eros and Civilisation* aufgrei-
fend – mit dem Konzept der »repressive[n] Entsublimierung« (76). Steht Sublimierung in der Freudschen Psychoanalyse für die Umwandlung von Impulsen vor
allem aus dem Bereich der Sexualtriebe in kulturelle Leistungen, so bezeichnet die
Entsublimierung den Verrat an der »Hoffnung« und die Zerstörung der »Wahrheit«, »die in den Sublimationen der höheren Kultur aufgehoben waren« (76). Die
massenhafte Zurschaustellung klassischer Kunstwerke sowie ihre Präsenz im Alltag berauben sie der Elemente, die über das Bestehende hinausweisen. Sie würden
nicht verleugnet oder verworfen, sondern »der etablierten Ordnung unterschieds-
los einverleibt« (77). Der repressive Charakter dieses Vorganges besteht also letztlich in dem paradoxen Umstand, dass sich die Gesellschaft im Namen der Erweiterung der Freiheit (hier des Zuganges zu Kunstwerken) der Elemente entledigt,
die auf die Möglichkeit der Befreiung von gesellschaftlicher Herrschaft verweisen.

Analog zur Entsublimierung im Bereich der Kultur verhält sich die Toleranz
im Bereich der politischen Meinungsbildung. Indem das System »seine Widersprüche zur Schau stellt« (109) und oppositionelle Haltungen in seine Selbst-
beschreibung aufnimmt, beraubt es potenziellen Widerstand seiner Sprache.

Ist in *One-Dimensional Man* von Herrschaft die Rede, so zielt der Begriff an keiner Stelle auf ein Verhältnis personaler Herrschaft oder gar auf die bewusste Manipulation der gesellschaftlichen Mehrheit durch eine Minderheit. Sie geht nicht
von »irgendeiner terroristischen Agentur« aus, sondern von der »überwältigen-
den, anonymen Macht und Wirksamkeit der technologischen Gesellschaft« (236).
Eine besondere Stellung nimmt in diesem Zusammenhang der Begriff »technologischer Rationalität« (182) ein. Er steht für die Verselbstständigung einer Denkform, die sämtliche Bereiche der spätkapitalistischen Gesellschaft durchdringt.
Anders als in der Soziologie Max Webers, in der das Prinzip der Rationalität zur
Unterscheidung der bürgerlichen Gesellschaft von vormodernen verwendet wird,

in denen die Tradition das leitende Prinzip sozialer Ordnung darstellte, umfasst Marcuses Begriff technologischer Rationalität das instrumentelle Verhältnis des Menschen zur Natur. Er weist deutliche Parallelen zum zivilisationsskeptischen Begriff der instrumentellen Vernunft auf, den Max Horkheimer in den 1940er Jahren entwickelt hat. In wissenschaftshistorischen Passagen beschreibt er die Entstehung dieser Denkform von der Herausbildung der modernen Naturwissenschaft bis zum Einzug der analytischen Wissenschaftstheorie in Philosophie und Sozialwissenschaften. Die Forderung nach Widerspruchsfreiheit werde zum gemeinsamen Nenner des »Universum[s] von Sprache und Verhalten« (183). Der ausgreifende Prozess technologischer Rationalität sei jedoch als politischer Prozess zu verstehen, in dem »Mensch und Natur« zu »ersetzbare[n] Objekte[n] der Organisation« (182 f.) werden.

Der Schlussteil von *One-Dimensional Man* ist der Erörterung der oben genannten zweiten These aus der Vorrede gewidmet, also der Bestimmung von Elementen oder Tendenzen, die in der Lage wären, das totalitäre System aufzusprengen. Noch einmal insistiert Marcuse auf der großen Diskrepanz zwischen den Möglichkeiten, die sich angesichts des Standes der technologischen Entwicklung böten, und der Wirklichkeit der herrschaftsförmig organisierten Gesellschaft. Zugleich betont er die Unwirksamkeit der »traditionellen Mittel und Wege des Protests« in der »eindimensionalen Gesellschaft« (267). Allenfalls an den Rändern dieser Gesellschaft, »außerhalb des demokratischen Prozesses« (ebd.) verortet er Widerstandspotenzial in Gestalt von Außenseitern, rassistisch Diskriminierten, Arbeitslosen und Arbeitsunfähigen. Dennoch beschwört er die Notwendigkeit der »Großen Weigerung« (268). Die letzten Ausführungen münden in eine Art existenzialistischen Appell zum subjektiven Widerstand. Hoffnung sieht er darin, dass einzelne Verzweifelte anfangen, nicht mehr länger »das Spiel mitzuspielen« (267).

Nicht zuletzt wegen der großen Resonanz, die *One-Dimensional Man* unmittelbar nach Erscheinen in der so genannten neuen Linken fand, zählt das Buch heute ohne Zweifel zu den Klassikern der Sozialwissenschaften. Marcuse war nicht nur einer der wichtigsten politischen Stichwortgeber der Studentenbewegung, sondern auch der neuen sozialen Bewegungen. Innerhalb der Sozialwissenschaften war die Lektüre von *One-Dimensional Man* vielerorts Ausgangspunkt der Entdeckung der klassischen Kritischen Theorie. Eine Vielzahl an Tagungen und Konferenzen – vor allem an amerikanischen Hochschulen und häufig mit kulturwissenschaftlicher oder philosophischer Ausrichtung – belegt, dass die Auseinandersetzung mit Marcuses Denken bis in die jüngste Gegenwart als lohnenswert angesehen wird. Innerhalb der Soziologie blieb Marcuses Kritik der funktionalistischen Theorie sowie seine Auseinandersetzung mit der technologischen Rationalität nicht ohne Nachhall. Insbesondere die Habermassche Gesellschaftstheorie knüpft hieran an, wenngleich sich der Blickwinkel verschoben hat: Instrumentelle

Rationalität ist nicht länger per se herrschaftsförmiges Denken, sondern hat ihre Berechtigung im ökonomisch-technischen System. Gefährlich wird sie nach Habermas aber dort, wo sie in die Strukturen der »soziokulturellen Lebenswelt« eindringt und verständigungsorientiertes Handeln erschwert.

Joachim Fontana

Literatur

Brunkhorst, Hauke/Koch, Gertrud: Herbert Marcuse zur Einführung, 2. Aufl., Hamburg 1990.

Institut für Sozialforschung (Hg.): Kritik und Utopie im Werk von Herbert Marcuse, Frankfurt 1992.

Mancur Olson, Jr.: The logic of collective action. Public goods and the theory of groups, Harvard University Press: Cambridge, Mass. 1965, 176 S. (dt. Die Logik des kollektiven Handelns. Kollektivgüter und die Theorie der Gruppen, Mohr: Tübingen 1968, 181 S.).

Mancur Olson (1932–1998) war Ökonom. Nach Studium an der Dakota State University, der University of Oxford (als Rhodes Scholar) und Promotion an der Harvard University arbeitete er an der Princeton University (1960–67) sowie – nach zwei Jahren im US State Department of Health, Education and Welfare – an der University of Maryland von 1969 bis zu seinem Tod im Jahr 1998. Er wurde weit über seine eigene Zunft hinaus wahrgenommen und hat mit seinen Werken erheblichen Einfluss auf Fächer wie Soziologie und Politikwissenschaft gehabt. *Die Logik des kollektiven Handelns* etablierte ihn als Forscher; sein zweites Buch (*The Rise and Decline of Nations. Economic Growth, Stagflation and Social Rigidities*, 1982) weitete die Analyse aus und konkretisierte sie, indem er argumentierte, dass der Einfluss von Interessengruppen zur Bildung von Verteilungskoalitionen führe, die wirtschaftliches Wachstum behinderten. Olson lieferte damit einen wichtigen Beitrag zu den wirtschaftspolitischen Debatten in den USA der Reagan-Ära, als das Land sich mit dem eigenen relativen Niedergang sowie dem scheinbar unaufhaltsamen ökonomischen Aufstieg Japans beschäftigte. Das erst posthum erschienene Buch *Power and Prosperity. Outgrowing Communist and Capitalist Dictatorships* (2000) schließlich nahm die Situation des Postkommunismus zum Anlass für Reflexionen über das Verhältnis von Macht und Wohlstand und beschäftigte sich mit den Auswirkungen verschiedener Regierungsformen auf die Anreize für wirtschaftliche Entwicklung.

Olsons Buch *The Logic of Collective Action: Public Goods and the Theory of Groups* ist als Dissertation an der Harvard University entstanden und kann in Bezug auf den Ansatz eingeordnet werden in die damals aufkommende Übertragung ökonomischer Analysemethoden auf außermarktliche Sachverhalte, wie sie etwa Anthony Downs (*An Economic Theory of Democracy*, 1957) vorgenommen hat. Nach seiner Veröffentlichung im Jahr 1965 brachte das Werk dem Autor raschen Ruhm, da es bis dahin (zumeist implizit) existierende zentrale Annahmen über die Funktionen und das Handeln von Gruppen und Organisationen (von Verbänden über Gewerkschaften bis hin zu Klassen) herausforderte. Olsons Gegenposition wurde rasch rezipiert und regte fruchtbare neue Forschungen in Ökonomie, Soziologie und Politikwissenschaft an.

Olson argumentierte gegen die in der damals bestehenden Literatur gemeinhin unterstellte Annahme, dass Organisationen bestehen, um die gemeinsamen Interessen von Gruppen von Menschen zu verfolgen. Sie findet sich etwa in soziologischen Gruppentheorien mit Verweis auf Max Weber oder Talcott Parsons oder auch in der Klassentheorie von Karl Marx; aber auch in politikwissenschaftlichen Theorien des Pluralismus (etwa Arthur Bentley und David Truman) ging man von einer Gleichsetzung von Gruppen und Interessen aus. Olson bestritt nicht, dass es solche gemeinsamen Interessen von Gruppenmitgliedern gebe; so seien beispielsweise alle Mitglieder einer Gewerkschaft an höheren Löhnen interessiert. Gleichzeitig habe aber, so Olson, jedes Mitglied auch individuelle Interessen, etwa am persönlichen Einkommen, das nicht nur vom Lohnsatz, sondern auch von der dafür aufgewendeten (Arbeits-)Zeiteinsatz abhänge.

Die Kombination von individuellen und gemeinsamen Interessen legt nach Olson eine Analogie zur Situation von Unternehmen bei vollständiger Konkurrenz nahe. Auf einem solchen Markt kann ein einzelnes Unternehmen durch individuelles Handeln den Marktpreis nicht verändern, obwohl ja alle Unternehmen durchaus ein Interesse an einem höheren Preis für ihre Produkte haben. Jedoch hat andererseits auch jedes Unternehmen ein Interesse, so viele von seinen Gütern wie möglich zu verkaufen, um den Profit zu maximieren. Jedes Unternehmen wird daher danach streben, die Produktion auszuweiten, bis die Produktionskosten einer Einheit des Gutes den Produktpreis übersteigen. In dieser Hinsicht besteht zwischen den Unternehmen demnach ein entgegengesetztes Interesse, denn je mehr die anderen produzieren, umso niedriger kommt der Produktpreis und mit ihm der Profit zu stehen.

Bei den erwähnten angestrebten Gruppengütern handelt es sich um Kollektivgüter, also um Güter, von deren Nutzung definitionsgemäß niemand ausgeschlossen werden kann, sofern sie vorhanden sind. Ob diese Güter, an deren Existenz alle Mitglieder der Gruppe ein Interesse haben, nun aber tatsächlich produziert werden, ist alles andere als sicher. Denn aus der Olson'schen Analyse folgt, dass das einzelne Gruppenmitglied sich bei Abwägung von Kosten- und Nutzenerwartungen gegen einen Beitrag zur Produktion des Gutes entscheiden wird; durch einen solchen Beitrag entstehen ihm nämlich Kosten, während es gleichzeitig nicht sicher sein kann, dass das Gut (und damit ein eventueller Nutzen) überhaupt zustande kommt, denn der eigene Einsatz ist dafür nicht entscheidend. Sollte das Gut jedoch zustande kommen, kann ohnehin niemand von seinem Konsum ausgeschlossen werden; folglich ist es rational, die Kosten der Produktion anderen zu überlassen und sich selbst in die Rolle des »Trittbrettfahrers« (free rider) zu begeben.

Rational nach einer Maximierung ihrer persönlichen Wohlfahrt strebende Mitglieder einer Gruppe werden demnach nicht so handeln, dass die gemeinsamen bzw. Gruppenziele erreicht werden – es sei denn, sie werden durch Zwang dazu genötigt (Beispiel Steuerzahlung) oder bekommen spezifische (und über die Verwirklichung des Gruppeninteresses hinausgehende) zusätzliche Anreize geboten, falls sie einen Teil der zum Gruppenziel beitragenden Lasten tragen. Das gilt, so Olson, zumindest für große Gruppen; denn bei ihnen fallen relativ höhere Kosten und geringere Erträge für das einzelne Gruppenmitglied an als bei kleinen Gruppen. Zudem – und das ist sehr wichtig – lässt sich in kleinen Gruppen die Erbringung des individuellen Beitrages zur Produktion des Kollektivgutes leichter überwachen und im Abwesenheitsfall (sozial) sanktionieren; Trittbrettfahren kann somit leichter verhindert werden.

Olsons Theorie zeigt, dass die Unterscheidung zwischen individueller und kollektiver Rationalität höchst wichtig ist und das Auseinanderfallen beider weitreichende Folgen haben kann. So führt individuell rationales Verhalten selbst bei Einheitlichkeit von Gruppeninteressen nicht ohne weiteres zu kollektiv rationalen Ergebnissen; vielmehr entstehen diese nur, wenn der Einsatz für diese Ziele auch individuell rational ist. Olson zeigt zudem, dass kleine Gruppen effektiver bei der Durchsetzung von Zielen sein können als ihnen numerisch überlegene größere Gruppen, die aber aufgrund der beschriebenen Probleme des kollektiven Handelns lediglich latent bleiben. Ein gewissermaßen hydraulisches Politikverständnis, dem zu Folge eine große Zahl von Interessierten entsprechend viel Druck erzeugt, der dann zu politischen Ergebnissen führt, läuft daher Gefahr, falsche Erwartungen zu wecken.

Konkret kann man die Theorie daher dazu nutzen, die Durchsetzung spezieller zu Lasten allgemeinerer Interessen in der Politik zu erklären. Dieser immer wieder zu beobachtenden Sachverhalt kann mit Olson dadurch erklärt werden, dass kleinere bzw. speziellere Gruppen ihre Kollektivhandlungsprobleme leichter lösen können als größere bzw. allgemeinere und daher mehr Einfluss entfalten. Das wirft wiederum die Frage auf, ob sich die in vielen Zusammenhängen perzipierten Probleme von »Lobbying« allein durch bessere Transparenzregeln lösen lassen, wie vielfach angenommen wird. Eventuell ist dies nur beschränkt möglich, da es sich hier nach der Olson'schen Analyse um ein grundlegenderes Problem handelt als lediglich um die Existenz von suboptimalen Regeln im Politikbetrieb, die durch Reformen korrigiert werden können. Vielmehr ist die Repräsentation von Interessen nicht gleich, sondern systematisch zugunsten bestimmter Interessen verzerrt. Kleinere Gruppen können nämlich deutlich größere Gruppen hinsichtlich ihres Einflusses in der Politik dominieren.

Olsons Buch über die *Logik des kollektiven Handelns* wurde rasch und breit rezipiert. Der spätere Ökonomie-Nobelpreisträger Friedrich August von Hayek regte eine Übersetzung in die deutsche Sprache an, die 1968 erschien. Mit der steigenden Formalisierung und Mathematisierung der Wirtschaftswissenschaft verschob sich allerdings der Fokus des Faches in eine andere Richtung.

In den anderen Sozialwissenschaften und insbesondere der Politikwissenschaft wurde und wird Olson hingegen anhaltend rezipiert, insbesondere natürlich bei der Analyse des Einflusses von Interessengruppen. Dabei ist das Einsatzgebiet nicht auf die etablierten liberalen Demokratien beschränkt: auch bei Untersuchungen über die politische Ökonomie wirtschaftlicher Entwicklung zeigte sich ihr Nutzen, etwa wenn in der afrikanischen Kaffeeindustrie die städtischen Handelsfirmen Anreize für eine Organisation ihrer Interessen haben, während die über das ländliche Gebiet verstreuten Kaffeeanbauer sich hohen Organisationskosten ausgesetzt sahen und deshalb wenig Einfluss auf die Preisgestaltung nehmen konnten (Bates 1981).

Olsons Nachfolgewerk *The Rise and Decline of Nations. Economic Growth, Stagflation and Social Rigidities* (1982) gewann 1983 die Auszeichnung der American Political Science Association (APSA) für das beste Buch des Jahres über Politik in den Vereinigten Staaten. Die Political Economy-Sektion der APSA hat ihren alle zwei Jahre vergebenen Preis für die beste Dissertation im Feld nach Mancur Olson benannt.

Andreas Busch

Literatur

Azfar, Omar: The logic of collective action, in: William F. Shughart II/Laura Razzolini (Hg.): The Elgar Companion to Public Choice, Cheltenham 2001.

Pies, Ingo/Leschke, Martin (Hg.): Mancur Olsons Logik kollektiven Handelns, Tübingen 1997.

Schubert, Klaus (Hg.): Leistungen und Grenzen politisch-ökonomischer Theorie. Eine kritische Bestandsaufnahme zu Mancur Olson, Darmstadt 1992.

Mary Douglas: Purity and Danger. An Analysis of the Concepts of Pollution and Taboo, Routledge & K. Paul: London 1966, 188 S. (dt. Reinheit und Gefährdung. Eine Studie zu Vorstellungen von Verunreinigung und Tabu, Riemer: Berlin 1985, 242 S.).

Mary Douglas (1921–2007) war eine der bekanntesten britischen Ethnologinnen der Nachkriegsgeneration, die sich besonders durch ihre Anwendung ethnologischer Konzepte auf westliche Gesellschaften auszeichnete. Als Tochter eines Beamten im britischen Kolonialbüro in Burma, wurde Douglas von ihrer Großmutter in England aufgezogen, wo sie den Sacred Heart Convent in London besuchte. Diese strukturierte katholische Erziehung spielte eine prägende Rolle für ihre Theorien, die sie während ihrer Karriere entwickelte. Sie absolvierte ihr Erststudium an der Universität Oxford und arbeitete nach ihrem Abschluss während des Zweiten Weltkriegs für das Kolonialbüro, wo sie durch ihre Bekanntschaft mit einigen EthnologInnen ein Interesse für das Fach entwickelte. Nach dem Krieg promovierte sie in Ethnologie, wobei sie besonders von E. E. Evans-Pritchard beeinflusst wurde. 1963 veröffentlichte sie ihre erste Monografie über ihre Feldforschung bei den Lele in der heutigen D. R. Kongo.

Ab 1951 lehrte sie am University College London. Während dieser Zeit publizierte sie ihre wichtigsten Werke, *Purity & Danger* (1966, fortan P&D) und *Natural Symbols* (1970), die die theoretische Grundlage für ihre späteren Arbeiten bildeten. Ab 1977 übernahm sie eine Reihe von Gastprofessuren in den USA. Sie nutzte diese Aufenthalte, um sich aktuellen Dynamiken in der westlichen Gesellschaft, z. B. der Umweltbewegung, dem Risikobewusstsein, dem Konsum und der Religion zuzuwenden.

P&D leistet seinen primären Beitrag zum Feld der vergleichenden Religionsforschung. Wichtige Einflüsse auf das Werk waren die Arbeiten von Douglas' Mentor Evans-Pritchard sowie der funktionalistische Ansatz Durkheims. Zentrale Ideen übernimmt Douglas auch von William James, vor allem seine Formulierung, dass Schmutz »fehl am Platz« ist. Der Ausgangspunkt der Studie ist die Frage, warum verschiedene Gesellschaften unterschiedliche Vorstellungen von Verschmutzung entwickeln. Warum sind z. B. in »primitiven« Religionen Heiliges und Unreines oft gleichgestellt, während sie in »modernen« Kontexten diametral entgegengesetzt wirken? Warum sind für manche Religionen Reinheitsvorschriften von zentraler Bedeutung, während im Christentum innerliche Motive und Dispositionen Kern des religiösen Handelns sind?

Im Gegensatz zu Ansätzen, die solche Differenzen durch einen evolutionären Fortschritt von Magie zur Hochreligion erklären, sieht Douglas Vorstellungen von Verunreinigung und damit zusammenhängende Tabus und Verbote als Aspekte symbolischer Ordnung. Diese sind nicht willkürlich oder irrational, sondern dienen der Verteidigung einer bestimmten sozialen Ordnung. Für Douglas ist Schmutz nie etwas Absolutes, sondern muss immer im sozialen Kontext betrachtet werden. Im Kern beschreibt sie in *P&D*, wie Klassifizierung dazu dient, die Welt zu ordnen.

Über den religiösen Kontext hinaus versteht Douglas »Schmutz« als Grenzverletzung und damit im weitesten Sinne als Bedrohung einer symbolischen Ordnung, deren Etablierung und Aufrechterhaltung sie als universelles menschliches Bedürfnis erachtet. Sie betont die Bedeutung von Grenzen jeglicher Art und die Schwierigkeit, diese zu wahren. Aufgrund des universellen Anspruchs ihrer Theorie richtet sie ihren ethnographischen Blick nicht (nur) auf »primitive«, sondern auch auf »moderne« Gesellschaften. Sie stellt fest, dass »säkulare« Reinheitsvorstellungen und -praktiken wie Schrubben und Wischen in »modernen« Gesellschaften genauso symbolisch sind wie »religiöse« Reinigungsrituale in »primitiven« Gesellschaften. Beide dienen primär der Schaffung und Aufrechterhaltung von Ordnung.

Trotzdem hält Douglas an der Unterscheidung zwischen »modern« und »primitiv« fest, entgegen dem damals wie heute weitverbreiteten Unbehagen gegenüber solchen Kategorien. Sie differenziert dabei allerdings nicht zwischen symbolischen versus wissenschaftlich fundierten bzw. hygienischen Umgangsformen mit Verschmutzung, sondern sieht solche Umgangsformen allgemein als Produkt verschiedener Formen sozialer Differenzierung. Primitive und moderne Gesellschaften unterscheiden sich demnach nicht in ihrer »mentalen Kapazität«, soziale Phänomene zu deuten, sondern durch die Tatsache, dass »moderne Erfahrungen« stärker fragmentiert und in unterschiedliche Bereiche symbolischer Aktivität eingeteilt sind.

Mit ihrem symbolischen Ansatz wendet sich Douglas gegen Theorien, die Reinheitsvorschriften als irrational oder willkürlich deuten oder sie als funktionale Anpassungsstrategien begreifen. Ebenso lehnt sie Ansätze des »medizinischen Materialismus« (William James) ab, die versuchen, religiöse Erfahrung im materiellen Sinne zu verstehen, und kritisiert damit Ansätze, die Reinheitsvorstellungen als primitive Formen von Hygiene auffassen. Im Gegensatz dazu argumentiert sie, dass auch scheinbar bizarre Reinheitsgebote der Strukturierung von Gedanken und sozialen Beziehungen dienen.

Douglas' Ansatz wird in einem der bekanntesten Aspekte des Buches, ihre Behandlung der mosaischen Speisegesetze, besonders anschaulich. Douglas argumentiert, dass bisherige Ansätze diese Gesetze entweder als a) irrational bzw. willkürlich und daher als nicht erklärungsbedürftig ansahen, b) Allegorien für Sünden oder Tugenden erklärten, oder sie c) auf eine medizinisch-materialistische Weise interpretierten. Im Gegensatz zu diesen Theorien argumentiert Douglas, dass die wichtigste Funktion der Speiseverbote war, ein strukturiertes symbolisches System zu bilden, wobei bestimmte Tiere eine archetypische Rolle spielen, um Kategorien der Reinheit zu bestimmen. Zum Beispiel bilden paarhufige Wiederkäuer wie Schafe das kategorische Muster der Landtiere für die von Viehzucht abhängigen Israeliten. Nicht zu diesem Muster passende Tiere wie das Schwein, das paarhufig, aber kein Wiederkäuer ist, wurden als unrein klassifiziert.

Ein weiterer wichtiger Beitrag in *P&D* ist der hergestellte Zusammenhang zwischen dem menschlichen Körper und der sozialen Ordnung. Die Symbolik des menschlichen Körpers, argumentiert Douglas, kann für jedes begrenzte System stehen. Ängste um die Aufrechterhaltung der körperlichen Integrität, der Kontrolle der Körperöffnungen und die Gefahren der Verschmutzung durch seine Produkte, kann symbolisch Ängste des gesellschaftlichen Ganzen widerspiegeln. Rituale, die Angst um die Aufrechterhaltung körperlicher Grenzen ausdrücken, haben daher ein soziologisches Pendant in Sorgen über die Integrität des sozialen Körpers. Körperliche Symbolik, obwohl weit verbreitet, ist sehr variabel und ebenso kontingent wie andere Formen der Symbolik. Es gibt also keine notwendige oder natürliche Beziehung zwischen dem Körper und seinen Produkten in Bezug auf Verschmutzung. So werden in einigen sozialen Kontexten Menstruationsblut oder Speichel als gefährlich eingestuft, während sie in anderen keine besondere Bedeutung haben.

Die späteren Kapitel des Buches konzentrieren sich auf die Widersprüche und Spannungen, die jeden Versuch begleiten, ein System der Ordnung zu schaffen. Für Douglas bedeutet die Tatsache, dass Ordnung in der Natur nicht gegeben, sondern immer sozial konstruiert ist, dass Anomalie und Ambiguität unvermeidlich sind. Es ist Teil der *conditio humana,* nach festen Grenzen zu trachten, aber das Streben nach Reinheit und Ordnung verursacht eine Divergenz zwischen dem Realen und dem Idealen, so dass im gewissem Sinne die Ablehnung von »Schmutz« eine Ablehnung der Realitäten des Lebens bedeutet. Eine zu rigide Befolgung eines Regimes der Reinheit reizt zum Widerspruch, eine Nicht-Einhaltung dagegen zur Heuchelei. Ebenso werden Rituale, die Ordnung und Wohlbefinden erhalten sollen, auch mit ihrer ultimativen Ohnmacht gegenüber dem Leiden, dem Tod und der Desintegration konfrontiert.

Für Douglas ist die Begrüßung des Zweideutigen oder der Anomalie ein Weg, durch den eine Gesellschaft ihre eigene zwiespältige Natur symbolisch anerkennen und damit die Gegensätzlichkeit in ihrem Kern überwinden kann. Folglich sieht Douglas »Schmutz« nicht rein negativ, sondern als Gefahr und Macht gleichzeitig. Er fordert »Ordnung« heraus, bietet jedoch gleichzeitig eine potentielle Quelle im Dienst der sozialen Erneuerung.

Dieses ist schließlich Douglas' Antwort auf die ursprüngliche Frage, warum »Primitive« das Unreine mit dem Heiligen vermischen, besonders in Ritualen der sozialen Erneuerung. Weit davon entfernt, ein »Fehler« des primitiven Denkens zu sein, repräsentiert die rituelle Annahme des Unreinen eine Anerkennung der Widersprüche, die im Zentrum des sozialen Lebens existieren.

Seine Popularität und Bekanntheit erreichte *P&D* erst einige Jahre nach der Erstveröffentlichung. Der konservative Fokus des Werks auf die Aufrechterhaltung sozialer Ordnung passte nicht in den radikalen Zeitgeist der 1960er Jahre, demzufolge sozialer Wandel als etwas positiv Konnotiertes und Erstrebenswertes galt. Zudem war die angestrebte Reichweite der Argumentation, die auf eine große Bandbreite kultureller Beispiele Bezug nahm, unüblich für die Ethnologie. Des Öfteren wurde Douglas konzeptionelle Unschärfe sowie Opportunismus vorgeworfen.

Trotz aller Kritik hat sich Douglas' Abhandlung über die Etablierung und Aufrechterhaltung sozialer Grenzen und ihre feinsinnige Interpretation von Schmutz und Verunreinigung als außerordentlich fruchtbar für die Analyse unterschiedlicher Themenfelder erwiesen. Ihre Kernargumente sind in so verschiedenen Disziplinen wie Architektur, Cultural und Gender Studies, Literatur-, Gesundheits- und Religionswissenschaft und sogar in der Informatik aufgegriffen worden. Douglas' Erkenntnisse über die symbolische Produktion von Grenzen und ihre breite Abhandlung von Verschmutzung wurden u. a. in Studien zu Migration und Flüchtlingen, Nationalismus, Ethnizität und ethnischen Säuberungen, sowie zu Angst vor Kindesmisshandlung angewandt. Die vielleicht nachhaltigste Rezeption von Douglas' Ideen findet sich im psychoanalytischen Feminismus von Julia Kristeva, deren Theorie der Abjektion auf Douglas' Arbeiten zurückgeht. Auch Judith Butler hat sich in ihren Gendertheorien sowohl auf Kristeva als auch auf Douglas gestützt.

Jovan Maud

Literatur
Fardon, Richard: Mary Douglas. An Intellectual Biography, London/New York 1999.
Feest, Christian F./Kohl, Karl-Heinz (Hg.): Hauptwerke der Ethnologie, Stuttgart 2001.
Sawyer, John F. A. (Hg.): Reading Leviticus: A Conversation with Mary Douglas, Sheffield, England 1996.

Peter L. Berger/Thomas Luckmann: The Social Construction of Reality. A Treatise in the Sociology of Knowledge. Doubleday: New York 1966, 219 S. (dt. Die gesellschaftliche Konstruktion der Wirklichkeit. Eine Theorie der Wissenssoziologie. Fischer: Frankfurt 1969, 218 S.).

Das aus vielen gemeinsamen Diskussionen der beiden Autoren entstandene und zunächst 1966 in englischer Sprache erschienene Werk ist neben zwei weiteren Monografien und drei gemeinsamen Aufsätzen das bekannteste Werk beider Autoren. Der Band gehört zu den modernen Klassikern der Soziologie und zu den meist zitierten soziologischen Schriften, wurde in viele Sprachen übersetzt und weit über die Soziologie hinaus rezipiert. Peter L. Berger (geb. 1929 in Wien, Österreich) und Thomas Luckmann (geb. 1927 in Jesenice, Slowenien) lernten sich Anfang der 1950er Jahre an der New School of Social Research in New York kennen, an der sie nach ihrer Emigration in die USA ihr Studium fortsetzten und in Soziologie promovierten. Beide studierten u. a. bei Alfred Schütz, dessen phänomenologischer Wissenssoziologie sie sich verpflichtet fühlten und die wesentliche Grundlage für ihre Analyse der Strukturen des Wissens in der Alltagswelt ist. Luckmann kehrte kurz nach Fertigstellung des Manuskripts 1965 nach Deutschland zurück, nahm zunächst einen Ruf an die Universität Frankfurt und 1970 an die Universität Konstanz an, wo er bis zu seiner Emeritierung 1994 lehrte und forschte. Er begründete den auch als »Konstanzer Soziologie« bekannten sozialkonstruktivistischen Ansatz der Wissenssoziologie und Sprachsoziologie mit einem dezidiert empirischen Anspruch. Berger wurde 1963 zunächst an die New School of Social Research berufen, danach war er Professor an der Rutgers University und am Boston College, bis er 1981 einen Ruf für Soziologie und Theologie an der Universität Boston annahm. Berger wurde insbesondere mit seinen religionssoziologischen Arbeiten und seinen Beiträgen zum Problem der Globalisierung international rezipiert.

Der Untertitel dieses sozialwissenschaftlichen Klassikers verdeutlicht das zentrale Anliegen der beiden Autoren. Sie beabsichtigen einen Beitrag zu einer Wissenssoziologie zu leisten, der sich nicht in erster Linie mit einer wissenssoziologischen Analyse von Ideen und Ideologien auseinandersetzt, sondern sich vielmehr im Anschluss an Alfred Schütz vornehmlich dem Wissen von »Jedermann«, dem Wissen im Alltag widmet. In der Einleitung »Das Problem der Wissenssoziologie« formulieren sie den Anspruch einer Wissenssoziologie, die zu ergründen versucht, »wie es vor sich geht, daß gesellschaftlich entwickeltes, vermitteltes und bewahrtes Wissen für den Mann auf der Straße zu außer Frage stehender ›Wirklichkeit‹ gerinnt« (3). Sie verfolgen den Anspruch einer grundlegenden Sozialtheorie, die den Fragen nachgeht, wie soziale Ordnung entsteht, wie sie aufrechterhalten werden kann und wie sie sich verändert. Dabei werden Menschen nicht als machtlose Marionetten sozialer Strukturen gesehen, die sozialen Normen und Institutionen ausgeliefert sind, sondern vielmehr als immer auch eine schöpferische Qualität realisierende Akteure, die über Deutungs- und Handlungsmacht verfügen. So wollten Berger/Luckmann auch dem damals in den USA vorherrschenden Strukturfunktionalismus von Talcott Parsons und dessen theoretischer Konzeption von gesellschaftlicher Wirklichkeit einen Alternativentwurf entgegensetzen. Den Autoren gelingt eine Verknüpfung der ›verstehenden‹ Soziologie in der Tradition Max Webers mit der Soziologie Émile Durkheims – d. h. eine Konzeption von sozialer Wirklichkeit, die einerseits als eine ›objektive‹ Realität dem Einzelnen gegenübersteht und anderseits sich durch ›subjektive‹ Konstruktionsprozesse konstituiert. Dementsprechend gliedern sich die Hauptteile des Buches in ein Kapitel über »Gesellschaft als objektive Wirklichkeit« sowie ein Kapitel über »Gesellschaft als subjektive Wirklichkeit«. Dieser theoretischen Grundlegung des dialektischen Verhältnisses von Gesellschaft und Individuum ist m. E. der Erfolg dieses Buches geschuldet. Berger und Luckmann verdeutlichen in Anlehnung an die philosophische Anthropologie Helmuth Plessners und Arnold Gehlens, dass die Menschen im Unterschied zu den Tieren in ein Verhältnis zu sich selbst treten können und aufgrund ihrer biologischen Unzulänglichkeit einerseits dazu gezwungen sind und andererseits es ihnen auch möglich wird, sich selber eine (relativ) stabile, geordnete Welt zu erschaffen. Gehlen bezeichnet den Menschen als ein umweltoffenes Mängelwesen. Der Mensch produziert die Welt durch sein Handeln und die Stabilität sozialer Ordnung wird durch »die fundamentale Aufeinander-Bezogenheit« von Externalisierung, Objektivierung und Internalisierung als drei interdependenten »Bestandteile in einem dialektischen Prozeß« vorangetrieben (65). Der Mensch wirkt in Interaktion mit anderen nach außen und der so veräußerlichte subjektive Sinn gewinnt eine Eigenständigkeit und steht den Menschen als objektiv gegeben gegenüber, in dem er als sozialer (d.h. kollektiver) Sinn institutionalisiert und legitimiert wird. »Institutionalisierung findet statt, sobald habitualisierte Handlungen durch Typen von Handelnden reziprok typisiert werden« (58). Historisch gewordene Institutionen bedürfen für die Weitergabe an Dritte und für die Tradierung an neue Generationen der Legitimierung, d.h. Prozessen des Erklärens und Rechtfertigens (100). Es entstehen so sekundäre Objektivationen, die sich nach ihrem Grad der expliziten Ausformulierung und ihrem Geltungsbereich unterscheiden. Sie reichen von einer vortheoretischen Ebene von Versicherungen wie »das macht man so«, über »theoretische Postulate in rudimentärer Form« wie Sprichwörter oder Lebensweisheiten zu expliziten Legitimationstheorien bis hin zu symbolischen Sinnwelten (101 f.). Bei den Ausführungen über das Zusammentreffen verschiedener Sinnwelten zeigen sich ideologiekritische Momente. Die Autoren verdeutlichen – u. a. mit Bezug auf Karl Marx –, dass sich jene Konzeptionen durchsetzen, deren Vertreter über mehr Macht verfügen. Die Überlegenheit einer Weltsicht über eine andere ist eben nicht abhängig »vom theoretischen Genie ihrer Legitimatoren« (117). Ideologien werden hier definiert als jene Wirklichkeitsbestimmungen, mit denen sich ein konkretes Machtinteresse verbindet.

Gesellschaftliche Ordnung wird hier konsequent verstanden als eine menschliche Produktion, die *fortlaufend* durch soziales Handeln geschaffen wird und im Verlauf der Sozialisation ins Bewusstsein des Einzelnen zurückgeholt, d.h. internalisiert wird. Im Kapitel »Gesellschaft als subjektive Wirklichkeit« greifen die Autoren in erster Linie auf George Herbert Meads Theorie des Selbst und seiner Entwicklung zurück. Damit gelingt ihnen eine überzeugende und weithin rezipierte Verbindung der phänomenologischen Wissenssoziologie mit dem Pragmatismus bzw. Symbolischen Interaktionismus. Damit akzentuieren sie, dass soziales Handeln sich in Interaktionsprozessen vollzieht und sich in der wechselseitigen Wirkbeziehung die Deutungs- und Handlungsmuster der Individuen herausbilden. Orientiert an den von Mead beschriebenen Phasen der Entwicklung des Selbst, die sich in der Interaktion mit Anderen vollzieht und bei der die Sprache entscheidend für die Internalisierung gesellschaftlicher Wirklichkeit und für das Selbst- *und* Fremdverstehen ist, verdeutlichen Berger/Luckmann die wesentlichen Prozesse in der primären und sekundären Sozialisation. Sie zeigen auf, wie das Kind die von seinen ›signifikanten Anderen‹, also seinen für es wichtigen Bezugspersonen, vermittelte Welt zunächst als die Welt schlechthin erlebt. Ähnlich wie Karl Mannheim gehen sie davon aus, dass die so angeeignete Welt »viel fester im Bewußtsein verschanzt (ist) als Welten, die auf dem Wege sekundärer Sozialisation internalisiert werden« (145). In der sekundären Sozialisation, in der das Kind in neue gesellschaftliche Bereiche eintritt, nimmt es alternative Perspektiven auf die Welt auf, verarbeitet diese kognitiv und entwickelt eine Vorstellung vom generalisierten Anderen. Das Kind beginnt damit, sich nicht nur mit konkreten Bezugspersonen zu identifizieren, es löst sich allmählich aus den Bindungen zu ihnen und identifiziert sich mit der Allgemeinheit der Anderen.

Internalisierung bedeutet hierbei jedoch nicht die passive Übernahme einer objektiv bestehenden Wirklichkeit. Sowohl die Welt, die die Bezugspersonen vermitteln, ist gebunden an deren subjektive Interpretationen, die durch ihre gesellschaftliche Stellung und ihre biographischen Erfahrungen bedingt sind, als auch die Übernahme dieser Welt ist wiederum gebunden an die subjektiven Interpretationen und Erfahrungen des aufnehmenden Individuums. Die subjektive Wirklichkeit unterliegt einem lebenslangen Wandlungsprozess, der ausgelöst durch Krisen zu partiellen bis hin zu totalen Verwandlungen führen kann und in dem sowohl für die Aufrechterhaltung als auch für Veränderungen dieser Wirklichkeit die Unterhaltung das »notwendigste Vehikel« ist (163).

Dieses Werk, das weit mehr ist als das Manifest einer neuen Richtung der Wissenssoziologie, sondern vielmehr eine soziologische Grundlagentheorie darstellt, zeigte seine Wirkung in vielen Bereichen der Soziologie, insbesondere im englisch- und deutschsprachigen Raum. Es führte in den 1970er Jahren zur Herausbildung einer ›Soziologie des Alltags‹ und lieferte eine wesentliche grundlagentheoretische Begründung einer in dieser Zeit stärker werdenden interpretativen Forschung, die später zur Entwicklung verschiedener Forschungsansätze wie der lebensweltlichen Ethnographie, der wissenssoziologischen Kommunikationsforschung oder der Diskursanalyse führte. Die hier ausgearbeiteten Konzeptionen der Dialektik zwischen Individuen und Gesellschaft, der Entwicklung des Selbst, der lebenslangen Wandlungsprozesse und der damit einhergehenden Reinterpretationen des in der Vergangenheit Erlebten motivierte und prägte auch die ebenfalls Ende der 1970er stattfindende Rückbesinnung auf die soziologische Biografieforschung der Chicago School.

Gabriele Rosenthal

Literatur
Knoblauch, Hubert: Die gesellschaftliche Konstruktion der Wirklichkeit, in: Ders.: Wissenssoziologie, Köln 2005, S. 157–169.
Pfadenhauer, Michaela: Peter L. Berger, Konstanz 2010.
Schnettler, Bernt: Thomas Luckmann, Konstanz 2006.

Shmuel N. Eisenstadt: Modernization: Protest and Change, Prentice-Hall: Englewood Cliffs, New Jersey 1966, 166 S.

Nachdem sich Shmuel N. Eisenstadt (1923–2010) in den ersten beiden Jahrzehnten seiner wissenschaftlichen Karriere primär mit jugend- und migrationssoziologischen Fragestellungen beschäftigt hatte, konzentriert sich sein Interesse seit den 1960er Jahren zunehmend auf makrosoziologische Fragestellungen. Sowohl im Anschluss an, als auch durch die stärkere Betonung akteurs-, prozess- und konflikttheoretischer Aspekte zunehmend in Abhebung vom Strukturfunktionalismus Talcott Parsons', beginnt er mit der Entwicklung eines zur damaligen Diskussionslage quer liegenden und konzeptionell innovativen Analyserasters für die Untersuchung von langfristigen Wandlungs- und Modernisierungsprozessen. Sein historisch-komparativer Zugriff sowie seine verschiedenen Theorieansätze integrierende Arbeitsweise hatte sich als Heuristik bereits in dem vorhergehenden Werk *The Political Systems of Empires* (1963) als fruchtbar erwiesen. Insbesondere am Beispiel verschiedener Entwicklungsländer bzw. entkolonialisierter Gesellschaften erweitert und vertieft Eisenstadt in *Modernization: Protest and Change*, wenn auch teilweise implizit, seine Kritik an der westzentrierten, unilinearen, evolutionistisch-konvergenztheoretischen und normativistischen Argumentation vieler klassischer Modernisierungstheoretiker. Die Berücksichtigung eigenlogischer autochthoner Traditionen und historisch variierender sozialstruktureller Bedingungskonstellationen, die Fokussierung auf Eliten und deren Rolle in Institutionenbildungsprozessen, die Berücksichtigung der kulturell-symbolischen Dimension für Wandlungs- und Modernisierungsprozesse, all dies verweist auf eine Faktorenheuristik, welche schließlich für Eisenstadts Konzeptualisierung eines zivilisatorischen Tiefenverständnisses von Modernisierungsprozessen und der These der Multiple Modernities wegweisend werden wird.

Modernisierungsprozesse sind gekennzeichnet durch strukturelle Differenzierung und Wandlungsdynamik in allen gesellschaftlichen Teilbereichen; durch Industrialisierung, Urbanisierung und Nationalstaatsentstehung; durch zunehmende Interdependenz aller Gesellschaftsangehörigen, Ausweitung politischer, sozialer und kultureller Partizipation, damit einhergehend Abbau des gesellschaftsinternen Zentrum-Peripherie-Gefälles; durch Integrationsversuche mittels neuer, auf personale und kollektive Identitätsstiftung im Spannungsfeld von Tradition und Universalismus hin angelegte Symbole; durch Prozesse sozialer Mobilität. Die Strukturen sozialer Organisation und tradierter Sinnhorizonte verflüssigen sich, askriptive Merkmale verlieren in Bezug auf soziale Zugehörigkeitsfragen und in Bezug auf die Allokation von Ressourcen, Positionen, Status und Prestige an Bedeutung. All diese Prozesse können zu sozialer Desorganisation, Verwerfungen, Legitimationsfragen, Konflikten sowie zu Protestorientierungen und -bewegungen führen. Nun ist die Wandlungstendenz als solche sowohl in ihrer strukturellen Dimension als auch als kulturelles Ideal der Moderne immanent (42). Angesichts der multidimensionalen Dynamik stellt sich für Eisenstadt deshalb die zentrale Frage, ob und wie es modernisierenden Staaten gelingt, eine institutionelle Struktur und regulative Mechanismen aufzubauen, die systemisch gesehen in der Lage sind, diese konfliktgenerierenden Prozesse soziokulturellen Wandels zu absorbieren. Stadienmodelle gesellschaftlich-institutioneller Entwicklung erscheinen ihm diesbezüglich obsolet, da die verschiedenen Prozesse dimensional, sequentiell und temporal unabhängig voneinander variieren können: »there exists no single road to modernity« (45).

Für die Beantwortung richtet Eisenstadt sein primäres Augenmerk auf das Handeln von Eliten und neuen Gruppen/sozialen Protestbewegungen als impulsgebenden Akteuren sowie deren Verbindung zu breiteren Bevölkerungsschichten. Dabei interessiert er sich, hier an Edward Shils anschließend, nicht nur für die sozialstrukturelle Zusammensetzung der Eliten, sondern auch für deren Einstellungs- und Orientierungsmuster als wichtige Erklärungsfaktoren für die Variabilität von Modernisierungsprozessen und die Aufrechterhaltung gesellschaftlicher Ordnung. Deren Aktivitäten und Orientierungen schlagen sich speziell in der politischen Arena und im institutionell-administrativen Bereich, aber auch im kulturell-symbolischen Bereich in Form traditioneller und neu propagierter Strukturformen und Werteorientierungen nieder (54). Im Anschluss an Durkheim spricht Eisenstadt hier von kontraktuellen und vorkontraktuellen Elementen in der institutionellen Absicherung gesellschaftlicher Ordnung.

Der Schwerpunkt seiner komparativen Analyse liegt auf der Frage nach förderlichen und hinderlichen Bedingungen für die Entwicklung eines Institutionensystems, welches fähig ist, angesichts der der Moderne immanenten Generierung sozialer Probleme und ihrer Wandlungsdynamik eine nachhaltige Entwicklung (sustained growth) abzusichern.

Der Modernisierungsprozess in Westeuropa setzte sich weitgehend autochthon und primär durch gesellschaftsinterne Faktoren und Strukturveränderungen be-

wirkt in Gang. Als Charakteristika konstatiert Eisenstadt u. a. relativ anpassungsfähige Eliten und Regime, gelingende Inklusion breiterer Bevölkerungsschichten,
Inkorporation von peripheren Symbolen und Ideen ins Zentrum sowie Ausbildung von politischen und institutionellen Mechanismen des Spannungsabbaus
angesichts von sozialen Problemen. Organisierte Aufstände, Protestbewegungen,
anomische Zustände wertet er als Zeichen für die mangelhafte Aufnahmefähigkeit
von Forderungen und Ansprüchen durch die herrschenden Eliten. Die Ausbreitung in der ersten Modernisierungsphase über Westeuropa hinaus (andere europäische Staaten, USA, Dominions) führte jedoch bereits, auf Grund variierender
Ausgangsbedingungen, zu einer Pluralität in den konkreten Ausformungen der
Moderne. Die zweite Modernisierungsphase betrifft Staaten, wo der externe Einfluss als Wandlungskraft im Vordergrund steht und die alten politischen Zentren
nicht mehr in der Lage waren, den mit der intensivierten Modernisierung einhergehenden Problemen mit adäquaten Mitteln zu begegnen. Dieses Zusammentreffen eines geringen Wandlungsbereitschaftsniveaus auf Seiten der Eliten mit
einem, angesichts der sozialen Folgeprobleme der Modernisierung, hohem Mobilisierungspotential auf Seiten der Bevölkerung exemplifiziert Eisenstadt speziell
an verschiedenen lateinamerikanischen Staaten, aber auch an der Türkei, China,
Russland und den Ex-Kolonien. Kennzeichnend ist hier die Strukturdualität zwischen traditionalen und modernen Sektoren, zwischen Stadt und Land, zwischen
geschlossenen Gruppen einerseits und zunehmender Interdependenz der sozialen Gruppierungen andererseits. Die jeweiligen gruppeneigenen sozialen, politischen und kulturellen Orientierungsmuster zeichneten sich durch Rigidität aus,
allgemein geteilte Symbole nationaler Identität und politische Spielregeln waren
nur schwach ausgebildet, ebenso war der Zusammenhalt der herrschenden Eliten
kaum vorhanden (94). Protestbewegungen und Revolutionen waren angesichts
der mit der Modernisierung verbundenen Wandlungsprozesse und sozialen Verwerfungen die Folge, woraufhin durch diese neuen Institutionen und Orientierungsmuster implementiert wurden.

Generalisierend lassen sich als Haupterklärungsfaktoren für spezifische Strukturmuster der Moderne und das unterschiedliche systemische Absorptionsvermögen kontinuierlichen Wandels nennen: die interne Struktur der Eliten und deren
Positionierung im sozialen und kulturellen Raum, die historisch unterschiedlichen Ausgangspunkte der Modernisierungsprozesse sowie die variierende temporale Abfolge der Modernisierung in verschiedenen Bereichen (Politik, Wirtschaft,
Sozialstruktur, Orientierungsmuster). Für die Implementierung spezifischer institutioneller Muster ist nach Eisenstadt das Zusammenspiel von strukturellen Faktoren und der Kämpfe zwischen Eliten/Gruppen ausschlaggebend.

Abschließend versucht Eisenstadt Strukturbedingungen zu eruieren, die nachhaltige Entwicklung (sustained growth) fördern, oder aber zu Einbrüchen (break-

downs) oder Stagnation führen. Es geht also um die institutionelle Konfliktlösungs-
und Konfliktregulierungsfähigkeit angesichts immer neuer Problemkonstellatio-
nen und Protestorientierungen (133). Ein mangelhafter Integrationsmechanismus
manifestiert sich demnach insbesondere in einer wenig ausdifferenzierten Institutionenstruktur und in der defizitären Ausbildung eines der neuen Situation adäquaten Symbolsystems. Protestsymbole müssen deswegen zumindest teilweise
vom Zentrum aufgenommen werden (143). In Analogie zu Durkheim spricht Eisenstadt hier von der Notwendigkeit des Übergangs von mechanischer zu organischer Solidarität, und diese erfordert neue Symbole der Einheit. Die klassische
modernisierungstheoretische Annahme, dass je weniger traditional eine Gesellschaft ist, desto eher ist sie zu nachhaltigem Wachstum (sustained growth) fähig,
ist für ihn widerlegt (146).

Die zentrale Variable für nachhaltige Entwicklung (sustained growth) oder
aber Entwicklungseinbrüche ist für Eisenstadt die Art der Beziehung zwischen
Eliten und breiteren Bevölkerungsschichten, weil letztere quasi die Modernisie-
rungsressourcen bereitstellen. Dafür bedarf es sowohl politischer Parteien als auch
einer flexiblen Institutionenstruktur als unverzichtbarem Rahmen für die rechtzei-
tige Absorption potentieller Protestorientierungen und damit der Möglichkeit von
Innovationen und der Institutionalisierung des Wandels. Hinzutreten muss die
Chance sozialer Mobilität, also eine offene und flexible Statuszuweisung und damit das Zurückdrängen askriptiver Zuweisungskriterien. Förderlich dafür sind die
Wertorientierungen und die sozialstrukturelle Positionierung innovativer Gruppen (Eliten) (156). Und trotzdem: nachhaltige Entwicklung (sustained growth)
und Einbrüche bleiben inhärente Elemente von Modernisierungsprozessen.

Eisenstadts Abhandlung stellt einen wichtigen Ausgangspunkt und Anstoß für
ein rehistorisierendes und reflektiertes Modernisierungsverständnis in Soziologie, Politikwissenschaft und Geschichtswissenschaft dar. Auf der Ebene der Theorie sozialen Wandels können Tradition und Moderne fortan nicht länger mehr
einseitig als Entweder-Oder-Dichotomie und im Sinne einer unilinear und stadial
gerichteten Fortschrittsbewegung begriffen werden, ein Denken, welches lange
Zeit einen Großteil der Modernisierungsforschung beherrschte. Die komparative
Heuristik arbeitet die strukturelle Variabilität sowohl traditionaler, sich moder-
nisierender als auch moderner Gesellschaften heraus. Unterschiedliche Moder-
nisierungsmuster verweisen auf pfadabhängige Entwicklungen, ein Gedanke, der
beim späteren Eisenstadt immer mehr in den Vordergrund tritt und von anderen
Autoren aufgenommen worden ist. Genauso wichtig für die spätere Diskussion ist
die an Weber orientierte Reintegration kulturell-symbolischer Aspekte in den vormals stark auf ökonomische und politisch-institutionelle Fragen verkürzten Ana-
lyserahmen geworden. Nach wie vor strittig ist hingegen die Frage, ob sich die von
Eisenstadt aufgezeigten strukturellen Unterschiedlichkeiten in den Modernisie-

rungsprozessen als Varianten nur einer Moderne begreifen lassen oder ob wir von Multiples Modernities auszugehen haben. In einer späteren Einschätzung seines Buches rechnet Eisenstadt seine damalige Analyse noch der ersteren Auffassung zu; der späteren Lesart von Multiple Modernities fehlt 1966 noch die tiefenhistorische, kultur- und zivilisationstheoretische Perspektive, die er ab den 1980er Jahren anhand der Analyse der Achsenzivilisationen entwickeln wird.

Heinz-Jürgen Niedenzu

Literatur

Koenig, Matthias: Shmuel Noah Eisenstadt, in: Dirk Kaesler (Hg.): Aktuelle Theorien der Soziologie, München 2005, S. 41–63.

Preyer, Gerhard: Zur Aktualität von Shmuel N. Eisenstadt. Einleitung in sein Werk, Wiesbaden 2011.

Spohn, Wilfried: Zur globalen historischen Soziologie Shmuel Noah Eisenstadts (1923–2010) – eine Würdigung, in: Zeitschrift für Soziologie 40 (2011) 2, S. 156–163.

Hanna Fenichel Pitkin: The Concept of Representation. University of California Press: Berkeley/Los Angeles 1967, 323 S.

Hanna Fenichel Pitkin wurde 1931 in Berlin als Tochter des Psychoanalytikers Otto Fenichel und seiner Frau, der Erzieherin Clare Nathanson Fenichel, geboren. Die Familie emigrierte in den 1930er Jahren über Norwegen und die Tschechoslowakei in die USA. Pitkin wuchs in einem von Marxismus, Humanismus und Psychoanalyse beeinflussten multikulturellen Milieu auf. Sie promovierte 1961 an der University of California in Berkeley, wo sie von 1973 bis 1993 als Professorin für politische Theorie tätig blieb. Bei *The Concept of Representation* handelt es sich um ihr Hauptwerk, das aus ihrer Dissertation hervorging. Pitkin befasste sich mit europäischer politischer Philosophie, ›ordinary language philosophy‹, auf deren sprachanalytischen Methoden *Concept* fußt, mit Textanalyse sowie Aspekten von Psychoanalyse und Gender in Politischer Theorie und Gesellschaftstheorie. Weitere wichtige Werke von Pitkin sind *Wittgenstein and Justice* (1972, 1984, 1992), *Fortune is a Woman: Gender and Politics in the Thought of Niccolò Machiavelli* (1984), und *The Attack of the Blob: Hannah Arendt's Concept of »the Social«* (1998). Die Entstehung von *Concept* fällt in eine Zeit, in der Fragen demokratischer Partizipation und Repräsentation allgemein wie auch im akademischen Kontext besonders virulent waren.

Pitkin hat mit ihrer umfassenden konzeptionellen Analyse von Repräsentation ein Standardwerk moderner politischer Theorie geschaffen. Sie legt durch ihren sprachwissenschaftlichen Ansatz verschiedene Bedeutungen des Begriffes frei, ordnet diese systematisch und analysiert sie kritisch. Ergebnis ist ein eigenes Meta-Konzept von Repräsentation als institutionelles Arrangement, das die Vorteile einzelner Dimensionen aufgreift und die Ansprechbarkeit des Repräsentanten auf die Interessen der Repräsentierten als zu gestaltenden Prozess in den Vordergrund stellt. Pitkin beginnt ihre Annäherung an Repräsentation mit dem häufig zitierten Satz: »Representation means the making present *in some sense* of something which is nevertheless *not* present literally or in fact« (8 f.; Herv. i. Ori.). Die historischen und aktuellen Verständnisse dieses Prozesses des Gegenwärtigmachens können drei Dimensionen zugeordnet werden: (1) formalistisch/»formalistic view« (2) darstellen/»standing for« und (3) vertreten/»acting for«.

Der »formalistic view« umfasst zwei Sichtweisen: Repräsentation als formale Autorisierung (»authorization view«) und als formale Verantwortlichkeit (»accountability view«): Der erste und bekannteste Vertreter von Repräsentation als Autorisierung ist Thomas Hobbes. Repräsentant ist dabei jemand, der zum Handeln autorisiert wurde. Er hat ein Recht erhalten, dass er zuvor nicht besaß, während die Repräsentierten Rechte aufgegeben haben: Sie sind nun verantwortlich für die Konsequenzen der Handlungen des Repräsentanten, so als hätten sie selbst gehandelt (38 f.). Repräsentation wird auf die Autorisierung zum Handeln beschränkt. Normative Anforderungen an die Qualität der Handlung fehlen. Nicht erfasst ist ferner die Repräsentation von leblosen Objekten oder solchen Personen, die keinen Willen artikulieren können (54). Unter dem »authorization view« fasst Pitkin auch das Konzept der Organschaft nach Weber und Wolff (39 ff.), das Handeln in komplexen Gesellschaften nur als arbeitsteilig möglich beschreibt; die Theoretiker repräsentativer Regierung (43 ff.) und Voegelins ontologisches Konzept der Repräsentation. Pitkin zeigt die sich aus jedem dieser Zugänge ergebenden theoretischen Widersprüche und begründet, warum das Verständnis von Repräsentation als Autorisierung zu kurz greift.

Der »accountability view« erklärt den Repräsentanten als verantwortlich gegenüber den Repräsentierten und bildet so ein Korrektiv zur Autorisierung. Er ist jedoch nur auf die Kontrolle des Repräsentanten und die Möglichkeit seiner Abwahl beschränkt. Während Autorisierung den Blick auf das Zustandekommen der Repräsentation richtet, betrachtet Verantwortlichkeit ihr Ende, ohne dass eine der beiden Blickrichtungen die Handlung des Repräsentanten zwischen beiden Punkten betrachtet. Obwohl also beide Konzepte von gegensätzlichen Blickwinkeln ausgehen, sind sie gleichermaßen formalistisch und in ihrer Begrenztheit unzureichend (58).

Darstellen/»standing for« kann deskriptiv und symbolisch verstanden werden. Deskriptive Stellvertretung meint die Beschaffenheit des Repräsentanten in Bezug auf bestimmte Merkmale, die er mit den Repräsentierten teilt (61). Theoretiker proportionaler Repräsentation achten auf ein exaktes mathematisches Verhältnis

zwischen der Zusammensetzung der Nation/Wählerschaft und der Repräsenta-
tivversammlung, während andere eine repräsentative Auswahl, die die entscheidenden Merkmale berücksichtigt, als ausreichend ansehen, da nie ein exaktes
Ebenbild der Wählerschaft erreicht werden kann. Was als entscheidend gilt, ist
Gegenstand fortwährender Auseinandersetzung (73 ff.). Mit der Konzentration
auf die Eigenschaften des Repräsentanten geht der Blick auf sein Handeln verloren. So erweist sich auch diese Perspektive als unzureichend.

Unter symbolischer Repräsentation versteht Pitkin Symbole – Personen oder
Objekte – als Repräsentanten (92). Ein Symbol bedarf dabei keiner Ähnlichkeit
mit dem Symbolisierten (94). Das Symbol wird zwar verstanden, indem ihm Gefühle, Ausdrucksformen oder Handlungen zugeschrieben werden. Eigentlich sind
diese aber dem dahinter stehenden Repräsentierten zugedacht. Symbolische Repräsentation beschreibt damit eine psychologische Beziehung zwischen den Repräsentierten und dem Repräsentanten/Symbol (97). Sie ist nicht rational zu fassen, kann konditioniert und damit manipuliert werden (101). Ein Übergewicht
symbolischer gegenüber rationalen Elementen in der Repräsentationsbeziehung
birgt eine Gefahr, die Pitkin zu Folge einen Ausdruck im Faschismus findet, und
ist daher ebenfalls abzulehnen (108).

In der dritten Dimension von Repräsentation (»acting for«) geht es um das eigentliche Handeln des Repräsentanten und die ihm auferlegten normativen Ver-
pflichtungen gegenüber den Repräsentierten. Pitkin greift die klassische Frage der
Repräsentationstheorie nach dem freien oder gebundenen Charakter des Mandats
auf. Eine endgültige Antwort zu dieser Kontroverse sei nicht zu finden, vielmehr
lassen sich beide Positionen, die Verpflichtung auf die empirisch nachweisbaren
Interessen des Repräsentierten ebenso wie die Orientierung an seiner Vorstellung
eines allgemeinen Wohls aus der Bedeutung des Begriffs Repräsentation als »Etwas nicht Anwesendes anwesend Machen« heraus theoretisch begründen: Handelt
der Repräsentant frei, ist die Anwesenheit der Repräsentierten in dieser Handlung
nicht mehr gegeben. Handelt er gebunden, ist die Anwesenheit des Repräsentanten nicht mehr gegeben (146 f.). Eine Annäherung an eine Lösung bietet Pitkin, indem sie das Handeln des Repräsentanten mit den Interessen der Repräsentierten
verbindet. Einerseits soll das Interesse der Individuen berücksichtigt werden, andererseits kann ein allgemeines Interesse von individuellen Interessen abweichen.
Zudem stellt sich die Frage, ob Interessen überhaupt objektiv bestimmbar sind. Pitkin greift diese Frage auf, indem sie Interesse einerseits als unabhängig und andererseits als abhängig von den Wünschen Einzelner konzipiert (156). Etwas kann so
»in jemandes Interesse«, also nützlich oder gut für jemanden, oder »Jemandes Interesse«, also sein Wille sein (158). Nach Pitkins Idealkonzept soll abhängiges und
unabhängiges Interesse durch das Handeln des Repräsentanten zu einer Übereinstimmung gebracht werden (162). Wie genau der Repräsentant beide Interessen

zur Deckung bringt und damit repräsentativ handelt, bleibt bei Pitkin jedoch ungeklärt. Abschließend formuliert Pitkin ihr mehrdimensionales Konzept von Repräsentation: Dieses beinhaltet die Fähigkeit zum unabhängigen Handeln für den Repräsentanten wie den Repräsentierten. Konflikte zwischen Repräsentanten und Repräsentierten sind möglich, dürfen aber nicht die Regel sein. Repräsentation wird nicht mehr als Beziehung zwischen Individuen verstanden, sondern stellt ein institutionelles Arrangement dar, das im Ganzen eines politischen Systems eingefasst ist (221). Diese Institutionalisierung kann in der Praxis der Repräsentation nicht ausreichend garantieren, dass die Substanz der normativen Idee erhalten bleibt. Daher muss diese Substanz immer durch die Öffentlichkeit auf die Institutionen gespiegelt werden. Der Repräsentant muss den Interessen der Repräsentierten gegenüber ansprechbar (responsiv) bleiben und zugleich soll Partizipation der Bürger das Ziel einer repräsentativen Regierung sein (233). Pitkins *Concept* ist in erster Linie ein Konzept demokratischer Repräsentation, da Repräsentation nur vorliegt, wenn die Interessen des Volkes berücksichtigt werden und der Repräsentant den Repräsentierten verantwortlich ist (233). In einem späteren Aufsatz hat Pitkin selbst die implizite Gleichsetzung von Repräsentation und Demokratie als problematisch erkannt (Hanna F. Pitkin: Representation and Democracy: Uneasy Alliance, in: Scandinavian Political Studies 28 (3), 2004, 335–342, 336).

Die Rezeption von Pitkins Werk lässt sich in drei Richtungen unterscheiden. Die empirische Parlamentarismusforschung (insbesondere in den USA und Deutschland) hat ihr Werk vielfach aufgenommen, wobei zum einen die Erkenntnis, dass Repräsentation nicht als individuelle Beziehung zwischen Repräsentant und Repräsentiertem, sondern institutionell aus einer Systemperspektive zu verstehen sei, zum anderen der Begriff der Responsivität als die wichtigsten Ergebnisse rezipiert und empirisch anwendbar gemacht wurden (Eulau/Wahlke 1978; Werner J. Patzelt: Abgeordnete und Repräsentation, Passau 1993). Eine zweite Richtung besteht aus Beiträgen, die sich jeweils einer einzelnen Dimension von Repräsentation angenommen haben. Zum einen ist auf Forschung zur symbolischen Repräsentation zu verweisen. Zum anderen greifen Gender-Theorie und feministische Ansätze die Dimension der deskriptiven und der substantiellen Repräsentation auf, wobei sich seit den 90er Jahren der Schwerpunkt in Richtung substantieller Repräsentation verlagert (Iris Marion Young: Inclusion and Democracy, Oxford 2000). Überlegungen im Rahmen partizipatorischer und deliberativer Demokratie orientieren sich ebenfalls an der deskriptiven und substantiellen Repräsentation. Dies leitet zum dritten Strang der Pitkin-Rezeption in der normativen Demokratietheorie über. In jüngerer Vergangenheit kann von einer Pitkin-Renaissance insofern die Rede sein, als ihr Werk in seiner ganzen Komplexität neu wahrgenommen und kritisch diskutiert wird.

Julia von Blumenthal/Sebastian Scharch

Literatur
Disch, Lisa: Democratic Representation and the Constituency Paradox, in: Perspectives on Politics 10 (3), 2012, S. 599–616.
Eulau, Heinz/Wahlke, John C.: The Politics of Representation, London 1978.
Kühne, Alexander: Repräsentation enträtselt oder immer noch »the Puzzle of Representation«?, in: Zeitschrift für Parlamentsfragen 44 (3), S. 459–485.

Alexander Mitscherlich/Margarete Mitscherlich: Die Unfähigkeit zu trauern. Grundlagen kollektiven Verhaltens, Piper: München 1967, 371 S.

Zu den Verdiensten des Mediziners und Psychoanalytikers Alexander Mitscherlich (1908–1982) gehört sein maßgeblicher Anteil an der Re-Etablierung der von den Nationalsozialisten verfemten und vertriebenen Freudschen Psychoanalyse und an der Begründung einer modernen, psychoanalytisch ausgerichteten Psychosomatik in der Bundesrepublik Deutschland. Er gilt darüber hinaus durch eine breite politisch-publizistische Tätigkeit zu den einflussreichsten deutschen Intellektuellen nach 1945, der die öffentliche Auseinandersetzung mit restaurativen Tendenzen in Politik und Gesellschaft insbesondere in den 1960er und in der ersten Hälfte der 1970er Jahren mit geprägt hat. Einen wesentlichen Anteil daran hatten seine vier Hauptwerke, deren Titel zu Schlüsselworten einer gesellschaftskritischen und am Humanismus ausgerichteten Zeitdiagnostik wurden: die Neuherausgabe der mit Fred Mielke niedergeschriebenen Beobachtungen des Nürnberger NS-Ärzteprozesses *Medizin ohne Menschlichkeit* (1960) sowie *Auf dem Weg zur vaterlosen Gesellschaft* (1963), *Die Unwirtlichkeit unserer Städte* (1965) und schließlich die Textsammlung *Die Unfähigkeit zu trauern* (1967). Breit diskutiert wurde nur der zusammen mit seiner Frau Margarete (1917–2012), einer deutschdänischen Ärztin, Psychoanalytikerin und Feministin verfasste titelgebende Essay.

Anlass des Essays ist die Beobachtung einer die Nachkriegszeit durchziehenden allgemeinen Schockreaktion mit quasi apathischen Lähmungserscheinungen in weiten Teilen der deutschen Bevölkerung. Diese Reaktion sei zunächst verständlich, denn es ist ein Irrtum zu glauben, so Mitscherlichs Annahme, »eine derart in ihren Wahnzielen bloßgestellte, der grausamsten Verbrechen überführte Population könnte sich in diesem Schock um anderes kümmern als um sich selbst« (35). Und an anderer Stelle heißt es: »Nach dem Wahn, mit sozialen Problemen im Stil der ›Endlösung‹ fertig zu werden, ist nicht zu erwarten, dass die Rückkehr in den ›Alltag‹ mühelos gelingt« (22). Was aber dann später anstelle einer notwendigen Durcharbeitung gerade der eigenen emotionalen Verstrickung in das NS-System erfolgte, war der Versuch einer möglichst vollständigen Ablösung aller affektiven Bindungen an die Vergangenheit unter dem Vorzeichen einer Abwehr von Scham- und Schuldgefühlen.

Damit ist der empirische Ausgangspunkt der *Unfähigkeit* benannt: Ein Zustand *psychischer Immobilität* und *politischer Apathie* in weiten Teilen der Bevölkerung in den 1950er und 1960er Jahren auf der Basis einer »Entwirklichung« der Vergangenheit, die durch Rückzug aller »libidinösen«, d. h. lust- und unlustvollen Besetzungen gleichsam »traumartig« versunken ist (40). Zu diesem psychischen Immobilismus gehören für die AutorInnen eine nur geringe emotionale Besetzung der Demokratie, eine gewisse Trägheit und Indifferenz gegenüber grundlegenden sozialen Problemen, ein im Ruf nach Ruhe und Ordnung erkennbarer Mangel an politischer Phantasie und Gestaltungskraft, eine Gefühlskälte gegenüber den NS-Opfern und eine Feindseligkeit gegen rückkehrende deutsche EmigrantInnen. Wo aber sind die Gefühle und die emotionalen Bindungen der Deutschen geblieben? Hier werden besonders drei Erscheinungen ausgemacht: Eine hochgradige Gefühlsgestimmtheit, wenn es um den expandierenden Privatkonsum im Zuge des Wirtschaftsaufschwungs geht, eine Bereitschaft zur Identifikation mit den alliierten Siegern und schließlich eine gegen die psychischen Folgen der Niederlage, insbesondere gegen drohende depressive Zusammenbrüche (Melancholien) gerichtete Abwehrform: ein manisches Ungeschehenmachen durch den ökonomischen und technischen Wiederaufbau, auf den in werktätigem Eifer alle Energien gerichtet wurden.

Die zentrale These des Essays zur Erklärung dieser Phänomene lautet: Es gibt einen kausalen Zusammenhang zwischen »dem in der Bundesrepublik herrschenden politischen und sozialen Immobilismus und Provinzialismus einerseits und der hartnäckig aufrechterhaltenen Abwehr von Erinnerungen, insbesondere der Sperrung gegen eine Gefühlsbeteiligung an den jetzt verleugneten Vorgängen der Vergangenheit andererseits« (9). Die Einstellung zur NS-Vergangenheit und vor allem zur eigenen Partizipation am Nationalsozialismus unterliege dem Mechanismus der *Derealisierung* und damit der Gefahr eines Wiederauftauchens verleugneter Anteile der Realität in der Gestalt (nur scheinbar) neuer autoritärer, fremdenfeindlicher und antisemitischer Tendenzen. Als wichtigster »Abwehrmechanismus gegen die Nazivergangenheit« (16) steht diese »Derealisierung« im Zentrum einer kollektiven Amnesie, die das Alltagsleben und das gesellschaftliche Klima der ersten beiden Nachkriegsjahrzehnte in der BRD maßgeblich bestimmt hat.

Zu den Techniken der Entwirklichung im Dienste der kollektiven Schuld- und Schamabwehr gehören das Isolieren, Abspalten, Leugnen und Umdeuten im Umgang mit der Geschichte und den eigenen Erinnerungen. Allerdings ist hier eine wichtige begriffliche Differenzierung vorzunehmen: Der bekannte und in den Alltagsjargon übernommene Ausdruck »Verdrängung der Vergangenheit« trifft

nicht den Kern dieser kollektiven Abwehrprozesse. Natürlich wurde auch »verdrängt«, ganz im Sinne der fundamentalen Bedeutung, die Freud diesem gleichzeitig pathogenen *und* Normalität bestimmenden Mechanismus beigemessen hat.
Bilder, Vorstellungen, Gedanken und Phantasien, hinter denen starke unbewusste,
letztlich aus dem Triebleben und seiner Verschränkung mit der Außenwelt stam-
mende Wünsche stehen, die in unaushaltbare Konflikte mit den übrigen Vorstel-
lungsinhalten und ihren von außen geprägten Normen geraten, werden aus dem
Bewusstsein abgedrängt und unbewusst gemacht. Der psychische Hauptzweck der
Verdrängung, die in der Regel misslingt und von einer verzerrten Wiederkehr des
Verdrängten als Symptom bedroht ist, ist die Vermeidung von Unlust oder Angst.
     Die Verdrängungen der »Pro-Nazi-Generation« (Helmut Dahmer) bezogen
sich vor allem auf die aus infantilen Quellen stammenden grandiosen narzisti-
schen Befriedigungen, die ihnen ihre Partizipation an dem nationalsozialistischen
Projekt einer judenfreien Volksgemeinschaft ermöglicht hat und ihr das lustvolle
Triumphgefühl verschaffte: »es war herrlich, ein Volk der Auserwählten zu sein«
(25). Aber verdrängt werden können *nicht* die realen Ereignisse selbst, sondern
nur die Phantasien, die, aus unbewussten Motiven und frühkindlichen Quellen
gespeist, sich auf diese beziehen. Und beim Umgang mit der NS-Vergangenheit
haben wir es primär eben nicht mit der Abwehr frühkindlicher Phantasietätigkeit
und ihrer möglichen neurotischen Spätfolgen zu tun, sondern vielmehr »mit realer Schuld größten Stils« (27). Das gemeinsame Versinken in eine kollektive Amnesie, das Nicht-Erinnern-Können oder Nicht-Erinnern-Wollen, kombiniert mit
der Absperrung gegenüber der eigenen Gefühlsbeteiligung, erfolgte auf der Basis
einer *Verleugnung* und damit einem Abwehrmechanismus, »der sich auf störende
Wahrnehmung der äußeren Realität bezieht« (39).
     Für Alexander und Margarete Mitscherlich ist diese nach dem Zusammen-
bruch des NS-Regimes in der deutschen Tätergesellschaft offenbar weit verbreiteten Reaktionen schlüssig nur unter Bezug auf Freuds *Massenpsychologie und
Ich-Analyse* und damit unter der Frage nach den psychischen Bindungskräften in
organisierten Massen mit Führern möglich. Freud hat dabei eine doppelte affektive Bindung mit unterschiedlichen Qualitäten vor Augen: eine *horizontale,* die
sich auf die Angleichung der Individuen innerhalb einer Masse bezieht und eine
vertikale, in ihrer gemeinsame Beziehung zum Führer und zu den von diesem
verkörperten Ideen in den Mittelpunkt gerückt wird. Im ersten Fall handelt es
sich um eine *Identifizierung,* die jenseits der nun (offiziell) nicht mehr geltenden
individuellen Unterschiede alle Massenmitglieder in einem zentralen Punkt, ihrer *vertikalen* Bindung an den Führer vereint und gleichzumachen scheint. Diese vertikale Bindung unterscheidet sich von einer Identifizierung. Es handelt sich
um eine bis zur Hörigkeit gehende Hingabebereitschaft, als deren Prototyp für die
AutorInnen die Beziehung der deutschen VolksgenossInnen zu Hitler und seiner

rassistischen Ideologie gilt. Führer und Massen sind eine Art Symbiose eingegangen, bei der Hitler als idealisiertes Objekt an die Stelle des eigenen Ich-Ideals gerückt wurde. Die NS-Volksgemeinschaft war somit eine »Vereinigung der Vielen durch die Einsetzung des gleichen Ich-Ideals« (34). Diese Idealisierung des Führers ließ die vorhandene Unterdrückung nicht als Last, sondern als Lust und als bedingungslose Gehorsamsbereitschaft erfahren, kurz: »Ihm zu gehorchen wird ein Vergnügen« (33).

Auf dieser massenpsychologischen Basis wird das eigene Gewissen dem neuen von Hitler verkörperten Ich-Ideal geopfert. Die vorhandenen Aggressionen, die sich gegen diese Vereinnahmung und den damit erkauften Verlust einer eigenen Individualität richten, konnten in der auf diesem Wege geeinten Gesellschaft gebündelt, »aggressiv projiziert« (73) und an jenen »Feinden« losgelassen werden, die per definitionem aus der Volksgemeinschaft ausgeschlossen worden sind.

Der Zusammenbruch des NS-Systems und der Tod des geliebten Führers führten zwangsläufig zu einer »traumatische(n) Entwertung des eigenen Ich-Ideals« (30) und damit zu einer allgemeinen »Ich-Entleerung« der ehemaligen VolksgenossInnen. Hier zeigt sich nun der Sinn des berühmten und etwas missverständlichen Schlagworts von der *Unfähigkeit zu trauern*: Im Zentrum einer wirksamen Aufarbeitung der Vergangenheit hätte in erster Linie eine *Trauer* um das verlorene Objekt und die mit ihm untergegangenen Ideale und Werte stattfinden müssen. Die Deutschen waren nach 1945 aber nicht zu einem solchen Durcharbeitungs- und Ablösungsprozess imstande und bereit. Es kann nur um ein Objekt getrauert werden, »das um seiner selbst willen geliebt wurde« (39), in das sich eingefühlt werden konnte und von dem die libidinöse Besetzung Stück für Stück in einem schmerzhaften Erinnerungsprozess abgezogen wird. Die Bindung an Hitler erfolgte aber auf *narzisstischer* Grundlage und so hätte sein Tod eher zu einer depressiven Verstimmung (Melancholie) und einer Art »Trauer um das eigene Selbst« führen müssen. »Die Konfrontation mit der Einsicht, daß die gewaltigen Kriegsanstrengungen wie die ungeheuerlichen Verbrechen einer wahnhaften Inflation des Selbstgefühls, einem ins Groteske gesteigerten Narißmus gedient hatten, hätte zur völligen Deflation des Selbstwertes führen, Melancholie auslösen müssen, wenn diese Gefahr nicht durch Verleugnungsarbeit schon in statu nascendi abgefangen worden wäre« (39) Eine wirksame und wirkliche Aufarbeitung wäre nur auf der Basis eines erinnernden Eingeständnisses der eigenen Schuld und Verantwortung möglich gewesen. »Ohne eine schmerzliche Erinnerungsarbeit« aber, so die weitsichtige Schlussfolgerung von den Mitscherlichs, »wirken unbewußt die alten Ideale weiter, die im Nationalsozialismus die fatale Wendung der deutschen Geschichte herbeigeführt haben« (83).

Die *Unfähigkeit zu trauern* avancierte in kurzer Zeit zu dem bis heute wirkmächtigsten Beitrag zur Aufarbeitung des Nationalsozialismus und seiner »Gefühlserbschaften« (Freud) in Deutschland. Mit ihren weit über 20 Auflagen und ihren Übersetzungen in sechs Sprachen wurde der Text rasch zu einem Bestseller und bis in die 1980er Jahre hinein meistens zustimmend rezipiert. Einen neuen Aufschwung erfuhr die Auseinandersetzung nach der deutschen Vereinigung und insbesondere anlässlich des 100sten Geburtstags von Alexander Mitscherlich im Jahre 2008 (Brockhaus 2008). Auch aktuell kommt eine Erforschung vor allem der intergenerationellen Weitergabe des NS-Erbes ohne eine kritische Anknüpfung an diesen sozialpsychologischen Klassiker nicht heran (vgl. vor allem Lohl 2010).

Wissenschaftlich ist an dem Buch einiges zu Recht kritisiert worden: fehlende historische Präzisierungen, methodische Unzulänglichkeiten bei der Übertragung individualpsychologischer Kategorien auf kollektive Prozesse sowie eine missverständliche Verwendung des Freudschen Konzepts der »Trauerarbeit«. Eine Denunziation des Essays als eine »inquisitorisch« verstockte »Dauerbeschimpfung«, als »psychoanalytische Bußpredigt« und eine »diffamierende Entlarvung der Deutschen« (Tilmann Moser) vergreift sich aber nicht nur signifikant im Ton. Die mit dieser Abrechnung verbundene Forderung nach einer Anerkennung der deutschen Leiden ohne historischen Kontext und unter Ausklammerung der Schulddimension unterliegt einer fatalen Umkehr der Täter-Opfer-Perspektive, die seit den 1990er Jahren zum Kern des »neuen deutschen Opferdiskurses« im Blick auf die NS-Vergangenheit gehört. Wer hier vom Trauma der Deutschen spricht und »Einfühlung« selbst in die »ins Verbrechen Verstrickte« (Tilmann Moser) verlangt, aber vom Holocaust schweigt, macht aus Tätern tendenziell Opfer und unterliegt selbst der Gefahr jener Abwehrmechanismen, die in der *Unfähigkeit zu trauern* so treffend analysiert worden sind: Derealisierung und Verdrängung im Umgang mit der NS-Vergangenheit im Zeichen der Schuldabwehr.

Rolf Pohl

Literatur

Mitscherlich, Margarete: Erinnerungsarbeit. Zur Psychoanalyse der Unfähigkeit zu trauern, Frankfurt 1987.

Brockhaus, Gudrun (Hg.): Ist »Die Unfähigkeit zu trauern« noch aktuell? Eine interdisziplinäre Diskussion, in: psychosozial, 31. Jg. (2008), Heft IV (Nr. 114).

Lohl, Jan: Gefühlserbschaft und Rechtsextremismus. Eine sozialpsychologische Studie zur Generationengeschichte des Nationalsozialismus, Gießen 2010.

Barney G. Glaser/Anselm L. Strauss: The Discovery of Grounded Theory. Strategies for Qualitative Research, Aldine Publishing Company: Chicago 1967, 271 S. (dt. Grounded Theory. Strategien qualitativer Forschung, Bern: Huber 1998, 270 S.).

Barney G. Glaser (geb. 1930) kommt aus der Columbia-Tradition der amerikanischen Soziologie (u. a. Lazarsfeld, Merton) und beschäftigte sich schwerpunktmäßig mit Organisations- und Berufssoziologie. Anselm L. Strauss (1916–1996) stammt aus der sog. Chicago School der amerikanischen Soziologie (u. a. Blumer, Symbolischer Interaktionismus, Hughes) und betrieb interaktionistische Sozialpsychologie. Beide trafen sich in medizinsoziologischen Projekten an der University of California in San Francisco (»Sterben im Krankenhaus«) und entwickelten in diesem Zusammenhang gemeinsam die Forschungskonzeption der Grounded Theory. Später gingen sie getrennte Wege in der Weiterentwicklung dieses methodologischen Ansatzes, was zu teilweise heftigen Polemiken führte (prototypisch Glaser gegen Strauss/Corbin: *Emergence vs. forcing*, 1992).

In der zum Klassiker avancierten Veröffentlichung *The Discovery of Grounded Theory* präsentieren Glaser und Strauss ein Konzept, das aus der qualitativen Sozialforschung nicht mehr wegzudenken ist. Der Begriff Grounded Theory, welcher als ›gegenstandsverankerte‹ bzw. ›gegenstandsbegründete Theorie‹ übersetzt werden kann, hat im Kontext der sozialwissenschaftlichen Forschung mehrere Bedeutungen: Er stellt einen qualitativen Forschungsstil dar, kann jedoch auch als eine Forschungsstrategie bzw. Forschungsmethodik (Grounded-Theory-Methodik) bezeichnet werden. Während ein Forschungsstil eine grundlegende und übergeordnete Forschungshaltung meint, impliziert eine Forschungsstrategie eine konkrete methodische Herangehensweise und strategische Vorgehensweise. Zudem wird mit dem Begriff auch das Produkt der empirischen Forschung verstanden (nämlich eine Grounded Theory zu einem bestimmten Gegenstandsfeld). Ausgehend von Feldforschung (Beobachtung, Befragung, Dokumentenanalyse u. a.) in umgrenzten sozialen Welten werden über bestimmte Vergleichs- und Interpretationsprozeduren (»Kodieren«) theoretische Konzepte entwickelt und zu Theoriestrukturen ausgearbeitet. Glaser/Strauss entwickeln in der Gestalt der Grounded Theory einen richtungsweisenden Forschungsstil der qualitativen Sozialforschung, in welchem sie eigenständige methodische Überlegungen und Vorgehensweisen für qualitativ ausgerichtete Forscher/innen aufzeigen. Mittels einer (methodischen) Orientierung an der Grounded Theory soll eine aus den Daten generierte und somit in den Daten begründete Theorie entstehen, welche neues theoretisches Wissen über die soziale Wirklichkeit präsentiert.

Ursprünglich aus einer Praxisstudie über den Umgang mit sterbenden Patient(inn)en und deren Sterbeverlauf in amerikanischen Krankenhäusern entstanden und v. a. an Forschende der Soziologie gerichtet, wurde das *Discovery-*

Buch erstmals 1967 veröffentlicht und stellte ein Manifest einer methodologischen Position dar, welches gegen den seinerzeit dominanten funktionalistischen Mainstream gerichtet war.

In der Folgezeit etablierte sich das Werk in der sozialwissenschaftlichen Forschungslandschaft und fand über die Grenzen der Soziologie hinaus in vielen sozial-, kultur- und gesellschaftswissenschaftlichen Disziplinen Anwendung. Dieser interdisziplinäre Anwendungsbereich der Grounded Theory macht das Werk zu einem Klassiker der Sozialwissenschaften.

Indem Glaser und Strauss sich mit dem Forschungsansatz für eine induktiv und iterativ-zyklisch ausgerichtete Forschungslogik aussprechen und sich von der in den 1960er Jahren in der Soziologie vorherrschenden hypothetico-deduktiven und auf große Survey-Studien ausgerichteten Forschungsmethodologie bewusst distanzierten, übten sie Kritik an der Forschung unter den damals etablierten »Grand Theories«. Im Gegensatz zu deduktiv entstandenen Theorien vollzieht sich nach Glaser/Strauss die Entdeckung einer ›realitätsbasierten‹ Grounded Theory aus den empirischen Daten heraus (per Induktion), was sich auch als Form sozialwissenschaftlicher Hermeneutik verstehen lässt. Als Vertreter einer solchen Forschungslogik präsentieren Glaser/Strauss mit *The Discovery of Grounded Theory* einen Lösungsansatz, der die häufig kritisierte Lücke zwischen alltagsnaher empirischer Forschung und sozialwissenschaftlicher Theorie zu schließen vermag.

Ausgehend von einem noch allgemein formulierten Forschungsinteresse zeigen Glaser/Strauss einen Weg der Theoriebildung auf: Von der Erhebung qualitativer Daten über die Kodierung und Analyse bis zur Generierung einer in den Daten begründeten ›Grounded‹ Theorie. Die Datenerhebung erfolgt dabei nicht nach dem Prinzip des statistischen Samplings, also der Stichprobenziehung (wie etwa bei einer Erhebung nach repräsentativen Verteilungskriterien), sondern nach Relevanzgesichtspunkten, die sich aus dem jeweils aktuellen Stand der Theorieentwicklung ergeben *(theoretisches Sampling)*. Das bedeutet, Interviewpartner/innen und Untersuchungsgruppen werden durch eine bewusste theoretisch begründete Auswahl im Forschungsprozess ermittelt und nicht im Voraus festgelegt. Diese Vorgehensweise ist nur möglich, wenn Datenerhebung und -auswertung nicht unabhängig voneinander erfolgen, sondern in einem zirkulären Arbeitsprozess einander bedingen. Nach der Datenerhebung mittels Interview oder Beobachtung werden diese zunächst verschriftlicht (transkribiert) und für die Auswertung (Kodieren, Modellbilden) in Textform gebracht.

Durch eine systematische Auslegung bzw. Interpretation durch Kodierung werden auf der Grundlage dieser empirischen Daten – welche dem/der Forscher/in in Form von Interviewtranskriptionen, Beobachtungsprotokollen, Feldnotizen oder auch Dokumenten vorliegen – Kategorien gebildet. Diese Kategorien stellen theoretische Abstraktionen der empirischen Daten dar und müssen durch den ständigen Abgleich mit den erhobenen Daten so lange modifiziert werden, bis sie passgenau mit den übrigen empirischen Belegen sind. Eine vom Forschenden gebildete Kategorie stellt somit kein starres Gebilde dar, sondern ist durch den Abgleich von (theoretischen) Annahmen und (empirischen) Belegen stets einer Modifizierung im Wechselspiel von empirischen und theoretischen Schritten unterworfen. Das bedeutet, dass der Erkenntnisgewinn nicht als linearer Prozess verstanden, sondern als zirkulärer bzw. spiralförmiger – hermeneutischer – Erkenntnisfortschritt gedeutet wird.

Der Prozess des Kodierens stellt gewissermaßen das konstitutive Element der Grounded-Theory-Methodik dar und die aus den Daten gewonnenen theoretischen Abstraktionen bzw. konzeptuellen Kategorien bilden den Kern der emergierenden Theorie. Während Kategorien eines sehr niedrigen Abstraktionsniveaus bereits relativ schnell in der frühen Phase der Datenauswertung entstehen, treten Kategorien eines höheren Abstraktionsniveaus sowie die Logik des In-Beziehung-Setzens der Kategorien in der Ausarbeitung der Theorie in der Regel erst zu einem späteren Zeitpunkt des Forschungsprozesses hervor.

Ein wesentliches Merkmal der Grounded-Theory-Methodik stellt der ständige Vergleich von den bereits generierten Theorieansätzen und den empirischen Daten dar, weshalb die Methodik auch als »constant comparative method« bezeichnet wird. Erst durch das Prinzip des ständigen Vergleichens ist es möglich, zu einer komplexen, mit den Daten übereinstimmenden Theorie zu gelangen und der emergenten Theorie einen allgemeineren Charakter zuzusprechen.

Eine Differenzierung hinsichtlich der Reichweite einer Theorie nehmen Glaser/Strauss durch die begriffliche Abgrenzung einer *materialen* und einer *formalen* Theorie vor. Während eine materiale Theorie sich auf ein bestimmtes Sachgebiet (bspw. Krankheitsverlauf) bezieht, ist eine formale Theorie (bspw. Status Passage) auf einer allgemeineren Ebene anzusiedeln. Aus der komparativen Analyse materialer Theorien in unterschiedlichen Empiriefeldern kann eine formale Theorie resultieren. Dementsprechend wird formale Theorie durch das systematische Studium zahlreicher Vergleichsgruppen und unterschiedlicher materialer Theorien entstehen.

Der Ansatz der Grounded Theory ist in den Sozialwissenschaften weltweit und multidisziplinär rezipiert worden, z. T. mit interessanten regionalen Besonderheiten. Im deutschen Sprachraum hat sich vor allem die Strauss'sche Version der Grounded Theory etabliert (prototypisch: das ins Deutsche übersetzte Lehrbuch von Strauss/Corbin). In dezidierter Abgrenzung davon hat sich die Glaser'sche Tradition der Grounded Theory in getrennten institutionalisierten Formen entwickelt (eigene/s Institut, Zeitschrift, Buchverlag etc.). Es gibt mittlerweile eine »zweite Generation« von Autor(inn)en der Grounded Theory, die in der Methodologie neue Akzente setzen (etwa in Richtung auf Konstruktivismus, Postmoderne, Erkenntnissubjektivität, Reflexivität; so zum Beispiel Kathy Charmaz, Adele Clarke, Janice Morse im angloamerikanischen, Franz Breuer im deutschsprachigen Raum. Für einen Anschluss an die deutschsprachige Diskussion gibt das von Mey & Mruck [2011] herausgegebene Buch einen guten Überblick).

Ina Hunger/Johannes Müller

Literatur
Breuer, Franz: Reflexive Grounded Theory. Eine Einführung für die Forschungspraxis, Wiesbaden 2009.
Mey, Günter/Mruck, Katja (Hg.): Grounded Theory-Reader, 2. akt. u. erw. Aufl., Wiesbaden 2011.
Strauss, Anselm L./Corbin, Juliet: Grounded Theory. Grundlagen Qualitativer Sozialforschung, Weinheim 1996.

Georges Devereux: From Anxiety to Method in the Behavioral Sciences, Mouton & Co.: Den Haag, Paris 1967, 376 S. (dt. Angst und Methode in den Verhaltenswissenschaften, Carl Hanser Verlag: München o. J. [1973], 408 S.)

Georges Devereux (geb. 1908 in Lugos/Ungarn als György Dobó, gest. 1985 in Paris) hat vier fachlich differente Anläufe unternommen, um seine wissenschaftliche und professionelle Existenz zu formen. Sein unabgeschlossenes Studium der Physik und Mathematik in Paris (bei Marie Curie und Jean Perrin), wohin er nach dem Abitur 1926 geht, ist deswegen erwähnenswert, weil es deutliche Spuren in seinem Werk hinterlassen hat, insbesondere auch in *Angst und Methode*. Es ist durchzogen von radikalen Abgrenzungen zwischen Human- bzw., wie er sich ausdrückt, »Verhaltens«-Wissenschaften einerseits sowie Naturwissenschaften andererseits. Gleichzeitig (!) macht er in Gestalt von »Denkmodellen« Anleihen bei Mathematik und Physik (vgl. 158). Nach einem Studium der malayischen Sprachen wendet er sich zunächst der (kontinentaleuropäischen) Ethnologie bei Marcel Mauss und Lucien Lévy-Bruhl zu. 1933 lässt er sich taufen und legt seinen ungarischen Namen ab. Mit einem Stipendium geht er im selben Jahr in die USA, wo er 30 Jahre bleiben wird. Hier bereitet er sich auf eine Feldforschung bei den Sedang-Moi, einem Bergvolk im damaligen Indochina, vor. Bei Alfred L. Kroeber u. a. lernt er die (amerikanische) Kulturanthropologie kennen, der ihm empfiehlt gleichsam als Training eine Feldforschung bei den Mohave, einem Stamm von Prärie-Indianern, durchzuführen. »Eine grundsätzliche emotionale Kompatibilität«, wird er später sagen, »ist der Grund für meine eigene Vorliebe für die Mohave« (250), die er in der Folgezeit immer wieder »freiwillig« besucht. Kaum von diesem Aufenthalt zurückgekehrt, schifft er sich nach Indochina ein und ver-

bringt 18 Monate bei den Sedang-Moi. Er hatte die »kriegerischen Sedang« des
Volkes der Moi gewählt in der Hoffnung, dass »ihre Persönlichkeitsstruktur der
der galanten Mohave [...] ähnlich sei, und fühlte mich dann arg betrogen, als sie
sich als kleinlich, streitsüchtig und niederträchtig herausstellten« (251). Ohne Alternative entschloss er sich, »sie gern zu haben, indem ich ihre attraktiven Seiten
herausfand« (251 f.). Es folgen Promotion (bei Kroeber), Lehrtätigkeit und Militärdienst. Eine Universitätskarriere ist nicht in Sicht. Ab 1946 erhält er eine Anstellung am Veteran Hospital in Topeka/Kansas, wo er am Menninger-Institut
die Möglichkeit einer psychoanalytischen Ausbildung ergreift. Gleichzeitig weckt
die Arbeit am Hospital sein Interesse an Psychopathologie, dem er in ethnopsy-
chiatrischer Ausrichtung folgt, was angesichts der damals in den USA wissenschaftlich akzeptierten Engführung von Psychoanalyse und Psychiatrie nicht so
verwunderlich ist wie vielleicht heute. Die Rolle der Träume bei den Mohave-In-
dianern und ihre Traumdeutungskultur hatten ihn auf die Spur der Werke Freuds
und der Psychoanalyse gesetzt, der er anfangs Misstrauen entgegengebracht hatte. In den USA war es die große Zeit der *culture and personality*-Forschung und
-Theoriebildung. Diesen dritten Anlauf, das Studium der Freudschen psychoanalytisch inspirierten Kulturforschung, für die die eigene ethnisch gemischte und
multikulturelle Gesellschaft ein wichtiges Motiv gewesen sein wird, die Zeit also
der Lehre und der psychoanalytischen Ausbildung, schließt er als einer der ganz
wenigen Nicht-Mediziner *lege artis* mit der Aufnahme in die American Psycho-
analytical Association (APA) ab. Später in New York Ende der 1950er/Anfang der
1960er Jahre wird er eine Zeitlang als Psychoanalytiker in eigener Praxis arbeiten,
bevor er 1963 auf Betreiben von Claude Lévi-Strauss an die Pariser École pratique
des hautes études Paris berufen wird. Dort installiert und betreibt er einen Stu-
diengang für Ethnopsychiatrie bis ins Jahr 1981. Der letzte Anlauf, nämlich Studi-
en über die Kultur des antiken Griechenland, geht bis in die 1930er Jahre zurück.
1962 äußert er gegenüber der bedeutenden Kulturanthropologin Margaret Mead,
er wolle Gräzist werden. Auch das gelingt ausweislich der Reputation, die er in
der Folge als Philologe unter Altphilologen genießt, wenn auch seine Forschungsergebnisse kontrovers bleiben – kein Wunder, wenn er seine umfangreichste grä-
zistische Publikation über *Träume in der griechischen Tragödie* (1976) eine »ethnopsychoanalytische Untersuchung« nennt. Der griechischen Kultur begegnet er
durchaus als einer fremden wie der der Mohave und Sedang-Moi, gleichzeitig
ist sie ihm aber auch Beleg für die »psychische Einheit der Menschheit«. Diese
vier Anläufe verbindet er auf das Engste. Im Zentrum dieser Verbindung steht die
psychoanalytische Ethnologie/Kulturanthropologie. Devereuxs Beschäftigungs-
situation bleibt zeitlebens prekär, obwohl er ununterbrochen forscht und publiziert. Selbst seine Pariser Stelle bedurfte jährlicher Verlängerung. Trotzdem ist er
neben Bronislaw Malinowski, Geza Roheim und der Zürcher Schule (Morgentha-

ler, Parin, Parin-Matthèy) einer der Begründer der psychoanalytischen Kulturanthropologie.

Angst und Methode in den Verhaltenswissenschaften könnte man, weil es die
»summa« eines intensiven Forscherlebens ist, als Hauptwerk von Devereux bezeichnen. Er analysiert ein umfangreiches Spektrum von Ursachen für die Verzerrung, Verfälschung und Kontamination »verhaltenswissenschaftlicher« Daten,
die prinzipiell nicht gänzlich vermeidbar sind, aber in psychoanalytisch angelei-
teter Selbstreflexion vermindert oder ihrerseits sogar in eine Quelle von Einsicht
verwandelt werden können. Letzten Endes ist es sein Ziel, der Forschungspraxis
des »Verhaltenswissenschaftlers« eine sichere Grundlage zu verschaffen und in
Gestalt der Analyse der »Gegenübertragung« des Forschers eine zusätzliche Da-
tenquelle zu erschließen. Dabei sieht der Autor in der Psychoanalyse »vor allem
anderen eine Epistemologie und Methodologie«, und ausschließlich darin bestehe »die Basis ihres Anspruchs, für die anderen Verhaltenswissenschaften paradigmatisch zu sein« (327). Bei *Angst und Methode* handelt es sich also um eine
hochspezifische und äußerst elaborierte Variante der Integration von Sozialwissenschaften und Psychoanalyse. Selbst wenn nicht jeder den Weg der Begründung
der »verhaltenswissenschaftlichen« Empirie in der psychoanalytischen Situation
wird mitgehen wollen, so kann das Werk doch dem Sozialwissenschaftler substanzielle Anstöße zur Kritik der eigenen Praxis und zur Selbstreflexion bieten, gibt es
in diesem Werk doch ausreichend Hinweise auf Ursachen der Verzerrung »verhaltenswissenschaftlicher« Wahrnehmung, die auch ohne die Hypothese des Unbewussten gelten: durch die kulturelle Differenz verursachte Verzerrungen, solche,
die auf den »sozialen Hintergrund« des Forschers und/oder der Forscherin zu-
rückgehen, sowie auf sein/ihr »Selbstmodell« hinsichtlich »Somatotyp«, »Rasse«
und Geschlecht, aber auch Alter und Persönlichkeitsstruktur werden eine Rolle
spielen. Methode kann diese Interferenzen nicht ausschließen, im Gegenteil; sie
kann in den Dienst der Abwehr von Wahrnehmung treten und damit ihrerseits
Verzerrungen hervorrufen.

Der Terminus »Verhaltenswissenschaften«/»behavorial sciences« deutet in
keiner Weise auf Ähnlichkeit mit oder Sympathie für den Behaviorismus hin.
Vielmehr impliziert dieser Terminus bereits eine Kritik an ihm. Für Devereux
ist es nämlich ein Sammelbegriff für alle Wissenschaften, die organische Lebe-
wesen – natürlich vorzugsweise Menschen unter Einschluss ihrer Produktionen –
zum Gegenstand haben.

Selbstverständlich gehören für ihn die Medizin auf der einen Seite und auf
der anderen Seite z. B. die Philologie als eine Wissenschaft von kulturellen Objektivationen (in ihnen »reagiert« der Leser auf einen Text, und er »reagiert« auf
eine medialisierte Form menschlicher Reaktion) zu den Verhaltenswissenschaften. Wissenschaften dieses Typs par excellence sind Ethnologie/Kulturanthro-

pologie, Soziologie und Psychologie. Menschen als Gegenstand verhaltenswissenschaftlicher Forschung reagieren, »antworten« in mannigfaltiger Weise auf den Beobachter und die Beobachtungssituation, was sich für alle Spielarten verhaltenswissenschaftlicher Empirie zeigen lässt. Er bezieht sich vor allem auf ethnologische Forschung (teilnehmende Beobachtung, Informanteninterview), die eine große Schnittmenge mit der soziologischen aufweist, das psychologische (und ethnologische) Experiment, psychologische, vornehmlich projektive und Persönlichkeits-Tests und die therapeutische bzw. analytische Situation. Insofern sein Gegenstand (unvorhersehbar, untypisch) reagiert, hat es der »Verhaltenswissenschaftler« immer mit seinesgleichen zu tun. Nicht einmal »Grenzen zwischen Beobachter und Objekt« sind klar definierbar: »In den Verhaltenswissenschaften […] ist der Ort der Grenze in solchem Maße zweiseitig determiniert, daß er als Folge einer Interaktion anzusehen ist.« (62) Aber nicht nur dieser Ort ist das Ergebnis einer Interaktion, das sich auf die Daten auswirken wird, sondern die Daten selber sind »eindeutig Produkte der Interaktion zwischen dem Beobachter und dem Beobachteten« (337). Diese Daten seien »schlicht und einfach dyadische Daten« konstatiert der Autor, was notabene auch ohne die Hypothese des Unbewussten logisch ist, die bei einem anderen Typus von Daten zum Zuge kommt. Der Versuch jedenfalls, einen »Gegenstand«, wie er sich in den »Verhaltenswissenschaften« präsentiert, auf einen Objektstatus zu reduzieren, »tötet« ihn in letzter Instanz »ab«. Dieser Versuch ist eine undurchschaute/unbewusste Reaktion des Beobachters/Forschers/Wissenschaftlers auf die Reaktionen des »Gegenstandes«. Löst diese Reaktion z.B. Angst im Beobachter aus, wird er versuchen, diese Angst abzuwehren, z.B. indem er einen »materielle(n) und/oder begriffliche(n) ›Apparat‹« (323), und Methoden zwischen sich und den Gegenstand schaltet. Das »Und das kann ich beobachten …« des Aristoteles, der mit diesen Worten einen empirischen Beweis einleitet, verwandelt sich vom Beobachter unbemerkt in ein »Und das kann ich (noch) ertragen …«, das keinerlei Beweiswert mehr besitzt, allerdings sehr viel über den Beobachter selber und damit indirekt auch wieder über den Gegenstand aussagt (»Gegenübertragung«).

Devereux versteht nicht nur die analytische bzw. therapeutische Situation als genuines Forschungsarrangement, was in der Psychoanalyse selber im übrigen Gemeingut ist, sondern stellt die These auf, dass jeder verhaltenswissenschaftlichen Forschungssituation die analytische Situation inhärent sei. Um diese These richtig einschätzen zu können, ist ein kurzer Blick auf das Konzept der Übertragung, das wichtigste Instrument des Psychoanalytikers, unerlässlich. In der Übertragung wiederholen die Menschen lebensgeschichtliche Konflikte insbesondere aus der Kindheit, und zwar in der Beziehung zu anderen Personen (»Objekten«, wie es in der Psychoanalyse heißt), aber auch zu anderen Gegenständen ihrer Aufmerksamkeit. Der Übertragende aktualisiert damit Vergangenheit, die in der Realität, d. h. in der Gegenwart des »Objekts« allenfalls schwache Anhaltspunkte hat. Seine Wahrnehmung und daraus folgende Handlungen, Überlegungen usw. werden verzerrt, kontaminiert, gleichsam beschädigt. Was wird übertragen? Es sind Verhaltensmuster und Objektbeziehungstypen, Gefühle und Affekte, libidinöse Inhalte, Phantasien und Imagines (unbewusste »Vorbilder«). Das Unbewusste hat in seiner Zeitlosigkeit diese Inhalte unzerstört aufbewahrt, so dass die (oft infantilen) Konflikte in der Übertragung »frisch« erscheinen, den Schein von aktueller Realität erzeugen. Die Übertragung ist ein ubiquitäres, alltägliches Phänomen in menschlichen Beziehungen, Wahrnehmungen und Handlungen. In der therapeutischen Situation tritt es nur besonders intensiv hervor, was sich der Therapeut zunutze macht, wenn er an und mit Übertragungen arbeitet. Die »reale« Realität, um die es dem Verhaltensforscher schließlich geht, kann also auf diese Weise überlagert und von der eigenen »psychischen« Realität verdrängt werden. Dem Auftreten starker Affekte und der Wiederbelebung lebensgeschichtlicher Konflikte in der verhaltenswissenschaftlichen Forschungssituation tritt der Forscher in der Regel mit einer Vergrößerung der Distanz zu den Objekten entgegen, z. B. durch Methodenverfeinerung und Zwischenschaltung eines »materielle(n) und/oder begriffliche(n) ›Apparate(s)‹«« (323), um so diese eigenen Anteile auszuschalten. Devereux hält das für eine ganz falsche Reaktion. Die Ergebnisse würden dadurch immer irrelevanter bis hin zur »Abtötung« des untersuchten Phänomens selber. In einer persönlichen Analyse das eigene Übertragungspotenzial erkannt zu haben und damit in der konkreten Situation die eigenen affektiven usw. Reaktionen verstehen und kontrollieren zu können, sei produktiver. Die vieldiskutierte und von Freud bereits registrierte Gegenübertragung ist nichts weiter als die unbewusste Übertragung des Analytikers auf den Analysanden, und zwar vor allem auf dessen Übertragung. Zwischen Übertragung und Gegenübertragung gibt es keinen prinzipiellen Unterschied. Um die Gegenübertragung möglichst gering zu halten bzw. an sich selber erkennen zu können, muss der Analytiker analysiert sein, was zu seiner Ausbildung gehört. Devereux hält es für sinnvoll, dass Verhaltenswissenschaftler sich einer derartigen persönlichen Analyse unterziehen (Analytiker = Wissenschaftler). Er selber als Feldforscher und Psychoanalytiker verfügte über diese doppelte Erfahrung.

Dass Supervision in dem Trend einer Forschung liegt, den wir seit den 1970er Jahren beobachten können, nämlich zu »weicheren«, flexibleren, qualitativen und selbstreflexiven Formen von Empirie ist unverkennbar, inwieweit dieser Trend, der sich vor allem in der Soziologie äußert, mit *Angst und Methode* in Verbindung zu bringen ist, ist schwer einzuschätzen. Auf jeden Fall liefert das Werk hervorragende Argumentationen für entsprechende Forschungsdesigns und die Nachhaltigkeit dieses Trends und wird auch so genutzt. Man muss aber sagen, dass das Werk keine Rezeption und Diskussion ausgelöst hat, die seiner Bedeutung gerecht wird, insbesondere hinsichtlich seiner wissenschaftstheoretischen Dimensionen. Die Psychoanalyse scheint immer noch bei dem Versuch, die Schwelle der klinischen Anwendung zu überschreiten, auf Abwehr zu stoßen, und Devereux ist der »professional stranger« geblieben, als den man den Ethnologen einmal bezeichnet hat (Michael H. Agar 1980).

Alfred Krovoza

Literatur

Bloch, Georges: Georges Devereux, sa vie, son œuvre, et ses concepts. La naissance de l'ethnopsychanalyse, Paris 2012.

Duerr, Hans Peter: Die wilde Seele. Zur Ethnopsychoanalyse von Georges Devereux, Frankfurt 1987.

John R. Searle: Speech Acts. An Essay in the Philosophy of Language, Cambridge University Press: Cambridge 1969, 203 S. (dt.: Sprechakte. Ein sprachphilosophischer Essay, Frankfurt 1983, 305 S.)

John R. Searle (geb. 1932) ist Professor für Philosophie an der University of California at Berkeley und Autor zahlreicher Bücher aus den Feldern der Sprachphilosophie und der Philosophie des Geistes. Neben *Speech Acts* zählen zu seinen wichtigsten Werken *Intentionality, An Essay in the Philosophy of Mind* (1983), *The Construction of Social Reality* (1995), *Mind, Language and Society. Philosophy in the Real World* (1998), *Rationality in Action* (2001) und *Making the Social World. The Structure of Human Civilization* (2010). *Speech Acts* nimmt in seinem Gesamtwerk eine Schlüsselstellung ein, weil Searle darin die Sprechakttheorie formuliert hat, die maßgeblich für den so genannten *linguistic turn* in den Geistes- und Sozialwissenschaften war und die nach einer langen Phase des weitgehenden Desinteresses wieder die sozialwissenschaftliche Aufmerksamkeit auf die Bedeutung von Sprache als sozialer Institution gelenkt hat. Searles Werk ist allerdings im engeren Sinn gar kein sozialwissenschaftliches Buch, sondern – wie der Untertitel bereits anzeigt – ein (sprach-)philosophischer Essay, der jedoch über das Feld der Philosophie hinaus- und damit in den Bereich der Gesellschaft hineinweist. Überdies war und ist der Einfluss von Searles Überlegungen auf sozialwissenschaftliche Debatten immens, so dass Searles Werk hier auch als Klassiker der Sozialwissenschaften begriffen wird.

Searles *Speech Acts* ist in der Tradition der britischen *Ordinary Language Philosophy* lokalisierbar und nimmt die faktischen Formen und Funktionen von Sprache in den Blickpunkt. Dabei geht es Searle nicht um eine einzelne konkrete Sprache und ihr Regelsystem, also auch nicht um eine linguistische Untersuchung, sondern eine sprachphilosophische Überlegung, die auf *die* Sprache fokussiert und damit Gültigkeit für jede Sprache beansprucht, in deren System »Wahrheiten oder Behauptungen oder Versprechungen vorkommen.« (13) Insofern steht für Searle eine Antwort auf die gleich im ersten Satz von *Speech Acts* formulierte Frage im Mittelpunkt, worin die Beziehung von Wörtern zur Welt besteht und wie das Verhältnis bestimmt werden kann zwischen dem, was jemand meint, wenn er etwas sagt und der Bedeutung – unabhängig von ihrem sprachlichen Ausdruck. Searle schließt dabei explizit an die Überlegungen von John L. Austins *How to Do Things with Words* (1962) und von Peter F. Strawsons *Intention and convention in speech acts* (1964) an.

Zentral für Searle ist die Unterscheidung zwischen dem, was ein Sprecher meint und dem, was er durch sein Sprechen bei einem Zuhörer an Wirkungen beabsichtigt. Er steht damit auf der einen Seite in – sprachphilosophischer – Opposition zu Ludwig Wittgensteins *Philosophischen Untersuchungen* (1953), der die Bedeutung von Wörtern über ihren Gebrauch bestimmt sah und somit nicht wie Searle von einer Differenz zwischen einer feststehenden Wortbedeutung und der von dieser durchaus differenten Äußerungsabsicht ausging, auf der anderen Seite kollidieren Searles Annahmen mit Grundüberlegungen der jüngeren sozialwissenschaftlichen Hermeneutikdiskussion (objektive Hermeneutik, Tiefenhermeneutik, dekonstruktive Hermeneutik), die für die Frage nach der Interpretation von Sprache als sozialem Medium den Aspekt der Intentionalität der Sprecher bewusst außen vor lässt bzw. sozial für uninteressant hält, da der Gehalt dessen, was gesagt wurde, entscheidend sei – und nicht der dessen, was gemeint gewesen sein könnte.

Searles Sprechakttheorie ist jedoch darum bemüht, dieses zentrale sozialwissenschaftliche Dilemma von Sprache (Sagt jemand objektiv, was er subjektiv meint zu sagen und was von beidem ist im kommunikativen Sinn zentral?) insofern zu reflektieren, als er seine Sprachtheorie als Teil einer Handlungstheorie begreift und unter Einschluss des »Prinzips der Ausdrückbarkeit«, nach dem prinzipiell alles, was man meint, auch gesagt werden kann, argumentiert, dass der Sprechakt die »Grundeinheit der Kommunikation« sei, in der drei Arten entscheidend sind für die Annahme, dass Sprache ein regelgeleitetes System ist, in dem intentionales Verhalten zum Ausdruck kommt: erstens die Äußerung von Wörtern (Vollzug von Äußerungsakten), zweitens die Referenz und Prädikation (Vollzug propositionaler Akte) und drittens das Behaupten, Fragen, Befehlen und Versprechen (Vollzug illokutionärer Akte). Folgt man Searle, dann kann hierin in der Tat ein Vermittlungsversuch zwischen subjektiver Intention und objektivem Ausdruck von Sprache gesehen werden, denn Searle geht in seinen Überlegungen davon aus, dass eine Vielzahl von Beziehungen besteht zwischen »Sinn von Sprechakten« (37) und dem, was ein Sprecher meint, was er intendiert, was die Äußerung bedeutet, was vom Zuhörer verstanden wird und schließlich den Regelsystemen der sprachlichen Elemente.

Für Searle wird Sprache somit zum sozialen Akt, zur Handlung, da »eine Sprache sprechen bedeutet, Sprechakte auszuführen« (30), wobei die Möglichkeit der Sprechakte selbst auf bestimmten Gebrauchsregeln basiert und der »Vollzug dieser Akte« eben jenen Regeln folgt: »Die Grundeinheit der sprachlichen Kommunikation ist nicht, wie allgemein angenommen wurde, das Symbol, das Wort oder der Satz, oder auch das Symbol-, Wort- oder Satzzeichen, sondern die Produktion oder Hervorbringung des Symbols oder Wortes oder Satzes im Vollzug des Sprechaktes.« (30) Und eben genau jene Produktion bzw. Hervorbringung eines Zeichens stellt für Searle den eigentlichen Sprechakt dar, die als kleinste und grundlegende Einheit sprachlicher Kommunikation gefasst werden. Sprache ist dabei deshalb Teil einer (sozialen bzw. kommunikativen) Handlung, weil Sprechen auf regelgeleitetem Verhalten basiert.

In sozialwissenschaftlicher Perspektive zentral an Searles sprachphilosophischen Überlegungen ist die Fokussierung auf die Frage der sprachlichen Referenz, in Searles Terminologie der singulären bzw. kategorisch bestimmten Referenz, mit dem die diskursive Funktion von Sprechakten auf der Basis der Annahme, dass alles, worauf verwiesen wird, auch existieren muss (Axiom der Existenz), dabei einem Objekt das zukommt, was ihm zukommt (Axiom der Identität) und der Verweis eines Sprechers auf einen Gegenstand diesen abgesondert identifiziert (Axiom der Identifikation), begründet wird. Die Verbindung der Axiome illustriert die soziale Funktion von Sprache, deren Wirklichkeit konstruiert ist (Axiom der Identifikation), aber eben zugleich auf das unabhängig davon existente, tatsächlich Wirkliche neben dem Gesprochenen verweist (Axiom der Existenz), dem erst in seiner Referenz seine soziale Spezifik zukommt (Axiom der Identität). Vor diesem Hintergrund sind auch Searles Annahmen über das Verhältnis von Sein und Sollen, also von empirischer und normativer Wissenschaftsdimension, zu verstehen, nach denen aus einer deskriptiven Aussage eine Wertaussage abgeleitet werden kann. Sollen wird von Searle sprach- und nicht moralphilosophisch verstanden, d. h. die Annahme über die notwendige Ableitung des Sollens aus dem Sein basiert auf funktional-syntaktischen Folgebeziehungen – und impliziert im Sollen keine moralische Wertaussage. Aufgrund sprachempirischer Analysen von Tautologien und Beschreibungen der Gebrauchsweisen von Wörtern, resp. von modalen Hilfsverben und illokutionären Rollen zeigt Searle, dass aus dem Sein ein Sollen abgeleitet werden kann, da in dem Sprechakt des Versprechens eine Verpflichtung inkorporiert ist, die *logisch* zum Sollen führt.

Searle hat die von Austin in Grundzügen skizzierte Sprechakttheorie weiterentwickelt, systematisiert und sozialwissenschaftlich anschlussfähig gemacht. Der durch den von Richard Rorty (1967) herausgegebenen Band mit einem Etikett versehene *linguistic turn* in den Geistes- und Sozialwissenschaften basiert wesentlich auf den sprachphilosophischen Überlegungen von Searle, wobei dessen Rezeption in der Philosophie expliziter erfolgt als in den Sozialwissenschaften: Searles Annahmen gehen oft auch in sozialwissenschaftliche Überlegungen ein, ohne dass er unmittelbar als Referenz genannt würde. Die *Theorie des kommunikativen Handelns* von Jürgen Habermas (1981) hat Searles Konzept der Sprechakte zu einer prominenten Rezeption im soziologischen Kontext verholfen. Der Einfluss der Sprechakttheorie – teilweise mit stärkerer Betonung von Austin, teilweise mit der von Searle – ist überdies wesentlich für Arbeiten von Thomas Luckmann, Erving Goffman, der so genannten Cambridge School um Quentin Skinner und John G. A. Pocock und des pädagogischen Pragmatismus.

Samuel Salzborn

Literatur
Burckhardt, Armin (Hg.): Speech Acts, Meaning and Intentions. Critical Approaches to the Philosophy of John R. Searle, Berlin/New York 1990.
Nolte, Reinhard B.: Einführung in die Sprechakttheorie John R. Searles, Freiburg/München 1978.

Heinz-Joachim Heydorn: Über den Widerspruch von Bildung und Herrschaft, Europäische Verlagsanstalt: Frankfurt 1970, 336 S.

Wer Heinz-Joachim Heydorns (1916–1974) Erschließung der Bildungsproblematik nachvollziehen will, muss der inneren Verflochtenheit seiner philosophischen, ästhetischen, politischen, pädagogischen und bildungstheoretischen Zugangsweisen Rechnung tragen. Die Bildungstheorie, die er im Rahmen seiner wissenschaftlichen Tätigkeit entwickelt, ist ohne Berücksichtigung ihrer philosophischen Grundlage und ihrer politischen Implikationen nicht denkbar. Ein Gravitationszentrum der Tätigkeit Heydorns liegt in der historisch-materialistischen Untersuchung des Bildungsgedankens und der praktischen Umsetzung von Bildung, über die er zu systematischen Bestimmungen von Bildungstheorie und zur kritischen Bearbeitung gegenwartsrelevanter und in die Zukunft weisender Bildungsfragen gelangt.

Heydorns Buch Über den Widerspruch von Bildung und Herrschaft entsteht nicht zufällig in einer zeitgeschichtlichen gesellschaftlichen Periode, in der der Begriff der Bildung durch sozialwissenschaftliche Kategorien wie Sozialisation, Kommunikation, Interaktion und Qualifikation aus den erziehungs- und sozialwissenschaftlichen Debatten verdrängt wird. Einerseits wendet sich Heydorns Fokussierung auf Bildungstheorie gegen jede Form der damals erstarkenden positi-

vistischen Pädagogik, die die Geschichtlichkeit, Machtförmigkeit, aber auch die
emanzipative Potenzialität der Bildung ignoriert. Andererseits richtet sich die Kritik an die Adresse naiver antiautoritärer und alternativpädagogischer Konzepte
der 1960er und 1970er Jahre, die der Illusion erliegen, individuelle Selbstbefreiung
jenseits gesellschaftlicher Reproduktionszwänge und ohne eine Auseinandersetzung mit dem kulturellen (bürgerlichen) Erbe initiieren zu können. In der Bildung
wie in ihrem Begriff sind aber, wie Heydorn in seiner Untersuchung nachweist,
Potenziale an Widerstand und Befreiung enthalten, die für die Provokation poli-
tisch-emanzipatorischer Gesellschaftsprozesse unersetzlich sind. Insofern in der
Bildung eine eigene, unersetzbare Qualität im Kontext nicht nur der gesellschaftlichen Subjektwerdung, sondern auch der Gesellschaftsentwicklung zukommt, besteht Heydorn auf der Validität und der Überlegenheit dieses philosophisch-päd-
agogischen Grundbegriffs. Weder als analytischer noch als Handlungsbegriff ist
Bildung durch einen anderen sozialwissenschaftlichen Begriff ersetzbar.

  Die bildungsgeschichtliche Untersuchung zählt insofern zu einem der bildungstheoretischen Schlüsselwerke Heydorns, als er in ihrem Rahmen über die
geschichtsmaterialistische Rekonstruktion des Bildungsbegriffs eine bislang un-
erreichte systematische Bestimmung der Probleme und Aufgaben einer *kritischen
Theorie der Bildung* entwickelt. In einer Materialismus und Idealismus kombinie-
renden Zugriffsweise auf den Gegenstand wird dieser geschichtlich entfaltet und
mit Blick auf seine Realisierung und seine theoretischen Ausdrucksformen untersucht. Auf der Basis der materialistischen Geschichtsphilosophie kann die gesellschaftliche Bildungsgeschichte dergestalt in eine Korrespondenz mit der mensch-
heitlichen Entwicklungsgeschichte gestellt werden, in der Idee und Praxis der
Bildung als widerspruchsvolle Antwort auf Erfordernisse und Herausforderungen
gesellschaftlicher Produktion und Reproduktion kenntlich werden. Wie Bildung
auf der Basis der gesellschaftlichen Entwicklungsgeschichte und eines damit zusammenhängenden Selbstbewusstwerdungsprozesses der Menschheit in den realen Geschichtsprozess eingewoben wird, sich mit der geschichtlichen Gestaltung
der materiellen Lebensverhältnisse allmählich, mit der Entfesselung des Industriekapitalismus dann sprunghaft (»Calibans Auftritt«, 168 ff.) kontaminiert, wird
in Heydorns dialektischer Rekonstruktion überzeugend elaboriert. Schon lange vor der embryonalen Entstehung eines Begriffs der Bildung ist diese als Ausformung individueller Rationalität wirksam geworden, wird die vom Mythos bestimmte Wahrnehmung von Welt durch ein einzelnes Bewusstsein durchbrochen,
das sich des Vermögens der Vernunft im Rahmen seiner Existenz bedient. Doch
ist diese »erste(.) Bewußtwerdung« (8) noch ganz vereinzelt, isoliert, gänzlich unvermittelt mit der gesellschaftlichen Bedingung, die noch nicht die durchgängige
sachrationale Planung und Gestaltung der gesellschaftlichen Produktionsvorgän-
ge benötigt. Die »erste Bewußtwerdung« mag den Einspruch gegen gesellschaft-

liche Herrschaftsverhältnisse bereits in sich enthalten haben. Der Widerspruch von Bildung und Herrschaft kann sich jedoch erst in dem Maße als gesellschaftlicher Widerspruch entfalten, in dem die systematische Vermittlung von Rationalität zum gesellschaftlichen Erfordernis wird.

Pädagogik und Bildung, in vormodernen Gesellschaftsformationen als vereinzelte gesellschaftliche Veranstaltungen wahrgenommen, werden spätestens mit der Durchsetzung des Industriekapitalismus zu konstitutiven Momenten von Gesellschaft, ohne die sie ihre Existenzweise aufs Spiel setzte, hängt doch ihre Reproduktion von der über Bildung vermittelten Weitergabe von Rationalität ab. Der Industriekapitalismus setzt Bildung beständig als sein Erfordernis frei, wie er sich diese als Resultat institutionell hergestellter Qualifikation permanent einverleibt, um die auf dem Privateigentum basierenden Produktions- und Reproduktionsprozesse in einem nihilistischen Modus voranzutreiben. Institutionalisierte Bildung, gesellschaftlich ermöglicht und in dieser ihrer Ermöglichung bereits strukturell verhindert, ist damit kein beiläufiges, sondern ein konstitutives Moment gesellschaftlicher Reproduktion, damit konstitutives Moment bürgerlicher Gesellschaft und ihrer Geschichte. Potenziell wächst im Rahmen dieser Dialektik gesellschaftlicher Bildung die Möglichkeit, die ihr gesellschaftlich zugewiesene Reproduktionsfunktion zu überschreiten und das Bedürfnis nach Qualifikation gegen seine ursprüngliche Intention für die Selbstbefreiung des Menschen zu nutzen. Bildung ist das trojanische Pferd, das die bürgerliche Gesellschaft in ihrem Leibe trägt, eine in funktionaler Rationalität verpuppte Vernunft, die die Potenziale geistiger Befreiung (*humane Rationalität*, 22) in sich birgt. Sie kann zur kollektiven Waffe der Menschen im Kampf um ihre Selbstbefreiung werden.

Die monumentale Erzählung von der gesellschaftlichen Bildungsgeschichte der Menschen setzt in der griechischen Antike an und schlägt den Bogen bis in die Bildungsgegenwart einer *technologischen Gesellschaft,* die nur noch materiellen Fortschritt um seiner selbst willen, losgelöst von menschlichen Zwecksetzungen betreibt. Die bildungsgeschichtliche Untersuchung verläuft über die Beleuchtung der früh- und hochbürgerlichen Pädagogik, die Analyse der pietistischen Pädagogik, der Industrieschulbewegung, der Aufklärungspädagogik, des Philanthropinismus, des neuhumanistischen Bildungsansatzes, schließlich des Bildungsgedankens der Marxschen Theorie. Innere Widersprüche, Insuffizienzen, aber auch unausgeschöpfte Potenzialitäten dieser Ansätze legt die bildungsgeschichtliche Untersuchung frei. Die in der zweiten Hälfte des 19. Jahrhunderts in der Schulpolitik vorgenommene sozialdarwinistische Verknüpfung des Bildungsgedankens mit dem deutschen Imperialismus wird ebenso zum Gegenstand bildungstheoretischer Reflexion wie die als »Fluchtversuche« (218 ff.) eingestuften Ansätze einer naturalistisch argumentierenden Reformpädagogik im ersten Drittel des 20. Jahrhunderts. Beschlossen wird die bildungsgeschichtliche Untersuchung durch eine

gesellschafts- und bildungstheoretische Auseinandersetzung mit den Grundprä-
missen und Konzepten sozialliberaler Bildungsreform in der BRD der 1960er Jahre,
die Heydorn in ihrer technokratischen Menschenfeindlichkeit entlarvt, da sie mit
der Dispension des Bildungsgedankens nicht nur die Idee der Mündigkeit, sondern
die Idee einer befreiten und zugleich befriedeten Menschheit insgesamt aufgibt.

In der dialektisch angelegten Bildungstheorie wird der Verzahnung der konkreten gesellschaftlichen Bildungsproblematik mit der theoretischen Reflexions-
form von Bildung permanent Rechnung getragen. Auf diese Weise gelingt es
Heydorn, nicht nur die strukturellen Mängel und Fehleinschätzungen pädago-
gisch-bildungstheoretischer Reflexionsformen über Voraussetzungen, Bedingungen und Perspektiven der Bildung herauszuarbeiten, sondern stets auch die über-
schüssigen, unabgegoltenen Momente geschichtlicher Bildungsverständnisse zu
identifizieren. Pure Realgeschichte, die Ineinssetzung von Ideengeschichte mit Sozialgeschichte, die sich nur auf das beschränkt, was sich geschichtlich durchgesetzt
hat, ist hierzu nicht in der Lage. Mit einer dialektisch angelegten Bildungstheorie können die transzendierenden Impulse geschichtlichen Bildungsdenkens elaboriert werden. In der Folge wird Bildungsgeschichte auch als eine untergründi-
ge Möglichkeit von Befreiung sichtbar, die gesellschaftlich ergriffen werden kann.

»Bildungsfragen sind Machtfragen« – diese bildungstheoretische Grundaus-
sage, die am Ende des Durchgangs durch die Bildungsgeschichte formuliert wird,
enthält die Antithese zu gesellschaftlicher Herrschaft über die Entwicklung des
Menschen insgesamt: »[D]ie Frage der Bildung ist die Frage nach der Liquida-
tion von Macht.« (337) Ist Bildung einerseits Macht im Sinne ihrer Indienstnahme für die geschichtlichen Reproduktionsinteressen gesellschaftlicher Herrschaft,
so ist sie der Möglichkeit nach zugleich Gegenmacht der Menschen zu dieser gesellschaftlichen Vereinnahmung, insofern sie ihnen mit der Vermittlung funktional gedachter Wissensvorräte und Fähigkeiten (Kompetenzen) gleichermaßen
Instrumente an die Hand gibt, mit deren Hilfe sie über ihre gesellschaftliche Funktionsbestimmung hinaus zunehmend die Verfügung über die eigenen Persönlich-
keitspotenziale gewinnen können. Diese über fremdbestimmte Bildung mögliche
Selbstermächtigung der Subjekte ist das individuelle Komplement einer geschichtlichen Aufhebung gesellschaftlich vermittelter Herrschaft.

Heydorns Hauptwerk hat Impulse insbesondere in denjenigen Theorieansätzen der Erziehungswissenschaft vermitteln können, die über die Instrumentarien
des Marxismus und der Kritischen Theorie die Analyse und Reflexion von Erzie-
hungs- und Bildungsprozessen vorangetrieben haben. Die Verklammerung von
Ideen- und Sozialgeschichte, die ideologiekritische Auseinandersetzung mit dem
geschichtlichen Gegenstand und das dialektische Verfahren seiner Entfaltung –
mit dieser bildungsgeschichtlichen Anlage hat Heydorn die historische Bildungsforschung aus ihren geistesgeschichtlichen, aber auch aus ihren positivistischen

Verengungen befreit. Bildungstheorie wird zum Instrument des Widerstands, das an der Dialektik realer gesellschaftlicher Reproduktionszwänge ansetzt, Bildung über ihre Funktionsbestimmung hinausdenkt. Heydorn ist insofern ein Klassiker der Pädagogik und Bildungstheorie. Er ist ein Klassiker der Sozialwissenschaften und zugleich einer ihrer schärfsten Kritiker, insofern er die im Zuge der so genannten sozialwissenschaftlichen Wende deutlich werdende Suspension des philosophischen Bildungsbegriffs in sozialwissenschaftlichen Kategorien entschieden bekämpft. Ihre einzigartige Stellung erhält die kritische Theorie der Bildung Heydorns nicht nur in Folge ihrer konsequent gegen den Zeitgeist gerichteten Denkweise, sondern durch ihre militante Insistenz auf der Möglichkeit kollektiver und individueller Selbstbefreiung, die die Insassen des trojanischen Pferdes zu ihrer Sache machen können.

Armin Bernhard

Literatur

Bernhard, Armin: Bewusstseinsbildung. Einführung in die kritische Bildungstheorie und Befreiungspädagogik Heinz-Joachim Heydorns, 2. Aufl., Baltmannsweiler 2015.

Borst, Eva: Theorie der Bildung. Eine Einführung, 4. Aufl., Baltmannsweiler 2016, S. 153–183.

Ragutt, Franz/Franz Kaiser (Hg.): Menschlichkeit der Bildung. Heydorns Bildungsphilosophie im Spannungsfeld von Subjekt, Arbeit und Beruf, Paderborn 2016.

Stederoth, Dirk/Dominik Novkovic/Werner Thole (Hg.): Die Befähigung des Menschen zum Menschen. Heinz-Joachim Heydorns kritische Bildungstheorie, Wiesbaden 2020.

Paulo Freire: Pedagogy of the Opressed, New York: Herder and Herder 1970, 186 S. (dt. Pädagogik der Unterdrückten, Stuttgart: Kreuz-Verlag 1971, 218 S.).

Das Buch erschien während des chilenischen Exils Paulo Freires (1921–1997), wo dieser aufgrund der Militärdiktatur in seinem Heimatland Brasilien Asyl erhalten hatte. In Chile lebte Freire fünf Jahre lang und führte im Auftrag der UNESCO und der chilenischen Regierung Alphabetisierungskampagnen durch. Die Erfahrungen in diesen Kampagnen fanden – auch wenn Freire nicht explizit darauf hinweist – Eingang in seine, in dieser Schaffensphase entstandenen Werke: 1967 erschien in Chile sein Buch *Educação como Prática da Liberdade* (Erziehung als Praxis der Freiheit), 1969 folgte das Buch *Extenión o Communicación* (Pädagogik der Solidarität) und 1970 erschien zunächst auf Englisch (1970) und erst vier Jahre später auf Portugiesisch sein Hauptwerk *Pedagogia do Oprimido* (Pädagogik der Unterdrückten).

Pädagogik der Unterdrückten gilt als einer der jüngeren Klassiker der Pädagogik und als zentrales Werk der kritischen Erziehungswissenschaft (critical pedagogy). Es gilt als das befreiungspädagogische Hauptwerk Freires, in dem der Grundstein seines Denkens gelegt wird. In Freires Ansatz findet sich ein erweitertes Bildungsverständnis, das sich nicht nur auf die individuelle Erziehung bezieht, sondern die Gesellschaft insgesamt einbezieht. Die Grenzen zwischen pädagogischer Praxis, Wissenschaft und Politik sind bei Freire fließend und bedingen sich wechselseitig. Erziehung und Bildung stellen für Freire ein »politische Projekt« dar, das auf die Transformation der Gesellschaft gerichtet ist. Ob der Erzieher Politik macht oder nicht, steht für ihn nicht zur Debatte, sondern jede Pädagogik ist für ihn auch Politik. Die Grundthese Freires lässt sich in dem Satz »Erziehung ist niemals neutral« zusammenfassen.

Damit wird beschrieben wird, dass jede Erziehung in der Klassengesellschaft die Funktion hat, die Heranwachsenden so in die bestehende Gesellschaft einzusozialisieren, dass deren Machtverhältnisse erhalten und reproduziert werden. Seine Pädagogik ist das politische Gegenprogramm zu diesem Prozess und basiert auf dem Prozess der individuellen Bewusstmachung (conscientização) und gesellschaftlichen Veränderung. Erziehung schreibt also entweder die bestehende Ordnung und Herrschaft fort, oder stellt sie in Frage – »neutral« kann sie jedoch nicht sein: »Entweder ist sie ein Instrument zur Befreiung des Menschen, oder sie ist ein Instrument seiner Domestizierung, seiner Abrichtung für die Unterdrückung«, heißt es im Vorwort (14).

Das Werk wurde des Öfteren dafür kritisiert, wenig systematisch und wissenschaftlich fundiert zu sein, wie auch eine stringente Gliederung nicht zu finden ist. Wissenschaftliche Exaktheit war jedoch auch nicht die Absicht des Autors, der seine Schriften eher als Anregung für die politische und pädagogische Praxis verstand. Von einem marxistischen Grundverständnis ausgehend formuliert Freire in seinem Werk mehrere pädagogische Konzepte, die in späteren Publikationen noch weiter ausdifferenziert wurden.

Eine wichtige Konzeption ist die Unterscheidung zwischen der »Bankiers-Methode« auf der einen und der problemformulierenden (befreienden) Pädagogik auf der anderen Seite. In der *Bankiers-Erziehung* (Educação bancária) ist es die Aufgabe der Lehrkräfte Wissen (analog zu Spareinlagen) in den Köpfen der Lernenden zu deponieren, die als leer erachtet werden. Das Wissen, das angelegt wird, entstammt den Interessen der Herrschenden. Dieses deponierte Wissen hat die Funktion die Menschen durch Konditionierung an die bestehenden Machtverhältnisse einzupassen, indem den Unterdrückten die Perspektive der Macht beigebracht wird (analog dem Prozess der Entfremdung bei Marx, dessen Gedanken einen starken Einfluss auf Freire hatten). In diesem Sinne ist derjenige im Bildungssystem am erfolgreichsten, der sich am besten der Fremdbestimmung, der

Programmierung mit fremdem Wissen überlässt. Diese Implementierung fremden Wissens funktioniert über Mythenbildung, wie zum Beispiel der Mythos, die
Gesellschaft sei nicht unterdrückend, sondern frei und jeder Mensch habe in ihr
alle Möglichkeiten. Die Internalisierung dieser Mythen führt zu einer *Kultur des
Schweigens*, womit gemeint ist, dass die Menschen sich die Perspektive der Herrschenden zu eigen gemacht haben, passiv in der bestehenden Situation verharren
und scheinbar lernunfähig sind. Die Erziehung ist somit das wichtigste Instrument dieser *kulturellen Invasion.*

Freiers Konzeption der *dialogischen, problemformulierenden Erziehung* (Edu-
cación Problematizadora) ist das Gegenkonzept zu dieser Bankiers-Methode und
deren Folgen. In diesem Modell machen sich Lehrende und Lernenden gemeinsam auf die Suche nach dem Wissen, das es ermöglicht, ein kritisches Bewusstsein
zu entwickeln und unterdrückende Verhältnisse zu erkennen und zu verändern.
Die konkrete Praxis der Menschen wird zum »Problem«, das erkannt werden
muss und zu lösen ist. Durch einen Wechsel von Aktion und Reflexion werden die
individuellen Voraussetzungen geschaffen für die Erziehung zur Selbstbefreiung
aus enthumanisierenden Verhältnissen. Ein guter Unterricht besteht aus einem
ausgewogenen Verhältnis zwischen Reflexion und Aktion. Wenn nur theoretisch
reflektiert wird, fehlt die Aktion – ein Prozess, den Freire als »Verbalismus« bezeichnet. Wird jedoch zu sehr auf Aktion gesetzt fehlt die Reflexion und es kommt
zu »Aktionismus«.

Zur Umsetzung seiner Pädagogik konzipiert Freire ein grundsätzlich egalitä-
res *Lehrer-Schüler-Verhältnis.* Es ist nicht mehr der Lehrer, der mehr weiß und
den Schüler lehrt, sondern die Lehrenden und die Lernenden sind gemeinsamen
und gleichberechtigt in einem konstruktivistischen und dialogischen Bildungsprozess begriffen. Der Lerninhalt wird nicht vorgegeben, sondern durch die Untersuchung des Umfeldes der Lernenden gemeinsam erarbeitet. Dabei geht es um
die Identifikation so genannter *generativer Themen,* d. h. existentieller und kollektiv geteilter Themen von denen her sich die gesamte Welterfahrung der Lernenden organisiert (z. B. Hunger, Armut, Gewalt). In dieser dialogischen Situation
zwischen Lehrer und Schüler wird sehr deutlich, dass Freire seine Konzeption
aus der Arbeit mit Erwachsenen heraus entwickelt hat. Ignoriert wird hier die
pädagogische Grundsituation, nämlich das Herrschaftsverhältnis zwischen Eltern
und Kleinkind, mit dem sich Pädagogik immer auch auseinandersetzen muss.

Das Buch ist stark politisch motiviert, indem Freire über das Mittel der Pädagogik eine Reform/Revolution der brasilianischen Gesellschaft und ihrer Unterdrückungsmechanismen erreichen wollte. Es geht ihm um die Revolution in Lateinamerika, in dem der Kontinent sich aus der wirtschaftlichen und politischen
Fremdherrschaft durch die Erste Welt, sowie die Herrschaft der feudalen Land-
besitzer und postkolonialen Bourgeoisie in den Städten befreien muss. Für Freire

gibt es objektive und subjektive Bedingungen von Unterdrückung, die nur durch die Revolution zu lösen sind. Revolution zielt für ihn auf die Umwälzung der bestehenden ungerechten ökonomischen Verhältnisse (objektive Faktoren) und beinhaltet aber gleichzeitig auch den Prozess der inneren Befreiung – das Ende der inneren Besetzung der Unterdrückten durch die Unterdrücker (subjektive Faktoren). Revolution und Erziehung sind für ihn gleichzeitig stattfindende und sich wechselseitig bedingende Prozesse – ohne Revolution, bleibt jede Pädagogik auf halbem Wege stehen. In dieser Radikalität ist das Werk nur zu verstehen, wenn auch der spezifische lateinamerikanische Hintergrund mit seinem extremen sozialen Gefälle mit in den Blick genommen wird. Andererseits gehen in das Werk aber auch reformpädagogische, befreiungstheologische, marxistische, psychoanalytische und sozialpädagogische Ansätze ein, die seinen Ansatz auch relevant für den europäischen Diskurs machen.

Der Ansatz Freires hat sich in den Alphabetisierungskampagnen in Lateinamerika als ausgesprochen erfolgreich erwiesen. Der Versuch diesen Ansatz auch für die Alphabetisierung in den lusophonen Ländern Afrikas umzusetzen erwies sich demgegenüber als deutlich weniger erfolgreich, womit auch gezeigt wird, dass die Wirkkraft dieses Ansatzes zu einem nicht unbeträchtlichen Teil aus den Eigenheiten der lateinamerikanischen Lage resultiert. Auch die ausgesprochen polaren Konzeptionen Freires, z. B. Unterdrückte/Unterdrücker, Sozialismus/Kapitalismus, entfremdete/befreiende Bildung wurden immer wieder kritisiert. An dieser Stelle spiegelt sich letztlich die sehr spezifische koloniale bzw. nachkoloniale Situation in Brasilien, die in dieser Totalität kaum auf Staaten mit einer längeren demokratischen Tradition übertragen werden kann.

Heute ist das Werk in 18 Sprachen übersetzt. Für die brasilianische Pädagogik war Freires Werk ausgesprochen einflussreich nicht nur für die Alphabetisierung und politische Bildungsarbeit, sondern auch für die Umgestaltung des formalen Bildungssystems. Eine wissenschaftliche Verbreitung hat es vor allem durch die Vertreter/innen der Critical Pedagogy in Nordamerika gefunden, die dieses stark aufgegriffen und weiter entwickelt haben. Auch in Deutschland wurde das Werk v. a. innerhalb der kritischen Erziehungswissenschaft und zwar in den 1970er und 1980er Jahren diskutiert. Mit dem Rückgang des Einflusses der kritischen Erziehungswissenschaft nach 1989 wurde auch dieses Werk im akademischen Raum zunehmend weniger rezipiert. Die Pflege des Werkes von Freire obliegt heute in Deutschland fast ausschließlich engagierten Einzelpersonen, die teilweise an Universitäten angegliedert sind, sich teilweise aber auch unabhängig von diesen organisiert haben. Thematisch sind diese v. a. im Bereich der interkulturellen oder politischen Bildungsarbeit angesiedelt und verbinden sich oft mit Theaterarbeit nach Augusto Boal (Theater der Unterdrückten).

Ingrid Miethe

Literatur

Collins, Denis E.: Paulo Freire. His Life, Works and Thought, New York/Ramsey/Toronto 1977.

Funke, Kira: Paulo Freire. Werk, Wirkung und Aktualität, Münster u. a. 2010.

McLaren, Peter/Leonhard, Peter (Hg.): Paulo Freire. A Critical Encounter, London/New York 1993.

Graham T. Allison: Essence of decision. Explaining the Cuban missile crisis, Little, Brown and Company: Boston 1971, 338 S.

Graham T. Allison (geb. 1940) ist ein amerikanischer Politikwissenschaftler. Nach dem Studium an den Universitäten Harvard und Oxford (als Marshall Scholar) promovierte er im Jahr 1968 an der Harvard University, wo er seitdem arbeitet, zuletzt als Douglas Dillon Professor of Government an der John F. Kennedy School of Government und Direktor des Belfer Center for Science and International Affairs. Nach einer Anstellung als Assistant Professor im Jahr seiner Promotion wurde er 1970 zum Associate Professor befördert und 1972 Professor im Government Department. 1977 bis 1989 war er Dean der John F. Kennedy School of Government, deren Tätigkeitsbereich er während seiner Amtszeit erheblich konsolidierte und ausbaute. Sein Buch *Essence of Decision: Explaining the Cuban Missile Crisis* (1971) trug maßgeblich dazu bei, die Analyse der Entscheidungsprozesse von Regierungen als wichtiges Feld in der Politikwissenschaft zu etablieren. Mit mehr als 450 000 verkauften Exemplaren handelt es sich um einen der größten Bestseller der akademischen Literatur. 1999 veröffentlichte Allison (gemeinsam mit Zeithistoriker Philip Zelikow von der University of Virginia) eine überarbeitete Version des Buches, die neues Material zu Kuba-Krise berücksichtigte. Neben der Veröffentlichung weiterer Bücher über außenpolitische Strategie und Internationale Beziehungen arbeitete Allison auch als Berater für das Pentagon sowie als Assistant Secretary of Defense for Policy and Plans in der Clinton-Regierung (1993–1994).

Allisons Buch *Essence of Decision: Explaining the Cuban Missile Crisis* ist eine ausführliche Analyse des Entscheidungsprozesses der US-Regierung am Beispiel der Kuba-Krise im Oktober 1962. Damals stationierte die Sowjetunion insgeheim atomare Mittelstreckenraketen auf der nur wenige hundert Kilometer vor der Küste der USA gelagerten und von ihrem Verbündeten Fidel Castro regierten Karibikinsel. Nach deren Entdeckung durch die Luftaufklärung der Vereinigten Staaten kam es zu einer diplomatischen Konfrontation zwischen den beiden Supermächten, die in eine nukleare Auseinandersetzung zu eskalieren drohte. Eine Seeblockade Kubas durch die USA führte schließlich zum Einlenken der Sowjetunion.

Die Kuba-Krise gilt als einer der Höhepunkte des Kalten Krieges und als der Moment, in dem die Welt einem Nuklearkrieg bisher am nächsten kam. Sie trug zur Etablierung des »roten Telefons« für den direkten Kontakt zwischen Washington und Moskau bei sowie zur ersten Phase atomarer Abrüstungsgespräche zwischen den Supermächten.

Allisons Buch untersucht mit Hilfe verschiedener theoretischer Modelle den Entscheidungsprozess der US-Regierung und illustriert seine Ergebnisse durch detaillierte zeithistorische Fakten. Indem er neben das (damals dominante) Modell des »rationalen Akteurs« zwei weitere, andere Perspektiven auf den Entscheidungsprozess einnehmende Modelle stellte (nämlich das des »organizational process« sowie das der »governmental politics«) und mit ihrer Hilfe Lücken in der Erklärungskraft des ersten Modells nachwies und füllte, belebte Allison die akademische Analyse internationaler Beziehungen ebenso wie die theoretische und empirische Forschung über das Verhalten von Bürokratien und Organisationen.

Das Buch ist so strukturiert, dass der Vorstellung jedes Modells eine Darstellung der Krise aus der Perspektive des jeweiligen Modells folgt. Drei Fragen gliedern dabei die Darstellung: Warum entschloss sich die Sowjetunion, Atomraketen auf Kuba zu stationieren? Warum reagierten die Vereinigten Staaten darauf mit einer Seeblockade? Warum entschied sich die Sowjetunion zu einem Abzug der Raketen? Je nach Perspektive fallen die Antworten auf diese Fragen unterschiedlich aus, und unterschiedliche Aspekte des Geschehens erscheinen als wichtig.

Das erste Modell – das des »rationalen Akteurs« – bezeichnet Allison als das »klassische Modell« vom Staatshandeln in der Lehre von den internationalen Beziehungen. Er nimmt dabei Bezug auf eine ganze Reihe von Autoren wie Morgenthau, Hoffman oder Aron, die den Staat als rational abwägenden und auf der nationalen Ebene einheitlich handelnden Akteur sehen. Dieser betrachte Handlungsalternativen im Lichte seiner Ziele und ihrer Konsequenzen und treffe seine Wahl nach dem Kriterium der Nutzenmaximierung. Durch Spieltheorie und Mathematisierung in den 1950er Jahren formalisiert, erwartet diese Perspektive rationales Handeln im Sinne von Konsistenz unter gegebenen Restriktionen.

Das Deduzieren von Motiven aus den Ergebnissen ist allerdings eine schwierige Sache, wie sich zeigt. Allison stellt nicht weniger als fünf spekulative Hypothesen auf, warum die Sowjetunion sich für die Stationierung der Raketen unternahm; sie reichen von der Sicherung der Verteidigung Kubas über die Hoffnung, einen Abzug gegen den Abzug der die Sowjetunion bedrohenden US-Mittelstreckenraketen aus der Türkei tauschen zu können bis zum Ziel, die »Raketenlücke« mit den USA zu stopfen. Einfacher fällt die Antwort auf die Frage, warum sich die Kennedy-Administration für eine Blockade entschied: sie minimierte so das Risiko einer raschen Eskalation und zwang die Sowjetunion zu einer Reaktion. Und der Abzug erfolgte demnach aus der Einsicht, dass die Sowjetunion angesichts der strategischen Überlegenheit der USA sowie deren glaubhafter Drohung, die Raketen gegebenenfalls zu vernichten, kein Interesse an einer Eskalation haben konnte und deshalb nachgeben musste.

Die detaillierte Beschreibung und Hinterfragung der mit Hilfe des ersten Modells erlangten Antworten zeigt allerdings Lücken – am deutlichsten etwa in der Frage, warum die Sowjetunion in ihr rationales Kalkül nicht die Möglichkeit der Entdeckung durch die US-Luftaufklärung (und damit die weitere Entwicklung) einbezogen hatte.

Mit seinem Fokus auf staatliches Handeln als Resultante des Agierens zahlreicher Organisationen, die zwar lose miteinander verbunden sind, aber ein erhebliches Eigenleben mit je spezifischen Kulturen und Standard-Handlungsrepertoires haben (die durch die Ziele der Regierung im allgemeinen nicht direkt gesteuert werden können), kann das zweite Modell (»Organizational Process«) die angesprochenen Lücken teilweise füllen. Staatliche Agenturen (wie die Ministerien, Geheimdienste oder die verschiedenen Waffengattungen des Militärs) gehen arbeitsteilig mit ihren jeweiligen Zuständigkeitsbereichen um, sie richten ihr Handeln nach kurzfristigen Zielen aus, wissen oft wenig vom Tun anderer Agenturen und sind wenig flexibel bei der Verfolgung einmal gefasster Pläne.

Die Fehler der Sowjetunion, die zur Entdeckung der Stationierung führten und unter der Annahme eines einheitlichen, rationalen Akteurs nicht erklärbar sind, erscheinen aus dieser Perspektive wenig überraschend: Das sowjetische Militär hatte eine solche Stationierung noch nie außerhalb des Landes vorgenommen und war deshalb auf die damit zusammenhängenden Herausforderungen nicht vorbereitet. Konsistente Maßnahmen zur Verheimlichung waren daher nicht ergriffen worden. Hinsichtlich der US-Reaktion zeigte die zeithistorische Untersuchung zunächst ebenfalls eine Dominanz organisatorischer Routine bei der Planung der See-Blockade. Doch die Kennedy-Administration war sich der entsprechenden Gefahren bewusst und vermochte (etwa durch direkte Kommunikation mit den Schiffen unter Umgehung der Marineführung) detailliert ihre zur Entschärfung der Situation beitragenden Präferenzen durchzusetzen. Die Sowjetunion ihrerseits wurde von der Entdeckung der Raketen durch die USA überrascht und konnte so rasch keinen Alternativplan entwickeln.

Das dritte Modell (»Governmental Politics«) betont ebenfalls die Uneinheitlichkeit von Staatshandeln, richtet den Blick aber vor allem auf die politischen Motive der an Entscheidungen beteiligten Personen. Denn während diese gemeinsam die Regierung bilden, gibt es zwischen ihnen doch auch Unterschiede in der Einschätzung von Situationen, politische Rivalitäten sowie Meinungsverschiedenheiten in thematisch anders gelagerten Fragen. Die individuellen Präferenzen der Akteure ebenso wie eine Verbindung zwischen innen- und außenpolitischen Fragen kommen so ins Spiel.

Die Entscheidung zur Stationierung der Raketen kann aus diesem Blickwinkel durch den politischen Druck, unter dem Chruschtschow (etwa durch die schwache wirtschaftliche Entwicklung, die fehlgeschlagene Lösung des Berlin-Problems oder die offensichtlich gewordene strategische Unterlegenheit gegenüber den USA) stand, erklärt werden. Sie wird aus dieser Perspektive zu einem Versuch, seine innenpolitische bzw. innerparteiliche Machtbasis zu stärken. Die entschlossene Reaktion von Seiten Kennedys (anstelle bloß diplomatischen Drucks) wird durch den politischen Druck der bevorstehenden Wahl zum Repräsentantenhaus plausibel – und die Option für Blockade statt Luftangriff durch die Erfahrung der (fehlgeschlagenen) Schweinebucht-Invasion, die Kennedy misstrauisch gegenüber militärischem Rat gemacht hatte. Die sowjetische Entscheidung zum Rückzug der Raketen schließlich wurde möglich, da Kennedy zwar öffentlich keine Gegenleistung anbot, gleichzeitig aber durch seinen Bruder dem sowjetischen Botschafter den Abzug der in der Türkei stationierten US-Raketen zusagte.

Die Publikation von Allisons Buch trug zur Skepsis hinsichtlich der damals gültigen, auf »gegenseitig gesicherter Zerstörung« (mutual assured destruction, MAD) basierenden US-Nukleardoktrin bei. Auf spieltheoretischen Kalkülen aufbauende Überlegungen über die Wirkung von Abschreckung, wie sie etwa Thomas Schelling angestellt hatte, hatten argumentiert, dass die Drohung mit »massiver Erwiderung« einen Nuklearkrieg verhindern werde. Denn die Kosten von Eskalation seien so hoch, dass bei rationalem Kalkül keine der Supermächte einen Krieg riskieren würden. Allisons detaillierte Untersuchung machte hingegen deutlich, an wie vielen Stellen in einem solchen Modell nicht beachtete Faktoren das tatsächliche Handeln beeinflussen und unerwünschte Folgen auslösen könnten. Akademisch beförderte das Buch die Auseinandersetzung über die Realitätsnähe von Modellen rationaler Wahlhandlungen (rational choice) und trug zu einer Ausdehnung der Reichweite von mit den Eigenschaften von Organisationen beschäftigter Literatur bei.

Das Ende der Sowjetunion ermöglichte in den 1990er Jahren den Zugang zu Archiven, mit deren Hilfe die von Allison aufgestellten Annahmen über die Motive der Sowjetunion überprüft werden konnten. Auch über das Handeln der amerikanischen Seite waren inzwischen neue Informationen bekannt geworden. 1999 veröffentlichte er daher (gemeinsam mit Philip Zelikow) eine überarbeitete zweite Auflage des Buches, in das diese zusätzliche Information einflossen.

Andreas Busch

Literatur

Graham T. Allison: Conceptual Models and the Cuban Missile Crisis, in: American Political Science Review, H. 3, 63 Jg. (1969), S. 689–718.

John Bordley (Borden) Rawls: A Theory of Justice, Belknap Press of Harvard University Press: Cambridge/Mass. 1971, XV + 607 S. (dt. Eine Theorie der Gerechtigkeit, Frankfurt: Suhrkamp 1975, 674 S.)

Mit seinem Buch *A Theory of Justice,* dessen Ursprünge in die späten 1950er Jahre zurückreichen, hat John Rawls (1921–2002) die politische Theorie zunächst in den anglo-amerikanischen Ländern (im Gefolge dann weltweit) wieder belebt und ihr eine neue, herausragende und bis heute fortdauernde Bedeutung verliehen. Politische Theorie lässt sich nach der Publikation von Rawls' Text nicht mehr (umstandslos) als eine Disziplin bezeichnen, deren Auseinandersetzung mit der politischen Ideengeschichte lediglich archivarische Funktionen erfüllt oder rein normative Postulate ohne empirische Rückbindung formuliert, sondern als ein Unternehmen, das für die Gegenwart moderner (und demokratischer) Gesellschaften von unmittelbarer Relevanz ist.

Rawls' Intention ist es, die Grundprinzipen zu bestimmen, auf Grund derer wir die Basis-Strukturen (basic structures) einer Gesellschaft als gerecht bezeichnen können, und diese Prinzipien argumentativ und systematisch zu rechtfertigen. Um diese seit Platon zentrale Problemlage zu bearbeiten, greift Rawls auf die neuzeitliche Tradition des Modells vom Gesellschaftsvertrag zurück. Das Buch selbst gliedert sich in drei große Abschnitte, deren erster die Theorie entwirft, deren zweiter die Ergebnisse mit Blick auf einzelne Institutionen konkretisiert und deren dritter die Stabilität der wohlgeordneten Gesellschaft diskutiert.

Die klassische Vorstellung vom fiktiven Naturzustand transformiert Rawls in eine kontra-faktische »anfängliche Situation der Gleichheit« (28), aus der als der »fairen Ausgangssituation« (29) schlechthin heraus der prinzipienbasierte Vertrag über die Gerechtigkeitsprinzipien geschlossen wird. Diese ursprüngliche faire Situation wird konstruiert durch die Einführung des »Schleiers des Nicht-Wissens« (36) *(veil of ignorance).* Dieser Schleier verhindert, dass die Akteure etwa ihre Stellung in der zukünftigen Gesellschaft kennen, über ihre mentalen und physischen Kompetenzen informiert sind oder ihre je spezifischen Vorstellungen des Guten wissen. Außerdem sind die TeilnehmerInnen wechselseitig aneinander desinteressiert, verfügen aber über das Wissen, dass sie in der realen, von Güterknappheit geprägten Gesellschaft ein je eigenes (noch unbekanntes) Ziel oder Interesse verfolgen werden, also in Konkurrenzverhältnissen und sozialen Differenzierungen werden leben müssen. Der Schleier des Nicht-Wissens fungiert so einerseits als ein Instrument, das Kontingenzen der (sozialen) Existenz ausschließen soll, andererseits als ein Verfahren der mentalen (Selbst-)Distanzierung im Hier und Jetzt. Obgleich die Ausgangssituation unweigerlich konstruiert ist, wie Rawls nicht müde wird zu betonen, ermöglicht uns die Idee des Schleiers des Nicht-Wissens, »jederzeit einfach […] in den Urzustand einzutreten« (36). Rawls schildert mit dieser Konzeption also nicht einen Naturzustand, den es, wie etwa Thomas Hobbes meinte, historisch nie gegeben hat, sondern er legt die Grundstrukturen einer menschlichen Vernunft frei, die dem Hier und Jetzt zu Grunde liegen und zu denen wir folglich jederzeit und immer Zugang haben. In seinen späteren Werken spricht Rawls folgerichtig von der »öffentlichen Vernunft«, zu der wir als Menschen fähig sind (John Rawls, Law of the Peoples with ›The Idea of Public Reason Revisited‹, Cambridge/Mass. und London 1999). Diese Unterstellung prinzipieller humaner Vernünftigkeit wirkt selbstbezüglich und damit selbstrechtfertigend, denn auch eine öffentliche Begründung der menschlichen Unvernunft würde die Vernünftigkeit nur bestätigen.

In dieser Situation fairer, gleicher, nicht von Kontingenzen gefärbter, freier und desinteressierter Vernünftigkeit wählen die Akteure rein zweckrational die Prinzipien, die einer gerechten Gesellschaft eigen sind. Leitend (und einzig vernünftig) ist dabei der in der Maximin-Regel enthaltene Gedanke, auch dann ein auskömmliches Leben führen zu können, wenn der Platz in der Gesellschaft vom (eigenen) Gegner zugewiesen wird. Ein Vabanque-Spiel etwa, das sich darauf verlässt, über die nötigen Mittel im Konkurrenzkampf zu verfügen, verbietet sich, würde doch das wohlverstandene Eigeninteresse dem Zufall und die Gesellschaft insgesamt der Willkür ausliefert werden. Der rationale Nutzenmaximierer, den Rawls konzipiert, ist deshalb unweigerlich auf die Berücksichtigung der Standpunkte anderer verwiesen.

Die Akteure des Urzustands werden sich deshalb für diejenigen Verteilungsprinzipien entscheiden, die ihnen einen möglichst großen Anteil an Grundgütern *(primary goods)* sichern und zugleich garantieren, dass selbst die Verteilungsmechanismen, unter denen sie von ihrem Konkurrenten einen Platz in der Gesellschaft zugewiesen bekommen *(worst case),* für sie vorteilhaft sind. Am Ende dieser prozeduralen Verflüssigung Kantischer Autonomie stehen die über eine rechtfertigbare Vorrangregel verknüpften zwei Gerechtigkeitsprinzipien: 1) »Jedermann soll gleiches Recht auf das umfangreichste System gleicher Grundfreiheiten haben, das mit dem gleichen System für alle anderen verträglich ist.« (81) Dieser Grundsatz des Egalitarismus bezieht sich gleichermaßen auf solche Grundgüter wie die allgemeinen Menschenrechte, die Rede- und Religionsfreiheit, Partizipationsrechte, die Freizügigkeit und personale Eigentumsrechte, verbindet also öffentlich-politische und private Autonomie. Deren prinzipielle Gleichverteilung hat Vorrang vor dem sogenannten Differenzprinzip: 2) »Soziale und wirtschaftliche Ungleichheiten sind so zu regeln, dass sie sowohl (a) den am wenigsten Begünstigten die bestmöglichen Aussichten bringen als auch (b) mit Ämtern und Positionen verbunden sind, die allen gemäß der fairen Chancengleichheit offen stehen.« (81) Das Differenzprinzip argumentiert gegen ein utilitaristisches Konzept des größtmöglichen Glücks der größtmöglichen Zahl, das

extreme Ungleichverteilung für einige durch den Gesamtnutzen rechtfertigt, sowie ein Pareto-Optimum und plädiert statt dessen für eine sozial-liberale Sozial-
und Wirtschaftsordnung, in der sozio-ökonomische Ungleichheiten nur dann gerecht (und rechtfertigbar) sind, wenn sie gerade die Gruppe der am schlechtesten
Gestellten immer noch besser situieren, als in jedem anderen prinzipiengeleiteten
Verteilungssystem. Rawls argumentiert so für einen (moderaten) Kapitalismus,
dessen rechtfertigbare Ungleichheiten insgesamt stimulierenden Charakter haben. Das impliziert, dass in sozio-ökonomische Ungleichverteilung erst dann um-
verteilend politisch eingegriffen werden darf (aber legitimer Weise auch kann),
wenn die Vorteile, die eine ungleiche Verteilung von etwa materiellem Besitz,
Bildungs- und Lebenschancen den am besten gestellten Gesellschaftsmitglie-
dern bietet, nicht mehr dazu beitragen, die Position der Schlechtestgestellten zu
verbessern. Ob, wie, wann und wodurch dies im Einzelnen zu geschehen hat, ist
der Experimentiergemeinschaft der Demokratie überlassen und zugleich aufgegeben, wie Rawls insgesamt und vor allem durch das Überlegungs-Gleichgewicht
auf die konkrete, situationsspezifische und kluge Realisierung der Prinzipien in
demokratischen Institutionengefügen (einer wohlgeordneten Gesellschaft) abstellt.

Geschärft durch die Kritik, die vor allem Gerald A. Cohen (Gerechtigkeit
ohne Gleichgültigkeit, Hamburg 2001) am Differenzprinzip angebracht hat, lässt
sich das zweite Prinzip trotz seiner Bezeichnung deutlich als ein Plädoyer für mo-
derate Gleichverteilung lesen. Extreme ökonomische Ungleichverteilungen, die
niemandem in der Gesellschaft mehr nützen und eher demotivierend wirken, lassen sich mit dem Differenzprinzip nicht mehr rechtfertigen und müssten deshalb
als zumindest fragwürdig qualifiziert werden. Auch ist zu fragen, ob denn alle
Bereiche der Gesellschaft dieselbe Verfassung (basic structures) haben und umstandslos mit denselben Prinzipien gemessen werden dürfen. Michael Walzer plädiert deshalb für komplexe Gleichheit, die den unterschiedlichen Logiken der Ge-
sellschaftssphären gerecht wird.

Rawls' Schüler Thomas Pogge (Weltarmut und Menschenrechte, Berlin u. a.
2011) wendet sich gegen die Applikation der Gerechtigkeitstheorie auf der internationalen Ebene, der er u. a. eine Verengung auf wohlgeordnete Gesellschaften
und die Ausgrenzung der ökonomiebasierten Machtungleichgewichte zwischen
der Nord- und der Südhalbkugel der Erde vorwirft. Von Seiten feministischer
Theoriebildung wird die strikte Trennung in öffentlich/privat zurückgewiesen, da
sie die Ungleichheit und Ungerechtigkeit in etwa familialen Beziehungen schlicht
ignoriert. Insofern trifft der von Axel Honneth (Das Recht der Freiheit, Berlin
2013) erhobene Vorwurf zu, Rawls würde eine historische Kongruenz zwischen
unabhängig gewonnenen Gerechtigkeitsprinzipien und den normativen Idealen
moderner Gesellschaft postulieren.

Rawls selber hat, neben der Ausweitung der Theorie auf ein *Recht der Völker,* in späteren Schriften die zunächst vorgenommene Identifizierung von politischer Theorie und (liberaler) Moralphilosophie selbstkritisch revidiert. Rawls geht jetzt vom Faktum der Pluralität vernünftiger und einander ausschließender umfassender Lehren innerhalb einer Gesellschaft aus. Politische Philosophie muss deshalb von Moralphilosophie getrennt werden und jene rein politischen (frei stehenden) Gerechtigkeitsprinzipien explizieren, denen alle Gesellschaftsmitglieder öffentlich zustimmen können, obwohl sie (privat) wahrscheinlich wechselseitig inkompatible umfassende vernünftige (u. U. religiöse oder nicht-liberale) Lehren vertreten. Entsprechend spezifiziert sich das erste Gerechtigkeitsprinzip institutioneller Ordnungen.: »Jede Person hat den gleichen Anspruch auf ein System gleicher Grundrechte und Freiheiten, das mit demselben System für alle vereinbar ist, und innerhalb dieses Systems wird der faire Wert der politischen (und nur der politischen) Freiheiten garantiert.« (John Rawls: Politischer Liberalismus, Frankfurt 1998, S. 69).

Umstritten ist jedoch, in wie weit dieser übergreifende Konsens nicht doch eine Vorstellung von Vernunft impliziert, die kantischen Idealen folgt, und ob damit nicht auch die Trennung von Moralphilosophie und Politischer Theorie weniger scharf ist, als Rawls intendiert.

Alexander Thumfart

Literatur

Frühbauer, Johannes J.: John Rawls ›Theorie der Gerechtigkeit‹, Darmstadt 2007
Höffe, Otfried (Hg.): John Rawls. Eine Theorie der Gerechtigkeit, 2. Aufl. Berlin 2006.
Kersting, Wolfgang: John Rawls zur Einführung, 2. korr. Aufl., Hamburg 2004.

Clifford Geertz: The Interpretation of Cultures. Selected Essays, Basic Books Publishers: New York 1973, 470 S. (dt. teilweise als Dichte Beschreibung. Beiträge zum Verstehen kultureller Systeme, Suhrkamp: Frankfurt 1983, 320 S.).

In seinem Buch *The Interpretation of Cultures* formuliert der amerikanische Ethnologe Clifford Geertz (1926–2006) einen bedeutungsorientierten Kulturbegriff, der über die Ethnologie hinausreichend auch in anderen Disziplinen breit rezipiert wurde und wird, so dass Geertz als ein Wegbereiter des cultural turn in den Sozialwissenschaften gelten kann. Seine Essaysammlung, die Material aus ethnologischen Feldstudien auf Bali sowie in Indonesien und Marokko umfasst, markiert einen zentralen Wendepunkt in seinem Werk. Als Schüler von Talcott Parsons war er zunächst einer modernisierungstheoretischen Analyseperspektive verpflichtet, die Kultur vor allem funktional bestimmte. Während seiner Feldstudien zu sozialem Wandel in Indonesien erschien ihm der Parsonsche Kulturbegriff mit seiner Engführung als Mechanismus der sozialen Integration zunehmend als zu statisch und unbestimmt. Stattdessen hebt Geertz seitdem die grundlegende aktive und bedeutungskonstitutive Dimension von Kultur hervor. Kulturanalysen haben sich daher nicht nur mit Normen und Werten zu beschäftigen, sondern sehr viel umfassender mit dem komplexen Bedeutungsgewebe aus Zeichen, Symbolen, Mythen, Routinen und Gewohnheiten.

Geertz entwickelt im Einführungsaufsatz *Dichte Beschreibung. Bemerkung zu einer deutenden Theorie von Kultur* einen semiotischen Kulturbegriff, der die folgenden Aufsätze und ethnologischen Analysen anleitet: »Ich meine mit Max Weber, daß der Mensch ein Wesen ist, das in selbstgesponnene Bedeutungsgewebe verstrickt ist, wobei ich Kultur als dieses Gewebe ansehe.« (9) Diese Definition reiht sich in die Tradition der interpretativ-verstehenden Soziologie ein, deren Ziel es ist, die sozial-kulturelle Welt von den subjektiven Sinnzuschreibungen der Akteure aus zu rekonstruieren. Geertz lehnt damit ein Verständnis der Sozialwissenschaften als »experimentelle Wissenschaft« (9) ab, die nach Gesetzen, Strukturen und Funktionen sucht. An die Stelle kausalen Erklärens tritt eine Interpretation von Bedeutungsstrukturen. In Abgrenzung zum Subjektivismus und Mentalismus der kognitiven Anthropologie, die Kultur als psychologische Struktur versteht, untersucht Geertz die Handlungspraxis, das heißt die Verwendung von Symbolen in der Interaktion von Akteuren. Kultur ist für Geertz ein öffentliches und soziales Phänomen, da erst in der gemeinsamen Handlungspraxis sozial festgelegte Bedeutungsstrukturen hervorgebracht und reproduziert werden. Diese Bedeutungsstrukturen haben damit zwar übersubjektiven Charakter; anders als im Strukturalismus steht jedoch nicht die immanente Struktur und Logik eines sinnhaften Differenzsystems im Zentrum, sondern ein »sozialer Diskurs« (27), der an die intersubjektive Hervorbringung und öffentliche Verwendungspraxis gebunden bleibt. Geertz lehnt daher strukturalistische Zugänge ab, da diese ein mechanisches »Dechiffrieren« (15) und einen Determinismus implizieren, der den historischen Veränderungsprozessen und dem Pluralismus der Gesellschaften nicht angemessen sei.

Bedeutungsstrukturen und Kulturmuster haben nach Geertz den Charakter von handlungsanleitenden Modellen. Sie stellen einerseits kognitive Schemata zur Interpretation und Deutung der sozialen Welt bereit, andererseits dienen sie der Motivation der Akteure und der Evaluation von Handlungsoptionen. Geertz betont diesen doppelten Aspekt von Symbolen als *Modell von etwas* und *Modell für etwas:* »Sie verleihen der sozialen und psychologischen Wirklichkeit Bedeutung, d. h. in Vorstellungen objektivierte Form, indem sie sich auf diese Wirklichkeit ausrichten und zugleich die Wirklichkeit auf sich ausrichten.« (53) Erst diese Doppelstruktur erlaubt es den Akteuren zu handeln und damit Symbole hervorzu-

bringen und die Bedeutungen des Handelns anderer zu interpretieren. In diesem
Sinne versteht Geertz politische Ideologien wie auch Religionen als kulturelle Systeme, die dazu dienen, die soziale Welt zu konstituieren, Bedeutung zu verleihen
und politisches bzw. religiöses Handeln anzuleiten.

Ansatzpunkt für empirische Kulturanalysen bilden bei Geertz wahrnehmbare,
sich wiederholende Handlungsmuster, die im Alltagsleben der Akteure hervorgebracht werden. Gesellschaften oder Kulturen werden nicht mehr als Ganzes untersucht, sondern in mikroskopischen Detailstudien, die signifikante Praktiken
oder Institutionen in den Blick nehmen (30). Ziel dieser Fallstudien ist die Freile-
gung der in einem Ereignis eingeschriebenen Bedeutungen. Zur Bezeichnung dieser Herangehensweise zieht Geertz den von Gilbert Ryle stammenden Begriff der
»dichten Beschreibung« (10 ff.) heran. Ryle demonstriert am Beispiel des Zwinkerns den Unterschied zwischen dünner und dichter Beschreibung. Erstere bleibt
auf die phänomenologische Beschreibung der Bewegung des Augenlids (auf das
Zucken) beschränkt. Die dichte Beschreibung hingegen möchte das in dem Ereignis Gesagte, die Bedeutung des Zwinkerns als öffentlichen Code erfassen. Nur so
kann der Unterschied zwischen dem willkürlichen Zucken eines Augenlids und
dem Zwinkern als bedeutungsvoller Handlung erfasst werden.

Für Geertz ist es nun entscheidend, dass die Bedeutungsstrukturen nicht auf
der Ebene der Individuen, sondern nur als Kollektivphänomen in der Verwendung
der Symbole und damit in der Handlungspraxis sichtbar werden. Diese ist öffentlich wahrnehmbar und lesbar und wird damit zum zentralen Gegenstand der Sozialwissenschaft. An dieser Stelle greift Geertz auf die Arbeiten von Paul Ricœur
zurück und überträgt den Textbegriff auf die soziale Praxis: Indem der Ethno-
graph den sozialen Diskurs niederschreibt, hält er ihn fest und überträgt soziales Handeln in Zeichen. Nicht das flüchtige Sprachereignis, sondern der Sinn von
Handlungssituationen wird durch die Vertextung und Verschriftlichung fixiert
und kann dann in seiner Vielschichtigkeit gelesen und gedeutet werden. Dieses
Vorgehen demonstriert Geertz am Beispiel einer dichten Beschreibung des bali-
nesischen Hahnenkampfes. Geertz interpretiert den Brauch balinesischer Männer,
Hahnenkämpfe zu veranstalten und dabei auf Hähne zu wetten als eine »Drama-
tisierung von Statusinteressen« (237). Als *tiefes Spiel* (»deep play«) kämpfen nicht
Hähne, sondern Clans gegeneinander – um Status, Ehre, Ansehen und Würde.
Der Hahnenkampf liefert damit die »Simulation der sozialen Matrix des kompli-
zierten Systems der einander überschneidenden und überlappenden, strikt kor-
porativen Gruppen, denen die Anhänger des Hahnenkampfes angehören« (235).
Zugleich ist der Hahnenkampf ein Ereignis, in das soziale Hierarchien, Männlich-
keitsvorstellungen und kollektive Emotionen eingeschrieben sind. Er hat für die
Balinesen und ihre Subjektivität eine konstitutive Bedeutung, sie werden gleichsam im dramatisierten Spiel ihrer eigenen Gefühle, kollektiver Emotionsregeln

sowie sozialer Hierarchien ansichtig. Diese Interpretation des Hahnenkampfes als *tiefes Spiel* möchte sedimentierte Bedeutungsstrukturen jenseits der Subjektivität von Intentionen freilegen, gerät damit aber freilich in die Gefahr, den Sinn des Textes von den Zuschreibungen der Interpreten abzukoppeln.

In seinen empirischen Analysen öffnet Geertz die ethnologische Analyse für Konstellationen der Mehrdeutigkeit, der kulturellen Interferenz und Dynamisierung. Am Beispiel eines fingierten Schafraubs in Marokko zeigt Geertz, wie Situationsprobleme aufgrund der Interferenz verschiedener Sinnmuster entstehen. Durch das Aufeinandertreffen dreier ungleicher Interpretationsrahmen der Situationen (des jüdischen, des berberischen und des französischen), kommt es zu systematischen Missverständnissen (15). Die Interpretation eines Begräbnisses auf Java dient Geertz wiederum dazu, das Problem der interpretativen Unbestimmtheit durch die Überlagerung religiöser und politischer Bedeutungsstrukturen in sich modernisierenden Gesellschaften zu demonstrieren. Durch die »Inkongruenz zwischen dem kulturellen Bedeutungsrahmen und den Formen der gesellschaftlichen Interaktion« kommt es zu Konflikten – »eine Unstimmigkeit, die daher rührt, daß ein religiöses Symbolsystem, das einer bäuerlichen Sozialstruktur entspricht, in einer urbanen Umgebung fortbesteht« (131).

Geertz hat prägenden Einfluss auf die Ethnologie ausgeübt. Durch seine Fokussierung auf den öffentlich zugänglichen Bereich kultureller Zeichen bricht er mit Ansätzen des Fremdverstehens, die sich auf Empathie und Einfühlen in Absichten und Motive von Akteuren berufen. Zudem hinterfragt Geertz das Modell kultureller Homogenität von Sinnmustern und der bruchlosen Integration von Kulturen und betont stattdessen die kulturelle Dynamik und interpretative Unbestimmtheit von Bedeutungsstrukturen. Die interpretative Wende hat aber auch in andere Disziplinen gewirkt und dazu geführt, dass etwa in der Soziologie und Politikwissenschaft historisch-kulturelle Konstellationen und Entwicklungslinien in strukturelle Analysen mit einbezogen werden. Neben institutionellen, rechtlichen und politischen Strukturen kommen damit kollektive Repräsentationen, Deutungen und Auslegung von Akteuren durch Symbole, Sprache und Rituale in den Blick. Die interpretative Soziologie beispielsweise betont, dass das Handeln der Menschen nur durch eine Rekonstruktion der jeweiligen Bedeutungsrahmen erfolgen kann. Auch in der Geschichtswissenschaft hat sich die Aufmerksamkeit der Forschung durch die Entwicklung eines interpretativen Paradigmas von den großen Erzählungen auf die Pluralisierung von Geschichte unter Einbeziehung der Alltags- und Mikrogeschichte verschoben. Der Bezug zu Geertz ist dabei keineswegs immer affirmativ, hat aber auch und gerade in der Kritik an seinem textualistischen Kulturmodell produktiv in den Sozialwissenschaften gewirkt.

Steffen Hagemann

Literatur

Berg, Eberhard/Fuchs, Martin (Hg.): Kultur, soziale Praxis, Text. Die Krise der ethnographischen Repräsentation, Frankfurt 1993.

Inglis, Fred: Clifford Geertz. Culture, Custom and Ethics, Cambridge 2000.

Kumoll, Karsten: »From the native's point of view«? Kulturelle Globalisierung nach Clifford Geertz und Pierre Bourdieu, Bielefeld 2005.

Jacques Lacan: Les quatre concepts fondamentaux de la psychanalyse (1964) Paris: Ed. du Seuil 1973, 253 S. (dt. Buch XI: Die vier Grundbegriffe der Psychoanalyse, Übers.: Norbert Haas, Olten: Walter 1978, 307 S.).

Das Seminar wurde im Jahr 1964 in Paris gehalten. Wie alle publizierten Seminare von Jacques Lacan (1901–1981) ist es von Jacques-Alain Miller ausgehend von Mitschriften des gesprochenen Textes transkribiert worden.

Die Umstände dieses Seminars sind außergewöhnlich und bestimmen seinen Gegenstand grundlegend. Lacan wurde Ende 1963 auf Drängen der International Psychoanalytic Association aus der 1953 gegründeten Société française de Psychanalyse ausgeschlossen. Daraufhin setzte er sein ursprünglich angekündigtes Seminar »Les Noms-du-père« mit der ersten Sitzung am 20. November 1963 ab und eröffnete am 15. Januar 1964 das neue Seminar, in dem er sich den Fundamenten der Psychoanalyse zuwendet und seinen Anspruch auf das Erbe Freuds, das ihm von der IPA streitig gemacht wird, bekräftigt. Im Laufe dieses Jahres gründet Lacan seine eigene Schule, die École freudienne de Paris (zunächst École française de Psychanalyse).

Die erste Seminarsitzung kommentiert diese Vorgänge, die Lacan mit der Exkommunikation Spinozas vergleicht, und somit die IPA mit der Institution der Kirche. Er stellt die Frage der Autorisierung und behandelt den Status der Psychoanalyse zwischen Religion und Wissenschaft. Die Psychoanalyse geht nach Lacan aus derselben Verfassung hervor wie die moderne Wissenschaft, hat aber mit ihrem antinomischen Korrelat zu tun, dem Subjekt des Unbewussten, das die Wissenschaft aus ihren Ergebnissen gerade elidiert. Mit der Religion teilt sie die Anerkennung einer grundlegenden Alienation des Subjekts, doch konzeptualisiert sie den Anderen, auf den das Subjekt bezogen ist, nicht religiös.

Die Lacansche Signifikantentheorie ist zu dieser Zeit ausgearbeitet, den roten Faden bildet im Seminar das Objekt der Psychoanalyse: das »Objekt Ursache des Begehrens« oder »Objekt a« in der Lacanschen Algebra. Lacan entfaltet sein theoretisches Gerüst entlang der vier Grundbegriffe: das Unbewusste, die Wiederholung, die Übertragung, der Trieb, wobei er das *Unbewusste* als »Unbegriff« bezeichnet, da es sich dem begrifflichen Zugriff gerade entzieht. – es ist negativ konzipiert, als Kluft, als die abwesende Ursache. Nach Lacans berühmtem Diktum, »das Unbewusste ist strukturiert wie eine Sprache« (26), sind seine Spuren in den Lücken und Ausständen des Sprach- bzw. Signifikantennetzes zu entziffern: »Ursache ist nur, wo es hapert.« (28) Das Unbewusste ist nicht ontisch verfasst bzw. in dieser Hinsicht das »Nichtrealisierte« (ebd.). In der Lacanschen Terminologie ist es das »Reale«, das durch das Dazwischentreten der Sprache allein als Verlorenes erschlossen werden kann. Das psychoanalytische Unbewusste ist, wie Lacan betont, ethisch verfasst.

Die *Wiederholung* wird von Lacan auf die Insistenz des Traumas bezogen, das in der Konstituierung des Unbewussten immer seine Narben hinterlässt. Die Wiederholung ist unwillkommene, dabei verfehlte Begegnung mit dem Realen bzw. dem Trauma »jenseits des Lustprinzips« (Freud). Lacan fasst sie mit dem aristotelischen Begriff *tyche,* im Gegensatz zum *automaton,* das die Wiederkehr innerhalb des Signifikantennetzes bezeichnet, während *tyche* das aufschimmern lässt, was gerade nicht in diese Netze eingegangen ist. In diesem Zusammenhang unterzieht Lacan den von Freud in der Traumdeutung berichteten Traum »Vater siehst Du denn nicht, dass ich verbrenne« (65) einer Neulektüre.

Hier schließen die berühmten Sitzungen zum *Blick* an, der von Lacan, neben Brust, Fäzes und Stimme zu den Objekten a gezählt wird, d. h. zu den fundamental verlorenen Objekten, deren Schicksal das Begehren eines Subjektes prägt. Lacan entfaltet seine Theorie des Blicks hier in Auseinandersetzung mit Maurice Merleau-Ponty, Jean-Paul Sartre und Roger Caillois. Der Blick erscheint in unterschiedlichster Form, er ist nicht an das Organ des Auges gebunden, von diesem vielmehr grundsätzlich und spannungsreich gespalten. Strukturell tritt der Blick als Störung im Bild auf, als Fleck, den Lacan als den »tychischen Punkt der Sehfunktion« (84) bezeichnet. Der Blick entzieht sich da, wo er gesucht wird: »Nie erblickst Du mich da, wo ich Dich sehe.« (97) Die Malerei und insbesondere sein Kommentar zur Anamorphose in Holbeins Gemälde *Die französischen Gesandten* (1533) nehmen einen zentralen Platz in Lacans Erläuterungen ein.

In der Folge wendet Lacan sich dem dritten Grundbegriff zu, der Übertragung, der er 1960/61 bereits ein eigenes Seminar gewidmet hatte. Er begreift sie nicht als Schatten alter Liebesenttäuschungen, auch nicht als Affektgeschehen, sondern als jeweils aktuelles Ins-Werk-setzen der sexuellen »Realität des Unbewußten« (156), das durch die Präsenz des Anderen ausgelöst wird und das die Relation des Subjekts zu »seinem« Objekt a hervortreten lässt. Gestützt auf seine grundlegende Formel, das Begehren das »Begehren des Anderen« (267) ist, rückt er die Frage nach dem Begehren des Analytikers in den Vordergrund. Lacan stellt sich damit u. a. gegen eine Analyse, die in der Identifizierung mit dem Analytiker endet.

Der zuletzt behandelte Grundbegriff ist der *Trieb.* Lacan entfernt ihn weitestmöglich von der Biologie: »Haben Sie je, auch nur einen Augenblick lang, das Gefühl gehabt, im Teig des Instinkts zu rühren!« (132) Stattdessen rückt er die vier von Freud am Trieb unterschiedenen Elemente (Drang, Quelle, Objekt, Ziel) ins Zentrum und akzentuiert das Zusammengesetzte, ja das Montagehafte im Sinne der Surrealisten am Trieb. Trieb ist wesentlich Partialtrieb. Er ist geschlechtlich und als solcher auf den Tod des Individuums bezogen. Topologisch gesehen legt sich die Kreisbahn des Triebes wie eine Schlinge um das Objekt a bzw. dessen Stellvertreter herum. Lacan betont die »rein topologische Realität« dieses Objektes und greift im Seminarverlauf zunehmend auf graphische und topologische Modelle zurück, die er während seines Vortrags an die Tafel malt. Aber er konstruiert daneben auch seinen »Mythos von der Lamelle«, um das Objekt a einzukreisen.

Im letzten Viertel des Seminars widmet Lacan sich der Subjektkonstitution, für die er zwei aufeinander folgende Operationen beschreibt: die Alienation und die Separation. Erstere bezeichnet die konstitutive Spaltung und Schwinden des Subjekts auf der Seite des Seins (fading, Aphanisis); letztere die Verwindung und Hereinname der Spaltung ins Subjekt selbst.

Lacan schließt das Seminar mit einem hochverdichteten Kommentar zum 20. Jahrhundert, in dem er das Auftreten der so genannten Massenmedien, vor allem aber das Drama des Nazismus von der Frage des Begehrens her zu situieren sucht. Es war die Bereitschaft der Subjekte, »den dunklen Göttern zu opfern« (289), die den Nazi-Terror genährt hat – nur wenige erliegen ihr nicht. Spinoza mit seiner Philosophie zählt für Lacan zu diesen Wenigen, aber seine Sorglosigkeit in Bezug auf das Begehren kann er nicht teilen. Dass hier zur Sorglosigkeit keinerlei Anlass besteht, zeigt Kant, dessen Ethik Lacan in »Kant mit Sade« analysiert hat.

Lacans aus höchst heteroklitem Material gewebter Text, entfernt sich weit von wissenschaftlichen Konventionen. Sein mäandernder, verrätselter und überraschender Stil ist als irritierend wahrgenommen worden und hat ebenso heftige Ablehnung wie Bewunderung auf sich gezogen. Das Seminar XI, das nicht mehr in der Klinik Sainte-Anne, sondern erstmals an der Universität vor einem wesentlich erweiterten Publikum gehalten wurde, kennzeichnet die Öffnung des Lacanschen Diskurses für nicht psychoanalytisch Praktizierende, die gleichwohl seine Hauptadressaten bleiben. Während in Frankreich Lacans Lehre stark innerhalb der Psychoanalyse diskutiert wird, wird sie in Deutschland vor allem in der Literatur-, Kunst- und Kulturwissenschaften rezipiert, hier ist die Lacansche Praxis institutionell erschwert.

Mai Wegener

Literatur

Bataille, Laurence: Der Nabel des Traums. Übers.: Norbert Haas, Berlin 1988.
Leclaire, Serge: Psychoanalysieren. Ein Versuch über das Unbewusste und den Aufbau
    einer buchstäblichen Ordnung, Übers.: Norbert Haas, 3. Überarb. Aufl., Wien 2001.
Porge, Erik: Jacques Lacan, un psychanalyste. Parcour d'un enseignement, Toulouse
    2000.

**Stanley Milgram: Obedience to Authority. An Experiment View. Harper & Row: New
York 1974, 224 S. (dt. Das Milgram-Experiment. Zur Gehorsamsbereitschaft gegenüber
Autoritäten. Rowohlt Verlag: Reinbek bei Hamburg 1974, 256 S.).**

Stanley Milgram wurde am 15. August 1933 in der New Yorker Bronx als zweites
Kind jüdischer Eltern geboren, die während des Ersten Weltkrieges aus Europa in
die USA emigriert waren. Nach seinem High-School-Abschluss (1950) und einem
Bachelorstudium in Politischer Wissenschaft und Philosophie am Queens College in New York wechselte Milgram 1954 nach Harvard, um Sozialpsychologie
am berühmten Social Relations Department zu studieren. Dieses multidisziplinär
orientierte Department wurde 1946 von Gordon Allport, Clyde Kluckhohn, Henry Murray und Talcott Parsons gegründet. Allport wurde auch Milgrams Doktor-
vater. Die entscheidenden Impulse für die Doktorarbeit erhielt Milgram allerdings
von Salomon Asch, der zwischen 1955 und 1956 als Visiting Lecturer in Harvard
lehrte und bei dem Milgram einige Zeit als Lehr- und Forschungsassistent arbeitete. Aschs herausragende Arbeiten zur Konformität waren für Milgram eine
wichtige Inspiration, sich in seiner Dissertation ebenfalls mit der Erforschung der
Konformität zu beschäftigen. Die empirischen Studien dazu führte er 1957 bis 1959
in Norwegen und Frankreich durch. Nach seiner Promotion im Jahre 1960 ging
Milgram an die Yale University. Dort realisierte er in den Jahren 1961 und 1962
die Studien, die als Forschungen zur »Gehorsamkeit gegenüber Autoritäten« bzw.
als das »Milgram-Experiment« in die Geschichte der Sozialwissenschaften eingegangen sind. Die Experimente wurden 1963 erstmals publiziert. 1967 übernahm
Milgram eine Professur für Psychologie an die City University of New York. Am
20. Dezember 1984 starb er mit 51 Jahren an Herzversagen.

Obedience to Authority. An Experiment View erschien im Jahre 1974. Milgram
stellt die politischen und psychologischen Ausgangspunkte seines Forschungsprogramms zum »Gehorsam gegenüber Autoritäten« vor, beschreibt die Methodik seiner Untersuchungen, präsentiert die experimentellen Befunde und setzt
sich mit den theoretischen, methodologischen und ethischen Konsequenzen seiner Ergebnisse auseinander. Über zehn Jahre nach Abschluss seiner Experimente
zum Gehorsam gegenüber Autoritäten lieferte Milgram mit diesem Buch nicht

nur eine umfassende Darstellung seiner Forschungen, sondern provozierte auch eine interdisziplinäre Auseinandersetzung über das Verhältnis von individueller Freiheit und gehorsamer Unterordnung unter autoritären Strukturen und über die ethischen Prämissen sozialwissenschaftlicher Forschung. Diese Auseinandersetzungen stehen nach wie vor im Zentrum sozialwissenschaftlicher Forschungen. Worum geht es?

Die Fragestellung und ihr gesellschaftspolitischer Hintergrund (Kap. 1): Mit seinen Experimenten wollte Milgram prüfen, ob und inwieweit Versuchspersonen solchen Anweisungen einer Autoritätsperson folgen, die den moralischen Normen zu widersprechen scheinen. Dabei ging es ihm vor allem darum, den psychologischen Wurzeln, Ursachen und Folgen des Gehorsams auf die Spur zu kommen, der zur Ermordung von Millionen Juden durch die Nazis führte. Die Vernichtung der Juden durch gehorsame Nazis, aber auch die von amerikanischen Soldaten während des Vietnamkrieges verübten Grausamkeiten, sind für Milgram wichtige Indizien, wie Verantwortung abgeschüttelt und Einzelpersonen zu gedankenlosen Werkzeugen werden können. Noch entscheidender aber: Im Konzept von der *Banalität des Bösen*, mit dem Hannah Arendt nach dem Eichmann-Prozess in Jerusalem 1961 die furchtbare, massenvernichtende Normalität der deutschen Täter zu erklären versuchte, sieht Milgram einen entscheidenden Ausgangspunkt und eine Bestätigung seiner Forschungen. »Ganz gewöhnliche Menschen, die nur schlicht ihre Aufgabe erfüllen und keinerlei persönliche Feindseligkeiten empfinden, können zu Handlungen in einem grausigen Vernichtungsprozess veranlasst werden« (22).

Das experimentelle Design: In der Grundkonstellation der Experimente (Kap. 2) betritt eine Person ein psychologisches Laboratorium und erhält von einem Forscher den Befehl, eine Reihe von Handlungen auszuführen, durch die sie in zunehmendem Maße in Gewissenskonflikte gestürzt wird. Die experimentelle Umsetzung dieser Konstellation sah folgendermaßen aus: Als Teilnehmer an den Experimenten fungierten ein Versuchsleiter, der auch durch entsprechende Kleidung (Laborkittel) als Forscher zu identifizieren war, eine echte Versuchsperson und ein Helfer des Versuchsleiters (ein Schauspieler), der vorgab, ebenfalls eine Versuchsperson zu sein. Die echten Versuchspersonen (insgesamt mehr als 800) kamen aus allen Bevölkerungsschichten und nahmen freiwillig für ein Honorar von vier Dollar an den Experimenten teil. Zu Beginn des Experiments wurde durch eine manipulierte Verlosung der echten Versuchsperson die Rolle eines »Lehrers« übertragen und der Helfer des Versuchsleiters als »Schüler« bestimmt. Der »Lehrer« erhielt die Aufgabe, dem »Schüler« Wortpaare vorzulegen, die dieser auswendig lernen sollte. Immer dann, wenn der »Schüler« bei der Wiedergabe der gelernten Wortpaare Fehler machte, sollte er mit einem Stromschlag bestraft werden. Zu diesem Zwecke wurde der »Schüler« in einen anderen Raum gebracht, auf einem Stuhl festgeschnallt und mit einer Elektrode verkabelt. Der »Lehrer« wurde in einem anderen Raum vor einem eindrucksvollen Schockgenerator platziert, an dem 30 Schalter angebracht waren. Die Schalter waren, bei einer Steigerung von jeweils 15 Volt, mit 15 Volt bis 450 Volt bezeichnet; außerdem standen unter jeder Bezeichnung Aufschriften; etwa »leichter Schock« bei 15 Volt, »starker Schlag« bei 150 Volt, »heftiger Schlag« bei 255 Volt, »extrem, heftiger Schlag« bei 315 Volt, »Gefahr, äußerst extremer Schlag« bei 375 Volt; die Schalter der 29. und 30. Stufe waren zwar mit der Voltzahl (435 und 450) versehen, trugen aber nur die ominösen Bezeichnungen »XXX«. Dem »Lehrer« wurde die Funktionsweise des Generators beschrieben und – um die Glaubhaftigkeit der experimentellen Inszenierung zu sichern – erhielt er einen Probeschock von 45 Volt verabreicht. Bei falschen Antworten im Wortlerntest sollte der »Lehrer« den »Schüler« durch einen zunehmend stärkeren Elektroschock bestrafen. Der »Schüler« spielte dabei nur die Rolle des Bestraften, bekam also keinen wirklichen Elektroschock verabreicht. Die echte Versuchsperson, die die Rolle des »Lehrers« übertragen bekam, war in dieses Schauspiel aber nicht eingeweiht. Im Verlaufe des Experiments nahm die Zahl der falschen Antworten des »Schülers« zu, so dass der »Lehrer« auch zunehmend stärkere Elektroschocks zu verabreichen hatte. Bei einem Schock von 75 Volt begann der »Schüler« zu murren; bei 150 Volt bat er um Abbruch des Experiments; bei 285 Volt gab der »Schüler« ein qualvolles Schreien von sich und bei 300 Volt hämmerte er an die Wand, später blieb er gänzlich stumm. Falls der »Lehrer« im Verlaufe des Experiments und in Folge der Klagen, die er vom »Schüler« hörte, das Experiment beenden wollte, wurde er vom Versuchsleiter mit standardisierten Sätzen zum Weiterzumachen aufgefordert (z. B. »Die Schocks mögen schmerzhaft sein, sie hinterlassen aber keine bleibenden Gewebeschädigungen. Machen Sie also weiter!«).

Milgram führte insgesamt 20 Experimente in vier Hauptvarianten durch. Über 19 Experimente berichtet er im Buch (Kap. 3 bis 9). In der ersten Variante konnte die echte Versuchsperson (der »Lehrer«) den »Schüler« weder sehen noch hören, sie nahm nur einen Schlag an die Wand beim Erreichen der 300-Volt-Grenze wahr. In dieser Variation gingen 65 Prozent der freiwilligen Versuchspersonen bis zur höchsten Stufe von 450 Volt, um die »Schüler« für falsche Antworten zu bestrafen. In der zweiten Variante, in der ca. 62 Prozent die Maximalvoltzahl verabreichten, hörte der »Lehrer« die Reaktionen des »Schülers« über einen Lautsprecher. In der dritten Variante hielten sich »Lehrer« und »Schüler« in einem gemeinsamen Raum auf und ca. 40 Prozent der Versuchspersonen gaben Elektroschocks bis 450 Volt. In der vierten Variante hatten »Lehrer« und »Schüler« direkten Kontakt, indem der »Lehrer« die Hand des »Schülers« auf den Stromkontakt pressen musste. Hier folgten noch 30 Prozent der Versuchspersonen den Anweisungen des Versuchsleiters und straften mit der Maximalvoltzahl. Das Ausmaß des Gehorsams verringerte sich weiter, wenn in weiteren experimentellen Variationen a) der Versuchsleiter sich nicht als Wissenschaftler der Yale University, sondern als Angestellter eines fiktiven kommerziellen Forschungsinstituts vorstellte, oder b) zwei Versuchsleiter im Experiment auftraten, die widersprechende Anweisungen gaben.

Die theoretische und methodologische Einordnung der Befunde (Kap. 10 bis 15): Im Gegensatz zu den in den 1960er und 1970er Jahren vorherrschenden Aggressionstheorien sieht Milgram in den Ergebnissen seiner Experimente keine Hinweise auf angeborene »Aggressionstriebe« (193) oder Bestätigungen für die damals sehr populäre Frustrations-Aggressions-Hypothese (Leon Berkowitz). In seiner theoretischen Erklärung stützt sich Milgram auf den kybernetischen Ansatz von William R. Ashby und geht von der Annahme aus, dass Menschen zwar autonom zu handeln vermögen und in der Lage sind, Verantwortung für ihr Verhalten übernehmen zu können. Überlebensfähig seien sie aber nur in gesellschaftlichen, hierarchisch strukturierten Systemen. »Hierarchien« können aber nur funktionieren, wenn die Menschen, die Teile dieser Systeme sind, den Erfordernissen der Hierarchien folgen. Gehorsam ist somit aus Sicht Milgrams sowohl wichtige Voraussetzung als auch Folge funktionierender, stabiler gesellschaftlicher Organisationen. Milgram spricht in diesem Zusammenhang von einem »Agens-Zustand« (156), wenn sich Menschen den Erfordernissen systemeigener Hierarchien unterwerfen. Unter solchen Umständen betrachte »sich der einzelne nicht mehr als verantwortlich für seine Handlungen, sondern definiert sich als ein Instrument zur Durchsetzung der Wünsche anderer« (157). In der Wissenschaft wird ein solcher Zustand auch als *Verantwortungsabschiebung* (diffusion of responsibility) bezeichnet. Gehorsamkeit, so Milgram, setze in solchen Situationen aber eine »legitime Autorität« voraus, die das Befolgen entsprechender Anweisungen einfordere: Eine Autoritätsperson, die sich in den Experimenten als Wissenschaftler glaubwürdig legitimiert und die Anweisungen in einer Weise formuliert, die keinerlei Widerspruch duldet, definiert die Situation. Die Versuchspersonen akzeptieren die vom Versuchsleiter arrangierte Situation (»Lernen durch Bestrafung«), sehen sich selbst als bloße Vollstrecker der wissenschaftlichen Absichten und übertragen die Verantwortung für das Geschehen auf den Versuchsleiter als Autoritätsperson. Die Versuchsperson in der Rolle des »Lehrers« kann die Verantwortung für die schmerzhaften Bestrafungen aber auch dem Opfer (also dem »Schüler«) zuschreiben. Indem dem »Schüler« Dummheit beim Erlernen der vorgegebenen Wortpaare oder Widerspenstigkeit gegenüber den Anweisungen unterstellt wird, kann ihm auch die Schuld für die weiteren Folgen zugeschoben werden. Diese Form der *Verantwortungsverschiebung* führe dann zu einer »grundlosen Diskriminierung des Opfers«: »Wenn das Opfer eine unwürdige Person ist, braucht man sich keine Gewissensbisse zu machen, wenn man ihm Schmerzen zufügt«

(187). Milgrams Überlegungen weisen damit auch Ähnlichkeiten mit solch wichtigen sozialwissenschaftlichen Konzepten wie der »Täter-Opfer-Umkehr« oder der »Dehumanisierung der Opfer« auf.

Ethische Implikationen der Milgram-Experimente (Anhang): Bereits 1964 kritisierte Diana Baumrind Milgrams Experimente scharf. Milgram habe seine Versuchspersonen in die Irre geführt und sie durch die experimentelle Manipulation potentiell geschädigt. Die American Psychological Association (APA) schloss Milgram aufgrund dieser Kritik für ein Jahr als Mitglied ihrer Gesellschaft aus. 1973 verabschiedete die APA – nicht zuletzt wegen den Kritiken an diesen und ähnlichen Experimenten – grundlegende ethische Prinzipien für den wissenschaftlichen Umgang mit Menschen.

Milgram erhielt für sein Buch, das mittlerweile in mehr als zehn Sprachen übersetzt wurde, 1974 den Jahrespreis der *American Association for the Advancement of Science*. Die Experimente wurden entweder in der Grundversion oder mit Variationen u. a. in Australien (1974), Deutschland (1971), Großbritannien (1977), Indien (1983), Italien (1969), Jordanien (1978), den Niederlanden (1986), Österreich (1985), Spanien (1981) und Südafrika (1969) wiederholt; in den meisten Fällen ließen sich Milgrams Befunde replizieren. Außer in der australischen Studie gingen in allen anderen Länderstudien zwischen 50 und 90 Prozent der echten Versuchspersonen bis zur vermeintlichen Maximalgrenze von 450 Volt, um ihre »Schüler« zu strafen.

Online-Recherchen (z. B. im Web of Science) zeigen den starken wissenschaftlichen Einfluss, den Milgrams Werk nach wie vor besitzt. Auch Musiker, Filmregisseure, Schriftsteller und Showmaster ließen sich vom »Milgram-Experiment« inspirieren. Das nicht minder berühmte, im Jahre 1971 durchgeführte »Stanford-Experiment« von Philip Zimbardo (siehe Zimbardo 2007) steht ebenfalls in der Tradition von Stanley Milgram. Vor allem aber stimuliert das Milgram-Experiment nach wie vor die wissenschaftlichen und politischen Debatten über die individuelle Unterordnung unter institutionelle und/oder gesellschaftliche Gehorsamkeitsnormen. Auch die möglichen Parallelen zwischen Milgrams Befunden und dem Holocaust oder den von amerikanischen Soldaten verübten Verbrechen in Vietnam und im Irak werden kontrovers diskutiert. Trotz der zum Teil berechtigten Kritik an der Generalisierung der Milgramschen Ergebnisse ist die von ihm aufgeworfene Hauptfrage nach wie vor von aktueller Relevanz: Wann und unter welchen Bedingungen sind Menschen bereit, Dinge zu tun, die sie sonst nie tun würden? Eine aktuelle Antwort auf diese Frage stammt von Steve Reicher und Alexander Haslam (2011). Unter Rückgriff auf die Theorie der sozialen Identität (Henry Tajfel) gehen die Autoren davon aus, dass die »Lehrer« im »Milgram-Experiment« keinesfalls aus blindem Gehorsam gehandelt haben, sondern aktive Ausführer von Befehlen waren. Je (räumlich) näher sich »Lehrer« und Versuchsleiter in der experimentellen Situation sind, umso eher – so die Annahme der Autoren – identifiziert sich der »Lehrer« mit dem Versuchsleiter, der die Befehle gibt. Die »Lehrer« sehen sich selbst als »sharing a common social identity with the experimenter« (Reicher & Haslam 2011, S. 167). Diese Identifikation mit dem Versuchsleiter sei umso leichter möglich, je legitimer die Autorität des Versuchsleiters dem »Schüler« vermittelt werde. Unter solchen Bedingungen erlebe der »Lehrer« ein Gefühl der autoritären Geborgenheit, könne seine Verantwortung an die höher gestellte Position (eben dem Versuchsleiter) abschieben und mit gutem Gewissen die »Schüler« bestrafen. Mit einer solchen Interpretation erscheinen dann auch die Parallelen zwischen dem »Milgram-Experiment«, der »Banalität des Bösen« und dem Holocaust in einem neuen Licht: Die Täter wussten was sie taten. Verbrechen entstehen, wenn Menschen sich mit Autoritäten identifizieren, die bösartige Handlungen als tugendhaft darstellen.

Wolfgang Frindte/Daniel Geschke

Literatur

Blass, Thomas: The man who shocked the world. The life and legacy of Stanley Milgram, New York, NY 2004.

Reicher, Stephen & Haslam, S. Alexander: After shock? Towards a social identity explanation of the Milgram ›obedience‹ studies, in: British Journal of Social Psychology, 2011 (50), S. 163–169.

Zimbardo, G. Philip: Der Luzifer-Effekt. Die Macht der Umstände und die Psychologie des Bösen, Heidelberg 2008.

Michel Foucault: Surveiller et punir. La naissance de la prison, Editions Gallimard: Paris 1975, 318 S. (dt. Überwachen und Strafen. Die Geburt des Gefängnisses, Suhrkamp: Frankfurt 1976, 397 S.).

Was für ein Auftakt: Der französische Historiker und Philosoph Michel Foucault (1926–1984) lässt seine Untersuchung über die Wandlung des Strafsystems vom 18. bis ins 20. Jahrhundert mit den Augenzeugenberichten über die Hinrichtung des als Königsmörder überführten François Damiens im Jahre 1757 beginnen. Ebenso minutiös wie nüchtern schildern die historischen Quellen die nicht enden wollenden Marter- und Foltermethoden, mit denen der Körper des Delinquenten über viele Stunden hinweg bis zum Eintritt des Todes malträtiert wurde. Ziel der öffentlichen Hinrichtung war die Wiederherstellung der herausgeforderten Souveränität des Königs vor den Augen des versammelten Volkes. Mit der vollständigen Zerstörung des Körpers sollte der misslungene Anschlag gesühnt werden. Schon wenige Jahrzehnte später ist eine radikale Veränderung der Strafprozeduren zu registrieren: An die Stelle des öffentlichen Spektakels der Marter ist die Internierung der Delinquenten getreten. Als Kontrapunkt zur Schilderung der Torturen des Königsmörders setzt Foucault die Hausordnung eines Gefängnisses, die den Tagesablauf eines jeden Insassen bis ins kleinste Detail regelt.

Aus der dramaturgisch überzeugenden Gegenüberstellung zweier extrem verschiedener Bestrafungspraktiken leitet Foucault die Frage ab, wie und warum es zu diesem Wandel gekommen ist. Der gängigen Lesart, nach der die zunehmende Abkehr von den körperlichen Torturen und die Hinwendung zu weicheren Methoden der Strafe aus humanitären Gründen erfolgten, erteilt er eine strikte Absage. Seine These lautet vielmehr, dass sich diese Entwicklung einem ökonomischen Kalkül verdankt, das einen Wechsel des Ziels der Bestrafung einschließt: Nicht mehr die verschwenderische Zerstörung der Körper, sondern die Herstellung gut abgerichteter und produktiver Körper ist das Ziel der für das moderne Zeitalter typischen »Disziplinarmacht«. Nicht mehr allein der Körper, sondern vor allem auch die Seele, die Psyche und Triebe des Delinquenten stehen im Mittelpunkt der sowohl bestrafenden als auch erziehenden Institutionen. Nicht mit Ausschluss und Vernichtung, sondern mit Einschluss und Verbesserung der Insassen wird auf die Gefährdung der sozialen Ordnung durch deviantes Verhalten reagiert. Scharfrichter und Henker sind dabei durch eine ganze Armada von Disziplinierungsexperten – »Aufseher, Ärzte, Priester, Psychiater, Psychologen, Erzieher« (19) ersetzt worden, die die gefährlichen Individuen durch vielfältige Kontroll- und Domestizierungsbemühungen in folgsame, gehorsame und nützliche Teile der Gesellschaft verwandeln sollen.

Zentral für Foucaults gesamten Ansatz ist die auch hier zum Tagen kommende Vorstellung, dass es jeweils nicht um die Hinwendung zu zuvor unerkannt gebliebenen, aber immer schon existenten Anomalien, Charakteren, Trieben, Psychen usw. geht, sondern diese durch die »Technologien der Macht« (34) allererst erfunden werden. Die in Armee, Fabrik, Schule, Krankenhaus und Gefängnis angewandten Körpertechnologien und Disziplinierungsmaßnahmen zielen durchweg nicht auf ein bereits zuvor schon existierendes Subjekt, sondern bringen die »fügsamen[n] und gelehrige[n] Körper« (173) erst hervor, auf die die Strafprozeduren und Disziplinarmaßnahmen abzielen. Insofern ist Macht nicht nur als eine negative Kraft zu verstehen, die ausschließt, verbietet und verhindert, sondern auch – entgegen der vorherrschenden Vorstellung – als eine positive Kraft, die etwas ermöglicht, bewirkt und schafft, das ohne sie gar nicht existieren würde. Der für Foucaults gesamtes Werk zentrale Begriff der Macht zielt darauf ab, diese nicht mehr länger in den Staatsapparaten zu lokalisieren oder ihren Besitz einer bestimmten gesellschaftlichen Gruppe zuzuschreiben. Macht ist vielmehr eine dezentral wirkende Kraft, die nicht von einem Zentrum aus in die kleinsten Verästelungen des Gesellschaftskörpers eindringt, sondern auf allen Ebenen der

Gesellschaft, in allen sozialen Beziehungen und in jeder sozialen Interaktion permanent erzeugt wird. Die durchaus beunruhigende Botschaft, die von Foucaults Machtverständnis ausgeht, lautet, dass sich Macht nicht externalisieren lässt, weil jeder in Machtbeziehungen involviert ist, die er durch sein eigenes Tun aufrechterhält. Seine »Analytik der Macht« zielt auf die Untersuchung der Machtbeziehungen, die zwischen den Geschlechtern, zwischen Erwachsenen und Kindern, Kranken und Gesunden, Normalen und Anormalen bestehen. Diese von der klassischen politischen Theorie vernachlässigte »Mikrophysik der Macht« (40), macht die viel beschworene Macht des Staates in seinen Augen überhaupt erst möglich. In zahlreichen Interviews und Gesprächen aus der Zeit der Veröffentlichung von Überwachen und Strafen hat der am berühmten Collège de France in Paris lehrende Philosoph auf die politischen Konsequenzen dieses von ihm vorgeschlagenen Perspektivenwechsels hingewiesen: Ein Regimewechsel bringt noch keine Veränderung der Gesellschaft mit sich. Wer sie wirklich verändern will, muss auf die Umwälzung der oft vernachlässigten Machtbeziehungen auf der Mikroebene der Gesellschaft abzielen.

Als zentraler Wegbereiter dieser Auffassung von Macht ist die Erfindung des »Panopticon« (258) durch den Utilitaristen Jeremy Bentham aus dem Jahre 1787 anzusehen. Das Panopticon ist ein Gebäude, das aufgrund seiner architektonischen Struktur dazu in der Lage ist, mit minimalem Aufwand einen großen Effekt zu erzielen. Die Anlage besteht aus ringförmig angeordneten Zellen, in deren Mitte sich ein Turm befindet, von dem aus die Insassen beobachtet werden können, ohne dass diese ihrerseits dazu in der Lage wären zu sehen, ob sich ein Wärter im Turm befindet oder nicht. Der erwünschte Effekt besteht darin, dass sich die Insassen regelkonform verhalten, weil sie stets davon ausgehen müssen, dass Regelverstöße nicht unbeobachtet bleiben und umgehend geahndet werden können. Somit wird die Anwesenheit eines Wächters mehr und mehr überflüssig, da sich der Delinquent zunehmend selbst ein diszipliniertes Verhalten auferlegt und damit Selbstkontrolle an die Stelle der Fremdkontrolle tritt. Der enorme Erfolg des »Panoptismus« (251) lässt sich schon daran ablesen, dass die im Gefängnis erprobten Formen der Kontrolle, Überwachung und Unterwerfung der Internierten weit über die Grenzen dieser Institution hinaus Anwendung gefunden haben: Auch die Schüler in den Schulen, die Arbeiter in den Fabriken, die Soldaten in den Kasernen, die Kranken in den Kliniken und die Kinder in den Familien werden »überwacht, dressiert und korrigiert« (41). Unabdingbar für das Funktionieren der panoptischen Macht sind die Organisation des Raumes, die Parzellierung der Räume, die Platzierung der Individuen und die Zuweisung von Funktionsstellen. In allen genannten Institutionen geht es um die Festsetzung, Anordnung und Verteilung der Individuen zwecks besserer Kontrolle und Überwachung ihres Verhaltens, ihrer Bewegungen und Handlungen. Die Geschichte der juridischen Strafsysteme kulminiert in der Etablierung einer »Disziplinargesellschaft« (269), in der sich jedes Individuum einer lückenlosen Überwachung ausgesetzt sieht – einer Überwachung allerdings, die nicht mehr von einer zentralen unantastbaren Instanz ausgeübt wird, sondern von jeder Zeit ersetz- und austauschbaren Einzelnen, die auch selbst der Überwachung unterliegen. An die Stelle des hierarchischen Modells der Macht mit dessen Einteilung in Machthaber und Machtunterworfene, Mächtige und Ohnmächtige, tritt die Vorstellung eines dynamischen und fluiden Netzwerkes der Macht, in dem die eingenommenen Positionen nicht festgeschrieben, sondern disponibel sind.

Foucault sieht keinen Anlass, diesen Wandel als Fortschritts- oder Erfolgsgeschichte auszugeben. Seine Untersuchung zeigt vielmehr, dass die der Macht Unterworfenen und die Macht Ausübenden im Laufe der Zeit eine entgegengesetzte Entwicklung zurückgelegt haben: Während die Subjekte der Macht zunehmend unsichtbar und entindividualisiert wurden (vom König zur Überwachungsmaschine), sind die Objekte der Macht zunehmend sichtbar und individualisiert worden (vom ausgeschlossenen Pestkranken zum Forschungsgegenstand von Psychiatern, Therapeuten und Ärzten). Foucault lässt keinen Zweifel daran, wie dieser Wandel zu bewerten ist: »Die Sichtbarkeit ist eine Falle!« (257) Individualisiert und sichtbar zu werden heißt für Foucault, einer effizienteren Kontrolle unterworfen werden zu können.

Einen entscheidenden Anteil daran, dass die Armen, Kranken, Wahnsinnigen und Kriminellen nicht mehr länger ausgeschlossen, ansonsten aber in Ruhe gelassen wurden, haben die Humanwissenschaften. Ohne deren Klassifikationssysteme, Messinstrumente und Untersuchungsverfahren wäre die Durchleuchtung, statistische Erfassung und Separierung der Bevölkerung nicht möglich gewesen. Macht und Wissen bilden bei Foucault deshalb keine Gegensätze, sondern zwei nicht voneinander trennbare Größen. Unsichtbarkeit bedeutet für Foucault vor allem Schutz vor dem Zugriff der Disziplinierungs- und Normalisierungsmaschinerie. Ohne sich zu einer Verfallsgeschichte hinreißen zu lassen, sind seine Untersuchungen der Macht doch geprägt von der Suche nach der Möglichkeit eines Lebens außerhalb des Zugriffs der Macht, einer vom Radar der Macht-Wissen-Komplexe nicht erfassbaren Existenz, die schon Foucaults frühere Studie *Histoire de la folie* (1961; dt. *Wahnsinn und Gesellschaft*, 1969), auszeichnet und auch seine nachfolgenden Schriften geprägt hat.

Obwohl die Studie *Überwachen und Strafen* in einzelnen Punkten keineswegs unwidersprochen geblieben ist, ist ihr Einfluss in den Sozialwissenschaften kaum zu überschätzen. Spätestens mit diesem Buch hat Foucault die Grenzen von Psychologie und Geschichte verlassen und sich auf sozialwissenschaftliches Terrain begeben. Der hier entwickelte Machtbegriff, die Analyse der Disziplinargesellschaft und der Panoptismus sind nicht nur breit diskutiert worden, sondern haben auch eine Reihe von weiteren Untersuchungen und Nachfolgeprojekten angestoßen. Der besondere Status dieses Klassikers besteht darin, dass Foucault seine Abhandlung nicht allein aus wissenschaftlichen Gründen verfasst hat. Anlass für seine Beschäftigung mit der Geschichte der Bestrafung war vielmehr sein Engagement als »spezifischer Intellektueller« für bessere Haftbedingungen und eine Reform der Gefängnisse. Er hat es verstanden, durch flankierende Interviews und Vorträge die Aktualität seiner materialen Analyse zu betonen, die den Aufständischen ein Werkzeug für ihren Protest an die Hand geben sollte. Der Erfolg des Buches dürfte nicht zuletzt darauf zurückzuführen sein, dass damit der Versuch vorliegt, gesellschaftliche Tatbestände nicht nur beschreiben, sondern nach wie vor auch verändern zu wollen, ohne die ausgetretenen Pfade marxistischer Gesellschaftskritik zu beschreiten.

Markus Schroer

Literatur

Dreyfus, Hubert L./Rabinow, Paul: Michel Foucault. Jenseits von Strukturalismus und Hermeneutik, Weinheim 1994.
Sarasin, Philipp: Michel Foucault zur Einführung, Hamburg 2005.
Schroer, Markus: Individualisierung und Disziplinierung – Michel Foucault, in: Ders.: Das Individuum der Gesellschaft. Synchrone und diachrone Theorieperspektiven, Frankfurt 2001, S. 81–123.

Jean Baudrillard: L'échange symbolique et la mort, Gallimard: Paris 1976, 347 S. (dt. Der symbolische Tausch und der Tod, München 1982, 430 S.).

Der symbolische Tausch und der Tod markiert den zentralen Wendepunkt in Jean Baudrillards (1929–2007) Gesamtwerk. Während die früheren Arbeiten durchaus noch in das Paradigma einer kritischen Soziologie passen und das 1970 erschienene Buch über *La société de consommation* zumindest in Frankreich Verbreitung als soziologischer Klassiker gefunden hat, entwickelt sich Baudrillard, der an der Universität Paris-Nanterre Soziologie lehrt, mit dem *Symbolischen Tausch* vollends zum Paria soziologischen Denkens – und zugleich zur Ikone der Postmoderne. Bei der im Hauptwerk vorgetragenen Analyse bleibt er jedoch nicht stehen, vielmehr experimentiert er schon bald darauf mit neuen Begriffen und Narrativen. Sein schonungsloser Zynismus – sei es in der Auseinandersetzung mit der französischen Linken, mit dem Feminismus oder mit dem ersten Irakkrieg – trägt ihm ebenso wie seine Ablehnung soziologischen Mainstreams viele Feindschaften ein. Auch die Tatsache, dass er die Möglichkeit eines Umsturzes der gesellschaftlichen Ordnung, die er im *Symbolischen Tausch* noch für denkbar gehalten hatte, später

zusammen mit allen Handlungsoptionen für kritisches Engagement verwirft, hat
ihn nicht wenigen anderen Intellektuellen suspekt gemacht.

Baudrillard verfasst sein Hauptwerk in einem intellektuell höchst angeregten
Umfeld. Marx, Freud und Nietzsche befruchten Sozialwissenschaften und Philosophie gleichermaßen und der Strukturalismus feiert seine Erfolge. Doch im
Vergleich zu anderen erweist sich Baudrillard als relativ sparsam mit Bezügen auf
den französischen Diskurs. Stattdessen vereint er im *Symbolischen Tausch* verschiedene Überlegungen aus unterschiedlichen Quellen – von Guy Debord über
Marshall McLuhan bis hin zu David Riesman. Was sich in den Jahren zuvor in
seinen Aufsätzen schon andeutet, wird hier nun zu einer eigenständigen Theorie
zusammengezogen. Zwei Thesen stehen dabei im Vordergrund: Zum einen beschreibt Baudrillard die Gesellschaft seit der Renaissance als Abfolge von drei Simulakren – dem Simulakrum der Imitation, der Produktion und der Simulation.
Zunächst sind diese Simulakren technikphilosophisch bzw. in Bezug auf die Wa-
renproduktion zu verstehen: Während die Imitation noch ein natürliches Original kennt, das nachgeahmt werden kann (Baudrillard verweist auf die Gabel als
künstliche Prothese oder auf Stuck-Interieurs), kennt die Produktion nur noch
eine Serie gleicher Objekte. Hier wird das Original vom Prototyp abgelöst. Das
dritte Stadium schließlich ist gekennzeichnet durch die bloße Simulation von Unterschieden zwischen den vormals identischen Serienprodukten – distinktive Gegensätze, etwa verschiedene Farben bei einem Automodell, werden nur produziert, um als Zeichen konsumierbar zu sein. Während Marx noch zwischen einem
Gebrauchs- und einem Tauschwert der Ware unterscheiden kann, hat sich für
Baudrillard daher der Gebrauchswert verflüchtigt – die Ware wird zu einem bloßen Zeichen von Differenz, dem der existenzielle Charakter vollkommen abgeht.
Diese Beschreibung weitet Baudrillard auf die Gesellschaft insgesamt aus, deren
Bereiche – Politik, Ökonomie, Mode, Kunst etc. – er hierzu analog zeichentheo-
retisch deutet: So wie die Währungen durch die Aufhebung des Goldstandards
ihre externe Referenz verloren haben, so haben alle Zeichen – Statussymbole oder
Kleidungsstücke ebenso wie Revolutionen oder Akte des Terrorismus – im Simulakrum der Simulation ihre externe Referenz verloren. Sie lassen sich nur noch
verstehen in Bezug auf andere Zeichen, von denen sie sich unterscheiden. Der
selbstreferentielle Code von Zeichen legt alle gesellschaftlichen Ausdrucksmög-
lichkeiten fest: Was auf dieser Grundlage an Zeichen hervorgebracht wird, folgt
bereits einem Modell – die simulierte Realität ist »das, was immer schon reproduziert ist« (116), sie ist hyperreal. Hier zeigt sich, dass die Simulationshypothese keinesfalls auf die Massenmedien beschränkt ist, wie es eine gerne vorgenommene
Verkürzung von Baudrillards Gedankengang nahelegt. Die Diagnose der ubiquitären Simulation schlägt vielmehr auf die Analyse der gesellschaftlichen Verhältnisse durch und Kommunikation erfolgt generell im Modus des Abtastens und

Testens: Die Meinungsumfrage zur Ermittlung der öffentlichen Meinung funktioniert nach diesem Prinzip ebenso wie die Wahl oder das Marketing. Die Artikulation von Differenzen (bezüglich Meinung, politischer Präferenz oder Geschmack) wird zwar vorausgesetzt, doch bedeuten diese Differenzen nichts mehr. Die Demokratie stabilisiert sich im Machtkampf zwischen zwei Polen (rechts und links), doch ist dieser Machtkampf in der Konsequenz bedeutungslos, da auch die beiden Seiten zu bloßen Zeichen geworden sind. Es ist »nicht mehr wichtig, daß die beteiligten Parteien [...] irgendetwas ausdrücken – es ist im Gegenteil notwendig, daß sie nichts mehr repräsentieren: die Faszination des Spiels, der Umfragen [...] ist um so größer.« (107) Offensichtlich ist die Gesellschaft in der Konfiguration des dritten Simulakrums vollständig gegen jede Art von Veränderung abgeschirmt. Angesichts dieser Ausweglosigkeit kommt – zum anderen – Baudrillards zweite These ins Spiel. Durch Kulturvergleich und in kritischer Auseinandersetzung mit der Psychoanalyse arbeitet Baudrillard heraus, dass es alternativ zur Ordnung des Codes auch eine symbolische Ordnung gibt. Im Gegensatz zur Ordnung des Codes, die lediglich die Austauschbarkeit von selbstreferentiellen Zeichen kennt, basiert die symbolische Ordnung auf dem Grundgedanken von Marcel Mauss' Essay über *Die Gabe:* Jemand anderem etwas zu schenken erfordert eine äquivalente Gegengabe – eine Gabe zu erhalten beinhaltet also eine symbolische Verpflichtung. Diese Ordnung steht dem gegenwärtigen Prinzip der Akkumulation jedoch entgegen: Anders als im anonymen Austausch selbstreferentieller Zeichen, der lediglich Kommunikation simuliert, manifestiert sich im symbolischen Tausch eine wirkliche persönliche Beziehung zwischen Geber und Empfänger. Das ist insbesondere deshalb bedeutsam, weil unsere Gesellschaft Baudrillards Analyse zufolge auf einer widernatürlichen Beziehung zwischen Leben und Tod aufbaut. Während in ›primitiven‹ Kulturen der symbolische Tausch zwischen Lebenden und Toten ein fester Bestandteil ist und damit die Toten Teil des Sozialen bleiben, wird der Tod in den modernen Gesellschaften mühevoll ausgeschlossen. Das Leben selbst ist der Akkumulation unterworfen und darf nicht gegen den Tod ›getauscht‹ werden – eine symbolische Beziehung zwischen beidem ist nicht möglich. Doch in einer Gesellschaft, deren Phantasma die Unsterblichkeit ist, ist der Tod allgegenwärtig – selbst wenn Fortschritt und Produktivität seine Anwesenheit verdecken. Die ultimative Herausforderung an die Ordnung des Codes besteht darum darin, sie mit einem symbolischen Tod herauszufordern, da die einzig äquivalente Gegengabe der Zusammenbruch des Systems wäre. Wie genau dieser symbolische Tod aussehen kann, wird von Baudrillard nicht ausgearbeitet, ebenso wenig wie das Prinzip des symbolischen Tausches eindeutig entwickelt wird. Unzweifelhaft ist jedoch, dass er sich gegen eine Kultur richtet, die »keinen Sinn mehr für sich selber hat und die nur noch davon träumen kann, später einen Sinn für irgendjemand anderes zu bekommen.« (294)

Baudrillards Analysen weisen zahlreiche Berührungspunkte zu Soziologie, Medienwissenschaft, Ethnologie, Gender Studies und Politikwissenschaft auf. Gleichwohl ist die sozialwissenschaftliche Rezeption seines Werks mehr als verhalten gewesen – nicht selten, weil insbesondere das Simulationstheorem missverstanden wurde und die politische Stoßrichtung von Baudrillards Überlegungen nebulös blieb, aber auch, weil sich die zentralen Konzepte gegen eine Operationalisierung sperren und er als vehementer Kritiker empirischer Forschung auftrat. Eher ist er als Medien- und Technikphilosoph wahrgenommen worden, insbesondere als Galionsfigur der Postmoderne jedoch hat er globale Bekanntheit erlangt – nicht zuletzt durch die sachlich unzutreffende, aber dennoch populäre Reminiszenz in ›Matrix‹. Im Film freilich gibt es eine echte Welt hinter der Simulation, bei Baudrillard gibt es diese nicht – was die Möglichkeit einer solchen Wahrnehmung für das Erleben der sozialen Umwelt in der Konsequenz bedeutet, ist bislang jedoch nicht ausgelotet worden. Anders als seine Überlegungen zum symbolischen Tausch wäre dieser Aspekt zumindest prinzipiell einer empirischen Untersuchung zugänglich.

Holger Zapf

Literatur
Strehle, Samuel: Zur Aktualität von Jean Baudrillard. Einleitung in sein Werk, Wiesbaden 2012.
Zapf, Holger: Jenseits der Simulation – das radikale Denken Jean Baudrillards als politische Theorie, Münster 2010.

Otto Kirchheimer: Von der Weimarer Republik zum Faschismus: Die Auflösung der demokratischen Rechtsordnung, Suhrkamp: Frankfurt 1976, 255 S.

Otto Kirchheimer (1905–1965) hat sich – neben Franz L. Neumann – als einziger Vertreter der klassischen Kritischen Theorie intensiv mit staatstheoretischen Fragen befasst. Im Mittelpunkt seiner Analysen steht die Verknüpfung von politischer Soziologie und juristischer Staatstheorie, vor allem mit Blick auf die Spannungen zwischen politischer und sozialer Demokratie. Kirchheimer studierte in Münster, Köln, Berlin und Bonn Philosophie, Soziologie und Rechtswissenschaft, unter anderem bei Carl Schmitt, Rudolf Smend und Hermann Heller. Er promovierte 1928 mit einer Arbeit über sozialistische Staatstheorie bei Carl Schmitt und arbeitete während der Weimarer Republik als Gerichtsassessor, Rechtsanwalt und Lehrer an Gewerkschaftsschulen. Kirchheimer emigrierte im Sommer 1933 zunächst nach Paris, dann im Winter 1937 in die USA, und wurde Mitarbeiter des Instituts für Sozialforschung. In Amerika lehrte Kirchheimer an zahlreichen Universitäten, bevor er 1955 Professor für Politikwissenschaft an der New School for Social Research, dann 1960 an der Columbia University wurde. Von 1943 bis 1956 war er Berater der amerikanischen Regierung und zuletzt Leiter der zentraleuropäischen Forschungsabteilung beim US-Geheimdienst.

Kirchheimer sah im Unterschied zu vielen sozialdemokratischen Kollegen seiner Zeit die Weimarer Verfassung aus sozialistischer Perspektive als von vornherein chancenlos an und glaubte nicht an deren Reformierbarkeit.

Der Band *Von der Weimarer Republik zum Faschismus: Die Auflösung der demokratischen Rechtsordnung* fasst seine zentralen staats- und verfassungstheoretischen Arbeiten mit Blick auf die Weimarer Republik und den Nationalsozialismus zusammen. In diesen wendet sich Kirchheimer staatstheoretischen, verfassungsrechtlichen und strafrechtlichen Fragen zu, die sozialwissenschaftlich insofern von Relevanz sind, als Kirchheimer Recht stets sozial kontextualisiert begreift und auf die Dialektik von Norm und Wirklichkeit fokussiert. Schon in seiner Arbeit *Weimar – und das dann?* (1930) betonte er die Diskrepanzen zwischen Demokratie und Kapitalismus und stellte heraus, dass die sozialen Elemente der Reichsverfassung durch die politische Praxis unterminiert würden und es deshalb um eine Illusion von Sozialdemokratie und Gewerkschaftsbewegung handele, deren verfassungsrechtlichen Ausbau als erstrebenswert zu erachten. Norm und Wirklichkeit fielen somit in Kirchheimers Analyse auseinander. Insofern war die Weimarer Verfassungsordnung in Kirchheimers Augen auch nur eine »Formaldemokratie« bzw. eine »politische Demokratie«, aber keine »soziale Demokratie«, da die politische Demokratie – trotz aller politischer Freiheits- und Gleichheitsrechte – von gesellschaftlicher Ungleichheit abstrahiere und die ökonomische Herrschaftsstruktur nicht in Frage stelle. Der von anderen sozialistischen Staatstheoretikern der Weimarer Zeit vertretenen Hoffnung auf eine soziale Verfassungsreform trat Kirchheimer entschieden entgegen und sah die Gefahr der Entwicklung zu einem diktatorischen System.

Kirchheimer setzte sich in seinen staatstheoretischen Schriften ausgiebig mit seinem akademischen Lehrer Carl Schmitt auseinander. In seiner Analyse von Schmitts *Legalität und Legitimität* (113 ff.) argumentierte Kirchheimer gegen Schmitts antidemokratische Heterogenitätstheorie und bezog nun – im Schatten der aufkommenden NS-Diktatur – Partei zugunsten rechtsstaatlicher und demokratischer Freiheitsrechte. Kirchheimer sieht den Nationalsozialismus dabei in marxistischer Tradition als politische Herrschaftsform des Monopolkapitalismus. Die staatsrechtliche Struktur sei daraufhin ausgerichtet, Überreste rechtsstaatlicher Legalität in eine »technische Rationalität« aufzulösen. Dabei zerstört der Nationalsozialismus nicht nur die individuellen Freiheitsrechte, sondern löst auch die politische Souveränität in »erbarmungslose Herrschaft und Unterdrückung« auf.

Politisch bemerkenswert ist in diesem Kontext Kirchheimers Arbeit *Staats-*

gefüge und Recht des Dritten Reiches, die er 1935 unter dem Pseudonym Hermann
Seitz scheinbar als Band 12 der von Schmitt herausgegebenen Reihe »Der deutsche Staat der Gegenwart« veröffentlicht hat. Die Schrift wurde nach Deutschland geschmuggelt und rief heftige Ablehnung bei den NS-Juristen hervor. Kirchheimer analysierte in der Arbeit das NS-Staats- und Verwaltungsrecht, aber auch
das Straf- und Arbeitsrecht und wies unter besonderer Betonung des Führer- bzw.
Richterrechts darauf hin, dass das NS-System jeglichen rechtsstaatlichen Charakter verloren habe: »Wenn Rechtsstaat ehemals den Versuch der Objektivierung
durch Garantien und Schematisierung bedeutete, so wird nunmehr ein gegensätz-
liches Element zum Inbegriff des deutschen Rechtsstaats Adolf Hitlers erhoben.
Die Garantien dafür, daß Recht gefunden wird, liegen nicht mehr im Gesetz, sondern in der Orientierung der einzelnen Entscheidung an der nationalsozialistischen Weltanschauung.« (155)

Der von Kirchheimer in seinen Weimarer Arbeiten und seinen Schriften während des Nationalsozialismus beschriebene antidemokratische Auflösungs- und
Zerstörungsprozess des bürgerlichen Staates findet in der Nachkriegszeit ihre
Fortsetzung in Studien über die soziale Bedingtheit normativer Systeme und zur
politischen Justiz. Kirchheimer bleibt dabei seinem Ansatz der rechtspolitisch und
rechtssoziologisch fundierten Mangelanalyse treu: Norm und Wirklichkeit werden einer beständigen Kritik unterzogen und der sozialinstrumentelle und for-
malrationale Charakter staatlicher Strukturen betont.

Kirchheimer verknüpfte in seinen Analysen die politische mit der sozialen Dimension moderner Staatlichkeit und die des Verhältnisses von Norm und Wirklichkeit. In dieser integrativen Sicht auf die normative Dimension des Politischen,
der rechtssoziologischen Interpretation von Staat und Recht, liegt eine der wesentlichen Bedeutungen Kirchheimers für eine interdisziplinäre sozialwissenschaftliche Staatsforschung: Gesellschaft und Staat, Recht und Sozialstruktur wären demnach nicht als getrennte Systeme zu begreifen, sondern als interagierende
Aspekte einer gesellschaftlichen Totalität, die auf einem dialektischen Fundament
fußen und in ihrer Widersprüchlichkeit zu erfassen sind.

Die zentrale Forschungsperspektive in Anlehnung an Kirchheimer liegt vor
allem in einer Verknüpfung von staats- und verfassungsrechtlichen Analysen mit
sozialstrukturellen Fragen. Hier wurde im Besonderen an Kirchheimers straf- und
arbeitsrechtliche Arbeiten angeknüpft, aber auch an seine im engeren Sinn staatstheoretischen Studien. Besonders aufschlussreich ist eine gleichermaßen histo-
risch-empirisch wie politisch-soziologisch fundierte Auseinandersetzung mit autoritativen Formen rechtlicher Maßnahmen, wie Kirchheimer diese mit Blick auf
den Wandel des NS-Systems vom Rechtsstaat zum Weltanschauungssystem beschrieben und als »technische Rationalität« charakterisiert hat.

Samuel Salzborn

Literatur

Buchstein, Hubertus (Hg.): Otto Kirchheimer – Gesammelte Schriften, Baden-Baden 2017 ff.

Schale, Frank: Zwischen Engagement und Skepsis. Eine Studie zu den Schriften von Otto Kirchheimer, Baden-Baden 2006.

Scheuerman, William E.: Between the Norm and the Exception. The Frankfurt School and the Rule of Law, Cambridge/London 1994.

Nancy Chodorow: The Reproduction of Mothering. Psychoanalysis and the Sociology of Gender, University of California Press: Berkeley/Los Angeles 1978, 264 S. (dt. Das Erbe der Mütter. Psychoanalyse und Soziologie der Geschlechter, Verlag Frauenoffensive: München 1985, 317 S.).

Nancy Chodorow stellt sich selbst die Aufgabe, an der Schnittstelle von Soziologie und Psychoanalyse ein gesellschaftliches Phänomen wie die Zuständigkeit von Frauen für mütterliche und sorgende Tätigkeiten zu analysieren. Sie legt damit einen theoretischen Entwurf in der Tradition der Grand Theories vor, in dem sie das Zusammenspiel von innerpsychischen Entwicklungsprozessen, damit verbunden die Generierung heterosexueller Identitäten mit sozialen und kulturellen Prozessen der Konstitution von Gesellschaft rekonstruiert.

Das biografisch früh vorgelegte Werk gibt dennoch den Rahmen auch der späteren Arbeiten der Autorin vor, sie konzentriert sich in den folgenden Jahren auf einzelne Aspekte ihrer Fragestellung in der innerwissenschaftlichen Diskussion der Psychoanalyse. Die 1944 geborene Chodorow ist Psychoanalytikerin und Soziologin, mittlerweile pensionierte Professorin der University of California, Berkeley (Department of Sociology). Die Arbeit *The Reproduction of Mothering* wurde 1979 mit dem Jessie Bernard Award der American Sociological Association ausgezeichnet, 1996 erhielt sie den Titel: »Zehn einflussreichste Bücher der letzten 25 Jahre« durch die Zeitschrift *Contemporary Sociology*.

Chodorows Ausgangspunkt ist zunächst die sozialwissenschaftlich zeitdiagnostische Feststellung, dass es Frauen sind, die für die mütterliche Sorge für Kinder, wie auch für die sorgende Gestaltung von Beziehungen zu Familienangehörigen und Freunden zuständig sind. Sie fokussiert ihre Überlegungen auf eine Frage, nämlich die, warum »Frauen muttern« (10), gegenüber ihren Kindern und gegenüber Männern. Sie verwendet im Englischen den Begriff des »mothering«, mit dem die soziale Tätigkeit und der Typ der Beziehung, die Müttern zu ihren Kindern eingehen, beschrieben werden soll. Diese Tätigkeit wird Frauen zugeschrieben und auch von Frauen gewählt. Gleichzeitig zeigt sich, dass diese sorgenden Tätigkeiten gesellschaftlich und politisch nicht wertgeschätzt werden:

sie sind Ausgangspunkt für massive soziale Benachteiligungen und die dauerhaf-
te soziale Ungleichheit von Frauen in den meisten zeitgenössischen Gesellschaften. Chodorow geht davon aus, dass sich diese Zuständigkeit und diese Neigung
aus der weiblichen Potenz des Gebärens und Stillens nicht hinreichend erklären
lassen.

Mit den Mitteln der psychoanalytischen Objektbeziehungstheorie (Melanie
Klein, Donald Winnicott) reformuliert sie das Weiblichkeitskonzept der klassischen freudianischen Psychoanalyse. Außerdem argumentiert sie gegen die Sozio-
biologie und populärwissenschaftliche Thesen, die Mutterschaft und das Sorgen
für Kinder und Angehörige zu einer genetischen Disposition bzw. zu einer biologischen Grundtatsache machen einerseits, andererseits richtet sich ihr Argument
gegen die soziologische Ignoranz gegenüber der sozialen Tatsache, dass Frauen
durch ihr »Muttern« soziale Interaktionsbeziehungen generell ermöglichen. Damit beschäftigt sich Chodorow mit einem soziologischen Grundverhältnis – nämlich der geschlechtsspezifischen Arbeitsteilung, mit einer soziologischen Grund-
kategorie – die wir heute mit dem Begriff »Sorgen« bezeichnen und mit einer für
die gesamte sozialwissenschaftliche Ungleichheitsforschung zentralen Fragestellung, die heute auch mit den Konzepten der Intersektionalität verknüpft werden.
Zudem entwickelt sie eine Subjekttheorie, ohne die die Soziologie auch heute nicht
auskommen sollte.

Chodorows objektbeziehungstheoretische Grundüberzeugung ist, dass die
primären Bezugspersonen eines Kindes das Material für dessen Identitätsbil-
dungsprozesse darstellen: im Durchgang durch die psychoanalytische Theoriebildung und entlang empirischer Studien aus Soziologie und Psychologie zu Familien, Mutterschaft und Beziehungen entwickelt sie ihre Konzeption und zeigt, dass
ein Kind, vermittelt durch emotionale und sorgende Beziehungen, Handlungen
und Eigenschaften der Bezugsperson als Bilder in sich aufrichtet und diese Imagines zur Entwicklung des eigenen Selbst nutzt, das sich in einem längeren Prozess aus der frühen Einheit mit der ersten Bezugsperson herauslöst und sich langsam abgrenzt. In der frühen Phase, in der die Mutter als primäre sorgende Person
die Welt bedeutet, entwickeln Jungen und Mädchen innere Repräsentanzen dieser
»mutternden« Person und ihrer Tätigkeit. Beide Geschlechter bauen also weibliche Imagines der Bindung, Sorge und Abhängigkeit auf. Durch den Vater, der weniger sorgend auftritt, nicht muttert und häufig abwesend ist, wird diese einheitliche Welt zunehmend relativiert. Er bietet einen Ausweg aus der nach einer Weile
einschränkenden und bindenden Abhängigkeit von der primären Person, denn er
begegnet dem Kind, wenn er nicht die Rolle des primären Sorgenden einnimmt,
als Person mit eigenen Interesse und Ansprüchen. Hier werden wichtige Imagines
von Autonomie, Abgrenzung und Unabhängigkeit in das Selbst integriert und mit
dem Vater und seiner Männlichkeit verknüpft.

Mit dem Durchgang durch die psychodynamischen Entwicklungsprozesse rekonstruiert Chodorow, wie und durch wen die für die Entstehung des eigenen, abgegrenzten Selbst notwendigen Aspekte erworben werden: neben der Erfahrung von Sicherheit, Bindung, Verlässlichkeit, zugeneigte Antwort und Ansprache ist aber auch die Integration von Gefühlen wie Wut, Hass und Aggression zentral. Diese Gefühle können dem Vater gegenüber, der ja selbst als abgrenzend und an eigenen Interessen orientiert auftritt, klar erlebt werden. Die Bezüge zu ihm sind eindeutig, während die sorgende Mutter kaum als abgegrenztes Gegenüber auftritt, sondern eher Verbindung und Vermischung anbietet. Abgrenzung ihr gegenüber ist daher für beide Geschlechter zunächst schwierig, ambivalent und riskant.

Chodorow beschreibt für Jungen und Mädchen unterschiedliche Wege der präödipalen und ödipalen Identitätsbildung. Weiblichkeit entsteht in ihrem Konzept durch das Festhalten an den mütterlichen Imagines des Mutterns, der Sorge und der Bindung und durch die Integration der neuen, quasi von außen hinzugekommenen väterlichen Imagines von Autonomie und Abgrenzung. Die so entstandene weibliche Identität bezeichnet Chodorow als »beziehungsorientiert« und reich (228). Bindung und Autonomie sind hier nicht per se ein Widerspruch.

Männlichkeit hingegen beinhaltet wesentlich durch den Vater transportierte Imagines und beruht auf der »Differenzierung von anderen, auf der Leugnung affektiver Beziehungen und auf kategorischen, universalistischen Komponenten« (228). Die frühen mütterlichen, in dieser Konstellation wesentlich weiblichen Aspekte des Selbst wie Sorge und Bindungen werden als Störfaktor zunehmend verdrängt und entwertet: sie erschweren die Stabilisierung des Selbstbildes als männlicher Mann.

Die »asymmetrische Organisation der Elternschaft« (268) und die geschlechtsspezifische Arbeitsteilung erzeugen nach Chodorow stereotype Identitätskonzepte von Männern und Frauen und bilden so eine Grundlage sozialer Ungleichheit. Chodorows Ausweg aus dieser Stereotypisierung ist genuin soziologisch und psychoanalytisch zugleich: Sie visiert die Beteiligung von beiden Elternteilen an der frühen Versorgung der Kinder an, so dass Weiblichkeit nicht mehr wesentlich mit Bindung und Sorge, also *mothering,* sowie Männlichkeit nicht mehr vor allem mit Abgrenzung und Autonomie verknüpft werden. Väter und Mütter bieten dann Imagines für beide Orientierungen und ermöglichen die Ausbildung von weniger stereotypen, reichen Identitäten, die Arbeitsteilungen und Teilhabe an gesellschaftlichen Gütern dann aushandeln könnten.

Die *Reproduction of Mothering* ist in den USA über Jahre intensiv diskutiert worden, in der Bundesrepublik in einer ersten Welle zunächst eher kritisch. Dennoch hat dieses Werk die Debatten der späten 1980er und der 1990er Jahre bis heute befruchtet. Kritikpunkte aus der Perspektive der Soziologie waren zum einen die Konzentration auf das innerpsychische Geschehen als Erklärungsansatz der

Tradierung sozialer Verhältnisse und hier insbesondere die Konzentration auf die objektbeziehungstheoretische Ebene und die eher geringe Beleuchtung triebtheoretischer Ansätze (z. B. von Alfred Lorenzer). Eine zweite, breitere Debatte kommt aus der Perspektive der feministischen Soziologie: hier wird die Konzentration auf psychische Prozesse als Abschied einer Kritik gesellschaftlicher Verhältnisse verstanden. Chodorows Generalisierungen hinsichtlich der Beziehungskonstellation mit ihren innerpsychischen Imagines als Kern der heterosexuellen Identität und den damit verknüpften sozialen Folgen werden aus poststrukturalistischer Sicht als genderproduzierenden Diskurs selbst entlarvt, in dem Frauen auf Mütterlichkeit und Heterosexualität reduziert bzw. festgelegt würden.

Neben dieser kritischen Debatte zu Chodorows Argumentation ist *Das Erbe der Mütter* direkt und indirekt in mehreren sozialwissenschaftlichen Debatten äußerst folgenreich: in der deutschen Diskussion wird Chodorows schwer verdaulicher Begriff des »muttern« durch den Begriff des »caring« oder »sorgen« ersetzt. Damit greifen die Diskussionsstränge aus verschiedenen Themenfeldern ineinander, in deren Kern die Bedeutung des »Sorgen« für sich und für andere als grundlegende sozialwissenschaftliche Kategorie steht. So finden sich arbeits- und professionssoziologische Diskussionen um Care-Berufe und -Tätigkeiten – die im wesentlichen von Frauen ausgeübt werden, wie auch feministische Debatten um die geschlechtsspezifische Arbeitsteilung und dem damit verknüpften »Sorgen« im Privaten als von Frauen geleistete Tätigkeit – die politisch und sozial entwertet wird. Als auch sozialpolitische, zunächst in Skandinavien und Finnland geführte Diskussionen um den patriarchalen Sozialstaat, in dem Care-Tätigkeiten in der Familie – mehrheitlich von Frauen ausgeübt – zu Abhängigkeiten von der öffentlichen Hand und zum Ausschluss von sozialen Rechten führen und in moralphilosophischen Diskussionen um die Bedeutung von Sorge und Bindung als Movens moralischen Handelns. All diese Diskussionen kreisen um die Frage, wie genau die Tätigkeit des Sorgens sozialwissenschaftlich kategoriell zu bestimmen ist, welche Folgen sie hat, wer sie warum ausübt und wie diese Tätigkeit auch der Verantwortlichkeit von anderen Subjekten – nämlich Männern – nahe gebracht werden kann. Bei aller berechtigten Kritik an Chodorow und ihrer Standpunkttheorie ermöglicht sie doch auch heute nach jahrelanger Konzentration auf die Analyse gesellschaftlicher Diskurse über Ungleichheit, die gesellschaftlichen Phänomene der sozialen Ungleichheit als gelebte und gefühlte Formen selbst weiterhin und wieder in den Blick zu nehmen.

Martina Ritter

Literatur

Gilligan, Carol: Die andere Stimme. Lebenskonflikte und Moral der Frau, München 1985.

Flaake, Karin/King, Vera (Hg.): Weibliche Adoleszenz. Zur Sozialisation junger Frauen, Frankfurt/New York 1992.

Feministische Studien. Zeitschrift für interdisziplinäre Frauen- und Geschlechterforschung, extra: Fürsorge – Anerkennung – Arbeit, hgg. von Christel Eckart und Eva Senghaas-Knobloch, Stuttgart 2000.

Brückner, Margrit: Care – Sorgen als sozialpolitische Aufgabe und als soziale Praxis, in: Hans-Uwe Otto, Hans Thiersch (Hg.): Handbuch Soziale Arbeit, München 2011, S. 207–213.

Pierre Bourdieu: La distinction. Critique sociale du jugement, Paris 1979, 672 S. (dt. Ausgabe: Die feinen Unterschiede, Kritik der gesellschaftlichen Urteilskraft, Frankfurt 1982, 879 S.).

Pierre Bourdieu (1930–2002) beginnt seine wissenschaftliche Laufbahn mit ethnologischen Forschungsarbeiten zur sozialen Situation und den kulturellen Praktiken der Berber sowie des städtischen Proletariats in Algerien. Im weiteren wird er durch seine gemeinsam mit Claude Passeron verfasste Studie *Les Héritiers* (Paris 1964) international als Soziologe bekannt, der einen wichtigen Beitrag zur Analyse der Strukturen und Prozesse leistet, durch die soziale Ungleichheiten im Bildungssystem verfestigt und zugleich verschleiert werden (dt. veröffentlicht in *Die Illusion der Chancengleichheit. Untersuchungen zur Soziologie des Bildungswesens am Beispiel Frankreichs*, Stuttgart 1971). In zahlreichen weiteren Arbeiten Bourdieus steht die Frage nach der Entstehung und Reproduktion sozialer Ungleichheiten im Zentrum. Dies gilt insbesondere für die hier vorzustellende Studie *Die feinen Unterschiede* sowie für *La misère du monde* (Paris 1993; gekürzte dt. Ausgabe *Das Elend der Welt*, Konstanz 1997). Hinzu kommen wichtige Arbeiten zu den wissenschaftstheoretischen Grundlagen der Sozialwissenschaften (*Méditations pascaliennes*, Paris 1997; dt.: *Meditationen. Zur Kritik der scholastischen Vernunft*, Frankfurt 2001) sowie politische Schriften. Im Gesamtwerk Bourdieus ist *Die feinen Unterschiede* deshalb von zentraler Bedeutung, weil hier ein theoretisches Modell entwickelt und empirisch verwendet wird, das in innovativer Weise aufzeigt, wie sozialstrukturelle Positionen mit scheinbar individuellen Präferenzen und Praktiken der alltäglichen Lebensführung zusammenhängen.

Erklärter Anspruch von *Die feinen Unterschiede* ist es, auf einer breiten empirischen Grundlage ein »Modell der Wechselbeziehungen zweier sozialer Räume – dem der ökonomisch sozialen Bedingungen und dem der Lebensstile« (12)

zu entwickeln, das für alle Gesellschaften, die Strukturen sozialer Schichtung aufweisen, Geltung beansprucht. Dabei besteht die Zielsetzung seiner Analyse darin
nachzuweisen, dass in allen Bereichen sozialer Praxis Auswirkungen der sozialstrukturellen Position, der Position im Raum der sozialen Klassen, nachzuweisen
sind, selbst bei der Betrachtung der vordergründig davon unabhängigen ästhetischen Geschmacksurteile. Entsprechend wird formuliert, dass »die klassen- oder
fraktionsspezifischen Präferenzen« in Bereichen wie Sport, Kleidung, Musik, Film
usw. als »unterschiedliche und in sich kohärente Systeme« (13) verstanden werden können.

Mit diesen Überlegungen knüpft Bourdieu an Max Webers Unterscheidung
von Klassen und Ständen an und geht zugleich über diese hinaus: Während
für Weber Klassenlagen, die zentral durch Besitz und berufliche Erwerbschan-
cen gekennzeichnet sind einerseits und Stände, die sich im Hinblick auf Lebensstile, Regeln der Lebensführung, Traditionen und soziales Prestige unterscheiden
andererseits zwei eigenständige Formen sozialer Strukturierung bilden (s. Weber 1922/1980: 177 f.), versucht Bourdieu nachzuweisen, dass Unterschiede der
Lebensstile in hohem Maß als Effekt der Klassenlage erklärbar sind. Weiter betrachtet er ständische Formen der Abgrenzung, z. B. die symbolische Markierung
von (Nicht-)Zugehörigkeit durch Sprachstile und Gesten, als Element der Reproduktion der Klassenstruktur gegenwärtiger Gesellschaften. Damit legt Bourdieu
eine modernisierte Form von Klassen- bzw. Schichtungstheorien vor, die Zusammenhänge zwischen Klassenlage und Klassenbewusstsein bzw. Schichtungsposi-
tionen und typischen Mentalitäten aufgenommen haben. Die Bedeutung seines
Werkes liegt, theoriegeschichtlich betrachtet, folglich darin, dass er auf die Krise älterer Klassen- und Schichtungssoziologien nicht mit einer Distanzierung
oder Relativierung von ungleichheitstheoretischen Erklärungsmodellen, sondern
mit ihrer theoretischen Weiterentwicklung und empirischen Aktualisierung reagiert. Deshalb ist *Die feinen Unterschiede* als ein Modell wirksam geworden, dass
zahlreiche internationale Anschlussuntersuchungen motiviert hat; im deutschen
Sprachraum sind diesbezüglich insbesondere die Arbeiten vom Michael Vester zu
nennen (s. Vester u. a. *Soziale Milieus im gesellschaftlichen Strukturwandel*, Frankfurt 2001).

Grundlegend für Bourdieus Theoriebildung in *Die feinen Unterschiede* ist die
These, dass »in der Struktur der sozialen Klassen das Fundament der Klassifikationssysteme auszumachen« sei, welche »die Wahrnehmung der sozialen Welt
strukturieren und die Gegenstände des ästhetischen ›Wohlgefallens‹ bezeichnen«
(14). Das heißt: Kognitive Strukturen im Sinne sozial typischer Wahrnehmungs-,
Deutungs- und Bewertungsschemata sollen in ihrer Bedingtheit durch Strukturen
sozialer Ungleichheit dargestellt werden. Während es in seinen bildungssoziologi-
schen Studien um die Entlarvung der Illusion der Chancengleichheit ging, so geht

es in *Die feinen Unterschiede* um die Entlarvung der Illusion, kognitive Strukturen seien von sozialstrukturellen Bedingungen unabhängig.

Für das theoretische Modell Bourdieus ist dabei *erstens* ein relational, historisch mehrdimensional gefasstes Verständnis des sozialen Raums von entscheidender Bedeutung. Für Klassenlagen sind demnach nicht allein die Merkmale einer sozialen Gruppe entscheidend, also etwa ihre Arbeits- und Einkommensverhältnisse, sondern zudem ihre Position im Verhältnis zu anderen sozialen Gruppen, also ihre politische, ökonomische oder kulturelle Privilegierung bzw. Benachteiligung sowie die Geschichte der Positionierung, also die Geschichte sozialer Auf- und Abstiegsprozesse. Für Positionen im sozialen Raum sind zudem mehrere Merkmale relevant, die Bourdieu als ökonomisches Kapital (Vermögen, Einkommen), kulturelles Kapital (Bildungstitel, Wissen, Vertrautheit mit der herrschenden Kultur), soziales Kapital (soziale Beziehungen und Netzwerke) sowie symbolisches Kapital (Ehre, soziale Wertschätzung) bezeichnet. In der vereinfachten Version seines Modells des sozialen Raums sieht Bourdieu eine vertikale Achse vor, auf der die Summe des Kapitalvolumens sozialer Gruppen (Berufsgruppen) abgebildet wird; die horizontale Achse dient der Unterscheidung von Gruppen, deren soziale Position stärker aus der Verfügung über kulturelles Kapital (etwa: Hochschullehrer, Bildungsbürgertum), oder aber über ökonomisches Kapital (etwa: Manager, Wirtschaftsbürgertum) resultiert. Positionen in dem so konstruierten sozialen Raum werden als Erklärungsgrundlage von Übereinstimmungen und Unterschieden in heterogenen Bereichen sozialer Praxis beansprucht.

Bourdieu geht *zweitens* davon aus, dass das Verhältnis der Gruppen im sozialen Raum konflikthaft ist, dass der soziale Raum also durch Konkurrenz um Positionen, Versuche der Verteidigung von Privilegien, Anstrengungen um sozialen Aufstieg usw. gekennzeichnet ist. In diesen Konflikten werden die genannten Kapitalsorten als Ressourcen relevant, die in Strategien zum Erhalt oder zur Verbesserung der eigenen Positionen eingesetzt werden können. Eine zentrale Leistung der Untersuchung Bourdieus besteht in dem Nachweis, dass hier das kulturelle Kapital von entscheidender Bedeutung ist, als Mittel, um soziale Differenz zu markieren (Distinktion) und Zugehörigkeit zu regulieren. So werden etwa bei Aufnahmeprozeduren in Bildungsinstitutionen der Eliten oder in Führungspositionen nicht allein formale Qualifikationen relevant, sondern auch die Fähigkeit, die eigene kulturelle Passung signalisieren zu können, eine Fähigkeit, welche die vorgängige Sozialisation im entsprechenden sozialen Milieu voraussetzt.

Drittens entwickelt Bourdieu mit dem Begriff des Habitus ein eigenständiges Konzept zur Analyse des Zusammenhanges von Positionen im sozialen Raum mit Lebensstilen und Praktiken, das in der internationalen sozialwissenschaftlichen Diskussion breit rezipiert wird. Mit seinem spezifischen Habitusbegriff – bereits bei Max Weber und Norbert Elias war explizit von Habitus, in der Kritischen

Theorie von Sozialcharakteren die Rede – entwickelt Bourdieu eine Traditionslinie weiter, in deren Zentrum die Annahme steht, dass soziale Positionen mit typischen Erfahrungen, Sichtweisen der eigenen gesellschaftlichen Position und der eigenen Chancen sowie der Einübung in Wahrnehmungs-, Deutungs- und Handlungsmuster einhergehen. Bourdieus Verständnis des Habitus fasst diesen als eine den Akteuren selbst unbewusste Disposition, die als Erzeugungsprinzip ihrer Sichtweisen der sozialen Wirklichkeit, ihrer Praktiken und auch ihrer Geschmacksurteile wirksam wird. Was Individuen als für sie selbst angemessen, zu ihnen passend, als anstrebenswert und erreichbar empfinden ist Bourdieu zufolge Ausdruck ihres Habitus. Dem korrespondiert ein Verständnis von Soziologie als Sozioanalyse, deren Aufgabe darin besteht, die sozialen Tiefenstrukturen zu analysieren, die – der Grammatik der Sprache vergleichbar – den subjektiven Möglichkeitsraum von Wahrnehmungen, Denkweisen, Bewertungen und Praktiken festlegen.

Bourdieu leistet mit seinen Konzepten einen substanziellen Beitrag zur Weiterentwicklung einer Soziologie, deren Interesse sich auf den Zusammenhang von gesellschaftlichen Macht- und Ungleichheitsverhältnissen einerseits mit der Subjektivität und dem Alltagshandeln von Individuen andererseits richtet. Dies geschieht auf einer theoretischen Grundlage, die der Tradition des französischen Strukturalismus verpflichtet ist, sich gegen diese aber in der Absicht abgrenzt, die falschen Gegensätze von Struktur- und Handlungstheorien, Objektivismus und Subjektivismus zu überwinden. Ob es Bourdieu in überzeugender Weise gelungen ist, diesen Anspruch einzulösen, bleibt in der Diskussion seines Werkes umstritten.

Albert Scherr

Literatur

Rehbein, Boike: Die Soziologie Pierre Bourdieus, Konstanz 2006.
Shusterman, Richard: Bourdieu. A Critical Reader. Oxford 2000.
Weischer, Christoph: Relationen im sozialen Raum nach Bourdieu. In: Ders.: Sozialstrukturanalyse. Wiesbaden 2011, S. 387–401.

Silvia Bovenschen: Die imaginierte Weiblichkeit. Exemplarische Untersuchungen zu kulturgeschichtlichen und literarischen Präsentationsformen des Weiblichen, Suhrkamp: Frankfurt 1979, 279.

Die imaginierte Weiblichkeit der Literaturwissenschaftlerin und Schriftstellerin Silvia Bovenschen (1946–2017) gilt als ein Schlüsselwerk der Geschlechterforschung und der feministischen Ideologiekritik. Als Bovenschens Dissertation 1979 erschien, war die Autorin bereits politisch und akademisch in Erscheinung getreten. Während des Studiums der Soziologie, Philosophie und Germanistik in Frankfurt hatte sie sich im Kontext der Studentenbewegung engagiert, bevor sie den »Frankfurter Weiberrat« mitbegründete. Ihre wissenschaftlichen Analysen der 1970er Jahre, die um Genese und Kritik misogyner Stereotype, antifeministischer Ideologeme und um die damals virulente Streitfrage nach einer »weiblichen Ästhetik« kreisen, lassen neben den Impulsen der Studenten- und der Frauenbewegung deutlich die theoretischen Konturen der Kritischen Theorie erkennen. Insbesondere die negativ-dialektischen Denkbewegungen Theodor W. Adornos, bei dem Bovenschen studierte, sollten ihr gesamtes wissenschaftliches und literarisches Schreiben prägen. Seit den 2000er Jahren publizierte Bovenschen mit *Älter werden* (2006) und *Sarahs Gesetz* (2015) literarische Bestseller. Ihr Werk kennzeichnet in der Geschichte der Bundesrepublik eine singuläre Verknüpfung von feministischer Kritik, Ästhetik und kritischer Gesellschaftstheorie.

Im Zentrum von Bovenschens Analyse steht die Beobachtung eines (vermeintlichen) Paradoxons: Auf der Suche nach dem geschichtlichen Einfluss von Frauen findet die Autorin die Geschichte »einer Absenz« vor (10) – Frauen, so konstatiert sie, haben in der Weltgeschichte keine Spuren hinterlassen. Dem real existierenden Ausschluss der Frauen aus der gesellschaftlichen, politischen und kulturellen Sphäre steht allerdings eine omnipräsente Überfülle an *Bildern* des Weiblichen in der Kunst- und Literaturgeschichte entgegen. Die Wirkungen, die den von Männern *imaginierten* Frauengestalten zugeschrieben wurden, widersprechen in drastischem Missverhältnis den Möglichkeiten wirklicher Frauen. In ihrer Studie sucht Bovenschen diesen nur scheinbar widersprüchlichen Zusammenhang, den sie mit dem Begriffspaar »Schattenexistenz und Bilderreichtum« konzeptualisiert (19), theoretisch und empirisch zu erschließen.

Diesem Anspruch folgend ist die Studie in zwei Teile gegliedert. Im theoretischen Kapitel systematisiert die Autorin die kulturellen Vorstellungen des Weiblichen und ihre Funktion in der bürgerlichen Gesellschaft. Im zweiten, historisch-analytischen bzw. empirischen Teil, geht sie den kulturhistorischen Entstehungsbedingungen und ästhetischen Gestaltungen der Bilder des Weiblichen exemplarisch an den literarischen Diskursen und den geschlechtsspezifischen Schreibbedingungen des 18. Jahrhunderts nach. Sie wählt dezidiert den Zeitpunkt der Entwicklung einer »genuin bürgerlichen« Ästhetik im 18. Jahrhundert, da zu diesem Zeitpunkt die wesentlichen »Voraussetzungen eines ebenso modellhaften wie prekären Verständnisses von Weiblichkeit« liegen (16).

Die theoretischen Überlegungen sind bis heute von Relevanz für die sozialwissenschaftliche Geschlechterforschung. Neben der objektiven realgeschichtlichen Subordination der Frauen und dem Ausschluss des Weiblichen aus der Geschichtsschreibung konstatiert Bovenschen darüber hinaus das Fehlen von »Geschlecht« als analytische Kategorie in der geistes- und sozialwissenschaftlichen Theoriebildung. Angesichts dieses ›dreifachen Ausschlusses‹ begibt sie sich auf »begriffliches Niemandsland« (14). Zwar werden Virginia Woolf und Simone de Beauvoir als Vordenkerinnen zitiert, ihre theoretischen Überlegungen entwickelt Bovenschen jedoch aus einer an Adorno geschulten immanenten Kritik philosophisch-soziologischer Debatten zu Beginn des 20. Jahrhunderts über »weibliche Kultur«. Sie bezieht sich auf Georg Simmels kultursoziologische Essays *Weibliche Kultur* (1911) sowie *Philosophie der Geschlechter* (1911), Max Schelers Aufsatz *Zum Sinn der Frauenbewegung* (1923) sowie auf Karl Schefflers kunsthistorische Schrift *Die Frau und die Kunst* (1908). Ihre Analyse fördert nicht nur zwei gegensätzliche theoretische Diskursivierungen des Weiblichen zu Tage, sondern auch materialistische Überlegungen zur Funktion der »imaginierten Weiblichkeit« für den realexistierenden gesellschaftlichen Status der Frau.

So unterscheidet Bovenschen zwischen der so genannten Reduktions- und der Ergänzungstheorie in der Bestimmung des Weiblichen. Erstere verkennt unter dem Deckmantel eines universalistischen, aufgeklärten Gleichheitsanspruches die reale Tragweite der Ungleichberechtigung von Männern und Frauen und marginalisiert die »Frauenfrage« zu einem unmaßgeblichen Phänomen, zum »Nebenwiderspruch«. Dabei bleibt verborgen, dass dem vermeintlich objektiven, sachlich neutralen Vernunftpostulat der Gleichheit eine männlich-bürgerliche Parteilichkeit eingeschrieben ist, die blind ist gegenüber der ›Halbierung‹ der Aufklärung: die reduktionistischen Egalitätstheoreme müssen leugnen, dass die »Hälfte der Menschheit« (21), die Frauen, aus den aufgeklärten Freiheits- und Gleichheitsversprechen ausgeschlossen sind. Die systemerhaltende, unverzichtbare Rolle der Frauen, die qua Reproduktionsarbeit überhaupt die ökonomische Produktion aufrechterhalten, wird ausgeblendet. Trotz ihres ehrenwerten Anspruches entledigen sich die Egalitätstheoreme der Problematisierung des jahrhundertelang tradierten ungleichen Status von Männern und Frauen, sowie einer kritischen Reflexion auf die Attraktivität der weitaus verbreiteteren Ergänzungstheorie, in der die Frau als »das Andere« klassifiziert wird und als Projektionsfläche für männliche Ängste und Sehnsüchte dient.

Jene Ergänzungstheorien beruhen demgegenüber auf der »Appendixkonstruktion« der Frau (26), sprich, auf der Konstruktion der Frau als ein dem Mann dienender und ihn schmückender Ableger. Die ontologisch argumentierenden Ergänzungstheorien sind für Bovenschen zentral, da mit ihnen die Produktion projektiver Frauenimagines einhergeht. Am Beispiel Schelers und Schefflers Geschlechterontologie arbeitet sie heraus, dass das Weibliche hier als ein ganz und gar von Naturgesetzen bestimmtes »Gattungswesen« gedacht wird (27), welches vor-sozialisatorische, ursprüngliche Einheit und harmonische Ganzheit verkörpert. Das Weibliche wird als diametral Entgegengesetzte zum Mann, das durch Sozialisation und Individuation konstituierte gesellschaftliche Subjekt, bestimmt.

Nach Bovenschens Lesart im Sinne der Kritischen Theorie dient die »beständige Beschwörung weiblicher Naturpotenz« einer »Verschiebung«: Es ist »die Sehnsucht nach der Versöhnung mit der Natur, nach einem nichtentfremdeten Dasein«, die, »ideologisch verzerrt, auf das Weibliche projiziert« wird (32). Jene Verschiebung betrifft jedoch nur die imaginierte Frau, während sich die Identifikation der realen Frauen mit der Natur darauf beschränkt, »dass sie wie diese Objekt der männlichen Zugriffe und Beherrschung sein sollen« (ebd.). Aus der Identifizierung der Frau mit der Natur resultiert also eine konstitutive Ambivalenz des Weiblichen: im Bereich der Fiktion wird dieses aufgewertet, in der realen Gesellschaft abgewertet. Beide Bestimmungen – die Imaginationen des Weiblichen und die reale Subordination der Frau – sind zwei Seiten einer Medaille und dialektisch miteinander verbunden: Die künstlerischen Bilder des Weiblichen als Utopie der nichtentfremdeten Natürlichkeit sind notwendig, um den Ausschluss der realen Frau aus der gesellschaftlichen bzw. ökonomischen, politischen und künstlerischen Sphäre zu legitimieren – und umgekehrt.

Entlang der Reduktions- und der Ergänzungstheorien analysiert Bovenschen im empirischen Teil zwei zentrale literaturhistorische Weiblichkeitsdiskurse des 18. Jahrhunderts: den aufklärerischen Diskurs um die gelehrte Frau sowie den Diskurs um die empfindsame Weiblichkeit. Beide Weiblichkeitsdiskurse, so arbeitet sie heraus, ermöglichten realen Frauen, Zugang zur männlichen Domäne des Schreibens zu bekommen – allerdings ausschließlich innerhalb der vorgesehenen normativen Grenzen des jeweiligen Diskurses. Die Autorin warnt vor einem verklärenden feministischen Blick, der in den wenigen schreibenden Frauen eine »weibliche Gegenkultur« (10) und in ihren Zeugnissen den Ausdruck »authentischer Weiblichkeit« (41) zu erkennen glaubt. Vielmehr wirken die verschiedenen projektiven Imaginationen der Weiblichkeit, die außerhalb dieser Bilder keinen Ort besitzt, auf die realen Frauen zurück und materialisieren sich in der Beziehung der Frau zu sich selbst – weshalb auch die künstlerische Produktion von Frauen durch männliche Weiblichkeitsphantasmen gekennzeichnet ist.

Bovenschens Pionierstudie formulierte als eine der ersten wissenschaftlichen Arbeiten eine umfassende feministische Ideologiekritik, die in Deutschland der feministischen Literaturwissenschaft und der Geschlechterforschung mit den Weg ebnete. Obwohl der Text Generationen von Feministinnen prägte und darüber hinaus breit rezipiert wurde, sind feministische Theorien, die an Bovenschen anschließen, bis heute rar gesät. Dies mag auf den desolaten akademischen Status der feministischen Literaturwissenschaft zurückzuführen sein, die längst von den Gender Studies, die sich von einer genuin feministischen Kritik zunehmend entfernen, abgelöst wurde.

Neben literaturhistorischen Arbeiten lieferte die Monografie vor allem Anknüpfungspunkte für eine feministische Repräsentationskritik. Diese sich als

poststrukturalistisch-dekonstruktive Alternative zur Ideologiekritik verstehende
Methode verbreitete sich mit dem Siegeszug der (Visual) Cultural Studies, einer
Mélange aus soziologischen und kulturwissenschaftlichen Perspektiven (z. B. Silke
Wenk; Stuart Hall). Repräsentation, bezogen auf visuelle und sprachliche Bilder,
wird im Sinne Foucaults als Realitätskonstruktion gedacht, die Machtverhältnisse
verschleiert. Während die Repräsentationskritik ihren Blick vorrangig auf die diskursive Ebene richtet, koppelt Bovenschen ihre materialistisch-dialektische Kritik
an eine gesellschaftliche Realität rück.

Anja Thiele

Literatur
Weigel, Sigrid: Topographien der Geschlechter. Kulturgeschichtliche Studien zur Litera-
tur, Reinbek 1990.
Lindhoff, Lena: Einführung in die feministische Literaturtheorie, Stuttgart/Weimar 2003.

**Alfred Lorenzer: Das Konzil der Buchhalter. Die Zerstörung der Sinnlichkeit. Eine Re-
ligionskritik, Frankfurt: Europäische Verlagsanstalt 1981, 313 S.**

Das Buch von Alfred Lorenzer (1922–2002) setzt sich kritisch mit dem II. Vatikanischen Konzil (1962–1965) auseinander, das in der katholischen Kirche als ein
Konzil der Demokratisierung und der Öffnung zur Welt gefeiert wurde. Diese
psychoanalytische Kulturkritik steht im Kontext eines komplexen Forschungsprozesses, in dessen Verlauf Lorenzer drei methodologische Probleme bearbeitet hat.
In der ersten Forschungsetappe untersuchte er die methodologische Frage, welche Methode der Psychoanalytiker in der psychotherapeutischen Arbeit praktiziert. Lorenzer gelangte zu der Einsicht, dass es sich bei der Psychoanalyse um
eine tiefenhermeneutisch verfahrende Sozialwissenschaft handelt, die sich die
Erzählungen des Patienten und die sich zwischen ihm und dem Analytiker ent-
faltende Interaktionssituation durch ein »szenisches Verstehen« erschließt. Sze-
nisch wird der unbewusste Sinn der neurotischen Symptome erschlossen, deren
kognitive Enträtselung und affektive Verarbeitung die Heilung ermöglicht. Da der
Begriff des Triebes oft biologistisch missverstanden und das Unbewusste häufig
mythologisiert wird, analysierte Lorenzer in der zweiten Forschungsetappe die
methodologische Frage, wie sich sowohl die Triebe als auch das Unbewusste als in
Interaktionen mit signifikanten Anderen sozial hergestellte Konstrukte sozialisationstheoretisch begreifen lassen. Und da Psychoanalytiker kulturelle und soziale
Phänomene häufig psychologisieren und pathologisieren, löste Lorenzer in der
dritten Forschungsetappe am Beispiel der Literatur die methodologische Aufgabe,
wie sich die Psychoanalyse auf das jenseits der Couch gelegene Forschungsfeld

anwenden und modifizieren lässt, damit diese Methode dem ganz anders gearteten sozialwissenschaftlichen Untersuchungsgegenstand gerecht wird. Das Ergebnis dieses Forschungsprozesses ist die von Lorenzer so bezeichnete tiefenhermeneutische Kulturanalyse.

Lorenzers Kritik wird erst verständlich, wenn man sich die methodologische Grundlage seiner Studie vergegenwärtigt. Denn Lorenzers Religionskritik basiert auf der von ihm konstruierten psychoanalytischen Sozialisationstheorie. Indem Lorenzer die Triebe als unbewusste Interaktionsformen reformuliert, versucht er zu zeigen, dass die Triebe in den frühesten Interaktionen der Mutter-Kind-Dyade sozial hergestellt werden. Wie das Kleinkind im Spiel mit Gegenständen Triebimpulse durch die Verbindung mit Objekten in sinnlich-symbolische Interaktionsformen übersetzt, welche eine erste Autonomie und die Entwicklung der Phantasie ermöglichen, so erlaubt das Sprechen dem Kind, Triebregungen durch die Verknüpfung mit Wörtern in sprachsymbolische Interaktionsformen zu transformieren, die eine komplexere Autonomie und die Entwicklung des abstrakten Denkens erlauben. Daher konstituiert sich der dem Bewusstsein eigene Wille in dem Maße, wie der Einzelne Triebregungen in phantasievolle Bilder und in vernünftige Argumente der Sprache übersetzt. In Anschluss an Susanne Langers Symboltheorie zeigt Lorenzer sodann, dass auch die Kultur über zwei Formen der Symbolbildung verfügt: Vernunftgeleitete Verständigungsprozesse bedienen sich des diskursiven Symbolismus der Sprache, die sich eines Vokabulars bedient, dessen selbständige Bedeutungselemente übersetzbar sind und grammatischen Regeln folgen. Rituale und Mythen, aber auch Kunstwerke erweisen sich dagegen als Niederschlag eines präsentativen Symbolismus, der sich aufgrund seiner Bildhaftigkeit aus einem ganzheitlichen und nicht übersetzbaren Bedeutungsgefüge zusammensetzt.

Lorenzer kritisiert, dass die Liturgiereform der katholischen Kirche die Messe um den Hauptaltar mit dem Gekreuzigten und um die Worte des Priesters zentriert hat, die über Mikrofone und Lautsprecher bis in die letzte Ecke des Gotteshauses übertragen werden. Derart würden die eigenständigen Formen des römischen Messrituals abgeschafft. Zudem würde so die kunstvoll gestaltete Architektur des Kirchenraumes zerstört, der seiner Nebenaltäre, seiner Bilder und Plastiken beraubt werde. Wie die Liturgiereform auf die diskursive Symbolik einer »katechetischen Volksbelehrung« setze, welche die Gläubigen autoritär indoktriniere, so reduziere sich der Restbestand der präsentativen Symbolik auf den Gekreuzigten, jenen gehorsamen Sohn, der sich der väterlichen Gewalt demütig unterwarf. Die Modernisierung der katholischen Kirche laufe daher auf eine *Rationalisierung des Irrationalen* hinaus: Während der Gläubige sich bislang die Bedeutung Gottes durch das selbstbestimmte sinnlich-phantasievolle Interagieren mit der Eigendynamik der präsentiven Symbolik des Messrituals erschließen konnte, müsse er sich fortan der diskursiven Botschaft des Priesters unterwerfen, der mit *Argumenten* für Gott werbe. So verwandele sich Religion in eine massenwirksame *Weltanschauung*, die hinter den Geist der Aufklärung zurückfalle, dass Glaube und Wissenschaft strikt zu unterscheiden seien. Wie sehr der Gegensatz von Irrationalem und Rationalem eingeebnet werde, illustriere der damalige Papst Wojtyla, der sich nicht nur als Oberhaupt der katholischen Kirche, sondern auch als die Massenmedien begeisternder telegener Volksführer inszeniert habe, der dem Volk keinen Führergag ersparte – vom Bad in der Menge, der Fahrt im offenen Jeep bis zum Küssen von Kindern.

Sozialisationstheoretisch heißt das Lorenzer zufolge, dass der Papst die Gläubigen als ein charismatischer Führer begeistere, dessen sinnlich-bildhafte Inszenierungen auf zweierlei Weise für die von ihm propagierte religiöse Weltanschauung werben. Einerseits stille der Gottesglaube die von Sigmund Freud beschriebene kindliche Sehnsucht naiver Erwachsener nach einer sie beschützenden Vaterfigur. Andererseits sei die Religion ganz im Sinne von Karl Marx ein Opium des Volkes, das sich durch den Glauben an das Paradies über das soziale Leiden unter Klassenverhältnissen hinwegtröste. Die Modernisierung der katholischen Kirche transformiere die Religion daher in eine Weltanschauung, die irrational und rational zugleich sei, weil sie die falsche Antwort auf individuelle Triebkonflikte (statt Autonomie und Selbstverfügung eine kindliche Unterwerfung unter Gottvater) mit der falschen Antwort auf die sozialen Fragen (Glaubensgehorsam statt Klassenkampf) verknüpfte.

Lorenzers Religionskritik beschreibt Folgen des von Max Weber beschriebenen Prozesses der Rationalisierung der Welt durch Technik und Wissenschaft. Zugleich steht seine Analyse in der Tradition des von Max Horkheimer und Theodor W. Adorno entworfenen geschichtsphilosophischen Diskurses der *Dialektik der Aufklärung*, der den Rückfall in die faschistische Barbarei dadurch erklärt, dass die Herrschaft der Menschen über die Natur eine »instrumentelle Vernunft« hervorgebracht habe, die in eine Herrschaft der Menschen über die Menschen umgeschlagen sei. Lorenzers sozialpsychologische Untersuchung macht darauf aufmerksam, dass die fast zwei Jahrtausende lang durch das römische Messritual sozialisierten Triebregungen und Phantasien der Individuen durch die Zerstörung der präsentativen Symbolik der Kirche freigesetzt worden seien. Die Destruktion der religiösen Symbolik der katholischen Kirche, der mit dem Bildersturm der Reformation begonnen habe, habe eine Lücke hinterlassen, die der deutsche Faschismus genutzt habe, indem er seine Weltanschauung als eine die ungestillten Sehnsüchte der Massen aufgreifende Ersatzreligion zelebriert habe.

Über der besonderen Bedeutung von Lorenzers Religionskritik darf daher nicht die allgemeine Bedeutung seiner sozialisationstheoretischen Ausführungen übersehen werden. Sie wird fassbar, sobald er am Beispiel des Nationalsozialismus die massenwirksame Vergesellschaftung durch die Irrationales und Rationales integrierende Weltanschauung erläutert. Lorenzer zufolge kam auch die faschistische Massenmobilisierung auf zweierlei Weise zustande: Wie die Macht des Führers und seiner »revolutionären Bewegung« auf der Wirkungsebene der Bilder inszeniert wurde, so wurde auf der Bedeutungsebene der Sprache die nationalsozialistische Weltanschauung propagiert, welche individuelle Triebkonflikte so zu lösen versprach wie soziale Probleme. Wie Hitler durch seine Selbstinszenierungen als charismatischer Führer, der mit dem Flugzeug vom Himmel zu den Großkundgebungen herabstieg und Kindern segnend die Hand auf den Kopf legte, die infantile Sehnsucht nach einem das Volk »aus seiner Not« rettenden Vater aufgriff, so verknüpfte er über die antisemitische Weltanschauung, »die Juden« seien die Wurzel aller Übel, das Aufgreifen des infantilen Hasses auf den autoritären Vater mit der fremdenfeindlichen Antwort auf die sozialen Probleme (Rassenhass statt Klassenkampf).

Wie Lorenzers Methode der tiefenhermeneutischen Kulturanalyse gegenwärtig praktiziert wird, illustrieren folgende Texte: Achim Würker (1997) analysiert Literatur tiefenhermeneutisch, indem er etwa die in den Erzählungen von E. T. A. Hoffmann inszenierten Lebensentwürfe rekonstruiert. Regina Klein (2003) interpretiert die von ihr erhobenen narrativen Interviews tiefenhermeneutisch, indem sie danach fragt, wie Bäuerinnen Modernisierungsprozesse subjektiv verarbeiten. Und Hans-Dieter König (2008) untersucht die sozialpsychologische Frage, wie George W. Bush die Mehrzahl seiner Landsleute für eine Politik der militärischen Konfrontation einnahm, indem er anhand exemplarisch ausgewählte Reden die Selbstinszenierungen des Präsidenten als Cowboy, Prediger und Feldherr tiefenhermeneutisch rekonstruiert und im Rückgriff auf die psychoanalytische Sozialisationstheorie als Ausdruck eines postmodernen Autoritarismus begreift.

Hans-Dieter König

Literatur

Klein, Regina 2003: In der Zwischenzeit. Tiefenhermeneutische Fallstudien zur weiblichen Verortung im Modernisierungsprozess 1900–2000, Gießen 2003.
König, Hans-Dieter: George W. Bush und der fanatische Krieg gegen den Terrorismus. Eine psychoanalytische Studie zum Autoritarismus in Amerika, Gießen 2008.
Würker, Achim: Das Verhängnis der Wünsche. Über Lebensentwürfe in den Erzählungen E. T. A. Hoffmanns, Hohengehren 1997.

Jürgen Habermas: Theorie des kommunikativen Handelns. Bd. 1: Handlungsrationalität und gesellschaftliche Rationalisierung; Bd. 2: Zur Kritik der funktionalistischen Vernunft, Suhrkamp: Frankfurt 1981, 533 + 632 S.

Die von Jürgen Habermas (geb. 1929) vorgelegte Theorie des kommunikativen Handelns steht in mehrfachem Sinn an einer systematischen Schnittstelle. Aus der biografischen Perspektive vollzieht sie den Übergang von primär ideologiekritischen Untersuchungen zur bürgerlichen Öffentlichkeit und der funktionalistisch verkürzten Rationalität von Wissenschaft im Kapitalismus zu einer sprach- und kommunikationstheoretisch fundierten normativen Theoriebildung. Habermas hat die wesentlichen Positionen der Theorie in den zehn Jahren zwischen 1971 und 1981, als er nach schweren Konflikten mit der Studentenbewegung zusammen mit Carl Friedrich von Weizsäcker einer der zwei Direktoren des Max-Planck-Institutes zur Erforschung der Lebensbedingungen der wissenschaftlich technischen Welt in Starnberg war, formuliert. Sie nimmt wesentliche Elemente seiner Rekonstruktion politischer Öffentlichkeit aus dem *Strukturwandel der Öffentlichkeit* (1962) wieder auf, bildet aber den darüber weit hinausgreifenden Übergang zu seiner späteren Theoriekonzeption. Ziel ist es, eine kritische Theorie moderner Gesellschaften zu entwickeln, die im Unterschied zu den Ansätzen der älteren *Frankfurter Schule* in der Lage ist, die normativen Grundlagen ihrer Kritik anzugeben: »Mit der vorliegenden Untersuchung will ich in eine Theorie des kommunikativen Handelns einführen, die die normativen Grundlagen einer kritischen Gesellschaftstheorie aufklärt.« (II: 583)

Habermas entwirft eine Theorie, die die Moderne als ein rekonstruierbares Projekt der Rationalisierung aller gesellschaftlichen Lebensbereiche begreift. Hierzu werden verschiedene klassische soziologische Ansätze herangezogen. Diese werden auf ihre Theorie der Rationalisierung hin ausgewertet (Max Weber), es werden ihre kommunikationstheoretischen Potenziale herausgearbeitet (Émile Durkheim, George Herbert Mead), ihre modernitäts- und kapitalismuskritischen Positionen rekonstruiert und kritisiert (Theodor W. Adorno, Georg Lukács) und sie werden auf ihre Erklärungskraft für die systemische gesellschaftliche Integration jenseits der Modelle handlungstheoretischer Soziologien (Talcott Parsons) hin untersucht. Von besonderer Bedeutung sind im Kontext dieser oft sehr komplexen Werkinterpretationen die beiden Zwischenbetrachtungen, die in jedem Band eine besondere systematische Rolle spielen und wesentliche Aspekte der jeweiligen Argumentation zusammenführen und pointieren.

Die grundlegende Intention ist, dass auch die Gesellschaftstheorie nach dem *linguistic turn* ihre bewusstseinsphilosophische Begründung reformieren und das kommunikationstheoretische Paradigma adaptieren muss. Zu diesem Zweck entwickelt die Theorie im ersten Band ein Konzept des kommunikativen Handelns,

das die Grundbegriffe Bewusstsein und Arbeit um die Dimension der sprachlichen Kommunikation ergänzen soll. Grundsätzlich koordinieren Menschen
über Kommunikation ihre Interventionen in die Welt. Indem sie dies tun, ver-
ständigen sie sich miteinander über sachliche bzw. moralische Fragen in einem
»Originalmodus« von Kommunikation, der am Einverständnis der Partner orientiert ist (I: 388). Dabei gilt: »Wir verstehen einen Sprechakt, wenn wir wissen,
was ihn akzeptabel macht.« (I: 400) Habermas argumentiert, dass in jedem geäußerten Satz Geltungsansprüche auf Wahrheit, Richtigkeit und Wahrhaftigkeit
erhoben werden, die die alltägliche Kommunikation zu den jeweiligen Begrün-
dungsdiskursen hin öffnen, in denen die Ansprüche intersubjektiv überprüft werden können. Diese Form der idealen wechselseitigen Anerkennung als mögliche
Diskurspartner, bildet den normativen Kern aller menschlichen Kommunikation
und hat ihren Ort in der gesellschaftlichen Lebenswelt. Die Lebenswelt, die verstärkt als Komplementärkonzept zum kommunikativen Handeln im zweiten Band
behandelt wird, gilt als nicht hintergehbarer Hintergrund und zugleich als nicht
transzendierbarer Horizont gesellschaftlicher Kommunikation: »Die Lebenswelt
ist gleichsam der transzendentale Ort, an dem sich Sprecher und Hörer begegnen; […]: zu Sprache und Kultur können die Beteiligten in actu nicht dieselbe
Distanz einnehmen wie zur Gesamtheit der Tatsachen, Normen oder Erlebnisse,
über die Verständigung möglich ist.« (II: 192) Dieses anspruchsvolle Modell alltäglicher Kommunikation setzt allerdings auf verschiedenen Ebenen entwickelte
Strukturen voraus. Insbesondere müssen Kultur, Persönlichkeit und Gesellschaft
ein Niveau von Rationalisierung erreicht haben, das es ihnen erlaubt, in reflexiven
Diskursen mit Traditionen und sozialen Ordnungsmustern umzugehen (II: 209).
Das führt aber dazu, dass die in der Lebenswelt zunächst fraglos gegebenen Situa-
tionsdeutungen und Sinnorientierungen in der Moderne, in der die verschiedenen kulturellen Wertsphären auseinandergetreten sind, einem permanenten Test
ausgesetzt werden. Die kommunikative Problematisierung der Traditionen, die
ständige Interpretations- und Anpassungsleistungen verlangen, zehrt den »lebensweltlichen Konsensvorschuß« (II: 272) auf und es kommt zu einer paradoxen
Situation, in der das Dissensrisiko steigt, weil der Konsensbedarf wächst. Je mehr
Geltungsansprüche problematisiert werden, desto mehr Diskurse finden statt und
desto weniger gemeinsame Hintergrundannahmen bleiben unberührt. In dieser
Situation ersetzen Steuerungsmedien wie Geld und Macht die Sprache als Medium der Handlungskoordination: »Der wachsende Rationalitätsdruck, den eine
problematisierte Lebenswelt auf den Verständigungsmechanismus ausübt, erhöht
den Verständigungsbedarf, und damit nehmen der Interpretationsaufwand und
das […] Dissensrisiko zu. […] Medien wie Geld und Macht setzen an den empirisch motivierten Bindungen an; sie codieren einen zweckrationalen Umgang
mit kalkulierbaren Wertmengen und ermöglichen eine generalisierte strategi-

sche Einflußnahme auf die Entscheidungen anderer Interaktionsteilnehmer unter *Umgehung* sprachlicher Konsensbildungsprozesse.« (II: 272 f.). Wenn die Steuerungsmedien, die zunächst in eine Funktionslücke sprachlicher Handlungskoordinierung eingesprungen sind und die immer auch eine Verankerung in der Lebenswelt benötigen, anfangen die sprachliche Kommunikation nicht nur zu raffen sondern zu ersetzen, dann ist das evolutionäre Niveau erreicht, an dem Gesellschaft als Lebenswelt und als System verstanden werden muss. Während in der Gesellschaft als Lebenswelt sprachliche Handlungskoordination und Solidarität die Reproduktion gesellschaftlichen Sinnes sicherstellen, kommt es auf der Ebene der systemischen Integration zu einer Verselbständigung ökonomischer oder administrativer Prozesse, die sich letztlich von den kommunikativen Handlungszusammenhängen abkoppeln und die Lebenswelt kolonialisieren. Die »*Kolonialisierung* [...] der Lebenswelt« (II: 293), die Habermas als Verrechtlichung und Vergeldlichung aller Sozialbeziehungen versteht (II: 547), geht einher mit einer Fragmentierung des Alltagsbewusstseins (II: 521), einer Verdinglichung der Sozialbeziehungen, Pathologien auf der Ebene individueller Persönlichkeiten und einem bedrohlichen Verfall der Kommunikationskultur (II: 483). Gleichzeitig ermöglichen aber die teilautonomen Subsysteme Ökonomie und Staat einer »von Aufgaben der materiellen Reproduktion entlasteten Lebenswelt [...] sich [...] in ihren symbolischen Strukturen aus(zu)differenzieren und die eigensinnigen Entwicklungen der kulturellen Moderne frei(zu)setzen; [...].« (II: 564) Vor dem Hintergrund dieser zutiefst widersprüchlichen Struktur der Moderne entfalten demokratische Politik im Sozialstaat (II: 506 f.) und Massenkommunikation in einer populärkulturellen Öffentlichkeit (II: 571 f.) ein zutiefst ambivalentes Potenzial, da sie einerseits emanzipatorische Wirkungen haben können, aber zugleich ständig Gefahr laufen unter den Bedingungen eines weiterbestehenden Kapitalismus die bürokratische oder mediale Entmündigung voranzutreiben.

Habermas erhebt mit diesem Werk den Anspruch durch seine Rekonstruktion der idealen Bedingungen von lebensweltlicher Kommunikation, eine Neubegründung der *Kritischen Theorie* vorgenommen zu haben. Dadurch, dass er die »utopische Perspektive von Versöhnung und Freiheit«, die seiner Meinung nach »in den Bedingungen einer kommunikativen Vergesellschaftung der Individuen angelegt« (1984/I: 533) ist, aufsucht, will er mit dem Modell unverkürzter intersubjektiver Kommunikation eine normative Grundlage für Gesellschaftskritik freilegen, die die gesellschaftliche Realität implizit prägt, von der aus dann aber auch gesellschaftliche Deformationen in den Blick genommen werden können.

Von zentraler Bedeutung für die Kultur- und Sozialwissenschaften ist die weitere Werkentwicklung von Habermas, der ausgehend von der Theorie des kommunikativen Handelns zahlreiche Beiträge zu den verschiedensten Wissenschaftsbereichen geleistet hat. Texte zur Theorie des Rechtsstaates und der Menschenrechte,

Studien zur deliberativen Demokratie, zur Diskursmoral, eine Kritik der Postmoderne, sowie zwei Bände zum nachmetaphysischen Denken und zur Bedeutung von Religion in modernen Gesellschaften beziehen alle ihre grundlegende
Intuition aus der Theorie des kommunikativen Handelns und dem dort entwickelten Konzept kommunikativer Rationalität. Sie dient auch als Referenzpunkt einer
Vielzahl von kritischen politischen Interventionen, die Habermas zusammen mit
seinem theoretischen Werk zu einem der wichtigsten deutschen Intellektuellen
des 20. Jahrhunderts gemacht haben. Die Theorie des kommunikativen Handelns
und die aus ihr folgende Theorieproduktion wurden in den verschiedensten Fach-
disziplinen und insbesondere international in aller Breite rezipiert.

Wilhelm Hofmann

Literatur

Horster, Detlef: Jürgen Habermas. Eine Einführung, Darmstadt 2010.
McCarthy, Thomas: Kritik der Verständigungsverhältnisse. Zur Theorie von Jürgen Ha-
    bermas, erweiterte Auflage, Frankfurt 1989.
Schaal, Gary S. (Hg.): Das Staatsverständnis von Jürgen Habermas, Baden-Baden 2009.

**Henri Tajfel (Hg.): Social Identity and Intergroup Relations, Cambridge University
Press: Cambridge 1982, 546 S.**

Henri Tajfel wurde am 22. Juni 1919 in Warschau als Hersz Mordche Tajfel geboren
und starb am 3. Mai 1982 in Oxford. Wegen der Diskriminierung und beginnenden Verfolgung der Juden verließ er 1937 Polen, um Chemie an der Sorbonne in
Paris zu studieren. Im Zweiten Weltkrieg kämpfte er als freiwilliger französischer
Soldat gegen die Nazis, geriet in deutsche Gefangenschaft und überlebte die Nazi-
zeit in verschiedenen Kriegsgefangenenlagern. Bei seiner Rückkehr nach Frankreich musste er feststellen, dass seine gesamte engere Familie und der Großteil
seiner Freunde von den Nazis umgebracht worden waren. Zunächst arbeitete er
dann in einer französischen Hilfsorganisation für jüdische Kriegswaisen, um anschließend in Paris und Brüssel Psychologie zu studieren. Die Kriegs- und Nach-
kriegserfahrungen motivierten ihn, sein späteres Leben dem Studium von Vorurteilen und Intergruppenbeziehungen zu widmen. 1957 zog er mit seiner Frau
und seinen zwei Söhnen nach Großbritannien, wurde britischer Staatsbürger und
promovierte 1954 an der University of Durham. Nach Forschungsaufenthalten in
den USA übernahm Tajfel 1967 eine Professur an der Universität in Bristol. Sein
Werk umfasst dutzende wissenschaftliche Publikationen, die sich vor allem auf die
Theorie der sozialen Identität beziehen, die er in enger Kooperation mit John C.
Turner entwickelt und veröffentlicht hat. Bei der Auswahl der Autoren für den hier

vorzustellenden Sammelband hatte Henri Tajfel ein sehr »glückliches Händchen«, denn das Buch repräsentiert die erfolgreiche Ausbildung einer eigenen Wissenschaftsschule; die Autoren der einzelnen Kapitel sind bis heute produktive und angesehene Wissenschaftler auf dem Gebiet der sozialpsychologischen Intergruppenforschung.

Tajfel ging in diesem bahnbrechenden Werk der Grundfrage nach, wie sich Intergruppenkonflikte, Vorurteile und Diskriminierung zwischen sozialen Gruppen erklären lassen und welche Rolle dabei die soziale Identität spielt. Dazu sammelte er verschiedene Aufsätze von zum Großteil jungen Sozialpsychologen aus Europa, Kanada, Indonesien und Neuseeland, die sich dem Themenbereich »Soziale Identität und Intergruppenbeziehungen« aus jeweils verschiedenen Blickrichtungen annähern.

Der Sammelband ist in drei Teile gegliedert. Der *erste Teil* fokussiert theoretisch auf »Kognitive Prozesse der Konstruktion von sozialen Gruppen«. Dieser Schwerpunkt verdeutlicht bereits eine der Besonderheiten von Tajfels Gesamtwerk: Individuelle kognitive Prozesse stehen für ihn immer im Mittelpunkt, wenn Gruppenverhalten aus einer sozialpsychologischen Perspektive erklärt werden soll. Der Beitrag von John C. Turner im ersten Kapitel stellt die *Soziale Identitätstheorie* als bedeutendsten wissenschaftlichen Beitrag von Henri Tajfel vor und bildet die theoretische Grundlage der weiteren Kapitel. Deshalb sollen zunächst auch die Grundgedanken dieses Theoriegebäudes ausführlicher behandelt werden.

Grundbegriffe und Grundannahmen der Sozialen Identitätstheorie: Eine *soziale Gruppe* besteht »aus zwei oder mehr Individuen, die sich als Mitglieder der selben sozialen Kategorie wahrnehmen« (S. 15). Das Konzept kann auf Kleingruppen ab zwei Mitgliedern bis hin zu Nationen oder Ethnien oder auch die ganze Menschheit angewendet werden.

1) Menschen kategorisieren ihre soziale Welt (Personen, Objekte und Ereignisse), um die Komplexität der Wirklichkeit zu reduzieren. Durch soziale Kategorisierungen ordnen sich Menschen selbst und ihre Mitmenschen bestimmten sozialen Gruppen zu. Soziales Kategorisieren erfolgt automatisch und ermöglicht eine schnelle Orientierung in der Wirklichkeit. Die zentralen Kategorien sind dabei das Alter, das Geschlecht und die Ethnie. Bei derartigen Kategorisierungsprozessen werden Unterschiede in der eigenen Gruppe als gering und Unterschiede zu fremden Gruppen als stark wahrgenommen.

2) Soziales Kategorisieren der Welt hat für den einzelnen Menschen eine wichtige Funktion. Er nimmt sich selbst als Mitglied von sozialen Kategorien wahr, identifiziert sich mit diesen Kategorien und definiert seinen sozialen Platz innerhalb der Kategorien. Die Summe dieser sozialen Selbstzuordnungen und Identifikationen ist die *soziale Identität* einer Person. Die *soziale* Identität ist der Teil des Selbstbildes, der sich aus den Zuordnungen zu verschiedenen sozialen Gruppen

speist und mit Bewertungen und Emotionen bezüglich dieser Gruppen verknüpft ist; während die *personale* Identität das Wissen um die persönlichen, individuellen Eigenschaften umfasst. Je nach Situation ist die persönliche oder die soziale Identität salienter (d. h. hervorstechender), und dementsprechend wird zwischen interpersonalem und intergruppalem Verhalten unterschieden. *Interpersonales* Verhalten liegt vor, wenn sich Menschen bei einer Begegnung als einzigartige Individuen wahrnehmen und sich dementsprechend auch individuell angepasst verhalten. In anderen Kontexten kann dieses Verhalten aber auch *intergruppal* sein, also vor allem von den jeweiligen Gruppenmitgliedschaften der Protagonisten bestimmt.

3) Menschen streben nach einer positiven sozialen Identität. Dazu müssen sie eine positive Beziehung zu relevanten Gruppen aufbauen. Um den Wert oder das Prestige der relevanten Gruppen abschätzen zu können, sind *soziale Vergleiche* mit den eigenen und mit bedeutsamen fremden Gruppen nötig. Als relevante Fremdgruppen kommen Gruppen in Frage, die auf einer oder mehreren Vergleichsdimensionen den eigenen Gruppen ähnlich sind.

4) Da die soziale Identität ein wichtiger Bestandteil des Selbstkonzepts ist und Menschen generell das Bedürfnis nach einer positiven sozialen Identität haben, müssen die besagten sozialen Vergleiche jeweils zu positiven Ergebnissen führen. Deshalb wird eine sogenannte *Positive Distinktheit,* also ein besseres Abschneiden der eigenen Gruppe im Vergleich zu fremden Gruppen, angestrebt. Falls die Vergleiche mit der eigenen Gruppe und der anderen Gruppe nicht ausreichend positive Ergebnisse erbringen, wird durch unterschiedliche Aktivitäten die eigene Gruppe unrealistisch aufgewertet und die anderen Gruppen abgewertet, um auf diese Weise die eigene soziale Identität zu schützen. Um die eigene soziale Gruppe in diesem Sinne gegenüber relevanten Outgroups aufzuwerten, kann ein Mensch *erstens* versuchen, durch sozialen Vergleich zwischen der eigenen und der fremden Gruppe die positiven Eigenarten (Distinktheiten) der eigenen Gruppe besonders zu betonen und die andere Gruppe bezüglich dieser Merkmale abzuwerten. Falls solche Strategien nicht helfen, kann der Mensch *zweitens* neue Vergleichsdimensionen kreieren, auf denen die eigene Gruppe besser als die andere abschneidet. *Drittens* hat unser Mensch die Möglichkeit, eine relevante Vergleichsdimension umzudeuten, um auf diese Weise negative Vergleichsergebnisse der eigenen Gruppe in positive umzuwandeln. *Viertens* kann der Mensch in der Folge ungünstiger Vergleichsergebnisse auch die Vergleichsgruppen wechseln, um schließlich *fünftens,* wenn das immer noch nicht zu positiven Ergebnissen führt, durch soziale Mobilität seine eigene Gruppe zu verlassen und Mitglied einer statushöheren Gruppe zu werden.

Soweit die Grundpostulate der Sozialen Identitätstheorie. Die Vielfalt der anschließenden Artikel und Ansätze im vorliegenden Sammelband belegt eindrucks-

voll die Fülle der Anwendungsmöglichkeiten des sozialen Identitätsansatzes. Im
zweiten Abschnitt (Kap. 2, Stephen Reicher) wird in Abgrenzung zur klassischen
Massenpsychologie kollektives Verhalten als individuell und kognitiv determiniert beschrieben. Danach werden Machtbeziehungen zwischen sozialen Gruppen und ihr Einfluss auf soziale Kategorisierungsprozesse (Kap. 3, Jean-Claude
Deschamps) analysiert. Deutlich wird dabei auch, dass die Selbstkonstruktion als
Individuum vor allem ein Privileg von Mitgliedern dominanter Gruppen ist (d. h.
Mitglieder sozial dominanter Gruppen definieren sich eher als Individuen denn
als Gruppenmitglieder); während sich Mitglieder nicht-dominanter Gruppen
eher im Rahmen der ihnen zugeschriebenen Gruppenmitgliedschaften kategorisieren (müssen), statt sich als Individuen zu definieren. Der erste Teil des Sammelbandes schließt mit einem Aufsatz über Attributionsprozesse, indem Zusammenhänge zwischen Ursachenzuschreibungen für bestimmte Handlungen oder
soziale Ereignisse und der Qualität der Intergruppen-Beziehungen analysiert werden (Kap. 4, Miles Hewstone & Joseph Maria Franciscus Jaspars).

Im *zweiten* Teil des Sammelbandes werden verschiedene experimentelle Studien vorgestellt, in denen einzelne Aspekte des sozialen Identitätsansatzes detail-
lierter empirisch untersucht werden. Dabei wird vor allem die Dynamik verschiedener Identitätsprozesse betont und die herausragende Rolle des Experiments als
wichtigste Methode zur sozialpsychologischen Erforschung von Intergruppen-
Beziehungen deutlich. In diesen Beiträgen werden u. a. die Effekte untersucht,
die sich einstellen können, wenn Menschen eine Statusungleichheit zwischen eigenen und fremden Gruppen als nicht legitim wahrnehmen (Kap. 5, Brian Cad-
dick). Werden derartige Statusunterschiede zwischen der eigenen Gruppe und relevanten Fremdgruppen als legitim bzw. gerecht empfunden, werden sie auch eher
akzeptiert. Statusunterschiede, die als nicht legitim angesehen werden, fördern
das Streben nach sozialem Wandel, um die erlebte soziale Ungerechtigkeit zu reduzieren. Weitere experimentelle Studien widmen sich zeitlichen Veränderungen
von Intergruppenbeziehungen (Kap. 6, Rupert J. Brown & Gordon F. Ross), untersuchen Zusammenhänge zwischen Macht und Intergruppen-Diskriminierung
(Kap. 7, Sik Hung Ng), berichten über kulturvergleichende Minimalgruppen-Ex-
perimente, an denen europäische und polynesische Kinder teilnahmen (Kap. 8,
Margaret Wetherell) und fragen nach dem Wert einer Gruppenmitgliedschaft für
das einzelne Individuum (Kap. 9, Murray Horwitz & Jacob M. Rabbie).

Im *dritten* Teil des Sammelbandes werden die sozialpsychologischen Annahmen und experimentellen Befunde der beiden ersten Teile innerhalb verschiedener historischer, ethnischer oder beruflicher Kontexte weiter vertieft und verschiedene Feldstudien vorgestellt. Spätestens in diesem Teil zeigt sich die generelle
sozialwissenschaftliche Bedeutung der Sozialen Identitätstheorie und ihr Potenzial zur Erklärung von Vorurteilen, Diskriminierungen und Konflikten zwischen

unterschiedlichen sozialen Gruppen und Gemeinschaften. Das heißt, trotz ihrer kognitionspsychologischen Fokussierung und der oft sehr sparsamen und einfachen Experimente, mit denen die Annahmen der Sozialen Identitätstheorie geprüft werden, ist die Berücksichtigung sozialer Kontexte nicht nur theorieimmanent, sondern die eigentliche Basis für die Theorieprüfung. So bildet z. b. der historisch gewachsene Religions- und Ressourcenkonflikt zwischen Protestanten und Katholiken in Nordirland den Hintergrund für Kap. 10. Ed Cairns zeigt, dass neben sozialen, historischen, politischen und ökonomischen Konfliktursachen vor allem auch das Bedürfnis nach einer positiven und klar abgrenzbaren sozialen Identität in diesem Konflikt eine zentrale Rolle spielt. Zu ähnlichen Schlussfolgerungen kommen auch die Autoren der folgenden Abschnitte über ethnische Gruppen in Süditalien bzw. Südtirol (Kap. 11, Dora Capozza, Emiliana Bonaldo & Alba Di Maggio) oder über Stereotype und Intergruppenvergleiche in Indonesien (Kap. 12, Joseph Maria Franciscus Jaspars & Suwarsih Warmaen).Auch die Fallstudien über die ethno-linguistische Gruppe der schwedisch-sprechenden Einwohner Finnlands (Kap. 13, Karmela Liebkind) und über Mitglieder unterschiedlicher höherer Bildungseinrichtungen in Großbritannien (Kap. 14, Richard Y. Bourhis & Peter Hill) verweisen auf die Erklärungskraft der Sozialen Identitätstheorie. Nicht minder relevant ist der vorletzte Abschnitt, der sich mit institutionalisierter Macht und intergruppalen Verhandlungen im Rahmen von Auseinandersetzungen zwischen französischen Gewerkschaftsmitgliedern und Konzernvertretern beschäftigt (Kap. 15, Claude Louche). Das Buch endet mit einem Fazit vom Herausgeber Henri Tajfel (Kap. 16), in dem er Gemeinsamkeiten, Unterschiede und Widersprüche der vorangehenden Kapitel diskutiert, um abschließend darauf hinzuweisen, dass die Buchbeiträge die notwendigen Elemente für die Konstruktion einer umfassenden »sozialpsychologischen Theorie von Intergruppenverhalten« deutlich machen konnten.

Die Soziale Identitätstheorie wurde inzwischen intensiv beforscht, weiterentwickelt und in tausenden empirischer Studien empirisch gestützt. In Folge der Publikationen von Tajfel und Kollegen hat sich seit den 1980er Jahren eine genuin europäische Sozialpsychologie mit Schwerpunkt auf das kognitive Konzept »soziale Identität« und dessen Einfluss auf Intergruppensituationen entwickelt. Dieser Ansatz bildet heute eine der zentralen theoretischen Grundlagen der Sozialpsychologie und sozialwissenschaftlichen Intergruppenforschung generell. Er stellt nicht nur theoretische Erklärungen für die Ursachen von Diskriminierungsprozessen bereit, sondern liefert auch wichtige und praktisch hilfreiche Ansätze zur Reduktion von Konflikten und zur Förderung von kooperativen Beziehungen in und zwischen sozialen Gruppen.

Daniel Geschke/Wolfgang Frindte

Literatur

Abrams, Dominic/Hogg, Michael A. (Hg.): Social Identity: Constructive and Critical
    Advances, Berlin 1990.

Petersen, Lars Eric/Six, Bernd (Hg.): Stereotype, Vorurteile und soziale Diskriminie-
    rung. Theorien, Befunde und Interventionen, Weinheim/Basel 2008.

**Mario Erdheim: Die gesellschaftliche Produktion von Unbewußtheit. Eine Einführung
in den ethnopsychoanalytischen Prozeß, Frankfurt: Suhrkamp 1982, 475 S.**

Mario Erdheim empfiehlt seinen Leser(inne)n, *Die gesellschaftliche Produktion
von Unbewusstheit* mit »gleichschwebender Aufmerksamkeit« zu lesen (IX). Damit nimmt er vorweg, worum es im ethnopsychoanalytischen Prozess, in den das
Buch einführen will, geht: Um einen an der psychoanalytischen Haltung orientierten Zugang zur Erforschung gesellschaftlich-kultureller Phänomene, der das
Auswählen, Ordnen, Reduzieren und Kategorisieren der Forschungsdaten zunächst zu vermeiden sucht. Damit soll nicht nur verhindert werden, dass Forschende nur das finden, was sie sowieso wissen, sondern vielmehr Raum geschaffen werden für jene Momente des Forschens, die im wissenschaftlichen Prozess
oftmals abgewehrt werden: Emotionales, triebhaftes, unbewusstes Geschehen.
Erdheims Buch ist eine dezidierte Kritik an einer sich als objektiv verstehenden
wissenschaftlichen Praxis, welche die subjektiven, emotionalen und triebhaften
Momente ausblendet, die mit jeder Form wissenschaftlicher Betätigung einhergehen.

Mario Erdheim wurde 1940 in Quito (Ecuador) geboren. Er studierte Ethnologie, Geschichte und Psychologie unter anderem in Wien und Madrid und machte am Psychoanalytischen Seminar Zürich eine Ausbildung. Erdheim habilitierte
sich in Frankfurt am Main und hatte Gastprofessuren in verschiedenen Städten
inne, bevor er sich als Psychoanalytiker in eigener Praxis in Zürich niederließ.
Das Buch *Die gesellschaftliche Produktion von Unbewußtheit* ist sein Hauptwerk, in
dem – mit Ausnahme seiner Arbeiten zur Fremdenrepräsentanz (in: Psychoanalyse und Unbewusstheit in der Kultur, 1988) – all die Themen berührt werden, zu
denen er wissenschaftlich gearbeitet hat.

Methodologisch knüpft Erdheim vor allem an die in den 1950er und 1960er
Jahren im Rahmen von Feldforschungsaufenthalten in westafrikanischen Gesellschaften entstandene Ethnopsychoanalyse der Zürcher Psychoanalytiker Paul
Parin, Goldy Parin-Matthèy und Fritz Morgenthaler an, deren Anliegen es war,
Psychoanalyse und Gesellschaftskritik zu verbinden und die Wechselwirkungen
zwischen psychischen und sozialen Strukturen in unterschiedlichen Gesellschaften zu untersuchen. In enger Zusammenarbeit mit der Zürcher Ethnologin und

Psychoanalytikerin Maya Nadig betrieb Erdheim in den 1970er und 1980er Jahren ethnopsychoanalytische Forschung in Mittelamerika und der Schweiz.

In *Die gesellschaftliche Produktion von Unbewußtheit* geht Erdheim der gesellschaftlichen Dimension des Unbewussten nach. Wer, so Erdheim, sich mit Freud beschäftige, komme nicht umhin, sich mit den Phänomenen Macht und Herrschaft auseinanderzusetzen, die sich in der Psyche des Individuums niederschlagen würden (38). Die psychischen Abwehrmechanismen (Verdrängung, Projektion, Rationalisierung, etc.), die im Einzelnen bedrohliche und mit den kulturellen Anforderungen nicht in Einklang zu bringende innere Impulse unbewusst machen, sind immer auch gesellschaftlich geprägt und institutionell gestützt. Erdheim untersucht, wie im Rahmen historisch-gesellschaftlicher Prozesse Unbewusstheit produziert wird. Die Wiener Décadence nimmt er dabei ebenso in den Blick wie das Herrschaftssystem der Azteken, von Versailles und den Faschismus oder die Situation an einem Zürcher Gymnasium, wo er selbst von 1972 bis 1975 als Lehrer unterrichtete. Erdheim zeigt, wie die gewaltvolle Aufrichtung von Herrschaft mit der Unbewusstmachung jener Aggression einhergeht, die bei den Beherrschten gegenüber den Herrschenden entsteht. Diese Unbewusstmachung von Aggressionen, die sich gegen die Herrschenden richten, verhindert einen politischen Widerstand gegen die Herrschenden: »Was man in einer Gesellschaft nicht wissen darf, weil es die Ausübung von Herrschaft stört, muß unbewusst gemacht werden.« (38) So verschwindet auch das Bewusstsein alternativer Möglichkeiten zur Gestaltung gesellschaftlicher Verhältnisse (266). Erdheim sieht die gesellschaftliche Relevanz des Unbewussten bestimmt durch seine doppelte Funktion: Zum einen ist das Unbewusste der Ort, der jene Phantasien, Wünsche und Wahrnehmungen »aufschluckt«, »die das von der Gesellschaft mitgeprägte Bewusstsein nicht zulassen darf«, zum anderen aber ist es auch ein schöpferischer Ort, von dem aus Kräfte zu gesellschaftlicher Veränderung ausgehen können (205).

Gerade vor diesem Hintergrund ist zu verstehen, weshalb Erdheim der Adoleszenz für die psychoanalytische Kulturtheorie eine besondere Bedeutung beimisst, die durch den ›Antagonismus von Familie und Kultur‹ (Freud) strukturiert sei. In dieser Entwicklungsphase verflüssigt sich die in der Primärfamilie ausgebildete Persönlichkeitsstruktur. Bedeutsam ist hierbei, wie bereits Freud annahm, ein Bruch in der Kontinuität psychosexueller Entwicklung durch die Latenzzeit, deren Ende der pubertäre Triebschub einläutet und die die Möglichkeit bietet, Abstand gegenüber der familiären Welt der Kindheit zu nehmen. Durch diesen Abstand öffnet sich ein Raum, in dem Jugendliche die in ihrer Kindheit verinnerlichten Wahrnehmungs-, Abwehr- und Urteilsmuster, Identifizierungen und Beziehungsstrukturen unter dem Druck des pubertären Triebschubs *nachträglich* umarbeiten können. Weil (gesellschaftlich produziertes) Unbewusstes Adoleszenten prinzipiell zugänglicher ist, sind sie tendenziell in der Lage, neue Perspektiven auf die

eigene soziale und politische Umwelt zu werfen, tradierte kulturelle Muster nicht
nur zu überliefern, sondern auch abzuschaffen und neue zu entwickeln. Wo die
adoleszente Entwicklungsdynamik gesellschaftliche Herrschaft allerdings zu stark
herausfordert, muss »sie auf die frühe Kindheit [...] fixiert werden« (327). Dies
geschieht durch Formen der Initiation, wie sie in Bildungs- und Erziehungsein-
richtungen stattfinden und vermittelt werden. In diesem initiatorischen Charakter sieht Erdheim auch die besondere gesellschaftliche Bedeutung der (Lohn-)Ar-
beit, die nicht nur die radikale jugendliche Generativität und Kreativität, sondern
vor allem adoleszente Größenphantasien begrenzt, aber auch formt und forciert.

Erdheim weist darauf hin, wie die Wissenschaft selber an der Produktion von
Unbewusstheit beteiligt ist, indem die von den Wissenschaftler(inne)n gemachten
Erfahrungen ebenso wie koloniale, geschlechts- und klassenspezifische Ungleichheiten durch den Wissenschaftsbetrieb unbewusst gemacht werden. Wissenschaftshistorische Überlegungen fließen hierbei ebenso ein wie die Erfahrungen,
die Erdheim selber als Forscher und während der Betreuung von Studierenden
während ihrer Feldforschung machte. Gemeinsam mit Nadig hat er die dabei
entstehenden (Beziehungs-)Dynamiken zum Gegenstand der Untersuchung gemacht. Hierbei wird deutlich, wie die Unbewusstmachung aggressiver und libi-
dinöser Momente des Forschens durch Intellektualisierung und Rationalisierung
im akademischen Objektivierungsprozess zu Verzerrungen führt, die den Forschungsgegenstand letztlich zum Verschwinden bringen. Anknüpfend an Georges
Devereux' (1976) erschienene Arbeit *Angst und Methode in den Verhaltenswissenschaften,* erachteten Nadig und Erdheim es als zentral, den sozialen Ort und die
institutionellen Bedingungen der Forschenden zu reflektieren, um zu erkennen,
welche unbewussten individuellen und gesellschaftlichen Kräfte auf die Beziehung
der Forschenden zu ihrem Forschungsobjekt einwirken und die Forschungsergebnisse beeinflussen. Erdheim kritisiert an vielen sich auf die Psychoanalyse beru-
fenden sozialwissenschaftlichen Ansätzen (u. a. der Frankfurter Schule, Parsons,
Elias), dass diese zwar die Theorie der Psychoanalyse aufgreifen, aber die psychoanalytische Herangehensweise nicht in den Forschungsprozess einbeziehen (164).
So sei in Vergessenheit geraten, dass Freuds Kulturtheorie aus seiner Erfahrung in
der therapeutischen Praxis und der Neudefinition der therapeutischen Beziehung
heraus entstanden war. Freud musste sich, um seine Patienten unterstützen zu
können, emotional involvieren und mit seinem eigenen Unbewussten auseinandersetzen und dazu gehören auch seine gesellschaftlich gestützten Macht- und
Größenphantasien als Arzt und Wissenschaftler. Dies bedeutete vor allem, sich
von traditionellen psychiatrischen Kategorien zu lösen, deren Funktion es primär
war, die Kranken auf Abstand zu halten und eine Beziehung zu ihnen zu vermeiden. Freud habe den positivistischen Wissenschaftsbegriff überwunden, »durch
den das reflektierende Subjekt aus dem Forschungsprozeß ausgeklammert wurde«

(142). Die Beziehung zwischen Analytiker/in und Analysand/in, respektive zwischen Forscher/in und ihrem/seinem Gegenüber wird zu jenem Ort, den es zu erforschen gilt, denn hier kann »das in der Gesellschaft unbewusst Gemachte auftauchen und bewusst gemacht« werden (XIII). Insofern verlaufe der ethnopsychoanalytische Prozess immer als »Pendelbewegung zwischen der Analyse der eigenen und derjenigen der fremden Kultur« (34). So wie Freud in der Begegnung mit seinen Patienten auf sich selber zurückgeworfen war und dies in seiner Selbstanalyse reflektierte, wird der Ethnopsychoanalytiker, der sich mit dem Unbewussten in der fremden Kultur beschäftige, auf sich selber und seine eigene Kultur verwiesen (XIII), was – zumindest tendenziell – für alle Sozialforscher/innen gilt. Die Trennung von Soziologie und Ethnologie, wie sie an den Universitäten betrieben wird, erweist sich daher als problematisch.

Manche von Erdheims Überlegungen mögen inzwischen, nicht zuletzt aus dem Blickwinkel der Postcolonial Studies, als selbstverständlich oder – mit Blick etwa auf die zuweilen doch sehr klare Abgrenzung von »fremd« und »eigen« – durchaus problematisierungswürdig erscheinen. Sein Anliegen, das Zusammenwirken von individueller und gesellschaftlicher Unbewusstheit unter dem Aspekt gesellschaftlicher Macht- und Herrschaftsverhältnisse – in die auch immer (post-) koloniale, geschlechts- und klassenspezifische Ungleichheitsstrukturen hineinwirken –, hat jedoch auch heute nichts von seiner Relevanz eingebüßt. Und selbst wenn derzeit an den Universitäten das Thematisieren von Subjektivität und Reflexivität durchaus Konjunktur haben mag – unter dem Druck der akademischen Produktionsbedingungen bleibt oft wenig Raum für die Auseinandersetzung damit, was diese Begriffe für die eigene Forschungspraxis tatsächlich auch bedeuten könnten. Insofern ist Erdheims Buch in seinem Eintreten für die Relevanz des Unbewussten in der Untersuchung gesellschaftlicher Prozesse ebenso wie für eine wissenschaftliche Herangehensweise bis heute hochaktuell, die der – immer auch triebhaften – subjektiven Involvierung der Forschenden in ihre Forschungsgegenstände als wesentliches Moment jeden Forschungsprozesses einen Platz einräumt.

Nicole Burgermeister/Jan Lohl

Literatur

Nadig, Maya/Erdheim, Mario: Die Zerstörung der wissenschaftlichen Erfahrung durch das akademische Milieu. Ethnopsychoanalytische Überlegungen zur Aggressivität in der Wissenschaft, in: Erdheim, Die Psychoanalyse und Unbewusstheit in der Kultur, Frankfurt 1988, S. 99–115.
Reichmayr, Johannes: Ethnopsychoanalyse, Gießen 2003.

Benedict Richard O'Gorman Anderson: Imagined Communities. Reflections on the Origin and Spread of Nationalism, Verso: London 1983, 160 S. (dt. Die Erfindung der Nation. Zur Karriere eines folgenreichen Konzepts, Campus: Frankfurt 1988, 216 S.; zitiert wird die erw. Neuausg. 1996).

Benedict Andersons (geb. 1936 in Kunming, China) nationalismustheoretisches Hauptwerk zählt heute zu den Standardwerken in der wissenschaftlichen Diskussion über Nationen und Nationalismus. Zusammen mit den ebenfalls 1983 erschienenen Arbeiten *The invention of tradition* von Eric Hobsbawm und Terence Ranger sowie *Nations and Nationalism* von Ernest Gellner leitete es die (erneute) sozialkonstruktivistische Wende in der Nationalismusforschung ein.

In Andersons Gesamtwerk bilden die *Imagined Communities* das theoretisch zusammenschauende Produkt seiner langjährigen, in Form zahlreicher Aufsätze publizierten Studien zu verschiedenen Ländern Südostasiens, vor allem zu Indonesien, dem sich der Politikwissenschaftler bereits in seiner an der Cornell University in Ithaka verfassten Dissertation *Java in a time of revolution. Occupation and resistance, 1944–1946* von 1972 widmete. Auch nach Veröffentlichung der *Imagined Communities* liegt der Schwerpunkt von Andersons Forschung auf den gesellschaftlichen, politischen und kulturellen Entwicklungen in dieser Region. Seine Auseinandersetzung mit der Genese sowie mit den produktiven und zerstörerischen Kräften des Nationalismus setzte er u. a. in dem Essayband *The Spectre of Comparisons. Nationalism, Southeast Asia, and the world* von 1998 fort.

Im Fokus der *Imagined Communities* steht die Frage nach den Ursachen der enormen Durchsetzungs- und Beharrungskraft des Konzepts der Nation in der modernen Welt. Den Hintergrund dieser Fragestellung bildet die politische Situation in der von Anderson erforschten Region in den Jahren 1978/79: Die Kriege zwischen Vietnam, Kambodscha und China demonstrieren für ihn augenfällig, dass sogar sich als marxistisch-revolutionär verstehende Regime nunmehr konventionelle nationale Kriege führen, ihr Denken und Handeln also entgegen dem verbreiteten marxistischen Selbstverständnis ebenso sehr von nationalen Kategorien geprägt ist wie das anderer Staaten (11 f.). Die darin evident werdende Macht des Nationalen, die sich ebenso weltweit in der Entstehung immer weiterer Nationen zeigt, ist der Ausgangspunkt für Andersons Überlegungen – mit denen er auch der These Hobsbawms vom Endes des nationalen Zeitalters entgegentritt (12 f., 214). Die Entwicklung des Nationalismus verfolgt Anderson in nahezu weltumspannender, komparativer Perspektive, die sich insbesondere aus seiner Auseinandersetzung mit den noch relativ jungen Nationen in Südostasien speist. Im Mittelpunkt seiner Analyse steht jedoch die Nation als Modell, nicht der spezifische Inhalt einzelner Nationalismen. Dieser Grundlagencharakter seines Werks sowie dessen originelle Perspektive, mit der Anderson auch den Ursprung der Nation nicht, wie gängig, in Europa, sondern in der »Neuen Welt« verortet, machen die Attraktivität und Anschlussfähigkeit seiner Nationalismustheorie für weitere theoretische Arbeiten und diverse Einzelstudien, etwa zu außereuropäischen Nationalismen, aus.

Einprägsam und entsprechend häufig zitiert ist Andersons Definition der Nation als »vorgestellte politische Gemeinschaft – vorgestellt als begrenzt und souverän« (15). Damit sind die wesentlichen Elemente der modernen Nation angesprochen: Sie beruht nicht auf »Face-to-Face-Kontakten«, sondern bildet sich als Vorstellung in den Köpfen ihrer Mitglieder heraus – als eine gegenüber anderen Nationen abgegrenzte, den Anspruch auf Selbstbestimmung in einem eigenständigen Staat erhebende und auf der Idee der Gleichheit und »Brüderlichkeit« beruhende Verbindung, für die man sogar bereit ist, sein Leben zu opfern. »Vorgestellt« bzw. »imagined« meint nicht, dass die Nation eine bloße Einbildung sei, sondern bezieht sich darauf, dass sie nicht auf persönlichen, sondern auf gesellschaftlich vermittelten Beziehungen beruht. Sehr wohl schreibt sich die Nation dabei in die materielle Wirklichkeit ein; sie ist eine »reale Fiktion« (Detlev Claussen). Demgemäß sollte Nationalismus nach Anderson nicht – wie bei anderen konstruktivistischen, insbesondere marxistischen Ansätzen verbreitet – mit anderen -ismen (Liberalismus, Faschismus etc.) gleichgesetzt und wie diese als Weltanschauung eingeordnet werden (15). Erklärungskräftiger sei es, wenn man »ihn eher im anthropologischen Sinne zu begreifen sucht, als eine Form des In-der-Welt-Seins, der wir alle unterworfen sind, anstatt in ihm fremde, lediglich angenommene politische Ideologie zu sehen.« (209) Demnach ist Nationalismus eher wie Verwandtschaft oder Religion zu behandeln, als umfassendes Deutungs- und Bezugssystem, das den Menschen zu einer bestimmten Zeit unhinterfragbar erscheint (20). In diesem Sinne ist auch Andersons Begriff des »Anthropologischen« zu verstehen, denn mit Marx geht er davon aus, dass Nationalismus historisch bedingt und daher auch vergänglich ist (10).

Verwandtschaft und Religion bzw. die dynastischen Reiche und religiösen Gemeinschaften der Vormoderne sind es auch, die Anderson als kulturelle Wurzeln der Nation verortet. Als diese Systeme im Rahmen der Transformation zum Kapitalismus allmählich ihre Plausibilität verlieren, entwickelt sich die Nation als neue, Sinn und Orientierung bietende Form der Gemeinschaft. Voraussetzung dafür ist ein radikaler Wandel in den Raum- und Zeitvorstellungen. Besonders entscheidend ist dabei die Entstehung einer neuen Form von Gleichzeitigkeit, die Anderson in Anknüpfung an Walter Benjamin und Erich Auerbach verfolgt. Aus der mittelalterlichen messianischen Zeit, in der ein Zusammenhang zwischen verschiedenen Ereignissen vertikal, d. h. durch Gott, gestiftet wurde, wird eine homogene, leere Zeit (Benjamin), in der Ereignisse horizontal miteinander verknüpft sind (zeitlich und kausal aufeinander folgend) und in der es auf einmal auch denk-

bar wird, das verschiedene Ereignisse parallel zueinander stattfinden (31 ff.). Damit wird ein neues Wahrnehmungsmuster ermöglicht: der simultane Vergleich,
der einerseits die Vorstellung einer Gemeinschaft denkbar macht, deren Mitglieder sich nicht kennen (aber eingebettet in einen gemeinsamen gesellschaftlichen
oder sozialen Kontext imaginär verbunden sind), und andererseits die Abgrenzung gegenüber anderen, parallel existierenden Gemeinschaften erlaubt. Motor
dieses Wandels ist nach Anderson die Herausbildung des Buchmarkts, der eine
Vorreiterrolle bei der Durchsetzung des Kapitalismus spielt (in der englischen
Originalausgabe ist daher auch von print-capitalism die Rede). Die Grenzen der
neuen Gemeinschaften liefern dementsprechend vor allem die (Schrift-)Sprachen
bzw. die Grenzen der durch die neuen Printprodukte (Roman und Zeitung) hervorgebrachten Kommunikationsräume.

Die ersten dieser Räume entwickeln sich laut Anderson in den sich selbstständig machenden Kolonien Nord- und Südamerikas. Hier entstehen auch die ersten
Staaten, die sich sowohl als Republiken als auch als Nationen verstehen. Einmal
in der Welt, wird die Nation zum Modell, das sich in mehreren Wellen verbreitet
und dabei jeweils spezifische Ausprägungen annimmt. Auf den kreolischen Nationalismus der »Neuen Welt« folgt der sprachliche Volksnationalismus in Europa,
dem die sich dadurch bedroht sehenden dynastischen Imperien wiederum ihren
offiziellen Nationalismus entgegensetzen. Die letzte »Welle« stellt der Befreiungs-
nationalismus in den Kolonien in Asien und Afrika dar, den Anderson zunächst
als Mischung seiner drei Vorläufer beschreibt. Später korrigiert er sich jedoch und
fügt ein zusätzliches Kapitel ein (Zensus, Landkarte und Museum), das die Eigenständigkeit dieses antikolonialen Nationalismus herausstellt. Ebenfalls nachträglich ergänzt Anderson einige Gedanken in Anknüpfung an Ernest Renans Formulierung: »Das Wesen einer Nation ist, daß alle einzelnen vieles gemeinsam und
daß sie alle vieles vergessen haben.« (200) Demnach müssen alle Konflikte, z. B.
Bürgerkriege, die es in vornationaler Zeit zwischen den jetzt eine Nation bilden-
den Menschen gab, als trennende Erfahrungen vergessen werden, um als gemeinsame erinnert zu werden. Der starken Betonung des gemeinschaftsstiftenden Moments des Nationalismus entspricht, dass Anderson diesen strikt vom Rassismus
als ein bewusstes Instrument von Hass und Ausschluss trennt (142 ff.).

Andersons grundsätzlich positiv konnotiertes Verständnis des Nationalismus
als integrativer Kraft, die sich klar vom Rassismus unterscheiden lässt, zählt zu
den umstrittensten Punkten in seinem Werk und ist vor allem in den Postcolonial
Studies kritisiert worden (z. B. von Homi K. Bhaba). Widerspruch erfuhr auch die
These, dass die Nation nicht in Europa, sondern in der »Neuen Welt« entstanden
sei (z. B. von Adrian Hastings). Trotz aller Konflikte kommt jedoch kaum noch
eine Arbeit zur Nationalismusforschung ohne Bezug auf Andersons Theorie aus.
Insbesondere in der Geschichts- und Literaturwissenschaft, aber auch in den So-

zial- und Kulturwissenschaften bis hin zur Geografie hat sein Werk zahlreiche Diskussionen und weiterführende Studien angestoßen. Und auch jenseits der direkten Beschäftigung mit Nationalismen wurde das Konzept der *Imagined Communities* aufgenommen, etwa in der Erforschung von vorgestellten Gemeinschaften in der Mode (z. B. Kristin L. Hoganson), in der Musik (z. B. Georgina Born u. David Hesmondhalgh) oder im Sport (z. B. Thomas Alkemeyer).

Shida Kiani

Literatur

Cheah, Pheng/Culler, Jonathan (Hg.): Grounds of comparison. Around the work of Benedict Anderson, New York/London 2003.

Salzborn, Samuel (Hg.): Staat und Nation. Die Theorien der Nationalismusforschung in der Diskussion, Stuttgart 2011.

Ernest Gellner: Nations and Nationalism, Blackwell: Oxford 1983, 150 S. (dt. Nationalismus und Moderne, Berlin 1991, 216 S.).

Nations and Nationalism gilt als zentrales Werk des Soziologen, Philosophen und Sozialanthropologen Ernest Gellner (1925–1995). In Paris geboren, wuchs Gellner bis zu seiner Flucht vor den Nationalsozialisten in Prag und anschließend in London auf. Er lehrte nach seinem Militärdienst und Studium von 1949 bis 1984 an der London School of Economics und zwischen 1984 und 1993 in Cambridge. Kurz vor seinem Lebensende wurde er 1993 Direktor des neu gegründeten Zentrums für Nationalismusforschung an der Central European University in Prag. *Nations and Nationalism* avancierte zum Klassiker der neueren Nationen- und Nationalismusforschung und gilt als sein international verbreitetstes Werk. In diesem entfaltete Gellner seine Theorie zu Nationalismus und Nation, welche er zuvor bereits im siebten Kapitel von *Thought and Change* Mitte der 1960er Jahre fragmentarisch formuliert hatte. In seiner Schaffensphase begleitete ihn dieser Themenkomplex fortwährend: Er verfasste weitere Aufsätze und hielt zahlreiche Vorträge, in denen er sich mit Kritiken an seiner Theorie auseinandersetzte. Im 1997 posthum erschienenen *Nationalism* (dt. Ausgabe: Nationalismus. Kultur und Macht, Berlin 1999) konkretisierte und vertiefte er seine Theorie durch ein zeitliches und ein räumliches Modell.

Gellner beschreibt Nationalismus nicht als jahrhundertealtes, sondern als modernes Phänomen, das im Übergang von den Agrar- zu den Industriegesellschaften entstand. Die Genese des Nationalismus wird besonders über den Wandel des Verhältnisses zwischen Kultur und Gesellschaft im Verlauf der letzten 200 Jahre erklärt. Agrar- und Industriegesellschaften sind durch differente Verschränkungen bzw. Verbindungen zwischen Kultur und Gesellschaft gekennzeichnet. Aus diesem Grund war die Entstehung des Nationalismus in Agrargesellschaften unmöglich, sie ist untrennbar mit den Industriegesellschaften verbunden. Im Kern liegt Gellners Theorie eine idealtypische Vorstellung der beiden Gesellschaftsformen zugrunde, die er in Abgrenzung zueinander charakterisiert: Die etwa über 5 000 Jahre existierenden Agrargesellschaften – die zwar auch als divers beschrieben werden – sind allgemein hierarchisch und stabil strukturiert, wobei die herrschende Klasse aus einer kleinen Minderheit der Bevölkerung besteht. Es handelt sich um Krieger und Schriftkundige, von Gellner auch als militärische, politische, religiöse und ökonomische Spezialisten bezeichnet (163). Die große Mehrheit der Bevölkerung setzt sich aus landwirtschaftlichen Produzenten zusammen, aus Bauern, weswegen diese Gesellschaften als Agrargesellschaften bezeichnet werden. Die kulturelle Differenz zwischen den einzelnen Schichten wird betont und absolut gesetzt, es bestehen unterschiedliche Privilegien (23). Herrschende und Beherrschte können durch Sprache, Schriftkunde und den Zugang zur Ausbildung klar voneinander geschieden werden (19 ff.). In Agrargesellschaften gibt es also keine homogene, einheitliche Kultur, deren Basis eine gemeinsame Sprache, Schrift und Ausbildung ist. Auch die politischen Einheiten der Agrargesellschaften sind Gellner zufolge ungleich, was Umfang und Beschaffenheit angeht. Wesentlich gibt es zwei Typen der Organisation: entweder lokale, selbstverwaltete Gemeinschaften, wie Stadtstaaten und bäuerliche Dorfgemeinschaften, oder große Reiche. So sind die politischen Einheiten entweder zu klein oder zu groß, als dass sie den kulturellen Grenzen entsprächen; aus diesem Grund werde das nationalistische Prinzip nicht begünstigt beziehungsweise könne Nationalismus nicht entstehen.

Gellner charakterisiert Industriegesellschaften in Abgrenzung zu Agrargesellschaften (163). Besonders zwei funktionale Erfordernisse von Industriegesellschaften werden als zentral für die Genese des Nationalismus herausgestellt: universelle Schriftkunde und ein hohes Niveau der allgemeinen Grundausbildung. In der Industriegesellschaft werden alle zu Schriftgelehrten, eine Exklusivität, wie sie noch in der Agrargesellschaft bestand, verschwindet durch Schulbildung. Diese Entwicklung ermöglicht Gellner zufolge eine kontextunabhängige Kommunikation innerhalb der Gesellschaft »im selben gemeinsamen und standardisierten linguistischen Medium und derselben Schrift«, es etabliert sich eine »Hochkultur« (58). Die kontextunabhängige Kommunikation wirkt sich ebenfalls sehr weitreichend auf die Arbeitswelt der Industriegesellschaft aus und geht einher mit der Veränderung des Inhalts von Arbeit und einer Mobilität. Dadurch findet eine grundlegende Veränderung der Produktionsverhältnisse und Arbeitsbedingungen statt. Die Bevölkerung besteht in ihrer Mehrheit nicht mehr aus landwirtschaftlichen Produzenten, sondern aus Menschen, die Maschinen kontrollieren (54). In Industrie-

gesellschaften breitet sich die Kultur mit dem Ziel aus, eine politische Einheit aus-
zufüllen, und strebt die Festlegung politischer Grenzen an (26). Gellner schreibt:
»Eine Hochkultur durchdringt jetzt die gesamte Gemeinschaft, definiert sie und
muß vom Gemeinwesen aufrechterhalten werden. *Das* ist das Geheimnis des Nationalismus.« (33, Herv. i. Orig.) Gleich zu Beginn seines Werkes formuliert er paradigmatisch, dass Nationalismus als politisches Prinzip ausdrücklich eine De-
ckungsgleichheit von politischen und nationalen Einheiten anstrebe (8). Dem
Nationalismus zufolge sind Staaten und Nationen füreinander bestimmt, »jedes
sei unvollständig ohne das andere und stelle für sich alleine eine Tragödie dar«
(16). Die Ideologie des Nationalismus betrifft also den proklamierten Zusammenhang zwischen Staat und Nation.

Gellner hingegen denkt Nationen wie Staaten als differente historische Phänomene ohne universelle Notwendigkeit (ebd). Sehr zentral in seiner Theorie ist
die Überlegung, dass der Nationalismus »die Nationen hervorbringt, und nicht
umgekehrt« (87). Folgerichtig geht er auch davon aus, dass »Nationen […] nur in
Begriffen des Zeitalters des Nationalismus definiert werden [können]« (86). Als
definitorische Bezugspunkte der Nation dienen Gellner – unter Bezugnahme auf
den französischen Religionswissenschaftler Ernest Renan – der freie Wille zur
Nation und eine gemeinsame Kultur (83 ff.). Er fügt jedoch hinzu, dass im Nationalismus historisch bestehende Kulturen und kultureller Reichtum in einem
schöpferischen Akt selektiv eingesetzt und meistens radikal umgewandelt werden (87). Nationen sind in Gellners Theorie ein Konstrukt, »Artefakte menschlicher Überzeugungen, Loyalitäten und Solidaritätsbeziehungen« (16). Kern des
Problems der Nation sei, dass der Besitz einer Nation(alität) fälschlicher Weise als
»inhärentes Attribut« (ebd.) der Menschheit angesehen wird.

Gellners zentrale Charakteristika der Industriegesellschaft widersprechen
wichtigen Annahmen der marxistischen Theorie (23, 144 ff., 170). Während Karl
Marx die kapitalistische Gesellschaft als zwangsläufig konfliktreich bestimmt, in
der sich zwei Klassen antagonistisch gegenüber stehen, geht Gellner gegensätz-
lich davon aus, dass die Gleichheit der Menschen in Industriegesellschaften zu-
nimmt (104, 114 ff.). So fördere die berufliche Mobilität in der Industriegesellschaft die Egalität unter Menschen, sie verschärfe nicht Gegensätze zwischen den
Klassen (42 f.). Stattdessen werden soziale Rollen zu Optionen (41). An anderer
Stelle schreibt Gellner in Abgrenzung zu Marx, dass er die Faktoren Kapital, Eigentum und Wohlstand in seiner Theorie bewusst ausklammert und ignoriert, sie
erscheinen ihm als »überbewertete Kategorie[n]« (146).

Gellner kann als Modernisierungstheoretiker, in der Tradition von Max Weber
und Émile Durkheim stehend, verstanden werden (35, 63, 78 ff., 116, 166). Er arbeitet in seiner Theorie des Nationalismus und der Nation mit unterschiedlichen
Entwicklungs- bzw. Stufenmodellen. Zur Darstellung der Entwicklung von der

Agrar- zur Industriegesellschaft beschreibt er etwa vier Szenarien, die den Zugang
zur Ausbildung von Herrschenden und Nicht-Herrschenden in jeweiligen Ent-
wicklungsstadien der Gesellschaft schildern und damit Anknüpfungspunkte für
die Entstehung von Nationalismus aufzeigen sollen (135 ff.). Gellner selbst rechnet sich explizit den modernistischen Nationalismus-Theoretikern zu. Das bedeutet, dass er Nationalismus nicht – wie der wissenschaftliche Mainstream bis in die
1980er Jahre – als jahrhundertealtes Phänomen begreift, sondern als moderne Erscheinung. Im Verlauf seines Werkes positioniert er sich bezüglich der Auffassung
des Nationalismus und der Nation zwischen zwei Polen: Auf der einen Seite stehe,
als Feind des Nationalismus, der britische Historiker Elie Kedourie, welcher Nationalismus als willkürliche und vermeidbare Verirrung von europäischen Denkern bezeichnet (63, 184); auf der anderen Seite primordialistische Auffassungen,
die Nationalismus als natürliches Phänomen betrachten und die Nation essentialistisch denken.

Aus Gellners Theorie wurde insbesondere die bahnbrechende Analyse des
Konstruktionscharakters der Nationen in der Formel, dass der Nationalismus der
Nation vorausgeht, breit rezipiert. Diese Analyse erlangte besonders in der So-
ziologie, der Politik- und Geschichtswissenschaft einen hohen Stellenwert (u. a.
John A. Hall, Siniša Malešević, Mark Haugaard, John L. Campbell, Henning Borg-
gräfe/Christian Jansen, Umut Özkirimli). Zu seiner Theorie finden sich aber auch
Bezüge im ethnologischen, wirtschafts- und religionswissenschaftlichen Kontext (Samuel Bowles, Ugo Pagano, Barbara-Ann J. Rieffer). Innerhalb der modernen Nationalismusforschung bildet Gellner einen wichtigen Bezugspunkt. Eric J.
Hobsbawm, Miroslav Hroch, Benedict Anderson und Anthony D. Smith setzten
sich in den 1990er Jahren – teils kontrovers – mit seinen Thesen auseinander.

Für seine streng funktionalistische Argumentation erfuhr Gellner vielfach
Kritik (u. a. John Breuilly, Mark Beissinger, David D. Laitin, Anthony D. Smith
und Kenneth R. Minogue), aber auch kritische Zustimmung (Brendan O'Leary);
ebenfalls seine ausschließliche Verschränkung zwischen Industrialisierung und
der Entstehung des Nationalismus sowie die Prognose der zukünftigen Abnahme
des Nationalismus wurden relativiert (Kenneth Minogue, Michael Mann, James G.
Kellas, Tom Nairn).

Dana Ionescu

Literatur

Hall, John A.: Ernest Gellner. An Intellectual Biography, London 2011.
Salzborn, Samuel (Hg.): Staat und Nation. Die Theorien der Nationalismusforschung in
    der Diskussion, Stuttgart 2011.
Malešević, Siniša/Haugaard, Mark (Hg.): Ernest Gellner and Contemporary Social
    Thought, Cambridge 2007.

Klaus Mollenhauer: Vergessene Zusammenhänge. Über Kultur und Erziehung, Juventa: München 1983, 184 S.

Beim Ersterscheinen der *Vergessenen Zusammenhänge* (VZ) 1983 wollte Klaus Mollenhauer (1928–1998) sein Buch als Antwort auf eine Krise der Allgemeinen Pädagogik verstanden wissen. Die »öffentliche Erörterung von Fragen der Erziehung und Bildung« stellte sich zunehmend »als ein ziemlich verworrener Diskurs« dar, »gelegentlich als Panorama von Monologen, in den vielen politisch-pädagogischen Zirkeln immer wieder vorgetragen – und die Wissenschaft nehme ich dabei nicht aus« (15 f.). Dieser kritische Kommentar bezieht sich bei genauer Betrachtung auch auf die Wirkungen, die nicht zuletzt Mollenhauers Schriften in den beiden vorangegangenen Jahrzehnten im erziehungswissenschaftlichen Diskurs gezeitigt hatten. Die VZ sind also durchaus selbstkritisch, auch dort, wo Mollenhauer die auf den ersten Blick etwas altertümlich wirkende Frage aufwirft, »ob es so etwas wie ›Elementaria‹ neuzeitlicher Pädagogik gebe, einen Minimalkanon von Problemstellungen also, die heute niemand ignorieren sollte, der verantwortlich erziehen will« (16). Eine Frage indes, die nur hinreichend komplex zu bearbeiten sei, wenn man die Pädagogik nicht auf das »Erbe der Sozialstruktur« (19) reduziere, sondern man sie eingebettet in die »Gesamtkultur« und in Zusammenhang »mit der gesellschaftlichen Formation dieser Kultur, mit ihren noch legitimierbaren überlieferten Beständen und deren Zukunftsfähigkeit« (19) begreife. Liest man das Buch als Schlüsselwerk der Sozialwissenschaften, dann vor allem in Hinblick auf seinen ambivalenten Gehalt: Denn es zeigt, wie sich die Erziehungswissenschaft aus dem Zustand ihrer »Versozialwissenschaftlichung« heraus zugleich darum bemüht, sich ihrer kulturgeschichtlichen Grundlagen zu versichern, *ohne* jedoch das moderne Diskussionsniveau zu unterbieten, das die Disziplin erst durch sozialwissenschaftliche Forschung und Theoriebildung erreicht hat.

Jener Minimalkanon, für den sich Mollenhauer interessiert, wird durch die vier Hauptkapitel umrissen. Sie heißen »Präsentation«, »Repräsentation«, »Bildsamkeit« und »Selbsttätigkeit«.

Den Anstoß, von »Präsentation« als einer pädagogischen Basalkategorie zu sprechen, bekommt Mollenhauer in Auseinandersetzung mit den Bekenntnissen des Augustinus aus dem vierten bzw. fünften Jahrhundert. Die darin enthaltenen, autobiografischen Reflexionen zum Spracherwerb führen ihn zu einer wichtigen Unterscheidung: Beim Vorgang des Spracherwerbs erlernen Kinder keinesfalls lediglich eindeutige Zuordnungen von Wörtern und Dingen, sondern sie setzen sich währenddessen vielmehr mit einem bereits geordneten und strukturierten, durch die Sprache zugleich symbolisch vermittelten Lebenszusammenhang auseinander; diesen bekomme das Kind *präsentiert*. Jener Übergang von der vorsprachlichen in die sprachlich vermittelte Welt führe nämlich über ein komplexes symbolisch vermitteltes Geflecht von lautsprachlichen und Körpergesten, die ihrerseits Bestandteil des sinnlich zugänglichen Umfeldes für das Kind sind. Konturiere sich dabei zugleich das Ich des Kindes heraus, so sei dieses »Ich« (am Beispiel Augustinus') »mehr als die erste Person des autobiografischen Berichts« (28); seine Genese gehe, wegen ihrer Anbindung an eine strukturierte Welt, vielmehr unvermeidlich in »Auseinandersetzung mit dem« vonstatten, »was als rechtes Handeln gedacht werden kann« (29) oder zumindest von den Erwachsenen als solches gedacht wird. Damit ist »Präsentation« indes nicht als ein einseitiger Vorgang zu verstehen, sondern unter wechselseitiger Bezugnahme des Handelns der daran beteiligten Subjekte, weshalb sich alle weiteren Kategorien des Buches daraus ableiten lassen. Einseitige Erwartungen mögen nämlich prinzipiell zu erfüllen sein, aber erst in wechselseitig geöffneter Interaktion ergeben sich die notwendigen Irritationsmomente, die auch für historische Transformationen, also dafür sorgen können, dass Erziehungswirkungen nicht auf der Ebene der individuellen Ontogenese stecken bleiben, sondern phylogenetisch bedeutsam werden. Hierdurch weist der Präsentationsbegriff indes auf »Repräsentation« voraus, weil Mollenhauer in der »Präsentation« die Entstehung einer »pädagogischen Barriere« als kulturellen Sachverhalt erkennen kann. An Kupferstichen zwischen dem 15. und 17. Jahrhundert beobachtet er, wie sich »zwischen das Kind und das, was für die Erwachsenen ›Arbeit‹ ist, eine Barriere« schiebe, »die ›den Aufprall bremst‹« (42). Das Kind werde zunehmend vor denjenigen Einflüssen des sinnlich zugänglichen Umfeldes geschützt, die seiner Entwicklung inadäquat seien. In dieser Feststellung enthalten ist bereits der Kern dessen, woraus Mollenhauer fortan den Begriff der »Repräsentation« entwickelt: Also eine Selektion der Eindrücke, um die es umgebende Welt für das Kind verarbeitungsfähig zu machen. Im Unterschied zur »Präsentation« bewegt sich nun mit »Repräsentation« die Argumentation in die Richtung dessen, was wir Bildung nennen: »Wenn wir also den Kindern die ›Welt zeigen‹, dann zeigen wir ihnen nicht die Welt, sondern das, was wir dafür halten, und das, was uns an dem, was wir dafür halten, Kindern zeigenswert oder zuträglich erscheint.« (77) Mollenhauer verweist zurück ins 17. Jahrhundert, nämlich zu Comenius, der erstmals die zweistufige Argumentation geltend gemacht habe, dass »Gleichheit unter den Menschen« nur »sinnvoll angestrebt werden« könne, wenn »jedes Kind das ›Ganze‹« lerne, »auch wenn es nur, am Ort seines Aufwachsens, einen kleinen Teil des gesellschaftlichen Lebens wirklich zu Gesicht bekommt.« Zweitens aber sei bereits zu Comenius' Zeit die »Vielfalt dessen, was die Gesamtheit neuzeitlicher Lebensformen ausmacht, [...] so verwirrend groß« geworden, dass »von Anfang an dem Kinde dies in der rechten Ordnung präsentiert werden müsse« (53). Und die Präsentation in der rechten Ordnung ist: »Repräsentation«.

Weder »Präsentation« noch »Repräsentation« wären indessen pädagogisch adäquat begriffen, wenn man Kindern nicht von vornherein zweierlei unterstellte:

Dass sie nämlich sowohl willens als auch fähig seien, in Auseinandersetzung mit der Welt Begabungen hervorzubringen – Mollenhauer nennt das »Bildsamkeit« –, und dass sie dies allerdings nur selbst zu verrichten imstande seien, denn man kann ihnen das Erwachsenwerden ja nicht »abnehmen«. Das nennt Mollenhauer »Selbsttätigkeit«. Demnach ist »Bildsamkeit« für ihn »kein Gewächs, das bei mildem Klima von selbst gedeiht, sondern eine Disposition, die sich in Auseinandersetzung mit Erwartungen artikuliert« (103). Und auch »Selbsttätigkeit« könne nicht als »beliebige Willkür-Handlung« begriffen werden, die sich von selbst ergibt, sondern als »eine Tätigkeit der möglichen Vernunftkräfte«; nicht »aus sich heraus« stelle sich Selbsttätigkeit ein, »sondern auf ›Aufforderung‹ hin, in sozialer Interaktion also« (141).

Gerade Mollenhauers expliziter Verweis auf »soziale Interaktion« kann einen vor dem Missverständnis bewahren, das Buch mit vorrangiger Konzentration auf seinen zugegebenermaßen bisweilen etwas altväterlichen Tonfall zu rezipieren. Es mag auch dieses, dem Text nicht abzusprechende Stilelement gewesen sein, durch das sich die nahezu reflexartig einsetzende Kritik aus den »eigenen Reihen« seinerzeit provoziert gesehen hat. Es wurde zunächst als Absage an das emanzipatorische Moment und die Kritische Theorie missverstanden, wofür doch in der Pädagogik Mollenhauers Publikation *Erziehung und Emanzipation* (1968) als Chiffre galt; oder auch als Rückschritt hinter den sozialwissenschaftlich definierten Theoriestandard, der wiederum durch Mollenhauers Buch *Theorien zum Erziehungsprozeß* (1972) erst festgelegt worden war. Wenn man aber der Logik seiner Argumentation folgt, dann schiebt spätestens das letzte Kapitel – »Schwierigkeiten mit Identität« heißt es – solchen Missverständnissen einen Riegel vor. Hier wird deutlich, dass eine eindeutige Zuordnung von »Präsentation« und »Repräsentation« zur Welt der Erwachsenen ebenso wenig möglich ist, wie die exklusive Zuordnung von »Bildsamkeit« und »Selbsttätigkeit« zur kindlichen Sphäre. Eine anthropologische Klassenbildung ist auf der Grundlage dieser Kategorien nicht möglich, denn beide Dimensionen der Erziehung – die Kindheit und die Lebensform der Erwachsenen – ergeben sich aus »sozialer Interaktion« heraus; sie sind nicht voneinander zu lösen, schon deshalb nicht, weil anderweitig aus Kindern nicht *durch* Interaktion Erwachsene werden könnten. Dass man dem Buch nicht sinnvoll pädagogischen Konservatismus vorwerfen kann, wird bereits an Mollenhauers relativ frühzeitigem Verweis deutlich, dass die Bildsamkeit des Kindes zwar auch die Disposition sei, die den Erziehungsprozess erst anstößt, sie darin aber für den Erzieher zugleich als Hypothese bzw. als »das Bild, das sich der Erzieher von der Bildsamkeit des Kindes macht« (104), fungiert. Sie verfügt also über einen Doppelcharakter und kann keinesfalls als eindeutige *Gewissheit* für den Erzieher gelten, sondern allenfalls als dessen Denkanstoß. Ähnlich sieht es mit der Selbsttätigkeit aus, denn die darunter begriffenen »Operationen sind nicht ›lehrbar‹«; vielmehr muss

das Kind das jeweilige Problem selber lösen, »durch seine eigene geistige Tätigkeit« (115). Bildsamkeit und Selbsttätigkeit stehen demnach als Begründungen dafür ein, dass sich eine spannungsreiche »Arbeitsteiligkeit« zwischen Erwachsenen und Kindern überhaupt ergeben kann. »Präsentation« und »Repräsentation«
stellen danach die empirisch und historisch denkbaren und vorfindlichen Ni-
veaus dar, auf denen jene Arbeitsteiligkeit gesellschaftlich realisiert werden kann.
Das expliziert Mollenhauer schließlich am Identitätsbegriff. Jene Arbeitsteiligkeit
habe nämlich die Hervorbringung eines Selbstbildes zum Gegenstand. Erst hiervon ausgehend sei ein eigener Standpunkt zur Umgebung einzunehmen und geltend zu machen. Ein Standpunkt indes, der zwar subjektiv bedeutsam und damit
prinzipiell objektivierungsfähig ist, der aber stets nur als »riskanter Entwurf« (158)
gelten könne. Das muss er allerdings auch, um die Selbsttätigkeit in Gang zu halten und dass Bildsamkeit als die hierfür notwendige Disposition nicht veröde. Der
Begriff »Identität«, zumal im Sinne eines Bildungsziels, neutralisiere aber jene, für
den humanen Bildungsprozess notwendige, *Selbstungewissheit:* »Insofern gibt es,
jedenfalls für die pädagogische Theorie, keine Identitäten, sondern nur Identitäts-
probleme« (159).

Mollenhauer entwirft mit »Präsentation«, »Repräsentation«, »Bildsamkeit«
und »Selbsttätigkeit« vier Kategorien, ohne die pädagogische Interaktion als historischer und als empirisch gegebener Sachverhalt *denkunzugänglich* wäre. *Identität,* die skeptisch beäugte Kategorie des Schlusskapitels, stellt dabei die Grenze
des humanen Bildungsprozesses dar. Der Bildungsprozess des Menschen ist demzufolge nicht auf die Kindheits- und Jugendphase beschränkt, sondern dauere so
lange an, wie seine in die Zukunft hineinprojizierte *Selbstungewissheit* für einen
Menschen handlungsmotivierend ist. Zugleich ergibt sich daraus ein pädagogisches Kriterium: dies nämlich zu ermöglichen, wo es nicht der Fall ist.

Alex Aßmann

Literatur
Groß, Stefan: Zwischen Politik und Kultur. Studien zur Sache der »Emanzipation« bei
    Klaus Mollenhauer, Würzburg 2010.
Winkler, Michael: Klaus Mollenhauer. Ein pädagogisches Portrait, Weinheim/Basel 2002.

**Anthony Giddens: The Constitution of Society. Outline of the Theory of Structuration,
Cambridge: Polity Press 1984, 402 S. (dt. Die Konstitution der Gesellschaft. Grundzüge einer Theorie der Strukturierung, Campus: Frankfurt/New York 1988, 460 S.).**

Das bisherige Gesamtwerk von Anthony Giddens ist nach Auffassung des österreichischen Soziologen Max Haller ebenso umfangreich wie das von Niklas Luh-

mann. Giddens hat bisher annähernd 60 Monografien vorgelegt sowie mehr als 200 Aufsätze veröffentlicht. Er gilt als Generalist, Intellektueller und wird zu den wenigen in den Sozialwissenschaften gezählt, der die Soziologie noch in ihrer gesamten Breite vertritt. Bereits in seinem ersten Buch *Capitalism and Modern Social Theory* von 1971 sind die ersten Konturen seiner Theorie der Strukturierung als soziologische Theorie und Sozialtheorie zu erkennen. In Deutschland sind das Werk *Die Konstitution der Gesellschaft* und die hiermit eng verbundene Auseinandersetzung mit den *Konsequenzen der Moderne* (1995 [1990]) die wohl bekanntesten und am häufigsten rezipierten Monografien. Giddens hat sich gleichfalls in die politische Debatte eingeschaltet. Die Publikationen *Beyond Left and Right. The Future of Radical Politics* (1994) sowie *The Third Way. The Renewal of Social Democracy* (1998), die 1997 bzw. 1999 auf Deutsch erschienen, gelten als programmatische Grundlage für die Neuausrichtung sozialdemokratischer Parteien in den USA, in Australien oder Europa am Ende des letzten Jahrhunderts. Seine politischen Einlassungen trugen Giddens in Deutschland den Vorwurf ein, er habe Bundeskanzler Gerhard Schröder mit seiner SPD-geführten Regierung (1998–2005) die Legitimationsgrundlage für eine neoliberale Politik geliefert.

Die Grundzüge seiner Theorie der Strukturierung wie auch seine politisch motivierten Veröffentlichungen sind eng mit seinem Wissenschaftsverständnis, aber auch mit seinem Werdegang verknüpft. Giddens wurde 1938 im damaligen Arbeiterviertel Edmonton im Nordosten Londons geboren. Seine spätere akademische Karriere war somit nicht vorgezeichnet. Ihren Verlauf soll Giddens selbst als eher zufällig bezeichnet haben. Sein soziologisches Denken wurde u. a. geprägt von Norbert Elias, den er bei seiner ersten Anstellung als Soziologe an der Universität Leicester kennenlernte und mit dem er auch veröffentlichte. Nicht unerheblich dürften auch seine Erfahrungen während seiner Aufenthalte in Kanada und den USA in der Zeit der Studentenbewegungen Ende der 1960er Jahre für sein soziologisches Denken sein. Er fühlt sich dem Ansatz der sog. doppelten Hermeneutik und damit einer interpretativen Soziologie verpflichtet, die durch ihren alltagsweltlichen Bezug und als Wirklichkeitswissenschaft auf die gesellschaftliche Praxis wirkt, von dieser bzw. von den Handelnden – im Sinn reflexiven Wissens und Handelns – in die eigene Lebenswelt einbezogen, interpretiert und umgedeutet wird. Dies wirkt dann wieder auf die Wissenschaft zurück.

Dieses grundlegende Wissenschaftsverständnis bildet sich in der Theorie der Strukturierung ab, deren Grundzüge er in dem Werk *Die Konstitution der Gesellschaft* entfaltet. Es ist im Gegensatz zu den anderen genannten Publikationen ein nicht leicht verständliches und lesbares Buch. Es umfasst jedoch eine Theoriebildung, die sich nicht gängigen Theorierichtungen wie der Systemtheorie, dem Strukturfunktionalismus, dem Strukturalismus oder Poststrukturalismus zuordnen lässt. Die Theorie der Strukturierung ist eine eigene, marxistisch orientierte

Theorie. Sie ist im Wesentlichen inspiriert durch die Kritische Theorie, die Cultural Studies der 1970er Jahre des Centre for Contemporary Cultural Studies (CCCS) an der Universität Birmingham, durch die Entwicklungspsychologie von Erik H. Erikson oder die Interaktionstheorie Erving Goffmans und durch die empirische Sozialstrukturforschung von John H. Goldthorp sowie die kultursoziologische Klassentheorie von Pierre Bourdieu. Diese unterschiedlichen Ansätze haben gemein, dass sie marxistisch orientiert sind. Sie bewegen sich jedoch entweder auf der individuellen oder auf der gesellschaftlichen Ebene. Giddens verdichtet und/oder reformuliert diese unterschiedlichen Ansätze, um die *Konstitution der Gesellschaft* aus einer Mikro-Makro-Perspektive sozialtheoretisch zu erklären. In dieser Perspektive steht das Subjekt, stehen also die Menschen als Akteure oder Kollektive im Zentrum, die – ganz im Sinn von Karl Marx – »Geschichte machen«, jedoch unter nicht selbst gewählten Umständen (35). Sein Erkenntnisinteresse liegt – umgangssprachlich formuliert – in der Frage, wie eine Gesellschaft zu je historischen Zeitpunkten »funktioniert«. Eine Gesellschaft konstituiert sich nach der Theorie der Strukturierung vor allem entlang von drei Prinzipien bzw. Konzepten: (1) Dualität von Struktur, (2) Raum-Zeit-Relation sowie (3) Sozial- und Systemintegration.

Der Begriff der Dualität im Konzept *Dualität von Struktur* erfährt in Abgrenzung zu dem Begriff des Dualismus eine besondere Bedeutung: »Konstitution von Handelnden und Struktur betrifft nicht zwei unabhängig voneinander gegebene Mengen von Phänomenen – einen Dualismus –, sondern beide Momente stellen eine Dualität dar« (77), sind also dialektisch aufeinander bezogen. Danach sind die Strukturmomente sozialer Systeme sowohl Mittel als auch Ergebnis sozialer Praktiken. Strukturen sind damit den Menschen als Akteure nichts Äußerliches: sie finden sie vor und sie gestalten sie gleichzeitig (um), und zwar im Sinn der Reproduktion und kulturellen Produktion gesellschaftlicher Machtverhältnisse und von Institutionen.

Struktur(en)	*System(e)*	*Strukturierung*
Regeln und Ressourcen oder Mengen von Transformationsbeziehungen, organisiert als Moment sozialer Systeme	Reproduzierte Beziehungen zwischen Akteuren oder Kollektiven, organisiert als regelmäßige soziale Praktiken	Bedingungen, die die Kontinuität oder Veränderungen von Strukturen und deshalb die Reproduktion sozialer Systeme bestimmt

Quelle: Giddens 1988, 77.

Die Reproduktion und kulturelle Produktion von Machtverhältnissen und institutionellen Ordnungen stellen sich also in Interkationen, aber in Abhängigkeit von historisch bereits (vor)geformten Strukturen und von Machtressourcen (Herrschaft als Struktur: Autorisierung und Allokation von Ressourcen), sowie durch normative Regulierung (Legitimation als Struktur) her und werden durch symbolische Ordnungen und Diskursformen signifikant (84). »›Herrschaft‹ und ›Macht‹ können nicht nur in Begrifflichkeiten von Verteilungsasymmetrien gedacht werden, sondern müssen als integraler Bestanteil sozialer Gemeinschaften (oder, wie ich meine, des menschlichen Handelns als solchem) erkannt werden« (84 f.), und zwar in ihrem jeweils historischen Kontext.

Damit ist direkt die *Raum-Zeit-Relation* als wichtiges Strukturierungsprinzip angesprochen. Giddens begreift Raum und Zeit nicht als Randbedingungen von sozialen Systemen (161), sondern versucht deren raumzeitliche Konstitution mit Hilfe einer Konzeption der Zeitgeographie nach Torsten Hägerstrand zu reformulieren. Ziel ist es, gesellschaftliches Leben und gesellschaftliche Institutionen zu kontextualisieren (185). Hier scheint es zunächst um ganz simple Fragen zu gehen: wie bewegen sich Menschen als Akteure in und zwischen Orten (»locals«)? Wie sind diese Bewegungen im Raum zeitlich strukturiert, und welche Routinen sowie Interaktionen wirken hier bzw. verdichten sich zu Institutionen? Wie sind diese Räume bzw. Orte selbst strukturiert, und zwar – wie etwa die Schule oder das Klassenzimmer – als »Machtbehälter« (189)? Das Raum-Zeit-Verhältnis steckt den Interaktionsrahmen gesellschaftlichen Lebens und gesellschaftlicher Institutionen ab. Je nach historischer Epoche verändert sich diese Raum-Zeit-Relation. Sie erfährt etwa in der radikalisierten Moderne, durch technologischen Fortschritt und Globalisierung einen Dehnungsvorgang zwischen verschiedenen Orten auf der Welt. Hierauf geht Giddens jedoch erst in seinen Ausführungen zu den *Konsequenzen der Moderne* (1995 [1990]) näher ein.

Raum-Zeit-Relationen als Interaktionsrahmen haben bei der Beziehung zwischen *Sozial- und Systemintegration* eine zentrale, wenn auch unterschiedliche Bedeutung. Sozial- und Systemintegration bedingen sich jedoch. Hier kommt die Mikro-Makro-Perspektive unter raumzeitlichen Bedingungen zum Ausdruck. Giddens verweigert sich, zwischen Mikro- und Makroebene bzw. Mikro- und Makrosoziologie zu differenzieren (192 f.): »Worüber normalerweise unter der Überschrift Mikro-/Makro-Prozessen gesprochen wird, ist die Positionierung des Körpers in Raum und Zeit, die Natur von Interaktion in Situationen von Kopräsenz und die Verbindung zwischen diesen und ›abwesenden‹ Einflüssen, die für die Einschätzung und Erklärung sozialen Verhaltens relevant sind« (196). Hier findet der Rückschluss zur Dualität von Struktur statt. Bei der Sozialintegration geht es um die direkte, situative Interaktion von Akteuren (Kopräsenz) in Raum und Zeit; sie sind also »organisiert als Momente sozialer Systeme« und konstituieren die Struktur(en) gesellschaftlichen Lebens, während bei der Systemintegration die Beziehungen zwischen Akteuren und Kollektiven über eine weite Raum-Zeit-Spanne hinweg reproduziert werden (abwesende Einflüsse) und organisiert sind »als regelmäßige soziale Praktiken«, die sich dann in gesellschaftlichen und politischen Institutionen wie den Nationalstaat oder Kapitalismus bzw. in einer politischen und ökonomischen Ordnung manifestieren.

Eine Rezeption der Theorie der Strukturierung hat bislang vorrangig in der Soziologie stattgefunden. Diese Theorie hält jedoch ebenfalls Erklärungsansätze für die Politikwissenschaft und hier insbesondere für eine politisch-soziologisch ausgerichtete Demokratie- und Demokratisierungsforschung bereit, die in *Konsequenzen der Moderne* und in *Jenseits von Links und Rechts* noch offensichtlicher werden als in dem präsentierten Werk *Konstitution der Gesellschaft*.

Ursula Birsl

Literatur

Kaesler, Dirk (Hg.): Klassiker der Soziologie, Bd. 2: von Talcott Parsons bis Anthony Giddens, 5. überab, akt. u. erw. Auflage, München 2007.

Lamla, Jörn: Anthony Giddens, Frankfurt/New York 2003.

Mikl-Horke, Gertraude: Soziologie: historischer Kontext und soziologische Theorie-Entwürfe, 5. vollst. überarb. u. erw. Auflage, München/Wien 2001.

Niklas Luhmann: Soziale Systeme. Grundriß einer allgemeinen Theorie, Frankfurt: Suhrkamp 1984, 674 S.

Soziale Systeme war für Niklas Luhmann (1927–1998) das erste Buch, das nicht mehr in die »Nullserie der Theorieproduktion« gehörte, sondern den großen Entwurf für die dann folgende Reihe von Bänden wie *Die Wirtschaft der Gesellschaft, Die Politik der Gesellschaft, Die Kunst der Gesellschaft, Die Wissenschaft der Gesellschaft, Die Religion der Gesellschaft* bis hin zu *Die Gesellschaft der Gesellschaft* vorlegte. Hier finden wir die konzentrierteste Zusammenfassung von Luhmanns Systemtheorie. Der Band ist ein Kompendium begrifflicher Grundentscheidungen und Grunddefinitionen mit dem Ziel einer universal anwendbaren Theorie alles Sozialen – und nicht nur eines Ausschnittes. Wenn eine solche Theorie wirklich universal sein will, muss sie selbst als ihr eigener Gegenstand vorkommen, also selbstreferentiell sein.

Da die Soziologie in seiner Sicht dazu tendiert, vor allem ihre Klassiker auszulegen und ansonsten wenig Theorie zu bieten hat, knüpft Luhmann an eine fachfremde, interdisziplinär erfolgreiche Theorieentwicklung an, nämlich die Theorie autopoietischer, selbstreferentieller Systeme. Diese hat seit etwa 1960 einen entscheidenden Paradigmenwechsel vollzogen, nämlich die traditionelle Vorstellung, ein System bestünde aus einem Ganzen und seinen Teilen, durch die Grenzziehung zwischen System und Umwelt ersetzt. Der zweite Schritt, der seit den 1970er Jahren vollzogen wurde, markiert den Übergang zur selbstreferentiellen, autopoietischen Geschlossenheit. Anregungen kamen anfangs von der Thermodynamik, später von der Biologie als Theorie des Organismus, dann von der Neurophysiologie und Computertheorie sowie von interdisziplinären Konstrukten wie der Informationstheorie und Kybernetik. Luhmann importiert also die Theorie autopoietischer Systeme in die Soziologie und überprüft sie gleichzeitig an soziologischem Material. Der »Explosivstoff Selbstreferenz« (656) ist nach Luhmann nichts, was vermieden werden muss: es kommt vielmehr darauf an, daraus entstehende Paradoxien aufzulösen.

Luhmanns Methode ist die einer konsequent funktionalen Analyse. Es geht ihm immer um Funktionen, nicht um Strukturen. Durch den Gedanken der Funktion wird Bekanntes und Vertrautes in einen anderen Zusammenhang versetzt. Wegen der vielen Anschlussmöglichkeiten lassen funktionale Analysen ihren Gegenstand komplexer erscheinen, als er es für sich selbst ist (88). Aus der funktionalen Analyse ergibt sich das methodologische Rezept: »Theorien zu suchen, denen es gelingt, Normales für unwahrscheinlich zu erklären.« (162) Diese Art der Reflexion führt zum Gegenteil von letztgewissen Evidenzen, denn sie verwandelt alle Gewissheiten in Probleme.

Die Frage ist also: Wie ist soziale Ordnung überhaupt möglich? Dazu muss ein Problem aufgelöst werden, das seit Talcott Parsons »doppelte Kontingenz« heißt: es kann kein Handeln zustande kommen, »wenn Alter sein Handeln davon abhängig macht, wie Ego handelt und Ego sein Verhalten an Alter anschließen will«. (149) Dieses Problem gehört zu den Bedingungen der Möglichkeit von Handlungen. Parsons hatte es durch den Hinweis auf einen Wertkonsens und auf langfristige Strukturen, damit auf die Sozialisation und die Tradition verwiesen. Luhmann sucht eine ganz andere Lösung: »Nichts zwingt dazu, die Lösung des Problems der doppelten Kontingenz ausschließlich in schon vorhandenem Konsens, also ausschließlich in der Sozialdimension zu suchen. Es gibt funktionale Äquivalente, zum Beispiel solche der Zeitdimension. Alter bestimmt in einer noch unklaren Situation sein Verhalten versuchsweise zuerst. Er beginnt mit einem freundlichen Blick, einer Geste, einem Geschenk – und wartet ab, ob und wie Ego die vorgeschlagene Situationsdefinition annimmt.« (150) Parsons setzt auf Tradition, Luhmann auf versuchsweises Handeln. Ein schon festliegender Wertkonsens ist nicht nötig, die Theorie öffnet sich für Zufälle, ganz nach dem »order from noise principle« der allgemeinen Systemtheorie (150 f.) Bei Parsons haben wir es mit einem Theoriekonservativismus zu tun. Bei Luhmann dagegen ist der Konservatismus nicht theorienotwendig, und wo er in seinen politischen Nebenbemerkungen

durchscheint (öfters sind diese auch antikonservativ) ist dies eher seinem persönlichen Temperament geschuldet.

Der Begriff Kontingenz »wird gewonnen durch Ausschließung von Notwendigkeit und Unmöglichkeit. Kontingent ist etwas, was weder notwendig ist noch
unmöglich ist; was also so, wie es ist (war, sein wird), sein kann, aber auch anders
möglich ist.« (152) Die Grundsituation ist einfach: zwei *black boxes* bekommen es
miteinander zu tun. In ihrer Komplexität bleiben sie füreinander undurchsich-
tig. Für das Entstehen eines sozialen Systems kommt es darauf aber auch gar nicht
an. Es muss sich nur so viel Durchsichtigkeit ergeben, dass ein Verkehr möglich
ist. Entscheidend ist die Frage, wie das System erst einmal in Gang kommen kann.
Seit Thomas Hobbes hat man dazu an das Eigeninteresse der Handelnden gedacht.
Luhmann kehrt diese Perspektive um: »Die Verfolgung eigenen Nutzens ist eine
viel zu anspruchsvolle Einstellung, als daß man sie generell voraussetzen könnte
[…]«. Die Anfangsfrage ist, »ob der Partner eine Kommunikation annehmen oder
ablehnen wird« und die »Position des Eigeninteresses ergibt sich erst sekundär
aus der Art, wie der Partner auf einen Sinnvorschlag reagiert.« (160) Das Problem der doppelten Kontingenz ist ein selbstlösendes, weil sein Auftreten einen
Prozess der Problemlösung in Gang setzt und dabei selbst Zufälle und Irrtümer
einarbeiten kann. Die These ist, dass »doppelte Kontingenz zwangsläufig zur Bildung von sozialen Systemen führt und in diesem Sinne als Dauerproblem (nicht
nur: als Anstoß) autokatalytisch wirkt« (177). Sie reagiert sensibel auf Zufälle und
setzt damit Evolution in Gang. »Ohne sie gäbe es keine sozio-kulturelle Evolution« (186). Der Systemgenerator in diesem Denkansatz ist also eine funktional
eingesetzte, überall sich ergebende, ständig auftretende Paradoxie mit einer ein-
gebauten Tendenz, durch ihr Auftreten schon das Ingangkommen von Lösungs-
prozessen zu erzeugen. Damit kann ein ehrwürdiger Traditionsbegriff, nämlich
der des Subjekts, gestrichen werden. Aufgegeben wird damit der Subjektbegriff
der philosophischen Tradition, nach dem es dasjenige war, was der Erkenntnis
und dem Handeln zugrunde liegt. Begriffe wie Mensch, Individuum und Person
behält Luhmann dagegen bei. Die Bedeutung dieser drei Begriffe muss dann allerdings um einige Anteile humanistischer Emphase verkürzt werden. Konsequen-
terweise nimmt Luhmann seine eigene Person zurück und erklärt am Anfang
von *Soziale Systeme,* dieses Buch habe sich »wie von selbst geschrieben« (14). Es
handelt sich um einen methodologischen Antihumanismus, nicht um einen normativen.

Bei Luhmann besteht das soziale System damit nicht aus Menschen, sondern
aus Kommunikationen, die dann erst im zweiten Schritt zerlegt und als Handlungen zugerechnet werden. »Der elementare, Soziales als besondere Realität konstituierende Prozeß ist ein Kommunikationsprozeß.« (193) Handlungen sind davon nicht zu trennen, wohl aber zu unterscheiden. Aus diesem Grunde widersteht

Luhmann der naheliegenden Versuchung, beides, wie Jürgen Habermas das tut, als kommunikatives Handeln parallel zu schalten.

Der Kommunikationsbegriff wird in Anlehnung an Parsons erweitert zu einer Theorie symbolisch generalisierter Kommunikationsmedien, die die gesellschaftlichen Kommunikationszusammenhänge steuern. Es sind z. B. Wahrheit, Liebe, Macht, und vor allem Geld, teils auch Kunst, religiöser Glaube oder dessen säkularisierte Form, die »Grundwerte«. Kommunikation ist so etwas wie die ständige »Selbsterregung und Sinnüberflutung des Systems« (236). Um die dadurch entstehende Komplexität zu reduzieren, ist es sinnvoll, zwischen System und Umwelt zu unterscheiden. Gesellschaft besteht lediglich aus Kommunikationen. Es dürfte klar sein, dass »die hochkomplexe Einrichtung einzelner Makromoleküle, einzelner Zellen, einzelner Nervensysteme, einzelner psychischer System zu ihrer Umwelt gehört« (249). Die Gesellschaft kann deren Komplexität sozusagen nach außen abschieben und großzügig behandeln – um Kapazität freizubekommen für den Aufbau einer hohen eigenen Komplexität.

Um das Verhältnis von Menschen und sozialen Systemen genauer bestimmen zu können, verwendet Luhmann den Begriff Interpenetration, an dessen Klang man schon merkt, dass er nur von Parsons stammen kann. Interpenetration liegt dann vor, wenn zwei »Systeme sich wechselseitig dadurch ermöglichen, daß sie in das jeweils andere ihre vorkonstituierte Eigenkomplexität einbringen.« (290) Beide Systeme bleiben dabei füreinander Umwelt. »Man kann deshalb auch formulieren, daß die psychischen Systeme die sozialen Systeme mit hinreichender Unordnung versorgen, und ebenso umgekehrt.« (291) Das Verhältnis der interpenetrierenden Systeme ist durch doppelte Kontingenz bestimmt, und so ist auch die Frage zu beantworten, wie es überhaupt zum Aufbau sozialer Systeme kommen kann. Man muss nicht vom Bewusstsein des Menschen ausgehen, auch nicht von der Intersubjektivität, sondern von einem gegenseitigen Konstitutionszusammenhang autopoietischer Systeme: »Das soziale System, das auf Leben und Bewußtsein beruht, ermöglicht seinerseits die Autopoiesis dieser Bedingungen, indem es ermöglicht, daß sie sich in einem geschlossenen Reproduktionszusammenhang ständig erneuern.« (297) Verschiedene Arten von Autopoiesis wie organisches Leben, Bewusstsein und Kommunikation sind also miteinander verbindungsfähig. Am besten kann das gedacht werden mit Hilfe des Begriffs Sinn, und rückblickend dürfte damit noch einmal die theoriebautechnische Schlüsselstelle dieses Begriffs deutlich werden: »Sinn ermöglicht die Interpenetration psychischer und sozialer Systembildungen bei Bewahrung ihrer Autopoiesis; Sinn ermöglicht das Sichverstehen und Sichfortzeugen von Bewußtsein in der Kommunikation und zugleich das Zurückrechnen der Kommunikation auf das Bewußtsein der Beteiligten. Der Begriff des Sinnes löst damit den Begriff des animal sociale ab.« (297)

Luhmanns *Soziale Systeme* ist in der Soziologie zunächst sehr zögernd rezipiert worden: zu innovativ war sein Ansatz, zu polemisch gegen die handlungstheoretisch ausgerichtete Weber-Scholastik gerichtet. Jürgen Habermas allerdings, der Luhmann schon durch eine Kontroverse in den frühen 1970er Jahren zu einiger Berühmtheit verholfen hatte, hat in seinem Spätwerk immer mehr systemtheoretische Elemente aufgenommen und mit der Gegeneinanderführung von System und Lebenswelt den Boden für eine breitere Rezeption bereitet. In der Politikwissenschaft, seit einigen Jahren aber auch in der Soziologie, lässt sich ein langsamer, aber kontinuierlicher Fluss von Forschungsarbeiten beobachten, die auf systemtheoretische Ansätze und Begrifflichkeiten zurückgreifen. Seit kurzem wird Luhmann auch intensiver in den USA rezipiert, während Parsons mehr und mehr verblasst.

Walter Reese-Schäfer

Literatur

Baraldi, Claudio/Corsi, Giancarlo/Esposito, Elena: GLU. Glossar zu Niklas Luhmanns Theorie sozialer Systeme, Frankfurt 1997.

Habermas, Jürgen/Luhmann, Niklas: Theorie der Gesellschaft oder Sozialtechnologie. Was leistet die Systemforschung?, Frankfurt 1971.

Reese-Schäfer, Walter: Luhmann zur Einführung, 6. Aufl., Hamburg 2011.

William Sims Bainbridge/Rodney Stark: A Theory of Religion, Peter Lang: New York 1987, 386 S.

Das vorliegende Werk stellt den systematischen Startschuss der Ausbreitung der ökonomischen Theorie des Religiösen dar. Heute werden diese Überlegungen unter dem Label des Marktmodells des Religiösen verhandelt. Sie gelten in den USA als das neue Paradigma der Erklärung religiöser Entwicklung, welches das »alte Paradigma« der Säkularisierungstheorie abgelöst hat. Für William Sims Bainbridge (geb. 1940) stellte *A Theory of Religion* die systematische Zusammenfassung seiner verschiedenen Studien zu religiösen Gemeinschaften aber auch eine Fortführung des programmatischen Vorgängerbuchs *The Future of Religion. Secularization, Revival and Cult Formation* (1985) dar. Bereits dieses hatte er zusammen mit Rodney Stark (geb. 1934), dem vielleicht prominentesten Vertreter des Marktmodells des Religiösen verfasst. Rodney Stark legte in *Theory of Religion* die konzeptionelle und theoretische Grundlage für sein Verständnis der Erklärung religiöser Entwicklungen. In der Folgezeit legte er eine Vielzahl empirischer Befunde vor, die dieses neue Paradigma stützen sollten. Hervorzuheben sind hier seine beiden Bücher mit Roger Finke *Acts of Faith: Explaining the Human Side of Religion* (2000) oder *The Churching of America 1776–2005: Winners and Loosers in our Religious Economy* (2005). Kondensiert ersteres noch einmal die Überlegungen des Marktmodells, fügt das zweite eine empirische Langzeituntersuchung der USA an.

Stark wechselte nach seinem Studium in Berkeley nach Washington, bevor er Co-Direktor des Instituts für Studien zur Religion an der Baylor Universität wurde. In dieser Zeit legte er ein beeindruckendes Werk vor, welches sich immer wieder durch die (teils heftige) Kritik an der Säkularisierungstheorie und die Stützung der Prämissen des religiösen Marktmodells auszeichnete. Er gilt als der derzeit prominenteste Vertreter dieses Modells. William Sims Bainbridge ist Co-Direktor an der auf Surveys ausgerichteten Computing Abteilung der National Science Foundation in Virginia und gleichzeitig Professor an der dortigen George Mason University.

Nicht weniger als eine (neue) Theorie der Religion vorzulegen ist der Anspruch des Buches *A Theory of Religion*. Hintergrund war die Ansicht beider Autoren, dass in modernen Gesellschaften die über Jahrzehnte dominierende Säkularisierungstheorie als Erklärungsmodell ausgedient hätte. So sei es nicht mehr möglich die Entwicklungen des Religiösen alleine als Abbruchs- und Verlustprozess zu beschreiben, vielmehr müsse die Vitalität von Religion aus den religiösen Angebotsstrukturen und Austauschprozessen abgeleitet werden. Hierfür sprechen aus Sicht von Bainbridge/Stark vielfältige empirische Befunde, die wenn nicht eine Wiederkehr des Religiösen doch zumindest keine Verlustprozesse mit zunehmender Modernisierung zeigten, wie es eben die Säkularisierungstheorie annehme. Das exemplarische Paradebeispiel, an dem die Säkularisierungstheorie scheitere, ist die USA, welches als nachgewiesen modernisiertes Land nach wie vor eine enorm hohe religiöse Vitalität besitze.

Aus Sicht der Autoren reicht es allerdings nicht aus, einen Ansatz, der nicht einmal den konzeptionellen Status einer Theorie aufweise, empirisch zu widerlegen. Vielmehr sehen sie es an der Zeit, ein geschlossenes theoretisches Erklärungsmodell für die Entwicklung des Religiösen in der Moderne vorzulegen, welches zudem die Handlungen der Menschen und ihre Begründungen angemessen berücksichtige (21). Genau diesem Ansinnen widmen sich in der Folge Bainbridge/Stark und legen die Quintessenz für das bis heute immer populärer werdende Marktmodell des Religiösen. Dabei agieren sie streng anhand von plakativ herausgestellten Voraussetzungen, Definitionen und Ableitungen. Dieses deduktive Vorgehen durchzieht das ganze Buch und führt zu sieben Axiomen, 104 Definitionen und 344 Ableitungen. Als Ergebnis steht aus Sicht der Autoren eine soziale Theorie der Religion (315), welche sich durch einen konsequenten Bezug auf handlungstheoretische Annahmen auszeichnet. Nicht mehr eine imaginäre Wirkung von Rahmenbedingungen, sondern konkrete Handlungserklärungen auf der Mikroebene, besitzen auf der Makroebene Folgen für religiöse Vitalität.

Entsprechend ist *A Theory of Religion* den Prämissen des methodologischen Individualismus verpflichtet und richtet seinen Blick in erster Linie auf die Erklärung von Handlungen, nicht von religiösen Überzeugungen oder Glauben (27). Dabei findet sich eine Abweichung von klassischen Zugängen dieses Theoriezweiges der Rational-Choice-Theorien. Anders als dort besteht keine grundsätzliche Variation der Nachfrage nach Religion. Grund ist die Unvermeidlichkeit von Sinnfragen, die sich aufgrund der Sterblichkeit des Menschen ergibt (39). Die kognitiven Ansprüche der Individuen dieses Problem zu bewältigen führen sie dazu nach Kompensationen zu suchen, die eine möglichst gute (und exklusive) Erfüllung dieses Anspruchs gewährleisten. Und diese grundsätzlichen wie auch spezifischen Kompensationen bietet die Religion (73, 304). Dabei kommt es zu einem Austausch zwischen dem Menschen und Gott. Der Mensch investiert in religiöse Beteiligung und Verehrung, Gott gewährt dafür (exklusive) Vergebung (83). Hiermit können Bainbridge/Stark die Entstehung von Religion in der Gesellschaft überhaupt erklären. Allerdings bestehen Unterschiede in der religiösen Vitalität. Im Rahmen ihrer Kosten-Nutzen-Abwägungen können sich Individuen auch entscheiden religiös nicht aktiv zu sein. Hier kommen nun die sozialen Institutionen ins Spiel. Religiöse Vitalität ist dann Ergebnis allein einer Variation des religiösen Angebotes. Entsprechend wird das religiöse Marktmodells oder die ökonomische Theorie der Religion auch als »supply-side«-Ansatz bezeichnet.

Bainbridge/Stark greifen hier nun die Gedanken der Säkularisierungstheorie auf und versuchen sie in ihren Erklärungszusammenhang einzubetten. Historisch gesehen ist aus ihrer Sicht Säkularisierung kein neues Phänomen (311). Sie wird durch kulturellen Prozesse (285, 290), wie Rationalisierung oder politische Unterdrückung eingeleitet. Sie zeichnet sich dadurch aus, dass die religiösen Anbieter – zumeist sind dies jetzt Monopolkirchen – es nur mehr begrenzt schaffen exklusive und spezifische Angebote (Kompensationen) zur Verfügung zu stellen. Dafür ist einerseits ihre begrenzte Fähigkeit differenzierte Angebote für sich differenzierende Nachfragen zur Verfügung zu stellen, andererseits der Prozess, dass die religiösen Eliten (Priester etc.) bequem werden und sich immer mehr nur noch um die Sicherung ihrer Position kümmern. Dieser Prozess ist aber kein reiner Verlustprozess, sondern öffnet nur den Markt für die Angebote neuer religiöser Bewegungen, Kulte und Sekten (121 f.). Auch diese versuchen später wieder (marktförmig) Monopole auszubilden. Diesen Gedanken folgend, hat man es über die Historie gesehen mit einem zirkulären Ablauf von Säkularisierung und *Revival* zu tun (279).

A Theory of Religion verbindet auf diese Weise grundsätzliche Annahmen einer individualistischen Handlungstheorie mit dem sozialen und kulturellen Phänomen Religion. Gleichzeitig werden kausale Erklärungsangebote vorgelegt, die aus Sicht der beiden Autoren eine universelle Gültigkeit beanspruchen können (315).

Dabei sehen sie die Entstehung wie den Verfall religiöser Organisationen als Folge einer Kombination individualistischer Austauschprozesse und sozialer (sowie soziokultureller) Gemeinschaftsprozesse.

Das Werk von Bainbridge/Stark hat als erste systematische Darlegung des Zweiges der ökonomischen Theorie der Religion oder des Marktmodells des Religiösen eine breite Rezeption erfahren, wenn diese auch erst etwas verzögert einsetzte. Mittlerweile dürfte es kaum einen angelsächsischen Beitrag geben, der *Theory of Religion* nicht in seiner Literaturliste führt. Gerade Stark hat mit seiner weiteren Publikationstätigkeit zu einer enormen Ausbreitung dieses Ansatzes, speziell in den USA, geführt. Aber auch über die USA hinaus werden die in *Theory of Religion* dargelegten Überlegungen wahrgenommen, wenn auch wesentlich kritischer und häufig eher mit konkretem Bezug auf die stärker empirisch argumentierenden (und in Teilen leichter lesbaren) Folgepublikationen des Gespanns Stark und Finke. So nahmen Vertreter der Säkularisierungstheorie explizit Stellung zu den Thesen des ökonomischen Ansatzes der Religion (und wiesen diesen zurück). Mittlerweile wird die Auseinandersetzung zwischen Marktmodell des Religiösen und Säkularisierungstheorie auf der Ebene der empirischen Befunde geführt. *Theory of Religion* hat sich dabei vielleicht nicht als *die* (von den Autoren erhoffte) endgültige Theorie der Erklärung des Religiösen etabliert, auf jeden Fall aber als Auslöser einer produktiven Diskussion über die Religiosität und Religion hervorgetan. Dies hat wesentlich zur Weiterführung der Säkularisierungstheorie beigetragen und einen gewissen Stillstand in der religionssoziologischen Diskussion aufgehoben.

Gert Pickel

Literatur

Iannaccone, Laurence: Introduction to the Economics of Religion, in: Journal of Economic Literature 36 (1998), S. 1.465–1.496.

Pickel, Gert: Religionssoziologie. Eine Einführung in zentrale Themenbereiche, Wiesbaden 2011.

Stark, Rodney/Bainbridge, William Sims: The Future of Religion: Secularization, Revival and Cult Formation, Berkeley 1985.

Carole Pateman: The Sexual Contract, Polity Press: Cambridge 1988, 264 S.

Mit ihrem 1988 erschienenen Werk *The Sexual Contract* gab Carole Pateman (geb. 1940) nicht nur den entscheidenden Anstoß zu einer anhaltenden geschlechtertheoretischen Auseinandersetzung mit den neuzeitlichen und zeitgenössischen Vertragstheorien, sondern ihr Werk selbst zählt heute ohne Zweifel zu den »Klas-

sikern« der feministischen Theoriegeschichte. Mittlerweile in sechs Sprachen,
u. a. ins chinesische und koreanische, übersetzt beinhaltet Patemans vielfach aus-
gezeichnetes Standardwerk eine Relektüre der neuzeitlichen Vertragstheorien. Erkenntnisleitend ist hierbei nicht allein die Neuakzentuierung ideengeschichtlicher
Klassiker im Sinne eines »reading women in«, wie es seit Mitte der 1970er Jahre für die feministische Ideengeschichtsforschung prägend war. Vielmehr geht es
Pateman um eine Neubewertung der Vertragstheorien und die grundlegende Kritik liberaler Denktraditionen aus feministischer Sicht. Feministische Kanonkritik
bedeutet damit für sie nicht allein die Aufdeckung der inneren Widersprüchlichkeit des liberalen Vertragsdenkens, sondern zielt auf ein kritisch-transformati-
ves Denken, das sich gegen nach wie vor bestehende (geschlechtsspezifische) Ungleichheiten richtet.

Bereits in ihren frühen demokratietheoretischen Überlegungen (*Participation
and Democratic Theory* 1970 und *The Problem of Political Obligation: A Critical
Analysis of Liberal Theory* 1979) kritisierte Pateman die liberale Begründung repräsentativer Demokratie als reduktionistisch und elitär. Um das liberale Versprechen von Freiheit und Gleichheit einzulösen reiche das auf die Auswahl politischer Entscheidungsträger beschränkte Partizipationsverständnis repräsentativer
Demokratie nicht aus. Nur im Rahmen eines radikal partizipatorischen Demokratiemodells, das auf dem gemeinsamen, eigenverantwortlichen Handeln aller
Bürgerinnen und Bürger beruhe, sei ein willentliches Einverständnis in ein politisches Verpflichtungsverhältnis widerspruchsfrei zu begründen.

In ihrem (bisherigen) Hauptwerk *The Sexual Contract* schreibt Pateman diese
Kritik am liberalen Denken fort und analysiert die spezifisch patriarchalen Wurzeln der neuzeitlichen Vertragstheorie sowie der sozialen und politischen der
Institutionen, wie sie für westlich-liberaldemokratische Gesellschaften (v. a. in
Großbritannien, den USA und Australien) prägend sind. Ihre zentrale These ist,
dass es sich bei der liberalen Vertragskonstruktion nicht um einen, sondern um
zwei Verträge handelt: Einen Gesellschaftsvertrag zwischen den freien und gleichen männlichen Bürgern und einen mit diesem gleichzeitig abgeschlossenen Geschlechtervertrag. »The social contract«, so Pateman, »is a story of freedom; the
sexual contract is a story of subjection.« (2) Während der Gesellschaftsvertrag das
Versprechen der individuellen Freiheit beinhalte, begründe der Geschlechtervertrag die vollständige Unterwerfung der Frauen unter die männliche Herrschaft in
Ehe und Familie. Letzterer sichere »men's political right over women« und garan-
tiere »orderly access by men to women's bodies« (ebd.). Über den scheinbar (ge-
schlechts-)neutralen Begriff des Vertrages konstituiere sich die moderne bürgerliche Gesellschaft damit als eine geschlechtshierarchische Gesellschaft. Diese sei
jedoch – und hier wendet sie sich gegen die bis dahin verbreitete feministische
These eines universell und transhistorisch vorherrschenden Patriarchats – nicht

klassisch patriarchal (= väterlich) organisiert, sondern sei entstanden als eine Gesellschaft der rebellierenden Söhne gegen die väterlichen Autoritäten (29 f., 78 ff.). Die Söhne schließen sich Pateman zufolge gegen die väterliche Herrschaft im Gesellschaftsvertrag als Brüder zusammen. »In the story of social contract, the father is (metaphorically) killed by his sons, who transform (the paternal dimension of) the father's right into civil government.« (32) Gleichzeitig werde aber über den Geschlechtervertrag die traditionelle Unterordnung der Frauen aufrechterhalten und in die gesellschaftliche Institution der Ehe überführt. Die Trennung von patriarchal strukturierter Privatheit und maskulinistisch begründeter Politik ist demnach konstitutiv für die moderne bürgerliche Gesellschaft.

Nur durch den mit dem Geschlechtervertrag begründeten Ausschluss der Frauen aus dem Gesellschaftsvertrag und damit aus der Sphäre von Öffentlichkeit und Politik lassen sich aus Patemans Sicht die offensichtlichen Inkonsistenzen und Widersprüchlichkeiten der Vertragstheorien erklären. So gehe beispielsweise Thomas Hobbes als einziger der neuzeitlichen Vertragstheoretiker konsequent von der vollständigen Gleichheit von Mann und Frau im Naturzustand aus und nehme doch die völlige Unterwerfung der Frauen unter die Herrschaft des Familienvaters im bürgerlichen Zustand an. Die bei Hobbes als zwangsweise angenommene Unterwerfung der Frauen im Naturzustand münde unweigerlich in der Institutionalisierung der patriarchalen Herrschaft im Ehevertrag (47 ff.). Anders als Hobbes gehen die Vertragstheorien von John Locke und Jean-Jacques Rousseau, wie Pateman eindrücklich zeigt, von der »natürlichen Ungleichheit« von Frauen und einem daraus abgeleiteten Herrschaftsrecht des Ehemannes über die Ehefrau aus. Während sich die moderne gesellschaftliche Ordnung als ein frei gewählter Zusammenschluss gleicher »Brüder« konstituiere, bleibt die das patriarchale Herrschaftsrecht im Ehevertrag erhalten und Frauen werden als »natural subordinates« aus der öffentlichen Sphäre ausgeschlossen (181). Die für die moderne bürgerliche Gesellschaft fundamentale Trennung von privater und öffentlicher Sphäre beruht Pateman zufolge auf dem Widerspruch zwischen dem vertragstheoretischen Postulat universeller Freiheit als individueller Autonomie und der Realität geschlechtsspezifischer Unterordnung und Herrschaft. Aus feministischer Perspektive müsse deshalb das bürgerlich-liberale Vertragsdenken, so lautet die eindeutige Schlussfolgerung, vollständig verworfen werden und könne keinesfalls als Ausgangspunkt für feministische Rekonzeptualisierungen demokratischer Staatsbürger(innen)schaft dienen.

Carole Pateman hat die wohl prononciertesten Thesen zur neuzeitlichen Vertragstheorie aus feministischer Perspektive vorgelegt. Während Patemans These von der besonderen patriarchalen Prägung der neuzeitlichen Vertragstheorie mittlerweile zum Allgemeingut der Geschlechterforschung gehört, sind ihre Deutungen der vertragstheoretischen Klassiker und ihre vollständige Ablehnung des

Vertragsdenkens aus Geschlechterperspektive eingehend kritisiert worden (vgl. u. a. Boucher 2003; Hirschmann/Wright 2012). Insbesondere liberale Gleichheitstheoretikerinnen betonen die Möglichkeit einer geschlechtsneutralen, universalistischen Erweiterung des modernen Vertragsdenkens. Das dem Vertragsdenken zugrunde liegende zentrale Prinzip der Selbstbestimmung ließe sich demzufolge auch auf das Geschlechterverhältnis konsistent anwenden. Vertragsdenken und Geschlechterhierarchie seien keineswegs, wie von Pateman abgeleitet, notwendigerweise ineinander verkoppelte Denkfiguren. Im Gegenteil besitze gerade die Vertragstheorie das Potenzial für die »Fundierung einer auf Geschlechtergerechtigkeit abzielenden Politik« (Nagl-Docekal, S. 200 f.). Trotz dieser kritischen Einwände kommt Carole Pateman das Verdienst zu, mit ihren differenzierten Analysen der Vertrags- und Demokratietheorien den geschlechterkritischen Blick auf die politische Philosophie entscheidend sensibilisiert und geschärft zu haben. Ihr grundlegendes demokratietheoretisches Anliegen einer notwendigen gesellschaftlichen Demokratisierung und der Inklusion von benachteiligten Frauen (und Männern) hat bis heute nicht an Aktualität eingebüßt.

Beate Rosenzweig

Literatur

Boucher, Joanne: Male Power and Contract Theory: Hobbes and Locke in Carole Pateman's »The Sexual Contract«, in: Canadian Journal of Political Science, Vol. 36, No. 1, S. 23–38.

Nagl-Docekal, Herta: Feministische Philosophie. Ergebnisse, Probleme, Perspektiven. Frankfurt 1999.

Thompson, Sharon/Lydia Hayes/Daniel Newman/Carole Pateman: The sexual contract 30 years on. A conversation with Carole Pateman, in: Feminist Legal Studies 26 (2018), S. 93–104.

Gayatri Chakravorty Spivak: Can the Subaltern Speak?, in: Cary Nelson/Lawrence Grossberg (Hg.): Marxism and the Interpretation of Culture, University of Illinois Press: Urbana 1988, S. 271–313 (dt. Can the Subaltern Speak? Postkolonialität und subalterne Artikulation, Turia + Kant: Wien/Berlin 2008, 159 S.).

Im Jahr 1988 erlangte die indische Literaturwissenschaftlerin und Philosophin Gayatri Chakravorty Spivak (geb. 1942 in Kalkutta), die schon kurz zuvor mit ihrer Aufsatzsammlung *In Other Worlds* (1987) für Aufsehen in der akademischen Welt gesorgt hatte, gleich mit zwei Publikationen internationales Renommee: den gemeinsam mit Ranajit Guha herausgegebenen *Selected Subaltern Studies* (zu denen Edward Said das Vorwort beisteuerte) sowie dem auf einen Vortrag von 1983 zurückgehenden Essay *Can the Subaltern Speak?* Anfang der 1980er Jahre hatte sich Spivak, die in Indien Literatur studierte, 1967 an der Cornell University promovierte und zwischenzeitlich als Assistenzprofessorin in Austin/Texas tätig war, der (neomarxistischen) Forschergruppe der *Subaltern Studies* um den Historiker Guha angeschlossen und mit ihrer poststrukturalistischen und feministischen Perspektive nachhaltig geprägt. Der Aufsatz über die Sprachlosigkeit der Subalternen, durch den Spivak endgültig zu einer der wichtigsten Theoretikerinnen (und Kritikerinnen) des *Postkolonialismus* avancierte, war zwar in Teilen bereits 1985 in der Zeitschrift *Wedge* unter dem Titel »Can the Subaltern Speak? Speculations on Widow Sacrifice« erschienen, die vielfältige Rezeption des Textes wie auch die steigende Reputation seiner Autorin bezogen sich jedoch fast durchweg auf die im Band von Cary Nelson und Lawrence Grossberg publizierte ausführliche Fassung. Diese liegt auch der ersten vollständigen Übersetzung des Textes ins Deutsche aus dem Jahr 2008 zugrunde.

Spivaks Essay verbindet drei Argumentationsstränge: erstens eine kritische Auseinandersetzung mit der postmodernen Problematisierung des Subjekts in Europa; zweitens die Behandlung der daran anknüpfenden Frage nach der Repräsentation des »Subjekts« der Dritten Welt im politischen Diskurs des Westens (inklusive der zum Vorschein kommenden Verwobenheit zwischen intellektueller Wissensproduktion und ökonomischem Interesse); drittens eine »alternative Analyse der Beziehungen zwischen den Diskursen des Westens und der Möglichkeit, über (oder für) die subalterne Frau zu sprechen« (19 f.). Hinter der dabei geäußerten Sympathie für die Ansätze von Marx (30 ff.) und mehr noch von Derrida (Abschnitt 3) sowie der zugleich formulierten Kritik an Foucaults und Deleuzes »systematischer Ignoranz« der »Frage der Ideologie« sowie ihrer »eigenen Verwicklung in eine intellektuelle und ökonomische Geschichte« (21 f.) wird die Neupositionierung von Spivak bereits sichtbar: Es liegt nicht – wie der erste Abschnitt von *Can the Subaltern Speak?* ausführt – in der »Macht« der Intellektuellen, »den Diskurs des/der Anderen der Gesellschaft« zu enthüllen (21). Vielmehr bestehe umgekehrt die Gefahr, dass westliche Intellektuelle, die mit einem zu einseitigen Begriff von Repression zur Kennzeichnung des Verhältnisses zwischen Erster und Dritter Welt operieren, unfreiwillig zu »KomplizInnen in der beharrlichen Konstituierung des/der Anderen als Schatten des Selbst« mutieren (41).

Spivaks Begriff des *Subalternen,* den sie im zweiten Abschnitt ihrer Argumentation an Gramsci (47) und Guha (48 f.) anlehnt, erfasst demgegenüber nicht nur die sozial und kulturell Unterdrückten im globalen Vergleich, sondern ebenso die an den Rand der postkolonialen Gesellschaften in der südlichen Hemisphäre gedrängten Gruppen und Individuen, womit zuallererst die Frauen gemeint sind. In ihrem berühmt gewordenen Beispiel der Witwenverbrennung in Indien, das Spivak im vierten Abschnitt von *Can the Subaltern Speak?* entfaltet, will sie folgerichtig belegen, dass in der im 19. Jahrhundert stattgefundenen Auseinandersetzung über das Verbot jener Tradition zwischen der britischen Kolonialverwaltung und den indigenen Honoratioren eine Gruppe überhaupt nicht gehört wurde: die betroffenen Frauen. Die politischen Kontrahenten hätten sich vielmehr fälschlicherweise angemaßt, jeweils die Rechte und Interessen der subalternen Frau zu vertreten, die einen, indem sie die Witwen als handlungsunfähige Opfer einer menschenverachtenden Praxis darstellten, die anderen, indem sie umgekehrt von selbstbewussten und autonomen Personen ausgingen, die nur das ihnen zukommende Recht zur Selbstbestimmung ihres Todes in Anspruch nahmen (80 ff.). Die gleiche Problematik dominiert nach Spivak auch die zeitgenössischen politischen Diskurse, in denen »die Figur der Frau« »zwischen Patriarchat und Imperialismus, Subjektkonstituierung und Objektformierung« gleichsam »verschwindet« (101). Vor diesem Hintergrund vermag sie die programmatische Frage ihres Essays: »Können Subalterne sprechen?« (74) im Prinzip nur negativ zu beantworten: »Die Subalterne kann nicht sprechen.« (106) Könnte sie es und sich und ihrem Anliegen Gehör verschaffen, in der globalen und/oder der postkolonialen Gesellschaft (welche unverändert an den Signaturen der Kolonialzeit leidet), würde sie letztlich nur das *Kriterium* des Subalternen abstreifen.

Am Ende ihres Essays gibt Spivak gleichwohl ein (später häufig zitiertes) Beispiel für eine »unausdrückliche, ad hoc erfolgende, subalterne Weise«, den »sozialen Text« der sich gegenseitig stützenden kolonialen und indigenen Unterdrückungsmechanismen, jener »gewaltförmigen Pendelbewegung«, welche die Stimme der Frau zum Verstummen bringt, »umzuschreiben« (101, 105): den (unaufgeklärten) Selbstmord der ca. 17-Jährigen Bhuvaneswari Bhaduri im Jahr 1927, der – gemäß der spekulativen Interpretation Spivaks – sowohl den Widerstand gegen die britischen Kolonialherren als auch gegen die lokalen Eliten symbolisierte. Indem sie ihren Suizid erst nach Einsetzen der Menstruation beging, habe Bhaduri gegen die Lesart ihrer Selbsttötung als Gebot des Satī-Kodexes – der guten (Ehe-)Frau im Hinduismus – opponiert, insofern dadurch performativ die kulturell nahe liegenden Gründe wie eine voreheliche Beziehung oder Schwangerschaft ausgeschlossen wurden und die Selbstmörderin überdies den traditionellen Anspruch an die Witwen ins Gegenteil verkehrte: mit ihrem Opfer bis nach der Menstruation zu warten. Nach Spivak war der Subtext von Bhaduris Tat daher der Hinweis auf eine politische Kulisse, was umso wahrscheinlicher sei, als sie sich für den indischen Unabhängigkeitskampf engagiert habe, sich dabei aber zugleich außer Stande sah, den Auftrag zu einem politischen Mord zu erfüllen (104 f.).

Problematisch an Spivaks Deutung scheint auf den ersten Blick, dass sie nicht nur dem parallel konstatierten Diktum: »Die Subalterne als Frau kann nicht gehört oder gelesen werden« (105) widerspricht (was nicht zuletzt mit der Tatsache korrespondiert, dass Bhaduri gar keine »Subalterne«, sondern *brahmacārini* war, 104), sondern dass Spivak in *diesem* Selbstmord gerade das finden will, was sie zuvor als (indigene) Fehleinschätzung der Tradition der Witwenverbrennung kritisierte: dass die Frau durch ihren Suizid authentisch zu Wort kommt.

Indes verdichtet sich an dieser Stelle lediglich Spivaks grundlegender Theorieansatz, mithilfe der Praxis der Derridaschen Dekonstruktion nicht nur eine *Neubestimmung* der postkolonialen Theorie und Kulturwissenschaft vorzunehmen (in der bis dato der von Foucaults Analysen der epistemischen Gewalt geprägte Edward Said den Ton angab) und die Voraussetzungen der eigenen intellektuellen Denkoperationen zu hinterfragen, sondern desgleichen der Dekonstruktion ihrerseits eine feministische Fortschreibung abzugewinnen (72, 105).

Von zentraler Bedeutung ist dabei die Methode der *Katachrese* – die performative, semantisch widersprüchlich bleibende, Sprachbilder verknüpfende »Neueinschreibung« von Wörtern und Begriffen –, die hier, mit Derrida, auf den letztlich unmöglichen, »utopischen strukturellen […] Impuls« abzielt, die »innere Stimme, die Stimme des anderen in uns, *delirieren* [zu] lassen«. Dieses Zitat, das die Möglichkeit des Verstehens von Bhaduris Protest nicht trotz, sondern *wegen* der durchschimmernden Aporien suggeriert, scheint Spivak so wichtig, dass sie es wörtlich an zwei Stellen ihres Essays anführt (72, 106). Dahinter steckt ebenso die Würdigung Derridas als Denker, der »die Katachrese am Ursprung« lese und dadurch »die Gefahr einer Aneignung des/der Anderen durch Assimilierung« reflektiere, wie sie für europäische Linksintellektuelle typisch sei, die nur (wie z. B. Foucault oder Deleuze) das hegemoniale Projekt des Westens erkennen und keinen Zugang zur kulturellen Realität der Subalternen finden bzw. letztere (wie etwa Julia Kristevas *Des Chinoises*) für die Kritik an patriarchalen Denkmustern im Westen abseits historischer Erkenntnisse instrumentalisieren (106, 111, Anm. 37). Anstatt den (meist illiteraten) Subalternen ein illusorisches emanzipatorisches Potenzial zuzuschreiben, das letztlich nur der europäischen Wertekultur geschuldet sei und Unterdrückung dort unterstelle, wo die kulturellen Praktiken nicht verstanden werden, schlägt Spivak mit Derridas Dekonstruktion bzw. ihren katachrestischen Lektüren einen Weg ein, um auch eigene Widersprüche aufzudecken. Als privilegierte Intellektuelle aus der Brahmanenkaste vermag sie selbst – wie Bhuvaneswari Bhaduri – nicht als authentisches Sprachrohr der Subalternen zu agieren (Spivak 1996, 16 ff.). Auf der anderen Seite betrachtet es Spivak entgegen der poststrukturalistischen Kritik des Subjekts – die sie als totale Absage an die Repräsentation und illusorische Aufforderung an die Subalternen, für sich selbst zu sprechen, brandmarkt (47) –, dennoch als Aufgabe der Intellektuellen, den Subalternen im Bewusstsein bleibender Unzulänglichkeiten so weit es geht Gehör zu verschaffen (38 ff., 106). Sie selbst trat diesbezüglich als Übersetzerin der bengalischen Autorin Mahasweta Devi in Erscheinung.

Spivaks Studie über die Subalternität zählt heute bereits zu den Klassikern der Sozialwissenschaften, da sie mithilfe der Auseinandersetzung mit den drei (konträren) Denkströmungen des Marxismus, Feminismus und Dekonstruktivismus die von Fanon, Said oder Bhabha begründeten *Postcolonial* bzw. *Cultural Studies* nicht nur um neue selbstreflexive Facetten bereicherte, sondern die aus Europa stammenden Traditionen ihrerseits in eine Form der produktiven Krise stürzte. Ihre Ansätze fanden vor allem innerhalb des Feminismus (z. B. bei Judith Butler) großen Widerhall, indem sie dessen Selbstbezogenheit aufzeigten und ihm eine transkulturelle Färbung gaben. Zwar wurde Spivak etwa in Terry Eagletons *Figures of Dissent* (2003) massiv dafür kritisiert, in ihrer bisweilen kryptisch anmutenden Sprache ein klar umrissenes, konstruktives Gegenprojekt zu den monierten Zuständen zu vernachlässigen, während Bart Moore-Gilbert ihr – mit Blick auf Poolan Devi – vorwarf, die Handlungsoptionen von Frauen in der Dritten Welt drastisch zu unterschätzen (1997, 106 ff.). Dies ändert jedoch nichts daran, dass Spivaks theoretische Überlegungen in durchaus adäquater und vor allem ideologiekritischer Weise die Probleme demonstrieren, die der Erhebung marginalisierter Minderheiten zum Gegenstand der Sozialwissenschaften widerstreben.

Seit Mitte der 1990er Jahre legt Spivak auffällig optimistischere Positionen an den Tag, die zwar einerseits wie das Konzept des »strategischen Essentialismus« aus *Outside the Teaching Machine* (1993) oder die »enabling violations« in der *Critique of Postcolonial Reason* (1999) die schon in *Can the Subaltern Speak?* anlegte Ambivalenz der kolonialen Vergangenheit fortsetzen, auf der anderen Seite jedoch vorsichtig eine demokratische Option des subalternen Sprechens zu artikulieren beginnen. Dies wird gleichermaßen durch Spivaks Abgrenzung von Leerom Medovois, Shankar Ramans und Benjamin Robinsons Aufsatz *Can the Subaltern Vote?* (1990) in der Neufassung von *Can the Subaltern Speak?* aus dem Jahr 1999 wie infolge der Spezifizierung des Anliegens in *Righting Wrongs* (2002) durch einen einschlägigen Untertitel demonstriert: *Accessing Democracy among the Aboriginals.* 2012 wurde Spivak für ihr innovatives Denken mit dem Kyoto-Preis in der Kategorie Kunst und Philosophie ausgezeichnet.

Oliver Hidalgo

Literatur

Landry, Donna/MacLean, Gerald (Hg.): The Spivak Reader. Selected Works of Gayatri Chakravorty Spivak, London 1996.

Moore-Gilbert, Bart: Postcolonial Theory. Contexts, Practices, Politics, London/New York 1997.

Morton, Stephen: Gayatri Spivak. Ethics, Subalternity and the Critique of Postcolonial Reason, Cambridge 2007.

Jessica Benjamin: The Bonds of Love. Psychoanalysis, Feminism and the Problem of Domination, Pantheon: New York 1988, 304 S. (dt. Die Fesseln der Liebe. Psychoanalyse, Feminismus und das Problem der Macht, Stroemfeld/Roter Stern: Frankfurt 1990, 274 S.)

Die 1988 erstmals erschienene Studie *The Bonds of Love* der Psychoanalytikerin und Gesellschaftstheoretikerin Jessica Benjamin (geb. 1946) zählt zu den wichtigsten Werken einer materialistischen, feministischen Psychoanalyse. Als Tochter jüdischer Einwanderer wuchs Benjamin in den Vereinigten Staaten auf und beteiligte sich bereits während ihres Grundstudiums an intellektuellen Zirkeln der amerikanischen zweiten Frauenbewegung. Ihr politisches Engagement verschlug sie für den Zeitraum ihres Aufbaustudiums 1967–1971 an das Frankfurter Institut für Sozialforschung, wo sie unter anderem bei Theodor W. Adorno Soziologie, Philosophie und Psychologie studierte. Die Einflüsse der Kritischen Theorie prägten ihr gesamtes zukünftiges Denken. Nach ihrer Dissertation über die Verbindungen von Psychoanalyse und Gesellschaftstheorie (1978) intensivierte Benjamin ihre theoretische und empirische Beschäftigung mit den Dynamiken menschlicher Beziehungen, unter anderem mit den Mutter-Kind-Interaktionen. Aus ihrer langjährigen Forschung ging 1988 *The Bonds of Love* hervor, das Benjamin internationale Beachtung einbrachte. Die darin elaborierten Überlegungen zur Intersubjektivität führte Benjamin in den Schriften *Der Schatten der Anderen. Intersubjektivität, Gender, Psychoanalyse* (1997/2002) und *Anerkennung, Zeugenschaft, Moral: Soziale Traumata in psychoanalytischer Perspektive* (2015/2017) fort. Als bedeutende Vertreterin der so genannten relationalen Psychoanalyse lehrt und praktiziert Benjamin Psychoanalyse in New York.

The Bonds of Love zielt auf die Analyse des Herrschaftsverhältnisses zwischen Mann und Frau aus psychoanalytisch-gesellschaftskritischer Perspektive. Benjamin unterzieht die Freudsche Psychoanalyse dabei einer umfassenden feministischen Re-Interpretation. Ausgangspunkt ihrer Überlegungen ist die in der feministischen Theorie häufig ausgeblendete Überlegung, dass Herrschaft ein »zweiseitiger Prozess« (16) sei, an dem nicht nur die Herrschenden, sondern auch die sich Unterwerfenden mitwirken. Benjamin will nicht nur verstehen, weshalb sich Frauen freiwillig »unterjochen«, sondern dem Modell der Herrschaft eine Theorie der gegenseitigen Anerkennung gegenüberstellen.

Als Psychoanalytikerin verortet Benjamin die Grundkonstellation des Entstehens von Herrschaft bzw. Anerkennung in der Interaktion von Mutter und Kind in der präödipalen Phase. Damit nimmt sie zwei wesentliche Korrekturen an der Klassischen Psychoanalyse vor: Zum einen rückt sie den Fokus weg von der ödipalen Phase, die in der klassischen Psychoanalyse im Mittelpunkt der Kindesentwicklung steht. Zum anderen revidiert sie das Freudsche Verständnis vom Baby als »monadisches Energiesystem« (27), das nur durch orale Triebe geleitet in völliger Verschmolzenheit mit der Mutter zusammenlebe. Vielmehr deutet sie sowohl den Säugling als auch die Mutter als eigenständige Subjekte, die unabhängig voneinander interagieren. Die Triebtheorie wird damit zugunsten einer Theorie der Relationalität bzw. Intersubjektivität in den Hintergrund gerückt. Auf der Grundlage dieses intersubjektiven Standpunkts, der für Benjamins Theorie der Anerkennung zentral ist, reformuliert sie die frühen Bestrebungen des Kindes, sich als unabhängiges Subjekt zu »differenzieren« (65), im Sinne von Georg Friedrich Wilhelm Hegels Herr- und Knecht-Dialektik: Mit Hegel geht Benjamin von einem »Paradoxon der Anerkennung« aus (44), wonach der Mensch, um selbst als Subjekt existieren zu können, auf die Anerkennung eines Anderen angewiesen ist. Die Spannung zwischen Selbstbehauptung und äußerer Anerkennung ist jedoch fragil: bei Hegel bricht sie notwendig zusammen und mündet in Herrschaft. Bezogen auf die Differenzierungsphase des Kleinkindes sieht Benjamin zwei Wege, wie die Ablösungsbestrebungen des Kleinkinds von den Eltern in Herrschaft umschlagen können: Bekommt das Kind in seinen mitunter aggressiven Lösungsversuchen von den Eltern keine Grenzen gesetzt, setzt es die Allmachtsphantasie fort und macht sich die Eltern untertan. Umgekehrt bleiben die Eltern allmächtig und das Kind untergeordnet, wenn die Eltern den Unabhängigkeitswunsch des Kindes nicht ertragen und ihm die Freiheit verwehren. Diesen Aushandlungsprozess sieht Benjamin in Spielarten der sexuellen Dominanz und Gewalt im Erwachsenenleben fortgeführt bzw. aktualisiert, was die Autorin anhand des sadomasochistischen Romans *Die Geschichte der O* von Pauline Réage darstellt. Die ideale Lösung des Anerkennungsparadoxons besteht für Benjamin in der dauerhaften Aufrechterhaltung der Spannung zwischen Autonomie und Abhängigkeit, die eine gegenseitige Anerkennung beider Subjekte miteinschließt.

Dass diese Lösung noch im Bereich des Utopischen angesiedelt ist, hat laut Benjamin auch damit zu tun, dass dem Individuationsprozess eine fundamentale geschlechtliche Dimension eingeschrieben ist. Diese wird in der klassischen Psychoanalyse allerdings nicht problematisiert. Vielmehr wird die Individuation des Mannes, die anders verläuft als die der Frau, mit der Entwicklung des Menschen in eins gesetzt. Die Person, von der sich das Kleinkind löst, ist dabei in aller Regel eine Frau – die ›Mutter‹ (wobei Benjamin darunter nicht zwangsläufig die biologische Mutter, sondern die primäre Bezugsperson des Säuglings sieht, die jedoch auch historisch betrachtet fast immer weiblich war). Der Frau bzw. Mutter wiederum kommen im Patriarchat keine eigene Subjektivität und kein eigenes Begehren zu. Dieses Zusammenspiel führt dazu, dass im oben geschilderten Ablösungsprozess Weiblichkeit nicht nur unterworfen, sondern auch abgewertet wird.

Benjamins feministische Analyse dieses Komplexes setzt an zwei Stellen an: Zum einen rekapituliert sie den Individuationsprozess des Mädchens und arbeitet heraus, wie Frauen die Identifikation mit dem als männlich konnotierten Begehren, Autonomie und Unabhängigkeit erschwert, wenn nicht verwehrt wird. Zum anderen kritisiert und revidiert sie den Ödipuskomplex als wirkmächtige Analysekategorie, die eine Geschlechterpolarität zugunsten des Mannes zementiert. Aufgrund der ungleichen Rollenaufteilung zwischen der konstant anwesenden, tröstenden Mutter und dem zumeist abwesenden, stimulierenden Vater, so Benjamin, werde der Vater in der Differenzierungsphase von Kindern beiderlei Geschlechts als »Befreier« (123) von der mütterlichen Macht und als Repräsentant der Außenwelt erlebt. Während es dem Jungen ermöglicht wird, mittels »identifikatorischer Liebe« (126) zum Vater, der den Sohn wiederum als Seinesgleichen anerkennt, die psychologische Grundlage für eine spätere Entwicklung von Handlungsfähigkeit und Begehren zu legen, fehlt dem Mädchen eine solche Identifikationsfigur der Ablösung – nicht zuletzt deshalb, weil der Vater sich vom Mädchen abwendet und es in seinem Bestreben nach Unabhängigkeit nicht anerkennt: »Ablösung und Individuation werden so zu einer Frage der Geschlechtszugehörigkeit« (125). Penisneid und Kastrationsdepression des Mädchens versteht Benjamin damit nicht in Bezug auf einen anatomischen Mangel, sondern als das Fehlen einer Identifikationsfigur, die Begehren und Autonomie verkörpert. Dem Mädchen bleibt allein die Identifikation mit der Mutter, wobei Benjamin gegen essentialistische Festschreibungen mit der historischen Wandelbarkeit von Mutter- und Vaterrollen argumentiert und darauf insistiert, dass sowohl Mutter als auch Vater potentiell als Vorbilder für »Ablösung« und »Anlehnung« dienen können (134).

Benjamin geht noch einen Schritt weiter, indem sie aufzeigt, wie die einseitige Idealisierung des Vaters im Ödipuskomplex, der in der klassischen Psychoanalyse die zentrale Stufe der Entwicklung markiert, die abwertende Ablehnung der Mutter forciert. Während die mit dem Vater assoziierte Unabhängigkeit und Rationalität idealisiert werden, werden mit der Mutter verbundene Eigenschaften wie Fürsorge, physische Nähe und Abhängigkeit abgewehrt. Mit Bezug auf ihre Anerkennungstheorie argumentiert sie, dass die ödipale Theorie »die Notwendigkeit gegenseitiger Anerkennung von Mann und Frau« leugne (208), aber auch einer Versöhnung von rationaler Autonomie und irrationalen, physischen Momenten im Weg stehe. Sie plädiert daher für einen Paradigmenwechsel der psychoanalytischen Theorie in Richtung der bereits genannten Akzentverschiebungen.

Jene hierarchische Polarität von instrumenteller Vernunft und Emotionalität sieht Benjamin wiederum tief in Gesellschaft und Kultur verankert, wobei die geschlechtlichen Zuschreibungen oft unbemerkt bleiben. In Anlehnung an Max Horkheimers und Theodor W. Adornos kulturkritische Überlegungen in der *Dialektik der Aufklärung* kritisiert sie die vorherrschende Rationalisierung der Gesellschaft als eine strukturell ›männliche‹ Herrschaft, die alle Aspekte des Lebens den »instrumentellen Prinzipien der öffentlichen Welt« unterordnet (211). Die von

Horkheimer/Adorno geforderte Stärkung der (selbstreflexiven) Vernunft, reproduziere Benjamin zufolge jedoch nur die Ideologie des autonomen Individuums, welche die Abhängigkeitsbeziehungen zwischen Männern und Frauen notwendig ausblenden müsse. Dagegen stellt Benjamin die Stärkung eines intersubjektiven Raums, in dem die »gegenseitige Anerkennung der Subjekte gegen die umkehrbare Herrschaftsbeziehung« bestehen könne (251) sowie das Aushalten eines simultanen Bedürfnisses nach Abhängigkeit und Unabhängigkeit.

Benjamins feministische Kritik der Psychoanalyse ist im Kontext einer breiten, spezifisch feministischen Rezeption und Überarbeitung der Psychoanalyse zu verorten, wie sie etwa von Juliet Mitchell (1974), Luce Irigaray (1977), Nancy Chodorow (1978) oder Judith Butler (1990) geleistet wurde. Benjamins kritisch-theoretischer und intersubjektiver Ansatz richtet sich dezidiert gegen eine poststrukturalistische Lesart der Psychoanalyse, wie sie im französischen und amerikanischen Feminismus verbreitet ist (z. B. Irigaray, Butler). Ihre Hinwendung zu intersubjektiven Beziehungen (zulasten des klassisch-psychoanalytischen Fokus auf die intrapsychische Realität) begründete die Herausbildung der relationalen Psychoanalyse, die Benjamin entscheidend mitprägte. Ihre Überlegungen zur Anerkennung wiederum wurden vor allem in der philosophischen und sozialwissenschaftlichen Theoriebildung aufgegriffen, etwa von Axel Honneth. Eine geschlechtertheoretische Anwendung und Weiterentwicklung von Benjamins Thesen steht hingegen noch aus.

Anja Thiele

Literatur

Altmeyer, Martin/Thomä, Helmut (Hg.): Die vernetzte Seele. Die intersubjektive Wende in der Psychoanalyse, Stuttgart 2006.
Rozmarin, Eyal (Hg.): The Bonds of Love, Revisited, Abingdon 2015.

Nancy Fraser: Unruly Practices. Power, Discourse and Gender in Contemporary Social Theory, Minneapolis: University of Minnesota Press 1989, 201 S. (dt. Widerspenstige Praktiken. Macht, Diskurs, Geschlecht. Frankfurt: Suhrkamp 1994, 304 S.).

Unruly Practices ist keine Monografie sondern eine Sammlung von acht Aufsätzen, die zwischen 1981 und 1988 in den Zeitschriften *Ethics, Praxis International, Salmasgundi, New German Critique* und *Hypathia* erschienen waren. In diesen Beiträgen hatte sich Nancy Fraser (geb. 1947) in die lebhaften politik- und sozialtheoretischen Debatten, die die 1980er Jahre prägten, eingemischt und derart theoretisch gewappnet eine sozialistisch-feministische Kritische Theorie »spätkapitalistischen Politik«, vor allem wohlfahrtsstaatlicher Politik, entworfen. Fraser stellt sich selbst als »social theorist trained as a philosopher« vor, die in ihren Arbeiten von aktuellen Entwicklungen »in literary theory, feminist theory and cultural studies« (3) beeinflusst sei. Sie schreibe zudem als »democratic socialist« und »a feminist«. Die Idee multipler Situiertheit durchzieht Frasers Werk. Ihr geht es immer darum, falsche Gegensätze zu vermeiden und dritte Wege, mittlere Positionen, abzustecken. Dies gilt nach *Unruly Practices* auch für den Band *Justice Interruptus* (1997), der Aufsätze aus den 1990er Jahren zur Frage, welche normativen Leitideen sich angesichts des Scheiterns des Sozialismus bzw. der Erschöpfung linker Utopien für die Analyse politischer Praxis abzeichnen, enthält. Zum Zeitpunkt der Veröffentlichung von *Unruly Practices* war Fraser Professorin für Philosophie, Vergleichende Literaturwissenschaft und Womens' Studies an der Northwestern University, Evanston, USA. Gegenwärtig ist sie Henry A. und Louise Loeb Professor of Political and Social Science an der New School for Social Research, New York. Zusammen genommen können die in *Unruly Practices,* so Fraser in ihrer Einleitung (2), versammelten Aufsätze als Beitrag zur klassischen Frage nach der gesellschaftlichen Rolle und politischen Funktion der kritischen Intellektuellen (innerhalb des akademischen Betriebs) gelesen werden, die versuchen, zwischen der wissenschaftlichen Tätigkeit und der politischen Praxis, z. B. in einer sozialen Bewegung, Brücken zu schlagen (3). Deshalb folgen alle Texte einem Forschungsprogramm, dem die von Fraser gewählte Marxsche Definition von kritischer (Sozial-)Theorie als »politischer« zugrunde liegt: diese konzipiere ihren Bezugsrahmen und ihre Begriffe mit einem Blick auf die widerständigen *(unruly)* Gruppen, mit denen sie (wenn auch nicht unkritisch) sympathisiere (113); das ferner darauf ausgerichtet ist, das Vereinbare im vermeintlich Entgegengesetzten zu entdecken und durch Politiken dritter Wege zu versöhnen.

Die Auseinandersetzung mit Michel Foucault, seiner Analyse (Genealogie) der (modernen) Macht (Kap. 1 *Foucault on Modern Power*), seiner Kritik und Zurückweisung des humanistischen Erbes in der Moderne (Kap. 2 *Michel Foucault: A »Young Conservative«*) und damit zusammenhängend Frasers Kritik der »posthumanistischen« Ersetzung der Sprache des Rechts durch die Sprache des Körpers (Kap. 3 *Foucault's Body Language*) durch Foucault bilden den Auftakt (Teil 1 *Powers, Norms, and Vocabularies of Contestation*) und einen roten Faden des Bandes. Foucaults Analyse des Macht-Wissen-Regimes bot der Frischpromovierten die Möglichkeit, den eigenen wissenschaftlichen Status als Intellektuelle und Expertin gegenüber dem Staat und gegenüber sozialen Bewegungen zu reflektieren. Gleichzeitig kritisiert Fraser, dass Foucault immer wieder, z. B. wenn er den Humanismus und seine Idee der Autonomie (oder in Kap. 3 die Sprache des Rechts) zurückweist, konzeptuelle, strategische und normative Argumente vermengt, ferner kein alternatives nicht-humanistisches normatives Paradigma entwickelt; dadurch kann er die Frage, was an der Moderne, hier: am Humanismus bzw. an der

wie auch immer hervorgebrachten Autonomie, aus welcher Art von Gründen ab-
lehnenswert erscheinen muss, nicht beantworten. Die drei Beiträge sind bereits
Meisterstücke des Versuchs, durch Differenzierung und Perspektivenwechsel falsche Gegensätze zu überwinden. Sind Praktiken der Subjektkonstitution immer
nur Praktiken des Ausschlusses und der Unterwerfung, wie Foucault es behauptet? Sind sie dies nur in repressiven Gesellschaften, wie die Kritische Theorie es
sehen würde? Und sind Praktiken, Institutionen usw. denkbar, die nicht zwangsläufig in asymmetrische Beziehungen zwischen Menschen münden? Gleichzeitig bezieht Fraser (wieder mit Hilfe der Kritischen Theorie) Stellung für Foucault.
Denn sein Denken könne als kritisches Gewissen der Moderne gelesen werden
(65), spürt es doch rasch Selbsttäuschungen auf, so wenn verdrängt wird, auf welchen Unterwerfungen die Idee der Autonomie aufbauen kann (59), oder wenn
sich humanistische Ideen im historischen Verlauf so entwickeln, dass sie den guten Absichten ihrer ursprünglichen Protagonisten widersprechen.

Teil 2 *(On the Political and the Symbolic)* verfolgt das Problem von Macht-Wis-
sen weiter. Die intellektuelle Aufmerksamkeit richtet sich nun nicht mehr auf spezifische Intellektuelle, z. B. auf Sozialwissenschaftler/innen oder Philosoph(inn)en,
sondern auf den »universalisierten Intellektuellen« und damit auf die Kritik der
Kultur schlechthin: auf die Konstruktion und vor allem Dekonstruktion von Elite-
traditionen und deren Konzeptionen. In Kap. 4 *(The French Derrideans)* bearbeitet Fraser wieder klassisch-kritisch falsche Oppositionen, so diejenige, dass das
Politische jenseits von politischer Beteiligung *(participation in political struggles)*
und ohne jede theoretische Reflexion auf die Forderungen und Kämpfe der jeweiligen Zeit, das heißt auch ohne jeden (empirischen oder normativen) Rekurs
auf Bedürfnisse, gedacht werden könne (85 ff.). Kap. 5 *(Solidarity or Singularity)*
konfrontiert Richard Rortys Abneigung gegenüber den universalistischen Annahmen traditioneller Philosophie, sein Insistieren auf dem kontingenten, situierten
Charakter von Subjektivität und Rationalität und seine Betonung der Wichtigkeit, die Worte, mit denen politische Themen gefasst werden, sorgfältig zu wählen, mit seiner faktischen politischen Haltung. In Auseinandersetzung mit Rorty
kritisiert Fraser Trennungen, wie die zwischen Theorie und Praxis, dem »öffentlichen« und dem »privaten« Intellektuellen, zwischen theorieloser Sozialarbeits-
oder Ingenieurspraxis versus apolitischer Theorie der radikalen Ironiker oder Äs-
theten; Trennungen, in denen es keinen Ort für theoriegeleitete politische Praxis
gibt. Das Kapitel endet mit dem Entwurf für ein Programm eines *democratic-so-
cialist-feminist-pragmatism.* De facto skizziert Fraser *ihr* Rezept *(recipe)* für die
kritisch-theoretische Analyse, das verschiedene Zutaten, die sie ihrer Nähe zu
Rorty und zur Kritischen Theorie verdankt, zusammenmischt (106 ff.): auf jeden
Fall Pragmatismus, ferner eine Portion Holismus, der Vordergrund-Annahmen
für Prämissen im Hintergrund sensibilisiert, dann die Sensibilität für politische

Sprache, ferner die Überzeugung, dass unsere Gesellschaften weder hyperindividualisiert noch hypervergemeinschaftet, also multiple Solidaritäten möglich und kulturelle Bedeutungen immer umstritten sind; hinzugefügt werden dann noch je eine Prise Wissen um sozialen Wandel trotz Normalität von Institutionen und der Erfahrung, dass Institutionen unfair und ungerecht sein können. Weiter nennt Fraser als Zutaten Theorien, die nicht fundamentalistisch, sondern widerlegbar und historisch spezifisch sind; schließlich eine nicht avantgardistische (nicht-elitäre) Rolle des Intellektuellen und eine Utopie, die Menschen in verschiedenen Bereichen auf neue Weise miteinander verbindet. Suche dann, so Fraser zu ihrem eklektizistischen Programm, nach einem passenden institutionellen Rahmen und »schmecke ab« mit der Hoffnung auf eine andere Gesellschaft.

Teil 3 *(Gender and the Politics of Need Interpretation)* bietet Analysen, die Ergebnis der Verbindung von politischer Praxis und ihrer theoretischen Reflexion sind – Ergebnis von Kämpfen um die Anerkennung noch nicht legitimer, marginalisierter usw. Bedürfnisse – und Anwendung des Rezeptes sind. Hier schreibt Fraser vor allem als Feministin. Im Mittelpunkt steht zunächst Jürgen Habermas und der auch mit ihm verbundene Anspruch der Kritischen Theorie, praktisch zu sein und auf Emanzipation zu zielen. Fraser hinterfragt die Trennungen, die Habermas vornimmt: die zwischen Arbeit und Interaktion, zwischen System und Lebenswelt und zwischen strategischem und kommunikativen Handeln (Kap. 7 *What's Critical about Critical Theory: The Case of Habermas and Gender)*. Die Trennungen verdecken wesentliche Formen männlicher Vorherrschaft und des strategischen Handelns in der Privatsphäre von Haushalt und Familie, ferner Elemente in der systemischen Sphäre von Staat und Wirtschaft, die durchaus in Kategorien des Normativen, Symbolischen oder Kommunikativen zu fassen sind: So ist die Ungleichheit von Frauen im Arbeitsmarkt ebenso »symbolisch« und »normativ« wie »systemisch«. Und Widerstand am Arbeitsplatz ist ohne kommunikatives Handeln kaum möglich. Weil die Trennungen nicht aufrechtzuerhalten sind, greift auch Habermas' Analyse der Dynamik spätkapitalistischer Gesellschaften zu kurz. So kann der Rückzug auf partikularistische Gruppen, den Habermas Frauen vorwirft, eine wichtige Etappe und Strategie im Kampf für Universalismus sein. Kap. 8 *(Women, Welfare, and the Politics of Need Interpretation)* und Kap. 9 *(Struggle over Needs)* sind klassisch (Foucault-geprägt) und aktuell in der Analyse der Wirkungsweise des Expertenwissens im Wohlfahrtsstaats, der Bedürfnisse auf entpolitisierende (therapeutische) Weise interpretiert. Fraser betont zunächst die spezifische, auch paradoxe Position der Mehrheit der Frauen im Wohlfahrtsstaat: als Klientinnen, Berufstätige in den sozialen Diensten und als einkommensarme Frauen; ferner die Tendenz (in den USA der 1980er Jahre), den *rights talk* durch den *needs talk* zu ersetzen. Der Wohlfahrtsstaat stellt dabei nicht nur ein neues Feld staatlicher Aktivität dar, er bildet auch eine Arena für politische Kämpfe, in der neu entdeckte Bedürfnisse politisiert werden können. Solche Kämpfe treffen dabei auf mächtige Interessen, die ihre Bedürfnisinterpretation für ihre Zwecke durchsetzen wollen, und auf die Interpretationen von Experten im Wohlfahrtsstaat. Lassen sich überhaupt bessere von schlechteren Bedürfnisinterpretationen unterscheiden? (181) Fraser beantwortet die Frage mit einer Kombination aus Habermasschen prozeduralen Überlegungen (Input-Legitimation) und solchen, die Konsequenzen betreffen: Verändert die Interpretation die Lage der Schlechtergestellten zum Positiven?

Frasers Ansatz der Versöhnung vermeintlicher (»falscher«) Gegensätze durch Identifizierung des jeweils Diskussionswürdigen in den widerstreitenden Ansätzen wurde vor allem in der feministischen Debatte zum Verhältnis von Feminismus und Postmoderne weit rezipiert und diskutiert (vgl. *Der Streit um Differenz*, 1993). Fraser hat ihren ausgleichenden Ansatz im Gespräch mit Axel Honneth und in der Auseinandersetzung mit verschiedenen »Identitäts«bewegungen weiter ausgearbeitet und zwei jeweils unterschiedliche Varianten von *recognition of difference* versus *redistribution* unterschieden: eine affirmierende und eine transformierende, die auf die positive Auflösung des recognition-redistribution-Dilemmas zielt. Der Text wurde zum Ausgangspunkt für eine Vielzahl empirischer Untersuchungen zu politischen Kämpfen um Anerkennung (z. B. *Recognition Struggles and Social Movements*, 2003) und zum Gegenstand andauernder theoretischer Kritik (z. B. *Adding Insult to Injury: Nancy Fraser Debates Her Critics*, 2008). Ähnlich innovativ stellt sie im viel zitierten Aufsatz *After the Family Wage* den jeweils vereinseitigenden Modellen des *Universal Breadwinning* und der *Carergiver-Giver Parity* das integrierende normative Modell des *Universal Caregiver* gegenüber.

Ilona Ostner

Literatur
Benhabib, Seyla/Butler, Judith/Cornell, Drucilla/Fraser, Nancy: Der Streit um Differenz. Feminismus und Postmoderne in der Gegenwart, Frankfurt 1993.

Jon Elster: The Cement of Society. A Study of Social Order, Cambridge University Press: Cambridge u. a. 1989, 311 S.

Gegenüber dem gleichzeitig erschienenen Werk *Nuts and Bolts for the Social Sciences,* in dem er anschaulich die Grundprinzipien der Rational Choice-Theorie entwickelt, behandelt Jon Elster (geb. 1940) in *The Cement of Society,* was die Gesellschaft vor der Desintegration bewahrt. Diesen beiden zentralen Texten gingen Arbeiten voraus, in denen Elster sich bereits eingehend mit den Möglichkeiten der Theorie rationaler Wahl beschäftigt und sich insbesondere dafür stark macht, unbeabsichtigte Handlungsfolgen nicht fälschlich zur funktionalen Erklärung von sozialen Phänomenen heranzuziehen. Von diesen Schriften wirft ein besonderes Schlaglicht auf seine intellektuelle Biografie *Making sense of Marx* (1985), mit dem er die Werke des einflussreichsten Denkers des 19. Jahrhunderts als Vertreter des Analytical Marxism einer Rosskur unterzieht, indem er zentrale Annahmen aus Perspektive des methodologischen Individualismus zu reformulieren versucht und damit kritisiert. Die konjunkturell die Sozialwissenschaften beflügelnde Hoffnung, sich durch eine strikte Anwendung des methodologischen Individualismus der Physik als naturwissenschaftlichem Vorbild anzunähern, hat sich für Elster Ende der 1980er Jahre jedoch schon zerschlagen, wie aus der Einleitung zu *Cement of Society* hervorgeht. Damit markiert das Buch zugleich die Wende zu einer größeren Skepsis gegenüber der Leistungsfähigkeit des *rational-choice*-Ansatzes, die Elster 2007 in *Explaining Social Behavior: More Nuts and Bolts for the Social Sciences* weiter ausbuchstabiert hat. Mit *Alexis de Tocqueville: The First Social Scientist* (2009) schließlich wendet er sich noch einmal einem soziologischen Klassiker zu, der als erster einen bemerkenswerten Fundus an sozialen Mechanismen im Sinne von Elsters eigenem Ansatz formuliert hat.

In *The Cement of Society* greift Elster das für ihn wichtigste Thema der Sozialwissenschaften auf: Was hält Gesellschaften zusammen, und warum lösen sie sich nicht in chaotische und kriegerische Zustände auf? Dabei ist zunächst einmal keineswegs selbstverständlich, dass er die Frage überhaupt stellt – immerhin gilt für ihn als vehementen Vertreter des methodologischen Individualismus ja auch: »There are no societies, only individuals who interact with each other.« (248) Diese Widersprüchlichkeit lässt sich bearbeiten, wenn, wie von Elster vorgeschlagen, Gesellschaft als Raum verdichteter Transaktionen verstanden wird. Dabei ist die Verdichtung der Transaktionen per se jedoch nicht identisch mit Integration, fallen doch auch konflikthafte Auseinandersetzungen darunter. Wie ist es also möglich, dass solcherart definierte Gesellschaften zum Vorteil der Individuen Bestand haben? Zwei zum Teil miteinander verknüpfte Stabilitätsprobleme sind entscheidend: Einerseits kann ein Mangel in der Vorhersagbarkeit von Verhalten, andererseits ein Mangel an Kooperation bestehen, wobei Elster sich in seinen Ausführungen hauptsächlich mit dem zweiten Problem befasst. Er entwickelt sein Thema an verschiedenen Beispielen, bezieht sich aber immer wieder auf die Situation bei Tarifkonflikten, in denen sich die entscheidenden Probleme abbilden lassen – womit er an ein Feld anknüpft, das zuvor schon Mancur Olson einschlägig behandelt hatte. Zunächst geht Elster auf das Grundproblem kollektiven Handelns ein. Wie in einem Gefangenendilemma mit n Spielern wäre es für alle besser, zu kooperieren, als wenn niemand kooperiert, doch ist es zugleich für jeden einzelnen besser, nicht zu kooperieren, falls es die anderen tun. Das Dilemma besteht also darin, dass die dominante Strategie ist, nicht zu kooperieren, was dazu führt, dass alle

Beteiligten schlechter gestellt sind als im Falle der Kooperation. Elster arbeitet heraus, dass die Nutzenfunktionen bei Kooperationsproblemen sehr unterschiedlich
ausfallen können, so dass auch die Kooperationsanreize situativ verschieden sind.
Bereits hier wird deutlich, dass zahlreiche kontextgebundene ad-hoc-Annahmen
eine Verallgemeinerung von Elsters Ausführungen verunmöglichen, während sie
sie umgekehrt für die Analyse spezifischer Situationen ertragreich machen. Als
nächsten Themenkomplex werden verschiedene Modelle zum Verhandeln *(bargaining)* vorgestellt, wobei weder die kollektiven noch die nicht-kollektiven Modelle zu zufriedenstellenden Ergebnissen führen, da sie zu unplausiblen Ergebnissen führen können. Dennoch gewinnt Elster aus der Diskussion dieser Modelle
einige Annahmen, die mindestens heuristischen Wert haben. So gilt zum Beispiel für die Verhandlungsmacht, dass diese steigt, je glaubwürdiger ist, dass ein
Verhandlungspartner seinen relativen Nutzen durch ein beliebiges Verhandlungs-
ergebnis nicht wesentlich verbessert, dass er nicht sehr risikoavers ist und dass er
keinen Wert auf ein schnelles Ende der Verhandlungen legt. Damit lässt sich dann
auch erklären, weshalb zum Beispiel eine Organisation, die nach innen schwach
ist, nach außen große Verhandlungsmacht haben kann – wenn nämlich ihr Gegenspieler es eilig damit hat, eine Entscheidung herbeizuführen, die Organisation
aber aufgrund der inneren Schwäche viel Zeit braucht, um auf einen Vorschlag
einzugehen, dann verbessert das ihre Verhandlungsposition. Diese Überlegung
zeigt exemplarisch, dass Elsters Ansatz in der Lage ist, ein prima facie unterstell-
tes Machtungleichgewicht (also zwischen ›starken‹ und ›schwachen‹ Organisationen) in einem ganz anderen Licht erscheinen zu lassen. Ganz im Sinne seiner
gewachsenen Skepsis gegenüber der Rationalität als alleinigem Erklärungsprin-
zip führt Elster dann den Begriff der sozialen Norm ein, der alternativ zur Erklärung von Handlungen herangezogen werden soll. Rationalität versteht Elster im
Sinne einer Minimaldefinition als »consistent, future-oriented and instrumental-
ly efficient behaviour« (35). Während der Rationalitätsbegriff damit allein auf die
instrumentelle Realisierung von Zweck-Mittel-Relationen abstellt, sollen soziale
Normen all das erklären, was sich rational nicht erklären lässt – sie stellen gewissermaßen eine Residualkategorie zur Handlungserklärung dar, in der der *homo
sociologicus* voll zur Geltung kommt. Indem er sich an sozialen Normen orientiert, steht er im Gegensatz zum nutzenmaximierenden *homo oeconomicus* für die
Trägheit menschlichen Verhaltens, für die unhinterfragte Übernahme und Tradierung von eigentlich kontingenten Handlungsweisen. Wenn soziale Normen daher für sich genommen im Sinne der Definition schon irrational sind, dann gilt
das umso mehr auch für ihre Rolle in der Gesellschaft – ganz im Sinne von Elsters Ablehnung aller funktionalistischen oder holistischen Erklärungen lehnt er
es ab, ihnen grundsätzlich Nutzen zu unterstellen, vielmehr gibt es durchaus soziale Normen, die allgemein schädlich sind, was er an verschiedenen Beispielen

diskutiert. Zwar bleibt dabei unbenommen, dass ihre Gültigkeit das Problem der Vorhersagbarkeit von Verhalten reduziert, doch ist damit für das Kooperationsproblem noch nichts gewonnen. Die zweite Hälfte des Buches widmet Elster der Kombination der drei bis dahin behandelten Elemente: Verhandeln und kollektives Handeln, soziale Normen und kollektives Handeln sowie Verhandeln und soziale Normen werden paarweise zusammengebracht, wobei die Verbindung im ersten und im letzten Fall wiederum vor allem anhand von Tarifkonflikten behandelt wird. Der zweite Fall führt fort, was Elster in seiner Darstellung sozialer Normen noch unbeantwortet ließ: Wie interagieren Rationalität und soziale Normen? Hier wird noch einmal nachgewiesen, dass soziale Normen als Gegenspieler individueller Nutzenmaximierung höchst destruktiv sein können – wenn nach der Party *alle* über den Rasen laufen, um aufzuräumen, dann gibt es im Sinn der sozialen Norm der Fairness zwar keine Trittbrettfahrer, die andere für sich arbeiten lassen, doch ist hinterher der Rasen kaputtgetrampelt. In diesem Sinne sieht Elster den Grund für das Zustandekommen nützlicher gesellschaftlicher Zusammenarbeit in einem letztlich diffusen Mix aus sozialen Normen und individuellem Eigeninteresse, wobei es keine Möglichkeit gibt, eine bestimmte soziale Norm oder eben das rationale Eigeninteresse als allein begründendes Moment sozialer Kooperation zu prämieren – die soziale Wirklichkeit ist eben komplexer, als es eine naive Moralphilosophie glauben macht. Zudem wirkt auch keines dieser Elemente nur in eine Richtung – ein- und dieselbe Norm kann je nach Kontext sowohl zu Kooperation als auch zu Konflikt führen, und das gilt auch für Einstellungen wie Altruismus oder Emotionen wie Neid, wie Elster in seiner Schlussfolgerung ausführt.

Wie kaum ein anderer Autor hat Elster die Theorie rationaler Wahl in den Sozialwissenschaften anschlussfähig gemacht. Die Themenfelder, an denen er sie illustriert und die er für ihren Einsatz vorschlägt, sind ausgesprochen vielfältig, weshalb die Wirkung seiner Arbeiten im allgemeinen wie auch speziell von *The Cement of Society* in ganz verschiedene Bereiche ausgreift. Das betrifft grundsätzlich die Diskussion der sozialwissenschaftlichen Leistungsfähigkeit von Individualismus und der Theorie rationaler Wahl einerseits und funktionalen und holistischen Ansätzen andererseits, aber auch spezifisch die Debatte um *arguing* und *bargaining* oder zur handlungstheoretischen Bedeutung von Normen und Emotionen. Da Elster viele Themen quer durch seine Publikationen weiterentwickelt und -verfolgt, lässt sich die Wirkung einzelner Werke nur schwer bestimmen – insofern steht das hier besprochene Buch *pars pro toto*. Auch hat Elster sich weit über die genannten Themen hinaus um die Anwendung seines theoretischen Ansatzes bemüht, etwa zur Frage von Gerechtigkeit in Transitionsgesellschaften oder zu Sorgerechtsstreitigkeiten, wobei ihm in der Wahrnehmung auf Rezipientenseite seine ausdrückliche Skepsis gegenüber der Erklärungskraft seines eigenen Ansatzes im Unterschied zu anderen Vertretern des *rational-choice*-Paradigmas Sympathien einbringt.

Holger Zapf

Literatur

Pies, Ingo/Leschke, Martin (Hg.): Jon Elsters Theorie rationaler Bindungen, Tübingen 2008.

Schultheiss, Carlo: Egoismus, Normen, rationale Wahl. Jon Elster und das ökonomische Verhaltensmodell, Baden-Baden 1999.

Judith Butler: Gender Trouble. Feminism and the Subversion of Identity, Routledge: New York 1990, 172 S. (dt. Das Unbehagen der Geschlechter, Frankfurt: Suhrkamp 1991, 236 S.).

Die US-amerikanische Philosophin Judith Butler (1956), die als eine der wichtigsten Vertreter/innen des poststrukturalistischen Feminismus und der Queer Theory gilt, erlangte mit der Publikation von *Gender Trouble* eine überraschende Popularität. Butlers Kritik an identitätspolitischen Strategien, ihre radikale Infragestellung biologischer Begründungen der Geschlechterdifferenz und ihr Vorschlag, die heteronormative Ordnung parodistisch zu unterlaufen, trafen auf begeisterte Zustimmung, provozierten aber auch heftige Kritik. Gerade deshalb erreichte das Buch bald den Status eines Grundlagentexts der sozialwissenschaftlichen Geschlechterforschung. Butler selbst greift zentrale Fragen aus *Gender Trouble* in späteren Arbeiten wieder auf. Wesentliche Züge des Buches können so als grundlegend für ihr bisheriges Werk gelten: eine dezidiert politische Haltung, ein Interesse für die produktive Macht von Sprache und ein kritischer Blick auf die Ausschlüsse, die den Status als Subjekt begründen.

Gender Trouble ist ein theoretisches Buch, das aber ohne seine politischen Bezüge nur schwer zu verstehen ist: Die USA der ausgehenden 1980er Jahre sind von intensiven innerfeministischen Debatten geprägt. Die Frage, die sich (nicht nur) Butler stellt, ist, wie feministische Politik möglich sein kann, wenn ein gemeinsames Wir in Frage steht, wenn jeder Verweis auf ›Frauen‹ nie die Interessen und Erfahrungen aller, sondern immer nur die bestimmter Frauen bezeichnet. Referenzen auf eine gemeinsame Erfahrung oder geteilte patriarchale Unterdrückung sehen sich unweigerlich dem Vorwurf ausgesetzt, in ihrem universalisierenden Gestus beispielsweise homophobe oder rassistische Ausblendungen fortzuschreiben. Gleichzeitig tauchen mit der AIDS-Krise neue Strategien schwuler und lesbischer Politik auf. Die Aktivist/innen eignen sich das Schimpfwort *queer* selbstbewusst an, setzen auf breite Bündnisse und auffällige Aktionsformen. Der

Zusammenhang zwischen einer als Zwangsheterosexualität beschriebenen gesellschaftlichen Norm und der zweigeschlechtlichen Ordnung wird zum Gegenstand
politischer Kritik, identitätspolitische Strategien gelangen an ihre Grenzen.
   Es ist dieser Kontext, in dem Butler sich die Aufgabe stellt, die Grundlagen
feministischer Politik neu zu durchdenken. Es geht ihr darum, eine »politische
Annäherung von Feminismus, schwulen und lesbischen Perspektiven auf die Geschlechtsidentität und poststrukturalistischer Theorie« (12) zu ermöglichen. *Gender Trouble* kreist um die Frage nach dem Subjekt des Feminismus, fragt also danach, auf wen sich feministische Politik bezieht, wenn sie die Anliegen von Frauen
vertritt, welche Begrenzungen und Ausschlüsse mit solchen Bezugnahmen verbunden sind und wie ein Feminismus denkbar sein könnte, der nicht eine geteilte Identität als Frauen zum Ausgangspunkt nimmt. Butlers Plädoyer für einen
Feminismus auf dekonstruktivistischen Grundlagen geht davon aus, dass Identitäten dem politischen Handeln nicht vorgängig sind. Die Unterscheidung in Frau-
en und Männer, so die Überlegung, wird von den Diskursen erzeugt und ermöglicht, die die Unterordnung und Unterdrückung von Frauen aufrechterhalten. In
Auseinandersetzung mit Schriften französischsprachiger feministischer Theoretikerinnen (Simone de Beauvoir, Luce Irigaray, Monique Wittig, Julia Kristeva) formuliert Butler eine radikale Kritik an einer zweigeschlechtlichen Ordnung, die
Männer und Frauen als bipolar entgegengesetzte und im Begehren aufeinander
bezogene Identitäten entwirft. Geschlecht sei keine nachträgliche Bestimmung,
die einem der Geschlechtszuweisung vorgängigen Subjekt angehaftet werde, sondern, so Butler, die eindeutige Identifizierbarkeit als Mann oder Frau sei selbst
eine notwendige Bedingung dafür, als Mensch anerkannt zu werden. Positionen
außerhalb der zweigeschlechtlichen Ordnung seien kulturell nicht intelligibel, d. h.
in der Konsequenz nicht nur nicht ›lesbar‹, sondern auch nicht lebbar. Die Subjekte selbst, argumentiert Butler in einem Rückgriff auf Michel Foucault, sind
den Diskursen nicht vorgängig, sondern werden von diesen ermöglicht und beschränkt; Subjektivierung und Unterwerfung sind unauflöslich miteinander verbunden. Damit ist der Subjektstatus selbst an die Anerkennung der heteronormativen Ordnung gebunden und grundsätzlich von Verwerfungen und Ausschlüssen
strukturiert. Butler selbst beschreibt ihr Projekt als »kritische Genealogie der Ge-
schlechter-Kategorien« (10) im Sinne Foucaults; ein Versuch, nachzuzeichnen,
wie die vermeintlich natürliche Selbstverständlichkeit der zweigeschlechtlichen
Ordnung ein Effekt machtvoller Prozeduren der Einteilung und Klassifikation ist,
ohne die Subjektivität nicht denkbar ist.
   Damit steht auch die Annahme einer biologischen Fundierung der Geschlechterdifferenz auf dem Prüfstand. Gegen eine gängige Unterscheidung von *sex* (bio-
logisches Geschlecht) und *gender* (kulturelle Zuschreibungen) stellt Butler die
These, »dass Geschlecht *(sex)* definitionsgemäß immer schon Geschlechtsidentität

(gender) gewesen ist.« (26) Geschlecht ist in Butlers Verständnis ein Ergebnis performativer Hervorbringung: Die geschlechtlich differenzierten Körper sind den kulturellen Bezeichnungspraktiken, die sie scheinbar nur beschreiben, nicht vorgängig, vielmehr werden sie erst durch diese wahrnehmbar. Die Verstrickung dieses Konstruktionsprozesses in die Aufrechterhaltung der heteronormativen Ordnung sowie die mit ihm verbundenen Ausschlüsse werden mit der Verlagerung ins vordiskursive Außen (dem Verweis auf Natur) unsichtbar. Geschlecht entsteht in Handlungen, wobei Butler im Gegensatz zu der in etwa zeitgleich aufkommenden Theorie des Doing Gender weniger auf das Alltagshandeln von Individuen abhebt denn auf die wirklichkeitserzeugende Dimension von Diskursen.

Das »Raster der kulturellen Intelligibilität« (219, Anm. 6) das eine Kohärenz von *sex, gender* und Begehren vorschreibt und als scheinbar natürliche Tatsache hervorbringt, bezeichnet Butler als heterosexuelle Matrix. In Anschluss an Überlegungen von Monique Wittig dreht Butler die Vorstellung, dass das Begehren aus den Körpern entspringt, um und argumentiert, dass es die heterosexuelle Zwangsordnung selbst ist, die die Körper entlang der zweigeschlechtlichen Einteilung ins Leben ruft. Auf der Suche nach den Mechanismen der Etablierung dieser Ordnung unterzieht Butler eine Reihe psychoanalytischer Texte zum Erwerb von Geschlechtsidentität einer Relektüre. Butler weist dabei die Vorstellung zurück, dass Geschlechtsidentität als ›wahrer Kern‹ (z. B. in Form natürlicher Anlagen oder einer ursprünglichen Bisexualität) im Inneren verortet werden könne. Geschlecht sei vielmehr ein Prinzip, das im Verlauf der Identitätsbildung Körperoberflächen strukturiert; eine Reorganisation (bzw. Hervorbringung) des Körpers, die, bedingt durch die Regulierungen normativer Heterosexualität, bestimmte Körperzonen als Orte der Lüste definiert, andere negiert. In einer Aneignung Freud'scher Termini beschreibt Butler den Erwerb von Heterosexualität (und daran gebunden: eindeutiger Geschlechtsidentität) als melancholische Identifikation: Melancholie, eine Form der Verarbeitung eines Verlusts, besteht in der Verleugnung des Verlusts selbst und Einverleibung des verlorenen Objekts. Unter den Bedingungen eines Homosexualitätstabus wird nicht nur der Verlust des Objekts homosexuellen Begehrens (d. h. hier: des gleichgeschlechtlichen Elternteils) negiert, sondern auch das verbotene Begehren selbst, das nicht als verloren anerkannt werden kann. Die geschlechtlich vereindeutigten Körper sind als Ergebnis dieser Verleugnung zu verstehen, in der man, vereinfacht gesprochen, zu dem wird, was man begehrt hat. Butlers Überlegungen zielen dennoch darauf ab, den Erwerb von Geschlechtsidentität als offen und veränderbar zu skizzieren. Gegen die Vorstellung eines monolithischen und universalen Gesetzes (ein Begriff, der hier im Sinne einer symbolischen Ordnung verstanden werden kann), entwirft sie das Bild vielfältiger und widersprüchlicher, historisch und kulturell spezifischer Normen, die den Rahmen der Identitätsbildung bereitstellen. Gesetze funktionieren zudem nicht allein restriktiv sondern produktiv: Das Homosexualitätstabu verbietet beispielsweise nicht einfach gleichgeschlechtliches Begehren, sondern bringt mit der Heterosexualität auch Homosexualität als ihr Anderes hervor.

Wenn die heterosexuelle Matrix die Bedingungen dafür bereitstellt, als Subjekt anerkannt zu werden, und sogar die zweigeschlechtliche Organisation der Körper als ihr Effekt verstanden werden soll, wie ist dann Widerstand möglich? Butler lehnt jeden Rückbezug auf ein vordiskursives Außen – den Körper, einen widerständigen ›Rest‹ des Subjekts – ab. Auch die ungebrochene Behauptung marginalisierter Identitäten, z. B. eine Idealisierung des Lesbianismus, sieht sie mit Skepsis. Anstatt Identitäten im Dienst des Widerstands erneut festzuschreiben, will Butler die Bedingungen der Repräsentation von Identität selbst in Frage stellen. Folgerichtig ist Widerstand in ihrem Modell nur als Subversion denkbar, als Unterlaufen der Bezeichnungspraxen, die die scheinbar kohärenten und natürlichen Geschlechtsidentitäten hervorbringen. Dabei warnt sie davor, die These, dass die Subjekte politischen Handelns durch Diskurse konstituiert werden, mit der Vorstellung zu verwechseln, sie seien durch diese determiniert. Vielmehr verweist Butler auf die Wiederholungsstruktur, die dem Modell performativer Hervorbringung von Geschlechtsidentität zugrunde liegt: Die Regeln, die kulturelle Intelligibilität garantieren, begründen nicht ein für alle Mal ein geschlechtlich bestimmbares Subjekt. Vielmehr müssen sie andauernd aufgerufen werden und bleiben so angreifbar. Dabei sind Normen unerreichbar und in sich widersprüchlich, zudem bringen sie immer auch ihr Gegenteil hervor. Die Forderung einer kohärenten und eindeutigen Geschlechtsidentität bleibt so notwendigerweise unerfüllt. Butlers Ziel ist es, diese Brüche offen zu legen und die »Imitationsstruktur der Geschlechtsidentität« (202) zu entlarven. Als Beispiel für Möglichkeiten der Subversion führt Butler die subkulturellen Praktiken des Drag an. Solche parodistischen Strategien zielen in ihrem Verständnis darauf ab, die Fiktion einer natürlichen Kohärenz von *sex, gender* und Begehren zu unterlaufen und als solche bloßzustellen.

Kritiken an *Gender Trouble* kreisen maßgeblich um zwei Themen: den Stellenwert des Körpers und die Frage nach politischer Handlungsfähigkeit. In einer auch als Generationenkonflikt wahrgenommenen Debatte warf zum Beispiel Barbara Duden Butler eine Entkörperung feministischer Theorie vor. Die These der diskursiven Konstruktion von Geschlecht verleugne die eigenständige Materialität von Körpern (dazu: *Feministische Studien 11 (2)*: 1993). In *Bodies that matter* (1993, dt.: *Körper von Gewicht* 1995) führt Butler in Reaktion auf solche Angriffe ihre Thesen zur Performativität weiter aus und wehrt sich gegen den Vorwurf, den Körper zum Text zu reduzieren. Der zweite Strang der Debatte fragt nach den Chancen und Risiken eines Feminismus, der auf Vorstellungen autonomer Subjektivität verzichtet. Vor allem Seyla Benhabib kritisiert im Sammelband *Streit um Differenz* (1993), dass in Butlers Thesen Diskurse zu allmächtigen Akteuren würden, gegen die Auflehnung nur noch ansatzweise möglich sei. Unter dem Stichwort Feminismus und Postmoderne steht hier auch zur Diskussion, auf welche normativen Setzungen feministische Kritik gründen soll und wie sie diese begründen kann. Butlers Thesen sind in Anschluss an diese Debatten von ihr selbst und anderen aufgegriffen, revidiert und präzisiert worden und haben so maßgeblich zur Weiterentwicklung der feministischen Theoriediskussion beigetragen. Aus den sozialwissenschaftlichen Diskussionen um Subjektivität, Körper und Geschlecht ist *Gender Trouble* auch deshalb nicht mehr wegzudenken.

Wibke Backhaus

Literatur

Bublitz, Hannelore: Judith Butler zur Einführung, 3. überarb. Aufl., Hamburg 2010.

Meißner, Hanna: Butler, Stuttgart 2012.

Villa, Paula-Irene: Judith Butler, 2. überarb. Aufl., Frankfurt 2012.

James Samuel Coleman: Foundations of Social Theory. The Belknap Press of Harvard University Press: Cambridge, Massachusetts, London 1990, 994 S. (dt. Grundlagen der Sozialtheorie. Bd. I: Handlungen und Handlungssysteme; Bd. 2: Körperschaften und die moderne Gesellschaft; Bd. 3: Die Mathematik der sozialen Handlung, Oldenbourg: München 1991/92/94, 474, 500 u. 408 S.).

Die hohe Reputation von James S. Coleman (1926–1995) begründet sich durch einflussreiche Arbeiten in drei wissenschaftlichen Bereichen: a) Innerhalb der empirischen Bildungsforschung wurde er durch seine Studien *The Adolescent Society* und *Equality of Educational Opportunity* sehr prominent; b) Er verdeutlichte die Wichtigkeit von mathematischen Modellierungen, zum Zwecke einer logisch begründeten und damit präzisen Theoriebildung. In seinem Buch *Introduction to Mathematical Sociology* beschreibt er die Vorgehensweise und Vorteile eines solchen Verfahrens; c) Mit den *Foundations of Social Theory* liefert Coleman einen Theorievorschlag zur Erklärung von sozialtheoretischen Aspekten. Die Motivation für diese Arbeit findet sich bereits im Vorwort der *Foundations of Social Theory:* »Ein böswilliger Kritiker würde die gegenwärtige Praxis in der Sozialtheorie so beschreiben, daß man alte Weisheiten wiederkäut und Theoretiker des neunzehnten Jahrhunderts beschwört.« (xii)

Der erste Band der deutschen Ausgabe beschäftigt sich mit der Einführung einer allgemeinen Handlungstheorie in die Sozialwissenschaften. Diese Handlungstheorie ist in ein Kausalitätsmodell eingearbeitet, welches auch als »Soziologische Badewanne« bezeichnet wird. Hierbei wird versucht Makrophänomene nicht direkt durch andere Makrophänomene zu erklären, sondern indirekt über

die Mikroebene. Dies bedeutet: es erfolgt (1.) der Übergang von einem erklärenden Makrophänomen zur Mikroebene, dann werden (2.) die relevanten Zusammenhänge auf der Mikroebene und danach (3.) der Übergang von der Mikroebene zu dem zu erklärenden Makrophänomen betrachtet. Coleman verdeutlicht
dieses Prinzip anhand der Weberschen Erklärung der Begünstigung des Kapitalismus mittels der protestantischen Ethik:»1. Die Doktrin der protestantischen Religion erzeugt in ihren Anhängern bestimmte Werte. 2. Individuen mit bestimmten
Werten [...] entwickeln bestimmte Arten von Einstellungen hinsichtlich ökonomischen Verhaltens [...]. 3. Innerhalb einer Gesellschaft begünstigen bestimmte Einstellungen von Individuen hinsichtlich ökonomischen Verhaltens [...] eine
kapitalistisch orientierte Wirtschaftsorganisation.« (10) Coleman erläutert, dass er
damit nicht suggerieren wolle, »daß die Eigenschaften einer Einzelperson tatsächlich eine soziale Veränderung bewirken können – es sei denn, es handelt sich um
eine der Historiker-Behauptungen, die bestimmten einzelnen Führerpersönlich-
keiten umwälzende soziale Veränderungen zuschreiben. Hier ist so etwas wie ein
kombinierter oder gemeinsamer Effekt des ökonomischen Verhaltens vieler Individuen gemeint, der eine Entwicklung des Kapitalismus bewirkt.« (11) Es soll an
dieser Stelle darauf aufmerksam gemacht werden, dass das Konzept der »soziologischen Badewanne« nicht – wie irrtümlich oft angenommen – von Coleman
selbst entwickelt wurde. Jürgen Friedrichs wies darauf hin, dass David C. McClel-
land bereits 1961 in *The Achieving Society* das Konzept einführt und ebenfalls am
Beispiel der Weberschen Erklärung der Begünstigung des Kapitalismus mittels der
protestantischen Ethik verdeutlicht.

Das Systemverhalten/die Makroebene kann als Bündelung von Handlungen
und Verflechtungen von Akteuren auf der Mikro- bzw. Individualebene verstanden werden. Dies kann beispielhaft zu einer Organisation auf der Makroebene
führen, welche sich auf der Mikroebene aus Abteilungen und/oder Personen zusammensetzt. Das Handeln der Individuen ist hierbei nach dem nutzenorientierten *homo oeconomicus* ausgerichtet und Coleman führt damit das wirtschafts-
wissenschaftlich geprägte Prinzip des Abwägens von Nutzen und Kosten in seine
Handlungstheorie ein. Der Nutzen liegt in der Erweiterung der Kontrolle bzw.
Verfügungshoheit über Ressourcen oder Ereignisse. Dies ist das Kernstück seiner Handlungstheorie, da von dem Akteur die Handlung gewählt wird, welche
den größten antizipierten Nutzen, bzw. die größte Befriedigung mit sich bringt.
Die Akteure stehen demnach in einer nutzenorientierten Verbindung zueinander,
als dass sie an der Kontrolle über Ressourcen oder Ereignissen von anderen Akteuren interessiert sind. Hierin liegt die Entwicklung eines sozialen Systems. Daraus leitet sich auch das Konzept der Macht ab, wobei Akteure als machtvoll gelten, insofern sie Kontrolle über Ressourcen oder Ereignisse besitzen, welche für
andere Akteure interessant sind. Macht ist damit ein relativer Begriff innerhalb

eines Systems. Coleman entwickelt dieses Prinzip noch weiter zu seiner Idee der Herrschaftsbeziehung: Kontrollrechte werden freiwillig an andere Akteure (temporär) übertragen. Dies kann nun aus zweierlei Gründen für den rechteübertragenden Akteur von Vorteil sein: »In einer konjunkten Herrschaftsbeziehung realisieren die Anordnungen des Vorgesetzten die Interessen des Untergebenen. In einer disjunkten Herrschaftsbeziehung ist dies nicht der Fall, sondern die Interessen des Untergebenen müssen mit extrinsischen Mitteln befriedigt werden.« (93) Diese Unterscheidung gilt hierbei sowohl für Herrschaftsbeziehungen, wie auch für Herrschaftsstrukturen. Damit der Akteur seine Kontrollrechte über eine Klasse an Handlungen übertragen kann, müssen zwei Rechte nutzbar sein: »das Kontrollrecht über seine eigenen Handlungen innerhalb dieser Klasse und das Recht, dieses Recht zu übertragen« (102 f.). Wird das letzte Recht auch übertragen, so spricht Coleman von einer komplexen Herrschaftsbeziehung. Dies alles geschieht in einem gesellschaftlichen Raum und dabei sind die Akteure in einem Rahmen von Werten und Normen eingebettet. Normen sind dabei das Ergebnis realisierter Umsetzungen eines Bedürfnisses. Dieses Bedürfnis kann entstehen, wenn externe Effekte Folgen von Handlungen sind und damit Konsequenzen für betroffene Akteure aufweisen. Die Kontrolle über die Handlung kann jedoch nicht oder nur mit hohen Kosten von einem einzelnen Akteur erlangt werden, so dass nur mittels eines Zusammenschlusses von Akteuren die Kosten bzw. Gewinne kollektiv geteilt und damit die externen Effekte kontrolliert werden können. Die Norm weist für Coleman eine weitere interessante Eigenschaft auf: »Die Emergenz von Normen ist in mancherlei Hinsicht ein prototypischer Mikro-Makro-Übergang, weil der Prozeß in individuellen Handlungen seinen Ursprung nehmen muß, die Norm selbst jedoch eine Eigenschaft der Systemebene ist, die die weiteren Handlungen von Individuen beeinflußt, und zwar sowohl die Sanktionen die von Individuen angewendet werden, als auch die Handlungen, die mit der Norm in Einklang stehen.« (316)

Im zweiten Band wird die Entstehung von Körperschaften mittels Rechteübertragung und -durchsetzung thematisiert und damit das Prinzip des Übergangs von der Mikro- zur Makroebene verdeutlicht. Die Zusammenkunft und Rechteübertragung mehrerer Individuen an eine Körperschaft kann insofern eine nutzenoptimierende Wirkung entfalten, als dass nur im gemeinsamen Verbund gewünschte Ereignisse oder Ressourcen realisiert werden können. Die kollektive Vereinigung ist dabei an eine, mehr oder weniger explizit formulierte gemeinsame Verfassung gebunden. Diese kann ebenfalls konjunkt (die Gewinner und die Betroffenen der gemeinschaftlichen Handlung sind identisch) oder disjunkt (die Betroffenen müssen sind nicht mehr zwingend auch die Gewinner) sein. Coleman benennt hierbei drei Stufen einer optimierten Verfassung: die individuelle, die utilitaristische und die erzwungene Optimalität.

Die durch eine Körperschaft entstandene Herrschaftsbeziehung ist eine Rechts-struktur. »Sie existieren aufgrund eines Konsens der relevanten Akteure, d. h. all derer, die zum System gehören« (186). Sie besitzt damit keine, über alle Zeiten hin-weg fortlaufende Legitimation und kann auch einen Vertrauensverlust erfahren. Es kann damit für die Akteure auch rational erscheinen, dass Rechte teilweise zu-rückbehalten werden, um Folgen der Handlungsübertragung an Körperschaften doch noch mit beeinflussen zu können. Dies kann zu Problemen führen, da zum einen Akteure in unterschiedlichen Anteilen Kontrollrechte übertragen und da-mit ggf. Vorteile gegenüber anderen Akteuren erhalten. Zum anderen kann die Zu-ordnung der begrenzten »gewonnenen« Ressourcen auf die Akteure zu Konflikten führen. Wird der Nutzen, bzw. das Interesse des Akteurs nicht mehr gewährleistet oder sogar umgekehrt, so kann dieser versuchen seine übertragenen Kontrollrech-te zurückzuerlangen. Dies geschieht beispielhaft über eine Stimmabwanderung bei einer Wahl. Geschieht ein solcher Vertrauensverlust auf kollektiver Ebene, so muss dies jedoch nicht zwingend zu einer Absetzung des Herrschaftssystems füh-ren: »der Unterschied zwischen Kontrollrechten und der Macht, die Kontrolle aus-zuüben, bedeutet, daß – unabhängig davon, ob Untergebene einen weitreichenden Entzug von Kontrollrechten vornehmen – die Veränderung eines Herrschaftssys-tems den Entzug der tatsächlichen Macht zur Ausübung der Kontrolle erforderlich macht« (188). Coleman spricht in diesem Kontext von Revolutionen.

Im dritten Band erfolgt eine mathematische Modellierung bzw. Formulierung der im ersten und zweiten Buch beschriebenen Zusammenhänge.

Die Wirkreichweite von Colemans *Foundations of Social Theory* soll an seiner selbst formulierten Anforderung an eine neue Theorie gemessen werden: »Die neue Sozialwissenschaft muß sowohl angewandte Forschung als auch Theorie umfassen. Wenn die Theorie für diese Aufgabe geeignet sein soll, muß sie die traditionellen Grenzen der Disziplinen überschreiten, innerhalb derer Erkennt-nis strukturiert ist, denn die Umgestaltung der Gesellschaft hat die Verbindun-gen zwischen diesen institutionellen Bereichen verändert.« (Bd. 2, 445) Die Ein-bindung wirtschaftswissenschaftlicher und psychologischer Theorieansätze zur Erklärung soziologischer Sachverhalte verdient, gerade unter Betrachtung der ma-thematisierten Modelldarstellungen Anerkennung. Doch Coleman stößt mit sei-nem Erklärungsmodell auch an Grenzen, so z. B. wenn er versucht aufgezwungene Sklaverei als rationale Entscheidung des Akteurs »Sklave« zu erklären. Dies führt dazu, dass einige der von Colemans selbst gezogenen Implikationen von Soziolo-gen nicht geteilt werden. Hartmut Esser weist in seinem Aufsatz ›*Foundations of Social Theory*‹ oder ›*Foundations of Sociology*‹ darauf hin, dass selbst für Soziolo-gen, welche der Idee Colemans nahe stehen, diese zu weit weg sei von wichtigen und unverzichtbaren Einsichten der Soziologie und damit Bereiche der Soziologie vernachlässige, bzw. nicht erreichen könne. Unabhängig der vorgenannten Kritik muss dennoch gesagt werden, dass Coleman mit seinem Werk einen sehr effektiven Beitrag für die Einführung des Rational Choice Ansatzes in der Soziologie geleistet hat.

André Dingelstedt

Literatur

Clark, Jon (Hg.): James S. Coleman, London/Washington 1996.
Müller, Hans-Peter/Schmid, Michael (Hg.): Norm, Herrschaft und Vertrauen. Beiträge zu James S. Colemans Grundlagen der Sozialtheorie, Opladen 1998.

Francis Fukuyama: The End of History and the Last Man, New York: Free Press 1992, 418 S. (dt. Das Ende der Geschichte. Wo stehen wir?, München: Kindler 1992, 510 S.).

Francis Fukuyama ist ein am 27. Oktober 1952 in Chicago, Illinois, geborener amerikanischer Politikwissenschaftler und politischer Ökonom. 2013 war er Nomellini Senior Fellow am Freeman Spogli Institute for International Studies und forschte am Center on Democracy, Development, and the Rule of Law der Stanford University. Fukuyama hat seinen Bachelor-Abschluss an der Cornell University erworben und seinen Doktorgrad an der Harvard Universität. Den größten Einfluss auf sein Denken hatte nach eigener Aussage der politische Philosoph Alan Bloom an der Cornell Universität, der selbst ein Schüler von Leo Strauss war. Fukuyama war in den 1980er Jahren lange bei der RAND Corporation, einem amerikanischen, außenpolitischen Think Tank konservativer Prägung. In dieser Zeit war er immer wieder als außenpolitischer Berater für verschiedene US-Administrationen tätig, so als Mitglied des Planungsstabes des US Department of State mit Zuständigkeit für den Nahen und Mittleren Osten (1981–82) und Europa (1989). Von 1996 bis 2000 lehrte er an der George Mason Universität, ging dann an die School of Advanced International Studies (SAIS) der Johns Hopkins Universität, ehe er 2005 an die Stanford Universität berufen wurde.

Aufgrund seiner These, dass das liberal-demokratische Modell westlicher (amerikanischer) Prägung anderen politischen Ordnungsmodellen überlegen sei, galt Fukuyama lange Zeit als Vordenker der neokonservativen Bewegung in den USA. Er war 2005 Mitbegründer der neokonservativen Zeitschrift *The American Interest*. 2006 begann er jedoch, sich vom Neokonservatismus abzugrenzen, da er die Invasion des Irak unter Präsident George W. Bush ablehnte.

Sein zweifellos wichtigstes Werk ist das 1992 erschienene Werk *The End of History and the Last Man*. Seither hat er eine Reihe weniger bedeutender Monografien veröffentlicht, die sich ebenfalls mit den Bedingungen globaler Ordnung auseinandersetzen.

In *The End of History and the Last Man* interpretiert Fukuyama den Zusammenbruch der Sowjetunion und das Ende des Ost-West-Konflikts als Endpunkt einer universellen Geschichtsschreibung, in der der fortwährende Kampf um Anerkennung das zentrale Antriebsmoment war. Dieser Endpunkt ist durch den Sieg des liberaldemokratischen Systems westlicher Prägung über alternative Ordnungsmodelle gekennzeichnet. *The End of History* spielt auf Karl Marx' gleichnamige These an, verkehrt sie aber in der Aussage: Die Durchsetzung von Demokratie, nicht die des Kommunismus, stehen am Ende der Geschichte. Demokratie hat sich als Ordnungsmodell deshalb durchgesetzt, weil es das menschliche Bedürfnis nach sozialer Anerkennung relativ gesehen besser befriedigt als andere Systeme. Mit dem Sieg dieses Modells endet der Kampf um Anerkennung und wird nach Ansicht Fukuyamas folgerichtig das Antriebsmoment der Geschichte gestoppt. Fukuyama verschweigt nicht die Unzulänglichkeiten des liberaldemokratischen Modells westlicher Prägung, wie soziale Ungleichheit, und er prophezeit auch keinen schnellen globalen Sieg der Demokratie: Im Gegenteil wird der Gegensatz zwischen einer so genannten post-historischen (in den Industriestaaten des Globalen Nordens) und einer historischen Welt (in den sich industrialisierenden Staaten des Globalen Südens) internationale Politik weiterhin prägen. Aber das demokratische System produziert im Vergleich zu seinen Alternativen immer noch am wenigsten Ungleichheit. Und es stellt selbst in der historischen Welt ein anzustrebendes Gut dar, das mit dem Zusammenbruch der Sowjetunion und des Kommunismus seinen verbleibenden Konkurrenten verloren hat.

Fukuyama entwickelt sein Argument in fünf Abschnitten, die insgesamt 31 Kapitel umfassen. Der erste Abschnitt beschreibt die Beobachtung, dass sich am ausgehenden 20. Jahrhundert Demokratien gegen autoritäre Staaten durchgesetzt haben. Es hat eine weltweite liberale Revolution gegeben. Dieser Ausbreitungsprozess der Demokratie beginnt für Fukuyama Mitte der 1970er Jahre.

Im zweiten Abschnitt versucht Fukuyama dieser Entwicklung einen Sinn zu geben. Dafür entwickelt der Autor aufbauend auf Kant und Hegel die Idee einer Universalgeschichte. Der universalgeschichtliche Prozess ist ein dialektischer Prozess: Er ist gekennzeichnet durch Widersprüche, die sich verstärken und in revolutionärem Wandel enden, der wiederum Fortschritt bedeutet, nämlich in Richtung der Verwirklichung von Demokratie. Der Sinn der Geschichte besteht in der teleologischen Bewegung in Richtung Freiheit. Geschichte ist nicht nur als Abfolge von zufälligen historischen Einzelereignissen zu verstehen, sie verfolgt eine Richtung und ein Ziel und dieses liegt in der Verwirklichung von Freiheit. Geschichtlicher Fortschritt ist zwar auch technologisch beeinflusst, aber technologischer Fortschritt allein kann die Entstehung und Durchsetzung von demokratischen Systemen nicht erklären. Dafür muss es einen anderen Antriebsmotor geben, und das ist der Kampf des Individuums um Anerkennung.

Worum aber geht es beim Kampf um Anerkennung? Was soll anerkannt werden? Diese Frage steht im Zentrum des dritten Teils des Buches, der politisch-philosophisch geprägt ist. Im Rückgriff auf Hegel und in Abgrenzung zu Hobbes, Locke und Rousseau definiert Fukuyama als Ziel, dass die Fähigkeit, aus Prestige sein Leben zu opfern, als zentrales Charakteristikum des Menschseins anerkannt bzw. gewürdigt wird. Denn nur wer den Willen habe, allein für Prestige zu sterben, zeige, dass er die Fähigkeit besitzt, sich wirklich frei zu entscheiden, das heißt, sich gegen seine natürlichen Bedürfnisse und gegen seinen Instinkt entscheiden zu können. Wer prinzipiell Entscheidungen unabhängig menschlicher Grundbedürfnisse treffen kann, der trifft moralische Entscheidungen und zeichnet sich als Mensch aus. Wer moralische Entscheidungen trifft, signalisiert, dass er bereit ist, dafür sein Leben zu riskieren. Das Aufeinandertreffen zweier moralischer Menschen endet deshalb mit großer Wahrscheinlichkeit im Kampf um Unterwerfung bis zum Tod. Der Anfang und der Kern einer liberalen Gesellschaft ist nicht die wechselseitige Anerkennung des Rechts auf Leben und auf Eigentum wie bei Hobbes oder Locke, sondern die wechselseitige Anerkennung der Würde des Anderen. Der liberale Staat ist historisch betrachtet die Staatsform, die diese miteinander in Wettbewerb stehenden Ansprüche am ehesten in einen Ausgleich gebracht hat, weil er auf dem Prinzip der Anerkennung beruht. Dieser liberale Staat ist vom Prinzip her als universeller Staat zu denken, in dem alle Menschen anerkannt sind, und er ist als homogener Staat zu denken, in dem soziale Unterschiede weitgehend eingeebnet sind. Mit seiner weitgehenden Durchsetzung endet die Möglichkeit eines universalgeschichtlichen Prozesses (»end of history«).

Nachdem Fukuyama die Überlegenheit der Demokratie aus einem anthropologischen Bedürfnis nach Anerkennung abgeleitet hat, beschreibt er im vierten Teil die weltpolitischen Konsequenzen des Sieges der Demokratie. Wo eine gewisse Dichte an Demokratien herrscht, wird das Machtprinzip der internationalen Politik durch wirtschaftlichen Wettbewerb abgelöst. Staaten nehmen sich nicht mehr als bedrohlich war, sondern lediglich als Wettbewerber. Dies ist in Europa, Nordamerika und zum Teil in Lateinamerika der Fall. Dies ist die post-historische Welt. Außerhalb dieser pazifischen Unionen gibt es die historische Welt, geografisch im Wesentlichen deckungsgleich mit der islamischen Welt, in der internationale Politik nach wie vor durch Machtpolitik gekennzeichnet ist.

Der fünfte Teil widmet sich den Perspektiven einer liberalen Demokratie, in der der Kampf um Anerkennung weitgehend verwirklicht ist und es wenige soziale Unterschiede gibt. Diese Entwicklung habe zur Folge, dass es keinen Fortschritt mehr geben werde, die menschliche Entwicklung sei abgeschlossen, und der Typus Mensch, der entstanden ist, ist der letzte seiner Art (»last man«). Im Rückgriff auf Nietzsche prophezeit Fukuyama, dass dieser Staat neue Widersprüche birgt: Mit dem Ende des Kampfes um Anerkennung stellt sich Langeweile ein. Menschen haben nichts mehr, für das sie sterben würden, sie rebellieren dagegen, sich als undifferenzierte Mitglieder eines universellen und homogenen Staates zu sein. Nach Fukuyama gibt es nur noch wenige Bereiche, in denen Menschen ihr Streben nach einer fundamentalen Anerkennung ihres Besser-Sein-Wollens (megalothymia) ausleben werden können: neben der Politik, die in sehr beschränktem Maße das Ausleben dieses Bedürfnisses erlaubt, sind es vor allem die Außenpolitik und der Sport, in denen dieses Streben ausgelebt werden kann. Hier liegt dann auch der große Defekt des Endes der Geschichte: das liberaldemokratische Modell ist nicht aus sich heraus befriedigend, weil es keinen Gemeinschaftssinn stiften kann. Es gewährleistet Anerkennung und den Selbsterhalt des Menschen, gibt ihm nie dagewesenen Komfort, aber es stiftet keinen Antrieb (Kampf um Anerkennung) und damit Sinn (Werte, für die es sich lohnt zu sterben) für das politische Zusammenleben. Zwischenstaatlicher Krieg bleibt die letzte Möglichkeit des Auslebens dieses Bedürfnisses. Für Demokratien sei es gesünder, ab und an Kriege zu führen, als in einem ewigen Zustand des Friedens zu leben. Der Mensch braucht den Kampf um Anerkennung, er wird nicht enden, selbst wenn Anerkennung verwirklicht ist. Zur Not kämpft er gegen Anerkennung, nur um des Kampfes willen. Das Ende der Geschichte könnte vor dem Hintergrund der Verfügbarkeit von Massenvernichtungswaffen zu den abscheulichsten Kriegen führen, die die Menschheit erlebt hat. Die Herausforderung für das liberaldemokratische System bestehe darin, dass es zwei einander widerstrebenden Anforderungen genügen muss: Es muss einerseits die wechselseitige Anerkennung der Gleichwertigkeit aller verwirklichen (Universalismus), andererseits sieht es sich mit dem permanenten Streben nach Besser-Sein-Wollen als der Andere konfrontiert. Die größte Gefahr bestehe darin, dass es nicht mehr vermitteln kann, für was es sich zu sterben lohnt.

Fukuyamas Werk steht im Kontext mit anderen ebenso bedeutenden Publikationen, die nach dem Ende des Ost-West-Konflikts veröffentlicht wurden, vermittelt aber eine andere Botschaft. Während Samuel Huntington das zentrale Moment der Weltpolitik nach dem Ost-West-Konflikt in einem kulturell begründeten *Clash of Civilizations* sieht, liegt für Fukuyama die zentrale, aber weniger virulente Konfliktlinie zwischen Demokratien (post-historisch) und Nicht-Demokratien (historisch). Während Fukuyama die These von Michael Doyle und Bruce Russett durchaus teilt, dass Demokratien untereinander friedlich sind, aber Kriege zwischen Demokratien und Nichtdemokratien wahrscheinlich sind, geht Fukuyama darüber hinaus und erblickt im immerwährenden Kampf um Anerkennung eine potenzielle Ursache verheerender Kriege.

The End of History and the Last Man hat große Resonanz innerhalb und außerhalb der Politikwissenschaft gefunden. Kritiker loben einerseits die philosophisch inspirierte Reflexion der Bedeutung des Endes des Ost-West-Konflikts liberale Demokratien und genereller der Weltpolitik. Das Buch sei »bold, lucid, and careful« und ein »product of genuine thought and worry« (Hall 1993: 1524). Aber fundamentale, und zum Teil herbe Kritik an dem Werk blieb nicht aus. Dabei ist die Kritik, das Werk verherrliche das liberaldemokratische System der USA und negiere soziale Ungleichheit noch diejenige, die angesichts der sehr differenzierten Darstellung am leichtesten zurückgewiesen werden kann. Substantieller sind Einzelkritiken, die sich entweder auf die Stringenz seiner Argumentation beziehen (widersprüchliche Darstellung des universalgeschichtlichen Prozesses) (Holmes 1992), oder auf die verzerrt dargestellte empirische Evidenz für seine Thesen (Fritzsche 1992; Johnson 1992). Letzte mündet jedoch nicht in eine substanzielle Hinterfragung seines Arguments. Die grundlegendste Kritik besteht im Vorwurf der Arroganz, wenn Fukuyama vorgeworfen wird, seine Botschaft an die unzähligen Demokratie-Aktivisten und -Aktivistinnen sei, dass das Leben unter totalitären Systemen, in denen um Freiheit gekämpft wurde, besser sei als das Leben unter einem demokratischen System, in dem es nichts mehr zu kämpfen gebe (Holmes 1992: 33). Der Autor hat auf diese Kritik mit verschiedenen Publikationen reagiert, die Einzelaspekte der bereits in *The End of History* diskutierten Themen vertiefen, so das Thema Ungleichheit in den internationalen Beziehungen, die Möglichkeiten und Grenzen externer Demokratieförderung durch die USA und – in der Zeitschrift *Foreign Affairs* (No. 1/2012) – die Zukunft der Geschichte (The Future of History). Hier diskutiert er die Zukunft des liberalen Demokratiemodells im Angesicht zunehmender sozialer Ungleichheit und des drohenden Verschwindens der Mittelklasse, sieht sich aber in den Grundaussagen seines Buches durchaus bestätigt.

Anja Jetschke

Literatur

Fritzsche, Peter: The End of History and the Last Man (Review), in: The American Historical Review, 1992, 97: 3, S. 817–819.

Hall, John A.: The End of History and the Last Man (Review), in: American Journal of Sociology, 1993, 98: 6, S. 1523–1524.

Holmes, Stephen: The Scowl of Minerva, in: The New Republic, March 23, 1992, S. 2–33.

Johnson, Paul: The End of History and the Last Man (Review), in: Commentary, 1992, 93: 3, S. 51–54.

**Bassam Tibi: Die fundamentalistische Herausforderung. Der Islam und die Weltpoli-
tik, Verlag C. H. Beck: München 1992, 274 S.**

Das 2003 in der vierten durchgesehenen und erweiterten Auflage erschienene
Buch ist eines der Wichtigsten aus dem umfangreichen Werk des 1944 in Damas-
kus geborenen Göttinger Politikwissenschaftlers für Internationale Beziehungen,
historisch-sozialwissenschaftlichen Islamologen und international renommierten
Nahost- und Islam-Experten Bassam Tibi. Die Originalausgabe von 1992 basiert
wie der 1991 abgeschlossene, aber ebenfalls 1992 erschienene Band *Islamischer
Fundamentalismus, moderne Wissenschaft und Technologie* auf den Ergebnissen
verschiedener Forschungsprojekte und -reisen über und in die Regionen Naher
Osten, Mahgreb und Zentralasien. In den beiden, an den Universitäten Harvard
und Michigan und im Rockefeller Bellagio Center geschriebenen Büchern geht es
um den islamischen Fundamentalismus, den Tibi nicht als »›Renaissance des Religiösen‹« (11) begreift, sondern als eine aus der Konfrontation mit der Moderne
entstandene politische Ideologie: »Der Fundamentalist ist nicht ein *homo religio-
sus*, sondern ein politischer Ideologe und ein Aktivist« (11, Herv. i. Orig.), der Islam hingegen »die Zivilisation einer monotheistischen Religion und zugleich das
kulturelle System von 1,2 Milliarden Menschen.« (12; in der 4. Aufl. von 2003 gibt
Tibi die Zahl von 1,5 Milliarden an) Während Tibi in *Wissenschaft und Technologie* das fundamentalistische Programm der Entsäkularisierung des Wissens analysiert, widmet er sich im hier vorgestellten Band dem fundamentalistischen Entwurf einer Entsäkularisierung der Weltpolitik.

Auch wenn *Die fundamentalistische Herausforderung* schon vor dem Zusammenbruch der sozialistischen Staaten und dem damit verbundenen Ende des Ost-
West-Konfliktes und auch vor dem Golfkrieg (1990/91) begonnen wurde, steht
sie im Kontext der Debatte um eine neue Weltordnung nach dem Ende der Bi-
polarität und dem Anfang einer weltpolitisch neuen Epoche. Tibi nimmt Bezug
auf »zwei miteinander konkurrierende Vorstellungen von einer neuen Weltordnung, die des Islam und die der Bush-Administration« (16). Er sieht sowohl die
Forderung nach einer Islamischen Ordnung, einem Islamischen Regierungssystem (al-Nizam al-Islami), wie sie unter anderem der 1966 in Kairo hingerichtete
ägyptische islamistische Aktivist und führende Ideologe der Muslimbruderschaft,
Sayyid Qutb, formuliert hat, als auch die auf einer regionalen Neuordnung des
Nahen Ostens basierenden Neuen Weltordnung (New World Order), wie sie der
amerikanische Präsident George H. W. Bush am 11. September 1990 postulierte,
als Folgen der Globalisierung. Aufgrund der veränderten globalen machtpoliti-
schen Konstellationen sei insbesondere der arabisch-sunnitische islamische Fundamentalismus, der »gegen die bestehende nationalstaatlich aufgebaute Weltordnung sowie gegen das universell noch gültige, ursprünglich in seinen Normen

europäische Völkerrecht« (9) revoltiere »zu einer weltpolitischen Herausforderung« (9) avanciert, denn er wolle 1,2 Milliarden (in der 4. Aufl.: 1,5 Milliarden)
Muslime für die zukünftige islamistische Weltordnung mobilisieren, die lokalen
säkularen Nationalstaaten zerstören und einen »auf dem islamischen Gesetz *Schari'a* basierenden Gottesstaat« (15, Herv. i. Orig.) errichten.

Tibi erläutert die veränderten weltpolitischen Konstellationen nach 1989/90
zum einen empirisch am Beispiel des Golfkriegs, in dem der irakische Diktator
Saddam Hussein zum »Sprachrohr des weit über den Nahen Osten hinaus verbreiteten islamischen Fundamentalismus« (16) avancierte, und ab der dritten Auflage
von 2002 auch am Beispiel des 11. September 2001, denn hier seien die antiwest-
liche Ideologie und der weltpolitische Anspruch des islamischen Fundamentalismus jeweils besonders deutlich zu Tage getreten. Zum anderen diskutiert er die
weltpolitischen Konfliktpotenziale der Pax Americana und der Pax Islamica normativ. Glücklicherweise könne für keine der beiden Weltordnungen eine Mehrheit gefunden werden, weshalb Demokratie, individuelle Menschenrechte, nationalstaatliche Souveränität und gegenseitige Anerkennung der Nationalstaaten,
Pluralismus, Säkularität und religiöse Toleranz als universelle Werte anerkannt
werden müssten. Tibi wendet sich gegen eine universalistische Weltordnung und
plädiert stattdessen für eine universale, die Vielfalt kulturpluralistisch statt kultur-
relativistisch begreift und zulässt.

Die Ursachen für die regionale wie überregionale Verbreitung des arabisch-
sunnitischen islamischen Fundamentalismus nach dem Sechs-Tage-Krieg (1967)
inklusive seiner Transformationen zu sozialen Bewegungen in einigen Staaten
sieht Tibi nicht primär im ökonomischen Bereich, sondern in der »*Gleichzeitigkeit
von struktureller Globalisierung und kultureller Fragmentation*« (23, Herv. i. Orig.),
in der Politisierung kultureller Differenzen und in einem dem arabischen Islam inhärenten Universalismus, »die gesamte Menschheit im *Dar als-Islam*/Haus des Islam, als einem Haus des Friedens, unter seinem Banner zu vereinigen« (26, Herv. i.
Orig.). Dieser Universalismus sei Ausgangs- und Bezugspunkt für die »*Politisierung des Sakralen im Islam*« (57, Herv. i. Orig.) durch die fundamentalistischen
Protagonisten. Ihr Widerstand, ihre »Revolte gegen den Westen« (Hedley Bull)
richte sich nicht nur gegen eine ungerechte Verteilung materieller Güter und gegen politische Asymmetrien, sondern »*auch und vor allem gegen Normen, Werte,
Spielregeln und Prozeduren, die der aus der kulturellen Moderne und der technowis-
senschaftlichen Modernität hervorgegangenen herrschenden Weltordnung zugrunde
liegen.*« (32, Herv. i. Orig.)

Tibis Studie war und ist in mindestens zweierlei Hinsicht innovativ für die
Sozialwissenschaften: erstens wurde hier erstmalig in der deutschen Politikwis-
senschaft das Problem des Fundamentalismus im Kontext der Internationalen
Beziehungen systematisch analysiert und zweitens gehört Tibi nach wie vor zu

den wenigen deutschen Islamismusforscher/innen, die die islamistische Ideologie
in all ihren Facetten unter Einbeziehung der arabischen Primärliteratur rekonstruieren, historisch-kritisch diskutieren und mit dem Koran und anderen religiösen Schriften kontextualisieren, wodurch deutlich wird, dass der islamische
Fundamentalismus kein Traditionalismus ist, sondern ein politisches und sozio-
kulturelles Phänomen darstellt. Tibi zufolge artikuliert er einen aktualisierten ar-
chaischen »Widerspruch gegen die Trennung von Religion und Politik« und stellt
damit »eine völlig neue, zeitgenössische Synthese zwischen Religion und Politik«
dar, »die aus der Konfrontation des Islam mit der Moderne entstanden« (215) ist.
Dies zeige sich nicht zuletzt dadurch, dass militante islamistische Gruppen eine
besondere Anziehungskraft auf diejenigen »oberflächlich modernen Schichten«
(53) ausstrahlen, die von den gesellschaftlichen Wandlungsprozessen und ihren
Folgen in besonderem Maße betroffen sind, beispielsweise Universitätsstuden-
ten und Hochschulabsolventen aus ländlichen Regionen, die die Lösung gesellschaftspolitischer und ökonomischer Probleme durch den Islamismus erhoffen
und erwarten. Tibi beschreibt präzise die historischen und aktuellen Entwicklungen der ökonomischen, kulturellen und nicht zuletzt politischen Verwerfungen,
die den sozialen Wandel in vielen islamischen Staaten begleiten, so dass insgesamt
von einer Desintegration und Krise der Nationalstaaten, in denen tribale Identitäten und Beziehungen nach wie vor groß geschrieben werden, gesprochen werden
kann. Der islamische Fundamentalismus profitiere von diesem Desintegrations-
prozess und befördere ihn mit dem Ziel ein islamisches, totalitäres Regierungssystem, ein Schari'a-Staat als Alternativen zu den existierenden politischen Systemen
in den islamischen Staaten und zur westlichen Demokratie zu errichten. Seine
konstitutiven Elemente bleiben Tibi zufolge in der einschlägigen politischen Literatur der islamischen Fundamentalisten vergleichsweise vage. In der Regel werde auf zwei klassische islamische Begriffe zurückgegriffen, auf Schura (Konsul-
tation) und auf Schari'a (Gottesgesetz) und es werde die Behauptung aufgestellt,
der Islam sei »›din wa daula‹, eine Einheit von Religion und Staat« (83, Herv. i.
Orig.). Tibi kritisiert diese »Neubelebung und Politisierung einiger willkürlicher
Aspekte der islamischen Geschichte« und die »Projektion moderner Anliegen auf
diese« (160). Es fehle »jede systematische Reflexion über eine praktikable politische Herrschaftsordnung«, denn es gehe nur um die »Delegitimierung der bestehenden, als säkularistisch verdammten und beschimpften politischen Ordnungen.« (161)
    Die Bedeutsamkeit und weltpolitische Brisanz der Thematik des Buches hat
seit seinem Erscheinen 1992 deutlich zugenommen. In den engeren Fokus der Sozialwissenschaften rückte es allerdings erst seit dem 11. September 2001. Die Entwicklungen des so genannten Arabischen Frühlings zeigen die Aktualität von Tibis Analyse, die ihrer Zeit weit voraus war. Die in der ersten Auflage enthaltenen

detaillierten Fallstudien über den islamischen Fundamentalismus in Algerien und in den sechs islamischen ehemaligen Sowjetrepubliken in Zentralasien wurden zwar leider für die überarbeitete und erweiterte dritte Auflage 2002 gestrichen und durch je ein Kapitel über Bin Laden und den 11. September 2011 sowie über den »fundamentalistischen Mißbrauch der Islam-Diaspora« (4. Aufl., 184) in Westeuropa ersetzt, sie bieten allerdings nach wie vor Anregungen und Anschlussmöglichkeiten für weitere Analysen.

Alexandra Kurth

Literatur

Tibi, Bassam: Islamischer Fundamentalismus, moderne Wissenschaft und Technologie, Frankfurt 1992.

Tibi, Bassam: Kreuzzug und Djihad. Der Islam und die christliche Welt, München 1999.

Homi K. Bhabha: The Location of Culture, Routledge: London/New York 1994, 285 S. (dt. Die Verortung der Kultur, Stauffenburg: Tübingen: 2000, 408 S.).

The Location of Culture gilt als Hauptwerk des 1949 in Bombay, Indien geborenen Literaturwissenschaftlers Homi K. Bhabha, der Geisteswissenschaften an der Harvard Universität lehrt und zu den wichtigsten Vertretern der postkolonialen Theorie zählt. Obwohl als Monografie erschienen, stellt das Buch eher eine Aufsatzsammlung als eine in sich geschlossene Abhandlung dar – neun seiner zwölf Kapitel sind Wiederabdrucke aus Zeitschriften oder Sammelbänden und können daher gut unabhängig voneinander gelesen werden.

The Location of Culture ist nicht als sozialwissenschaftlicher Text verfasst, sondern disziplinär eher der Gattung der Literaturtheorie zuzuordnen. Dennoch behandelt das Buch ein Themenfeld von großer sozialwissenschaftlicher Relevanz: Zusammenhänge von Kultur, Macht und Differenz, von Gemeinschaft und Solidarität. Das Besondere an Bhabhas Zugang ist, dass er primordiale, vorpolitische und fixierte Vorstellungen von Identität und Kollektivität dezidiert hinter sich lässt. Stattdessen thematisiert er kulturelle Aushandlungsprozesse – und zwar zum einen vor dem Horizont asymmetrischer Konstellationen und zum anderen aus der Perspektive von Minoritäten, minorisierten Individuen und gesellschaftlichen Gruppen, für deren Handlungsspielraum und Widerstandspotenzial er sich besonders interessiert. In den meisten Kapiteln des Buches entwickelt er seine Argumentation anhand kolonialer, zum Teil auch anhand postkolonialer Beispiele. Die Schlüsselbegriffe seiner Analyse sind »Hybridität« und »Dritter Raum«.

Hybridität bezeichnet bei Bhabha Formen kultureller Unreinheit. Damit ist jedoch nicht allein auf einen Zustand der Vermischung verwiesen, wie es die in der Biologie geläufige Verwendung des Terminus im Zusammenhang der Kreuzung unterschiedlicher Tier- oder Pflanzenarten nahe legen könnte. Hybridität ist bei Bhabha vielmehr der Name komplexer kultureller Formationen, die in einer asymmetrischen Konstellation entstehen und diese Konstellation zugleich destabilisieren. Diagnostisch basiert *The Location of Culture* auf der Annahme, dass Konzepte homogener Nationalkulturen, ungebrochener Traditionen und quasiorganischer ethnischer Kollektive zunehmend an Plausibilität verlören – und dass daher »eine radikale Revision des Begriffs der menschlichen Gemeinschaft« nötig sei (8). Für Bhabha folgt daraus, Kulturen niemals als einheitlich und kulturelle Grenzen damit nicht als gegeben, sondern vielmehr als Felder der Aushandlung von Differenz zu verstehen.

Dabei geht er von der an die Sprachphilosophie Jacques Derridas angelehnten Überzeugung aus, dass Bedeutungsproduktion nie schlicht mimetisch und transparent verläuft, sondern dass im Akt der Interpretation stets Verschiebungen und damit Ambivalenzen erzeugt werden. Bhabha spricht an dieser Stelle vom »Dazwischentreten eines Dritten Raumes der Äußerung«, eines widersprüchlichen Äußerungsraums (56). Da nun sämtliche kulturellen Aussagen und Systeme in besagtem ambivalenten Dritten Raum konstruiert würden, werde ersichtlich, weshalb Ansprüche auf die Ursprünglichkeit oder auch die »Reinheit« von Kulturen unhaltbar seien – sie rechneten nicht damit, dass »die Bedeutung und die Symbole von Kultur nicht von allem Anfang an einheitlich und festgelegt sind und daß selbst ein und dieselben Zeichen neu belegt, übersetzt, rehistorisiert und gelesen werden können« (57).

Bhabha plausibilisiert diese Gedanken am Beispiel des algerischen Befreiungskampfes, in dem das kämpfende Volk die »Kontinuitäten und Konstanten der nationalistischen Tradition, die ein Schutzgitter gegen die koloniale kulturelle Unterjochung boten«, zerstört und dadurch die Freiheit gewonnen habe, seine kulturelle Identität neu zu formieren (ebd.). Dabei habe es dann auf die unterschiedlichsten kulturellen Ressourcen zurückgreifen können, nationale wie solche der westlichen Moderne. Entkoppelt man es von lokalen Kontexten wie jenem des revolutionären Algeriens, so bietet das Konzept des Dritten Raums Bhabha zufolge die Möglichkeit zur Konzeptualisierung einer internationalen Kultur, die »nicht auf der Exotik […] der Diversität der Kulturen, sondern auf der Einschreibung und Artikulation der Hybridität von Kultur beruht« – der Hauptanteil kultureller Bedeutungsproduktion liege auch im globalen Maßstab stets im Dazwischen (58).

Wenn nun die Bedeutung kultureller Repräsentationen niemals feststeht, sondern immer von deren Rezeption und den hierbei möglichen bzw. sogar wahrscheinlichen Verschiebungen abhängt, folgt daraus, dass auch dem »Text der Autorität« in asymmetrisch strukturierten Konstellationen eine höchstens ambivalente

Machtwirkung zugeschrieben werden kann. Denn Bhabha zufolge erzeugen derartige Texte und Diskurse fast zwangsläufig eine Art von Widerstand. Dieser sei
allerdings weder notwendig als »politisch motivierter oppositioneller Akt« zu verstehen, noch stelle er schlicht »die Negation oder den Ausschluß des ›Inhalts‹ einer anderen Kultur als einer einmal wahrgenommenen Differenz« dar (163). Vielmehr sei er »Resultat einer Ambivalenz, die innerhalb der Erkenntnisregeln der
dominanten Diskurse produziert wird« (ebd). Und es ist diese Konstellation, in
der Bhabha die Entstehung und den Einsatz der Hybridität lokalisiert. Er erklärt
Hybridität zum »Zeichen der Produktivität der kolonialen Macht, ihrer flottierenden Kräfte und Fixpunkte« und zugleich zum Namen »für die strategische Umkehrung des Prozesses der Beherrschung durch Verleugnung (das heißt, der Produktion diskriminatorischer Identitäten, durch die die ›reine‹ und ursprüngliche
Identität der Autorität sichergestellt wird)« (165). Hybridität bedeute die »Umwertung des Ausgangspunktes kolonialer Identitätsstiftung durch Wiederholung der
diskriminatorischen Identitätseffekte«; sie offenbare »die notwendige Deformation und De-plazierung sämtlicher Orte von Diskriminierung und Beherrschung«
und entthrone »die mimetischen oder narzißtischen Forderungen der kolonialen
Macht« (ebd.). Subversivität entsteht in diesem Szenario dadurch, dass der »Blick
der Diskriminierten zurück auf das Auge der Macht« gerichtet wird; das koloniale Hybride sei »die Artikulation des ambivalenten Raumes, in dem der Ritus der
Macht am Ort des Begehrens inszeniert wird.« (ebd.)

Hybridität ist damit die Wirkung, der nicht intendierte Effekt kolonialer
Macht. Denn aus der Ambivalenz des Dritten Raumes entsteht Bhabha zufolge
Handlungsfähigkeit und damit Subversionspotenzial. Mit dieser Auffassung wendet er sich gegen all jene Positionen, die vornehmlich oder sogar ausschließlich
die Ausübung kolonialer Autorität oder die Unterdrückung einheimischer Traditionen als besagte Wirkung ausmachen. Zwar bestehe eine gewisse Ähnlichkeit
zwischen dem autoritativen Symbol und dem hybriden Objekt, etwa der metropolitanen Form des Christentums und seiner kolonialen Aneignung. Das hybride
Objekt sei jedoch dadurch gekennzeichnet, dass es die Wissenssysteme der kolonialen Autorität mit Formen indigenen Wissens zu verbinden in der Lage ist; und
mit jenen ihrer Untertanen konfrontiert, die sie beherrschen muss, ohne sie repräsentieren zu können. Die Autorität könne auf diese Weise »mit der Tücke der
Anerkennung, ihrer Mimikry, ihrem Hohn« in Schrecken versetzt werden (171).

In der deutschsprachigen sozialwissenschaftlichen Rezeption ist vor allem
Bhabhas Hybriditätskonzept aufgegriffen worden – als konzeptuelle Alternative
sowohl zu Leitbildern einer homogenen Nationalkultur mit Integrationsgebot
für Migrantinnen und Migranten, als auch zum kulturellen Containerdenken des
Multikulturalismus. Hybridität ist dabei jedoch oft schlicht im Sinne einer kulturellen Vermischung interpretiert worden, bei der sich unterschiedliche Tradi-

tionslinien vermengen und Elemente verschiedener Kulturen zu neuen Formationen anordnen, so etwa im einflussreichen Sammelwerk *Hybride Kulturen,* das Elisabeth Bronfen und Benjamin Marius herausgegeben haben. Alternativ hierzu wurden Interpretationen stark gemacht, die der asymmetrischen Ausgangs- und Aushandlungssituation, die Bhabhas Überlegungen zugrunde liegt, stärker Rechnung tragen; als Beispiel hierfür können die Arbeiten von Kien Nghi Ha angeführt werden, in denen (postkoloniale) gesellschaftliche Machtverhältnisse und Empowermentstrategien marginalisierter Gruppen eine entscheidende Rolle spielen. Im angelsächsischen Sprachraum werden Überlegungen aus Bhabhas *Location of Culture* entsprechend auch im Kontext der dort vergleichsweise etablierten Rassismusforschung rezipiert. Hierbei geht es unter anderem um das von Bhabha konstatierte Widerstandspotenzial in Akten von Mimikry bzw. Nachahmung – insbesondere um die theoretisch, d. h. entkoppelt von konkreten Fällen kaum zu beantwortende Frage nach der tatsächlichen Reichweite und der Gefahr der Vereinnahmbarkeit subversiver Praktiken auf der Mikroebene.

Ina Kerner

Literatur
Byrne, Eleanor: Homi K. Bhabha, Basingstoke 2009.
Kerner, Ina: Postkoloniale Theorien zur Einführung, Hamburg 2012
Struve, Karen: Zur Aktualität von Homi K. Bhabha. Einleitung in sein Werk, Wiesbaden 2013.

José Casanova: Public Religions in the Modern World. The University of Chicago Press: Chicago/London 1994, 320 S.

Als der spanisch-amerikanische Soziologe José Casanova (geb. 1951 in Saragossa), der zwischen 1987 und 2007 an der New School for Social Research in New York lehrte und seit 2008 als zunächst als Professor und heute als Senior Fellow am Department of Sociology der Georgetown University in Washington D. C. tätig ist, im Jahr 1994 sein Buch *Public Religions in the Modern World* der Öffentlichkeit präsentierte, war von der später viel zitierten ›Rückkehr der Religionen‹ noch wenig die Rede. Entsprechend gilt Casanovas Werk, das einige empirische Trends der 1980er Jahre auf dem Feld der Weltreligionen zur These der fortschreitenden »deprivatization of modern religion« (211) verdichtete, heute allenthalben als Startschuss für eine neue Schwerpunktsetzung auf dem Gebiet der Sozialwissenschaften. Diese nimmt – entgegen der klassischen Säkularisierungsthese im Gefolge von Max Weber oder Émile Durkheim – die (ungebrochene oder reanimierte) politisch-öffentliche Bedeutung der Religion in der modernen Gesellschaft ins Visier.

Vor diesem Hintergrund etablierte Casanova nicht zuletzt eine Forschungsperspektive, die den eurozentrischen Entstehungskontext des Säkularisierungstheorems reflektiert und die religiösen Phänomene der Gegenwart verstärkt im globalen Vergleich betrachtet.

Als studierter Philosoph und Theologe bettet Casanova seinen religionssoziologischen Ansatz in grundsätzliche theoretische Überlegungen zum Verhältnis von Religion und Politik in der Moderne ein. Das Kernstück seiner Argumentation bildet eine Kritik am Begriff der Säkularisierung, die im ersten Kapitel entwickelt wird und die bislang mangelnde Differenzierung des Konzepts moniert (Kap. 1). Gegen den (damaligen) Mainstream der Sozialwissenschaften, der unverändert dem Konsens über den untrennbaren Zusammenhang von Säkularisierung und Moderne anhing (und der wiederum von »Klassikern« der Soziologie wie Marx, Mill, Comte, Spencer, Tönnies, Simmel, Durkheim, Weber oder Mead geprägt wurde), will sich Casanova lieber in die Reihe der Autoren stellen, die im 19. und 20. Jahrhundert eine alternative, komplexere Lesart des Problems zwischen Religion und Politik vorgeschlagen haben: Tocqueville, Pareto und William James. Deren Ansätze zum Wandel des Religiösen vor Augen, konstatiert Casanova drei unterschiedliche Ebenen von (unterstellten) Säkularisierungsprozessen, die in der sozialwissenschaftlichen Diskussion der Gegenwart unzutreffend vermengt würden: a) die Trennung/funktionale Differenzierung (differentiation) der politischen und religiösen Sphäre; b) der allgemeine Bedeutungsverlust (decline) des Religiösen; und c) die Privatisierung (privatization) der Religion. Während der erste Aspekt nicht nur einen empirisch nachweisbaren, konstanten strukturellen Trend in den modernen Gesellschaften beinhalte und folgerichtig ein zentrales Merkmal von Demokratien bezeichne, mag der individuelle und kollektive Glaubensverlust zwar ein mancherorts nachweisbares Phänomen sein, jedoch keineswegs jenes unvermeidliche Charakteristikum der Moderne, wie es die Befürworter der Säkularisierungsthese vermuteten. Das Gleiche gilt nach Casanova für die Verdrängung der Religion aus dem öffentlichen in den privaten Sektor: auch dies träfe zwar auf bestimmte Gesellschaften zu, doch handle es sich mitnichten um eine Art Gesetzmäßigkeit im Hinblick auf moderne und aufgeklärte Lebensformen.

Jene erhöhte Differenzierung, die in der Sache eine weitreichende Revision des Säkularisierungstheorems impliziert, indem den Religionen unabhängig von bestehenden institutionellen Trennungen eine vitale politische Rolle attestiert wird, mündet in eine Kritik an den (obsoleten) liberalen Unterscheidungskategorien von »privat« und »öffentlich« (Kap. 2). Diese hätten den Blick darauf verstellt, wie sehr die Grenzen zwischen beiden Bereichen in der Realität der modernen Gesellschaft verschwimmen und wie dezidiert sich zahlreiche Glaubensrichtungen (behandelt werden v. a. Katholizismus, Protestantismus, Islam und Buddhismus) gegen solche theoretisch konstruierten Räume sperren. Zur Demonstration greift Casanova nicht nur auf Ansätze aus der vergleichenden Religionssoziologie zurück, sondern ebenso auf traditionelle und aktuelle Theorien zur Öffentlichkeit und Zivilgesellschaft. Er rekurriert überdies auf das Konzept der Zivilreligion (58 ff.) bzw. eine im Schwinden begriffene Geschlechtertrennung entlang der häuslichen und beruflichen Welt (63 ff.).

Im zweiten, empirischen Teil seiner Studie präsentiert Casanova fünf Fallbeispiele (Kap. 3–7) zum Beleg seiner These der politischen Transformation der Religionen sowie als »analytische Einführung« in die skizzierte theoretische Problematik. Die Länder, deren Variationen an *public religions* er nachweisen und diskutieren will, sind Spanien, Polen, Brasilien sowie die USA, wobei er beim letzten Exempel Protestantismus und Katholizismus separat untersucht. Für die drei erst genannten Länder stellt Casanova einen entscheidenden Einfluss der (katholischen) Religion auf die dort seit den 1970er und 1980er Jahren forcierten Demokratisierungsprozesse fest, was umso bemerkenswerter scheint, als zuvor – zumindest in Spanien und Brasilien – ein prekäres Arrangement der Kirchen mit den autoritären Regimes zu verzeichnen war. Ursächlich für jene progressive Entwicklung stuft Casanova einerseits das *Aggiornamento* der katholischen Kirche in den 1960er Jahren im Umfeld der Zweiten Vatikanischen Konzils ein (69 ff.) sowie andererseits die für ganz Lateinamerika zentrale Bedeutung der Befreiungstheologie. Für Polen seien hingegen die Einflussnahme von Johannes Paul II., der konstante Widerstand gegen die atheistische Ideologie des Kommunismus sowie vor allem das zivilgesellschaftliche Engagement von Kirchen und Gläubigen (das an die Stelle des ehemals religiös fundierten Nationalismus trat) ausschlaggebend gewesen. Die USA werden von Casanova hingegen als Prototyp eines westlich orientierten Landes präsentiert, das den Eurozentrismus der Säkularisierungsthese beweist und wo sich die politische Wirkungskraft der Glaubensrichtungen und -gemeinschaften fernab von institutionellen Strukturen in Form einer Zivilreligion manifestiert.

Der Schlussteil (Kap. 3) fasst nochmals die Indizien der veranschlagten »Deprivatization« der Religion(en) zusammen und unterstreicht, dass von den oben genannten drei Dimensionen der Säkularisierung (211 ff.) nur die funktionale Differenzierung der Sphären als »säkulares« Grundmerkmal der modernen Gesellschaft gelten kann. Ein Bedeutungsverlust der Religion bzw. ihre Privatisierung seien empirisch hingegen nicht zu verifizieren. Als eine Art Ausblick rekurriert Casanova schließlich auf Habermas' Konzept der Zivilgesellschaft (S. 231 ff.), aus dem er eine Art dritten Raum *zwischen* der privaten und der öffentlichen Sphäre ableitet, in dem sich die soziale Wirkungsweise der Religionen als Grundpfeiler der moralischen Ausrichtung einer Gesellschaft am plausibelsten erfassen lässt.

An Casanovas Buch sticht heraus, dass es nicht etwa die neuen spirituellen Bewegungen und alternativen Glaubensrichtungen als Träger eines sich etablierenden »Postmaterialismus« (Ronald Inglehart) bzw. einer politisch-öffentlichen Rolle der Religion veranschlagt. Es attestiert vielmehr den traditionellen Kirchen und Religionsgemeinschaften eine politische Renaissance, die sie aufgrund eines gewandelten, offenen und innovativen Umgangs mit der *condition moderne* erlebten. Anders als Claude Leforts unter dem Eindruck der religiös-christlichen Dimension der *Solidarność* in Polen verfasster Essay zur *Permanence du Théologico-Politique?* (1981) sieht Casanova dabei nicht nur eine Form des Imaginären am Werk, das die eigentlichen Bruchstellen der Moderne – ihren Transzendenz- und Repräsentationsverlust sowie ihre ontologische Unbestimmtheit – kaschiert, sondern hält die Entwicklung für substantiell. Die in der Folge aus dem Boden sprießenden Versuche, die »Rückkehr der Religionen« (Martin Riesebrodt) oder »Wiederkehr der Götter« (Friedrich Wilhelm Graf) zu erhellen bzw. den europäischen »Sonderweg« (Hartmut Lehmann) oder Exzeptionalismus (Grace Davie) in Sachen des ›Narrativs‹ der Säkularisierung zu identifizieren, konnten sich entsprechend auf Casanovas schnell zum Standardwerk avancierte Monografie berufen. Auch Peter L. Bergers Revision seiner Position aus den 1960er Jahren, die er mit der These der *Desecularization of the World* (1999) sowie der Resurgenz der Religionen in weltpolitischen Zusammenhängen vollzog, oder Jürgen Habermas' nach 2001 lancierte Rede von der »postsäkularen« Gesellschaft lesen sich bis zu einem gewissen Grad als Konzessionen gegenüber Casanova. Das Gleiche gilt für Publikationen, die wie Steve Bruces *God is Dead* (2002) oder Karel Dobbelaeres *Secularization. An Analysis at Three Levels* (2002) zwar einerseits an der Säkularisierungsthese festhielten, andererseits aber offenkundig auf den von Casanova verlangten Bedarf an Differenzierung reagierten. Insofern ist der Studie über die *Public Religions in the Modern World* das Verdienst schwerlich abzusprechen, für eine Neubewertung des Religiösen in den Sozialwissenschaften gesorgt zu haben.

Die gleichwohl geäußerte massive Kritik gruppiert sich um zwei Extreme: Während vor allem Detlef Pollack den von Casanova und seinen Epigonen initiierten Ansätzen unterstellt, die Säkularisierung mithilfe von tendenziös ausgewählten Fallbeispielen zu einem bloßen »Mythos« zu degradieren, der dem realen Bedeutungsverlust der Religionen sowohl in individueller Hinsicht als auch im öffentlichen Raum in den meisten westlichen Gesellschaften nicht gerecht wird, bezweifelt etwa Hans Joas, dass es sich überhaupt um eine »Rückkehr« oder Transformation der Religionen gehandelt habe: Vielmehr sei die Religion aus der politischen Öffentlichkeit niemals verschwunden gewesen. Als ›Königswege‹, welche die spezifische Synchronizität von Religiösem und Säkularem in den heutigen Gesellschaften reflektieren (und sich ebenfalls dem von Casanova konstatierten Problem annehmen), wären zudem Shmuel Eisenstadts Öffnung des modernisierungstheoretischen Konzepts in Richtung von *Multiple Modernities* (2000), Pippa Norris' und Ronald Ingleharts Erläuterung der Parallelität von *Sacred and Secu-*

lar (2004) entlang des Parameters der Armut oder Charles Taylors *A Secular Age* (2007) zu nennen. Taylors Nachzeichnung der anthropozentrischen Wende *innerhalb* der Religion hat zudem auf Casanovas gegenwärtige Position – das Säkulare als *Rahmen* anzunehmen, in dem das Sakrale seinen Raum findet – offensichtlich großen Einfluss ausgeübt (Casanova 2010).

Mittlerweile scheint Casanova von der von ihm selbst angemahnten Differenzierung des Säkularisierungsbegriffs wieder abzurücken und einer polemischen Vereinfachung seiner These von 1994 Vorschub zu leisten. Schon im Aufsatz *Public Religions Revisited* (2008) bezweifelt er, dass die funktionale Differenzierung zwischen religiöser und politischer Ebene ein konstitutives Merkmal moderner Demokratien darstellt und geht – unter Bezug auf Alfred Stepans Begriff der *twin tolerations* – vom Bedarf an *reziproker* Toleranz zwischen Religion und Politik aus. Fraglich bleibt hier allerdings, inwieweit jenes Konzept ohne funktionale und mentale Unterscheidung der Sphären eigentlich greifen kann. In dem 2009 veröffentlichten Essay *Europas Angst vor der Religion* tendiert Casanova sogar dazu, die Säkularisierung im Ganzen als Narrativ entlarven zu wollen, das einerseits der paranoiden Verarbeitung der historisch-kontingenten Erfahrung der europäischen Religionskriege geschuldet ist und andererseits die Heraufkunft der atheistischen Ideologien des 20. Jahrhunderts wesentlich begünstigte. Im Zuge dessen tritt Casanova heute offensichtlich weniger als soziologischer Beobachter religiöser Phänomene denn als ein Autor auf, der eine politisch-öffentliche Rolle der Religion in Europa *fordert*. Die Grenzen zwischen Sozialwissenschaften und politischer Programmatik drohen dadurch zu verschwimmen.

Oliver Hidalgo

Literatur

Casanova, José: Public Religions Revisited, in: Hent de Vries (Hg.): Religion. Beyond the Concept, Fordham 2008, S. 101–119.

Casanova, José: Religion in Modernity as Global Challenge, in: Michael Reder/Matthias Rugel (Hg.): Religion und die umstrittene Moderne, Stuttgart 2010, S. 1–16.

Joas, Hans/Wiegandt, Klaus (Hg.): Säkularisierung und die Weltreligionen, Frankfurt 2007.

Samuel P. Huntington: The Clash of Civilizations and the Remaking of World Order, New York: Simon & Schuster 1996, 368 S. (dt. Kampf der Kulturen. Die Neugestaltung der Weltpolitik im 21. Jahrhundert, München/Wien: Europa Verlag 1996, 584 S.).

Samuel P. Huntington (1927–2008) hat mit seinem Buch *The Clash of Civilizations*, das auf einen gleichnamigen (noch mit einem Fragezeichen am Ende versehenen)

Aufsatz in *Foreign Affairs* (1993) zurückgeht, weltweit Aufsehen erregt, da es sich um einen theoretischen Großentwurf zum Verständnis der gegenwärtigen Weltpolitik und der in ihr immanenten Konfliktkonstellationen handelt. Seine Überlegungen über Staatlichkeit und Kultur in *Clash of Civilizations* bilden dabei die kontrafaktische Folie seiner Ausführungen zu Demokratisierungsprozessen, die er allerdings mit der Fokussierung auf antidemokratische Gegenwellen, die zur (Re-)Etablierung autoritärer Strukturen und damit zur weltpolitischen Labilität von Demokratie führen, bereits in *The Third Wave* (1991) angedacht hatte. Mit dem *Clash of Civilizations* kehrt Huntingtons empirischer Blick der optimistischen Rekonstruktion den Rücken und wendet sich einer pessimistischen Analyse der nahen Zukunft der Weltpolitik zu.

Huntington stellt fest, dass das weltpolitische Geschehen in eine neue Phase eingetreten sei: Zwar seien die einzelnen Nationalstaaten nach wie vor die mächtigsten Akteure in den internationalen Beziehungen, doch die grundlegenden Konflikte der Weltpolitik würden von nun an vermehrt zwischen Nationalstaaten und Gruppen von verschiedenen Kulturkreisen stattfinden – und nicht mehr zwischen Staatenblöcken: »Fragen der Identität gewinnen Vorrang vor Fragen des Interesses.« (147) Nach dem Kalten Krieg sind die Unterscheidungen zwischen den Völkern nicht mehr ideologischer, politischer oder ökonomischer, sondern kultureller Art, stets vermittelt über Abgrenzung und damit Ausschluss, möglichenfalls gar Feindschaft – denn die »Menschen definieren ihre Identität über das, was sie nicht sind.« (95) Daher formulierten Staaten zunehmend ihre Interessen in kulturellen Termini, kooperierten und verbündeten sich zunehmend mit Staaten, die den gleichen bzw. einen ähnlichen kulturellen Hintergrund besitzen und trügen ihre Konflikte mit Staaten aus, die über einen anderen verfügen.

Das bisherige internationale System habe seinen Ursprung im Westfälischen Frieden und sei das der souveränen Nationalstaaten. Noch 150 Jahre nach dem Westfälischen Frieden waren die Konflikte innerhalb der westlichen Welt im Wesentlichen Konflikte von Fürsten, die bestrebt waren, das von ihnen beherrschte Gebiet zu vergrößern. Im Zuge dieser Entwicklung entstanden Nationalstaaten, mit der Französischen Revolution wurden diese zum bestimmenden Faktor und die Konfliktlinien verliefen zwischen den Nationen und nicht mehr zwischen den Fürsten. Nach dem Ersten Weltkrieg wurde der Konflikt der Nationen zu einem Konflikt der Ideologien. Durch die zunehmende Bedeutung von Kultur und kultureller Identität wurde diese im internationalen System zur Hauptkonfliktquelle.

Im Westen tendierte man dazu zu vergessen, dass Nationalstaaten erst seit ein paar Jahrhunderten die grundlegenden Akteure in den internationalen Beziehungen darstellten. Der weitaus größere Teil der Menschheitsgeschichte war die Geschichte von Kulturkreisen – »civilizations unite and divide humankind« (*If Not Civilizations, What? Paradigms of the Post-Cold War World*, in: Foreign

Affairs, H. 5/1993, S. 194). Staaten seien nach wie vor »die beherrschenden Grö
ßen im Weltgeschehen«(38). Der Sicherheit des Staates wird dabei von den Regierungen der einzelnen Staaten die höchste Priorität eingeräumt. Doch es sind die
»Werte, Kultur und Institutionen [, die] einen erheblichen Einfluß darauf [haben],
wie Staaten ihre Interessen definieren.« (39). Weder der Staat, noch sonst eine
menschliche Institution kann unabhängig von (der) Kultur gedacht werden, denn:
»Die menschliche Geschichte ist die Geschichte von Kulturen. Es ist unmöglich,
die Entwicklung der Menschheit in anderen Begriffen zu denken.« (49).

Der Dualismus der Supermächte, der die globale Politik des Kalten Krieges
kennzeichnete, würde in der heute existierenden globalen Politik von den Kernstaaten der großen Kulturkreise abgelöst. Diese Kernstaaten würden für die anderen Länder zum Pol von Anziehung bzw. Abstoßung. Es sei notwendig, dass andere Staaten ihn als kulturell verwandt anerkennen, damit ein Kernstaat die ihm
zustehende Ordnungsfunktion erfüllen könne. Dabei verfügten nicht alle Kulturkreise über einen Kernstaat, sondern über mehrere (wie der westliche) oder über
(noch) gar keinen (wie der islamische). Den Kulturen seien einigende sowie polarisierende Kräfte eingeschrieben, wobei keine Kraft derart identitätsstiftend wirke wie die der Religion: »Was im Inneren einer Kultur vorgeht, ist für ihre Widerstandsfähigkeit gegen zerstörende Einflüsse von außen ebenso entscheidend wie
für das Aufhalten des inneren Verfalls.« (498)

Huntingtons Verständnis von Kultur/Zivilisation ist in erster Linie ein empirisches – und muss gerade deshalb unterspezifiziert bleiben. Denn es geht ihm um
eine formanalytische Kategorie, die offen genug sein muss, um weltweit differente
Prozesse erfassen zu können, die aber eben trotz dieser regionalspezifischen Besonderheiten zugleich auf ein allgemeines Referenzsystem verweist. Der Kulturbzw. Zivilisationsbegriff bietet sich dabei deshalb an, weil es sich bei beiden Begriffen letztlich um Containerbegriffe handelt, die in den meisten sprachlichen
Kontexten existieren, die über jeweils spezifische semantische Subdimensionen
verfügen und die überdies aber eben auch auf ein generell in der modernen Gesellschaftsformation zu lokalisierendes Referenz- und Ordnungssystem verweisen: die, mindestens formale, Trennungen von politischer Ordnung und politischer Kultur.

Auch wenn Huntington prophezeit: »The next world war, if there is one, will
be a war between civilizations« (*The Clash of Civilizations?*, in: Foreign Affairs,
H. 3/1993, S. 39); sieht er die maßgebliche Gefahr in einem größeren, eigentlichen
Kampf: dem zwischen Zivilisation und Barbarei. Letztere drücke sich durch gescheiterte Staaten und eine zunehmende Anarchie aus. Recht und Ordnung (und
damit Souveränität und Staat) sind Vorbedingungen von Zivilisation und damit
eines jeden Kulturkreises, jedoch scheinen sie in vielen Teilen der Welt in Auflösung begriffen oder zumindest in starke Bedrängnis geraten zu sein.

Nimmt man die Rezeptionsgeschichte von Huntingtons *Clash of Civilizations* im deutsch- und englischsprachigen Raum vergleichend in den Blick, stößt man auf ein begriffliches Dilemma, das gleichermaßen auf eine terminologische Diskrepanz in Huntingtons Werk verweist, wie auf damit korrespondierende Friktionen in der Wirklichkeit: denn der *Clash of Civilizations* mutiert in der deutschen Übersetzung zum *Kampf der Kulturen*. Mit der deutschen Übersetzung hat eine Kulturalisierung von Huntingtons Theorie stattgefunden, die aus dem empirischen Realisten nun plötzlich einen kulturpolitischen Relativisten macht, der die Termini Kultur und Zivilisation nicht in erster Linie als deskriptive Begriffe gebraucht, sondern scheinbar selbst von einer normativen Kulturfolie aus formuliert: diese kulturalistische Interpretation verdankt Huntington jedoch primär einigen seiner deutschsprachigen Rezipienten, die – von ihrem eigenen Kulturrelativismus in antiamerikanischer Lesart inspiriert – gegen einen fiktiven Huntington zu Felde gezogen sind, der nur schwerlich mit seinen tatsächlichen Überlegungen in Beziehung gesetzt werden kann.

Eine vertiefte Auseinandersetzung mit den Kategorien Kulturen bzw. Zivilisation bei Huntington und ihrem Kontext verdeutlicht, dass gerade in diesen Containerbegriffen ein Potenzial für die weltweit komparatistische Analyse von Bewegungen liegt, die die bestehende Hegemonialordnung von (National-)Staaten erhalten oder ausweiten will und solchen, die gegen dieses Grundprinzip der Moderne kämpfen. Es geht letztlich um Aufklärung, Säkularismus und Freiheit – oder den Kampf gegen sie. Wer darin eine einfache Kulturalisierung durch Huntington sieht, übersieht, dass ein empirischer Kulturbegriff nur jenen Referenzrahmen aufzuschließen in der Lage ist, den die Wirklichkeit eröffnet.

Samuel Salzborn/Torben B. F. Stich

Literatur

Foreign Affairs (Hg.): The Clash of Civilizations? The Debate, 2. erw. Aufl., New York, 2010.

Jurewicz, Arkadius: »Clash of Civilizations«? Huntington im Spiegel seiner Kritiker. Die politische und politikwissenschaftliche Diskussion um die These vom Kampf der Kulturen, Saarbrücken 2008.

Mokre, Monika (Hg.): Imaginierte Kulturen – reale Kämpfe. Annotationen zu Huntingtons »Kampf der Kulturen«, Baden-Baden 2000.

Stuart Hall (Hg.): Representation. Cultural Representations and Signifying Practices,
Sage: London/Thousand Oaks/New Delhi 2012 [erschienen 1997], 400 S.

Als intellektuelles Projekt sind die *Cultural Studies* einem kontroversen Diskurs
verschrieben, der sich die Analyse expliziter und Enthüllung impliziter Macht-
und Hegemoniestrukturen zum Ziel gesetzt hat. Stuart Halls (1932–2014) Schriften haben sich im Sinne dieser Haltung aus der Auseinandersetzung mit marxistischen Ideen, besonders von Antonio Gramsci entwickelt, die sich in Form
einer politisch kritischen Positionierung durch sein Werk ziehen und sich auch
in der engen Verbindung zum Poststrukturalismus, Feminismus und Postkolonialismus zeigen. Zentral für sein Denken ist vor allem die Verbindung von subjektiven und strukturellen Bedingungen, anhand derer sich die verschiedenen
kulturellen Dimensionen von Identität(en) und Identitätspolitik zeigen. Dabei
ist das letztgültige Erkenntnisziel nicht die scholastische Beschreibung, die hier
nur den Weg bereitet, sondern die realpolitische Veränderung der Verhältnisse.
Die Menschen selbst werden in den verschiedenen kulturellen Kontexten des Alltags zu Ausgangspunkten und Adressaten der Forschung und ihrer Ergebnisse.
Insgesamt erkenntnisleitend ist eine Fokussierung auf den Begriff der Kultur, der
von einer elitären Idee der Hochkultur zu Gunsten einer Beschreibung von All-
tagskultur umgedeutet wird. Um innerhalb dieses Beschreibungsprozesses einerseits der Komplexität des Alltags gerecht zu werden und andererseits die inhärenten Machtstrukturen und Ursachen und Wirkungen sozialer Ungleichheiten
aufzudecken, werden besonders symbolischen Ordnungen wie Sprache und Bilder in Bezug auf ihren repräsentationalen Charakter als Träger dieser Strukturen
theoretisch reflektiert und empirisch analysiert.

Der von Hall herausgegebene Band *Representation. Cultural Representation
and Signifying Practices* beschäftigt sich detailliert mit verschiedenen Dimensionen des im Rahmen der *Cultural Studies* eingeführten Modells des *Circuit of Culture* (1). Dabei geht es um ein Konzept von Kultur als dynamischem Kreislauf und
das gegenseitige Konstitutionsverhältnis von Repräsentation, Identität, Produktion, Konsumption und Regulation. In *Representation* werden zwar alle Aspekte
des *Circuit of Culture* angeschnitten, aber im Zentrum dieses Werks steht besonders – wie der Titel schon sagt – der Gesichtspunkt der Repräsentation und seine
nähere Betrachtung anhand von *signifying practices*. Dazu werden Repräsentation
und Praktiken hier vornehmlich im Bereich symbolischer Vermittlung kultureller
Vorstellungen verortet: »Language is one of the ›media‹ though which thoughts,
ideas and feelings are represented in a culture.« (1)

Dementsprechend wird im ersten Kapitel von Hall eine theoretische *Werkzeugkiste* mit Begriffen und Definitionen zusammengestellt, die dann in den folgenden Studien verschiedener Autor(inn)en praktisch angewandt werden. Dies ist

eine typische Herangehensweise im Sinne des Forschungsprogramms der *Cultural Studies,* die besonders an und mit einer reziproken Verknüpfung von Theorie und Praxis arbeiten und auf diese Weise die Distanz von Theoriesprache zu Gunsten von Verständlichkeit und Zugänglichkeit von wissenschaftlichem Wissen abbauen und in aufklärerischem Sinne vorantreiben. So gibt es in *Representation* für die Leser/innen die Möglichkeit zu weiterführender Auseinandersetzung anhand von kurzen Textpassagen weiterer Autor(inn)en oder anderer Quellen wie Bildern, die jeweils durch vorgegebene Fragen begleitet eine selbstständige Vertiefung der vorgestellten Überlegungen unterstützen. Diese Abschnitte sind teils als *activity* in den Text eingestreut oder verschiedentlich in Form der *readings* an das jeweilige Ende der Kapitel gestellt.

Inspiriert wird Hall in seinen theoretischen Grundannahmen im ersten Kapitel »The Work of Representation« besonders vom Linguisten und Strukturalisten Ferdinand de Saussure und den Machtanalysen und dem Diskursbegriff Michel Foucaults. In diesen konstruktivistisch ausgelegten Denkrichtungen wird als entscheidende Erkenntnis zu Grunde gelegt, dass symbolische Repräsentationssysteme keinen natürlichen Abbildcharakter haben, sondern einem zunächst arbiträren Konstruktionsverhältnis unterliegen. Das repräsentationale Verhältnis von *signifiant* und *signifié* eröffnet einen Raum für kulturelle Prägung, d. h. dass die den Symbolen zugeschriebenen Bedeutungen so viel sinnhafte Eindeutigkeit generieren, dass intersubjektive Verständigung möglich ist. Praktisch bedarf es also zweier Bezugspunkte, die Codes funktional bestimmen, zu denen Hall sein zentrales Theoriekonzept des *encoding* und *decoding* entwickelt hat: Beim *encoding* wird ein Code benutzt und beim *decoding* wird der Code interpretativ dechiffriert (62). Diese Konzeption führt im Vergleich zu anderen Modellen den Rezipienten/die Rezipientin als aktive Größe in den Prozess der Wahrnehmung ein und entbindet ihn/sie von der Passivität vorheriger Beschreibungen, in denen er/sie primär Spielball kultureller Manipulation waren. Im Prozess zwischen *encoding* und *decoding* können also einerseits stereotype Konnotationen reproduziert werden, die Raum für hierarchische Verhältnissen schaffen, andererseits eröffnet sich ein Spielraum für interpretative Verschiebungen, d. h. dass hier gleichzeitig Potenzial für sozialen Wandel liegt. Gleichzeitig werden über bereits geprägte kulturelle Codes machtpolitischer Einflüsse repräsentiert, indem Benennungen meist in ihrer Bedeutung einem diskursiv geprägten, komplementär-binären und hierarchisierten Code mit sich tragen: »We should really write, **white**/*black,* **men**/*women,* **masculine**/*feminine,* **upper class**/*lower class,* **British**/*alien.*« (235) Diese Perspektive arbeitet Stuart Hall im vierten Kapitel zum Thema »The Spectacle of the Other« am Beispiel der Stereotypisierung und Ethnisierung anhand von Hautfarbe in Bezug auf die Ungleichheitsdimension der »Rasse« weiter aus und erklärt damit die Wirkmächtigkeit von Repräsentation als konnotierten und naturalisierten *pars pro* *toto:* »Stereotyping reduces people to a few, simple, essential characteristics, which are represented as fixed by nature.« (257)

Repräsentation als symbolisches Phänomen wird von einem zunächst primär sprachlichen Konzept ausgehend weiterentwickelt und auf kulturelle Objekte und Praktiken übertragen. So zeigt Peter Hamilton im zweiten Kapitel anhand humanistischer Nachkriegsfotografie, wie französische Nationalität und »Frenchness« innerhalb einer bestimmten Bildsprache und Motivauswahl repräsentiert werden. Es geht um die Beantwortung der Frage, »how photographie as a set of visual practices is situated in a historical and cultural context«. Henrietta Lidchi verdeutlicht an dem Beispiel »Exhibiting Other Cultures« im dritten Kapitel, dass in Museen Objekte diskurs- und kulturspezifisch als Repräsentationen kultureller Codes ausgewählt werden, der Maßstab der Auswahl aber primär die Konstruktion von »otherness« und Fremdheit ist und damit Museen Orte einer spezifischen Art der symbolischen Machtausübung sind. Fotografie und Ausstellungskonzeption referieren dabei auf unterschiedliche Art und Weise auf gleiche symbolische Systematiken. Die *Cultural Studies* dekodieren das repräsentationale Verhältnis von interpretierter und systematisierter Bedeutung und der symbolischen Ebene des Sichtbaren »since all cultural objects convey meaning, and all cultural practices depend on meaning, they must make use of signs«. (36) Nicht die symbolische Ordnung an sich ist beobachtbar, sondern die *signifying practices,* die sie hervorbringen und die dadurch entstehende Materialität. Sichtbar ist nicht das Konzept, sondern sein Counterpart, die Handlung oder der Gegenstand, bzw. »the relation between a sign and a concept which is fixed by a code« (27). Besonders virulent wird dieses Verhältnis bezogen auf den *Circuit of Culture* im Rahmen von Konsum. Es ist zwar der Artikel, der gekauft wird, aber mit ihm nicht nur sein Gebrauchswert, sondern seine Verortung innerhalb des kulturellen Raums, der Rückschlüsse auf die Identität und/oder soziale Positionierung seines Besitzers/ seiner Besitzerin zulässt. So beschäftigt sich Sean Dixon im fünften Kapitel »Exhibiting Masculinity« mit der Darstellung von Männerkörpern in der Werbung seit zirka Mitte der 1980er Jahre. Dabei verdeutlicht er den Zusammenhang von diskursiver Bedeutungsstruktur und daraus resultierender Subjektivierung in Bezug auf die Konstruktion von »Männlichkeit« in einem spezifischen historischen Kontext. Subjektivierung zeigt sich hier im Kontext der Darstellung von Sexualität, dem Verhältnis zwischen Männern und Frauen und der Bedürfnisweckung nach Konsumprodukten, indem die Repräsentation eines bestimmten »Männlichkeitstypus« in Form der Prägung von Konsumgütern wie Pflegeprodukten oder Kleidung durch symbolisch geprägte Codes käuflich wird. »These elements – sounds, words, notes, gestures, expressions, clothes – are part of our natural and material world; but their importance for language is not what they *are* but what they *do,* their function. They construct meaning. They signify.« (5) Diese *cultural-studies-*

typische Beschreibung der Prozesse als *doing culture* eröffnet noch eine weitere Dimension, nämlich die der Massenkultur, wie sie im sechsten Kapitel von Christine Gledhill am Beispiel von »Genre and Gender. The Case of Soap Opera« aufgezeigt wird. Parallel zu Veränderungen in der Alltagswelt, u. a. durch Massenarbeitslosigkeit oder die Berufstätigkeit von Frauen, wandelt sich ebenfalls die narrativen Strukturen des Sendeformats orientiert an veränderter Zielgruppenzusammensetzung. Die Verknüpfung von narrativ-fiktiven Elementen, geschlechtsspezifisch segregierten Arbeitsverhältnissen und der Verbreitung kultureller Codes über Massenmedien lässt sich, wie in diesem Kapitel gezeigt wird, analytisch anhand der Normierung der Praktiken im Alltag selbst erforschen.

Stuart Hall vertritt als einer der prominentesten Vertreter der *Cultural Studies* eine Idee der Verknüpfung von Theorie und Empirie, die wegweisend für sozialtheoretisches Denken des 21. Jahrhunderts ist. Sowohl die Integration der Erkenntnisse des *linguistic,* als auch des *cultural turn* befördern mit ihrer konstruktivistischen Ausrichtung einen Kulturrelativismus und eine Hegemonie- und Machtkritik, die gegenwärtig besonders unter dem Label der Praxistheorie, des Diversity Managements und der Intersektionalität weitergetragen und institutionalisiert wird. Solche komplexitätsorientierten und weiterhin machtanalytisch ausgerichteten Projekte stehen in denselben Traditionslinien wie die *Cultural Studies* und verdanken ihnen die Wegbereitung für die aktuelle Popularität.

Esther Scheurle

Literatur

Barker, Chris: Cultural Studies. Theorie and Practice, London/Thousand Oaks/New Delhi 2011.

Hörning, Karl H./Winter, Rainer (Hg.): Widerspenstige Kulturen. Cultural Studies als Herausforderung, Frankfurt 1999.

Göttlich, Udo/Mikos, Lothar/Winter, Rainer (Hg.): Die Werkzeugkiste der Cultural Studies. Perspektiven, Anschlüsse und Interventionen, Bielefeld 2001.

Robert D. Putnam: Bowling Alone. The Collapse and Revival of American Community, New York: Simon and Schuster 2000, 541 S.

Bowling Alone ist neben *Making Democracy Work: Civic Traditions in Modern Italy* (1993) das bekannteste Werk des Politologen Robert David Putnam (geb. 1941, Professor für *Public Policy* an der Harvard Kennedy School of Government, HKS). Beide gelten heute als Klassiker der Sozialkapital-Forschung. In *Bowling Alone* wendet Putnam das in seiner Italienstudie entwickelte Sozialkapital-Konzept auf die Vereinigten Staaten an. Bereits 1995 hatte er den USA in einem breit

rezipierten Fachartikel einen Rückgang Sozialen Kapitals und eine damit verbundene Demokratiekrise bescheinigt. *Bowling Alone* entwickelt diese Thesen ausführlich, unter Heranziehung umfangreichen Datenmaterials aus zahlreichen empirischen Studien. Darüber hinaus beteiligte sich Putnam in zahlreichen Artikeln
und Sammelbänden an der entfachten Sozialkapital-Debatte und widmete sich der
Steigerung des Sozialkapitals in seinem Heimatland, so im Rahmen des von ihm
initiierten Saguaro Seminars der HKS zu *Civic Engagement in America* (Feldstein/
Putnam 2003). Im Anschluss konzentrierte Putnam seine Forschung auf den Zusammenhang von sozialem Vertrauen und (ethnischer) Diversity.

In seiner inneritalienischen empirischen Vergleichsstudie *Making Democracy
Work* identifizierte Putnam als Ursache der unterschiedlichen politischen und
ökonomischen Performanz italienischer Regionen ein jeweils unterschiedliches
Niveau an Sozialem Kapital, das er in Anlehnung an James S. Coleman (1988,
1990) als Merkmal sozialer Kooperation definierte und als Mischung aus subjektiven Orientierungen und objektiven Strukturen der Gesellschaft operationalisierte
(norms, trust, networks). *Bowling Alone* untersucht hieran anknüpfend die Entwicklung Sozialen Kapitals in den USA seit den 1950er Jahren. Putnam konzipiert
Soziales Kapital wiederum als einen Mix aus aggregierten individuellen Orientierungen der Bevölkerung (1. soziales Vertrauen; 2. Normen – insbesondere generalisierte Reziprozität; 3. gemeinschaftsorientierte Werte – Gemeinsinn, Solidarität)
und gesellschaftlichen Strukturen (formelle und informelle soziale Netzwerke):
»social capital refers to connections among individuals – social networks and
the norms of reciprocity and trustworthiness that arise from them.« (19) *Bowling
Alone* steht in der Tradition einer Politischen Kulturforschung nach Almond/Ver-
ba (1963), die soziales Vertrauen als ein Element politischer Kultur untersucht hatten. Im Gegensatz hierzu operationalisiert Putnam sein Konstrukt jedoch nicht
allein über die Einstellungen der Bevölkerung (kulturelle Facette), sondern auch
über soziale Netzwerke (strukturelle Facette). Durch die Einbettung in ein dichtes
Netz sozialer Beziehungen unterscheidet sich das Sozialkapital-Konstrukt auch
vom Konzept der »Bürgertugend« *(civic virtue):* »A society of many virtuous but
isolated individuals is not necessarily rich in social capital.« (19)

Soziales Kapital bildet neben physischem und Humankapital eine eigene Kapi-
talform. Auch Sozialkapital ist produktiv und erleichtert als Handlungsressource
die Erreichung individueller und kollektiver Ziele, womit die Konzeption an ökonomische Theorien anknüpft. Sozialkapital kann nicht von einzelnen Individuen
hergestellt und gemehrt werden, sondern bedarf der sozialen Interaktion. Putnam
entwirft Sozialkapital in Anlehnung an Coleman als privates und öffentliches Gut,
das nicht an Individuen gebunden bleibt, sondern der gesamten Gesellschaft zur
Verfügung steht. Es ist damit durch eine doppelte Doppelstruktur gekennzeichnet: Kulturelle und strukturelle Facette können auf individueller oder kollektiver

Ebene betrachtet werden, wobei Putnams Fokus auf der kollektiven Ebene liegt. Sein Konzept von Sozialem Kapital unterscheidet sich damit deutlich von dem des französischen Soziologen Pierre Bourdieu, der in einem 1983 erschienenen Artikel Sozialkapital systematisch als wissenschaftliche Analysekategorie einführte, Sozialkapital jedoch als individuelle Ressource (»Vitamin B«) neben ökonomischem und kulturellem Kapital beschrieb und seine soziale Ungleichheit fördernde Wirkung betonte. Entgegen dieser machtkritischen Perspektive betrachtet Putnam Sozialkapital aus einer sozialintegrativen Perspektive. Soziales Kapital gilt ihm als Kitt, der die Gesellschaft zusammenhält.

Die Funktionsmechanismen beschreibt Putnam wie folgt: In freiwilligen sozialen Netzwerken wie Gesangs- und Sportvereinen kooperieren Menschen mit ihren Mitbürger/innen, und zwar auch mit zuvor fremden Menschen aus anderen sozialen Milieus: »Singing together (like bowling together) does not require shared ideology or shared social or ethnic provenance.« (411) Als Nebenprodukt dieser sozialen, horizontalen Interaktion entstehen Putnam zufolge »bürgerliche Tugenden«, womit er an Thesen Tocquevilles anknüpft, der nach seiner Amerikareise im 19. Jahrhundert Vereine als »Schule der Demokratie« beschrieb. In Vereinen gewinnen Bürger/innen Vertrauen in ihre Mitmenschen und praktizieren die Norm der Reziprozität (Gegenseitigkeit): »Networks involve (almost by definition) mutual obligations«. (20) Dank der positiven Erfahrungen kommt es Putnam zufolge zu einer Generalisierung des sozialen Vertrauens, der Reziprozitäts-Norm und der gemeinschaftsorientierten Werte auf die gesamte Gesellschaft. Es ist diese Generalisierung, die Sozialkapital aus Putnams Sicht so wertvoll für die Gesellschaft macht: »The touchstone of social capital is the principle of generalized reciprocity – I'll do this for you now, without expecting anything immediately in return and perhaps without even knowing you, confident that down the road you or someone else will return my favor.« (134) Generalisiertes soziales Vertrauen und verallgemeinerte Reziprozität verringern die Transaktionskosten des Regierungshandelns und erhöhen die Leistungsfähigkeit des politischen, aber auch des ökonomischen Systems. Insbesondere reduziert Sozialkapital die Kosten der Bereitstellung kollektiver Güter – wie Frieden, Sicherheit, soziale Gerechtigkeit – durch den Staat, u. a. indem Trittbrettfahrerprobleme (Olson 1965) verringert werden. Menschen sind im Vertrauen auf die Regelbefolgung und Solidarität der anderen eher bereit, freiwillig gemeinschaftliche Regeln und Normen einzuhalten (anknüpfend an Ostrom 1990). Die positiven (Neben-)Wirkungen Sozialen Kapitals sind dabei Putnam zufolge breit gefächert: »social capital makes us smarter, healthier, safer, richer, and better able to govern a just and stable democracy.« (290)

Allerdings sieht Putnam auch potenziell negative Seiten Sozialen Kapitals und betont neben der Dichte sozialer Netzwerke auch die Relevanz ihrer Qualität: Hierfür unterscheidet er zwischen *bonding* (zusammenschmiedendem, exklusivem) und *bridging* (überbrückendem, inklusivem) *social capital* (22): Während ersteres die Kleingruppe des Netzwerks zusammenschweißt und auch eine Abschottung gegen die restliche Gesellschaft befördern kann, inkludiert letzteres durch die Generalisierung von Vertrauen, Normen und Werten auch die übrigen Gesellschaftsmitglieder. Besonders wertvoll für die demokratische Performanz ist demnach das *bridging social capital*, das besonders in Netzwerken mit inhomogener Teilnehmerschaft und flachen Hierarchien entsteht.

In *Bowling Alone* diagnostiziert Putnam den USA einen seit den 1960er Jahren voranschreitenden Rückgang an zivilem Engagement in Verbänden, Vereinen (z. B. Sport- und Kulturvereine) und informellen Netzwerken (Dinner Parties, Besuche bei Freunden), sowie einen Verlust an sozialen Orientierungen wie Vertrauen und Gemeinsinn in der Bevölkerung. Diese Erosion Sozialen Kapitals gefährde die Performanz und letztlich die Stabilität der Demokratie in den USA. Als eine zentrale Ursache für den beschriebenen Rückgang identifiziert Putnam das Fernsehen. In Folge des TV-Konsums verändere sich das Freizeitverhalten und das Bild der Menschen von der Gesellschaft. Fernsehkonsum verwandle Menschen in passive Konsument/innen, lenke von sozialer und politischer Partizipation ab und erschüttere das soziale Vertrauen und die gemeinschaftsorientierten Werte und Normen. Putnam stützt diese Thesen u. a. auf einen Kohortenvergleich, wobei er eine *long civic generation* der 1910–1940 Geborenen einer *post-civic generation* (255) der (TV-geprägten) nach 1940 Geborenen gegenüberstellt und Differenzen im Sozialen Kapital offen legt. Als mögliche Lösungsansätze benennt Putnam die gezielte Förderung des freiwilligen sozialen Engagements, u. a. durch Arbeitsplatzreformen und durch die Entwicklung geeigneter Internet-Netzwerke.

Bowling Alone erregte international Aufsehen in Wissenschaft, Medien und Politik und provozierte zahlreiche Folgestudien. Putnams Sozialkapital-Ansatz ergänzt sich dabei mit empirischen und theoretischen Arbeiten verschiedener sozialwissenschaftlicher Disziplinen, z. B. soziologischen Studien zur Individualisierung der Gesellschaft oder dem politikwissenschaftlichen Kommunitarismus-Diskurs, und wurde u. a. in der Soziologie, Ökonomie und Geschichtswissenschaft aufgegriffen. Dabei wurde auch vielfältige Kritik an Putnams empirischen Studien und Thesen geübt. So wurde die Auswahl der untersuchten Netzwerke kritisiert, die These einer Kausalität zwischen Vereinsmitgliedschaft und sozialem Vertrauen hinterfragt bzw. umgekehrt und die Generalisierung sozialer Werte und Normen bezweifelt. Kritisch wurde auf einen Rückgang politischen Vertrauens und politischer Partizipation in manchen Ländern trotz steigenden sozialen Vertrauens hingewiesen und damit Putnams zentrale These eines Zusammenhangs zwischen den Problemen moderner Demokratien und der Erosion Sozialen Kapitals in Frage gestellt. Die Nutzung des ökonomischen Kapital-Begriffs wurde als irreführend oder auch diskreditierend abgelehnt. Ungeachtet dieser Kritikpunkte beförderte die durch Putnam entfachte Sozialkapital-Debatte international die Wertschätzung freiwilligen sozialen Engagements als ein Mittel der Stärkung der Demokratie und der Überwindung ihrer Krisenerscheinungen.

Monika Oberle

Literatur

Gabriel, Oscar W./Kunz, Volker/Rossteutscher, Sigrid/Van Deth, Jan: Sozialkapital in westlichen Demokratien. Zivilgesellschaftliche Ressourcen im Vergleich, Wien 2002.

Seubert, Sandra: Das Konzept des Sozialkapitals. Eine demokratietheoretische Analyse, Frankfurt/New York 2009.

Westle, Bettina/Gabriel, Oscar W. (Hg.): Sozialkapital. Eine Einführung, Baden Baden 2008.

Peter Hall/David Soskice (Hg.): Varieties of Capitalism. The Institutional Foundations of Comparative Advantage, Oxford University Press: Oxford 2001, 540 S.

Dass der Politikwissenschaftler Peter Hall (geb. 1950) und der Ökonom David Soskice (geb. 1942) sich gefunden haben, war nicht nur für beide ein Glücksfall, sondern auch für den Erkenntnisgewinn der Sozialwissenschaften. Die gemeinsame Arbeit der beiden brachte zum ersten Mal auf den Punkt, wieso die USA, Kanada, Großbritannien, Irland, Neuseeland und Australien liberaler sind als Japan und die Länder Europas. Liberale Länder haben eine besonders marktwirtschaftliche Kapitalismusvariante, weil ihre Unternehmensbeziehungen auf maximale Flexibilität ausgelegt sind. Unternehmen in diesen Ländern müssen sich nicht mit Arbeitnehmern absprechen, keine Tariflöhne zahlen und kommen jederzeit an flexibel verfügbares Finanzkapital. Weil Unternehmen in liberalen Marktökonomien kaum eingeschränkt werden, sind sie besonders gut darin, völlig neue Produkte zu erfinden – sie bringen radikale Innovationen hervor. Unternehmen in kontinentaleuropäischen Ländern und Japan sind dagegen in langfristigen Kooperationsbeziehungen eingebunden – miteinander, mit ihrer Belegschaft und mit Gewerkschaften. Mit langfristigem Kapital und Kooperationen sind diese Unternehmen unübertroffen darin, bestehende Produkte dauerhaft – inkrementell – weiterzuentwickeln, statt ganz neue Produkte zu erfinden. Dass sich Unternehmen in den beiden Ländergruppen derart unterscheiden, hat weitreichende Folgen für die Gesellschaften, in denen sie sich befinden. Man kann deswegen nach Hall und Soskice nicht mehr von »dem« Kapitalismus sprechen, sondern von einer liberalen und einer koordinierten Spielart des Kapitalismus. Doch wie kam es zu dieser Unterscheidung? Was bewirkte sie? Und was hat die Einteilung in liberale und koordinierte Marktwirtschaften zu einem sozialwissenschaftlichen Klassiker gemacht?

Der an der Harvard University forschende Kanadier Peter Hall hatte sich mit Schriften zu den »Policy Paradigmas« verschiedener Länder einen Namen gemacht. Er zeigte, wie Länder ihre Wirtschaft unterschiedlich regulieren, da sie verschiedene kulturelle Verständnisse haben, was wirtschaftlich rational ist (Hall 1986, 1993). Der Brite David Soskice unterschied am Wissenschaftszentrum Berlin koordinierte und unkoordinierte Marktwirtschaften dadurch, dass sich Unternehmen in ersteren absprechen können, um langfristig zu kooperieren (Soskice 1999). Weitere Forscher machten sich nach dem Fall der Berliner Mauer Gedanken, ob kapitalistische Länder sich grundsätzlich voneinander unterscheiden. Gøsta Esping-Andersen (1990) zeigte, dass die liberalen Wohlfahrtsstaaten englischsprachiger Länder eine systematisch geringere Absicherung bieten, als die sozialdemokratischen Wohlfahrtsstaaten Skandinaviens und Kontinentaleuropas, wobei erstere eine großzügige soziale Infrastruktur zur Verfügung stellen und letztere wie eine Versicherung funktionieren. Mit Francis Fukuyama (1992) fragte sich auch die Weltöffentlichkeit, ob der liberale Kapitalismus englischsprachiger Länder sich überall durchsetzen werde. Der Franzose Michel Albert (1991) hielt deswegen ein Plädoyer dafür, sich am effizienten und egalitären »rheinischen« Kapitalismus zu orientieren, statt am liberalen angloamerikanischen Kapitalismusmodell. Während man vor den 1990er Jahren Sozialismus und Kapitalismus unterschied, fragten Forscher und Öffentlichkeit nun, ob man die Vielfältigkeit kapitalistischer Länder auf eine Grundunterscheidung herunterbrechen könne.

Dies gelang Hall und Soskice mit ihrem Sammelband, dessen brillante Einleitung kapitalistische Länder auf zwei Varianten herunterbrach, die Dreh- und Angelpunkt der international vergleichenden Kapitalismusforschung wurden. Aus der Korporatismusdebatte entwickelten Hall und Soskice die Idee, dass Länder effizient sein könnten, gerade weil sie nicht auf Märkte setzen, sondern Unternehmen die Möglichkeit bieten, sich abzusprechen – beziehungsweise in ihrer Terminologie: sich zu koordinieren. Soskice war schon früh aufgefallen, dass dazu nicht die Gewerkschaften eines Landes organisiert sein müssen, sondern die Unternehmen. Und tatsächlich gelingt es Unternehmen in koordinierten Marktwirtschaften über ihren momentanen Bedarf hinaus langfristig auszubilden, mit ihrer Belegschaft und anderen Unternehmen zu kooperieren, sowie eine langfristige Unternehmensfinanzierung sicherzustellen, um Produkte langfristig zu verbessern. Indem koordinierte Länder es Unternehmen ermöglichen, über Unternehmerverbände zu kooperieren, gelingt es in diesen Ländern immer wieder, das so genannte Gefangenendilemma aufzulösen, wonach kurzfristige Maximierung des eigenen Unternehmensgewinns den langfristigen Unternehmenserfolg untergräbt. Da die Institutionen koordinierter Länder Unternehmen zu strategischer,

langfristiger Herangehensweise befähigen, sind diese Unternehmen in inkremen-
tellen Innovationen überlegen. Unternehmen in koordinierten Marktwirtschaften
verbessern beispielsweise Autos immer weiter, da sie »geduldiges« Bankenkapital
und eine Belegschaft haben, die nicht ständig wechselt, sondern aktiv an Verbes-
serungen mitarbeitet. Unternehmen in liberalen Ökonomien können sich dahin-
gegen nicht strategisch koordinieren, dazu fehlen ihnen Unternehmerverbände,
langfristig orientiertes Bankenkapital und eine eingespielte Stammbelegschaft.
Doch durch ihre Flexibilität sind Unternehmen in liberalen Marktökonomien unübertroffen in radikalen Innovationen. Sie erfinden völlig neue Produkte, statt bestehende weiterzuentwickeln.

Mit dieser Konzeption brachen Hall und Soskice die bestehenden Unterschiede kapitalistischer Länder nicht nur auf zwei unmittelbar einleuchtende Varianten
herunter. Ihr Verdienst ist zudem, dass sie auch wirtschaftliche Gründe fanden,
warum nicht restlos marktliche Marktwirtschaften wirtschaftlich erfolgreich sind.
Gerade in Deutschland konnte man beispielsweise nach Erscheinen der *Varieties of Capitalism*-Typologie die Arbeitnehmermitbestimmung in Unternehmen
nicht mehr nur als demokratische Errungenschaft verteidigen, die mittlerweile
scheinbar dem Erfolg deutscher Unternehmen auf Weltmärkten entgegenstand.
Hall und Soskice legten stattdessen dar, warum deutsche Unternehmen erfolgreich waren, *gerade weil* ihre Belegschaft über den Aufsichts- und Betriebsrat mit-
bestimmte.

Auch gelang es Hall und Soskice, keine der beiden Kapitalismusarten als objektiv besser darzustellen. Stattdessen zeigten sie, dass jede der beiden Kapitalismusarten die Art von Innovation hervorbringt, in der sie einen komparativen institutionellen Vorteil hat. Ein Klassiker wurde Halls und Soskices Sammelband
somit, da er auch funktionalistisch erklären konnte, warum Länder sich nicht in
Richtung eines vermeintlich besten (liberalen) Kapitalismusmodells hin bewegen.
Gerade aufgrund zunehmender internationaler Mobilität würden Unternehmen
in die Kapitalismusvariante abwandern, die ihrer Art von Innovation optimale
Bedingungen bot. Unterschiedliche Kapitalismusspielarten würden somit immer
unterschiedlicher werden, statt sich anzunähern – und dies nicht aus kulturellen
oder sozialen, sondern schon aus rein wirtschaftlichen Gründen.

Durch die Zentrierung auf Unternehmen und die These, entwickelte Länder
seien mit nur zwei Kapitalismustypen beschreibbar, wurde die Arbeit von Hall
und Soskice jenseits enger fachlicher Grenzen rezipiert und kritisiert. Es kam zu
genaueren Typologien, die Länder in bis zu fünf Kapitalismustypen unterteilten
(Amable 2003). Betriebswirtschaftler zeigten, dass Unternehmen in verschiedenen Kapitalismusvarianten tatsächlich unterschiedliche Innovationsstrategien
nutzen (Schneider/Paunescu 2012). Soziologen kritisierten, man könne die komplexen Unterschiede kapitalistischer Länder nicht auf zwei Grundtypen herunter-

brechen und die Entwicklungsdynamik des Kapitalismus nicht funktionalistisch oder durch die Interessen von Unternehmen erklären (Streeck 2009; Korpi 2006). Politikwissenschaftler bemerkten, dass Halls und Soskices Kapitalismusvarianten an Esping-Andersens Wohlfahrtstaatswelten gekoppelt sind (Thelen 2012; Schröder 2013).

Doch auch hier gilt: umso mehr ein Werk kritisiert wird, umso mehr wird es auch wertgeschätzt. Die zentrale Unterscheidung zwischen koordinierten und liberalen Marktwirtschaften, welche mit unterschiedlichen Innovationsstrategien, Wohlfahrtstaaten, ja sogar Wahl- und Rechtsystemen einhergehen (Cusack/Iversen/Soskice 2007; La Porta/Lopez-de-Silanes/Shleifer 2008), wurde zum Goldstandard der vergleichenden Kapitalismusforschung. Und selbst die größten Kritiker der Typologie finden es in ihrer eigenen Arbeit mitunter nützlich, von koordinierten und liberalen Marktwirtschaften zu sprechen (Streeck/Thelen 2005: 4). Wenn selbst die größten Kritiker einer Idee anfangen, in deren Kategorien zu denken, so ist dies wohl ein untrügliches Zeichen, dass ein Klassiker entstanden ist, welcher Sozialwissenschaftler auch in den kommenden Jahrzehnten noch eine Schneise durch die unübersichtliche Welt kapitalistischer Länder schlagen wird.

Martin Schröder

Literatur
Amable, Bruno: The Diversity of Modern Capitalism, Oxford 2003.
Hancké, Bob (Hg.): Debating Varieties of Capitalism: A Reader, Oxford 2009.
Schröder, Martin: Integrating Varieties of Capitalism and Welfare State Research:
   A Unified Typology of Capitalisms, New York 2013.

Herfried Münkler: Die neuen Kriege, Rowohlt Verlag: Reinbek bei Hamburg 2002, 288 S.

Neben seiner Interpretation des Denkens von Niccolò Machiavelli (1982), mit der sich Herfried Münkler an der Goethe-Universität in Frankfurt promovierte und die bis heute als wegweisend gelten kann, widmet sich Münkler generell der Politischen Ideengeschichte, der Rolle von Mythen in der Politischen Kultur sowie der Theorie und Geschichte des Krieges. Die Beschäftigung mit diesen Themen resultierte in bislang 19 Monografien, weit über 30 (mit-)herausgegebenen Büchern sowie unzähligen Aufsätzen, die nicht nur im Fachpublikum, sondern auch in der politischen und medialen Öffentlichkeit auf großes Interesse stießen und stoßen. Münkler bekleidet seit 1992 eine Professur zur Theorie der Politik an der Humboldt-Universität zu Berlin und wird von einigen aufgrund der Breite seiner thematischen Forschungsinteressen sowie seiner umfassenden Tätigkeiten im Bereich politischer Beratung auch als »wandelnder Ein-Mann-Think-Tank« (Lau 2003) bezeichnet.

Das Buch *Die neuen Kriege* reiht sich daher ein in eine ganze Sammlung von Werken, die in der Politikwissenschaft und in angrenzenden Fachbereichen wie der Soziologie oder in den Geschichtswissenschaften intensiv rezipiert worden sind. Dennoch kommt den *Neuen Kriegen* (NK) – neben dem angesprochenen Machiavelli-Band sowie dem jüngeren Werk zur Rolle von Imperien (IM, 2005) – eine herausragende Bedeutung zu. Neben der wesentlichen Prägung des fachlichen Diskurses gelang es Münkler mit diesen Werken auch, seine Thesen in die Diskussion der politischen Öffentlichkeit einfließen zu lassen. Dabei hilft ihm im Falle der NK und der IM, dass sich beide Werke durch wenige zentrale, aber dafür große Argumente auszeichnen, die darüber hinaus in sprachlich lesbarer Form und anhand von vielen Beispielen aus der Geschichte verdeutlicht werden. Dadurch schlägt Münkler in beiden Werken einen großen Bogen, der im Gegensatz zu den in der fachlichen Literatur oftmals auftretenden – und für manche Lesende losgelöst erscheinenden – Einzelerkenntnissen steht.

In den NK argumentiert Münkler, dass die Form der alten, symmetrischen Kriege zwischen Staaten durch eine neue, oft asymmetrisch genannte Form des Krieges abgelöst worden sei. Drei Elemente unterscheiden demnach die alte von der neuen Version des Krieges: die Entstaatlichung, die Asymmetrisierung sowie die Autonomisierung kriegerischer Gewalt (10 f.). Die Ausführung dieser drei Elemente sowie die historischen Bedingungen, welche zu ihrer Ausformung geführt haben, bilden den wesentlichen Inhalt des Buches. Dabei lässt sich die Argumentation Münklers wie folgt nachzeichnen. Die Entstaatlichung des Krieges als erstes Element der neuen Kriege bezeichne das Charakteristikum, dass »der Staat sein Monopol der Kriegsgewalt verloren« habe (33). An die Seite von Staaten (oder sogar diese komplett verdrängend) seien private Akteure getreten, welche Kriege vornehmlich zur Sicherung von kommerziellen oder ideologischen Eigeninteressen, nicht aber aus Gründen der Staatsräson führen würden. Darunter versteht Münkler gleichermaßen Warlords und die von diesen oft verwendeten Kindersoldaten sowie Terroristen und Söldnerfirmen. Unterschieden werden können diese Akteure nur darin, ob sie Krieg ausschließlich für eine Möglichkeit halten, materiellen Reichtum zu akkumulieren, oder über kriegerische Handlungen versuchen, sich selbst und/oder einen »›zu interessierenden Dritten‹« für ideologische – d. h. für Münkler, religiöse und auf eine Weltsicht bezogene – Ziele zu überzeugen (180 ff.). Die steigende Anzahl an nicht-staatlichen Kriegsunternehmern erkläre sich aber in allen Fällen aus einer Ökonomie der Gewalt in den neuen Kriegen (131 ff.). Letztere seien vor allem eines: billig. Während die Anschaffungs- und Unterhaltungskosten der großen Waffensysteme staatlicher Armeen immer teurer würden (131), zeichneten sich die neuen Kriege, in denen es wesentlich »um auf Dauer gestellte Gewalt gegen große Teile der Zivilbevölkerung« gehe, durch die Anwendung vornehmlich leichter und leicht beschaffbarer Waffen aus (132). Zusätzlich gebe es mit perspektivlosen, sozial ausgegrenzten Jugendlichen in Staaten oder Regionen ohne jegliche soziale Absicherung ein äußerst kostengünstiges Reservoir an schnell verfügbaren und risiko-affinen Kämpfern. Schließlich ergebe sich aus dem Andauern kriegerischer Handlungen in fragilen Staaten der Vorteil, dass sich in Gebieten ohne stabile staatliche Ordnung, international vernetzte und organisierte Kriminalität wesentlich einfacher durchführen lassen. Somit lässt sich nach Münkler erkennen, dass »die neuen Kriege in vieler Hinsicht selbst das Ergebnis ökonomischer Zweckrationalität sind beziehungsweise dass zweckrational handelnde Akteure in ihnen eine bedeutende Rolle spielen […].« (161)

Dieser Umstand der Verbilligung in den neuen Kriegen ist nach Münkler wiederum verknüpft mit der Asymmetrisierung durch die neuen Kriege. Vereinfacht gesagt stehen sich in den neuen Kriegen nicht mehr zwei (oder mehr) Staaten gegenüber, die in einer großen Schlacht auf die Entscheidung drängen. Der Krieg wird nicht mehr formal erklärt und nach Sieg oder Niederlage in der Schlacht formal beendet. Vielmehr versuchen Akteure in den meist innergesellschaftlich stattfindenden neuen Kriegen, »einer größeren, womöglich entscheidenden Auseinandersetzung mit dem Gegner auszuweichen, entweder weil man sich ihm kräftemäßig nicht gewachsen sieht oder weil die eigenen Truppen für eine solche Form der Kriegsführung nicht geeignet sind.« (25) Demzufolge gibt es in den neuen Kriegen keinen Friedensschluss, sondern einen lange andauernden Friedensprozess. Dieser kann jedoch durch immer wieder aufkeimende, jedoch im Vergleich zu Staatenkriegen beschränkte, Kampfhandlungen durch unzufriedene Prozessteilnehmer oder Kriegsunternehmer mit anders gearteten Interessen wieder unterbrochen werden. Münkler versieht die neuen Kriege daher auch mit dem Label der *low intensity wars,* die dafür aber wesentlich länger andauern als die früheren, alten Kriege (26). Die Asymmetrisierung kriegerischer Gewalt ist für Münkler neben der unterschiedlichen Ausstattung der Kriegsparteien und den unterschiedlichen Strategien der Kriegsführung auch mit der unterschiedlichen Legitimation dieser Gewalt verbunden. So sei in den neuen Kriegen oftmals »die Rückkehr der Vorstellung von gerechtem Krieg« zu beobachten (56). Letzterer stelle aber per se eine Asymmetrie her: »Die eine Seite hat alles Recht auf ihrer Seite, die andere hingegen alles Unrecht […].« (57) Damit spricht man der anderen Seite die Gleichwertigkeit ab und definiert sie als etwas Negatives, welches zu vernichten ist. Dies steht wiederum, so Münkler, im Gegensatz zu den Vorstellungen in den alten Kriegen, innerhalb derer sich Staaten als gleiche Gegenüber wahrnahmen und deren Soldaten sich als Gleiche auch gegenseitige Rechte selbst im Kriegsfall zugestanden.

Schließlich führt diese Asymmetrisierung der Kriegsführung und ihrer Begründung zum dritten Merkmal neuer Kriege: der Autonomisierung kriegerischer Gewaltformen. Damit beschreibt Münkler vornehmlich eine Tendenz, wonach »bestimmte Formen der Gewaltanwendung, die zuvor untergeordnete taktische Elemente einer militärischen Strategie waren, selbst eine eigenständige strategische Dimension erlangt haben.« (11) Münkler macht dies wesentlich am Partisanenkrieg und insbesondere am Terrorismus moderner Prägung fest. Die Strategien jener Kriegsformen ergeben sich aus der Asymmetrie der Kräfteverhältnisse zwischen der Gruppe der Partisanen/Terroristen auf der einen Seite und den staatlichen Kräften auf der anderen Seite sowie – im Falle der Terroristen – aus der neuen, asymmetrischen Begründung von Kriegen als gerechten Kriegen. Die Anwendung kriegerischer Gewalt durch Terroristen zielt »dementsprechend nicht auf die unmittelbaren *physischen,* sondern auf die *psychischen* Folgen der Gewaltanwendung [...].« (177, Herv. i. Orig.) Während diese Mittel in den alten Kriegen nur sporadisch angewendet wurden, lassen sich nun Anschläge, die offensichtlich die Bevölkerung des Gegners einschüchtern sollen, als das Standardmittel terroristischer Gewaltanwendung identifizieren.

Mit diesen Ausführungen schafft Münkler durch die NK nicht nur Anknüpfungspunkte für viele sozialwissenschaftliche Fachgebiete, er wendet sich zeitgleich auch gegen etablierte Theorien der Politikwissenschaft. Hinsichtlich des ersteren ergeben sich einerseits aus Münklers Interpretationen der Sexualisierung der Gewalt als Folge ihrer Ökonomisierung Anknüpfungspunkte für die Forschung im Bereich der Gender Studies und der Soziologie. Anderseits lässt sich seine Aufschlüsselung der Ursachen ökonomischer Gewalt als erhellende Analyse lesen (vgl. Mehring 2003: 273), die mit ihrer neuen Fokussierung auf die Geschehnisse in Kriegen selbst Anreize für weiterführende Untersuchungen in den Wirtschaftswissenschaften, in der Soziologie und der Politikwissenschaft generiert (vgl. etwa Schwehm 2004). Im Hinblick auf etablierte Theorien nimmt Münkler mit seiner Ökonomisierungs-These in konfrontativer Weise eine Gegenposition sowohl gegenüber Jürgen Habermas, Noam Chomsky und Ulrich Beck (222 ff.) als auch gegenüber Vertretern einer Theorie des demokratischen Friedens – und damit einem Großteil der deutschsprachigen Friedens- und Konfliktforschung – ein (207 ff.). Münkler begründet diese Konfrontation mit den seiner Meinung nach fehlenden empirischen Grundlagen bzw. der systematischen Ausblendung von Alternativerklärungen durch diese Denker und Theorien.

Diese Konzeption eines großen Bogens mit drei zentralen Argumenten, die Anknüpfungspunkte für andere Fachgebiete bieten und die gleichzeitig zeitgenössische Überlegungen zumindest hinterfragen, machen Münklers NK einerseits zu einem Klassiker der Sozialwissenschaft. Sie machen ihn andererseits aber auch angreifbar, wie ein Blick in die – im Vergleich zu anderen Klassikern naturgemäß kurze – Rezeptionsgeschichte des Buches zeigt. Während Schäller fast verschwörungstheoretische Gründe für eine wahrgenommene fehlende fachliche Rezeption des Werkes anführt (2004: 336), entstand in eben jenem Jahr und danach eine Vielzahl an Aufsätzen, die sich kritisch mit Münklers Thesen auseinandersetzten (vgl. v. a. Kahl/Teusch 2004, Chojnacki 2004, Heupl/Zangl 2004, Schlichte 2006). Dabei ging es vornehmlich um die Frage, wie neu diese Neuen Kriege eigentlich seien. Für die Kritiker spiegelten einerseits die beobachteten Elemente nur Phänomene wieder, die sich auch in früheren Zeiten und unter anderen Namen bereits hätten beobachten lassen. Andererseits ergäben sich die Erkenntnisse aus einer eurozentrischen und idealisierten Geschichtsexegese (vgl. umfassend Mello 2008; Schlichte 2006). Weiter hinterfragen AutorInnen auch zunehmend die empirische Haltbarkeit der Münklerschen Thesen (Broszka 2004; Jung 2005). Jüngere quantitative wie qualitative Studien zeigen hierbei ein grundsätzlich bestätigendes, aber wesentlich differenzierteres als das in den NK gezeichnete Bild (vgl. Benz 2009, Heupl/Zangl 2010). Trotz dieser Kritikpunkte lässt sich die Rezeption der Argumente Münklers auch in englischsprachigen Publikationen und in angrenzenden Fachbereichen wie der Soziologie (Malesevic 2008), der Geografie (Gregory 2010) und der Kulturtheorie (Hohendahl 2008) nachzeichnen, wenngleich die englischsprachige Diskussion eher durch das drei Jahre vor den NK erstmals veröffentlichte Werk von Mary Kaldor *New and Old Wars* (1999), geprägt wird.

Bernd Schlipphak

Literatur

Geis, Anna (Hg.): Den Krieg überdenken. Kriegsbegriffe und Kriegstheorien in der Kontroverse, Baden-Baden 2006.

Landeszentrale für politische Bildung Baden-Württemberg (Hg.): Der Bürger im Staat, Vol. 54 Nr. 4 – Die neuen Kriege, Stuttgart 2004.

Pippa Norris/Ronald Inglehart: Sacred and Secular. Religion and Politics Worldwide, Cambridge University Press, Cambridge 2004, 329 S.

Mit ihrem Buch *Sacred and Secular* legen Pippa Norris (geb. 1953) und Ronald Inglehart (geb. 1934) ein international vielbeachtetes Buch vor, welches einerseits als Verteidigung und Weiterführung der Säkularisierungstheorie zu verstehen ist, sich andererseits pointiert gegen die vielfältigen Stimmen einer »Wiederkehr des Religiösen« positioniert. Zentrale Bedeutung für die Sozialwissenschaften (speziell Politikwissenschaft, Kulturwissenschaften und Soziologie) erlangt es durch die Verbindung des Gedankens kultureller Pfadabhängigkeiten mit modernisierungstheoretischen Universalannahmen der Säkularisierungstheorie.

Norris/Inglehart zählen zu den wichtigsten Vertretern der modernen, empirisch arbeitenden Sozialwissenschaften. So steht Inglehart maßgeblich für die These des Wertewandels vom »Materialismus« zum »Postmaterialismus« und die Konzeption und Etablierung der World Values Surveys. Ausgehend von seiner Explikation einer stillen Revolution des Wertewandels in *The Silent Revolution: Changing Values and Political Styles among Western Publics* (1977) beschäftigte er sich in der Folge unter Bezug auf aktuellere empirische Vergleichsdaten mit Gründen, Ausbreitungen und Folgen des kulturellen Wandels. Exemplarisch zu nennen sind *Cultural Shift in Advanced Industrial Society* (1990), *Modernization and Postmodernization* (1997) oder jüngst zusammen mit Christian Welzel *Modernization, Cultural Change, and Democracy: A Human Development Sequence* (2005). Innerhalb seines umfangreichen Werkes stellt *Sacred and Secular* eine konsequente Weiterführung der Überlegungen der Modernisierungstheorie dar und rückt den bereits an anderen Stellen angesprochenen Bezug zwischen Religion und Politik ins Zentrum der Analysen. Für die Politikwissenschaftlerin Pippa Norris stellt die Verbindung zwischen Politik und Religion einen eher neuen Bereich in ihrem Schaffen dar, der sich aber in ihre Beschäftigung mit Einflussfaktoren der Entwicklung politischer Strukturen und Kulturen integrieren lässt: Ihr Interesse liegt auf dem Zusammenhang zwischen öffentlicher Meinung und Politik. Diese Fragestellung umkreist sie von verschiedenen Seiten, wie ihre Bücher *Democratic Deficit: Critical Citizens Revisited* (2011) oder auch zusammen mit Ronald Inglehart *Cosmopolitan Communications: Cultural Diversity in a Globalized World* (2009) zeigen. Zudem besteht eine starke Korrespondenz zu ihrem zeitnah erscheinenden Werk zur Bedeutung der Frauenrolle und von Frauenwerten für die Demokratie und politische Kultur. Das breite Werk beider »Kulturalisten« zeichnet sich durch die konsequente systematisch vergleichende Zugangsweise sowie einer Betonung der Wichtigkeit von politischer Kultur und Bevölkerungseinstellungen aus.

Sacred und Secular entstand inmitten einer in der amerikanischen Religionssoziologie heftig geführten Auseinandersetzung um die zukünftige Entwicklung des Religiösen. So hatte sich mit Ende der 1990er Jahre in den USA die Position durchgesetzt, dass die Vitalität des Religiösen vornehmlich aus Marktbedingungen resultiert. Ein freier, die Konkurrenz zwischen religiösen Gruppen fördernder religiöser Markt bringe nicht nur einen stärkeren religiösen Pluralismus mit sich, sondern führe auch zu einem besseren religiösen Angebot, welches dann religiöse Aktivität in den Gesellschaften belebe. Speziell eine rigide durchgesetzte Trennung von Religion und Staat sei hilfreich. Grund für diese Neuausrichtung der Religionssoziologie waren Hinweise auf eine immer noch bestehende, oder sogar im Umfeld des 11. September 2001 wieder angestiegene, Bedeutung von Religion und Religionen. Diese Wiederkehr der Religionen widerlege die Gültigkeit der Säkularisierungstheorie, so deren Kritiker. Gerade in den USA wurde das Marktmodell des Religiösen als neues Paradigma ausgemacht – gelten doch die USA auch als der Paradefall für diese Entwicklungen. Für die in dieser Hinsicht skeptischere Aufnahme in Europa wurde vor allem dessen Status als historischer Sonderfall der religiösen Entwicklung verantwortlich gemacht.

Vor dem Hintergrund dieser Diskussionen und angesichts der auch empirisch gut nachvollziehbaren Abweichungen in Indikatoren der Religiosität von einem rein durch Modernisierung vorgegebenen Säkularisierungspfad, stellte sich die Frage nach der noch bestehenden Relevanz der Säkularisierungstheorie. Gleichzeitig kehrte auch die lange nicht mehr gestellte Frage nach der Bedeutung von Religion für die Politik in den Fokus des Interesses zurück. Dieses nahmen Norris/Inglehart zum Ausgang, um eine empirisch fundierte Analyse mit den Daten der World Values Surveys auszuarbeiten. Sie sollte aber nicht auf der Ebene eines reinen Empirismus verbleiben, sondern dem Marktmodell eine revidierte Theorie (der Säkularisierung) entgegenstellen (216) – und gleichzeitig der empirischen Testung standhalten. Zu diesem Zweck rekapitulieren Norris/Inglehart zuerst die Säkularisierungstheorie und ihre vergangenen Debatten, erarbeiten sich dann ein Messkonzept, um zuletzt die Möglichkeiten des weltweiten Vergleichs festzulegen (Kap. 1). Die folgenden beiden Kapitel widmen sich dann der Aufgabe der empirischen Analyse von ausgewählten Gebieten (USA und Westeuropa, Osteuropa) (Kap. 2) und spezifischen Fragestellungen, wie der Beziehung von Religion zur Protestantischen Ethik, religiösem Sozialkapital und Wahlverhalten (Kap. 3).

Ihr Kernergebnis: Die Säkularisierungstheorie ist immer noch ein tragfähiges Instrument der Erklärung gesellschaftlicher Entwicklungen und Säkularisierung findet weiterhin weltweit statt. Gleichzeitiger müssen die darin implizierten universalen Annahmen der Modernisierungstheorie (ein Spannungsverhältnis zwischen Religion und Modernisierung) um das Theorem der »Pfadabhängigkeit« gesellschaftlicher Entwicklungen erweitert werden. So sind es vor allem kulturelle Differenzen, in denen der historisch gewachsenen kulturellen Prägung durch unterschiedliche Religionen die zentrale Bedeutung zukommt, welche die unterschiedlichen Levels an Religiosität oder Säkularität mit sich bringen. Dabei nehmen Inglehart/Norris auch Bezug auf die Thesen Samuel Huntingtons (1996), der einen »Clash of Civilizations« speziell auf religiöse und religiös-kulturelle Unterschiede zwischen und in den Ländern zurückführe (133). Allerdings sehen sie seine Überlegungen als zu weit greifend an (221 f.). Gleichzeitig weisen sie anhand ihrer Befunde das religiöse Marktmodell zurück (216), welches zu stark den amerikanischen Fall als Grundlage für sein Paradigma hervorhebe.

Speziell die sozioökonomischen Unterschiede erweisen sich als gute Prädiktoren für die Erklärung des in den Bevölkerungen verbreiteten Grades an religiöser Vitalität und Religiosität – zumindest wenn man die kulturellen Pfadabhängigkeiten ausreichend berücksichtigt. Hierfür verantwortlich ist vor allem das *Security*

Axiom (13–14). Unter Bedingungen von Unsicherheit suchen Individuen nach Anlehnung und Autorität. Bedingungen sozioökonomischer Sicherheit und Wohlfahrt – wie sie in der westlichen Welt stärker verbreitet sind – lassen dagegen
Selbstentfaltungswerte an Bedeutung gewinnen (217, 246 f.). Selbstentfaltungswerte aber führen eher zu einer steigenden Distanz gegenüber traditionaler Religion und Religiosität. Wird zum einen die religiöse Autorität zurückgewiesen,
fehlt zum anderen die Notwendigkeit einer Kompensation für deprivierende Zustände des eigenen Lebens. Umgekehrt lassen schlechte Lebensbedingungen die
Menschen auf ein besseres Leben im Jenseits hoffen. Als Konsequenz findet sich
in sozioökonomisch ärmeren Ländern eine höhere religiöse Vitalität als in reichen Ländern.

Das Security Axiom ist aber nur eine Seite der Medaille. Ihm nebengeordnet
steht das *Cultural Traditions Axiom* (17, 218). So unterscheiden sich Religionen
aufgrund ihrer langen Tradition in ihrer religiösen Prägekraft und in ihren Auswirkungen auf Überzeugungen und Verhaltensweisen von Menschen. Dies erklärt
Unterschiede zwischen religiös differenten Kulturen. Speziell die moralischen
Werte und spezifische Glaubensüberzeugungen entfalten hier ihre Wirkung. Sie
werden später auch maßgeblich für politische Aktivitäten (15). Anknüpfend an die
Überlegungen Robert Putnams zum Sozialkapital identifizieren sie hier einen Zusammenhang zwischen der Partizipation in religiösen Organisationen und politischem Engagement (227).

Neben diesen beiden Axiomen existiert ein, für die vergleichende Betrachtung von Religiosität bislang noch übersehener Faktor: So sind die Fertilitätsraten
in den sozioökonomisch benachteiligten Ländern der Dritten Welt erheblich höher als in den Staaten Westeuropas, Nordamerikas aber auch Asiens. Dieser Effekt
der Modernisierung ist nun aber auch für die Betrachtung von Religion relevant.
So haben die unterschiedlichen Geburtenraten zur Folge, dass sich in den reli-
giöseren Entwicklungsländern religiöse Menschen stärker reproduzieren als die
geringere Zahl an religiösen Menschen in den Industrieländern. Hierfür verantwortlich ist das Bestehen einer konsistenten religiösen Sozialisation. Gerade aber
im Zuge des generationalen Wertewandels kommt es in Europa zu Einbrüchen in
der religiösen Sozialisation, die sich in einem schrittweisen Säkularisierungspro-
zess niederschlagen. Dabei sind die Entwicklungen in Europa ähnlich, die Ausgangspunkte aber different. Gebieten mit weltweit extrem niedriger Religiosität,
wie Ostdeutschland, Estland, Niederlande, stehen Gebiete mit hoher Religiosität
gegenüber (Polen, Irland, Kroatien). Die Pfadabhängigkeiten sind mehrheitlich
auf die religiösen Verankerungen zurückzuführen, oft wirken sich aber auch politische Prozesse, wie die Unterdrückung der Kirchen durch die sozialistischen
Systeme, aus. In islamischen Kulturen und dort, wo aufgrund von (politischen)
Konflikten starke Prozesse der Identitätsbildung stattfinden, ist Religiosität stär-

ker verbreitet. An diesem Punkt bestehen Anschlusspunkte zu den Überlegungen zu »cultural defense« bei Steve Bruce (2002).

Der Eindruck, dass es zu einem Aufschwung der Religiosität komme, hängt damit zu großen Teilen von der demografischen Entwicklung ab. Anders gesagt: Europa wird immer säkularer, aber die Welt immer religiöser. Nur liegt dies weniger an Gegenbewegungen zu den universal gültigen Säkularisierungsprozessen, sondern vielmehr an demographischen Effekten. Diese implizieren auch die aus der Sicht beider Autoren bestehende kulturelle Differenz zwischen Christentum und Islam, die sich in der Religiosität und im Verhältnis zwischen Politik und Religion niederschlägt (154). Sie zählt zu den zentralen Differenzmerkmalen im internationalen Vergleich.

Sacred und Secular wurde nach seinem Erscheinen breit und kontrovers diskutiert. Wiesen die Anhänger des Marktmodells die Überlegungen zurück, sahen Befürworter der Säkularisierungstheorie diese gestärkt und zeitgemäß umformuliert. Dabei erreichten einige der im Buch getätigten Aussagen aufgrund der öffentlichen Debatten um das Verhältnis von Islam und Demokratie auch eine über die Wissenschaft hinausgehende öffentliche Rezeption. Für die vergleichende Auseinandersetzung mit Religion hat sich *Sacred and Secular* als Klassiker etabliert, der die Maßstäbe für verallgemeinerbare Aussagen zum Verhältnis von Religion und Gesellschaft setzt.

Gert Pickel

Literatur

Bruce, Steve: 2002: God is dead: Secularization in the West. Oxford University Press: Oxford.

Bruce, Steve: Secularization. In Defense of an Unfashionable Theory, Oxford 2011.

Pickel, Gert/Müller, Olaf (Hg.): Church and Religion in Contemporary Europe. Results from Empirical and Comparative Research, Wiesbaden 2009.

Pollack, Detlef: Rückkehr des Religiösen? Studien zum religiösen Wandel in Deutschland und Europa II, Tübingen 2009.

Ian Buruma/Avishai Margalit: Occidentalism. The West in the Eyes of Its Enemies, The Penguin Press: New York 2004, 176 S. (dt. Okzidentalismus. Der Westen in den Augen seiner Feinde, Hanser: München/Wien 2005, 159 S.).

Die Studie *Okzidentalismus. Der Westen in den Augen seiner Feinde* wurde im Schatten des 11. Septembers 2001 geschrieben. Als die Zwillingstürme des World Trade Centers einstürzten, bejubelte Osama bin Laden die Vernichtung eines zentralen Symbols der westlichen Zivilisation. In den Abschiedsbriefen der Attentäter

und den Deutungen durch Bin Laden erkennen Ian Buruma (1951) und Avishai
Margalit (1939) deutlich ältere Projektionen und Bildtraditionen. Der Angriff auf
New York bediene sich des antiken Mythos von der Zerstörung der sündigen Stadt,
New York stehe für das große Babylon, »die Mutter aller Hurerei und allen Göt-
zendienstes auf der Erde« (Offb. 17,5). In ihrem Buch gehen Buruma/Margalit die-
sen tief verwurzelten und tradierten Phantasievorstellungen vom Okzident nach.
Beide Autoren schließen mit diesem Werk an ihre Studien zur Philosophie der Re-
ligionen und Kulturen sowie zu den Möglichkeiten und Grenzen einer Politik der
Toleranz an und legen eine interkulturell vergleichende Studie vor, die den europäischen, den russischen, den asiatischen und den arabischen Raum umfasst.

Ausgangspunkt des Buches ist die These, dass der gegenwärtige Islamismus
sich an Ideen, Bildern und Phantasien über den Okzident bedient, die eine lange
Geschichte haben und in Europa selbst entstanden sind. Wie andere Spielarten des
Okzidentalismus auch, habe der Kampf des Islamismus gegen den Westen seine
Ursprünge im Westen selbst. Erst später sind diese im Zuge der Gegenaufklärung
entstandenen Projektionen in andere Teile der Welt transferiert worden – nicht
nur in den islamischen Raum. Der Begriff des Okzidentalismus umfasst jedoch
nicht jegliche Kritik am Handeln des Westens, sondern bleibt bei Buruma/Mar-
galit auf »das entmenschlichende Bild des Westens« (13) beschränkt. Bei der Entwicklung ihrer Definition greifen die Autoren auf den von Edward Said geprägten
Begriff des Orientalismus zurück und beschreiben den Okzidentalismus als dessen Gegenstück, »seine Bigotterie kehrt die orientalistische Sichtweise schlicht in
ihr Gegenteil« (18). Wie bei Said bezeichnet Okzidentalismus tief verwurzelte und
tradierte Phantasievorstellungen, die das Verhältnis von Orient und Okzident prägen. Während Said allerdings die Konstruktion orientalistischer Bilder in (post-)
koloniale Herrschaftsverhältnisse einbindet, beschränken sich Buruma/Margalit
auf die Diskussion okzidentalistischer Topoi. Fragen der Wirksamkeit und Resonanz dieser Ideen bzw. des Zusammenhangs von Ideen und politischem Handeln
werden nicht mit einbezogen. Okzidentalismus ist geografisch nicht festgelegt und
die Autoren lehnen eine Identifikation der gegenwärtigen Konfliktlinien »mit nationalen, ethnischen oder religiösen Grenzen« (147) explizit ab. Der Fokus des
Werkes liegt hingegen auf der Analyse von Bildern des Westens, die teilweise über
Jahrhunderte hinweg eine erstaunliche Konstanz aufweisen und den Westen als
seelenlos, dekadent, geldgierig, entwurzelt, ungläubig, arrogant, schwächlich, bequem und vergnügungssüchtig zeichnen. Damit wird auch deutlich, dass der Okzidentalismus nicht mit Antiamerikanismus verwechselt werden darf, vielmehr
ist der Antiamerikanismus Bestandteil des Okzidentalismus als umfassender Vorurteilsstruktur. Okzidentalistische Zuschreibungen finden sich denn auch in anderen Kontexten etwa bei Slawophilen in Russland gegen den Westen oder bei Anhängern der Roten Khmer gegen kambodschanische Stadtbewohner.

Buruma/Margalit arbeiten vier Paradigmen des Okzidentalismus heraus. Der Anschlag des 11. Septembers 2001 hat ein zentrales Hauptsymbol anti-westlicher Projektionen herangezogen und re-aktualisiert: das Bild der okzidentalen Stadt. Insbesondere die großen Metropolen symbolisieren in okzidentalistischen Zuschreibungen »Gier, Gottlosigkeit und entwurzelten Kosmopolitismus« (28), sie zerstören das Vertrauensverhältnis »authentischer« Gemeinschaften und ersetzen es durch eine seelenlose, großstädtische Hybris. Die Stadt als Trägerin der Moderne wird zugleich in der Gestalt der Hure sexualisiert. Die Prostituierte steht sinnbildlich für die Kommerzialisierung aller menschlichen Beziehungen durch die Verbindung von Sexualität und Geschäft und damit für die Zurichtung der menschlichen Seele. »Hier haben wir die okzidentalistische Sicht der Stadt, des Kapitalismus und der westlichen ›Maschinenzivilisation‹: die seelenlose Hure als gieriger Automat.« (26) Für den Okzidentalismus ist nun zentral, dass die Stadt in den Projektionen nativistischer Bewegungen für zentrale Ideen des Westens und der Aufklärung steht – für individuelle Freiheit, weltliche Bestrebungen, Universalismus, Kosmopolitismus und den Glauben an die Vernunft.

Zur Bezeichnung des zweiten zentralen Topos des Okzidentalismus greifen Buruma/Margalit in direkter Anleihe bei Werner Sombart auf die Kontrastierung des feigen, okzidentalen Händlers und des todesverachtenden Kriegers zurück. Die Ablehnung der »Händlermentalität« in okzidentalistischen Projektionen beruht auf der vermeintlich fehlenden Inspiration des Westens zu Leidenschaft und Heldentum. Der Händler habe jegliche Ideale oder Utopien verloren und sei lediglich seinem individuellen Nutzen und Wohlergehen verpflichtet. Mit der Ablehnung der Händler geht auch eine Verachtung der liberalen Demokratie einher: Politische Kompromisse und Entscheidungsverfahren gelten als uneffektiv, »saft- und kraftlos, mittelmäßig und korrupt« (60), sie führen zu »Komfortismus« und damit zum Niedergang des Volkes. Schon Ernst Jünger machte den Prozess der »Verwestlichung« für die Niederlage Deutschlands im Ersten Weltkrieg verantwortlich. Diesem Bild einer »schwachen, müden und morschen« Zivilisation (63) setzt der Okzidentalismus das Selbstbild einer starken, reinen und kräftigen Gemeinschaft entgegen, die Opferbereitschaft und Heldentum mobilisieren kann: »Der antiheroische, antiutopische Charakter des westlichen Liberalismus ist der größte Feind der radikalen Gläubigen, der Priester-Könige und all derer, die kollektiv nach Reinheit und heroischem Heil streben.« (77)

Die Idee des Westens als einer maschinengleichen Gesellschaft ohne Seele wird im dritten Topos des Okzidentalismus weiter entfaltet, in dem mechanistische und organische Ideen dichotomisiert werden. Dem Westen wird eine »halbierte Rationalität« zugeschrieben, durch die Verkürzung auf ihre instrumentelle Hälfte. Insbesondere am Beispiel des russischen Anti-Rationalismus zeigen Buruma/Margalit wie das okzidentalistische Denken Vernunftgebrauch und Rationalismus für die Fragmentierung »organischer Gemeinschaften« und eine dreifache Entfremdung verantwortlich macht: »vom eigenen wahren Ich, von den Mitmenschen und von der Natur (oder von Gott)« (83). Mit dieser Kritik korrespondiert ein Selbstbild, das die Gesellschaft nicht als Gemeinschaft von Individuen versteht, die sich qua Vertrag zusammengeschlossen haben, sondern als »einen lebendigen Organismus [...], der von gemeinsamen Zielen bestimmt ist« (93).

Das vierte Paradigma schließlich behandelt den Aspekt der Religion und die okzidentale Ablehnung der westlichen Säkularität. Buruma/Margalit unterscheiden zwischen einem religiösen und einem säkularen Okzidentalismus: »Denn der religiöse Okzidentalismus gibt sich stärker als die weltliche Variante manichäisch, er spricht von einem Heiligen Krieg, der gegen eine Vorstellung vom absoluten Bösen geführt wird.« (103) Am Beispiel des Islamismus zeigen Buruma/Margalit, dass die besondere Dynamik des religiösen Okzidentalismus darin liegt, den Okzident nicht einfach als religionsfreien Raum zu sehen, sondern den westlichen Säkularismus als eine »götzendienerische Verehrung falscher Götter« zu betrachten (115). Im Islamismus nun wird diese Kritik am Götzendienst in politischen Aktivismus gegen die Barbarei, die im Westen angeblich am Werk ist, übersetzt. Buruma/Margalit verdeutlichen am Beispiel des Islamismus, dass der Okzidentalismus sich zwar Ideen bedient, die im Westen entstanden sind, diese aber – wie das Beispiel der westlichen Zivilisation als götzendienerischer Barbarei zeigt – mit lokalen Ideen vermischt. Allerdings ist auch der religiöse Okzidentalismus nicht auf den Islam beschränkt. Buruma/Margalit verweisen darauf, dass beispielsweise der protestantische Fundamentalismus bei allen Differenzen doch die patriarchale Sexualmoral und die Kritik an der Dekadenz des Okzidents teilt.

Das Buch von Buruma/Margalit ist in Öffentlichkeit und Wissenschaft auf breite Resonanz gestoßen. Auch wenn die Autoren den Begriff des Okzidentalismus nicht eingeführt haben, so hat ihre Studie doch zu einer Re-Aktualisierung der Diskussion um diese Vorurteilsstruktur geführt. Der Begriff erscheint hilfreich, um das Auge für wechselseitige Bilder und Stereotype zu schärfen. Viele Autoren beziehen sich jedoch in kritischer Distanz auf Buruma/Margalit, da die Autoren die materielle und politisch-kulturelle Basis des Okzidentalismus und die Wirksamkeit und Resonanz okzidentalistischer Bilder sowie ihre Funktion im jeweiligen Kontext vernachlässigen. Zudem bleiben die Entwicklungen und Tradierungen der Feindbilder ebenso undeutlich wie ihre soziale Basis. Studien zum Okzidentalismus in spezifischen Regionen wie der arabischen Welt oder in China wollen diese Defizite beheben. Dietze et al. wiederum drehen die Perspektive von Buruma/Margalit um und begreifen den Okzidentalismus als westliche Selbstvergewisserung der eigenen Überlegenheit.

Steffen Hagemann

Literatur

Bonnett, Alastair: The Idea of the West. Culture, Politics and History, New York 2004.

Dietze, Gabriele/Brunner, Claudia/Wenzel, Edith (Hg.): Kritik des Okzidentalismus. Transdisziplinäre Beiträge zu (Neo-)Orientalismus und Geschlecht, Bielefeld 2009.

Woltering, Robbert: Occidentalisms in the Arab World, London 2011.

Amartya Sen: Identity and Violence. The Illusion of Destiny, W. W. Norton & Company: New York/London 2006, 215 S. (dt. Die Identitätsfalle. Warum es keinen Krieg der Kulturen gibt, München 2007, 208 S.).

Der Wirtschaftswissenschaftler Amartya Sen (geb. 1933) hat sich in zahlreichen Werken mit der Verbindung ökonomischer und ethischer Fragestellungen beschäftigt und wurde für seine Armutsforschung unter anderem mit dem Wirtschaftsnobelpreis (1998) ausgezeichnet. Seit 1956 lehrt und forscht er an indischen, britischen und amerikanischen Universitäten, seit 2004 hat er seine Tätigkeit an der Harvard University wieder aufgenommen. Sens Arbeiten widmen sich Fragen der Armut, der Ungleichheiten, liberaler Gerechtigkeitstheorien sowie einer Operationalisierung der Kategorie menschlichen Wohlergehens, welche die Erfüllung von Fähigkeiten *(functionings)* und die Erweiterung von Handlungsspielräumen *(capabilities)* unter der Berücksichtigung unterschiedlich strukturierter, relativer Bedürfnislagen erfassen kann. Die Bedeutung individueller Freiheit für eine gerechtere Gesellschaft verbindet Sen mit der Notwendigkeit der Gleichberechtigung, der sozialen Absicherung und der Bildung, die er stets mit einer Perspektive auf Benachteiligungen von Frauen verknüpft.

Die wirtschaftlich-ethische Matrix Sens wird in dem Essay *Identitätsfalle* um den entscheidenden Aspekt der Kultur ergänzt. In diesem Band, der auf an den Universitäten Boston und Oxford gehaltenen Vorträgen basiert, nimmt Sen eine deutliche Schwerpunktverschiebung vor, von ökonomischen Problemstellungen hin zur Frage, welche Funktion die Kategorie der Kultur darin einnimmt.

Ausgangspunkt für Sens Überlegungen bildet Samuel Huntingtons Mitte der 1990er Jahre formulierte einflussreiche These, dass die Welt von einem grundlegenden Konflikt zwischen verschiedenen großen Kulturen *(civilizations)* beherrscht werde. Sen erhebt nun nicht nur Einspruch gegen die Annahme grundsätzlicher Spannungen zwischen Kulturen, wie es im Bestreben nach einem Dialog zwischen Kulturen geschehe. Dieser Dialogansatz bleibt für Sen einer Denkweise verhaftet, die die Hypostasierung von Kulturen bestehen lässt und lediglich deren Verhältnis zueinander anders bewertet. Demgegenüber bezeichnet Sen die Einteilung der Welt in homogene und abgegrenzte Kulturen als solitaristisch und reduktionistisch. Eine Theorie oder eine politische Praxis, die von nur einer maßgeblichen, in der Regel durch Kultur und/oder Religion bestimmten menschlichen Identität ausgehe, verkenne zum einen die Gemeinsamkeiten zwischen Menschen, die sie als Menschen vereine. Zum anderen verkenne sie die Unterschiedlichkeit der Unterschiede zwischen Menschen, die sich zudem vielfältig überschneiden. Mit anderen Worten: Individuelle Identitäten sind für Sen stets und unhintergehbar plural und nehmen verschieden stark gewichtete Prioritäten in verschiedenen Kontexten ein, für oder gegen die sich jeder Mensch bewusst und vernünftig entscheiden müsse. Kommunitaristische Ansätze kritisiert Sen für ihre Annahme, dass jeweils nur eine Identität pro Mensch vorhergegeben existiere, die bloß ›entdeckt‹ werden müsse. Dass Kultur kein Schicksal sei, sondern ein reflektier- und kritisierbarer Faktor neben vielen anderen, betont Sen nachdrücklich, ohne die Rolle von Kultur für Identitätskonstruktionen, individuelle Sozialisierungsprozesse, ökonomische Entwicklungen, Werte und Normen zu negieren. »Die Welt hat natürlich recht – Kultur zählt wirklich. Die eigentliche Frage ist jedoch, *auf welche Weise* Kultur zählt.« (114)

Die in Huntingtons *Clash of Civilizations* vorgenommene Parallelsetzung von Religion, Kultur und Nation kennzeichnet Sen als ebenso reduktionistisch wie falsch. Gerade (aber nicht nur) im Falle des Islam müsse unterschieden werden zwischen der religiösen Identität und den vielfältigen darüber hinaus gehenden Vorlieben, Werten und Zugehörigkeiten, die sowohl historisch als auch gegenwärtig verschieden sein könnten. Würden Muslime singularistisch auf eine Identität der Religion des Terrors oder auch der Versöhnung reduziert, dann würden die Positionen religiöser Führer gestärkt, Differenzen zwischen Religionen betont, Fundamentalismus Vorschub geleistet und Politik mit Religion gleichgesetzt werden. Stattdessen gelte es, die anderen Identitätsaspekte in ihrer Pluralität, die Zivilgesellschaft und eine religionsungebundene politische Partizipation zu betonen und zu unterstützen. Die Möglichkeit der rationalen Wahlfreiheit für oder gegen Identitätsaspekte, religiöse Vorgaben, Kulturen und Traditionen bildet den unhintergehbaren Bezugspunkt in Sens Abhandlung.

Der Freiheitsbegriff durchzieht neben Fragen nach Armut und Wohlergehen die gesamten Werke Sens als beständiger roter Faden. In *Development as Freedom* skizziert er die Dimensionen von Freiheit als politische, ökonomische und soziale Teilhabe, als Transparenz und als soziale Sicherheit, die gesellschaftlich hergestellt und abgesichert werden müssen und die sich, bei aller Betonung individueller Freiheiten, zugleich an den Folgen für alle Menschen messen lassen müssen. In der *Identitätsfalle* wird diesem Spektrum mit der Betonung der kulturellen Freiheit eine neue Dimension hinzugefügt. So müsse beim Multikulturalismus unterschieden werden, ob er in einem »pluralen Monokulturalismus« (165)

die Bewahrung von Kulturen an sich zum Ziel erhebe, unter Ausblendung anderer Identitäten, oder ob er die Absicherung kultureller Freiheit, der Freiheit zur Prioritätensetzung zwischen Identitäten und die Möglichkeit kultureller Hybridisierungen in den normativen Vordergrund rücke. Die historisch weit zurückreichende Vermischung von Kulturen, die Sen anhand ausgewählter Anekdoten skizziert, verbiete die Hypostasierung einer scheinbar homogenen Kultur zum alleinigen Identitätsmarker. Sie verweise auf Heterogenität innerhalb von Kulturen ebenso wie auf einen beständigen Austausch, der auch die binäre Vorstellung des ›Westens versus den Rest‹ auflöse. Sen zeigt auf, dass diese Dichotomie nicht nur von kolonialer Seite aus forciert wurde, sondern auch in den »beschränkten Horizonte[n] des kolonisierten Geistes und seine[r] Fixierung auf den Westen – ob in Ressentiment oder in Bewunderung« (100), zum Ausdruck kommt. Zum Schaden aller Beteiligten würde eine solchermaßen rein reaktiv gebildete Identität zu Gewalt, zu Fundamentalismus und zur Ablehnung vermeintlich westlicher Werte von Demokratie und Freiheit führen, obwohl gerade diese Werte eine internationale und interkulturelle Geschichte aufweisen. Das anti-westliche und gegen die Globalisierung gerichtete Ressentiment »befördert eine regional bornierte Anschauung und untergräbt den grenzüberschreitenden Fortschritt von Wissenschaft und Erkenntnis.« (137)

Die Verbindung zwischen dem Essay und Sens Forschungsschwerpunkten der Armuts- und Wohlstandsforschung wird deutlich, wenn er beschreibt, wie aus kulturalistischen Vorurteilen weitreichende politische Konsequenzen entstehen. So habe England nichts gegen die irischen Hungersnöte der 1840er Jahre unternommen, weil der Grund dafür nicht in wirtschaftlichen Problemen, sondern in einer mit der irischen Kultur begründeten Faulheit und Unfähigkeit gesehen wurde. Ein ebensolcher »Zusammenhang zwischen kultureller Intoleranz und politischer Tyrannei« (116) habe auch das britische Eingreifen bei der bengalischen Hungersnot von 1943 verzögert. Damit erweitert Sen die Betonung gesellschaftlicher und politischer neben den ökonomischen Gründen für Hungersnöte um eine kulturelle Komponente.

Eine zweite Verbindung zur Wirtschaftswissenschaft zieht Sen mit der Diskussion von Globalisierungskritik. Wie stets in seinen Arbeiten verteidigt er die Mechanismen der Marktwirtschaft gegen ihre Gegner und wirft sie zugleich ihren Anhängern vor. »Märkte allein funktionieren nicht« (145), sondern müssen durch gesellschaftliche, soziale, staatliche und internationale Einrichtungen, durch den Zugang zu Bildung, Gesundheit und Sicherheit gerecht(er) gestaltet werden. Vor allem die Probleme, die aus dem globalen Waffenhandel, aus Patentgesetzen, aus Handelsbarrieren und aus Altschuldenlasten resultieren, müssten gerechtigkeitsorientierter angegangen werden. Allgemeiner Wohlstand sei aber auch auf Marktinstitutionen, auf Austausch- und Spezialisierungsmöglichkeiten, auf Effizienzkriterien sowie nicht zuletzt auf globale Beziehungen angewiesen. Verstehe sich Globalisierungskritik nun nicht als Antiglobalisierung, sondern als Kritik an globaler Ungerechtigkeit, dann eröffne sich die Möglichkeit, nicht nur wichtige Missstände zu kritisieren, sondern damit zugleich bereits einen Beitrag zu einer globalen, nicht auf singuläre Identitäten beschränkten Solidarität zu leisten.

Einflussreich werden vorrangig Sens ökonomische Arbeiten rezipiert. Seine Vorschläge zur Messung von Wohlfahrt bzw. von Wohlstand *(well-being)* bilden die Grundlage für die Entwicklung mehrerer Indizes, so den Human Development Index des Entwicklungsprogramms der United Nations. Sens Ausführungen zu komplexen Fragestellungen von Identitätsdimensionen, Kultur und Identitätskonstitution bereiten eine umfangreiche Debatte für ein breites Publikum kompakt auf. Auf eine entsprechend stellenweise anzutreffende fehlende konzeptuelle Tiefe macht Anthony Appiah aufmerksam, wenn er in *Sen's Identities* (in: *Arguments for a Better World*, 2008) darauf hinweist, dass Sen die Identitätsbildung als Gegenstand allzu rationaler Wahl verhandelt und nicht-rationale Aspekte von kulturell begründeten Konflikten leicht übersieht. Auch die unter anderem bei Charles Taylor herausgearbeitete, auf Hegel zurückgehende Erkenntnis, dass Identität sich stets mit dem Anderen und durch den Anderen hindurch konstituiert, kommt in Sens Kritik an ›reaktiven Identitäten‹, die sich nur auf ein Anderes beziehen würden, zu kurz. Ansätze, die eine allzu dichotome Gegenüberstellung liberaler und kommunitaristischer Perspektiven überwinden, Entwicklungen der Debatten um Multikulturalismus sowie Arbeiten am Kultur- und Identitätsbegriff gehen über Sens Ausführungen zwar hinaus. Zugleich aber bietet Sens entschiedene Entdramatisierung des Kulturbegriffes und seine Perspektivenerweiterung auf plurale, soziale, ökonomische und politische Dimensionen als Kern seines humanistischen Appells wichtige Anknüpfungspunkte.

Janne Mende

Literatur

Appiah, Kwame Anthony: The ethics of identity, Princeton 2005.
Phillips, Anne: Multiculturalism without Culture, Princeton 2007.
Radtke, Frank-Olaf: Kulturen sprechen nicht. Die Politik grenzüberschreitender Dialoge, Hamburg 2011.

Achille Mbembe: Critique de la Raison Nègre, La Découverte: Paris 2013, 267 S. (dt. Kritik der schwarzen Vernunft, Suhrkamp: Berlin 2014, 332 S.).

Der Historiker und Politiktheoretiker Achille Mbembe, der in Kamerun aufwuchs und an der University of the Witswatersrand im südafrikanischen Johannesburg eine Forschungsprofessur innehat, veröffentlichte zwischen 2000 und 2013 drei Monografien über die Langzeitfolgen des europäischen Kolonialismus, die er als Zyklus verstand. Das erste dieser drei Bücher, *De la postcolonie* von 2000, das bereits ein Jahr später in englischer Übersetzung vorlag und 2016 unter dem Titel *Postkolonie. Zur politischen Vorstellungskraft im zeitgenössischen Afrika* auf Deutsch erschien, behandelt in erster Linie Nachwirkungen der für das koloniale Regieren konstitutiven institutionalisierten rassistischen Gewalt auf die politische Kultur gegenwärtiger Postkolonien. Das zweite Buch, *Sortir de la grande nuit* von 2010, das sechs Jahre später unter dem Titel *Ausgang aus der langen Nacht* in deutscher Übersetzung herauskam, thematisiert Strategien und Hindernisse der Entkolonisierung, vor allem Afrikas, jedoch auch Europas – und versteht Entkolonisierung dabei nicht lediglich als Erreichung politischer Unabhängigkeit, sondern in einem wesentlich umfassenderen Sinne als Ausbruch aus den institutionellen und den kulturellen Hinterlassenschaften der kolonialen Herrschaft, vor allem ihres zentralen Instrumentes, des rassistischen Klassifizierens, Denkens und Staatshandelns. *Critique de la raison nègre* schließlich erschien 2013 und beleuchtet die Brutalität des Kolonialrassismus und seiner bis in die Gegenwart reichenden Kraft, sucht aber auch nach Auswegen aus kolonialrassistischen Denk- und Handlungslogiken. Bereits ein Jahr nach seinem Erscheinen war das Buch unter dem Titel *Kritik der schwarzen Vernunft* in deutscher Übersetzung erhältlich; es wurde breit besprochen und machte seinen Autor weit über die sozialwissenschaftlichen Fachgrenzen hinaus bekannt.

Die *Kritik der schwarzen Vernunft* setzt sich aus lose zusammenhängenden und auch methodisch unterschiedlich ausgerichteten Kapiteln zusammen und steht in verschiedenen Hinsichten in der theoretischen Tradition Frantz Fanons. Wie bereits Fanon kritisiert Mbembe den europäischen Kolonialismus und jeden Rassismus scharf. Von einer Romantisierung der Kolonisierten sieht er dabei jedoch ebenso ab wie von pauschalen Schuldzuweisungen an die Adresse der euroatlantischen Welt. Stattdessen nimmt er bewusst selbst noch diejenigen in die Pflicht, die durch koloniale Logiken entrechtet und zu Anteilslosen gemacht wurden. Vor allem aber macht er genau jene Idee stark, die von rassistischen Differenzlogiken geleugnet wird: die Idee einer universellen menschlichen Gemeinschaft. Deren Stärkung wiederum, und damit ein Zurückdrängen rassistischer Denk- und Gesellschaftsmodelle, weist er als Kernaufgabe der Gegenwart aus. Und aus historischen Gründen gilt diese Kernaufgabe dann doch in besonderem Maße auch für Europa und westliche Mehrheitsgesellschaften, die sich bis dato höchstens am Rande um sie kümmern. Dies trifft auch auf deren Geistes- und Sozialwissenschaften zu, denen er mit seinem Buch exemplarisch zeigt, wie sich die Welt, wie wir sie kennen, als postkoloniale Welt interpretieren lässt. Und er verdeutlicht, warum Rassismuskritik – einschließlich einer Genealogie der Entstehung, globalen Diffusion, politischen Indienstnahme und Institutionalisierung des Rassismus – zentrales Element dieses Unterfangens sein muss.

Als »schwarze Vernunft« bezeichnet Mbembe eine Diskurs- oder Wissensform über Afrika und über Menschen afrikanischer Herkunft, die statt dem Verstehen in erster Linie der Herrschaftsausübung dient. Er charakterisiert die schwarze Vernunft entsprechend als »Reservoir, aus dem die Arithmetik rassistischer Herrschaft ihre Rechtfertigungen schöpft«; ihre Hauptfunktion sei »die Kodifizierung der Voraussetzungen, unter denen ein Rassensubjekt entstehen und erscheinen kann, das man den Neger und später, unter kolonialen Bedingungen, den Eingeborenen nennen wird« (62). Bereits in der Einleitung (»Die Welt wird schwarz«) vertritt Mbembe die These, dass der neoliberale Kapitalismus der Gegenwart die Lebensmodalitäten dieser »Rassensubjekte« universalisiere; dies liege an seinem Vermögen, »Menschen in belebte Dinge, in digitale Daten und Codes« zu verwandeln – eine Fortführung der kolonialen Verdinglichung von Menschen in neuem Gewand (20). Dieser Gedanke wird im gleichermaßen historisch und rassismustheoretisch angelegten Folgekapitel (»Das Rassesubjekt«) weiter ausgeführt. Mbembe umreißt hier die Transnationalisierung der »conditio nigra« (37) von der Frühphase des globalen Kapitalismus, die von Plantagenökonomien, Sklaverei und transatlantischem Menschenhandel geprägt war, bis in die Gegenwart biopolitisch orientierter Versicherheitlichungsregime (52), europäischer »Einwanderungsfeindlichkeit« und Migrationsabwehr (54). Ferner verweist er auf einen zweiten Diskursstrang der schwarzen Vernunft. Dieser ist identitätspolitisch angelegt und stellt eine kritische Reaktion auf den rassistischen Hauptstrang dar. Getragen von Bewegungen wie dem Schwarzen Nationalismus, der Négritude und dem Panafrikanismus, verfolgt er – internationalistisch ausgerichtet – gemeinschaftsbildende und emanzipative Absichten (63 ff.).

Das zweite Kapitel (»Der Brunnen der Phantasmen«) kreist um die beiden zentralen Figuren der schwarzen Vernunft: um »Afrika« und um die Figur des verdinglichten, zum Objekt reduzierten »Negers« (81). Dass dieser Begriff, das N-Wort, konstitutiv entwürdigend ist und gerade deshalb nicht zur wertfreien Bezeichnung von Menschen taugt, macht Mbembe mehr als deutlich. Er setzt sich aber auch kritisch mit romantisierenden Bezugnahmen auf das Afrikanische auseinander, die er etwa im Surrealismus ausmacht (87 f.). Motor und institutionalisierte Form der schwarzen Vernunft war indes zunächst der europäische Kolonialismus. In loser Anlehnung an das Imperialismuskapitel aus Hannah Arendts Buch *Elemente und Ursprünge totaler Herrschaft* beschreibt Mbembe diesen als Form der Machtausübung, die auf historisch beispiellose Weise die Logiken der ›Rasse‹, der Bürokratie und des Handels miteinander verband (114 f.). Demnach kommt in der kolonialen Ordnung der ›Rasse‹ die Aufgabe zu, den politischen Körper zu konfigurieren und die Bevölkerung intern zu klassifizieren. Die Bürokratie, die jene Aufgaben umsetzt, wird auf diese Weise zu einem Instrument der rassistischen Herrschaft. Die zentrale Machtmatrix besteht in der Verbindung von Tod und Handel, und Gewalt und Gesetz werden ununterscheidbar – insofern als dass sich der Kolonialismus mit Hilfe von Gewalt aufrechterhält (115). Als »präzise Definition der kolonialen Praxis« beschreibt Mbembe vor diesem Hintergrund eine Verbindung von habitualisierter Rassenlogik, Logik des Profits, Politik der Gewalt und Korruptionstrieb (122).

Aus heutiger Sicht ist der Kolonialismus als Extremform der Fremdherrschaft zu beschreiben. Doch schon zu seiner Hochzeit war er mit vielfältigen Akten von Rebellion und Widerstand konfrontiert – was eine ähnliche Beschreibung eigentlich schon damals nahegelegt hätte. Dass eine solche Beschreibung in den Metropolen kaum verfangen konnte, erläutert Mbembe mit einer weiteren kolonialpolitischen Maßnahme – der Inlandsarbeit. Mbembe zufolge wurde die Bevölkerung der europäischen Kolonialstaaten durch eine »Pädagogik der Gewöhnung an den Rassismus« von der Rechtmäßigkeit des Kolonialismus überzeugt (125). Im Mittelpunkt dieser Pädagogik stand die Rassentheorie, die eine nicht-reziproke und damit ungleiche Beziehung zwischen Europäer*innen und Kolonisierten nahelegte und jeder Annahme universaler Gleichheit entgegenstand (125).

Das dritte Kapitel (»Differenz und Selbstbestimmung«) führt wieder in koloniale Kontexte selbst und kreist um drei »Grundereignisse« (152) im Zusammenhang der schwarzen Vernunft: Sklaverei, Kolonialismus und Apartheid. Mbembe argumentiert hier stark ideengeschichtlich und geht zunächst den Verbindungslinien von liberaler Demokratie, Plantagenökonomie und Sklaverei in Nordamerika nach (153 ff.), bevor er sich Diskursen der ›rassischen‹ Differenz, der Assimilation und dann vor allem schwarzen antikolonialen Befreiungsdiskursen zuwendet, also dem bereits skizzierten zweiten Diskursstrang der schwarzen Vernunft. Mbembe zufolge ist dieser Strang auf problematische Weise in der Spannung zwischen Universalismus und einer kulturrelativistischen Affirmation schwarzer Kultur und Geschichte gefangen, insofern nämlich, als dass hier die »Arbeit für das Universelle« darin bestünde, die westliche, weiße Tradition durch zentrale Aspekte afrikanischer Zivilisationen zu bereichern (173). Den trennenden Grundprinzipien jener Tradition entkäme man auf diese Weise nicht. Als alternative Denkmodelle präsentiert Mbembe Ansätze, die statt vergangenheitsbezogen zukunftgerichtet und der Selbstbestimmung verpflichtet sind, und in diesem Sinne schwarze Identität als etwas im Werden verstehen: das Werk des afro-amerikanischen Theologen Alexander Crummel und des kamerunischen Philosophen Fabien Eboussi Boulaga und in einem späteren Kapitel auch jenes Frantz Fanons und Nelson Mandelas.

Kapitel 4 (»Das kleine Geheimnis«) geht Subjektivierungseffekten und affektiven Aspekten des Kolonialismus nach. Es ist textuellen Darstellungen der koloniа-

len Erfahrung und der »schwarzen Erinnerung« an die Kolonie gewidmet (196)
und stark an Überlegungen von Fanon angelehnt. Mbembe verdeutlicht hier unter anderem, inwiefern der europäische Kolonialismus in Afrika neben der für ihn
konstitutiven Gewalt auch mit Hilfe der »Unterjochung des Eingeborenen durch
sein Begehren« (224) operierte. Ihm zufolge erzeugte die Kolonie für die Kolonisierten neben Leid auch Wünsche und Phantasien (215). Dies war möglich, da
sie knappe materielle Güter wie auch symbolische Ressourcen in Umlauf brachte,
die auf Wertschätzung trafen und den Wunsch nach Besitz auslösten – wobei eine
tatsächliche Befriedigung der neuen Wünsche von einer ständigen Aufschiebung
gekennzeichnet war (224). Mbembe zufolge war die Kolonialherrschaft in diesem
Sinne auch eine Regierung von Affekten (215).

Die kulturwissenschaftliche Auseinandersetzung wird weitergeführt im fünften Kapitel (»Requiem für den Sklaven«), in dem Mbembe die rassistische Figur
des »Negers« als »Gespenst der Moderne« (243) und den transatlantischen Skla-
venhandel als »Nachtseite des Kapitalismus« (244) interpretiert – und so in erster Linie deren symbolischen Bedeutungen nachgeht. Wie teilweise schon in Kapitel 4 dienen vor allem literarische Texte als Grundlage. »Der Rassenkapitalismus
gleicht einer riesigen Nekropole« (255), betont Mbembe hier, in Erweiterung seiner früheren Überlegungen zur Nekropolitik, dem kolonialpolitischen Pendant
zur innereuropäisch ausgerichteten Biopolitik, bei der allerdings das willkürliche
Töten anstatt der staatlichen Sorge um das Leben im Mittelpunkt steht.

Das sechste Kapitel (»Klinik des Subjekts«) ist dann wieder politiktheoretisch
ausgerichtet. Mbembe setzt sich mit kritischen Bezugnahmen auf die rassistische
Figur des »Negers« durch schwarze, u. a. im politischen Kampf geschulte Theoretiker auseinander. Zur Sprache kommen vor allem Positionen von Marcus Garvey,
Aimé Cesaire, Frantz Fanon und Nelson Mandela, die alle auf ihre je eigene Weise
versuchen, die genannte Figur hinter sich zu lassen und stattdessen die Möglichkeit der Selbstbestimmung zu erlangen, sei sie individuell oder kollektiv. Mit Bezug auf Fanon spricht Mbembe hier von etwas, das auch schon im zweiten Band
seines Buchzyklus im Mittelpunkt stand: einem »Aufstieg zum Menschsein«, der
für den Kolonisierten im kolonialen Kontext darin bestehe, »sich aus eigener Kraft
an einen höheren Ort zu begeben, als ihm unter Verweis auf die Rasse oder infolge der Unterjochung zugewiesen wurde« (306). Hieraus ergibt sich für Mbembe
die Möglichkeit zum Dialog und damit zu Reziprozität: »eines neuen und freien
Dialogs zwischen gleichberechtigten menschlichen Subjekten, wo zuvor in erster
Linie ein Mensch (der Kolonialherr) seinem Objekt (dem Kolonisierten) gegen-
überstand« (307). Fanon verfolge eine »Politik der Gleichheit und Universalität«
(310) und strebe eine Welt an, die »von der Last der Rasse befreit ist« (307). In
dieser Tradition, die er in aktualisierter Variante auch von Mandela verwirklicht
sieht, spricht Mbembe sich am Ende seines sechsten Kapitels noch einmal expli-

zit für eine Welt der Offenheit aus – und das ist in einem buchstäblichen Sinne auch mit Blick auf Staatsgrenzen zu verstehen. Mbembe kritisiert damit aber auch den zweiten Strang der schwarzen Vernunft. »Das Andersartige zu feiern hat nur dann Sinn, wenn dadurch der Weg zur Hauptfrage unserer Zeit eröffnet wird, zur Frage der Teilung, der Gemeinsamkeit und der Öffnung nach draußen«, schreibt er (322). Die »wahre Identitätspolitik« bestehe darin, »sich selbst zu erfinden, unermüdlich zu pflegen, zu aktualisieren und zu reaktualisieren« (324). Dass wir bis dato keineswegs in einem »postrassischen Zeitalter« leben und ein solches daher bis auf weiteres eine Zukunftsvision bleibt, betont Mbembe aber ebenso (315). Im Epilog (»Es gibt nur eine Welt«) bekräftigt er in diesem Sinne eher noch einmal die Gefahr eines »Schwarzwerden[s] der Welt« (325) – und damit die Gefahr, dass Logiken der Grenzziehung, der Klassifikation, der Hierarchisierung und des Ausschlusses zunehmen anstatt zu verschwinden.

Als Klassiker der Sozialwissenschaften ist die *Kritik der schwarzen Vernunft* noch jung; dafür finden sich affirmative Bezugnahmen auf einzelne Motive und Ideen des Buches quer durch die Disziplinen. Eine systematische rassismuskritische Revision der Sozialwissenschaften, die das Buch letztlich nahelegt, steht hingegen noch aus.

Ina Kerner

Literatur

Dübgen, Franziska/Skupien, Stefan (Hg.): Afrikanische politische Philosophie. Postkoloniale Positionen, Berlin 2015.
Kasanda, Albert: Contemporary African Social and Political Philosophy. Trends, Debates, and Challenges, London/New York 2018.
Kerner, Ina: Postkoloniale Theorien zur Einführung, Hamburg 2012.

Autorinnen und Autoren

Ackermann, Ulrike, Prof. Dr., Politikwissenschaftlerin, Direktorin des John Stuart Mill Instituts in Bad Homburg.

Aßmann, Alex, PD Dr., Institut für Erziehungswissenschaft, Georg-August-Universität Göttingen.

Ayaß, Ruth, Prof. Dr., Professorin an der Fakultät für Soziologie der Universität Bielefeld.

Backhaus, Wibke, Dr., Leiterin des Referats für Gleichstellung und Diversität an der Hochschule Heilbronn.

Balandis, Oswald, M. A., wissenschaftlicher Mitarbeiter am Lehrstuhl für Sozialpsychologie und Sozialtheorie der Fakultät für Sozialwissenschaft der Ruhr-Universität Bochum.

Bergem, Wolfgang, Prof. Dr., apl. Professor für Politikwissenschaft an der Universität Siegen und derzeit Professurvertreter an der PH Karlsruhe.

Bernhard, Armin, Prof. Dr., Professor für Allgemeine Pädagogik an der Universität Duisburg-Essen.

Bethke, Hannah, Dr., Feuilletonredakteurin der Frankfurter Allgemeinen Zeitung.

Birsl, Ursula, Prof. Dr., Professorin am Institut für Politikwissenschaft der Philipps-Universität Marburg.

© Der/die Herausgeber bzw. der/die Autor(en), exklusiv lizenziert durch Springer Fachmedien Wiesbaden GmbH, ein Teil von Springer Nature 2021
S. Salzborn (Hrsg.), *Klassiker der Sozialwissenschaften*,
https://doi.org/10.1007/978-3-658-31645-7

von Blumenthal, Julia, Prof. Dr., Politikwissenschaftlerin, Präsidentin der Europa-Universität Viadrina, Frankfurt (Oder).

Bogner, Artur, Dr., arbeitet am Lehrstuhl für Entwicklungssoziologie der Universität Bayreuth.

Buchhaupt, Felix, Dipl.-Päd., wissenschaftlicher Mitarbeiter am Institut für Sonderpädagogik am Fachbereich Erziehungswissenschaften der J. W. Goethe-Universität Frankfurt.

Burgermeister, Nicole, Dr., Soziologin, Psychotherapeutin und Psychoanalytikerin in Zürich.

Busch, Andreas, Prof. Dr., Professor für Vergleichende Politikwissenschaft und Politische Ökonomie am Institut für Politikwissenschaft der Georg-August-Universität Göttingen.

Dingelstedt, André, Dipl. Sozialwirt, Lehrkraft für besondere Aufgaben am Methodenzentrum Sozialwissenschaften der Georg-August-Universität Göttingen.

Dudek, Peter, Prof. (i. R.) Dr., apl. Professor für Erziehungswissenschaft an der J. W. Goethe-Universität Frankfurt.

Elbe, Ingo, PD Dr., wissenschaftlicher Mitarbeiter am Institut für Philosophie der Carl von Ossietzky-Universität Oldenburg.

Eisheuer, Florian, M. A., Ethnologe und Politikwissenschaftler, Mitarbeiter des Ernst Ludwig Ehrlich Studienwerkes.

Fontana, Joachim, Dipl.-Sozialwiss., Leiter des Bildungszentrums Wetzlar (Bundesamt für Familie und zivilgesellschaftliche Aufgaben).

Frindte, Wolfgang, Prof. (i. R.) Dr., bis 2017 Leiter der Abteilung Kommunikationspsychologie am Institut für Kommunikationswissenschaft der Friedrich-Schiller-Universität Jena.

Geck, Lukas, M. A., Sozialwissenschaftler, Berlin.

Gerhardt, Uta, Prof. Dr., em. Professorin für Allgemeine Soziologie am Max-Weber-Institut für Soziologie der Universität Heidelberg.

Geschke, Daniel, Dr., wissenschaftlicher Referent am Institut für Demokratie und Zivilgesellschaft Jena.

Göymen-Steck, Thomas, wissenschaftlicher Mitarbeiter und Studiengangsbeauftragter am Institut für Erziehungswissenschaft der Georg-August-Universität Göttingen.

Hagemann, Steffen, Dr., wissenschaftlicher Mitarbeiter am Fachbereich Sozialwissenschaften der Technischen Universität Kaiserslautern.

Hambauer, Verena, M. A., wissenschaftliche Mitarbeiterin, Methodenzentrum Sozialwissenschaften, Georg-August-Universität Göttingen.

Hammann, Kerstin, Dipl.-Psych., Doktorandin am Fachbereich Psychologie der Philipps-Universität Marburg.

Hessel, Florian, Dipl.-Soz. Wiss., Lehrbeauftragter für Sozialpsychologie und Sozialtheorie der Fakultät für Sozialwissenschaft der Ruhr-Universität Bochum, freier Bildungsreferent und Gründungsmitglied von Bagrut e. V. Verein zur Förderung demokratischen Bewusstseins.

Hidalgo, Oliver, Prof. Dr., apl. Professor für Politikwissenschaft an der Universität Regensburg und Akad. Oberrat am Institut für Politikwissenschaft der WWU Münster.

Hofmann, Wilhelm, Prof. Dr., Professor für Politikwissenschaft an der School of Education der TU München.

Höntzsch, Frauke, Dr., Akad. Rätin a. Z. am Lehrstuhl für Politikwissenschaft/Politische Theorie der Universität Augsburg.

Hunger, Ina, Prof. Dr., Leiterin des Arbeitsbereichs Sportpädagogik und -didaktik am Institut für Sportwissenschaften der Georg-August-Universität Göttingen.

Ionescu, Dana, Dr., Politikwissenschaftlerin und wissenschaftliche Mitarbeiterin am Studienfach Geschlechterforschung der Georg-August-Universität Göttingen.

Jetschke, Anja, Prof. Dr., Professorin für Internationale Beziehungen an der Georg-August-Universität Göttingen.

Kanitz, Maria, M.A., Antisemitismusforscherin, Berlin.

Kerner, Ina, Prof. Dr., Professorin für Politische Wissenschaft am Institut für Kulturwissenschaft der Universität Koblenz-Landau, Campus Koblenz.

Kessl, Fabian, Prof. Dr., Professor für »Sozialpädagogik mit dem Schwerpunkt sozialpolitische Grundlagen« an der Fakultät für Human- und Sozialwissenschaften der Bergischen Universität Wuppertal.

Kiani, Shida, Dr., Verlagsredakteurin bei einem Schulbuchverlag.

Kirchhoff, Christine, Prof. Dr., Professorin für Theoretische Psychoanalyse, Subjekt- und Kulturtheorie an der International Psychoanalytic University Berlin.

Klatt, Jöran, Mitarbeiter am Göttinger Institut für Demokratieforschung.

Klemm, Matthias, Dr., Professor für Soziologie mit dem Schwerpunkt Arbeit, Organisation, Interkulturalität, Fachbereich Sozial- und Kulturwissenschaften, Hochschule für angewandte Wissenschaften Fulda.

Kraul, Margret, Prof. Dr., Seniorprofessur an der Johann Wolfgang Goethe-Universität Frankfurt am Main.

König, Hans-Dieter, Prof. Dr., Professor am Fachbereich Gesellschaftswissenschaften der J.W. Goethe-Universität Frankfurt.

König, Julia, Prof. Dr., Juniorprofessorin für Allgemeine Erziehungswissenschaft an der Johannes Gutenberg-Universität Mainz.

Kreitz, David, M.A., Schreibdidaktiker, Zentrale Einrichtung für Qualitätsentwicklung in Studium und Lehre, Gottfried Wilhelm Leibniz Universität Hannover; sowie freiberuflicher Trainer für wissenschaftliches Schreiben und Schreibdidaktik in der Hochschullehre.

Krovoza, Alfred, apl. Prof. Dr., Professor am Institut für Soziologie und Sozialpsychologie der Leibniz-Universität Hannover.

Kubes, Tanja Angela, M.A., Lehrbeauftragte und Doktorandin am Fachbereich Sozialwissenschaften der Universität Vechta.

Kurth, Alexandra, Dr., Politikwissenschaftlerin am Institut für Politikwissenschaft der Justus-Liebig-Universität Gießen.

Kurz, Karin, Prof. Dr., Professorin für Soziologie mit dem Schwerpunkt »Empirische Sozialstrukturanalyse« an der Georg-August-Universität Göttingen.

Lemmermöhle, Doris, Prof. (i. R.) Dr., Erziehungswissenschaftlerin am Pädagogischen Seminar der Georg-August-Universität Göttingen

Lindner, Urs, Dr., Juniorfellow am Max-Weber-Kolleg der Universität Erfurt.

Lohl, Jan, Prof. Dr., Professor für Erwachsenenbildung und Leiter des Institutes für Fort- und Weiterbildung an der KH Mainz.

Maud, Jovan, Dr., Senior Scientific Editor, Max-Planck-Institut für Ethnologische Forschung.

Mende, Janne, PD Dr., Forschungsgruppenleiterin am Max-Planck-Institut für ausländisches öffentliches Recht und Völkerrecht in Heidelberg.

Miethe, Ingrid, Prof. Dr., Professorin für Allgemeine Erziehungswissenschaft an der Justus-Liebig-Universität Gießen.

Müller, Jennifer Ch., Dipl.-Soz.Wiss./M. A., Doktorandin am International Graduate Centre for the Study of Culture der Justus-Liebig-Universität Gießen.

Müller, Johannes, M. A., wissenschaftlicher Mitarbeiter des Arbeitsbereichs Sportpädagogik und -didaktik am Institut für Sportwissenschaften der Georg-August-Universität Göttingen.

Niedenzu, Heinz-Jürgen, ao. Univ.-Prof. (i. R.) Dr., Institut für Soziologie an der Universität Innsbruck.

Oberle, Monika, Prof. Dr., Professorin für Politikwissenschaft und Didaktik der Politik am Institut für Politikwissenschaft der Georg-August-Universität Göttingen.

van Ooyen, Robert Chr., Prof. Dr., lehrt Staats- und Gesellschaftswissenschaften an der Hochschule des Bundes sowie Politikwissenschaft an der TU Dresden.

Opitz-Belakhal, Claudia, Prof. Dr., Professorin für Neuere Geschichte am Departement Geschichte der Universität Basel.

Ostner, Ilona, Prof. em. Dr., Professorin für Vergleichende Sozialpolitik am Institut für Soziologie der Georg-August-Universität Göttingen.

Peglau, Andreas, Dr., Psychologe, Psychoanalytiker in eigener Praxis in Berlin.

Pelinka, Anton, Prof. em. Dr., Professor für Nationalism Studies and Political Science an der Central European University Budapest.

Peter, Annica, Studentin, Zentrum für Antisemitismusforschung, TU Berlin.

Pettigrew, Thomas F., Prof. em. Dr., Research Professor am Department of Psychology der University of California.

Pfaff, Nicolle, Prof. Dr., Hochschullehrerin in der AG Migrations- und Ungleichheitsforschung am Institut für Pädagogik der Fakultät für Bildungswissenschaften an der Universität Duisburg-Essen.

Pickel, Gert, Prof. Dr., Professur für Religions- und Kirchensoziologie am Institut für Praktische Theologie an der Universität Leipzig.

Pickel, Susanne, Prof. Dr., Professur für Politikwissenschaft mit dem Schwerpunkt Vergleichende Politikwissenschaft am Institut für Politikwissenschaft der Universität Duisburg-Essen.

Pohl, Rolf, Prof. Dr., bis 2017 Hochschullehrer am Institut für Soziologie/Fach Sozialpsychologie der Leibniz Universität Hannover.

Reinhardt, Thomas, Prof. Dr., Professor am Institut für Ethnologie der LMU München.

Rensmann, Lars, Prof. Dr., Direktor des Research Centre for the Study of Democratic Cultures and Politics und Professor für Europäische Politik und Gesellschaft an der Rijksuniversiteit Groningen.

Reese-Schäfer, Walter, Prof. Dr., Professor für politische Theorie und Ideengeschichte an der Georg-August-Universität Göttingen.

Ritter, Martina, Prof. Dr., Professorin für Gender- und Alltagssoziologie und politische Soziologie am Fachbereich Sozialwesen der Hochschule Fulda.

Rosenthal, Gabriele, Prof. Dr., Professorin für Qualitative Methoden am Methodenzentrum Sozialwissenschaften der Georg-August-Universität Göttingen.

Rosenzweig, Beate, Dr., Lehrbeauftragte am Seminar für Wissenschaftliche Politik der Albert-Ludwigs-Universität Freiburg.

Salzborn, Samuel, Prof. Dr., apl. Professor für Politikwissenschaft am Institut für Politikwissenschaft der Justus-Liebig-Universität Gießen.

Schale, Frank, Dr., wissenschaftlicher Mitarbeiter am Institut für Politikwissenschaft der Technischen Universität Chemnitz.

Scharch, Sebastian, M. A., stellvertretender Verwaltungsleiter der Mathematisch-Naturwissenschaftlichen Fakultät der Humboldt-Universität zu Berlin.

Scherr, Albert, Prof. Dr., Direktor des Instituts für Soziologie der Pädagogischen Hochschule Freiburg.

Scheurle, Esther, M. A., wissenschaftliche Mitarbeiterin am Institut für Soziologie der Georg-August-Universität Göttingen.

Schlipphak, Bernd, Prof. Dr., Juniorprofessor am Institut für Politikwissenschaft der Universität Münster.

Schroer, Markus, Prof. Dr., Professor für Allgemeine Soziologie am Institut für Soziologie der Philipps-Universität Marburg.

Schröder, Martin, Prof. Dr., Professor für Arbeit und Wirtschaft am Institut für Soziologie der Philipps-Universität Marburg.

Staubmann, Helmut, Prof. Dr., Professor für Soziologische Theorie und Kultursoziologie an der Universität Innsbruck.

Stich, Torben B. F., Projektkoordinator »Proaktiv gegen Antisemitismus« (NBKK e. V.) in Gießen.

Süß, Winfried, PD Dr., wissenschaftlicher Mitarbeiter am Zentrum für Zeithistorische Forschung Potsdam.

Thiele, Anja, Dr., wissenschaftliche Mitarbeiterin am Institut für Demokratie und Zivilgesellschaft Jena.

Thöndl, Michael, Prof. Dr., Fachbereichsleiter für Politikwissenschaft an der Fachhochschule des bfi Wien.

Thumfart, Alexander, apl. Prof. Dr., Professor für Politische Theorie an der Universität Erfurt.

Voigt, Rüdiger, Prof. Dr., em. Professor für Verwaltungswissenschaft an der Universität der Bundeswehr München.

Völcker, Matthias, M. A., wissenschaftlicher Mitarbeiter am Institut für Erziehungswissenschaft der Georg-August-Universität Göttingen.

Walter, Franz, Prof. Dr., ehemaliger Leiter des Göttinger Instituts für Demokratieforschung.

Wegener, Mai, Dr., tätig als Psychoanalytikerin in Berlin, publiziert und lehrt an verschiedenen Orten zu Psychoanalyse, Kulturwissenschaft und Wissenschaftsgeschichte.

Winkler, Michael, Prof. (i. R.) Dr., bis 2018 Professor für Allgemeine Pädagogik und Theorie der Sozialpädagogik am Institut für Bildung und Kultur der Friedrich-Schiller-Universität Jena. Jetzt freier sozialpädagogischer Schriftsteller.

Zapf, Holger, Dr., wissenschaftlicher Mitarbeiter an der Klinik für Kinder- und Jugendpsychiatrie, -psychotherapie und -psychosomatik des Universitätsklinikums Hamburg-Eppendorf.

The manufacturer's authorised representative in the EU is Springer
Nature Customer Service Centre GmbH, Europaplatz 3, 69115 Heidelberg,
Germany. If you have any concerns regarding our products, please
contact ProductSafety@springernature.com

Printed and bound by CPI Group (UK) Ltd, Croydon, CR0 4YY

24/04/2026
02096335-0009